国家哲学社会科学成果文库

NATIONAL ACHIEVEMENTS LIBRARY
OF PHILOSOPHY AND SOCIAL SCIENCES

国家哲学社会科学成果文库概要
(2014)

全国哲学社会科学规划办公室　编

中国人民大学出版社

《国家哲学社会科学成果文库概要》
出版说明

为充分发挥哲学社会科学研究优秀成果和优秀人才的示范带动作用，促进我国哲学社会科学繁荣发展，全国哲学社会科学规划领导小组决定自2010年始，设立《国家哲学社会科学成果文库》，每年评审一次。全国哲学社会科学规划办公室同时编辑出版《国家哲学社会科学成果文库概要》，由入选成果作者撰写，重点介绍入选成果内容。

全国哲学社会科学规划办公室

2011年3月

目 录

《重新发现马克思：柏林墙倒塌后德国马克思主义发展趋向》概要

王凤才*

一、研究的目的、意义及所使用的研究方法

1. 研究目的

本成果以"重新发现马克思"为主线，试图揭示柏林墙倒塌后德国马克思主义发展趋向，在一定程度上推进当代国外马克思主义研究的拓展和深化；追踪德国马克思主义研究最新成果，发掘当代德国马克思主义研究、当代德国哲学研究的新的学术生长点；考察德国马克思主义研究对于发展马克思主义的启示意义。

2. 研究意义

(1) 本成果是国内第一部系统阐发德国马克思主义最新发展的学术著作，将填补该领域研究空白。(2) 作为一项前沿性研究，考察柏林墙倒塌后德国马克思主义发展趋向，不仅开启了一个新的研究领域，还将推进当代德国马克思主义研究的拓展和深化。(3) 以"重新发现马克思"为主题，全方位揭示柏林墙倒塌后德国马克思主义的基础理论与前沿问题，有助于发掘当代德国马克思主义研究、当代德国哲学研究的新的学术生长点。(4) 本成果对中国的马克思主义研究和发展将会有重要的启发和借鉴意义，有助于更好地确立对待马克思主义的正确态度。

* 王凤才，复旦大学教授，博士生导师。

3. 研究方法

（1）文本解读与深入研究相结合：本成果从最新的德文资料出发，对柏林墙倒塌后德国马克思主义研究著作、论文、杂志、文献进行深入解读，在此基础上，追踪德国马克思主义研究的重点、难点、热点，揭示柏林墙倒塌后德国马克思主义发展趋向。（2）哲学研究与跨学科研究相结合：本成果以哲学研究为主，又不限于哲学研究，而是从文献学、经济学、政治学、伦理学、社会学、哲学等维度，对德国马克思主义进行跨学科、多层面、整体性研究，使“德国马克思主义研究”取得了突破性进展。（3）总体把握与具体分析相结合：本成果以“重新发现马克思”为主题，全方位把握德国马克思主义研究的基础理论与前沿问题，并站在马克思主义立场上，分析德国马克思主义研究与当代理论、当代现实的关系问题。（4）理论研究与现实关注相结合：本成果既是基础理论研究，又强烈关注现实问题。因为不论《资本论》重新诠释还是马克思形象重新塑造，不论新自由主义、金融资本主义批判，还是新帝国主义与国际新秩序分析，不论现实社会主义反思还是未来社会主义构想，都与现实问题密切相关。本成果不仅考察了柏林墙倒塌后德国马克思主义理论发展，还揭示了德国马克思主义对现实问题的关注，以及对马克思主义中国化、时代化、大众化的启示。

二、成果的主要内容和重要观点

第一，柏林墙倒塌后，德国马克思主义已经退居政治舞台和学术舞台的边缘，这是不争的事实；但是德国马克思主义研究并未完全沉寂，相反还比较活跃，尤其是新世纪以来，德国马克思主义研究涌现出许多新成果、新思想、新观点、新见解，近年来，甚至出现了“马克思思想复兴”“马克思热”。因而可以说，作为马克思主义故乡的德国，今天仍然是马克思主义研究重镇之一。

第二，德国马克思主义研究主要集中在以下十个方面：

（1）$MEGA^2$（《马克思恩格斯全集》历史考证版第 2 版）编辑出版研究继续推进。一是 $MEGA^2$ 编辑出版。自 1990 年国际马克思恩格斯基金会接手 $MEGA^2$ 以来，通过国际合作方式积极推进这项工作。1992 年，重新确立了 $MEGA^2$ 编辑原则，即文本的完整性、忠实于原文、描述文本的发展过程、详细的注释。1995 年，调整了出版计划，即将原计划的 163 卷 172 册调整为 114 卷 122 册。1998 年，更换了出版社，即从迪茨出版社转到柏林布兰登堡科学院出版社。截至 2012 年 12 月，$MEGA^2$ 已经编辑出版 59 卷 67 册，尚有 28 卷在编，27 卷待编。其中，1975—1989 年编辑出版 34 卷，1990—2012 年编辑出版 25 卷。从 $MEGA^2$ 基本结构看：Ⅰ（著作、文章、草稿）共 32 卷，20 卷已出，7 卷在编，5 卷待编；Ⅱ（《资本论》及其准备稿）共 15 卷 23 册，已经全部出齐；Ⅲ（通信）共 35 卷，12 卷已出，7 卷在编，16 卷待编；Ⅳ（摘录、笔记、边注）共 32 卷，12 卷已出，14 卷在编，6 卷待编。二是 $MEGA^2$ 研究。柏林 MEGA 编辑出版资助协会、柏林布兰登堡科学院 MEGA 编辑部、阿姆斯特丹国际社会史研究所、特里尔马克思故居博物馆和研究中心、俄罗斯社会史与政治史国家档案馆等组织机构，出版了 $MEGA^2$ 研究系列、《马克思恩格斯年鉴》等；并自 2002 年起设立“D. 梁赞诺夫奖”，奖励在 $MEGA^2$ 编辑出版研究领域做出杰出贡献的青年学者。

（2）$MEGA^2$ 中的马克思恩格斯关系问题再度成为热点。作为一个历久弥新的话题，一直存在着各种不同的理解：“对立论”“一致论”“差异论”“多变论”。德国学者也没有摆脱这几种模式：或者强调马克思与恩格斯、马克思与马克思主义的对立，认为所谓“马克思主义”实乃“恩格斯主义”，马克思恩格斯思想统一是“神话”；断定恩格斯的自然辩证法已经离开了马克思恩格斯原来的共同信念，并努力追求所有现实领域普遍有效的规律，从而陷入了实证主义。或者强调马克思与恩格斯、马克思与马克思主义的统一，指出“两者统一是‘神话’”的说法是错误的，断言马克思恩格斯思想的“高度一致性”，以及马克思学说与马克思主义的统一性。或者论述马克思与恩格斯思想的差异，认为尽管马克思恩格斯关注点不同，但要真正创立“恩格斯主义”则是不可能的。不过，他们的独特之处在于，立足于 $MEGA^2$ 讨论马克思与恩格斯、马克思与马克思主义的差异，尤其是在“利润率趋向下降规律”和“资本主义体系崩溃”问题上，出现了两种不同观点：一是占支配地位观点认为，利润率趋向下降规律以及资本主义体系崩溃问题，是恩格斯的虚构而非马克思的看法；二是非主流观点认为，利润率趋向下降规律以及资本主义体系崩溃问题，是马克思恩格斯共有的观点。

（3）《资本论》：从重新阅读到重新诠释。其一，考察《资本论》的形成演变。在这里，不仅考察了《资本论》早期准备稿，即《1844 年经济学哲学手稿》、《哲学的贫困》、《雇佣劳动和资本》、“伦敦笔记”，尤其是《〈政治经济学批判〉导言》，讨论了《资本论》从“六本书计划”到“三卷四册结构”；而且分析了《资本论》三大手稿，即《1857—1858 年经济学手稿》，《政治经济学批判（1861—1863 年手稿）》《政治经济学批判（1863—1867 年手稿）》；并且考证了《资本论》第 1～4 卷的编辑出版传播过程。其二，揭示《资本论》的逻辑结构。《资本论》第 1 卷考察“资本的生产过程”；第 2 卷考察“资本的流通过程”；第 3 卷揭示“资本主义生产的总过程”；第 4 卷作为“理论史”，则考察“剩余价值学说史”。其三，“阅读《资本论》活动”，是德国马克思主义研究发展过程中的象征性事件；“马克思—秋季学校”是“阅读《资本论》活动”的延伸。在这个框架下，德国学者结合 $MEGA^2$阅读和讨论了《资本论》第 1～3 卷的有关内容。例如，“直接生产过程的结果”、“原始积累”、“资本的形态变化及其循环”、“社会总资本的再生产和流通”、商品拜物教、货币拜物教、资本拜物教、货币问题，以及《资本论》第 3 卷及其现实性等问题。这不仅扩大了《资本论》在青年知识分子和整个社会中的影响，而且进一步拓展、深化了人们对《资本论》的理解。其四，在《资本论》重新诠释过程中，德国学者深化了对许多问题的研究。例如，《资本论》（第 2～3 卷）：恩格斯编辑稿、刊印稿与马克思原始手稿的关系，进一步强调马克思与恩格斯之间的差异；《资本论》第 2 卷：形成、流变、传播，论证了恩格斯在“马克思—恩格斯体系”中的重要作用；《资本论》第 3 卷与《政治经济学批判大纲》的关系；《资本论》的方法论与黑格尔逻辑学的关系；《资本论》与政治经济学批判复兴的关系等。他们断言，今天仍然需要马克思的政治经济学批判，因为没有马克思就没有政治经济学批判的复兴。对《资本论》的重新诠释，既是“重新塑造马克思”的基本前提，又是“重新塑造马克思”的重要内容，它引导着人们重新理解马克思和重新塑造马克思理论形象。

（4）马克思形象重新塑造。一是 $MEGA^2$ 中的马克思。德国马克思学家认为，正统马克思列宁主义视域中的“马克思”只是“部分马克思”，即被片面理解的甚至歪曲理解的“马克思”，只有立足于 $MEGA^2$ 的马克思才是“完整马克思”，即真正的马克思。二是公共视域中的马克思。“马克思”不仅回到了学者的视域，而且来到了大众的视域；不仅回到了学术讨论会，而且来到了大学校园。在如此广阔的视域中，“马克思”被从多个维度加以重新理解。三是围绕着“意识形态还是科学”这个核心问题，从马克思的思想实质、基本特征、未来命运等方面，探讨马克思主义——它是意识形态还是反意识形态？是批判的还是科学的？是多元的还是一元的？通过这些方面的讨论，他们重新塑造了一个不同于传统理解的“真正的马克思”！

（5）比较视域中的马克思。一是卢森堡、凯恩斯与马克思的关系问题。在这里，主要分析了卢森堡的资本积累理论与马克思的资本积累理论的异同，以及资本积累理论的现实意义；凯恩斯经济学与马克思经济学的异同，以及两者相互补充的必要性。此外，还涉及卢森堡与第二国际马克思主义、第三国际马克思主义之间的关系问题，以及凯恩斯主义在当今欧洲的适应性问题。二是宗教、道德与马克思主义的关系问题。在这里，不仅考察了宗教与道德的关系，还讨论了宗教批判与资本主义批判，以及宗教社会主义与马克思主义的关系问题。三是伦理学与马克思主义的关系问题。在这里，首先考察了伦理学在马克思思想与马克思主义理论体系中的地位问题，并分析了伦理学与马克思主义的关系问题。这不仅拓展了马克思与当代社会理论、当代社会现实关系的研究，而且深化了对马克思思想与马克思主义的理解；不仅从政治经济学批判视角理解马克思，而且从宗教批判、道德批判视角理解马克思。

（6）阶级理论与阶级问题备受关注。其一，关于马克思的阶级分析方法与阶级理论的现实性问题。尽管德国学者有着不同的看法，但基本观点是：最近 20 年来，德国出现了阶级分析与阶级理论的复兴，马克思的阶级理论在今天仍然具有现实性，但必须与社会结构分析、社会不平等以及性别、种族等问题结合起来，才能够具有生命力。其二，关于阶级结构变化与阶级概念的当代适应性问题。德国学者大都承认当代发达资本主义社会阶级结构的变化，但在阶级概念的当代适应性方面有不同看法。例如，在告别还是重新接受阶级概念问题上存在着激烈争论，在坚持传统的“经济阶级”概念还是转向“政治阶级”概念问题上也有激烈交锋。其三，关于阶级意识与阶级斗争问题。尽管德国学者还在讨论阶级意识与阶级斗争问题，有些学者也承认阶级对抗是一个事实，近 20 年出现了社会斗争的复兴，但也有学者认为与阶级意识和阶级斗争意识相比，阶级感受处于支配地位；而且需要注意，最近十年来发达资本主义国家工人群体的阶级斗争，主要涉及工资、劳动条件、经营环境改善、反对企业关闭等。因而，社会斗争的内在动力在哪里，它有什么局限性与弱点，是需要人们进一步思考的问题。

（7）新自由主义、金融资本主义批判与替代性选择。其一，新自由主义的特征与命运问题。德国学者不仅考察了新自由主义的理论基础和历史基础，而且分析了新自由主义的政治合法性、措施和结果，并对新自由主义的私人化、自由化战略进行了批评，揭露了新自由主义霸权对民主的威胁。在此基础上，断定新自由主义不仅是一种经济理论，而且是一种政治立场。因而，对新自由主义的命运出现了不同的看法：1）尽管存在着不同于新自由主义的替代性选择，但新自由主义政治并未失败，相反是特别成功的。因而，不能轻易谈论新自由主义危机问题。2）必须揭露新自由主义体系的内在矛盾，并反抗新自由主义的政治统治。3）新自由主义信条将引人误入歧途，但是想终结新自由主义则任重而道远。其二，金融资本主义特征与2008年金融危机的性质问题。资本主义发展经过自由资本主义到垄断资本主义；垄断资本主义又从国家垄断资本主义到跨国垄断资本主义；跨国垄断资本主义发展到今天已经过渡到“金融资本主义”，或“金融市场资本主义”，或“金融市场推动的资本主义”，但是这并不意味着资本主义性质发生了变化，只是意味着资本主义发展到了一个新阶段。金融市场资本主义形成的基础，是私人财产收入手段长期积累与国际化；金融资本支配是金融资本主义的核心特征。至于2008年金融危机的性质，德国学者给出了不同的定位：全方位的系统危机；严重的过度生产危机；信贷危机、货币危机、金融市场危机。其三，是否能够、如何走出金融危机的问题。在这里，德国学者考察了2008年金融危机的原因，并讨论了金融危机的社会政治影响，以及金融危机与替代性选择问题，尤其是考察了“与凯恩斯一起走出危机的可能性”问题。一种观点认为，这场金融危机不能在自身矛盾基础上被消除；另一种观点认为，尽管并不存在对市场的替代性选择，但可以期望在资本增殖之外寻找新经济可能性，因而必须与以生态可持续发展为取向的经济转型联系在一起。这样，要想走出金融危机，仅仅局限于反金融危机措施是不够的，还必须翻转自下而上的社会财产再分配方向，在生产中确立新的分配关系。尽管德国学者的反思并不一定完全准确，但总体上属于理性的分析，对于理解、把握、摆脱这场金融危机具有重要启发和指导意义。

（8）新帝国主义与国际新秩序深度分析。一是帝国主义理论与新帝国主义问题。例如，帝国主义概念、理论及其现实性，尤其是列宁的帝国主义理论对革命的马克思主义政治纲领的现实意义；新帝国主义的经济基础、历史特征，新老帝国主义的结构形式；帝国主义意识形态与资产阶级意识形态、帝国主义政治的关系问题。二是世界体系变化与国际新秩序问题。例如，世界不均衡与南北关系；资本主义核心国家与边缘国家的关系；北美、西欧、日本“三角关系”终结，“新兴国家”崛起；中、美、俄关系对国际新秩序的决定作用。所有这些问题的探讨，都有助于我们认识和把握国际局势，也有助于我们处理国际关系。

（9）现实社会主义批判性反思。一是社会主义观念重新理解。这里强调，任何一个想从社会主义角度研究马克思的人，都必须包含着“道德决断”。因此，不仅要讨论资本强制逻辑与道德责任的关系，还要分析资本主义国家（包括边缘国家与核心国家）社会主义革命可能性问题。二是现实社会主义实践批判性反思。在这里，不仅讨论了民主德国与社会主义的关系，而且分析了民主、人权、解放与社会主义的关系，并揭示了民主德国社会主义失败与民主社会主义萌芽问题。三是考察现实社会主义失败与马克思主义危机的关系。在这里，不仅考察了现实社会主义失败的原因，以及没有未来的工人运动，而且从马克思主义“危机史”中得出，人们需要“开放的”“去神秘化的”马克思主义，以此来指导工人运动、工会政治与未来社会主义方向。并考察了现实社会主义终结与马克思的人道主义终结的关系，指出尽管马克思的人道主义与现实社会主义实践有着内在关联，但现实社会主义实践与马克思的人道主义之间存在很大距离，因而现实社会主义终结并不意味着马克思的人道主义终结；当然，现实社会主义失败也不意味着“历史的终结”。

（10）新社会主义大胆构想。一是通往新社会主义之路。在这里，德国学者提出了民主社会主义、“计算机—社会主义”、市场社会主义、生态社会主义、新社会主义等各种不同方案，并出现了各种不同看法。例如，在今天，社会主义构想是不可能的，但在未来，民主社会主义既是必要的又是可能的；有人肯定“计算机—社会主义”构想，有人说“计算机—社会主义”在 21 世纪或许还不能够实现，而只是未来共产主义的远景目标；有人认为，在未来 10～15 年，社会经济生态化转型也许是可能的，但是要实现社会主义转型也许还不可能；有人提出，新社会主义追求，就是在社会主义道路上实现经济的、政治的、文化的彻底民主化。二是关于中国发展道路问题。对此，德国学者有不同的定位。例如，效仿东亚模式的国家资本主义道路；“政治实用主义”的非资本主义道路；成功的但非社会主义道路；超常规发展的社会主义道路。

第三，在“重新发现马克思”的过程中，德国马克思主义研究体现出四个基本特点：一是立足于 $MEGA^2$，对马克思思想与马克思主义进行了反思、批判、创新，目的是“重新发现马克思”；二是跨学科、多层面、整体性研究马克思思想与马克思主义；三是以广义理解的马克思主义反思历史、阐释现实、预测未来；四是缺乏系统完整的马克思主义理论框架和统一的马克思主义概念，从而形成了不同的马克思主义研究路向。

第四，德国马克思主义研究四条路向：一是文献学路向（“寂寞的”马克思学家）主要从事 $MEGA^2$ 编辑出版研究工作；二是意识形态路向（“孤独的”马克思主义正统派）试图捍卫正统马克思主义的理论观点和方法，并站在正统马克思主义立场上解释社会现实问题；三是政治经济学路向（“活跃的”马克思主义创新派）试图对马克思主义进行反思、批判、创新，并用广义理解的马克思主义分析社会现实问题；四是政治伦理学路向（“潇洒的”马克思主义重建派）从政治伦理学视角对当今社会结构转型进行分析，并试图借助马克思思想资源来批判当代资本主义的悖谬，但其侧重点是进一步推进法兰克福学派批判理论的“政治伦理转向”。从总体上看，德国马克思主研究已经不属于传统西方马克思主义范畴，而进入到与当代西方实践哲学主流话语对话的语境中。

第五，从总体上看，德国马克思主义研究存在着以下问题：一是与马克思主义研究相关的学术活动非常热闹，但缺乏统一稳定的群众基础，在热闹背后显露出急躁情绪与焦虑心态；二是文献学研究逐渐成为马克思学研究热点，但有陷入“有阅读、有研究、无信仰”危险境地的趋向；三是过分注重马克思主义经济学、伦理学、美学等维度，马克思主义哲学维度有所淡化；四是过分关注社会现实问题，理论深度有所弱化；五是研究视野过于宽泛，马克思主义研究与左翼思潮研究边界不明；六是研究队伍有嫌老化，后继人才亟须补充；七是被主流社会边缘化，经济状况不佳，社会政治地位堪忧。

第六，尽管德国马克思主义研究者对马克思思想与马克思主义有不同诠释，而且某些研究缺乏原创性和理论深度，但他们对马克思、马克思思想、马克思体系、马克思主义的热情和迷恋，以及对 $MEGA^2$ 的编辑出版研究，值得我们钦佩、尊敬；他们结合 $MEGA^2$ 阅读马克思的方式，以及重新发现马克思、重新诠释马克思、重新塑造马克思的激情和努力，值得我们借鉴、深思；他们强烈的现实关怀、有针对性的历史反思、深刻的理论探索、广阔的国际视野，对于我们的“马克思主义理论研究和建设工程”，以及马克思主义中国化、时代化、大众化战略，具有重要的启发和借鉴意义。

第七，对于德国马克思主义研究的基本路向，我们要区别对待；对于德国的“马克思热”，我们要冷静思考。在马克思主义研究过程中，需要避免从一个极端走向另一个极端，即从过去过分强调“经典文本”“传统观点”到今天过分强调 $MEGA^2$、“新观点”；不要误解、曲解马克思，更不要歪解、肢解马克思，而是要对马克思思想进行跨学科、多层面、整体性研究，反对马克思主义的教条主义化、虚无主义化、实用主义化，既不要“唯我独马”，又不要“唯西是马”，要从理论与实践两个维度坚持与发展马克思主义，使马克思主义以完整的、真实的形象展现在世人面前。

三、成果的学术创新、应用价值以及社会影响

1. 学术创新

（1）选题前沿、材料新。本成果论述当代德国马克思主义最新发展问题，填补国内目前尚无对此问题的系统研究的空白。本成果以“柏林墙倒塌后德国马克思主义发展趋向”为研究对象，而且使用的是最新的德文资料，保证研究内容的前沿性和创新性。（2）立意新颖、视角新。作者长期致力于法兰克福学派批判理论、当代德国马克思主义以及德国哲学研究，但本成果不是讨论批判理论，而是讨论“批判理论”之外的“德国马克思主义最新发展”，这是国内学界所不太了解、不太注意的领域，这就开启了一个新的研

究领域。（3）观点原创、结论新。本成果提出了系统的原创性理论观点，如德国马克思主义研究四条路向、十大问题、四个特点，存在问题、启示意义以及对待马克思主义的正确态度等，并阐明“重新发现马克思”是柏林墙倒塌后德国马克思主义研究主题，他们以广义理解的马克思主义为标尺强烈关注现实问题，但缺乏系统的马克思主义理论和统一的马克思主义观念。因而，21 世纪马克思主义应该是“一体化的马克思主义”。（4）视野广阔、功底深。从该成果可以看出，作者严谨求实创新的学术风格，广阔的学术视野，以及深厚的理论功底和学术功夫，对柏林墙倒塌后德国马克思主义发展不仅有系统的描述，而且有批判性反思，这使得德国马克思主义研究有了突破性进展。

就像评审专家所说，“该成果以‘柏林墙倒塌后德国马克思主义发展趋向’为研究对象，从最新的德文材料中发掘出当代德国马克思主义研究的新特点、新趋势，具有较强的前沿性和广阔的视野，在一定程度上填补了国内学术界关于德语国家马克思主义研究的空白。成果对柏林墙倒塌后的马克思主义发展不仅有系统的描述，而且进行了深刻的批判和反思，反映了作者自觉推动理论创新的学术旨趣和深厚的理论功底”。

2. 应用价值

本成果对“国外马克思主义研究”学科建设将起到奠基作用；对马克思主义理论学科，以及马克思主义哲学、外国哲学学科也具有重要参考价值。高等院校、科研机构图书馆资料室等均可收藏。

3. 社会影响

在研究过程中发表的直接相关学术论文，均被《中国社会科学文摘》《高等学校文科学术文摘》《马克思列宁主义研究》《新华文摘》以及教育部网站等全文转载或论点摘编，为学术界广泛引用。本成果将进一步推动作者在国内开启的“柏林墙倒塌后德国马克思主义研究”这个新的学术领域。正如人民出版社对本成果的推荐意见所说，“相信该书出版后会产生较大的学术影响和社会影响”。

《思想政治教育现代转型研究》概要

孙其昂*

一、研究的目的、意义及所使用的研究方法

1. 研究目的

通过研究，从理论上了解思想政治教育现代转型的背景、特点、机制、过程及路径，用科学研究成果指导思想政治教育现代转型实践，以成果形式发表学术论文、出版著作和提供信息交流。

具体而言：第一，要把思想政治教育现代转型现象（现实存在）说清楚，描述清晰。比如，思想政治教育转型有哪些表现，应有具体可感的特征。这样，使读者，无论是同行，还是行外人群，都能读明白。第二，有知识、有资料、有信息、有数据、有观点（见解、思想），让读者有收获。第三，有对策，对思想政治教育（思想政治工作）的实践与理论（学术、学科）发展有启发，能够发挥理论研究成果的指导功能。

2. 研究意义

第一，立足于社会转型大背景，在深刻揭示社会与思想政治教育之间关系的基础上，揭示社会转型对思想政治教育产生的影响，系统提出并阐释“思想政治教育现代转型”命题，研究内容紧扣时代发展的脉搏，具有鲜明的时代性。第二，思想政治教育现代转型是思想政治教育发展的重要趋势，也是学界一直不遗余力进行学术攻关的热门话题。研究内容直接触及这一选

* 孙其昂，河海大学教授，博士生导师。

题，系统厘定思想政治教育现代转型的问题域，揭示思想政治教育现代转型的动力、基础等深层次问题，系统阐释思想政治教育现代转型的目标和路径，是一次系统、深刻的前沿性的学术攻坚。第三，揭示思想政治教育现代转型是思想政治教育发展的趋势，本研究是对思想政治教育发展趋向做出的预测性的研究，体现出强烈的理论前瞻性，发挥思想政治教育理论“预测未来”的功能，研究结论具有前瞻性。

总体来说，成果紧扣思想政治教育与社会转型之间的关系，系统阐述了思想政治教育现代转型研究的理论，实现了“接地气”与“有新意”的统一，整个研究强化了社会大众对思想政治教育的关注度与思想政治教育认同度，让人们感觉到思想政治教育及其研究并非虚无缥缈。在实践中，本研究成果可以成为各行各业、不同部门思想政治教育的实践指南，为其在社会转型中开展思想政治教育提供系统指导。

3. 研究方法

思想政治教育现代转型是一个系统性学术命题，涉及马克思主义理论、思想政治教育学、社会学、哲学、政治学、教育学等多门学科。思想政治教育现代转型的研究方法论遵循历史唯物主义基本原理并在研究中具体化应用，同时运用系统研究方法论、总体性方法论、社会方法论、多学科交叉研究方法论等多重方法论。在具体研究方法上，以结构分析为主，始终重视结构方法的运用和探讨，学习和理解一般意义的结构分析方法，又探讨思想政治教育结构分析方法，对思想政治教育结构进行探讨，同时兼用文献法、访谈法、研讨法、案例法等。除了文本研究中所运用的方法论及方法以外，课题组成员对大学生思想政治教育、思想政治理论课、国有及国有控股企业思想政治工作、城乡基层思想政治工作者队伍建设等进行实际调研，丰富了课题感性知识。

二、成果的主要内容、重要观点及对策建议

1. 主要内容

成果以“思想政治教育现代转型”为主题，对思想政治教育现代转型主题的内涵及思想政治教育现代转型的研究现状、动力、社会基础和结构核心进行研究，对思想政治教育系统要素的转型进行研究，对思想政治教育现代

转型的内容、路径和现代性建构进行研究，以求得对思想政治教育现代转型的社会背景、社会原因、动力机制、路径过程等进行科学认识，争取实现思想政治教育现代化的主体自觉，避免社会转型过程中思想政治教育现代化的被动反应，用研究获得的知识指导思想政治教育实践，正确处理思想政治教育现代转型中继承传统与现代创新的关系问题，从总体（顶层）和具体（实践）两个层面把握思想政治教育的现代转型。

成果内容分为导论和三篇：

导论是本成果的总论。导论评述了思想政治教育现代转型研究的主要论域和论题，介绍并评述了思想政治教育现代化研究、思想政治教育现代发展研究、思想政治教育创新研究和思想政治教育现代转型研究，对思想政治教育现代转型研究做了学术反思，阐释思想政治教育现代转型的五个“前提性预设”问题，凸显了思想政治教育现代转型研究的问题意识。导论对思想政治教育、现代、转型、现代转型以及转型与发展、创新等概念进行了辨析，厘清了模糊界限，定义了思想政治教育现代转型的范围。此外，还对本成果研究的目标、内容和方法论做了介绍。

第一篇为“思想政治教育现代转型的基础”，该篇共三章。分别为思想政治教育现代转型的社会基础（第一章），包括思想政治教育现代转型的社会基础条件、社会转型背景和社会结构嬗变；思想政治教育现代转型的动力机制（第二章），包括思想政治教育宏观转型动力、中观转型动力和微观转型动力；思想政治教育现代转型的结构要件（第三章），包括思想政治教育结构转型、格局转变和分化趋势。

第二篇为“思想政治教育要素的现代转型”，该篇共九章。第一章是思想政治教育思维方式的现代转型，主要包括思想政治教育思维方式及现代转型、思想政治教育思维方式现代转型中的偏颇和思想政治教育系统思维的应用。第二章是思想政治教育目标结构的现代转型，主要包括思想政治教育目标的内涵及其结构，以及思想政治教育目标现代转型的问题意识、变迁、实质和路径。第三章是思想政治教育职能定位的现代转型，主要包括思想政治教育职能定位及其转型的基本问题、思想政治教育职能部门的建设与发展、思想政治教育职能定位现代转型的现实呈现和发展路径。第四章是思想政治教育工作者的现代转型，主要包括思想政治教育工作者内涵及转型研究，以及思想政治教育工作者现代转型现象、路径及挑战。第五章是思想政治教育工作对象的现代转型，主要包括思想政治教育工作对象研究评述、结构转型和转型思路。第六章是思想政治教育内容的现代转型，主要包括思想政治教育内容及结构转型、历史转型、特点分析和未来展望。第七章是思想政治教育活动方式的现代转型，主要包括思想政治教育活动方式现代转型的原因、表现、反思和展望。第八章是思想政治教育话语的现代转型，主要包括思想政治教育话语现代转型的必然性与特殊性、时代诊断和转型路向。第九章是思想政治教育体制的现代转型，主要包括思想政治教育体制的含义及转型研究，以及思想政治教育体制现代转型概要、基本特点和挑战、基本路径。

第三篇为“思想政治教育现代转型的路径”，该篇共四章。第一章是思想政治教育现代转型的历史演进，主要包括现代思想政治教育体系的社会背景与基本情况、变迁路径，思想政治教育现代转型是未竟的事业。第二章是思想政治教育知识的现代转型，主要包括思想政治教育知识及知识形态转型，以及转型语境、成因和展望。第三章是思想政治教育研究的现代转型，主要包括思想政治教育研究新形态、新型实践、内部化、组织化和方法革新。第四章是思想政治教育现代性建构，主要包括现代思想政治教育形态，以及思想政治教育现代性建构的多重结构、具体任务、思路方法和系统目标。

成果内容设计上贯穿系统思维与结构分析的方法论，将思想政治教育作为一个系统进行考察，并将思想政治教育系统与其他工作、社会系统进行比较，由此形成的三篇构成了思想政治教育现代转型论域较完整的结构，既有总体性问题，又有内部要素问题，既有转型过程的历史考察，也有现状的考证，还有对未来的预测分析，从成果发布后的反应看，是合理的，达到了预期的目标。

成果内容十分丰富，涉及思想政治教育现代性、思想政治教育现代化、思想政治教育社会学、思想政治教育制度、人们精神文化生活、思想政治理论课等多重研究主题，将思想政治教育现代转型放置于广阔的时空维度以及社会系统之中，全景式、多维度地揭示了思想政治教育现代转型的基本命题。

2. 重要观点

成果对思想政治教育现代转型有了一个较全面认识，提出了一些重要观点。

（1）思想政治教育现代转型是客观存在的事实。思想政治教育现代转型研究首先要回答以下问题：思想政治教育是否在转型？这是一种主观预设还是事实性存在？研究表明，思想政治教育现代转型是随着社会转型和思想政治教育系统内部矛盾发展而生发的现代化转型。思想政治教育现代转型是客观的，是必然的，也是必需的。改革开放以来，思想政治教育现代转型有各种说法或表达方法充分说明了这一点。本成果表明，思想政治教育现代转型不仅客观存在，而且是全方位的。思想政治教育与外部关系存在着现代转型，思想政治教育与社会、思想政治教育（工作）与其他工作等关系存在着转型；思想政治教育系统存在着系统化现代转型，思想政治教育要素之间及要素内部也发生着现代转型。一句话，思想政治教育现代转型已经成为思想政治教育的重要现象，深刻影响着思想政治教育与社会的关系，影响着思想政治教育内部关系，影响着思想政治教育社会服务。

（2）思想政治教育现代转型是现代化转型。自改革开放以来，思想政治教育正在经历一场现代转型，它是一场包括主体、对象、内容、体制、机制、话语等要素系统改变的整体性转型。现代社会条件下，思想政治教育现代转型由社会转型引发，它是思想政治教育与社会、思想政治教育系统和思想政治教育要素三个层次既有区别又紧密联系的结构转型过程。思想政治教育现代转型是全方位的，影响思想政治教育的各个方面，推进思想政治教育的“更新换代”，使其由传统思想政治教育向现代思想政治教育转变。思想政治教育现代转型是增加思想政治教育现代性因素，全面改变思想政治教育结构类型，全面改变思想政治教育关系。具体体现在以下五个方面：一是转变思想政治教育与国家、市场、社会之间的关系；二是转变思想政治教育与其他工作之间的关系；三是转变思想政治教育在社会中的地位，使其获得独立性；四是转变思想政治教育系统的领域关系，形成各行各业的行业思想政治教育；五是转变思想政治教育系统内部结构，形成思想政治教育理论和思想政治教育实践两分格局。

（3）思想政治教育现代转型的实质是结构变化。思想政治教育现代转型根本上是由传统思想政治教育结构向现代思想政治教育结构的转变。社会转型的核心是社会结构的转型，而思想政治教育结构同样成为思想政治教育现代转型的核心，且成为认识和解剖思想政治教育发展的重要理论工具。这是思想政治教育学的重要发现。借鉴社会科学结构理论，对思想政治教育进行结构分析，无论是分析思想政治教育总体，还是分析思想政治教育要素，都有助于获得新知识新见解，显示出思想政治教育结构强有力的理论工具效能。可以认为，思想政治教育作为结构存在，这是思想政治教育的客观特性；认识思想政治教育结构，是认识思想政治教育的前提，也是运用社会转型理论的前提，并为运用思想政治教育结构思维及结构方法提供了可能。总体上来说，思想政治教育分为三个层次，每一个层次都是结构化存在，三者共同构成总体结构。第一个层次，思想政治教育与社会的关系层次。思想政治教育与社会的关系具有结构同构性。第二个层次，思想政治教育系统自身层次。思想政治教育系统本身是一个结构化存在，思想政治教育系统由要素及要素关系所组成，思想政治教育系统功能决定于思想政治教育功能与思想政治教育结构之间的相互建构。第三个层次，思想政治教育内部要素，每一个要素都是结构化存在。通过结构分析，可以看到社会结构转型的结果是出现社会分化，使得思想政治教育从社会总体中分化或分离出来，思想政治教育形成相对独立的结构；思想政治教育系统自身出现分化，形成思想政治教育系统内部的新型结构关系。这为认识思想政治教育新现象、新元素、新关系提供了可能和要求，要求我们将分门别类和总体分析结合起来进行考察，重新认识思想政治教育，得到思想政治教育新知识。就是说，思想政治教育结构转型过程中出现思想政治教育新现象，思想政治教育新现象成为思想政治教育认识的新对象，在此基础上获得思想政治教育认识新成果。

（4）思想政治教育内容是结构性存在。思想政治教育内容在思想政治教育中具有决定性意义，同时经常受到变化社会的挑战。传统思想政治教育内容存在着模糊整体性认识，缺乏结构性认识。思想政治教育内容是结构性存在，由主导性内容、基础性内容和拓展性内容所组成，并具有“主导—基础—拓展”结构。主导性内容是思想政治教育内容结构中的内核和中心，主导着思想政治教育内容的性质，也是其他内容要素的依据，其本质是不变的。基础性内容是思想政治教育内容结构中最基本、最一般的内容，是社会的普遍要求，其基本性质具有较强的稳定性，但具体内容会随着时代的发展做出相应调整。拓展性内容在思想政治教育内容结构中处于外围，是根据社会发展而不断变化的。思想政治教育内容现代转型是思想政治教育内容结构的现代转型，是指思想政治教育内容要素及其在结构中的地位关系、数量关系和在思想政治教育实践中的配置关系等方面的调整。思想政治教育在本质意义上都是为特定国家和阶级服务的，这是由思想政治教育内容结构中主导性内容所决定的，也是思想政治教育内容相对稳定的特点所在。在中西方思想政治教育内容结构中，同是主导性内容，中国思想政治教育居于显性位置，而西方思想政治教育居于隐性位置，由此造成中西方思想政治教育的明显区别。

（5）思想政治教育效果取决于结构、功能、作用、对象等多重因素匹配。至今为止，思想政治教育理论表达中对功能、作用、效果还缺乏明晰的区分，在许多文献中出现混用及混淆的现象。这对思想政治教育理论研究和实践都是不利的。本成果认为，思想政治教育功能、作用、效果这三者是横向结构，既有区别，又是联系的结构关系。“功能”是思想政治教育实体（结构）所具有的，而“作用”是思想政治教育结构与思想政治教育作用对象相互作用的状态，这种状态即是思想政治教育功能经过思想政治教育作用所发挥出来的效果，其结果是“效果”（思想政治教育效果）。思想政治教育效果看似取决于思想政治教育作用，深层次则取决于思想政治教育结构，其实还取决于思想政治教育要素之间或思想政治教育系统与外部相互作用的状态，也并不直接决定于思想政治教育存在；进而发现，思想政治教育效果取决于思想政治教育功能（背后是思想政治教育结构），还取决于思想政治教育作用状况、思想政治教育对象状况和思想政治教育作用时的外部条件以及它们的系统运动匹配状况。因此，思想政治教育结构、思想政治教育功能、思想政治教育作用、思想政治教育效果这四者是有区别且相关联的结构整体；思想政治教育效果还需要外部条件的匹配。

（6）思想政治教育需要现代性建构。思想政治教育现代转型是一个过程，是一个未竟的事业，要重视现代性建构。思想政治教育知识体系建设是思想政治教育学科建设和实践发展的基础建设，也是思想政治教育专业的生命工作。思想政治教育知识形态正在建构过程中，知识生产成为思想政治教育现代转型的基础，其基本途径是思想政治教育研究。思想政治教育研究是新型社会实践，是思想政治教育理论和实践发展的科研生产力。思想政治教育研究内部化、组织化、系统化（系统思维）成为思想政治教育知识生产及科学研究的重要突破性环节。重视开展思想政治教育现代性建构，接受思想政治教育现代性挑战，自觉处理思想政治教育的现代化与现代性、环境与语境、社会性与生活性、现实性与前沿性等问题，能够实现思想政治教育现代化。

（7）社会是思想政治教育现代转型的源泉。社会是思想政治教育的母体，社会与思想政治教育构成不可分割的联系，社会的变化必然引起思想政治教育的变化。思想政治教育现代转型是思想政治教育变化的突出现象，成为思想政治教育发展和创新的动力。思想政治教育现代转型最主要的原因是社会现代化以及由此产生的从传统社会向现代社会的转型。如果说改革开放实现党的中心任务转移，引起社会变化，那么可以说，就思想政治教育的社会背景来说，改革开放、党的中心任务在思想政治教育现代转型中虽然具有重要地位，但须将思想政治教育现代转型置于社会这个大系统中来考察思想政治教育现代化。这个社会，不仅是中国当下的，而且还应当是中国历史的；不仅是中国特色社会主义的，还应当是世界社会主义历史的；不仅是中国现代化的，还应当是人类社会发展的，尤其是人类现代社会的发展；不仅是思想政治教育直接面对的意识形态和政治文化，而且应当是社会全方位的；等等。简而言之，须是"顶天立地""古今中外"的社会背景。思想政治教育转型不是思想政治教育自身独立的转型过程，而是社会转型带动思想政治教育转型、思想政治教育系统自身转型即社会转型和思想政治教育转型的双层系统过程。本成果在考察过程中，始终以思想政治教育为主题，以社会为背景，以社会与思想政治教育之间的互动为视角，对思想政治教育现代转型进行"社会学"的解读。

3. 对策建议

思想政治教育现代转型的目标是思想政治教育现代化，需要自觉进行现代性建构。思想政治教育现代性建构也是思想政治教育现代转型的基本路径，这是未竟的事业，是既充满风险也充满活力的过程，是思想政治教育从业者与全社会一起奋斗才能共同完成的事业。思想政治教育要想在现代社会中完成转型目标，把握思想政治教育主动权，需要认识到思想政治教育现代转型不仅“正在发生”，而且是“未竟之业”，应特别着力推进思想政治教育知识形态的转型，正确处理思想政治教育现代转型中继承传统与现代创新的关系，防止思想政治教育现代性风险，包括历时性断裂、横向碎片化和纵向断层，积极推进思想政治教育现代性的社会建构。随着思想政治教育科学化进展，思想政治教育从业者将对思想政治教育现代转型更加自觉自信自强，成为全社会思想政治教育现代化的引领者，有力推进思想政治教育现代化和社会化。

三、成果的学术创新、应用价值以及社会影响

1. 学术创新

本成果是国内第一部系统阐释、论证思想政治教育现代转型的学术成果，系统、完整地揭示了思想政治教育现代转型的基础、动力、要素、路径等基本视域。对于思想政治教育现代转型的一系列命题做出了科学解答，探索思想政治教育科学化研究思路和方法论，提出思想政治教育社会学及社会思维方法新理论，形成思想政治教育现代转型新知识。研究内容上的创新性体现在：一是论域创新。发现并系统地揭示思想政治教育现代转型的新论域，从理论上阐明思想政治教育现代转型的背景、特点、机制、过程及路径，可用科学研究成果指导思想政治教育现代转型实践。二是观点创新。研究成果提出了一系列新观点，如思想政治教育现代转型、思想政治教育结构、思想政治教育新格局、思想政治教育分化、思想政治教育系统思维、思想政治教育现代性等，这些创新观点极大地拓展以及深化了现有的思想政治教育学术研究。除了思想政治教育现代转型相关的观点以外，还有关于思想政治教育基本范畴、思想政治教育研究内部化、思想政治教育知识发展等观点，这些观点对思想政治教育理论与实践具有普遍意义。三是方法论创新。研究团队多年来开展思想政治教育社会学研究，提出思想政治教育的社会思维，简称为社会方法论。借鉴并引进结构分析的方法，揭示思想政治教育现代转型是结构转型，并将思想政治教育结构分析方法运用于思想政治教育现代转型研究，取得积极成果。总体来看，研究成果初步揭示了现代社会与思想政治教育之间的深层联系，从根本上捕捉到了思想政治教育的发展变化，

揭示了思想政治教育现代转型的基本规律。

2. 应用价值

本成果具有较高的学术应用价值，可以成为国内思想政治教育前沿研究的重要学术文献以及国内相关主题研究的代表性作品。第一，成果中诸多结论以及研究方法有望被现行思想政治教育专业教材吸纳，部分内容可以成为相对独立的部分，充实现行的思想政治教育教材，推进思想政治教育学科建设。第二，成果的实践运用价值也较为鲜明，对国家、社会、机构的思想政治工作体系改革创新和思想政治教育实践具有指导作用，有利于推进思想政治教育现代转型，赢得现代思想政治教育的主动权。第三，成果所创建的方法论及系统思维、结构分析等方式，思想政治教育内部化思路，思想政治教育知识生产等，用于指导思想政治教育研究，可以发挥先进理论工具的作用。

3. 社会影响

本成果在研究过程中，社会影响广泛，逐步形成思想政治教育现代转型话语，对思想政治教育理论研究和实践有积极影响。如课题组成员应邀到国有企业、党政机关、高校等举行专题讲座；多次在全国和省级学术会议上应邀发言，引起思想政治教育学术界和实际工作部门广泛反响，引发对思想政治教育转型研究的热点，有些政策建议被采纳，发挥实际效果。其中，应邀到中石化南京工程公司、江苏省测绘地理信息管理局、广西师范大学、阜阳师范学院等举行专题讲座，受到好评；《思想政治工作现代转型与基本精神》一文获中国思想政治工作研究会全国思想政治工作优秀研究成果提名奖（2011 年）；正式发表学术论文 40 余篇，被广泛引用和下载参考，据不完全统计，其中引用 59 次、下载 8 264 次；《加强社会管理与思想政治教育创新研究》一文被收入《论社会管理创新》（陈里主编，中国社会科学出版社 2012 年版）一书；《思想政治教育系统的创新实践》等 4 篇论文被中国人民大学复印报刊资料《思想政治教育》全文复印；课题组成员在《中国青年研究》2012 年第 7 期刊载“特别企划”——《青年精神生活的现代性研究》专题，一组共 5 篇论文；《思想政治教育学前沿研究》（其中一章专题论述“思想政治教育现代转型”）专著 2013 年由人民出版社出版后获得科研工作者好评，被推荐为思想政治教育专业阅读书目，成为部分院校思想政治教育专业课程教材，被评为江苏省哲学社会科学奖二等奖（2014 年）。

《理性、自由与实践批判：两个世界的内在张力与历史理念的动力结构》概要

刘敬东*

本成果以理性、自由与实践批判作为核心概念，以两个世界的内在张力与历史理念的动力结构作为特定的解释框架和透视视角，尝试对康德、黑格尔与马克思的历史理念进行探索和解读。在这一解读过程中，本成果形成和展开了多维度的分析视角和解释框架。在探索包括世界历史理论在内的马克思历史理论的过程中，注重挖掘马克思资本批判、世界历史理论与人类解放（自由个性）三者有机统一的内在逻辑，认为马克思历史理论是一个由现存世界与未来世界、历史观点与阶级观点、形式自由与实质自由的内在紧张等所构成的具有多重张力的思想体系。本成果还设专章对马克思世界历史理论进行个案考察。

本成果力求挖掘和阐释马克思历史理论中所包含的一系列的内在张力，并由此展示康德、黑格尔特别是马克思历史理论的内在生机、魅力和秘密。从马克思历史理论中所包含的历史观点与阶级观点、形式自由与实质自由在内的一系列解释框架出发，本成果对 20 世纪社会主义理论与实践的成就、问题与教训做了历史的和哲学的反思。

一、研究的目的及所使用的研究方法

1. 研究目的

本成果尝试考察的主要问题包括：(1) 基于两个世界的内在张力与历史

---

* 刘敬东，清华大学教授，博士生导师。

理念的动力结构这一解释框架，阐明从康德黑格尔哲学之理性、自由与普遍法治的主题到马克思哲学之实践批判的革命变革的历史逻辑；分析和阐明马克思实践批判究竟在何种意义上，既批判地继承又革命性地变革了西方哲学特别是德国古典哲学关于两个世界的内在紧张与历史理念的动力结构这一基本传统。（2）阐释马克思资本概念的三层含义或三个维度，并由此提出马克思历史理论中所存在着的包括历史观点与阶级观点、形式自由与实质自由在内的一系列内在紧张。（3）基于1844—1858年马克思著作文本，阐明马克思世界历史理论的基本内容；依据马克思世界历史理论的解释框架，对中国和印度进行比较深入的个案研究。（4）探析马克思历史理论中所存在着的形式自由与实质自由的内在紧张，并由此作为解释框架，历史地反思世界社会主义史上的经验、成就和教训。

2. 研究方法

本成果力求通过以下方法的运用而有所创新：（1）基于经典文本进行考察、解读和研究；（2）基于理念与现实之两个世界的内在张力这一解释框架；（3）基于马克思历史理论中历史观点与阶级观点、形式自由与实质自由的内在紧张作为解读视角；（4）注重对马克思世界历史理论进行个案研究：基于马克思关于中国和印度的文章、时评，以历史与伦理的冲突为解读范式和透视视角，对马克思世界历史理论进行比较深入的个案考察；（5）注重历史与逻辑、理论与实践的统一。

二、成果的主要内容和重要观点

1. 总体框架与基本结构

本成果以理性、自由与实践批判为立论主题，以两个世界（理念世界与现象世界）的内在张力和理性、自由与实践批判的历史理念为基本线索和解释框架，通过十章（含导论、八章、余论）的篇幅，从总体上梳理、阐明和描述了从古希腊到马克思历史理论的发展、演变和变革，重点考察、研究和阐述了康德、黑格尔和马克思的历史理念。本成果认为，由柏拉图所最终确立、在中世纪神学形态中得到革新的两个世界的内在张力与理性、自由的历史理念，在现代哲学特别是以康德、黑格尔为代表的德国古典历史哲学的前进发展中发生了深刻的革新与转换，并在马克思的历史理论即实践批判中得到了彻底的革命性变革。

2. 用理念拯救现象：柏拉图与两个世界哲学传统的确立

在古希腊哲学形成两个世界的内在张力之哲学传统的发展历程中，柏拉图的理念论具有特别重要的哲学地位，它标志着两个世界哲学传统的最终确立。

理念作为柏拉图哲学的核心概念，表征着柏拉图哲学的基本特征。柏拉图创立理念论哲学的深刻动机之一，是批判当时盛行的智者派的感觉论的相对论政治哲学。柏拉图试图用正义的理念，去拯救充满危机的混乱的现实世界，他的政治哲学“旨在倡导严整、确定的政治伦理与道德价值，也是为了破除智者派哲学造成的文化危机与价值混乱，这是他力图重振希腊城邦的必要环节”①。柏拉图针对当时希腊城邦霸权横行和强权征伐的现实危机，强调正义的伦理原则是合理的城邦国家得以建立的理念根据。即便在发生了从人治到法治的重大转变中，柏拉图依然强调正义的伦理原则、理念之于国家治理的根本性意义。柏拉图基于正义的伦理理念批判和规制现实世界的深层的政治哲学动机，是建构理想的社会政治秩序，从而深刻地体现了理念世界与感性世界之间的巨大张力。

用正义理念规范现实的国家是柏拉图政治哲学的基本特征。理念与现实的内在张力规定了包括政治哲学在内的柏拉图全部哲学的核心秘密：“柏拉图是一位经世致用型的哲学家。理念论不仅是一种思辨性很强的哲学，也是一种和他的社会理想直接关联、很有现实性的哲学。在《国家篇》中，他针对城邦奴隶制的深重危机，为了挽救危亡中的希腊城邦制度，以理念论为核心，将社会伦理思想与政治哲学融为一体，设计了一个以‘正义’理念为哲学与政治伦理基础的理想城邦国家。**理念论是他的理想国家的哲学奠基石。**”②柏拉图关于理念世界与感性世界区分开来、并以理念世界主导和规制

---

① 姚介厚：《古代希腊与罗马哲学》，叶秀山、王树人总主编：《西方哲学史》第二卷（下），凤凰/江苏出版社 2005 年版，第 580 页。

② 同上书，第 613－614 页。黑体为引者加。柏拉图的理念论的理想国家有一系列范畴，这个范畴系列成为构建这一理想国家的基本元素：“智慧、勇敢、自制、正义、善等希腊的传统美德概念已被改造，它们既是城邦伦理的**理念**或**范型**，也是培植个人道德人格的**理念**或**范型**，既是城邦体制改革的**模型**或**动因**，也是个人道德人格塑造的**模型**或**动因**，两者是相辅相成、相互吻合的。”（同上书，第 614 页。黑体为引者加。）这里的理念、范型、模型、动因之作为塑造现实的城邦伦理和个人道德人格的理念根源和精神力量，是解读柏拉图成为两个世界之伟大传统奠基者的基本原因所在。

感性世界的重大意义，不仅表现在他的哲学本体论和认识论上，更是落脚在他关于国家与法的社会政治哲学上：源于理念世界的理性法则是建构法治、政府、国家之现存世界秩序的深刻根基。①

以理念世界与感性世界的二元分立为典型特征的柏拉图哲学，从根本上确立了以理念世界的正义原则和理想秩序去审察、反思、批判、塑造现存感性世界的精神自由，从而在理念世界与感性世界之间确立起一种必要张力和内在紧张。② 由于存在着两个世界二元分立的哲学前提和内在紧张，柏拉图才能够从《国家篇》经由《政治家篇》到《法篇》这样一个不断进展的思想之旅中，设计了一幅塑造现存世界的、强调以法治国之根本理政原则的理想蓝图和理性图式。正是由于存在着两个世界的深刻的内在张力和由此而来的精神力量，才孕育了柏拉图的强烈的社会责任感和政治忧患意识。柏拉图提出这种理性主义的政治哲学，就在于试图以统治全宇宙的理性的法律秩序作为振兴衰落的希腊城邦的最重要的途径。

柏拉图对法律权威至高无上的坚定态度，对法律的规范化和形式化的执着追求，对和平与和谐目标的理性追求和哲学证明，都表明了他自觉地从两个世界的内在张力这一相互关系出发，以理念世界的理想法则塑造现存感性世界的理性精神。柏拉图高度重视法治权威的理性法治观，拒

---

① 晚年柏拉图之所以对混合政体倍加推崇，是基于他所力倡的节制和中道的理性伦理原则，同时也是他深刻反思政治实践、总结历史经验的必然产物。柏拉图尤其强调以权力制约权力，为此他提出了诸如选举制、官吏监察制、轮流执政和集体负责以及限任制等一系列意义重大、影响深远的政治主张。柏拉图的混合政体和权力制约观念被亚里士多德所发展，对延续、保存中世纪条件下神学政治理念的理性主义特征，也发挥了值得认真研究的重要作用；柏拉图社会政治理念的深刻价值和重大意义，经由现代的洛克和孟德斯鸠，为最终形成与分权制衡原则联系在一起的现代政体理论提供了深厚的哲学思想资源，对西方现代政治制度的塑造和建构产生了重大而深远的影响。（参见张桂琳：《西方政治哲学——从古希腊到当代》，中国政法大学出版社 1999 年版，第 21 页。）

② “不管是作为古希腊第一个哲学家的泰勒斯把世界的本原归为‘水’，还是苏格拉底、柏拉图**把‘理念’当做世界的原型**，都既是为世界寻找确定性的本源，也是为人自身的存在与生活寻找绝对性的根据。……对本源的觉悟……隐含着对人自身身份的追问。回到本源而与本源共在，也就是人回到自身。……回到自身在根本上也就是回到自在的自由存在。……对本源的追问与觉悟都或强或弱地召唤着**对人的自由的觉悟**。对本源的守护在根底上也是对自由的守护。因此，**对本源，从而对绝对的追问和觉悟，在人类史上是一次最伟大的事件**。因为它在根本上意味着人类开始了依靠一种自觉的精神（灵性）力量寻求自立与自由的漫长历程。”（黄裕生：《中世纪哲学》，叶秀山、王树人总主编：《西方哲学史》第三卷，凤凰/江苏出版社 2005 年版，第 10—11 页。黑体为引者加。）

绝在国家管理事务和社会政治生活中不受法律约束的任意和暴政，力求用以正义、理性为深刻根基的法律规范去保障政治生活和社会生活的合理秩序。

3. 康德：自由与自然之间的深刻的内在张力

康德黑格尔的历史哲学，是表达理念与现实之内在张力的典型哲学形态。本成果考察了两个世界的内在张力与理性自由的历史理念在康德黑格尔历史哲学中的内在关联，并以理性、自由、普遍法治、现代国家和世界历史等核心概念，阐述了康德黑格尔历史理念得以展开的一系列具有内在逻辑联系的概念群落和具体的表达形态。

作为德国古典哲学的开创者和奠基者，康德在用理性理念去评价、塑造和创制现实，即在凸显理念与现实之两个世界的深刻的内在张力上，展示了基于纯粹理性、实践理性、历史理性之本体意义上的自由这一拱心石塑造现实秩序的基本意义，提供了超越经验事实、建立新的经验事实之根据的思想信念，从而表达了自己特有的哲学风格和思想魅力。① 康德哲学中的自由（本体、理性、道德律令）与自然（现象、经验、因果必然）之截然二分、二律背反，经典而又鲜明地凸显了理念与现实之间的深刻的内在张力，以及以前者规约、塑造、创制后者的深刻而又崇高的观念力量。② 这是康德历史—政治哲学之所以具有巨大生机和深刻魅力的基本原因之一，也是康德历

① 李泽厚先生多次用“两个世界与一个人生”的解释框架来标识西方哲学与中国哲学的重大差异。他以康德哲学为例来说明两种哲学的不同特征：康德的绝对命令（categorical imperative）无上崇高，高居感性世界之上，而儒学是以“仁”为本，不离感性却又同等崇高，因此它们是两个世界（天国/人世）与一个人生之分。而中国之所以是“一个世界”，盖因巫术世界观之直接理性化，此乃中国古史及思想史之最大关键。（参见李泽厚：《论语今读》，安徽文艺出版社 1998 年版，第 35 页。）

② 康德凸显自由与自然、理念与现实之内在张力的深层哲学动机，在于凸显以前者规约、塑造、创制后者的崇高的观念力量，从而最终达到和实现两者的有机统一：“康德对启蒙的理解包含着调和自然与自由、尘世王国与道德王国的深刻努力。……理性在社会领域的运用尽管是某种不纯粹的、对抗性的运用，却能够使政治更加合乎于道德，因为政治的公共性原则与道德的普遍性原则是最终一致的。”（张盾、田冠浩：《黑格尔与马克思政治哲学六论》，学习出版社 2014 年版，第 153—154 页。）在伦理与政治、自由与历史的历史性的统一中，康德伦理学的形式主义还是人们常常批评的那个抽象的、空洞的、苍白的、彼岸的形式主义吗？康德的实践理性与历史理性的内在贯通，康德的理性、自由与普遍法治的有机统一，实际上已经赋予康德伦理学的形式主义实在的或实质性的历史规定和现实内容。因此如何看待康德伦理学的形式主义仍然是一个需要探讨的重大问题。

史一政治哲学提供给我们的最重要的启示之一。“康德的法哲学和政治哲学都是以其道德哲学为依归的，‘道德王国’是‘尘世王国’的**原型、原理**，唯有依靠理性的普遍运用，公民和国家间的和平而可靠的联结才是可能的，自由的王国才是可以展望的。康德坚信，到他的时代，**理性**经过社会和文化的磨砺已经积累了足够的力量，终于达到了它的启蒙阶段，要对心灵的自由世界和社会的感官世界实施它的**统治**。这就是康德看到的启蒙。”①

在康德那里，理论理性与实践理性表征着人的先验的认识能力和意志能力，前者从感性出发经过概念而终于原理，为自然立法，为科学真理奠基；后者作为不受经验制约的超验的主体，从原理出发到概念再到感性，为自由立法，捍卫人的尊严。理论理性与实践理性是两种不同的先验能力，但又都是同一个纯粹理性，它们追求的是一种不能在经验范围内发现的、超验的和无条件的普遍必然的先验法则。与理论理性相比，实践理性居于优先地位，即（自由）本体统一（自然）现象，认识世界从属于意志世界。②

康德实践理性的道德法则所宣示的绝对命令，鲜明地凸显了自由与自然、本体与现象亦即理念与现实之二律背反的深刻而巨大的内在张力：绝对命令之为绝对命令，在于它是任何人都普遍具有的无条件的、必然的、先验的指挥行为的一种强制的、必须无条件服从的客观力量。绝对命令之所以具有这种力量，在于它不是来自经验而是来自纯粹理性。绝对命令作为人必须服从的最高原则，要求人的行为不掺杂任何欲望、情感、利益、效果的考虑，它必须是无任何功利地为义务本身而尽义务。康德所提出的三条先验的道德原则，即普遍的立法原理、人是目的、意志自由，作为不容置疑的绝对命令，最终都围绕着自由这一核心观念展开，都以人的意志自由为前提、基础和根据，自由是作为目的而存在的一切有理性者的本质。每个人都应该将他自己和别人不是当作工具而是目的来看待，是一切有理性者都必须服从的

① 张盾、田冠浩：《黑格尔与马克思政治哲学六论》，学习出版社2014年版，第153页。黑体为引者加。张盾先生在这里所谈到的康德关于道德王国是尘世王国的原型、原理，以及普遍的理性对心灵和感官世界的统治，表达了这样两层含义：一是理念（理性、自由）世界与现象（功利、幸福）世界之间的深刻的内在张力；二是在这种张力下纯粹实践理性对自然感性世界实施统治的实践原则所具有的力量。这是康德整个历史、政治哲学所具有的基本特征之一。

② 参见苗力田、李毓章主编：《西方哲学史新编》，人民出版社1990年版，第547—548页。

共同的客观规律，而由此所产生的由一切有理性者所组成的系统就是目的国：每一个人都是绝对自由的国度。①

先验与经验之间的矛盾，亦即道德与历史、本体与现象的矛盾，展示和表达了康德基于理性的道德命令去干预、规约包括历史在内的经验的现象世界的深刻哲学动机。两个世界的内在张力在康德哲学的这些特定的概念系统中达到了它的独特而又深刻的境界。康德哲学中的两个世界的内在张力，无论在伦理领域还是在历史领域，都鲜明而有力地凸显了人类的道德尊严和道德力量。②

4. 用理念建筑现实：两个世界内在张力的和解形态

黑格尔历史哲学给予我们的深刻启示，就在于它自觉地表达了理念与现实的和解，强调用理念建筑现实。这里的理念，就是黑格尔所自觉表达的理性、自由与现代国家的现代原则。

理念与现实的深刻的内在张力作为西方哲学的深厚传统和基本特征，以最自觉的典型形态集大成式地体现在黑格尔的全部哲学中。理念世界与现象世界的相互关系在黑格尔历史—政治哲学中得到了系统更新和逻辑自觉，具有与以往哲学相比更加丰富、更加鲜明的时代内容和表达形态。两个世界的内在张力与理性自由的历史理念之间的内在逻辑关联，在黑格尔历史—政治

---

① 值得注意的是，以自由理念为核心法则的康德哲学，竟反映和表达在19世纪关于工人运动的理论中：“柯亨便认为，康德是德国社会主义的真正创始人，康德的绝对命令只能在社会主义社会实现，剥削消除了，人就不再是工具，而是目的。第二国际的领袖们也认为，社会民主党是实现康德伦理学的政党，**社会主义是伦理理想**，剥削当作伦理的恶来憎恨。以阿德勒（M. Adler）为代表的奥地利学派的马克思主义，则宣传康德哲学是现代社会主义的来源，认为社会主义‘**首先是伦理的必要性**’，它的经济规划是道德律令的表现，从而要求从康德式的信仰中去吸取革命的力量。第二国际的主要代表之一伯恩斯坦说：‘必须有一个康德……对传统的教义进行批判’，‘伦理因素有比以前更为广阔的独立活动的余地’，‘我实际上并不认为社会主义的胜利要取决于它的“内在的经济必然性”……我认为给社会主义提供纯粹唯物主义的论证，既不可能，也不必要’。”（引自李泽厚：《批判哲学的批判：康德述评》（修订第六版），生活·读书·新知三联书店2007年版，第374—375页。黑体为引者加。）

② “康德的物自体使主观性与客观性处于分裂和对抗之中，康德的解决就是用主观性压制客观性，用形式压制内容，用应当压制现实，其后果是使哲学完全退入内省领域而丧失干预现实的能力。”（张盾、田冠浩：《黑格尔与马克思政治哲学六论》，学习出版社2014年版，第30页。）康德在这里凸显的是理念（应当）与现实（经验世界）的关系，亦即本体高于现象、道德高于历史之两个世界的矛盾关系和深刻张力。这种矛盾和张力本身就是力量，就显示着自由理念的崇高和道德力量的尊严。在《历史理性批判文集》中，康德实际上是在本体与现象、道德与历史之间搭建了相互沟通的桥梁，大自然的隐秘计划是在经验的人类历史中得以进行和实现的。

哲学中得到了深度挖掘和自觉表达。通过精神、理性、自由、世界精神、现代国家、世界历史等所组成的概念群体和范畴列队，黑格尔建构了规模宏大、系统严密的历史—政治哲学体系，形成了历史—政治哲学的核心主题和基本原则，阐述了两个世界的内在张力与理性自由的历史理念得以展开的具体的、历史的哲学形态。

这个具体的、历史的哲学形态，就是黑格尔所自觉表达的“用理念建筑现实”的伟大的现代原则、实践理念和解释框架。历史性地阐释和发挥这个原则、理念和框架，既是黑格尔历史—政治哲学自觉担负的历史使命，也是它的基本贡献之一。与康德执着于主观性与客观性、应当与现实的紧张关系不同，“黑格尔认为哲学必须同内省倾向决裂，重新恢复干预社会现实的能力，为此必须重建在康德哲学中失落的主观性与客观性的统一”[①]。黑格尔哲学的基本目标是“用理念建筑现实”，实现理性与现实的和解。“从历史看，**理性与现实的同一性**这个思想有其深刻的历史渊源，决非仅仅得自哲学思辨。根据洛维特的研究，黑格尔哲学思考的最初动机就是一种‘世界历史感’。……而所有这一切都归因于黑格尔是法国大革命时代的产儿，在黑格尔看来，法国革命表现的原则就是‘**思想应当统治现实**’。正是在那个重大历史事件的帮助下，黑格尔才幸运地提出了理性和现实同一这一深刻思想。”[②] 黑格尔强调，“哲学与经验的一致至少可以看成是考验哲学真理的外在的试金石。同样也可以说，哲学的最高目的就在于确认思想与经验的一致，并达到自觉的理性与**存在于**事物中的理性的和解，亦即达到理性与现实的和解。”[③] 由此可见，“理性与现实的和解”不仅是现代日耳曼世界即现代世界历史自身的客观法则，而且是黑格尔理解和阐释世界历史的哲学原则。

深厚而巨大的世界历史感是黑格尔历史—政治哲学的基本特征。黑格尔用理念建筑现实的一个深刻的哲学动机，就是用精神的普遍性原则去规约自然的特殊性冲动。从黑格尔历史—政治哲学的角度来说，世界精神的本质在于自由，而自由精神、自由意识的进展作为世界历史的内在本质和深层逻

① 张盾、田冠浩：《黑格尔与马克思政治哲学六论》，学习出版社 2014 年版，第 30—31 页。

② 同上书，第 33 页。黑体为引者加。

③ ［德］黑格尔：《小逻辑》，商务印书馆 1980 年第 2 版，第 43 页。黑体为引者加。

辑，是普遍性的自由对特殊性的自然的克服、超越和扬弃，是自由原则从有限性到普遍性的确立和发展的过程。黑格尔之所以把包括中国和印度在内的东方世界排除在世界历史的局外，是因为他认为东方世界依然处于自然性原则的统治之下，精神依然汩没在自然之中。

在黑格尔历史—政治哲学的视野中，理念与现实的和解只有在现代日耳曼世界才成为可能。作为世界精神本质的自由的理念，在实现自身于世界历史的漫长历程中，始终处于与现实的紧张、矛盾和分裂的深刻的内在张力中：在东方世界，自由还沉睡、掩埋在自然之中；在古希腊罗马世界，由于奴隶制的存在，自由也仅仅是少数人的自由，普遍自由的理念与现实依然处于分立状态；只有在现代日耳曼世界，由于精神终于意识到基督教的普遍性自由的理念和原则，“用理念建筑现实”才作为一个伟大的现代原则而得到确立，理念与现实才在逻辑上与历史上达到了和解与统一。自觉地理解这种和解与统一，是黑格尔本人高度自觉地担负的一种哲学使命。

从法哲学、政治哲学角度来说，黑格尔用理念建筑现实的又一个深刻的哲学动机，是以理性国家的普遍性去规约、塑造和提升市民社会的特殊性，让普遍性成为特殊性的真理和故乡。黑格尔之所以强调现代理性国家高于市民社会，之所以强调市民社会的个人成为国家的成员是最高义务，根本原因就在于，现代日耳曼世界的理性国家是普遍性与特殊性、客观自由与主观自由的统一，理性国家是市民社会的真理形态。“按照黑格尔的看法，**近代是自然与精神的矛盾充分发展的时代**，传统伦理共同体的直接统一性丧失之后，近代对人性的理解回到自然的起点上，表现为市民社会的特殊性原则：在市民社会中，每个人都把自己的私利当作目的，其他一切都是虚无。正因此，黑格尔把**自然**当作了反思近代政治哲学的起点，市民社会就它是‘个人私利的战场’来说，‘它在自身中还保持着**自然的**，亦即**任性的特殊性**，换句话说，保持着自然状态的残余’。但与此同时，近代主观性的无限反思却将普遍性理解为市民社会的真正基础和最后目的，正是在客观与主观统一的意义上，市民社会被黑格尔反思为最能体现伦理之创制本意的一种制度安排。”[①] “既然市民社会作为特殊性的领域和私人利益的战场存在着普遍性的

① 张盾、田冠浩：《黑格尔与马克思政治哲学六论》，学习出版社 2014 年版，第 171 页。黑体为引者加。

深层结构，而普遍性又是以私利与公共善之间积极的肯定关系的方式起作用，那么市民社会两大构成原则的差别和联系可以在两个相对应的方向上展开。……黑格尔实现的**伟大综合**是，真正的伦理既拥有思想的纯形式又包含特殊内容于自身，所以是**‘概念与实在的同一’**；真正的普遍性是以特殊性为对立面、同时又让特殊性返回到自身的普遍性……这样的**普遍性是对特殊性的解放**，让特殊性的内容不再以自然冲动的形式而是以义务的形式表现出来，在义务中个人得到解放而自由。”① 这就是黑格尔所实现的历史哲学与政治哲学的深刻贯通。

“用理念建筑现实”“理念与现实的和解”作为一个历史性的重大哲学论断，表达了黑格尔关于哲学使命的高度自觉和伟大抱负。黑格尔提出这一重大论断的深刻的哲学动机、真实意图和基本秘密，并不是向现实的普鲁士国家的妥协和投降。库尔珀的分析和评论是公允的和客观的：“黑格尔相当仔细地勾勒出了这种合理国家的制度轮廓……他独特的制度提议却并非是任何特殊欧洲国家的结构的回声。诚然，他曾受到他那个时代的普鲁士政府的影响……但他绝不是任何一个体系的辩护士。”② 黑格尔历史—政治哲学高举的是自由精神的旗帜，是用自由的原则和理念去规约、塑造和建筑现实的世界秩序，去建立作为普遍性与特殊性、客观自由与主观自由相统一的现代理性国家。黑格尔在理念与现实的内在张力、和解与统一中，清醒而自觉地表达了这一伟大的现代原则落实于现代世界的基本意义。

以康德、黑格尔哲学为卓越代表的德国古典哲学的根本特征之一，是以德国人特有的思辨智慧和思想创造，凸显了人类用理念原则去审察、规约、塑造和创制现实秩序的思想趋向和精神力量，并以思辨哲学的深刻概念和规范语言做了史无前例的系统推论和逻辑表达。他们在纯粹理性、实践理性，在精神、理性、自由、权利、普遍法治，在绝对精神、绝对理念、世界精神、理性国家、世界历史等等由思辨哲学的概念家族所组成的理念世界中，展示

---

① 张盾、田冠浩：《黑格尔与马克思政治哲学六论》，学习出版社 2014 年版，第 171—172 页。黑体为引者加。张盾先生在这里所说的“伟大综合”“概念与实在的同一”，实际上就是黑格尔在其历史—政治哲学中自觉地追求、阐释和展示的自由理念与现实世界之两个世界的内在张力的和解与统一。

② ［美］库尔珀：《纯粹现代性批判——黑格尔、海德格尔及其以后》，商务印书馆 2004 年版，第 174 页。

了人类精神所具有的探析世界奥秘、创制理想社会秩序的青春活力和思想生机，展示了人类所特有的用理性理念变革旧世界、建筑新世界的深刻而巨大的精神力量。

5. 历史观点与阶级观点、形式自由与实质自由的内在张力：马克思历史理论的多重的内在张力

马克思历史理论基于实践批判的基本观念，即作为社会批判理论与行动—实践哲学，作为透视、揭露资本的本质和秘密的资本哲学，对理性、自由、普遍法治和现代国家的基本内涵和阶级基础进行了彻底的实践批判和历史论证。在从《1844 年经济学哲学手稿》到《资本论》的经济学—哲学批判中，马克思通过揭示资本与劳动的深刻对立，在历史与逻辑的具体的统一的系统阐释中，以不容辩驳的经济学—哲学批判的逻辑证明了：理性将不再是资本赢得利润进行无限扩张的精神工具；自由也必须超越资产阶级所规定的阶级局限，并变革为无产阶级的阶级自由和全人类的彻底解放；以普遍法治为表达形态的现代国家的狭隘的阶级性质，只有在摧毁资产阶级国家政权的社会革命中，在无产阶级专政和无产阶级国家政权的确立中才能得到根本性变革。因此，对现代资产阶级的理性、自由、普遍法治、国家本质的实践的和历史的批判，就成为马克思历史理论彻底否定资本主义现存秩序、争取无产阶级的阶级自由和人类彻底解放的精神旗帜。

这里必须强调指出，尽管马克思严厉批判了黑格尔哲学关于“理念与现实已经和解”的历史理念，尽管马克思哲学具有不同于以往所有哲学的根本特征和阶级性格，但两个世界的基本理念与内在张力仍然以独特的内容和方式存在于马克思的经济学—哲学批判的精神内核之中：在物化、异化与自由个性之间，在资本与劳动之间，在资本主义的现存秩序与作为“自由人联合体”的共产主义的社会理想之间，以及在现代资产阶级越出国界开辟世界市场与世界历史的发展趋势之间，都存在着不可调和的紧张、矛盾和对立，共产主义的理论与实践必将不断地开辟着扬弃所有这些矛盾的现实的合理的发展道路。

（1）《共产党宣言》：马克思历史理论之多重内在张力的一个证明。

马克思历史理论是一个由多重的内在张力构成的思想体系，这一理论特性最集中地体现在《共产党宣言》这一篇幅不大的经典文献中。

A. 历史观点与阶级观点的内在紧张、矛盾和对立

在《共产党宣言》第一章的“资产者和无产者”中，马克思恩格斯首先强调的是“至今一切社会的历史都是阶级斗争的历史”①，论述了历史上罗马和中世纪时期阶级斗争的具体形式及其后果，并着重全面系统地阐明了现代社会的阶级对立和阶级斗争的产生、特点和本质。马克思恩格斯特别强调，资产阶级时代的特点“使阶级对立简单化了。整个社会日益分裂为两大敌对的阵营，分裂为两大相互直接对立的阶级：资产阶级和无产阶级”②。马克思恩格斯深刻地剖析了现代生产力与生产关系、交换关系的不可调和的内在矛盾，得出“资产阶级不仅锻造了置自身于死地的武器；它还产生了将要运用这种武器的人——现代的工人，即**无产者**”③。马克思恩格斯分析了两大阶级斗争的历史及其性质，强调“单个工人和单个资产者之间的冲突越来越具有两个阶级的冲突的性质”④。工人阶级的联合斗争伴随着现代大工业所造成的日益发达的交通工具而得到加强。“在当前同资产阶级对立的一切阶级中，只有无产阶级是真正革命的阶级。”⑤ 因为“过去的一切运动都是少数人的，或者为少数人谋利益的运动。无产阶级的运动是绝大多数人的，为绝大多数人谋利益的独立的运动”⑥。马克思恩格斯深刻地揭示了两大阶级对立的深刻经济根源，强调“资产阶级生存和统治的根本条件，是财富在私人手里的积累，是资本的形成和增殖；资本的条件是雇佣劳动”⑦。现代社会的生产力与所有制关系的内在矛盾，必然导致它的历史性的终结：“随着大工业的发展，资产阶级赖以生产和占有产品的基础本身也就从它的脚下被挖掉了。它首先生产的是它自身的掘墓人。资产阶级的灭亡和无产阶级的胜利是同样不可避免的。”⑧ 这就是马克思恩格斯通过强有力的、普遍

① 《马克思恩格斯文集》第2卷，人民出版社2009年版，第31页。恩格斯在1888年英文版所加的注释中，有这样一段文字：“这是指有**文字**记载的全部历史。在1847年，社会的史前史、成文史以前的社会组织，几乎还没有人知道。……随着这种原始公社的解体，社会开始分裂为各个独特的、终于彼此对立的阶级。”（《马克思恩格斯文集》第2卷，人民出版社2009年版，第31页。）

② 同上书，第32页。

③ 同上书，第38页。

④ 同上书，第40页。

⑤ 同上书，第41页。

⑥ 同上书，第42页。

⑦⑧ 同上书，第43页。

的阶级观点和阶级分析方法，所凸显和展示的关于现代世界的阶级矛盾和阶级斗争的基本原理和基本结论。

但是，马克思恩格斯的历史观点与阶级观点总是如影随形，历史观点与阶级观点的内在的紧张、矛盾和对立，在《共产党宣言》中得到了突出而鲜明的表达。在考察现代世界阶级对立关系的产生和发展的过程中，马克思恩格斯同时又客观地、历史性地阐明了现代资产阶级开创世界历史的历史使命："美洲的发现、绕过非洲的航行，给新兴的资产阶级开辟了新天地。东印度和中国的市场、美洲的殖民化、对殖民地的贸易、交换手段和一般商品的增加，使商业、航海业和工业空前高涨，因而使正在崩溃的封建社会内部的革命因素迅速发展。"① 航海业、工场手工业之于封建社会的革命性作用，蒸汽机、机器之于工业革命的推动作用，大工业之于世界市场的产生，世界市场又反过来推动商业、航海业和交通业的发展，以及由此造成的工业的发展和进步，特别是资产阶级对一切封建的、宗法的和田园诗般的关系的摧毁，对生产工具、生产关系乃至全部社会关系的不停顿的革命，以及由此而来的资产阶级奔走全球、消灭古老的民族工业，在使未开化半开化的国家从属于文明国家、农民的民族从属于资产阶级的民族、东方从属于西方的过程中，形成了"**统一的**政府、**统一的**法律、**统一的**民族阶级利益和**统一的**关税的**统一的**民族"②，"许多种民族的和地方的文学形成了一种世界的文学"③。马克思恩格斯以大量的笔墨、文字和篇幅，以现代大工业为主导的生产力与生产关系、经济基础与上层建筑的矛盾分析框架，深刻地揭示了民族历史向世界历史转变的基本过程和内在逻辑。《共产党宣言》中的世界历史思想，在整个马克思世界历史理论中是最具生机的大放光彩的经典篇章。

马克思恩格斯一方面深刻揭示了现代社会的阶级矛盾和阶级对立，一方面又历史地、客观地肯定了现代资产阶级摧毁封建的生产关系、社会关系和政治关系，开辟世界历史的巨大功绩和革命作用。这两个维度在同一文本中的展开和发挥，构成了历史观点与阶级观点的深刻的内在紧张、矛

① 《马克思恩格斯文集》第2卷，人民出版社2009年版，第32页。

② 同上书，第36页。

③ 同上书，第35页。

盾和对立。[①] 但这一内在的紧张、矛盾和对立在世界社会主义史上却一直未能得到理解、阐释和表达。这是我们理解世界社会主义理论与实践之成功、教训和失败不可不深入挖掘的一个重要视角和解释框架。[②]

B. 形式自由与实质自由的内在紧张、矛盾和冲突

与历史观点与阶级观点的内在紧张、矛盾和对立密切相关，马克思恩格斯在透视、剖析现代资产阶级的所有制、国家机器、价值观和意识形态的过程中，合乎逻辑地展示了现代社会中所存在着的形式自由与实质自由的内在紧张、矛盾和冲突。

在《共产党宣言》第二章即“无产者和共产党人”中，马克思恩格斯明

---

① 历史观点与阶级观点的内在紧张，在某种意义上又可以表达为历史主义与伦理主义的内在紧张。包括世界历史理论在内的整个马克思历史理论中的历史观点与阶级观点的深刻的内在紧张，是马克思在1850年代透视和阐释英国之于中国和印度之历史使命的过程中的一个基本的解释框架。但是需要强调的是，如果说在《资本论》中，马克思的阶级观点与历史观点相比处于绝对优势地位，那么在1850年代关于东方世界的观察、思考和评论中，即在关于英国之于中国和印度的历史使命的论述和阐发中，马克思的历史观点与阶级观点的关系却正好反过来，即历史观点与阶级观点相比处于绝对优势甚至压倒地位。笔者把这一现象表述为历史优先、压倒伦理，伦理为历史让路的解释范式。这是马克思与黑格尔在面对现代西方的资产阶级世界时存在重大分歧，而在理解东方世界时却存在着惊人一致，即把东方世界理解、规定和解释为没有历史的基本原因之一。这是马克思（世界）历史理论中一个非常有意思的现象，也是马克思与黑格尔在（世界）历史理论之相互关系问题上的一个非常重要的问题，值得特别关注和深入研究。

② 毛泽东作为中国共产党第一代领导人的最杰出代表，其对《共产党宣言》的理解，无论对中国共产党人关于《共产党宣言》的理解史还是中国的革命实践，都产生了不可估量的重大影响。毛泽东不止一次地说过，《共产党宣言》读了至少上百遍。每一次读都有新的体会，新的收获。在读了《共产党宣言》等书后，“我才知道人类自有史以来就有阶级斗争，阶级斗争是社会发展的原动力，初步地得到认识问题的方法论。……**我只取了它四个字：‘阶级斗争’**，老老实实地来开始研究实际的阶级斗争”。（《毛泽东文集》第2卷，人民出版社1993年版，第379页。黑体为引者加。）讲此话时的毛泽东正在领导中国革命，时代语境决定了《共产党宣言》中关于现代资产阶级开创世界历史的文字，不可能或者说很难引起毛泽东的特别注意。因此包含在《共产党宣言》中的历史观点与阶级观点的内在张力，就在这种情况下被历史地忽视、略过了。这是毛泽东之所以能够理解中国工人阶级、农民阶级的生存地位和苦难命运，并终生为之奋斗的最重要的思想动机之一，也是他之所以能够把工人阶级特别是农民阶级发动、宣传、组织、团结在中国共产党旗帜下的最重要的理论原因之一。毛泽东在建国后一直突出强调阶级矛盾和阶级斗争，强调千万不要忘记阶级斗争，阶级斗争是纲，其余都是目，并在暮年最终发动了长达十年之久的“无产阶级文化大革命”，来解决他心目中的无产阶级与资产阶级、社会主义与资本主义的矛盾和斗争，目的仍然在于防止工人阶级、农民阶级回到革命胜利之前的历史状态中。这一重大历史悲剧当然可以从多视角多维度加以透视和解析，而缺乏历史观点与阶级观点的深刻的内在张力这一思考维度和理解框架，从而忽视现代资产阶级的客观历史作用，当是毛泽东极度凸显国内国际的阶级斗争、没有实行向世界的全面开放政策的基本原因之一。

确宣布共产党人的根本任务是“消灭私有制”①。马克思恩格斯通过阶级观点和阶级分析方法的卓越运用，剖析了现代社会资本与雇佣劳动的真实关系，深刻地揭露了资产阶级在自由与个性问题上的虚假本质，从而凸显了资产阶级社会条件下的形式自由与实质自由的紧张、矛盾和冲突。这一论战是在揭示财产的阶级本质、揭示资本与劳动的深刻对立、从而揭示自由个性的虚假本质的语境和逻辑中展开的：资产阶级“责备我们共产党人，说我们要消灭个人挣得的、自己劳动得来的财产，要消灭构成**个人**的一切自由、活动和独立的基础的**财产**”②。马克思恩格斯断然拒绝这种批判，强调雇佣劳动决不会为无产者创造出财产，“这种劳动所创造的是**资本，即剥削雇佣劳动的财产**……现今的这种财产是在资本和雇佣劳动的对立中运动的”③。从资本的角度来说，“资本不是一种个人力量，而是一种社会力量”，因此“把资本变为**公共的**、属于**社会全体成员的财产**，这并不是把个人财产变为社会财产。这里所改变的只是**财产的社会性质**。它将失掉它的阶级性质”④。从雇佣劳动的角度来说，它的“平均价格是最低限度的工资，即工人为维持其工人的生活所必需的生活资料的数额。……我们决不打算消灭这种供直接生命再生产用的劳动产品的个人占有，……我们要消灭的只是这种占有的可怜的性质，在这种占有下，工人仅仅为增殖资本而活着，只有在统治阶级的利益需要他活着的时候才能活着”⑤。资产阶级社会的劳动与共产主义社会的劳动之所以存在着根本区别，就在于前者仅仅是增殖的手段，而后者则是为了扩大、丰富和提高工人生活本身：“在资产阶级社会里，**资本具有独立性和个性**，而活动着的**个人却没有独立性和个性。**”⑥

马克思恩格斯揭露了资产阶级所理解的个性“不外是资产者、资产阶级私有者”⑦的个性。共产党人通过消灭私有制所消灭的，只是“**资产者的个性、独立性和自由**”⑧。资产阶级生产关系下的自由贸易、自由买卖，只有对于中世纪来说才有意义，对于共产主义来说则毫无意义。因此，“共产主义的特征并不是要废除一般的所有制，而是要废除资产阶级的所有制”⑨。

①② 《马克思恩格斯文集》第2卷，人民出版社2009年版，第45页。黑体为引者加。

③ 同上书，第45—46页。黑体为引者加。

④⑤⑥ 同上书，第46页。黑体为引者加。

⑦⑧ 同上书，第47页。黑体为引者加。

⑨ 同上书，第45页。

“共产主义并不剥夺任何人占有社会产品的权力，它只剥夺利用这种占有去奴役他人劳动的权力。”①

在揭露无产阶级与资产阶级深刻对立的所有制根源的同时，马克思恩格斯还深入揭示了资产阶级关于自由、教育、法等意识形态、上层建筑与经济基础和物质生活条件之间的相互关系，暴露了资产阶级试图利用利己观念来维护他们的生产关系和所有制关系，并把这种暂时性的关系变成永恒的自然规律和理性规律的诡计。马克思恩格斯设想和勾画了社会革命的基本政治步骤和一系列重大的经济和社会措施，并热烈地展望和描绘了在未来的共产主义社会中，伴随着旧的生产关系和阶级对立的消失，形式自由与实质自由的历史性的矛盾和分裂也将彻底结束：“当阶级差别在发展进程中已经消失而全部生产集中在**联合起来的个人**的手里的时候，公共权力就失去政治性质。原来意义上的政治权力，是一个阶级用以压迫另一个阶级的有组织的暴力。如果说无产阶级在反对资产阶级的斗争中一定要联合为阶级，通过革命使自己成为统治阶级，并以统治阶级的资格用暴力消灭旧的生产关系，那么它在消灭这种生产关系的同时，也就消灭了阶级对立的存在条件，消灭了阶级本身的存在条件，从而消灭了它自己这个阶级的统治。”②形式自由与实质自由的内在分裂之彻底扬弃，亦即从对立走向统一，只有在共产主义运动消灭了现存状况之后的共产主义社会中，才能最终变成现实：“代替那存在着阶级和阶级对立的资产阶级旧社会的，将是这样一个联合体，在那里，**每个人**的自由发展是**一切人**的自由发展的条件。”③马克思恩格斯以个人自由为核心原则的联合体这一历史远景为根本理念，深刻地揭露和批判了资本与劳动对立条件下形式自由与实质自由的内在矛盾和深刻冲突，从而凸显了以真正的个体自由为基本原则的共产主义的理念世界与资产阶级的现存世界之两个世界的内在紧张、矛盾和冲突。这是马克思恩格斯创作《共产党宣言》这一伟大作品的出发点和落脚点之所在，是马克思恩格斯创制这一经典文献的深刻的思想动机和理论动机。

马克思恩格斯关于未来自由人联合体的热烈展望，与对现存资产阶级世界的激烈批判之间，形成了巨大而又深刻的内在张力。与从古希腊哲学到德

---

① 《马克思恩格斯文集》第2卷，人民出版社2009年版，第47页。

②③ 同上书，第53页。黑体为引者加。

国古典哲学的整个西方哲学中所存在着的两个世界的内在张力相比，特别是与康德黑格尔历史哲学中的两个世界的内在张力相比，存在于马克思历史理论中的两个世界的内在张力之所以充满了特别突出、极度鲜明的批判的革命的性质和特征，最根本的原因之一就在于，马克思历史理论中历史观点与阶级观点、形式自由与实质自由的内在张力，常常是以内在的紧张、矛盾、对立和冲突的面貌来出场、展示和表达的。马克思之所以不同于康德黑格尔，在于康德黑格尔依然站在现代资产阶级的基本立场和总体框架之内，强调理性、自由与普遍法治，强调现代理性国家对于市民社会的规约、扬弃和超越，强调理念与现实的调解，没有或缺乏普遍的彻底的阶级观点和阶级分析方法，从而没有揭示出现代世界普遍存在的矛盾、对立和冲突。这是两种根本不同的哲学立场和哲学原则。

C. 民族观点与阶级观点的内在紧张、矛盾和对立

和历史观点与阶级观点的内在紧张、矛盾和对立密切相关，马克思恩格斯还探析和阐释了民族观点与阶级观点的内在紧张、矛盾和对立，以及这种紧张、矛盾和对立得到真正解决的社会历史条件。

在《共产党宣言》中，马克思恩格斯关于民族与阶级相互关系的如下论述值得注意：(1) 由于现代的工业劳动和资本压迫，英、法、美、德的“**无产者失去了任何民族性**”①。(2)“在无产者不同的民族的斗争中，共产党人强调和坚持**整个无产阶级共同的不分民族的利益**”②。(3)“**工人没有祖国。**决不能剥夺他们所没有的东西。因为无产阶级首先必须取得政治统治，上升为民族的阶级，把自身组织成为民族，所以**它本身还是民族的**，虽然完全不是资产阶级所理解的那种意思”③。(4)“随着资产阶级的发展，随着贸易自由的实现和世界市场的建立，随着工业生产以及与之相适应的生活条件的趋于一致，各国人民之间的**民族分隔和对立**日益消失”④。(5)“无产阶级的统治将使它们更快地消失。联合的行动，至少是**各文明国家的联合的行动**，是无产阶级获得**解放的首要条件之一**”⑤。(6)“**人对人的剥削**一消灭，**民族对民族的剥削**就会随之消灭”⑥；“**民族内部的阶级对立**一消失，**民族之间的敌对关系**就会随之消失”⑦。由此可见，在民族与阶级的相互关系问题上，马

---

① 《马克思恩格斯文集》第2卷，人民出版社2009年版，第42页。黑体为引者加。

② 同上书，第44页。黑体为引者加。

③④⑤⑥⑦ 同上书，第50页。黑体为引者加。

克思恩格斯把阶级观点置于绝对优先地位，表现了强大的阶级观点，即强调阶级之间的矛盾、对立、斗争及其结果，是影响民族问题、民族关系的真正的决定性因素，阶级矛盾、对立、斗争的消除与消灭，是民族的矛盾、对立、斗争得到解决的根本途径和最终根源。这是马克思恩格斯之所以在《共产党宣言》的结尾以最坚定的信念和强烈的激情，用大写的字体强调和发出“全世界无产者，联合起来!”的伟大号召的基本原因之一。①

马克思历史理论之所以始终充满着巨大的生机，之所以始终充满着战斗的青春，之所以始终凸显出无与伦比的批判的革命的精神，最根本的原因之一就在于，它是一个以现存世界与未来世界之两个世界的内在张力为内在灵魂和统领原则，同时又始终贯穿着历史观点与阶级观点、形式自由与实质自由的内在的紧张、矛盾和冲突，始终贯穿着资本与劳动、历史与伦理、历史与自然、民族与阶级等由多重内在紧张构成的理论结构和思想体系。

（2）马克思资本概念的三个维度所构成的深刻的内在张力。

马克思历史理论作为一个包含着多重的内在张力、具有多种解释框架的思想体系，在马克思的资本哲学中得到了鲜明而深刻的展示。

资本是马克思哲学—政治经济学批判的内在主题，是马克思历史理论和世界历史理论的核心概念，它在马克思哲学—经济学批判的基本逻辑和总体框架中，至少包含着三个基本的维度或方面：一是关于资本的形成史（时间

① 马克思恩格斯关于民族与阶级相互关系问题的观点曾对全世界的共产党人产生重大而深刻的影响。这里我们谈一个非常有意思的政治案例：在几乎整个一生中都在强调阶级和阶级斗争观点的毛泽东，竟有值得注意的阶级观点不再强大而有所退却的两个时期，一个是抗日战争时期强调民族统一战线，毛泽东借助于主要矛盾与次要矛盾相互转化的辩证法，把民族矛盾的重要性置于阶级矛盾之上，并把它作为中国共产党进行革命的三大法宝之一；一个是面对苏联陈兵百万于中苏边境，以及苏联咄咄逼人的世界扩张，晚年毛泽东从国家战略安全出发，提出了著名的三个世界理论，试图倡导在世界范围内建立面对霸权主义的世界统一战线。在中国与阿尔巴尼亚的关系出现严重分裂之后，阿尔巴尼亚官方曾严厉地批判毛泽东三个世界理论是抹杀阶级矛盾和阶级斗争观点的修正主义。

中国在 1978 年结束“以阶级斗争为纲”的治党治国战略、进入全面改革开放时期以后，在民族与阶级关系的观点和政策问题上做了重大调整。1980 年代以前，东南亚各国共产党得到中国的支持和帮助，大都有代表团常驻北京，在中国设有广播电台并得到经济支援，众多高级干部及其子女在中国受训或学习。邓小平 1978 年 11 月访问泰国、马来西亚和新加坡后，逐步调整了外交政策，并逐渐退出对东南亚各国共产党和游击队的支持。当李光耀谈及中国必须停止革命输出时，邓小平当时所做的让李光耀感到惊讶的肯定性的反应，是一个耐人寻味的具有历史性意义的政治事件，它标志着中国政府在对外开放的同时不再搞革命输出，从而极大地改变了中国对外关系的基本格局，成为中国真正走向世界的一个重大的外交政策调整，也是中国走向世界过程中的意识形态问题上的革命性变革。

维度）的考察，这是从整个人类史来看的、从中世纪向现代社会过渡的具有历史性意义的资本概念。在这一维度和意义上，马克思强调资本的诞生和自由工人的出现标志着人类历史的一个新时代，包含着一部世界史。二是关于资本“越出国界”、进行殖民主义的世界性扩张（空间维度）的考察，这是克服自然崇拜、克服地方性发展和旧的生产方式、克服民族的界限和偏见、创造世界市场和世界文学的资本概念。这两个维度或方面，即关于资本的生成史的历史时间维度，关于资产阶级（资本）越出国界、开辟世界历史的“伟大的文明作用”即资本的客观历史作用的世界空间维度，马克思没有专门著作加以系统的、严密的论述和展开，而是体现、散见、表达在《1844年经济学哲学手稿》《德意志意识形态》《共产党宣言》《1857—1858年经济学手稿》等一系列前《资本论》的著作文本以及发表在《纽约每日论坛报》上的大量政论、时评中。三是在资本主义生产方式内部的、资本与劳动对立意义上的作为批判对象的否定性的资本概念。这一维度或方面体现在马克思的主要著作特别是《资本论》这一卷帙浩繁的巨著所展开、所表达的理论语境中。《资本论》通过使用从抽象到具体、历史与逻辑相统一、实证分析与理论推论相结合、人体解剖和猴体解剖的辩证法等一系列科学方法所进行的系统的政治经济学批判，使这一维度或方面得到了最大篇幅和文字规模的系统严密的阐释和表达。

马克思在探索、解剖、阐释资本概念所包含着的三个维度（方面）的过程中，形成并深刻地阐明了历史观点与阶级观点的内在紧张、矛盾和对立。总体说来，马克思关于资本问题的历史观点，亦即关于资本的文明面即伟大作用的历史分析，主要体现在1844—1858年的一系列著作和手稿中。尽管马克思在这些著作和手稿中依然以资本批判即资本与劳动对立的阶级观点、阶级分析为重心，但在资本诞生史、资本殖民扩张史的分析和阐释上，也用了大量的笔墨、文字和篇幅，并由此成为马克思历史理论特别是世界历史理论中大放光彩的思想篇章。我们把马克思关于资本诞生、资本殖民扩张之客观历史后果即世界历史性意义的精彩论述和基本观念，称为历史观点。

马克思关于资本问题的阶级观点，虽然一以贯之地存在于马克思整个一生的著作中，但它的最集中最系统的表达，是在已经出版的《资本论》诸卷特别是《资本论》第1卷中。尽管已经出版的三卷《资本论》中依然留有关于资本诞生史、资本殖民扩张史的分析和阐释，例如《资本论》第 1 卷的第 25 章“现代殖民理论”，但恰恰在这一我们本应期待关于一个殖民扩张问题的篇幅可观、意蕴精深的最后一章中，马克思却并没有为我们展示出他关于殖民问题的世界历史意义的系统分析，马克思安排和写作这一章的目的，依然是通过批判韦克菲尔德的殖民理论，来展示殖民地的资本与劳动的对立状况即现代阶级关系的产生问题。与此前的《1857—1858 年经济学手稿》相比，马克思关于资本诞生史和殖民扩张史的那些关于历史观点的大放光彩的深刻论断，在《资本论》第 1 卷中都已经被大大精简和删除了。①

马克思之所以在正式出版的《资本论》第 1 卷中大大收窄、压缩了关于资本的客观历史作用的肯定性评价的文字，基本原因当在于通过凸显阶级观点和阶级分析方法，把论述和阐发的重心放在资本与劳动的对立的基本主题上来，并以此自觉地去培育、塑造现代无产阶级批判和改变现代世界的阶级意识。我们把马克思重在揭示资本与劳动的对立、从而通过揭示剩余价值的来源即资本主义剥削的秘密来培育无产阶级的阶级意识这一基本的阐释维度，称为阶级观点。

马克思在作为实践批判的哲学—经济学批判中，在揭示资本与劳动的深刻对立的过程中，内在地包含着历史观点与阶级观点、形式自由与实质自由的内在张力。马克思以资本的概念、法则和逻辑为核心主线逐步形成和建构起来的、包括世界历史理论在内的全部历史理论，之所以充满着巨大的生机和魅力，最根本或最重要的原因之一就在于，在资本概念三个维度之间的内在贯通、相互支撑和协同作战中所共同形成的具有多重的复合结构和深刻的内在张力。马克思通过这种多重的内在张力所表达出来的内在紧张、矛盾和冲突，为我们考察、解释和规定马克思历史理论的基本精神和主要特征，提供了特别深刻的透视视角和非常有力的解释框架。

关于资本概念的第三个维度，即马克思关于资本哲学—经济学批判中的

---

① 张盾先生敏锐地注意到《资本论》第 1 卷与《1857—1858 年经济学手稿》在关于资本的历史观点问题上存在着篇幅上的重大区别：“**历史研究的内容**在后来出版的《资本论》第 1 卷中大大压缩。”（张盾、田冠浩：《黑格尔马克思政治哲学六论》，学习出版社 2014 年版，第 277 页。黑体为引者加。）这一重要区别说明，在马克思不同时期的不同文本中，关于历史观点与阶级观点的内在张力并非一成不变的均衡结构，论域、问题、重心、语境不同，构成这一内在张力的两个方面的地位、作用和特征，甚至篇幅、文字和语气等等，都会显示出不容忽视的重要差异。

阶级观点和阶级分析方法，无论是在马克思本人的著作所占的篇幅和比例中，还是在后继者关于马克思哲学—经济学批判即马克思历史理论的理解史中，特别是在社会主义国家理论界关于马克思主义理解的总体图景中，都曾长期占据着压倒一切的地位。而马克思考察资本的前两个维度，即资本的形成史（时间）和扩张史（空间）的维度，作为马克思历史地肯定资本的伟大的文明作用的历史观点，却在战争与革命时代、在传统社会主义特殊的历史条件和意识形态语境下，被遮蔽、淹没在阶级观点和阶级分析方法占绝对主导地位的崇山峻岭和汪洋大海中。马克思历史理论中所包含的、原本就存在着的历史观点与阶级观点、形式自由与实质自由的内在张力被割裂为抽象对立和绝对对峙。这是关于马克思历史理论和马克思主义的理解史、阐释史中需要再探讨和再反思的重大问题之一。

6. 历史与世界历史转变中的中国和印度：马克思世界历史理论的个案考察

资本追求普遍性的内在本性，必然推动着它从国内走向世界，把整个地球作为它获取财富和剩余价值的战场。而由此产生的殖民扩张的世界历史性后果，在马克思关于资本论的写作计划中是一个重要组成部分。马克思在《1857—1858年经济学手稿》中所设计的关于资本研究和写作的路线图，虽然是在谈论他关于政治经济学批判的写作计划和篇章布局，但这里的“篇章布局”却向我们描述和阐明了资本扩张史即世界历史的基本的演化逻辑和发展形态。马克思从逻辑上规划他的政治经济学批判的研究路径，是按照资本的生成和发展、越出国界的殖民主义的世界性扩张、危机和消亡的基本逻辑来考虑、安排和构架的。

英国对中国和印度的殖民和侵略，由此进入了马克思世界历史理论的视野和框架中。工业革命后迅速发展、崛起和强大的英国加紧了对东方世界的侵略，导致中国和印度相继发生了许多重大事件，引起马克思恩格斯的特别关注。因此，关于东方社会的殖民问题，无论在马克思关于政治经济学批判的总体布局和写作计划中，还是从马克思世界历史理论的特定视角来看，都具有非常重要的地位。

马克思世界历史理论所揭示的历史向世界历史转变这一发生在现代世界大地上波澜壮阔的历史潮流，是我们考察殖民地半殖民地民族的历史命运所应当依据的总体性背景。马克思世界历史理论深刻揭示了历史向世界历史转变的实际进程和基本规律，是人类从传统社会进入现代社会的一个经典的哲学确证，为我们考察现代世界这一变革历程提供了一个基本的解释框架。马克思于1850—1860年代曾给予中国和印度问题特别关注，在《纽约每日论坛报》上发表了数十篇关于中国和印度的论文和时评，这些论文和时评在马克思世界历史理论的解释框架中地位独特，是我们研究马克思世界历史理论所应当特别关注的、具有极大代表性的典型个案。从马克思世界历史理论出发深入考察近现代中国和印度所发生的历史变革，把它置放到历史向世界历史转化的总体性的广阔背景中，来探索和揭示作为民族历史的中国历史向世界历史转变的历史轨迹和变革逻辑，不仅有助于马克思世界历史理论研究的深化，而且是我们深入考察近现代中国历史变革的一个独特而有益的视角。

马克思关于西方现代机器大工业瓦解和破坏东方传统社会结构，关于历史向世界历史转变过程中历史与伦理之内在矛盾和巨大冲突的世界历史理论，极其鲜明而又深刻地体现在马克思关于中国和印度问题的考察、研究和阐述中。马克思从政治经济学批判的逻辑和世界历史理论的视野出发，在考察和研究中国与印度社会的基本经济结构和一般社会状况的基础上，通过透视英国之于中国与印度的双重的历史使命，剖析了在实现这一使命的过程中所蕴含着的历史与伦理、历史与自然之间的二律背反和内在紧张，揭示了现代资产阶级（资本）的绝对统治所具有的深刻的内在矛盾，从而历史性地展示了由现代资产阶级自身所产生的伟大的社会革命所必然带来的人类解放的社会历史远景。

7. 历史观点与阶级观点、形式自由与实质自由的内在张力：世界社会主义史的一个考察

解析包括世界历史理论在内的马克思历史理论，挖掘、表达包含在马克思历史理论中关于资本批判、世界历史与自由个性（人类解放）三者有机统一的内在逻辑，是马克思历史理论研究的重大问题。马克思在他的实践批判即哲学—经济学批判中，在探索和展开资本、历史与自由三者内在统一的深刻的理论逻辑和伟大的思想创造中，形成了包括现存世界与未来世界、历史观点与阶级观点、形式自由与实质自由在内的一系列深刻的、多重的内在张力的思想体系。贯穿在马克思历史理论中的两个世界的内在张力，以及在这

一内在张力统摄下所展示出来的一系列复杂的张力结构，为我们深入考察世界社会主义运动的成就与经验、问题与教训，提供了具有强大生命力的解释框架和方法论视角。

重新审视西方历史哲学关于两个世界以及理性、自由与普遍法治的基本理念，我们就可以看到，传统社会主义条件下的学界把两个世界的内在张力与理性自由的历史理念简单地、缺乏分析地批判为唯心主义，并不加边界地、过度地把唯心主义与阶级观点、阶级分析方法无条件地联系在一起，是导致对马克思实践哲学之批判向度的极度夸张和教条主义运用，从而对追求自由与民主、法治与正义、市场与繁荣的社会主义事业造成严重消极作用的观念的、理论的基本原因之一。因此基于对马克思著作文本的深入考察，阐释马克思历史理论中所内蕴着的历史观点与阶级观点的内在张力，并以这一基本观点为透视和解读视角，历史地考察、梳理和阐释马克思历史理论所内含的形式自由与实质自由的内在紧张及其表现形态，就成为马克思实践哲学的重要任务之一。

考察马克思主义发展史，以形式自由与实质自由的紧张、对峙和统一为透视视角、基本线索和解释框架，从历史观和思维方式之变革与转换的角度，历史地、批判性地反思传统社会主义条件下把马克思实践哲学之批判向度推向极端的理论上和实践上的教条主义，是反思和总结 20 世纪社会主义理论与实践的经验和教训、推进世界社会主义健康发展所应担负的哲学使命。

三、成果的学术创新

（1）本成果以理性、自由与实践批判为立论的主题，以两个世界的内在张力与历史理念的动力结构为透视视角和解释框架，在考察西方历史理念之基本特征的基础上，尝试对康德、黑格尔和马克思的历史理念进行探索和研究，并力求以此为基点、为前提，探析和阐明康德、黑格尔和马克思历史观的核心观念和基本问题。

（2）本成果基于马克思著作文本，根据历史与逻辑相统一的方法论原则，详细地梳理和考察了马克思资本概念的三层含义或三个维度。本成果从马克思资本概念的三层含义或三个维度出发，探索、挖掘和阐释了马克思历史理论和世界历史理论所包含着的、相互支撑的内在张力和巨大生机。

（3）本成果对青年马克思《1844年经济学哲学手稿》中的世界历史思想进行挖掘。学界关注《1844年经济学哲学手稿》的重点和兴趣点主要是异化劳动以及《穆勒评注》与第一、第二、第三手稿的相互关系问题，但马克思手稿中的世界历史思想却没有引起学者的充分注意和高度重视。本成果以“地产与动产的对立：‘现代之子’的诞生作为世界历史的现实的发源地”和“摆脱‘地域的和政治的偏见’：‘现代之子’的世界主义的逻辑”为基本线索，对蕴含在手稿中的世界历史思想进行了较为系统和深入的阐释。

（4）本成果认为马克思历史理论中存在着历史观点与阶级观点、形式自由与实质自由的内在紧张，并以此为透视视角和解释框架，尝试对马克思主义发展史和世界社会主义史的经验、问题和教训进行历史的和哲学的反思。

（5）本成果对马克思世界历史理论进行比较系统的文本解读和思想阐释，特别是在此基础上以中国和印度为典型案例，尝试对马克思世界历史理论进行比较深入的个案研究。这在马克思世界历史理论研究的内容、范围和领域的挖掘、拓展、深化上是一个有益的探索和初步的尝试。

《近年出土黄老思想文献研究》概要

曹 峰*

一、研究的目的、意义及所使用的研究方法

1. 研究目的

本成果通过近年出土的考古文献，如郭店楚简《太一生水》，上海博物馆馆藏楚简《恒先》《三德》《凡物流形》等战国时期的材料，以及一部分上世纪70年代出土的西汉帛书，如马王堆帛书《黄帝四经》《物则有形》图等，试图对早期黄老道家的面貌做出研究，并对黄老道家的一些基本问题，如哪些出土文献可以认定与黄老道家相关，黄老道家如何走向全盛，老子系统的道家和黄帝系统的道家为何能够合流，黄老道家独特的道论与政论及独特的宇宙论、气论，黄帝的地位与作用，黄老道家特殊的文本结构、思维方式、表达方式做出探索。

2. 研究意义

战国中晚期到秦汉之际，黄老道家极为流行。老庄道家虽具高深哲理，但缺乏落实到现实世界的方案，而黄老之学既以道家思想为主干，又援名、法入道，借用阴阳家之框架，重视儒家的伦理教化，不否定固有的文化传统，着眼于建构现实的价值和秩序，成为一种极具操作性的政治思想。

这样一种历史上曾流行一时、影响甚大的思潮，因为后来儒家成为主流而变得面目不清，其源流、理论、构造、影响等都极为模糊。蒙文通、郭沫

* 曹峰，中国人民大学教授，博士生导师。

若等老一辈学者曾做过一些开拓性的研究，但由于材料过少，他们最终只能勾勒出个别的线索。这种状况到上世纪70年代马王堆帛书出现之后，有了很大的改观，与黄老相关的资料大量涌现，引发了黄老道家第一轮研究热潮，出现了数量众多的论文和一批通论性的著作。然而，由于缺乏新材料的支持，很多问题难以深入，近年来这门学问又开始走向冷落。但是，上世纪90年代以来新材料的逐渐公布，又引发了黄老道家第二轮研究热潮。如果说出土文献在某种程度上改变了思想史版图的话，黄老道家就是极好的例子。因为通过出土文献，黄老道家的内涵才开始丰满起来，具备了立体感。这些出土文献同时激活了过去不受重视的一些传世文献的重新解读。

过去，这项研究之所以不受重视、难以深入，除了材料缺乏之外，也和20世纪西学背景下哲学史、思想史的认识偏差有关。由于学者们倾向于从文献中寻找纯正的、“哲学性”强的内容，道家哲学史多以老庄为主线，黄老道家只在其中占很小的篇幅。其实黄老道家才是战国秦汉之际具有普遍代表性的道家，目前的道家哲学史、中国哲学史描述可以说背离了思想的真实面貌，也和出土文献所见思想的复杂性、多元性有很大距离。因此，我们的研究除了推动黄老道家研究走向深入外，还具有以下三个方面的重要意义和价值：第一，研究成果将促使学界从宏观上调整道家哲学史的基本结构，强化黄老道家的内容。第二，通过黄老道家这一研究个案，促使学界反思中国古代哲学史整体的研究方法和写作方法，使宇宙论、道论、气论、人性人情论等中国特有的思维方式、表达方式得到重视和梳理，使哲学史回归思想的真实面貌。第三，促使过去因为面目驳杂难以分类的文献，如《管子》《吕氏春秋》《淮南子》《鹖冠子》得到更为充分的研究。

3. 研究方法

先文本后思想，是本成果的基本研究法，即尽可能先做文本注释，从文字、句读、编联、文意等角度出发对文献本身做出基础性整理，然后在此之上展开思想分析。如果学者不能从第一步开始，亲自参与对出土文献的直接整理，而是人云亦云，那很有可能被误导，在思想分析上得出有局限的甚至错误的结论。如果对思想线索做出了清晰的梳理，也会反过来对文字、句读、编联、文意的确认产生影响，这两者是相辅相成的。本成果力图将文献学和思想史研究的方法结合起来。

二、成果的主要内容和重要观点

本成果分为三个部分，即第一编“基本问题研究”、第二编“相关文献研究”以及附录部分。“基本问题研究”是对一些综合的、基础的问题做出的描述和思考；附录部分是与本成果主题关联性很强的两篇论文。本成果的重点在第二编“相关文献研究”，这属于具体的、个案的研究，分为五个部分，分别对五部文献及一幅图案做了考察。对于上博楚简《恒先》《三德》，笔者基本上遵循这样的程序，即先做文本注释，然后在此之上展开思想分析。通过本成果第二编第一部分第一章“《恒先》的编联与分章”、第二章“《恒先》注释”，第二部分第一章“《三德》的编联与分章”、第二章“《三德》注释”，笔者对《恒先》《三德》提出了新的编联，并提供了目前学界最为详尽的注本。同时通过白话文译等形式，给学界提供了比较明确的解释。对于郭店楚简《太一生水》，上博楚简《凡物流形》，马王堆帛书《黄帝四经》（尤其是《经法》篇和《道原》篇）、《物则有形》图，笔者在全面收集学界前期成果基础之上，都自己做过或参与过系统的文本考释，因此所有的分析都建立在文本整理的基础之上。但或者因为学界已经有比较好的注本，或者考虑到本成果的篇幅，没有将完整的注本纳入本成果中。不过，通过设置专门的章节以及脚注等，笔者对需要特别关注的部分做了详尽考释。

文本考释最终导向思想分析。本成果集中考察了上述五部文献及一幅图案所见的黄老道家思想。笔者将马王堆帛书《黄帝四经》看作黄老道家体系比较完整、思想比较成熟的作品。通过《黄帝四经》展开的思想分析已经相当多，如天道观、刑名观、刑德观、圣人观等等，学者们的共识是，这是一部“以道全法”的文献，即论述“道”与“法”关系，“道”如何通过宇宙论落实到“法”，“法”如何通过“道”（尤其是天道）获得必然性和合理性。这样的结论固然没有问题，但笔者以为还有探讨的余地。我们注意到在《黄帝四经》三大概念——“道”“名”“法”中，“道”和“法”远远没有“名”讲得多，这是为什么？在黄老道家思想体系中，为什么“名”那么重要？在战国中晚期，为什么“名”是一个时髦的话题，和黄老道家的流行有什么关系？黄老道家的一个基本理念是道生万物，而道生万物就是由无名、无形的“道”走向有名、有形的“物”的过程，形下的、现象的万物都是“道”的体现。与此相应，君主作为执道者，在人间所要从事的一项重要的工作，就是认识和把握形名，在此基础上，建立起人间的名分系统、规则系统，然后让名分、规则系统发挥自我组织、自我管理的功能。因此在《黄帝四经》中，“名”的重要性甚至要超过“法”，只有在“名”确立之后，“法”才有可能发挥作用，这是黄老道家比法家更为深刻的地方。这一点，过去从来没有学者提出并详细论证过，本成果第四部分第二章“‘名’是《黄帝四经》最重要的概念之一——兼论《黄帝四经》中的‘道’‘名’‘法’关系”就试图对此做出全面的解答，相信有助于对黄老道家理解的深化。

黄老道家既是一种庞杂的思想体系，又有其在历史长河中动态发展的历程。本成果把重点放在利用出土文献探索黄老道家早期形态这个层面。这项工作的第一步，是确认近年出土文献中具有黄老道家思想倾向的文献，笔者以为郭店楚简《太一生水》、上博楚简《恒先》《三德》《凡物流形》是其中比较典型的作品，《太一生水》《恒先》《凡物流形》并无太多争议，因为其中从天道到人道、从养身到治国的色彩是比较浓厚的。而《三德》的情况特殊，如第二部分第二章“《三德》注释”所示，学界对于《三德》的思想归属是有争议的。笔者之所以视《三德》为早期黄老道家的作品，原因有三：第一，如第二部分第四章“《三德》所见‘皇后’为‘黄帝’考”所示，笔者详尽地论证了《三德》的内容和黄帝相关。第二，更为关键的是，如第二部分第五章“《三德》与《黄帝四经》对比研究”所示，从用语、用韵、思想构成看，《三德》和《黄帝四经》有密切关系，《三德》有可能是《黄帝四经》的思想来源之一。这样，《三德》也可以视为黄老道家早期文献。第三，《三德》的一些用语和表达方式与《大戴礼记》等儒家文献密切相关，这是有些学者将其归为儒家的原因。但我们发现，和《三德》相近的儒家，是那些重视明堂制度的、较之儒学精神更重儒家礼仪、可以将其理论实际运用于政治实践的那部分儒家，这部分儒家身上往往带有强烈的阴阳家色彩。而黄老道家作为一种包容百家的、实用主义的政治理论，同样对逻辑简明、实用性强、容易理解接受、又具有强烈天道色彩的阴阳家理论，做了充分的吸收和采纳。就是说，通过明堂制度，通过阴阳家说，我们发现，儒家的一部分思想内容和黄老之说有重合之处是非常合理与自然的。原来由于材料的欠缺或注视的不够，只有少数学者能够意识到这一点，现在，大量的出土文献则将这种现象不断呈现出来。上博楚简中除《三德》外，《天子建州》也反映出儒家和黄老你中有我、我中有你的状态。这也正是本成果将“上博简《天子建州》‘文阴而武阳’章新诠”作为附录加入的原因。《三德》的重要价值还在于，我们可以由此考察黄老道家中的重要角色——黄帝，是如何进入其思想系统并发挥作用的。

这项工作的第二步，是研究早期黄老道家的特色以及从早期黄老道家到全盛期黄老道家的演变历程。利用郭店楚简《太一生水》、上博楚简《恒先》，我们可以考察早期黄老道家如何利用各种天道观和宇宙论构建政治哲学。利用上博楚简《凡物流形》，我们可以探讨黄老道家如何把虚无的、难以接近的“道”转换为在政治生活中可以切实感受、发挥出现实效用的“一”，可以探讨从养身到治国这一重要理念在出土文献中是如何得到体现的。

从天道到人道是黄老道家的主要思路，通过对出土文献的考察，我们发现，黄老道家主要通过两种方式来论证。第一是将天道的作用与原理落实到人间，在《黄帝四经》中，这主要表现为阴阳刑德的学说，而在郭店楚简《太一生水》中，则表现为“天道贵弱”的原理。过去的研究过于重视《太一生水》作为一种独特宇宙论的思想意义，结果遮蔽了《太一生水》下半部分“天道贵弱”篇的独特价值。在第四部分第一章“《太一生水》‘天道贵弱’篇的结构与思想”中，笔者通过详尽的分析，发现《太一生水》上下两部分其实应该是两篇独立的文章，现在将两者合在一起讨论是很多误解的源头。其中引发大量争议的“道”和“名”，均需从“天道”的角度去理解。“道”指的是“天道”，“名”指的是“天道”的原理与作用。从天道至人道是此篇的基本思路，由特殊地理形势引申出的“天道贵弱”是原理，政治上的成功与生命的长久，是实际的功效。如果确认《太一生水》“天道贵弱”篇具有典型的黄老思想特征，那么，和《太一生水》合抄的郭店楚简《老子》的性质就值得再探讨。与“天道贵弱”篇有着密切关系的《老子》第七十七章在郭店楚简中没有出现，这是偶然现象，还是有可能在“天道贵弱”篇基础上形成了《老子》第七十七章，就成为非常有意思的思想史话题。我们发现，在《老子》中有很多既讲天道又讲人道的章节，要求人道必须和天道相配合，这是典型的黄老思路，有趣的是，这些有着典型黄老思路的内容全在今本《老子》的最后部分，也是郭店楚简《老子》所不见的部分。在道家思想史上，原始的《老子》如何走向具有黄老色彩的《老子》，是一个极富魅力但又很难解决的课题，现在《太一生水》“天道贵弱”篇的出现，是否为我们提供了一些重要线索呢？本成果附录一“论《老子》的天之道”，虽然和出土文献没有太直接的关系，但笔者却将其附录于后，就是因为有助于这个问题的探讨。

从天道到人道的第二种论证方式是通过宇宙生成论来导出人间政治哲学，郭店楚简《太一生水》上半部分和上博楚简《恒先》均是如此。《太一生水》上半部分向人展示了明白无误的宇宙秩序，然后启示人应该怎么做，可惜后面的部分因为残缺不得而知，但从天道到人道之思路的存在是毋庸置疑的。上博楚简《恒先》保存基本完好，如本成果第二编第一部分第一章“《恒先》的编联与分章”、第五章“从‘自生’到‘自为’——《恒先》政治哲学探析”所示，《恒先》也可以分成上下两部分，上半部分是一部宇宙生成论，下半部分则是政治哲学，其基本思想构造是通过宇宙生成的原理为“天下之明王、明君、明士”解决“天下之事”“天下之名”（还包括“天下之作”“天下之为”“天下之生”）问题时，提供政治上的指导原则。

无论是郭店楚简《太一生水》上半部分，还是上博楚简《恒先》上半部分，都为我们提供了传世文献所不见的、别具特色的宇宙生成论，国内外大量的学者都被这些宇宙生成论所吸引，热衷于讨论物理意义上宇宙生成论的具体细节。在笔者看来，这是被现象牵引，而没有注意到本质问题。本质问题在于，黄老道家所使用的宇宙生成论是不值得过分重视的，早期黄老道家引用了形形色色、五花八门的宇宙生成论和天道原理，只是将其作为一个途径、一种工具，最终无不是为了导出某种人间政治的合理性。

以《恒先》的气论为例，为了证明自生自为这种政治理念的合理性，《恒先》描述了一种不见于传世文献的气论，那就是“气是自生”理论。过去我们依据传世文献，只能将万物生成的动力归结为阴阳气化论一种模式，现在通过《恒先》，可以明确地提炼出另外一种动力因，那就是自生模式。笔者认为，这一发现具有重要意义，不仅是在中国哲学史上找出了另外一种万物生成动力说，而且说明了黄老道家为了证实现实政治原理的合理性，可能对当时的各种天道论做了有意识的选择，也就是说，在普通的生成论中，阴阳气化的生成动力说已经足够，但由于现实政治的需要，才有意强调了、突出了“气是自生”之生成论。因此，楚简也就为我们研究黄老道家早期多元形态提供了极为珍贵的材料。这就是第一部分第四章“《恒先》的气论——一种新的万物生成动力模式”所要突出强调的问题。

通过这些早期的黄老道家文献，我们还发现一个有趣的现象，即这些文献都提到“道”，都有将“道”视为最高原理的思想背景，但在具体展开过程中，却又常常将“道”刻意置换成“天道”“恒先”“恒”“一”等其他名称，这绝不是偶然的。正是黄老道家把虚无缥缈的“道”转化成了一种既不失绝对性、权威性、神秘性，又可效法、可遵循、形象直观、易于接受的存在。如《凡物流形》“能执一，则百物不失；如不能执一，则百物具失”所示，在黄老学政治理论中，生成论意义上“一”和“多”的关系具有重要的政治意义，是现实生活中“一君万民”式政治体制得以成立的根本条件。这样的“一”虽然保有“道”的至高地位，但却脱离了“道”玄远、虚无的特征。《凡物流形》说“是故一，咀之有味，嗅〔之有臭〕，鼓之有声，近之可见，操之可操，握之则失，败之则槁，贼之则灭”，真让人大为惊讶，不仅因为这是传世文献所不见，也因为这段话极为鲜明地反映出，到了黄老道家这里，“道”已经完全从感官无法感知、语言无法表达、知识无法论证的对象变成人人可以触摸、亲近的对象了。

虽然《凡物流形》中的“心不胜心”章内容不多，但也极为有趣，笔者在第三部分第二章“《凡物流形》‘心不胜心’章疏证”中指出，只有和《管子》四篇等黄老道家文献对读才能了解其文意。“心不胜心”章前面是心术理论，后面落实到了政治实践，这为我们了解早期道家中“养身”观、“心术”观提供了珍贵资料。本成果之所以将《马王堆帛书〈物则有形〉图试解》一文放在第四部分“其他文献研究”中，也是因为《物则有形》图和道家心术理论有密切关系。

在对具体出土文献做出详尽的分析之后，笔者尝试对一些关键的基本的问题做出整合性的回答，这就是“基本问题”讨论的内容。通过第一编第一章“出土文献视野下的黄老道家”和第二章“黄老思想与民间术数——以出土文献为线索”，笔者试图回答这样几个大问题：第一，如果说黄老道家的典型思维是从道论到政论，那么，是否存在“老子类型的道论和政论”以及

“黄帝类型的道论和政论”？如果存在，是什么导致两者得以有机关联，最后形成以“黄老”命名的宏大思想？这种有机关联最终又是何时何地形成的，以哪些文献为代表？第二，黄老道家中，黄帝是半壁江山，那么，在这个思想体系中，黄帝究竟扮演怎样的角色，使得这种思想变得宏大、富有活力和可操作性？以上两个问题，归结起来还是一个问题，即如何看待黄老道家中的黄帝。如果说出土文献促进了黄老道家研究，在笔者看来，很大程度上是因为出现了许多活生生的、在古人的现实生活中曾经发挥巨大作用的、和黄帝相关的资料。相信随着出土文献的不断问世，这方面的资料还会累积和增加。第三，黄老道家中，是否存在不同于其他学派的特有的思维模式、文本结构和语言表达方式？如果真的存在，那么我们等于找到了一种易于识别的符号，这将更有利于黄老道家的展开。

就结论而言，第一，笔者认为在全盛期的黄老道家中的确存在着“老子类型的道论和政论”与“黄帝类型的道论和政论”，两者之所以得以有机关联，是因为两者既存在关于世界结构的共同认识，又在现实政治生活中有着不同的职能与分工。从文献上看，“老子类型的道论和政论”与“黄帝类型的道论和政论”未必同时呈现于不同的文本；但从思想看，这两条系统明确存在，相互涵摄，相互补充，交汇而成具有实际政治效应的黄老道家理论。

第二，通过研读大量出土文献，结合传世文献，我们越来越清楚地发现，正是通过黄帝这个媒介，为社会普遍遵循的规则、禁忌系统才得以导入其理论系统中，使之既具有现实操作性，又有天生的可信性和权威性。了解了黄帝在黄老道家天道论中的作用与地位，黄老道家之称谓也就得到了合理的解释。有学者认为，黄老道家中，黄帝只是为了提高学说的影响而设置的可有可无的假托，其实不然，依靠了黄帝代表的规则、禁忌系统，从天道到人道才得以真正落实。黄老思想何以既具有权威性又具有可行性，仅仅从老子思想的角度展开是不够的，更需要从“黄帝”的侧面加以开掘。黄老道家中，以黄帝为代表的资料及其思想其实是重头，但过去的研究大部分停留于《老子》思想如何走向黄老思想。现在有了比较充足的资料，可以整理出一个比较系统的线索和完善的框架了。

第三，正因为从天道到人道是黄老道家思想展开的必由之路，所以很容易发现，黄老道家的文献中上下篇结构非常多见，即上篇的道论和下篇的政论形成鲜明的对应关系。思维方式往往简单明快，不做复杂的论证。而文章的表达则多以韵文方式出现，便于传播，语言多带有禁忌的色彩，体现出不容置疑的权威和自信。所以，那种易于识别的符号和特征，笔者认为是存在的，这对今后的研究无疑具有极为重要的意义。

三、成果的学术创新、应用价值以及社会影响和效益

本成果坚持从文本整理到思想分析的研究进路，通过几部比较典型的出土文献，同时结合传世文献，对早期黄老道家的面貌做出了考察，并试图对从早期黄老道家到全盛期黄老道家的演变脉络加以梳理。学术创新有这样几点：第一，首次以文本的形态，确定了可以认为是早期黄老道家的几部文献；第二，确认了全盛期黄老道家中存在着“老子类型的道论和政论”与“黄帝类型的道论和政论”，理清了这两者之间的关系；第三，对黄帝在黄老道家中的实质性作用与地位做了清理；第四，对黄老道家特有的思维模式、文本结构和语言表达方式做了总结；第五，阐述了《黄帝四经》三大概念“道”“名”“法”的相互关联，系统地阐述了黄老道家思想体系中“名”的重要性；第六，通过郭店楚简《太一生水》和上博楚简《恒先》详细论证了黄老道家从天道到人道、从宇宙论到人间政治哲学的思维结构；第七，揭示了“道”从玄远、虚无走向可认识、可把握的过程；第八，结合传世文献，进一步考察了黄老道家的“心术”理论。这些工作，相信对黄老道家的研究会有大的促进。我们的最终目标是要写一部《黄老道家思想史》，这项事业从来没有人做过，我们相信，只有对出土文献及相关的传世文献做出艰苦的文本解读和思想分析之后，才有资格做这一事业。

《〈法礼篇〉的道德诗学》概要

王柯平*

本成果从道德理想主义和政治工具主义视角出发，侧重探讨柏拉图《法礼篇》中涉及的道德诗学和与其相关的公民德行问题。在国内外学界的现有成果中，尚未看到系统研究《法礼篇》道德诗学的论著。这一研究成果的学术价值与理论意义主要有六：其一，从道德诗学的角度看，《理想国》与《法礼篇》如同姊妹篇，两者结有很强的交叉对照与互补关系；其二，这里所言的道德诗学，在柏拉图那里实为一种道德教育与灵肉塑造之学，其根本主旨关系到“公民德行”的奠基与培养；其三，柏拉图通过探讨伦理道德与政治生活，为青少年提供“正确教育”，以便使其“习得德行”“恶其所应恶，爱其所应爱”，最终成为“优秀而智慧”的“完善公民”；其四，柏拉图一生所重视的公民教育问题，本质上关系到道德人格的成长与发展过程，这一过程能够成功的基础，就在于他反复强调的早期诗乐教育与体操训练对童年精神特质与习性的悉心塑造；其五，柏拉图特别关注诗乐与体操等艺术对青少年身心健康与道德意识的教育价值，认为诗乐的蜕变与雅典民主的腐化以及雅典城邦的衰败密切相关，这一点在《理想国》和《法礼篇》里表现得同样显著；其六，柏拉图《法礼篇》的道德诗学思想要旨，在于建构“次好城邦”、实施“正确教育”和培养“公民德行”，涉及“人文化成”的目的论理想追求。现如今，随着中国社会结构与文化心理的发展流变，公民意识及其德行备受重视。《法礼篇》中所论的城邦、法礼、道德、文化、习俗、诗

* 王柯平，北京第二外国语学院教授，中国社会科学院研究生院教授，博士生导师。

乐、舞蹈、体操、军训等问题，都从属于柏拉图所关注的公民教育和德行培养大纲，在希腊乃至世界政治和教育史上意义重大、影响深远。这方面的理论探讨可以提供用于反思或借鉴的思想资源。

本成果共分 8 章，约 30 万字。

在专论“《法礼篇》与方法论”的第一章里，主要说明与本成果相关的基本难题，概述国外现有研究成果的启示意义，探讨古典学研究的历史经验。本成果的研究方法主要是从相关议题入手，借由其对话语境、文化背景和历史意识，继而诠释和反思这些议题的缘由与意蕴。根据笔者的经验，采用文化历史方法来研习古希腊经典时，至少应当考虑以下三个要素：

其一，由于时间距离与历史情境的变化，我们对研究对象的理解和认识无论自觉与否，都会基于各自的文化背景、知识结构或现有“前见”，在不断尝试与理智想象中努力接近或涉入相关的历史文化语境，由此得出的阐释结果会或多或少“沾染上”个体性的差异与跨文化的差异。但这并非就是我们的“过错”，而是一代代学人都会遇到的“常态”，因此我们坚信符合逻辑推演的想象活动是思想的现实与研究的过程。自不待言，凭空的想象无异于虚构，而合理的想象有助于假设。通常，我们不能断定，但我们可以假定。这假定既要建立在言之有据的论证基础之上，也要经得起反驳与批评的严格考验。

其二，对于文化历史的研究应当采用一种超学科的宏观视野，应当将文化历史视为人类精神活动的发展史与演变史。如果我们接受布克哈特的历史观，认为希腊文化是通过实现精神的自由而形成的，相信历史的根本任务在于描写所有能够从美学角度来感受人类精神的活动，那么，我们就需要特别重视希腊神话与艺术这两种表现形式。因为，此两者是希腊人用来在精神层面上调整人世生活的形式。凭借它们，希腊人似乎无须诉诸外力，而是完全通过感官上的直观性便可轻松自如地确保自己的价值诉求。

其三，无论从神话与艺术（诗乐）还是从宗教与哲学角度来阅读或研究柏拉图的对话作品，我们在审视柏拉图对待人生与人类生存状况的态度时，经常会自然而然地思索希腊人对待人生与人类生存状况的态度，甚至还会参照彼此态度的际遇，将其作为我们现代人重思自己价值诉求时借以踩踏的垫脚石或支撑点。这样，我们就会自觉地反思其中蕴含的道理与值得传承的价值，由此进入到一种鲜活而动态的历史体验之中。其间，历史阅读、历史叙述与历史判断三位一体，彼此之间相互促动、启迪和深化。在理想条件下，历史所激活的思想，不再是单纯的或被动的思辨，而是主动且理智的行动。有鉴于此，上述方法可以被称作跨文化历史主义方法。自不待言，以此来研究柏拉图的经典文本，更需要我们从语言、文献、神话、艺术、文化、历史、学识、判断乃至思想与行动等方面，尽可能做好全方位的准备。

在专论“‘至真悲剧’与次好城邦”的第二章里，其焦点议题有三：一是《法礼篇》为何被喻为一出“至真悲剧”？二是柏拉图如何重估斯巴达“桂冠诗人”的德行观？三是“次好城邦”为何采用“混合政体”？

研究发现，柏拉图的“至真悲剧”喻说，用意甚为幽微而玄秘，其要旨主要体现在四个方面：一是推崇法礼的实用价值和立法的理性精神；二是贬斥悲剧的情感作用及其表现主题；三是强调人性完善和向神生成的德行修为；四是摆脱希腊城邦的现实危机与终结宿命。

在斯巴达“桂冠诗人”提尔泰奥斯的笔下，英雄式的勇士理想、德行与荣耀，三位一体，互为因果，在豪情满怀的颂扬声中逐一凸显出来。其中所强调的“荣耀”，就是“勇武德行”的表现与成就。柏拉图倾向于从辩证的角度来审视每一德行的功用，不赞同偏颇极端的倡导方式；另外，他倾向于从公民全面发展角度来评价每一德行的利弊，不赞同顾此失彼的德行教育。因此，他表面上质疑、实际上批评了提尔泰奥斯单纯颂扬“勇武德行”的做法。

关于新建的“次好城邦”，柏拉图为其创构出“混合政体”与“混合学说”。此学说的根基源自希腊传统所推崇的“中道”原则。因为，在城邦治理方面，太多的民主自由亦如太多的君主专制，均有失“中道”，而有利于规避走向极端的做法，才是取得善政效果的要诀。由此构成的混合体制，应是权威性和自由性的适度结合，是君主政体与民主政体的折中互补。柏拉图正是出于这一调和策略或“执两用中”的立场，有意推举君主制度的某些强制性管理方法及其实际效用，借以补救民主制度的某些自由化问题及其消极影响。

在专论“道德诗学与政治哲学”的第三章里，所涉及的关键议题有三：一是道德诗学的基本特征与最终目的何在？二是道德诗学与政治哲学有何关系？三是哲思在喻说中如何展开？

质而言之，柏拉图的道德诗学，至少包含两个主要维度：一是基于善心为本的心灵诗学；二是基于强身为用的身体诗学。前者借由诗乐教育旨在塑造优良的趣味和美好的德行，后者通过体操训练旨在成就强健的体魄和善战的本领，此两者互为表里、合而为之，其最终目的在于培养美善兼备的人格与完善而杰出的公民。这一切都取决于柏拉图所推崇的那种“正确教育”理念和模式。

至于道德诗学与政治哲学的关系，从内在意义上说，犹如一首乐曲中两种曲调或旋律交互作用的变奏。柏拉图的道德诗学，主要围绕诗乐（艺术）教育而展开，旨在从身心两个方面培养人的德行，使其“成为完善的公民”，成为“城邦伟大而完美的男子汉”。相比之下，柏拉图的哲学，涉及范围甚广，涵盖有关理念学说的本体论、和谐有序的宇宙论、神为善因的神正论以及灵魂审判的末世论等等，但是，其核心内容则是关注城邦管理的政治哲学与强调公民德行的道德哲学。此两者实际上关联密切，互为表里，其主旨在于构想一套合理的社会制度，以便保障和谐公正的城邦秩序。

哲思在喻说中如何展开的问题，不仅涉及喻说的功能与哲学的起源，而且涉及柏拉图的书写方式。在柏拉图心目中，“喻说”作为一种修辞艺术手段，其形象性和解释力可用来阐释自己的哲学思想和政治目的，进而用来帮助人们理解和接受其中的要义和观念；“神话”作为一种人们用来认识自己和周围世界的特殊话语形式，其虚构性与感染力可用来建构自己的哲学王国和诗学园地，进而用来教导人们感悟或认识其中的真理和伦理。此外，“喻说”与“神话”基于自身的直观特征，还有助于人们尽可能地超越自己的理智限度，克服自己无知或幼稚的弱点，进而学会理解原本难以理解的东西，学会掌握原本难以掌握的技艺，由此过上不为虚假的生活所遮蔽的真实生活。

在专论“道德诗学的实践理路”的第四章里，其核心议题包括：诗乐舞的相互关系如何？艺术的正确性准则有何要求？城邦文艺审查制度有何特点？模仿理论的多重性相何在？酒神歌队的作用何在？和平之舞与战争之舞的区别何在？身心平衡的理论支点何在？道德诗学的终极目的何在？等等。

在古希腊，音乐（mousikē）亦被称为“缪斯的艺术”，可谓文学艺术的总称，其中包括诗、歌、舞蹈与文学诸多门类。与现代不同的是，古希腊的音乐在本质上是一种实用性的寓教于乐的艺术，与社会现实和政治生活联系密切，与艺术和道德教育的实践融为一体。柏拉图认为，音乐是一种直接诉诸心灵的艺术，在陶冶人的心性和情操方面具有特殊的效用，有助于养成青少年“恶其所应恶，爱其所应爱”的德行习惯，因此是人格塑造和道德教化的关键所在。

柏拉图针对城邦艺术提出的“正确性准则”，一方面是为了抵制引发艺术颓废和品味变坏的“快感准则”或审美误区，另一方面是为了强化道德诗学的基本立场与教育导向。为此，柏拉图特意从“立法角度”出发，试图让这一准则得到永久的保存、使用和尊重。若就道德取向、艺术内容和目的论而言，“正确性准则”可谓道德化的“艺术准则”，不仅事关城邦的艺术教育与艺术审查，而且波及公民的德行教育与文化领域，同时还影响个体的艺术鉴赏与评价能力。为了确保城邦的“正确教育”，柏拉图倡导硬性与软性审查制度，以此消除“快感准则”的干扰并制止“随意性现象”的泛滥。所谓“硬性审查制度”，主要是针对文学艺术设定的“依法审查”制度，也就是以律令的形式予以明确规定的做法。所谓“软性审查制度”，是组织专业审查人员依据城邦的规定和要求，来审核评定文艺作品是否可以“公演”。

在《理想国》里，柏拉图从本体论、认识论和价值判断等角度，论述了艺术模仿理论及其内在的象征关系，明确地标举了神明的原创性理念艺术，肯定了木匠的实用性仿造艺术，贬低了画家与诗人的娱乐性模仿艺术。在《法礼篇》里，柏拉图从歌舞表演和体操训练的角度，阐述了模仿理论的多重性相，其中包括侧重学习动作的身体模仿，侧重学习性格的心理模仿，侧重形象创制的艺术模仿。为了凸显诗乐教育的重要性和必要性，柏拉图将诗乐歌舞视为诸神的馈赠，将歌队表演视为城邦教育的重要组成部分。在“缪斯歌队”“日神歌队”与“酒神歌队”中，柏拉图最看重由中老年组成的“酒神歌队”，建议他们饮酒壮胆，鼓励他们重返舞台，期待他们老骥伏枥、率先垂范，通过自己精彩而高雅的演唱，引导青年学唱好的歌曲，树立好的风范，修炼好的德行。在古希腊教育传统中，舞蹈与诗乐密不可分。柏拉图化繁为简，分出战争之舞（orchēsin polemikēn）与和平之舞（orchēsin eirēnikēn）两大类别：前者充满英勇战斗的动作，表现的是优美身体和勇敢心灵的威猛气概；后者充满节制自律的动作，表现的是心平气和、快乐适度的欣欣向荣景象。柏拉图认为，立法者务必确立战争与和平这两类舞蹈，要让舞蹈编排序列同其他音乐要素结合起来，要把适宜的舞蹈风格固定下来，这样就会使同一城邦的公民以相同的方式享受到相同的乐趣，由此通达合作与幸福的生活。

需要强调的是，柏拉图的道德诗学，既重视善心为本的心灵教育，也重视强身为用的身体训练，其最高理想是追求身心平衡的美善兼备境界。舞蹈增进身体协调与优雅，同时也模仿人物性格；摔跤增进身体敏捷度与力度，同时也增强实战技能；赛跑增进速度，同时也提高耐力；标枪增加臂力，同时也培养健美。为此，柏拉图建议，无论在身体锻炼的诸多目的之间，还是在身体与心灵之间，都要遵循古希腊人所推崇的“中度”（mesos）原则。所谓“中度”，即表示“适度”，要求“既不太多，也不太少”，类似于儒家“过犹不及”的“中道”。

在专论“诗歌传统与剧场政体”的第五章里，所涉及的主要议题包括：古希腊诗歌的基本分类与艺术特征，雅典剧场文化的勃兴与流变，剧场政体的成因与弊端，柏拉图的家国情怀与忧患意识。

要而言之，古希腊诗歌有其突出的特殊性。这种特殊性，不仅反映在其艺术形式之中，而且体现在其哲理内容之中。根据古希腊诗歌的历史发展时序与柏拉图和亚里士多德的相关总结，古希腊诗歌基本上可分为三类，即混融型、叙事型与戏剧型。这三类诗歌都有各自的艺术特点，都与传统意义上涉及城邦生活与价值观念的希腊方式有着千丝万缕的联系。搞清这些东西不仅有助于理解古希腊诗歌的艺术特征，也有助于理解“剧场政体”的弊端与柏拉图的忧患意识。

古希腊诗歌的艺术特征，主要体现在英雄神话内容、口头吟诵传布、目的论道德教化与音乐性表达方式等诸多方面。从诗歌艺术的内在要求上看，古希腊文化中所言的“诗歌”，显示出某些多义特征。概括起来，它一方面表示带有文本性质的诗歌作品，另一方面表示实际参与的创作活动。该项创作活动可以说是一种特殊的动态过程，不仅有原作者或诗人参与，而且有吟诵者或表演者参与，同时也有观众或听众不同程度的参与，大体上是在接受和欣赏时所进行的一种想象性创作活动。

《法礼篇》第三卷揭示了“剧场政体”（theatrokratia）的起因与弊端。这不仅是诗乐翻新的艺术问题，也是制度蜕变的政治问题。就前者而言，这一方面涉及古希腊诗歌的艺术特征，另一方面涉及古希腊人的传统节庆与剧场文化；就后者而言，追求“过分自由”（eleutherou lian）导致了公民德行的堕落，同时也导致了民主政体的衰败。正是这两方面的因素，在客观意义上为“剧场政体”的滋生提供了一定条件，而“剧场政体”最终意味着群氓式民主，对于城邦秩序的危害不仅表现在管理制度层面，同时也表现在思想道德领域。柏拉图的相关批评与告诫，隐含着极其深沉的家国情怀与忧患意识。

在探讨“从城邦净化说到悲剧净化说”的第六章里，主要议题涉及净化说的思想渊源与历史进程，侧重论述柏拉图的城邦净化说与亚里士多德的悲剧净化说的因革关系，同时凭借历史意识在进行理论反思过程中，逐一分析了与悲剧相关的诸多要素，其中包括古希腊人的生命观、艺术观、危机感以及悲剧的情感效果和审美心理等等。

历史地看，古希腊的净化或疏泄（katharsis）学说由来已久，承前启后，在总体上至少涉及四种彼此关联的形态与阶段：首先是毕达哥拉斯学派的净化说（the Pythagorean katharsis），接下来便是希波克拉底学派的疏泄说（the Hippocratic katharsis），再下来就是柏拉图的净化说（the Platonic katharsis），最后则是亚里士多德的净化说（the Aristotelian katharsis）。

需要说明的是，现代读者每提及古希腊的净化说，大多习惯于将其与亚里士多德直接联系在一起，甚至将其等同于疏泄怜悯与恐惧之情的悲剧净化说。其实，亚氏所言是受其业师柏拉图的影响。在《理想国》与《法礼篇》中，柏拉图针对城邦遇到的问题提出了自己的处理意见，由此构成其“城邦净化说”。总其要旨，此学说的表达方式主要有三种：其一是 diakathairontes…polin，意指“彻底清洗或彻底净化这座城邦”，所针对的是诗乐与文艺在城邦里产生的消极影响或氛围；其二是 kathere ten polin，意指“净化或清洗这座城邦”，所针对的是城邦里存在的政敌与敌对意见；其三是 katharmous poleōs，意指“城邦净化或清洗”，所针对的是城邦社会或公民群体的选择程序。概而言之，此学说主要涉及三方面的内容：一是净化城邦的诗乐，即用审查制度来选用文艺作品，保障施行正确的道德化教育；二是净化城邦的政坛与民意，即用专制方式和政治权术清洗政坛对手，铲除异己，以便实现大权独揽、唯我独尊的政治企图；三是净化城邦的公民，即用立法程序或规章制度的名义设定标准，试图以优胜劣汰的方式挑选和保留优秀的公民，清除品格有问题的公民。

在解析“心灵教育神话与诗性智慧”的第七章里，主要议题包括：神话与哲学的关系，柏拉图的神话分类，厄洛斯神话的哲学启示与诗性智慧，劝诫神话的教化意向与神学理论，人向神生成的理想追求，等等。

历史地看，先有神话，后有哲学。神话作为一种实存的话语，作为逻各斯的反面或衬托，不仅讲述诸神与英雄的传说，也讲述历史家的故事，同时也融入到哲学家的作品之中。神话令人惊奇而思考，哲学探究惊奇之意义，此乃一个绵延不绝、上下求索的过程。因此之故，爱神话者类似于爱智慧者；也就是说，举凡喜欢神话的人，类乎于爱智求真的哲学家。柏拉图既喜欢神话，也讲述神话，同时还创作神话，由此构建出富有诗性智慧的对话哲学。正是在神话与哲学的互动之间，神话通过哲学的逻各斯被理性化了，而哲学借助神话的灵思性被直觉化了，由此便深化和强化了所讨论的相关主题。

就柏拉图对话作品中的神话而言，大体可分为三类：一是“创构型神话”，二是“转换型神话”，三是“传统型神话”。柏拉图创构、改写和引用神话的要因有三：一是“实用原因”，旨在利用神话这一手段，达到说服、劝导或教诲民众的目的；二是“哲学原因”，旨在帮助民众超越自身的理智限度，提升自身的认知能力，借助虚构的神话叙事来感悟那些接近真理或实在的知识与价值；三是“承传原因”，旨在继承、保存和传布希腊神话传统的同时，利用人们喜闻乐见和生动鲜活的书写方式，将神话的启示作用与理论的思辨特征有机地整合在一起，借以丰富风格独创的对话形式。

在《理想国》篇末出现的厄洛斯神话，可谓柏拉图式心灵教育神话的代表之作。这则神话虽是针对游走冥界的亡灵，实是针对活在世上的众生，其要旨在于鼓励人们注重现世修为，坚持向善求美，不断完善自我，认真学习哲学，努力掌握智慧，以期确保死后的幸福回报和来世的明智选择。就这则神话而论，柏拉图并非像诗人那样，纯粹以感性审美的方式直陈故事的发展或戏剧性地对其进行转呈开合，而是自然有序地将其纳入自己的哲学论说框架之中。在讲述过程中，他随时评点、随时告诫。当那些亡灵将要重新选择来生时，他特意挑明其中潜藏的危险，奉劝人们要首先重视“寻师访友”，以便学会辨别善恶两种生活，立志选取最善的生活，永远恪守中正之道，避免走向两个极端。有鉴于此，柏拉图在阐发天上、地下与哲学这三种生存路径时，更鼓励人们选择哲学之途，期望人们通过爱智求真而踏上正确的“中道”，通达灵明的境界。

柏拉图笔下的神话所体现出的诗性智慧，主要是借助传奇故事或形象比喻的灵思特质，以象征方式来表达某种经验性的告诫、道德性的劝谕、哲理性的提示或事物内在的本质，在效果上要比抽象的思辨或逻辑的推理更为鲜活、更为直观、更有感染力。因为，神话不仅有助于深化和强化所讨论的相关主题，而且有助于解释和彰显所涉及的理论思辨，同时还会在激烈的论辩过程中起到一种戏剧性的“话语转向”作用。

在《法礼篇》里，柏拉图借助说服教育的劝导言辞和祭祀祷告时常用的神话，构成一则具有道德神学特征的“劝诫神话”。他将这则神话置于宇宙创生与万物化育的背景之中。研究发现，柏拉图笔下的神话通常内涵神性、诗性与哲理性三重维度，其意向在于启发人的灵智，落实“人之为人，在于像神”的道德理想，引致“人向神生成”的精神追求。在柏拉图看来，人之为人的最高境界，在于“人与神相似”，在于“人向神生成”，在于踏上哲学之途，借此育养非凡的德行，最终成为经世济民的“哲人王”或爱智求真的“完善公民”。这一思路不仅折映出古希腊“人文化成”的理想追求，而且代表了柏拉图的道德哲学思想。当然，从现实生活的角度看，这一理想在本质上是难以实现的，但其作为一种希冀的目标，却具有范导人类德行和启发人们思想的作用。

尽管柏拉图的上述观念有其自身的理论局限，但不乏深远的历史影响。譬如，从安身立命的角度来看，柏拉图将“人之为人”这一关乎可能生成的问题，导入“在于像神”或“人向神生成”的无限超越轨道，推向神圣而超越的灵明之境，随之又将其转向爱智求真的哲学之路。灵明之境要求人们持守和践履宗教理性，哲学之路则鼓励人们培养和发展思辨理性与道德理性，由此深入感悟和全力把握神性智慧、理论智慧与实践智慧。在柏拉图心目中，人通过神性智慧的忠实信仰与虔敬态度，就会遵奉“神为善因”的绝对原理；人通过理论智慧的凝神观照和反思意识，就会认知“善之理式”的存在本体；人凭借实践智慧的道德自觉和明断能力，就会选择既有德行又有尊严的幸福生活。比较而言，此绝对原理说在西方思想史上奠定了基督教神学的重要理据，勾画出全能全知全在之上帝的偶像原型；此存在本体论创立了先验哲学传统的形而上学，滋生了执着于追根溯源的探索精神；此幸福生活观开启了基于价值判断与理智选择的自由意志说，建构了德行与幸福相应一致的至善境界论。

应当强调指出的是，在柏拉图那里，人向神生成这一过程，有赖于认真学习哲学，努力提高自身的德行修为与实践智慧，不断地走向自我完善或人之为人的最高境界。这其中涉及两大重要而具体的环节：其一是爱智求真的哲学途径；其二是培养节制、智慧、勇敢与正义等四种德行。就前者而言，其目的在于造就真正的哲学家。这种哲学家至少具有以下四种特性：(1) 爱智求真欲望强烈，致力于学习和掌握所有知识；(2) 自觉接受和应用理式学说，借此传布和衡量真正的知识或检验真理；(3) 在个人方面，他喜欢纯粹理智的沉思生活，将其视为从其所好的利己型至上快乐；(4) 在集体方面，他出于经世济民的社会责任感，投身于城邦的政治实践，兼顾纯粹的理智沉思，将这种混合型生活方式视为利他型至上快乐。就后者而论，其目的在于培养完善的公民。这种公民基于德行修为，能够自觉遵循适度原则，积极主动地追求自我完善，在社会实践活动中能以节制之德使自己审慎平和，以智慧之德使自己理智明断，以勇敢之德使自己刚健有为，以正义之德使自己幸福快乐。这样一来，他自然会过上与德相配的生活。举凡过上这类生活的人，他不仅是幸福的和完善的，其心灵也是美好的和神性的。至此，他可以说是取得了凡人力所能及的最高成就。以上思路不仅折映出古希腊“人文化成”的理想追求，而且代表了柏拉图的道德哲学观念。

本成果第八章的结语部分，意在反思“次好城邦”这一“走向现实的理想”，所涉及的主要议题有三：一是亚里士多德如何评价《法礼篇》的混合政体形式？二是《法礼篇》的历史遗响何在？三是古希腊的精神基质是什么？

在《政治学》里，亚里士多德全面参照了《法礼篇》的相关内容，并从制度设置、论述逻辑、政体优劣与混合因素等方面对其做出评判。在笔者看来，《法礼篇》为“次好城邦”所设计的政体，实属混合政体，是权威性和自由性的适度结合，是君主政体与民主政体的折中互补。总之，这座“次好城邦”在体制、立法与教育理念上，更多呈现出雅典城邦的影子。这不啻是因为柏拉图更熟悉自己的故乡，而且是因为他更推崇雅典的制度，尽管他对腐败民主和过分自由深表失望。总之，他正是出于“执中”的立场和调和的策略，有意推举君主制度的某些强制性管理方法及其实际效用，借以弥补民主制度的某些自由化行政程序及其消极影响。

比较而言，古希腊人的精神基质实属公民德行的集中表现，它主要凝结与体现在他们真正恪守和完成自己对城邦与同胞所负的责任之中。历史告诉我们，古希腊人是自由人，是追求理智与激情平衡适度的自由人；他们喜欢自由生活，热衷独立思考，并以昂扬的精神和顽强的斗志反抗僭主统治，蔑视权势专制，拒斥神权教条，但他们却义无反顾地“只服从于法律”（希罗多德语）。在《法礼篇》里，柏拉图一再强调“顺从法律”的理念，诚望遵纪守法不仅成为公民言行举止的日常习惯，而且成为公民伦理生活的重要尺度。因为只有这样，只有当统治者成为法律的奴仆而法律成为统治者的主人时，“城邦才会得到诸神的拯救，才会享有诸神赋予的所有美好事物”。

古希腊人知道，服从法律，就是维护法律；维护法律，就是保卫城邦。为此，他们勇于担当，不怕牺牲。正是基于这种性格和精神基质，柏拉图才将“终生竭诚效力于城邦法律”的公民，奉为城邦德行最为卓越的“完善公民”（politēn teleon）。在他看来，唯有这样的公民，才是城邦的脊梁，才会把守法护法视为自己的最高使命，才会把由此赢得的声誉看得高于其他一切荣誉，甚至看得高于自己珍爱的生命。

顺便提及，本成果作为柏拉图晚年道德诗学的专论，实际上已经越出诗学的范围，成为包括其政治哲学、伦理哲学、宗教神学与文化理想在内的综合性反思评说。实际上，柏拉图思想是一有机整体，若想了解其中某一向度，就必须把握其总体面貌，因为专题研究犹如“见木亦见林”的思想探索过程，而非“见木不见林”的恣意观光巡礼。故此，笔者诚望通过自身的这番努力，能够引起读者诸君的诘难兴致，从而将这一探索过程不断推向深入，使其中相关议题不断趋于澄明。

《爱、自由与责任：中世纪哲学的道德阐释》概要

张　荣*

一、研究的目的、意义及所使用的研究方法

1. 研究目的

结合奥古斯丁、阿伯拉尔和托马斯的原著，对他们的哲学思想进行文本学阐释，阐明中世纪道德哲学的奠基和演变逻辑，从而揭示出中世纪道德哲学与希腊道德观的根本区别，对中世纪哲学进行整体把握和理解的同时，揭示出中世纪道德观的现代意义。

2. 研究意义

第一，理论与学术意义。首先，立足于三个关键词“爱”“自由”和“责任”，不仅详细分析了奥古斯丁爱的哲学的确立和对古典伦理学的终结，对中世纪的意志主义的奠基和流变进行了逻辑分析，而且分析了中世纪道德观对后世哲学和伦理学的重要效应，尤其是对马丁·路德、康德和约纳斯的影响，追溯当代普世伦理的中世纪本源。其次，着重阐明了“爱”“自由”与“责任”之间的内在关联，特别是自由意志观念对中世纪道德观的奠基意义。中世纪自由观提倡一种有限度的自由，这不仅是对希腊自由观的改造，更是对现代自由观的一次“预先反思”，试图透过中世纪道德观的解读，剥离出影响西方后世哲学的自由观念，探索现代自由观念的中世纪本源。本成

* 张荣，南京大学教授，博士生导师。

果最核心的学术价值就在于此。

第二，现实意义。试图阐明中世纪哲学这一前现代的哲学形态与后现代思想内在精神的契合。也就是说，本研究具有非常重要的现实意义，有助于反思现代性和启蒙的局限性，在民族主义和普世主义之间寻求平衡，克服当代世界普遍存在的“冷漠”与“歧视”现象，促使全世界人民彼此关怀，对环境保护与生态建设这一全球性事业的健康发展，都有重要的启蒙意义。

3. 研究方法

文本分析方法、诠释学方法、史论结合方法、理论联系实际方法、历史批判与现实反思相结合的方法。

二、成果的主要内容和重要观点

本成果分为前言、导论、正文和结语四个部分。

“前言”开宗明义指出，“有恩典，但不完全”，这是自奥古斯丁以降西方哲学阐释与理解的一条主导性纲领，它不仅主导了基督教思想史关于恩典和自由的阐释进路，而且构成“神正论”和“人义论”彼此呼应与互动的逻辑，也是中世纪哲学对近现代哲学产生卓著道德影响力的本源问题域。中世纪哲学的合法性首先在于其道德性，中世纪道德哲学之所以能够得以阐释，并且可以被有效阐释，均源于“有恩典，但不完全”这一纲领。“有恩典，但不完全”，是中世纪哲学的内在思想机制。“有恩典”，这是基督教的确然信仰，是一切确定性的保障和宝藏。这条基督教信仰法则保障了基督教的基本原则——上帝的正义。同样，恩典“不完全”，不但表明，实现上帝的恩典是人这一上帝肖像之受造物永恒不懈的努力目标，而且有助于最大程度地阐释人的在世责任。“爱”“自由”与“责任”这三个主题术语就是对这条主导性纲领的总括。

导论，即本成果的主导思想，集中探讨了中世纪哲学的合法性根据、道德向度与道德阐释的理论框架。首先详细分析了中世纪哲学的合法性及其表现，尤其是揭示了中世纪哲学不同于古希腊哲学的独特本质，然后详解对中世纪哲学进行道德阐释的理由和依据。对中世纪哲学的道德向度分析，是导论的又一重点。导论的重要观点是：哲学不是科学，哲学作为鲜活的哲思（philosophieren），是对智慧的爱，不止于认识。这种对智慧的爱是科学认知活动无法取代的。这是因为，对智慧的爱是人类理性本性的愿望（意志之第一层面的要素），而不受理性能力（认知）的局限。而且，这种爱智慧是超越性的，不仅超越自然，而且超越心灵的内在体验，是神圣的超越性。对智慧的爱，最基本的特征是超越性，爱智慧是集纯粹、自由与神圣于一身的三一之思。

中世纪哲学具有合法性。从某种意义上说，本成果是从道德视域出发对中世纪哲学进行的一次尝试性阐释。中世纪道德哲学的主导线索是意志主义的奠基、发展和演变，中世纪哲学阐释的一个可能性维度是道德维度，这个维度无疑不仅具有理论意义，而且极具现实意义，尤其在这个充满精神危机、理想主义崩溃和科学技术专制的时代。

意志主义不仅是中世纪哲学的一个基本问题，也是道德之为道德的根据。本成果旨在通过这种道德阐释挖掘中世纪哲学思维方式对于当代社会的某种积极意义。在全球化时代，在这个普世主义和民族主义激烈博弈的时代，作为个体和民族的我们，如何与他者、他人和他族和平共处？在现代、后现代和前现代三维并立的当下中国，我们该如何“取位”？启蒙与反思启蒙是我们的双重使命。在完成这种多元使命之际，中世纪哲学的道德阐释可以提供重要的启示。

中世纪哲学道德阐释的第一个任务和成果是实现“爱与知的剥离”，这也是本成果第一章的核心课题。“爱”在中世纪道德世界观中具有主导地位，爱不仅是一种超自然德性，构成中世纪道德观的核心，同时也是一种思维方式，这是中世纪基督教哲学对古希腊哲人关于“爱智”的一次鲜活、大众化诠释，爱不仅是一种理论思辨，也是一种人生观，用康德的话说，是一种“世俗智慧”。

本章的核心观点是爱与自由同一。爱是服从，是对永恒之事、永恒法则的遵守，这种服从与遵守给人带来了安全、确定感和自由，最终，它呵护了人的幸福。爱在本质上是对上帝的爱。爱上帝，爱人如己，这是中世纪道德观的基本原则。恶的原则是背离上帝，奥古斯丁曾经把爱上帝以藐视自己的人组成的城邦叫作上帝之城，把爱自己以藐视上帝的人组成的城邦叫作人间之城，前者是耶路撒冷之城，后者是巴比伦之城。两种人、两种爱，构成了两座城，只有爱上帝的人，内心才会满盈对邻人的爱，这条道德诫命构成了基督教的金规则的基石。总之，爱是中世纪道德哲学的最根本特征，这种“普世之爱”是基督教哲学的独特本质，是赖以和古典哲学伦理学区分的标志。

从西方伦理学发展实际看，基督教道德价值观确实存在问题，在近代遭到启蒙主义的强烈批判，因为它把人的幸福引向虚幻的彼岸世界，牺牲了人的世俗幸福。不过，如果我们仔细研究一下康德对启蒙主义的辩护，特别是他的道德论证，就会发现，其旨趣恰恰在于批判功利主义“幸福论”，以复兴“德性论”来为自由辩护。他的德性论不是向希腊德性论的简单回归，而是论证了道德规律的普遍性和强制性，为了实现人的道德需要（至善），重新设定了上帝的存在和灵魂不朽。可见，中世纪的道德观在一定程度上对康德产生了积极影响。

第二章是本成果的核心章节，围绕奥古斯丁对罪恶起源问题的哲学追问，阐明他关于对恶的起源、人的自由和上帝的正义这三重论题的系统观点，展开分析了奥古斯丁的自由意志学说。意志的自由决断不仅是人“正当生活”的根据，也是道德责任的本源依据。本章突出分析了意志的自由决断和道德责任之间的必然联系。同时，爱与自由的关系也得以初步澄清，集中呈现了奥古斯丁对贯穿整个中世纪道德观的主导线索——意志主义的奠基。奥古斯丁关于意志主义的奠基，意志主义从此构成中世纪哲学道德阐释的纲领，不仅终结了古希腊哲学关于内在自由的思考，更重要的是，意志主义自此成为西方后世哲学家们思考自由的基本坐标，甚至构成了西方现代自由观念的真正本源。

本章着重论述了这一奠基所产生的理论意义。它不仅规范了整个中世纪道德哲学的基本走向，而且对西方近现代哲学特别是道德哲学产生了持久、广泛的影响。当然，我们在挖掘奥古斯丁关于自由决断的哲学维度时，不能片面夸大，应该看到其自由意志思想的另一方面。人的自由决断是有界限的，人因为意志的自由决断虽然获得了一个道德的世界——善恶相分的世界，但同时因为自由选择，丧失了善本身，背离了上帝，这种重新向善的能力却需要上帝恩典来成全。所以，恩典就对人的自由决断规定了一个界限与限度。正如奥古斯丁的时间观有上帝的创造和心灵的伸展两个向度一样，意志的自由决断和恩典，对奥古斯丁的自由观而言，同样是一体两面。一方面，中世纪道德世界观的基础在于意志的自由决断；另一方面，上帝的恩典成就了人的至善。换句话说，人的自由决断是区分善恶的起点，而上帝恩典则是成就至善的终极保障。关于奥古斯丁自由观的这种二重性，E. 吉尔松的总结颇有道理。其一，人的犯罪不是必然的，而是可能的，因为人是借助意志的自由决断犯罪；其二，恩典和自由不矛盾，是兼容的，恩典的作用在于，不是压制自由意志，而毋宁是帮助成就意志的目的，为了善的意向使用自由决断的能力，确切地说就是自由。

本章的核心观点是：意志的自由决断不仅是人正当生活的根据，也是道德责任的本源依据。奥古斯丁第一次对意志的三个要素——自由决断、意志自由与善良意志进行了分析，这一自由意志学说不仅影响了中世纪围绕理性与意志的关系的争论及其演变，而且对文艺复兴时期的人文主义和 17 世纪的笛卡儿主义也有直接影响。更重要的是，奥古斯丁的自由学说对德国哲学的奠基者康德也有重要影响，在恩典与自由的关系问题上，奥古斯丁与康德之间存在一种张力关系。

第三章沿意志主义这个中心线索论述了阿伯拉尔的意向伦理学，这不仅是从奥古斯丁的罪—责伦理学向托马斯的德—法伦理学过渡的一个中间环节，即便在西方伦理学史甚至哲学史上也具有特别突出的地位。阿伯拉尔的伦理学因为重视理性对话，强调在不同宗教之间、不同文化之间对话，试图在宗教与世俗之间寻求平衡，不仅在整个中世纪具有独一无二的独创意义，而且对后世哲学家产生了划时代的影响，例如对康德意志自律观念的影响。他的意向伦理学也构成了现象学思想的重要理论渊源。

本章不仅讨论了阿伯拉尔对奥古斯丁意志主义的继承，也侧重阐明其意向伦理学的特质，阿伯拉尔重点讨论了理性和信仰、理性和意志的关系，对罪恶与意志赞同的关系问题也做出了独特的回答。我们首先论述了其“对话伦理学”的世俗化、理性化内涵，同时，着重阐明了阿伯拉尔的爱的伦理学，尤其是榜样伦理学的内涵，分析了对话伦理学的跨时代意义。他的德性观是对希腊传统伦理学的发展，本章还分析了他关于德性、正义和爱的崭新理解。

阿伯拉尔第一次对道德主体何以配享德性的问题给予高度重视，他对自由意志的分析，已开始摆脱奥古斯丁奠定的“罪恶来自人的意志的自由决断”这一消极自由传统，开始走上积极理解自由意志的新道路。自阿伯拉尔以后，意志逐渐摆脱了原罪论的阴影，开始踏上了成就德性与幸福的“善良意志”的道路，尽管坎坷曲折，但经过笛卡儿、莱布尼茨，一直到了康德，这一观念终于确立起来。库尔特·伏拉施（Kurt Flasch）如此评论道：“人们可能宁愿把阿伯拉尔称作不可逾越的主体性的发现者，正如他证明了语言解释中人的主动性阐释与文本的差异一样，他在伦理学领域使主体意向的突出作用课题化。他将自己的伦理学已经置于‘认识你自己’这一带有苏格拉底—基督教中心思想的标题下，在相对‘现代’的立场中，他不是在寻求一个客观价值体系，而是寻求一个合道德性标准。在道德方面，外在行为和心理倾向都不起作用，无论欲望还是意志，无所谓善还是恶，只有对一种欲求或意愿的赞同的内在行为，和早期中世纪不重视行为意向的布道书的习惯不同，他贬低外在行为，他把外在行为看作是价值中立的。事实上，阿伯拉尔从此开辟了道德反思的一个内在空间。”

从根本上看，阿伯拉尔的意向伦理学其实还是对奥古斯丁意志主义的一种传承，因为他对人的伦理道德行为的评价仍然是基于意志本身，是人的意志使人的行为有了善与恶的区分。当然，阿伯拉尔和奥古斯丁也有不同之处。首先，他理解的意志已经具有了某种向善的要素（特征、倾向）；其次，他进一步强化了意志的意愿层面，而奥古斯丁所侧重的是决断（选择），而且，阿伯拉尔把人意愿性的赞同（同意）看作罪的首要特征，并把意愿首先归于意志，这是对奥古斯丁的继承和发展。阿伯拉尔的意向论是绝对的意愿主义，是纯粹的动机论。

第四章是对托马斯的道德哲学的阐释，理论依据是其理智意志论。托马斯对由奥古斯丁奠定、阿伯拉尔发展的意志主义传统进行了革新，形成了有鲜明理性倾向的自愿行为理论，告别了绝对的意愿主义，走向了相对的意志自由主义。托马斯哲学伦理学是一种颇具理性倾向和科学分析的德性论，不仅是对亚里士多德主义的继承，也是对奥古斯丁主义的改造。他的很多思想都具有现代性意蕴，比如关于法律、正义问题的思考。托马斯的思想在20世纪发展为一种思潮——新托马斯主义，在20世纪哲学伦理学中产生了重要而普遍的效应。本章内容非常丰富，除了讨论意志和理性、法律与正义的关系外，还探讨了自然、理性与恩典的关系，良心与良知的关系等。托马斯伦理学的核心范畴是行为、德性、法律、理智和意志、恩典与本性。总之，托马斯的德性论是西方伦理学史上一个非常重要的理论。

本章的主要观点是：托马斯作为中世纪哲学的集大成者，不仅在神学上捍卫了基督教神学的正统地位，而且在哲学上对基督教哲学的奥古斯丁主义传统和12世纪的亚里士多德主义进行了创造性融合，提出了一套大全式的哲学思想体系。在一定意义上说，托马斯的哲学不是对奥古斯丁主义的简单克服，而是既克服又保留；他不是奥古斯丁的对手，而是奥古斯丁卓越的革新者和传承者，在道德哲学领域，他也是这样。他对由奥古斯丁奠定、阿伯拉尔发展的意志主义传统进行了革新，形成了具有明显理性倾向的自愿行为理论，或称“理性意志论”，在道德观方面倡导一种介于理性主义和意志主义之间的德法兼治的中间路线，我们姑且称之为中世纪的德性伦理学，其道德观本质上也属于意志主义。

托马斯与奥古斯丁的不同之处在于，他使理性渗透到意志之中，从而构成了独具特色的理性意志论。与阿伯拉尔的不同之处则在于，他不仅考虑人的道德性首先是出自意志，源于意志，而且考虑到了合乎意志（合乎动机）这个层面。也就是说，他的意志主义不再仅停留在意愿（目的）的层面，而是增加了决断（手段）这一要素，从而增加了所谓的思虑（亚里士多德的影响）因素，这类似于康德的决断（arbitrium），这也是构成意志之为自由意志的关键。其实，托马斯关于“不完全自愿行为”的论述，恰好表现了其理性主义特征，无知和无能都会造成意愿无法实现的情况，正如人人都意愿幸福，但实际上有很多人都过着不幸生活，这种设身处地的理性考量正是阿奎那的特色。总之，意志主义到了托马斯，已经告别了那种绝对的意愿主义，而走向了相对的意志自由主义。

第五章和第六章，我们主要论述中世纪哲学道德阐释的现代意义。

如果说，基于意志主义的中世纪道德观终结了古典知识论道德观，缔造了爱的伦理学，那么，自近代以降，中世纪道德观的主题——爱与自由——开始逐渐向近现代的责任伦理学发展和演变。因此，中世纪哲学的道德阐释对后世思想的影响非常广泛，我们选取了几个非常有限的个案进行了尝试性的分析和总结。

第五章首先选择了马丁·路德的天职观和与之相关的责任伦理这个话

题，分析中世纪的道德观对近代的直接影响。其次，我们围绕自由意志概念和德性的力量及其限度这个问题，有限度地讨论了康德的“中世纪之痕”，即中世纪道德观对康德思想的影响。我们的讨论尽可能地局限于文本分析和思想解读的互动这一视角，充分发掘中世纪道德世界观对反思近现代西方道德哲学的困境所独具的重要参考价值，进而表明，现代责任伦理和基督教爱的伦理——信念伦理的源泉——之间存在亲缘关系。

如果说，马丁·路德的天职观和马克斯·韦伯的责任伦理反映了中世纪哲学道德阐释的重要效应，那么，康德的自由意志理论不仅直接发挥了奥古斯丁的自由决断思想，康德的“恩典是理性的致命一跃”这一著名观点更是对奥古斯丁思想的创造性发挥，特别是对托马斯“恩典成全本性”的发展，奥古斯丁和托马斯的思想甚至是敦促康德“从道德走向宗教”的重要因素。起码从一定意义上说，康德关于德性力量及其限度的深度反思，直接启发我们大胆挖掘中世纪道德世界观对近代理性主义的划时代影响。因此，我们从后现代视野出发，重新审视了康德道德哲学中关于道德与宗教的张力的自觉意识。

本章的主要观点是：马丁·路德的天职观和韦伯的责任伦理思想是中世纪哲学的道德阐释给我们的主要启示，启发我们思考近代伦理哲学与中世纪思想之间的渊源关系；康德关于意志决断和德性的力量及其界限的思考，虽然间接却更加深刻地启发我们大胆挖掘中世纪道德世界观对近代理性主义伦理学产生的持久而内在的影响，即便这种影响是那么地迂回。

第六章讨论现当代责任伦理和普世价值观的中世纪本源，充分认识中世纪道德观的当代意义。

如前所述，神正论是中世纪哲学的核心问题，奥古斯丁奠定了传统神正论的基石。然而，伴随着基督教的世俗化和西方哲学的范式转换，传统神正论在近现代遭到了严重的挑战甚至在启蒙运动中被颠覆。在近代哲学的认识论转型和社会化政治化的双重变奏中，自由概念逐渐褪去了消极的特征，为积极的自由所取代，自由不再必然与信仰问题相关，而与科学、理性结盟。人的意志选择不再是罪恶的根源，而是成就至善的内在根据，实践理性和善良意志是人的道德活动的主体。尽管传统神正论在近代（包括现代）发生了如此重大的转型，但是，即便在启蒙运动的黄金年代——康德的时代，依然存在不同的声音：自由不是纯粹实践理性的功能，真正的智慧来自对神的敬畏，人的正义与神的正义不可分。所以，哈曼对康德纯粹理性的批判和对启蒙的反思就扎根于传统基督教的神正论。如果说，哈曼对康德的批评饱含对神正论之遗产的救护，深刻预见了启蒙运动的负面效应的话，那么，当代著名哲学家、海德格尔的犹太弟子汉斯·约纳斯则结合20世纪人类历史的痛苦经验，提出了“上帝不再全能”的呐喊，认为20世纪人类历史的苦难与上帝无关，“上帝不是不愿意，而是他不能”。约纳斯提出了一种有别于传统伦理学的责任伦理学。他认为，现在是人类该为自己的行为负责的时候了，为自然负责，为未来和后代负责，是当代人类应该遵循的责任命令。

本章的核心观点是：约纳斯的责任伦理学（或称责任哲学）是对传统神正论的一次当代转换，是建立在责任原理之上的人义论，不是对神正论的放弃，而是对它的创造性发展，这集中表现为约纳斯对自然概念的强调和对现代虚无主义的批判。另外，西方中世纪道德资源中存在普遍价值观念的起源，普世伦理说到底是责任伦理的延伸和继续，正因为人的责任与上帝的召唤之间有一种形而上的关联（尤其在奥古斯丁和约纳斯的思想中），责任才有超越性、绝对性、至上性、神圣性与普遍性。因此，人的责任不仅仅是对上帝的责任，更不只是对邻人的责任和爱，当然，绝对不单纯是对任何单一种族、国家或民族的狭义责任，而是对整个世界的普遍责任。在这个意义上，也只有并且只能在这个意义上，我们才能将自由、爱与责任同一，为自由进行辩护和捍卫，才能深度理解责任与爱的超越性和绝对性。说到底，只有在这种绝对性和超越性的意义上理解责任，我们才可以说，爱就是自由，或者，自由就是爱。

关于中世纪哲学与普世伦理的关联，也是一个亟待进一步深入的课题，本章是一个初步的尝试。在全球化时代，我们的确需要大力挖掘西方中世纪哲学的深度和广度，尽可能充分利用这一特殊历史时期人类宝贵的道德思想资源，结合当今世界一体化的现实，努力描画普世价值的历史、现实与未来。另一方面，普世主义和民族主义的对峙是人类在任何时期任何地方都必须认真对待、认真思考的最基本哲学课题。民族主义是全世界全人类的敌人，在普世主义与民族主义之间进行思考，就是当下世界的我们必须具有的世界视角，任何人、任何国家及任何民族和政党都无法忽视。简言之，我们需要换位思考，学会彼此信任。总之，我们需要充分认识并评估普世伦理的中世纪本源。

结语“恩典需要人实现”，这不单单是对本成果的一个总结，也是中世纪哲学伦理学不同于单纯基督教神学伦理学的标志，表达了中世纪道德观的现代效应。或者说，现代性观念就是人义论对神义论的一个哥白尼式转换。这一转换的逻辑本来就被潜含在“不完全的恩典”之中。对上帝不完全恩典的实现，既彰显了上帝的恩典，更是作为上帝的肖像、杰出受造物的人的“天职”与神圣使命，这就是中世纪哲学的独特精神。

三、成果的创新之处

1. 观点的创新

（1）西方哲学的发展史，尤其从中古世纪向近现代的发展，本质上是关于“不完全的恩典”的哲学体认和“恩典需要人实现”的理论辩护。在某种意义上说，西方哲学思想史，就是神义论和人义论互动的历史。

（2）首次提出了对中世纪哲学进行道德阐释的鲜明观点，中世纪哲学的道德属性是中世纪哲学合法性的保证，而自由意志和正当生活的必然关系，不仅是本成果的立论，也是一大创新。

（3）西方自由观念的真正本源恰恰就是奥古斯丁的自由决断思想。

2. 方法和角度的创新

（1）对中世纪哲学的合法性进行综合、宏观的洞察，这是学术界首次系统的一个检视，特别是关于爱与自由关系的讨论。

（2）从神正论角度对责任伦理进行本体论分析，是一个视角创新。

（3）对普世伦理的中世纪本源的关联探讨，在国内外都是一个新的尝试。

3. 资料与文献的创新

对中世纪哲学家的文本分析，特别是对奥古斯丁和阿伯拉尔的大量文本分析，都是立足于第一手文献，即拉丁文、德文和英文文献。

4. 现实意义方面的创新

对中世纪哲学的道德阐释的现代意义进行了深入发掘，尤其对当代责任伦理的神正论本源的分析和对虚无主义根源的阐明，关于普世主义和民族主义关系的深入思考，是学术界以往所忽视的。

本成果的社会效应，这点虽然没有充分展开，但当是继续思考的方向。当前，民族主义在全世界泛滥，后现代思想风起云涌，在我们深入反思现代性危机之际，前现代性的中世纪道德哲学思想究竟能在多大程度上参与其中，并发挥深度的反思和建构作用，这无疑是很令人期待的。

《中国经济改革的经验及其理论启示》概要

张 宇*

本成果运用马克思主义政治经济学的理论，从经济改革与经济理论的发展、马克思经典社会主义经济理论与现实的关系、中国特色社会主义经济理论的历史逻辑、中国模式的实质和意义、社会主义基本经济制度、政府和市场的关系、国有企业的改革与发展、收入分配制度改革、比较优势与对外开放、经济持续快速发展的原因等方面，深入揭示了中国经济改革的基本经验，并对这些经验进行了总结概括，分析了中国经济体制改革的经验的理论含义、理论创新和理论价值，特别是阐述了其对社会主义经济理论发展和创新的贡献。

一、成果的主要内容和重要观点

（1）关于中国的改革实践与中国的经济理论。成果提出，十一届三中全会以来，在建国以来革命和建设成就的基础上，中国成功地走出了一条有中国特色的社会主义经济发展和经济改革的新道路，中国经济显示的蓬勃生机和活力为全世界所瞩目，中国的崛起已经成为不争的事实，“中国模式”“中国经验”“中国道路”和“北京共识”成了全世界关注的焦点。如何正确总结中国改革开放伟大实践的经验，打造具有中国特色、中国风格、中国气派的经济学体系和学术话语体系，增强中国经济学的自觉自信，是当前中国经济学界面临的重大而紧迫的时代课题。而发展中国的经济理论，必须坚持以

* 张宇，中国人民大学教授，博士生导师。

马克思主义为指导，广泛学习和正确借鉴西方的经济理论，立足中国的实践，解答中国的问题，开放融通、兼容并包，并从中国的实践经验中总结经验、构建话语、提炼思想、创新理论，绝不能盲目崇拜和照抄照搬西方的经济理论。

（2）关于马克思经典社会主义经济理论与社会主义经济建设的实践。成果认为，经典社会主义经济理论是由马克思恩格斯创立的，马克思恩格斯通过对资本主义生产方式矛盾运动规律和发展趋势的深刻分析，揭示了未来共产主义和社会主义经济关系的基本特征，其主要内容包括：实现人的自由全面发展，建立自由人的联合体；消灭私有制，生产资料社会占有；共产主义高级阶段实行按需分配，低级阶段实行按劳分配；消灭商品生产，对社会生产实行有计划的调节；消除城乡和工农差别，实现城乡融合；阶级和国家的消亡，对人的统治将由对物的管理和对生产过程的领导所代替；各国人民之间的民族分隔和对立日益消失；向社会主义的过渡需要一个较长的时期，在过渡时期可以采取合作制、商品生产等多种中介形式。马克思恩格斯创立的社会主义经济理论的经典形态，是社会主义经济理论的本源和基础，是社会主义革命和社会主义建设的重要指南。但是这些理论只是社会主义经济理论的起点，而不是它的完成形态，更不是它的终结，因而需要在实践中加以不断的检验、丰富和发展。

（3）关于中国特色社会主义经济理论的历史逻辑。成果认为，中国特色社会主义经济理论是中国特色社会主义理论体系的重要组成部分，是中国特色社会主义经济在理论上的表现。新中国成立后，以毛泽东同志为代表的中国共产党人，把马克思主义的普遍真理同中国革命的具体实践相结合，创造性地实现由新民主主义到社会主义的转变，确立了社会主义基本制度，努力探索适合我国情况的社会主义建设道路，这是中国特色社会主义经济理论的历史起点。十一届三中全会以来，中国共产党把马克思主义基本原理与改革开放新的实践相结合，创立了中国特色社会主义经济理论，在新的历史条件下进一步回答了发展中国特色社会主义经济的一系列重大问题。党的十八大以来，以习近平为总书记的党中央围绕着坚持和发展中国特色社会主义经济提出了一系列重大战略思想，推进了中国特色社会主义经济理论的发展。

（4）关于中国的经济模式。成果认为，中国经济模式包括了基本制度、经济体制、发展道路、转型方式和全球化等多个方面的丰富内容，其中，基本制度处于核心地位，起着关键作用，中国的经济模式实际上是中国的基本经济制度在现实的改革、发展和开放过程中的展开或实现。中国的经济模式，从基本制度的角度看，就是以公有制为主体、多种所有制经济共同发展；这一基本制度体现在经济体制方面，就是社会主义市场经济体制；体现在对外开放方面，就是独立自主的对外开放战略；体现在经济发展方面，就是科学发展的道路；体现在改革方式上，就是渐进式改革。中国经济模式的上述几个方面的特点是相互联系的有机整体。这些相互联系的内容集中到一点，就是建设中国特色社会主义经济。中国经济模式的形成既体现了经济现代化和市场经济发展的一般规律，又反映了中国特殊的制度、国情和历史阶段的要求。因而，它既尊重一般规律，又充满了首创精神；既有特殊性，也有普遍意义；既是民族的，也是世界的。

（5）关于社会主义市场经济。成果认为，社会主义市场经济是与社会主义基本制度相结合的新型市场经济，是市场经济的一般规律与社会主义市场经济的特殊性质的统一体，社会主义市场经济的理论与实践丰富和发展了马克思主义理论和科学社会主义。成果指出，社会主义市场经济具有以下主要特征：把以公有制为主体与多种所有制共同发展相结合，把提高效率与促进公平相结合，把实现国有经济的市场化与发挥国有经济的主导作用相结合，在发展市场经济的基础上实现以人为本，把国家的宏观调控与市场机制的基础作用相结合，把坚持独立自主与参与经济全球化相结合。成果指出，正确认识社会主义市场经济需要对一些流行的理论命题进行反思，包括：市场经济是一种资源配置方式，市场经济是中性概念，市场经济是自由经济，市场经济是自发秩序的产物，市场经济是交换经济或契约经济，社会主义市场经济的改革方向等同于市场化改革方向等。深化经济体制改革的方向是更多市场，更多社会主义，社会主义与市场经济的更好结合。

（6）关于中国渐进式改革。成果认为，20 世纪 80 年代末 90 年代初，从传统计划经济向市场经济的过渡形成了两条明显不同的道路，即苏联东欧的激进式改革和中国的渐进式改革。中国渐进式改革与苏联东欧激进式改革的根本区别，不在于市场化的方式和方法，而在于改革的性质和目标。中国渐进式改革的目标是完善社会主义制度，把社会主义基本制度与市场经济结合起来。而苏联东欧国家激进式改革的目标则是彻底否定社会主义制度，建立资本主义的市场经济。这就是 80 年代末 90 年代初计划经济国家向市场经济过渡过程中出现两种不同改革道路的根本原因。中国渐进式改革的成功之处在于从中国的实际出发，初步寻找到一条把社会主义的经济制度、政治制度和意识形态与市场经济结合起来的具体途径，其主要经验包括：目标与过程的统一、整体协调与局部推动的统一、自上而下与自下而上的统一、中央集权与地方分权的统一、经济改革与政治改革的统一、发展改革与稳定的统一，以及双轨过渡等。

（7）关于社会主义基本经济制度。成果对坚持公有制为主体需要澄清的若干认识上的误区等基本问题进行了辩驳，包括：国有经济低效率论、国有经济产权不清论、国有经济退出竞争论、国有企业垄断论、国有企业与民争利论等。成果对当前我国国有经济改革与发展中的若干重大问题进行了深入的分析，包括：如何认识社会主义基本经济制度的地位，为什么要坚持公有制的主体地位，如何认识国有经济的主导作用，如何认识鼓励、支持和引导非公有制经济发展的方针，如何认识积极发展混合所有制。成果提出了进一步深化对基本经济制度研究的若干重要问题，包括：深化对基本经济制度理论的研究，深化对基本经济制度保障机制的研究，深化对基本经济制度统计指标的研究，深化对公有资本管理体制的研究等。

（8）关于国有经济与社会主义的关系。针对近年来有人提出的国有制不等于公有制，更不等于社会主义，国有经济与社会主义无关的观点，成果提出，国家具有二重性，即既是公共权力，具有一定的公共性或社会性，又是阶级统治的工具，具有明显的阶级性和历史性。国有经济是什么性质的，主要取决于一个社会占统治地位的生产关系。社会主义国家的国有经济与资本主义国家的国有经济的根本区别，在于它们所具有的地位和作用不同，体现了不同的生产关系。从地位上看，社会主义经济以公有制为基础、国有经济为主导，国有经济是基本经济制度的重要组成部分。从生产关系的特点看，社会主义国有经济体现了社会调节、按劳分配、民主管理和剩余分享等新型的经济关系。而资本主义经济以雇佣劳动关系为基础，国有经济只是私人资本的补充形式。深化国有经济改革的实质就是在实践中寻找公有制的有效实现形式，使国有经济更好地体现社会主义的性质和特点，更好地发挥出它的制度优势。

（9）关于国有经济存在的依据。针对目前流行的把国有经济存在的依据归结为“市场失灵”或非竞争性，并进而认为国有经济应当全面退出竞争领域的流行观点，成果提出这种观点在理论和事实上都是站不住脚的，不符合世界各国国有经济的实际情况，不符合我国的基本经济制度和基本国情，不符合党和国家关于国有经济的一贯方针，具有明显的私有化导向。从根本上来说，国有经济的存在是克服社会化大生产与生产资料私有制之间矛盾的要求，是与社会主义公有制的主体地位相联系的。在社会主义市场经济中，国有经济的主导作用有三个基本依据：一是中国的社会主义基本经济制度，二是中国的经济发展阶段，三是社会主义基本制度与市场经济的结合，而与所谓的市场失灵和非竞争性没有直接关系。

（10）关于收入分配改革。成果认为，社会主义收入分配制度是以按劳分配为主体的，但是对于按劳分配为主的含义，目前学术界存在着若干不同的理解，对于这个问题，需要进行新的研究，提出科学的说明。成果指出，把劳动、资本、技术和管理等生产要素按贡献参与分配当作社会主义初级阶段收入分配的一项基本原则，在理论逻辑和现实运动中都存在不少值得商榷的地方，需要讨论。成果对社会主义市场经济中公平的实质和意义进行了讨论，指出社会主义市场经济中的公平原则包括劳动的公平、竞争的公平、机会的公平、收入的公平等多种标准和含义，因此，落实收入分配中的公平原则需要全面的多方位的视角。同时，由于公平和效率的多重含义，所以简单地主张“效率优先，兼顾公平”并不全面，应当把效率与公平统一起来。成果还提出，实现收入公平和共同富裕需要区别两种性质不同的收入差距：一种收入差距发生在不同的劳动者之间，另一种收入差距发生在劳动者与资本所有者之间，这两种收入差距产生的原因和发展的规律是不同的。

（11）关于社会主义市场经济中政府和市场的关系。成果提出，正确认识社会主义市场经济中国家的作用需要克服市场失灵论、小政府论、发展型政府论等片面观点，应当从社会制度、发展阶段和我国国情等方面的统一中全面认识社会主义国家政府的作用。社会主义市场经济中政府和市场关系的基本特点是市场的微观决定作用与党的领导和政府的宏观调控主导作用的有机结合。社会主义市场经济中政府的职能包括计划统筹、宏观调控、微观监管、公共服务、民生建设、国有资产管理、收入调节和制度创新等多方面内容。正确处理政府和市场的关系，既要尊重市场规律，又要发挥好政府的作用。要紧紧围绕政府与市场的关系不断深化经济体制改革，既保证市场对资源配置发挥基础性作用，又充分发挥政府宏观调控作用，把有效的市场调节与有效的政府调控结合起来，以彰显社会主义制度的优越性，进一步实现公平与效率的统一，为经济发展提供持久活力和动力。

（12）关于社会主义的本质。成果以中国改革和中国特色社会主义的实践经验为基础，从新的角度深入讨论了关于社会主义本质的若干理论问题，包括：社会主义的本质是单方面的还是多方面的，社会主义的目的与手段的关系，公平正义是不是社会主义的本质，如何认识共同富裕的性质和内涵，如何认识社会主义与计划的关系，如何认识中国特色社会主义与共产主义的联系和区别等。成果提出，社会主义本质是社会主义的制度、社会主义的生产目的和社会主义的本质要求三个维度的统一，只有在三个维度的统一中才能全面理解社会主义的本质特征。

（13）关于比较优势理论与对外开放。针对目前比较流行的比较优势理论，以及根据比较优势理论提出的发展战略，成果提出，比较优势理论本身存在着内在的缺陷，如：这一理论把资源禀赋作为一国比较优势的源泉，忽略了技术进步对一国劳动生产率的影响，是非历史的和静态的；这一理论只看到了自由贸易的互惠互利的一面，而没有看到自由贸易中不平等的一面；这种理论隔离了经济与政治的密切联系，忽视了政治因素和国家利益在经济发展和国际贸易中的巨大作用。成果认为，提高国家竞争力，根本是提升自主创新力。我们国家要实现从经济大国向经济强国的重大转变，别无他路可寻，唯有自主创新。自主创新是国家发展战略，要坚持不移走中国特色自主创新道路。

（14）关于中国经济为什么能持续快速发展。成果提出，改革开放以来，中国经济以近10%的年均速度持续快速增长，创造了发展的奇迹，那创造这一奇迹的主要原因是什么呢？今天中国经济开始步入新常态，经济增速从高速超高速转变为中高速，这种转变是否会改变中国经济持续快速发展的历史趋势呢？这是科学总结中国的经济改革经验和准确判断中国经济发展趋势需要回答的一个重要问题。成果提出，中国快速发展的战略机遇期还远未结束；大国优势仍在为中国经济的快速发展提供支撑；制度优势仍是中国经济快速发展的基本保障；中国经济已经站在了一个新的历史起点上；世界经济危机的新常态凸显中国经济新常态的优势；我们要抓住机遇，乘势而上，谱写中国奇迹的新篇章。

二、成果的主要价值

（1）运用马克思主义理论，以中国特色社会主义经济理论和实践的发展为主线，系统回顾和总结中国经济改革的经验及其理论启示，对中国经济改革的最新发展和基本内容进行了全面的探讨，反映了马克思主义经济学关于中国经济改革的基本观点。

（2）深化了对中国经济改革经验及其内在规律的认识，深化了对社会主义市场经济、政府与市场关系、收入分配制度、国有企业改革等重大问题的认识，并在实践中为进一步完善中国特色社会主义提供了参考。

（3）为建立和发展中国的转型经济学做出了努力。

三、成果的不足之处

（1）对一些重要理论的研究目前还没有取得系统的成果，如关于中国的对外开放的经验。

（2）对进一步深化改革的思路和对策研究不够深入。

《经济增长质量的逻辑》概要

任保平*

本成果主要研究经济增长质量的基本理论，探讨经济增长质量的逻辑机理，研究中国经济增长质量提高的实现机制。在经济增长质量国际比较的基础上，通过对中国经济增长质量的观察与反思，对中国经济增长中数量与质量的不一致性进行分析，研究了提高中国经济增长质量的机制，以实现中国经济增长数量、质量和效益的统一的路径转型。

一、研究的目的、意义及所使用的研究方法

1. 研究目的

经济增长与经济发展是现代经济学中最引人注目的领域。传统经济增长理论将研究的重点放在对经济增长的机制、源泉与动力的讨论上。在经济增长理论发展的200多年里，从斯密、李嘉图到拉姆齐、索罗，再到罗默、卢卡斯，对经济增长的探索研究，不论是理论方面的推进还是大量的实证研究对经济增长理论进行的定量检验，核心问题都在于通过要素分析来阐释一定时期内国民收入水平或人均国民收入水平的决定问题，即经济增长的来源问题，以至于传统的对于经济增长的研究大多集中于狭义经济变量的决定上，也就是经济增长的数量问题，而忽视了经济增长的质量问题。片面追求经济增长数量带来了结构失衡、分配不均、贫富差距扩大、资源短缺及环境污染等问题，出现了有增长而无发展的局面。所以，研究经济增长质量问题就成

* 任保平，西北大学教授，博士生导师。

为理论的前沿问题。

在现实来看，经济增长质量在世界各国的经济增长中都是一个非常突出的问题，许多国家正在积极通过转变经济增长方式、提高资源利用效率、减少环境污染等途径来达到提高经济增长质量的目的，提高经济增长质量已经成为世界各国经济发展中的一项重要课题。审视中国，自改革开放后实现了持续多年的高速增长，虽然形成了经济增长数量的奇迹，但“高数量、低质量、低效益”的特征也在近些年表露得非常明显。中国经济高速增长的同时，经济增长中的一些矛盾和问题也逐渐暴露出来，经济增长的结构性矛盾比较突出，经济增长的不稳定因素仍然存在，经济增长的成果分配不和谐，经济增长的模式尚未根本改变，经济增长的代价依然比较高，国民经济素质和经济竞争力有待提高。这些突出的矛盾和问题背后反映的就是经济增长的质量问题。针对中国长期发展中存在的问题，十八大报告指出：要“以加快转变经济发展方式为主线……把推动发展的立足点转到提高质量和效益上来”。但要实现从数量型经济增长向质量型经济增长的转变，需要有理论的支撑，而现有研究成果又无法对这一问题进行完整的解释。本成果将充分结合理论前沿和中国当前以及未来发展的实际需要，进行有目的和有针对性的研究，为未来中国经济谋求质量型的增长提供理论支持和指导。

2. 研究意义

主要表现在两个方面：

（1）理论意义。从理论发展的角度讲，研究经济增长质量是对经济增长理论的发展和完善。传统经济增长理论中，学者们主要以经济增长数量为研究对象，通过不断采用标准化、主流化的研究方法，形成了系统的理论和模型化的研究成果，而对于经济增长质量的研究则相当匮乏，不仅没有建立完善的理论基础，也没有相应的实证支撑。这正是西方一些著名经济学家如巴罗、阿罗等正在积极探索的一个难题。因此，研究经济增长质量是对经济增长理论的发展和完善，是在新的视角上对经济增长理论的扩展。

（2）现实意义。二战以来，各国以国民生产总值作为衡量经济发展的指标，努力追求经济的高速增长，出现了前所未有的经济增长热。片面追求经济增长所导致的负面效应也显示了出来，许多国家出现了“有增长而无发展”的状况。“有增长而无发展”中无未来的增长是经济增长和经济发展中的一种特殊现象，由于片面追求经济增长的速度和规模，造成了经济结构的严重失衡、失业严重、环境污染、资源耗竭、生态被破坏，使人类的生存环境遭到破坏，社会福利水平下降。从经济现实的角度讲，研究经济增长质量对国民经济发展具有应用性。经济增长质量是世界范围内经济增长面对的一个突出问题。改革开放30多年以来，中国经济总量虽然保持了持续高速增长的态势，但与此同时，经济增长的结构、经济增长的稳定性、福利分配不平等以及资源环境代价等成为中国经济增长面对的主要问题，提高经济增长质量、转变经济增长方式成为中国经济增长迫切需要解决的问题。特别是2008年国际金融危机使中国经济遭到了巨大的冲击，针对金融危机的冲击，人们更加清楚地认识到了提高经济增长质量的重要性，认识到要更加重视提高经济增长质量和效益。一大批经济学家也呼吁要重视提高经济增长质量，认为中国经济增长质量比较低，强调转变经济增长方式。以习近平为总书记的新一届党中央在不同的场合提出，要加大经济结构调整力度，提高经济增长质量和效益。所以中国未来经济要实现从数量型经济增长向质量型经济增长的转变，这需要有理论的支撑，本成果将充分结合中国当前和未来发展的实际需要，对践行的“提高经济增长的质量和效益”提供重要的理论指导。

3. 研究方法

本成果的具体研究方法有以下方面：

第一，逻辑演绎和归纳的方法。本成果是基础理论研究的范式，基本采取的是以逻辑演绎为主的方法，通过逻辑演绎，归纳出了经济增长质量分析的基本假设、基本命题、理论框架、理论维度，以及经济增长质量理论对经济增长理论在经济学原理、概念性框架、方法论以及政策框架方面的拓展。

第二，哲学分析方法。由于经济增长质量是一种规范分析，所以本成果大量采取了哲学分析方法，研究了经济增长质量价值判断体系的构建、质量型经济增长的道德基础和文化基础，特别是运用哲学的方法研究了经济增长的逻辑机制。从哲学意义上来讲，逻辑就是思维的规律或者客观的规律性。经济增长质量的逻辑就是对质量型经济增长的规律的探讨或者是对质量型经济增长的基本原理、内在机制以及实现路径的哲学思考。任何一门科学都有其内在的规律、逻辑和机理。社会科学的逻辑是由其基本的概念框架、基本范畴及其关系所构成，并用这些概念框架明确社会经济运作的基本原理。经济增长质量的逻辑就是依据社会科学认识论的基本原理对质量型经济增长的基本原理与内在规律进行研究和探讨，为研究中国经济增长质量提升路径提供依据。

第三，指数分析方法。在经济增长质量理论分析的基础上，从经济增长质量的理论内涵出发构建出由 37 个基础指标构成的经济增长质量指数，选择主成分分析法来确定各指标的权重，并将主成分分析法在原始数据处理、输入矩阵确定和基础指标权重计算三个方面进行改进。

第四，比较分析方法。在理论方面，运用比较分析方法分析经济增长数量和质量的关系、数量型增长与质量型增长的区别、数量型增长与质量型增长的联系，并研究从数量型增长向质量型增长的转型。在实践方面，比较了世界各国的经济增长质量，为提高中国经济增长质量提供了现实依据；比较了中国经济增长的数量与质量，分析了中国经济增长中数量和质量不一致的原因。

二、成果的主要内容和重要观点

1. 主要内容

本成果包括上、下两篇，共计 20 章，试图在继承和发展前人研究成果的基础上，从理论逻辑和实践逻辑两个方面研究经济增长质量问题。

在理论逻辑方面：（1）经济增长质量研究的理论渊源。主要研究国外研究的理论渊源、国内研究的理论渊源，通过国内外研究提出本成果的视角和思路。（2）对数量型经济增长理论的反思。主要对早期的经济增长思想、新古典增长理论、内生增长理论进行反思，通过反思来研究质量型经济增长的逻辑。（3）数量型增长与质量型增长的比较。主要分析经济增长数量和质量的关系、数量型增长与质量型增长的区别、数量型增长与质量型增长的联系，并研究从数量型增长向质量型增长的转型机制。（4）质量型经济增长的逻辑界定。主要包括经济增长质量分析的视角、经济增长质量的理论基础、经济增长质量的界定、经济增长质量的特征、质量型经济增长的逻辑、质量型经济增长中的变量关系。（5）经济增长质量对经济增长理论框架的扩展。主要研究质量型经济增长理论对经济增长理论原理的拓展、对经济增长理论概念性框架的扩展、对经济增长理论方法论的扩展、对经济增长理论政策框架的扩展。(6) 质量型经济增长模型的构建。通过对质量型经济增长模型构建的理论基础与实践缘由的分析，提出经济增长质量模型中的基本概念框架，并建立经济增长质量基本模型，分析经济增长质量模型的结论与意义。(7) 质量型经济增长理论的基本假设与基本命题。主要研究经济增长质量分析的基本假设、经济增长质量分析的基本命题。(8) 质量型经济增长分析的理论维度。主要研究经济增长质量分析的理论框架，构建包括结构优化维度、要素生产率维度、稳定性维度、福利分配维度、资源环境代价维度、国民经济素质维度、经济竞争力维度和社会发展维度等八大维度的经济增长质量分析的理论维度。(9) 质量型经济增长的度量。主要研究经济增长质量的度量维度、经济增长质量的度量方法、经济增长质量指标体系的构建，以及经济增长质量指数的最终得出和趋势变化。(10) 质量型经济增长的价值判断。在基本逻辑上研究经济增长质量价值判断体系，并从经济增长质量的终极价值判断、现实性价值判断两个方面研究经济增长质量价值判断体系的构建。(11) 质量型经济增长中的主体行为。主要研究质量型经济增长中的政府行为、质量型经济增长中的企业行为、质量型经济增长中的消费者行为。(12) 质量型经济增长的道德基础与文化基础。在研究道德基础对提高经济增长质量作用的基础上，分析经济增长质量道德基础构建的目标、经济增长质量道德基础构建的内容。在研究文化对于经济增长质量提高的理论机理的基础上，分析发挥先进文化在提高经济增长质量作用中的政策原则，以及文化推动经济增长质量提高的措施。

在实践逻辑方面：(1) 世界各国经济增长质量的比较。在经济增长质量国际比较维度构建的基础上，对不同类型代表性的国家的经济增长质量进行了国际比较，总结了其对中国经济增长质量提升的启示。(2) 中国经济增长质量的观察与判断。通过对学术界关于中国经济增长质量的不同认识的归纳，总结中国经济增长质量的问题，提出提高中国经济增长质量需要解决的重点问题。(3) 中国经济增长中数量和质量的比较。在中国经济增长数量和质量不一致的态势描述基础上，对中国经济增长中数量和质量的不一致进行了解释，并提出了实现中国经济增长数量与质量一致性的路径。(4) 中国经济从数量型增长向质量型增长的转型。从经济增长战略的转型、经济增长的路径转型与经济增长政策的转型，来研究中国经济从数量型增长向质量型增长的转型。（5）提高中国经济增长质量的机制化。依据提高中国经济增长的结构问题、动力问题研究提高中国经济增长质量的创新驱动机制、结构转化机制和利益协调机制。（6）实现中国经济增长数量、质量和效益的统一。通过对经济增长数量、质量和效益的关系的分析，来研究中国经济增长中数量、质量和效益的不一致性及其影响，研究实现中国经济增长的数量、质量和效益统一的路径转型。（7）新增长红利时代提高中国经济增长质量的路径转型。研究中国经济增长红利的变化、新红利时代的中国经济增长红利的创造，以及新增长红利时代提高中国经济增长质量的路径转型。

2. 重要观点

本成果提出的重要观点如下：

第一，界定了经济增长质量的内涵。本成果在对传统经济增长理论、国内外对经济增长研究进行评价的基础上，明确界定了经济增长质量的内涵。经济增长质量是经济的数量增长到一定阶段的背景下，经济增长的效率提高、结构优化、稳定性提高、福利分配改善、创新能力提高，从而使经济增长能够长期得以提高的结果。数量型增长反映的是经济增长的速度，而质量型增长反映的是经济增长的优劣程度。

第二，指出了经济增长质量理论和已有增长理论的关系。数量型增长和质量型增长是经济增长理论同一问题的两个方面，一个完整的经济增长理论应该包括数量增长和质量提升两个方面。数量型经济增长理论与质量型经济增长理论存在着差异性：一是已有的经济增长理论关注经济系统本身的运行，运用实证主义方法论对经济进行客观描述，不涉及价值判断问题。质量型经济增长理论基于规范主义方法论，以一定的价值判断作为出发点和基础，提出行为标准，并以此作为处理经济问题和制定经济政策的依据，探讨如何才能符合这些标准。二是已有的经济增长理论与质量型经济增长理论的逻辑也是不同的。已有的经济增长理论是依据生产要素的性质，沿着线性思路来研究经济增长的。质量型经济增长理论是依据多部门系统复杂性来研究经济增长的，认为经济增长是一个复杂系统构成的非线性过程，具有不确定性。降低不确定性的过程就是提高经济增长质量的过程。

第三，将经济增长质量理论与现有增长理论进行了对接。经济增长质量理论不是对现有主流经济学的增长理论的否定，而是其扩展和补充，是在经济增长数量基础上数量与质量的协调统一。具体体现在：一是对经济增长理论原理的拓展。经济增长质量把经济增长研究的视野从研究经济增长的最优路径选择扩展到了经济增长最佳社会效应的实现和经济增长系统耦合机制的建立方面。最优增长路径的选择意味着经济增长的净收益要最大化，经济增长的成本要最小化。最佳社会效应就是要实现成果分配的合理化，使大多数人分享经济增长的成果。二是对经济增长理论概念性框架进行了扩展。质量型经济增长理论把建立在线性系统、稳态状态和均衡基础上的新古典经济增长理论扩展到了经济增长具有非线性、非稳定性和非均衡性特征；把经济增长的系统从经济系统扩展到了自然生态系统和社会系统。三是方法论的扩展。质量型经济增长理论把经济增长的研究从没有价值判断的逻辑实证主义方法论扩展到了具有价值判断的规范方法方面，从而使经济增长理论从过去逻辑实证主义方法论扩展到了在实证基础上的规范分析，这一扩展使得经济增长理论从没有价值判断的经济学扩展到了具有价值判断的规范分析上来。四是对宏观经济政策的扩展。质量型经济增长理论把政策的着眼点从短期的货币政策、财政政策扩展到了扩大生产可能性边界的产业政策、人力资本政策和技术进步政策方面，从国富政策转向民富政策，从经济政策领域扩展到了社会政策方面。

第四，提出了经济增长质量理论的基本命题和伦理原则。本成果提出的经济增长质量分析的基本命题有：较高的生产率是经济增长质量的根本保证；稳定性可以实现经济增长中资源有效配置和有效利用的结合；降低资源环境和生态成本可以提高经济增长的净收益；经济结构的转化可以改变经济增长的动力机制；福利分配可以实现经济增长成果的共享；高质量的经济增长必然要求高素质的国民经济；经济增长质量提高的关键是“使制度正确”。本成果提出的经济增长质量分析的伦理原则有：经济增长质量内在地包含了经济增长与伦理建设的和谐统一；经济增长的结果必须惠及全体劳动者；经济增长质量追求最大多数人的最大幸福的道德原则；经济增长使人的发展条件得到改善；质量型经济增长中经济发展与社会发展必须协调；质量型经济增长的终极关怀是人文关怀。

第五，建立了经济增长质量理论的模型。目前国内外经济增长质量理论研究中的缺陷是：与主流增长理论相比较，数理模型化是一个缺陷，没有建立其基准模型。我们的研究也在做努力，目前形成了一个初步的模型，基本思路是：经济增长成本分析是经济增长质量的基本概念范畴。从这一概念范畴出发，经济增长质量就是要实现经济增长净收益的最大化。净收益的最大化就是要实现经济增长成本的最小化，即要使经济增长的经济成本、社会成本和资源环境成本达到最小状态。净收益等于经济增长产出减去经济增长成本。依据这个思路形成了一个简单的经济增长质量的模型。

第六，提出了经济增长质量的价值判断。经济增长质量的价值判断体系由终极价值判断和现实价值判断两部分构成，经济增长质量的终极价值判断的核心是人的发展，是基于人本主义经济发展观的判断标准；经济增长质量的现实价值判断则是以功利主义为核心，实现经济有效增长的判断标准。终极价值判断成为主要价值判断标准；现实价值判断是终极价值判断的实现手段，是终极价值判断的过渡标准。质量型经济增长的价值判断标准是现实价值判断与终极价值判断相统一的价值判断标准体系。经济增长质量的终极价值判断是人的发展，具体表现为：经济增长要实现人的幸福最大化，经济增长要以社会文化发展为前提，经济增长最终要促进人的发展。现实价值判断的具体要求是：经济增长实现增长代价的最小化、社会福利的最大化、经济运行的平稳化、产出效率的最大化、经济结构的高级化。

第七，构建了经济增长质量指数。对经济增长质量高低的判断是从条件、过程和结果三个层次来讨论的。归纳起来，经济增长质量主要包含三个层次六个维度的内容：从经济增长的条件层次来看，经济增长质量主要包含国民经济素质维度；从经济增长过程的层次来看，经济增长质量包含经济增长的效率、经济增长的结构以及经济增长的稳定性三个维度；从经济增长结果的层次来看，经济增长质量包含福利水平分配状况和生态环境代价两个维度。用 6 个维度、37 个基础指标构成了中国经济增长质量指数。

第八，对中国经济增长质量的实践逻辑进行了研究。在对中国经济增长中数量和质量的不一致进行解释的基础上，研究了实现中国经济增长数量与质量一致性的路径。在对中国经济增长质量进行观察与判断的基础上，研究了中国经济从数量型增长向质量型增长的转型、提高中国经济增长质量的机制，以及实现中国经济增长数量、质量和效益统一的路径。在对中国经济增长质量进行总结与反思的基础上，从战略思路、战略目标、战略模式、战略要素等方面研究了中国经济增长的战略转型，从新发展战略、体制综合创新等方面研究了提高经济增长质量的路径转型，从科学发展、富民、自主创新等方面研究了政策转型。

三、成果的学术创新、应用价值以及社会影响和效益

在理论逻辑方面通过对数量型增长与质量型增长的比较研究了经济增长质量的内涵与特征、经济增长质量对经济增长理论框架的扩展、质量型经济增长模型的构建、质量型经济增长度量的指数构建、质量型经济增长的价值判断体系的构建、质量型经济增长中的主体行为、质量型经济增长的道德基础与文化基础，形成了系统的质量型经济增长的理论体系。在理论逻辑分析方面有两点最具创新意义：一是提出了理论研究的新视角。在对经济增长理论进行回顾和批评的基础上，提出了经济增长质量分析的基本假设和经济增长质量分析的基本命题，建立了一种新的理论分析视角。二是建立了经济增长质量分析的理论框架。在借鉴国内外研究的基础上，建立了经济增长质量分析的思想框架、理论模型，并对经济增长质量的价值判断进行理论分析。

在应用价值方面，通过对中国经济增长中数量和质量的比较以及中国经济增长质量的观察与判断，研究了中国经济从数量型增长向质量型增长的转型以及实现中国经济增长的数量、质量和效益统一的路径。理论结合实践，提出具有可操作性的路径选择，将问题分析最终落在实处，为中国经济未来谋求增长质量建言献策。对我国提高经济增长质量和加快转变经济增长方式具有参考价值，对解决中国经济增长中的“高速度、低质量和低效益”问题以及加快经济发展方式转变具有现实意义。

在社会影响和效益方面，本成果前期关于中国经济增长质量的研究成果引起了学界的关注，获得了广泛的好评和肯定。2011 年夏季达沃斯论坛以“关注增长质量，掌控经济格局”为主题，首次以全球视角聚焦经济增长质量。在此背景下，《中国新闻周刊》就增长质量问题对笔者进行了采访，笔者对经济增长质量的内涵进行了阐释，并着重探讨了中国经济社会的失衡以及如何提高国家治理质量等问题。可以说，经济增长质量的理论研究得到了社会各界的广泛回应，经济增长质量已经从理论探索上升为一种新的经济发展观。

《增长转型与中国比较优势动态化研究》概要

杨先明*

在开放进程中保持比较优势不断动态化，是我国经济持续增长的重要条件。比较优势动态化，就是通过技术进步和产业升级使国家的比较优势重新调整，从而获得新的比较优势。这一过程涉及生产要素的供求关系、政府政策的作用、各种可利用资源的引进、开放战略调整等因素，并会带动包括生产要素禀赋在内的一切经济因素发生改变，由此一国在全球经济中的相对地位将相应发生变化。因此，比较优势动态化对实施开放经济发展战略的发展中国家尤为重要。

与开放经济的短期利益（如出口与外汇增长等短期效应）不同，比较优势的动态发展主要体现为增长要素质和量的变化，以及增长要素的组织与配置方式的变化。对应于不同的经济开放阶段，新的增长要素（或质量与规模不同于原来的增长要素）将替代原来支持外资和贸易发展的增长要素，支持新一轮的外向型经济的发展，并产生结构升级等效应，因此，比较优势的动态发展成为开放经济报酬递增的基础；而比较优势趋向静止与衰弱，则成为一些国家陷入中等收入陷阱的根本原因。

以加入 WTO 为标志，我国明显加快了与世界经济融合的步伐，并成为引进国际直接投资最多、对外贸易依存度很高的开放经济体，我国的经济总量已经位居世界前列。但是早在 2002 年，联合国的贸易与发展报告明确提出中国等国家在国际生产中由于低端要素结构导致收益增长与贸易增长不对

---

* 杨先明，云南大学教授，博士生导师。

称，认为FDI导向的大量劳动密集型出口竞争必然产生的竞争与合成谬误，以及中国利用FDI技术加快而产业升级不足必然与其他发展中国家产生低层次竞争，已经从全球市场竞争角度警示了中国动态比较优势实现不足而可能面临的压力与问题。对此，我国的学者也从不同角度进行了大量理论分析与实证研究。我国开放经济发展阶段与比较优势动态实现程度之间存在着明显的偏差，我国经济结构性矛盾所产生的逻辑路径即增长转型问题已经为人们所关注。但是，由于我国加入世界贸易组织以后外向型经济的迅速发展，显性比较优势突出，以及对出口导向战略的路径依赖，在这样的宏观环境下很难对外向型经济发展战略做出主动调整。

2008年国际金融危机的发生，充分凸显世界经济失衡格局的特征，同时对中国经济产生了明显的冲击。经济全球化条件下，美国金融危机经由世界货币美元传递发展为全球性金融危机。由于特里芬难题的存在和美元发行约束机制的缺乏，美元本位制对世界经济发展的作用呈递减效应，并使全球经济与美国高度联动。只要仔细考察，就会发现金融危机对中国产生的冲击，与我国各地区、产业乃至企业本身存在的结构问题是相关的，即在危机条件下，过时的增长方式、产业结构和技术选择最先遭到冲击。因此，摆脱危机并实现经济持续增长的关键在于重新塑造发展模式。与此同时，中国经济运行中的一些征兆，也表明中国经济或中国开放经济进入了一个新的发展阶段。首先是我国低成本的劳动力优势将不复存在。预计2020—2025年，我国低成本优势将告一段落，农村剩余劳动力基本转移完毕，劳动力成本快速上升。其次是我国整个加工贸易生产体系转型压力增大。我国的土地成本、煤电油运成本、人民币汇率及其他环境、资源、要素成本都将进入一个快速上升的阶段。这将改变我国投资环境的综合优势，并降低对国外资本的吸引力，我国加工贸易生产体系面临着巨大的转型压力。第三是我国长期推行的模仿创新模式面临挑战。大量的在华外资企业虽然拥有较多发明专利，但配置在中国的多为产品增值链环节，直接的技术外溢效果并不显著；而我国本土企业自主技术创新能力不足，如何从模仿创新向自主的技术创新过渡，将是一个艰难的转折。

中国是经济全球化最大的受益者之一。我国没有必要也不可能游离于世界经济之外。发展外向型经济，仍然是我国经济增长的原动力之一。重构出口导向的工业化，提高外向型经济发展的质量，降低资源与环境的压力，减少与国外的贸易摩擦和利益冲突，从外向型经济中创造与产生更大的经济福利，仍然是我国必须追求的目标。因此，研究在转折时期我国比较优势动态化的问题，具有特殊的意义和现实价值。在经济开放的新阶段，必须下大力气关切如何形成动态比较优势较快发展的问题。但事实上，我们缺乏针对比较优势陷阱产生的重点领域的理论和实证分析。大量研究表明，比较优势的动态化不一定是连续的，存在中断的可能性，由此依托比较优势的产业升级的进程也存在中断的可能性。从中等收入向高收入迈进的国家，面临这种威胁的可能性最大。同时，鉴于内生比较优势的框架下，比较优势来源是多元化的，尤其在大国的经济体内，发现与比较优势相关度高的来源并进行整合，符合我国的长远利益。

基于此，课题首先对比较优势动态化的相关文献进行综述和研究，以厘清比较优势动态化高度相关因素，为本研究提供了理论和实证分析对象。其次是分析框架的建立：（1）变量构造：构造反映比较优势动态化及比较优势动态化高度相关因素的变量指标；（2）模型构建：在变量构造的基础上，借鉴计量经济学中相关方程式，构建比较优势动态化高度相关因素与比较优势动态化之间的理论模型，形成分析逻辑框架。第三，进行实证分析：（1）变量指标量化：利用相关数据库提供的数据，实证评估比较优势动态化高度相关因素的趋势和特点；（2）理论模型实证拟合：利用量化后的变量指标数据，实证拟合比较优势动态化高度相关因素与比较优势动态化的关系模型。根据以上的思路和出发点，我们完成了以下的研究内容，并形成了一些重要观点：

第一部分考察我国比较优势动态化面临的挑战与困难。发展中国家从国际贸易中究竟获得多少净收益？两个著名的发展经济学家即劳尔·普雷维什和汉斯·辛格提出发展中国家贸易条件恶化论，引起了旷日持久的争论；在世界进入新一轮的全球化以后，关于这一命题的争论具有了新的含义和价值。目前我国已经成为世界经济中举足轻重的经济体，我国的贸易发展与贸易条件之间的关系成为研究中国动态比较优势的重要内容。贸易条件理论具有较多的内涵，如何科学全面估算不同阶段的中国贸易条件及其变化，以及是否可将贸易条件的变化作为动态比较优势的测度工具，都是需要深入研究的内容。因此，课题第一部分对我国的贸易条件与动态比较优势实现之间的关系进行了研究。通过实证分析发现，我国具备比较优势动态化能力，我国比较优势动态化的路径选择空间较大；同时我国比较优势动态化的趋势也是比较明显的，但比较优势动态化表现不一致。研究发现，我国价格贸易条件有明显的恶化趋势，比较优势动态化仍面临较大挑战。如何促进我国比较优势动态化？首选考虑路径是调整我国的贸易政策倾向，其次就是促进我国规模经济的进一步实现，第三是进一步加快我国的技术进步，最后也是最重要的是全面提高我国的人力资本积累和要素积累。

第二部分重点研究资源制约与我国比较优势动态发展的关系。按照外生的比较优势理论，资源禀赋差异决定了国与国之间的比较优势的大小。我国是一个人均资源匮乏的国家，资源对我国比较优势动态化的制约是显而易见的，并将形成对中国经济增长的阻力。基于资源制约因素，如何实现我国比较优势动态化？简单地按静态比较优势理论来发展经济会使资源富集地区或国家落入“比较优势陷阱”或“资源诅咒”状况，因此，有必要从动态角度来分析资源比较优势问题。实证分析表明，自然资源对我国经济的增长阻力为 0.052 5；仅从能源资源的角度测算，资源增长阻力在我国东中西部地区之间存在明显的差异。西部地区能源的增长阻力最大，达到 1.37%；东部地区能源的增长阻力次之，为 1.00%；中部地区能源的增长阻力最小，为 0.54%。资源较为富集的西部地区，能源的增长阻力在所有区域中为最大，这说明我国存在比较优势陷阱或资源诅咒的问题。实现我国比较优势动态化，资源型经济就必须转型，可以选择发展循环经济、促进产业升级、调整产业结构和提高资本利用效率等路径实施转型。我国推进资源经济转型与发展，实质上关系到在资源不充裕的格局下在国际竞争中获得新比较优势的战略问题。

第三部分研究内容关系到在国际分割生产条件下我国动态比较优势的实现问题。国际分割生产，即把产品的生产过程分割成不同的区段配置到不同国家和地区，制成品只在不同的国家完成相关的生产阶段。由于我国已经成为参与国际分割生产的主体，因此国际分割生产已经成为影响我国制造业出口的重要因素。传统的国际贸易理论没有考虑国际分割生产现象，不能解释国际分割生产对出口贸易的影响。学术界对中国出口贸易的相关经验研究主要从宏观层面进行，主要分析贸易总量增长的决定因素，很少具体到行业层面，也很少对中国的出口复杂度、出口广化和深化等产品特征进行分析，缺乏把国际分割生产与中国出口的产品特征相结合进行的研究。本部分通过对出口结构、出口复杂度、出口广化的分析，发现FDI和加工贸易可以实现国际分割产生的生产技术转移和外溢效应，从而促进我国制造业获得参与区段或环节的外部规模经济。研究还发现，我国在国际分工中的位置一直处于上升状态，但是，推动中国位置上升的主要因素是中国产业的国际市场份额的增加，而不是价值获取份额的增长。从产业价值获取能力看，我国产业与发达国家相比，获取价值的能力比较低，提高我国产业价值获取能力，才是提升在国际分工中位置的根本。

第四部分讨论我国进出口互动发展对比较优势动态化的作用。长期保持贸易顺差，是我国在世界市场和国际经济运行中的一个显著的特征，同时巨额的贸易顺差的存在，也可视为我国比较优势得以充分发挥的货币体现。但是，我国外向型经济发展的目标并非追求巨大的贸易顺差；显然，维持或追求贸易顺差，这种具有重商主义色彩的贸易目标并不符合我国实现动态比较优势的战略，而出口与进口的互动发展，更能够推动中国的比较优势动态化。分析认为，与发达国家相比，中国有优势的产业主要还是集中在产业分类表的前端，这些产业的规模经济特征与国际市场导向之间是相一致的。在外需受限的背景下，中国可以通过产业结构的调整和升级来提高在全球价值链分工中的国际竞争力，实现比较优势动态化。我国进口贸易对于我国的资本形成、技术进步与产业结构优化升级具有十分显著的促进作用，从而有利于实现中国比较优势的动态化。我国进口与出口大体平衡、小规模贸易顺差与逆差交替出现，是符合中国对外贸易比较优势动态发展需要的。

第五部分探讨我国产业集聚对比较优势动态化的作用。产业集聚是否是内生比较优势的源泉？集聚产生规模经济，从而对比较优势的形成和发展产生积极的意义。集聚把相互关联产品的生产按照一定规模聚集到某一区域来进行，使企业获得生产成本或交易费用的节约；集聚同时也是要素的集聚，由于企业群聚，要素也加速了向特定空间集聚的过程。集聚降低了要素成本和交易成本，要素与企业的集聚，刺激了特定空间范围的产业的成长，形成所谓的“绿洲效应”。研究发现，我国产业集聚格局、比较优势与地区产业发展格局之间具有很大的一致性，伴随着大多数主要产业向东部地区的集聚，东部地区产业总量、对外贸易在全国所占份额一直远远高于中西部地区，这是产业集聚促进比较动态优势提升的直接结果；我国比较优势的发挥与产业集聚存在着相互协调的一面，即集聚核心区可以产生良性循环，形成自我增强机制，比较优势动态化与产业集聚可以相互促进。在现阶段更应重视动态比较优势对中国的区域变化长远利益，要促进发展层次不同的地区充分利用国内分工和国际贸易的利益。研究认为，地区间的产业集聚和分工构筑了我国产业比较优势的基础，只有通过国内各地区深化分工，实现区域产业集聚，才能提高国内交易效率，促进技术进步、规模经济，最终为国家层面上积极主动创造动态比较优势、跳出“比较优势陷阱”创造条件。

第六部分研究了我国市场一体化与动态比较优势之间的关系。追求规模经济，一直是比较优势的重要来源。与产业集聚类似，市场一体化作为内生比较优势的来源，归因于市场一体化产生的规模经济效果。分工与收益递增、规模经济之间存在动态机制，市场的一体化无疑将推动这一动态机制，而市场分割则阻碍和破坏这一过程。市场一体化在促进了要素流动的同时，整合了经济资源，扩大了市场规模，规模经济收益是市场一体化最为突出的收益。我国改革导致的市场一体化进程，是推进我国基于规模经济比较优势动态化的前提条件。研究通过对中国市场的分割、整合进行实证分析，再次证明规模经济的实现有赖于统一市场的形成。我国国内商品市场分割程度在波动中下降，但是市场一体化程度在缓慢提高。而向基于规模经济的比较优势转化，总是伴随着国内市场一体化加强的过程；要保持或者扩大来自市场整合的比较优势，不仅需要不断地促进要素自由流动，更要关注一体化收益的空间分配。

第七部分讨论了本地市场效应与比较优势动态化的内在关系。依据空间经济学理论，由于规模报酬的存在，本地需求增加将导致外部市场的部分企业进入市场份额较大的地区生产以节约成本，出口将增加。本地企业增多，通过需求关联效应和价格指数效应形成的循环累积因果联系，进一步吸引外部企业的进入，从而形成经济活动的集聚，这就是空间经济学核心理论之一的“本地市场效应”。空间经济理论认为，本地市场效应是企业区位选择的重要因素。由于本地市场效应的存在，一国或地区将出口本区域内需求较多的产品。在规模报酬递增下，本地需求大也就意味着位于该国的企业能够更好地利用规模经济，因此国内企业的数量增加、企业的生产规模扩大。因此，注重本地区内部市场需求和国内其他区域的需求，逐步培育相关产业的本地市场效应，或许是实现比较优势动态化的一个现实选择。研究测算了我国不同区域和不同产业的本地市场效应，即从“超常需求”的大小来分析各区域比较优势动态升级路径，而伴随规模经济的“本地市场效应”可以较好地解释我国产业空间结构的现象。研究认为，我国基于传统要素禀赋的比较优势将有一个不断递减的过程，但是基于规模经济形成的比较优势逐步凸显出来。根据本地市场效应的观点，我国日益增大的国内市场会促使某些产业规模经济的形成，这些具有规模经济的产业构成我国新的比较优势基础。

第八部分分析人力资本结构变化对比较优势动态化的意义。根据动态比较优势的内涵，人力资本积累与其有紧密的联系。但是，如果我们把视线深入到人力资本的内部考察，将发现除了人力资本作为要素积累对比较优势产生推进作用外，人力资本的结构优化与人力资本的总量一样，对动态比较优势的实现具有实质性的作用。人力资本结构作为动态比较优势的来源，在发展经济学的一些早期文献中就已经出现端倪。在分析适宜性技术与发展中经济的技术需求相匹配问题时，发展经济学家已经看到本土化教育的实际价值会超过普适性教育的情况，这实际上已经涉及人力资本的结构问题。人力资本的结构强调了在不同发展阶段、不同的工业化水平下，需要不同的知识结构类型的人才；在人力资本总量达到一定的门槛水平时，人力资本的结构合理性与人力资本需求结构合适的匹配度，将对比较优势的动态化产生十分积极的作用。以往文献虽充分认识到人力资本总水平对于技术进步和创造动态比较优势的重要作用，却忽略了动态比较优势的重要来源——人力资本结构的优化，但是现实中的技术进步和经济增长过程所依赖的不仅包括人力资本水平效应，而且包括结构效应。研究发现，当人力资本结构不变时，其总水平提升推动技术进步和经济增长，这就是人力资本的水平效应；当人力资本总水平不变时，其结构的优化也会促进技术进步和经济增长，这依赖的就是人力资本结构效应。通过相应的人力资本政策，可使人力资本结构得到优化，从而实现技术进步及相应人力要素的积累和高效配置，可使比较优势进行动态演化，进而促使对外贸易结构从低级的资源和劳动密集型产品出口向高级的资本和技术密集型产品出口升级。

第九部分研究了创新、创新体现与动态比较优势的内在关系。技术创新与比较优势动态化存在高度一致性，技术创新是比较优势动态化的根本路径。形成新的比较优势需要创新，保持比较优势同样需要创新，而创新需要创新体系的支持。创新体系分为区域创新体系、部门创新体系、国家创新体系和全球创新体系。在各类创新体系中，我国对国家创新体系、区域创新体系与部门创新体系比较重视。但是我国作为一个大国，大国区域发展不平衡的特征同样体现在区域创新能力方面，重视区域创新体系的构建，发现区域创新能力的薄弱环节，培育与支持各地区创新能力的发展，有助于我国总体比较优势的进步。研究表明，我国不同省（区、市）的技术创新能力有很大差异，有突出的层次性，即我国不同省（区、市）比较优势动态能力存在较大差异。北京、江苏、上海和广东等有较强的技术创新能力，同样具有较强的比较优势动态能力。因此，发展新的比较优势，完善国家创新体系，必须高度重视地区创新体系建设。

第十部分研究国家能力建设与我国比较优势动态化的相互关系，也是对课题的研究进入归纳和总结的阶段。国家吸收能力与比较优势动态化存在内在的一致性。国家能力概念，是从技术吸收能力、社会吸收能力、国家技术吸收能力到国家能力这样依次发展过来的，能力概念的每一次更新，都与比较优势理论的演进紧密相关。能力的发展，实质上也是国家的比较优势的发展，但是二者具有不同的体现形式。能力的变化，不仅是要素的积累，也包含体制与机制的改变。在经济学中，吸收能力是一个比较复杂且还在不断发展的概念，它已成为分析经济增长的一种新的范式，被称为近十几年来组织研究和技术发展研究中最重要的概念之一。对本研究来说，我们更关注在经济赶超中一国如何实现从技术吸收能力到国家能力的转变，特别是国家能力对形成比较优势动态化的作用。

上述内容突出本研究的学术特点，即着重于从外生与内生结合的角度分析我国新阶段的动态比较优势实现问题。长期以来，国际经济学依托新古典经济学传统所秉持的外生比较优势论，而对国际经济长期竞争格局的演变缺乏完整合理的解释。外生比较优势论认为，技术水平和生产率的差距即生产率水平差异构成一个国家的相对优势根本来源，后进的国家要想在竞争中赶上先进国家，只能仰赖于外生的因素。新古典贸易模式在规范地进行均衡分析的方向上迈进了一步，假定不同国家的生产函数相同，而劳动力和资源禀赋却不同。因此，资源禀赋的外生差异构成了比较优势的来源。既然比较优势由各国的资源禀赋决定，从而也否定比较优势可以创造，其实也否定了比较优势动态化的可能性。同时，外生比较优势论只考虑了生产成本因素，而没有考虑交易成本因素，不考虑或回避了规模经济问题，这都大大削弱了外生比较优势论对当今国际经济竞争格局的解释。与此截然不同，内生比较优势理论则强调，各国的比较优势是经济体系内在地决定的，不断深化的分工与专业化是其根源。在内生的理论框架下，比较优势的来源不仅仅是技术差距和资源禀赋，分工与市场范围、交易成本、规模经济同样是比较优势的源泉，由此也决定了诸如专业化程度、人力资本状况、研究与开发的投入、制度的效率、产业的空间距离、市场的一体化程度等对内生比较优势的重要意义。因此，内生比较优势与外生比较优势可以在一个国家内共存。

由于内生比较优势是由多要素所决定的，要素的变化与积累会影响比较优势，因此改变要素或者加快要素积累必然影响比较优势的变化。换言之，人可以改变比较优势，国家可以创造或者推动比较优势，于是，制度对内生比较优势的形成和发展的重要意义也为人们所认识。正如分工本身是制度安排一样，其他形成比较优势来源的因素也取决于市场经济的制度背景，而长期的开放有利于内生比较优势的形成与发展。

我国作为一个还没有完成二元经济结构转型的国家，很难用单一的外生比较优势或者内生比较优势理解我国在世界市场中的竞争优势和劣势。按照外生比较优势理论，我国在国际经济中属于资源禀赋方面的优势是有限的，我国比较优势主要有赖于内生变量的积累和创造。在大国经济的范围内，推进专业化的社会分工、加大人力资本积累、增加研究与开发的投入、建立正确制度并提高其效率、增强产业的集聚、推进市场的一体化进程，都是内生比较优势形成和积累的重要变量，而推进以上过程，实际上就是我国动态比较优势的实现过程。

我国拥有的比较优势，当然既包括外生比较优势，也包括内生比较优势。而更多地从内生比较优势角度出发，发现与分析我国的竞争潜力，以及发挥这些潜力存在的问题，寻找战略调整的方向与对策，以期从国际竞争中获得更大的利益，正是本成果的基本研究思路和力图实现的学术新意。

《中国财政分权、地方政府行为与经济增长》概要

贾俊雪*

一、研究的目的、意义及所使用的研究方法

1. 研究目的和意义

本成果在认真总结国内外已有研究的基础上，以地方政府行为为核心，以财政分权和经济增长为主线，从中央与地方财政分权以及更加微观化的视角（省以下财政分权视角）出发，力求在一个完整的分析框架内揭示财政分权及其制度安排对不同级次地方政府行为的激励和约束作用进而对经济增长的影响和作用机理；希望能够获得更加可靠的结论，提供关于中国财政分权的经济增长效应更为全面的评价和具有说服力的解释，建立适合我国国情的财政分权、地方政府行为与经济增长的基本理论框架，为下一阶段我国财政管理体制改革提供良好的理论依据和政策建议。

2. 研究方法

（1）调查研究与理论研究相结合。本成果立足于中国经济发展实践，紧密结合市场化变革的时空背景，通过调查研究和历史分析，深刻认识和理解我国财政管理体制变迁与地方政府的利益动机、目标定位和行为特点变化及其经济社会影响的典型事实，以及它们之间的内在逻辑联结。在此基础上，结合现代财政分权理论的发展进行系统剖析、逻辑归纳和理论提炼，构建适

* 贾俊雪，中国人民大学教授，博士生导师。

合我国国情的财政分权、地方政府行为与经济增长的基本理论体系。

（2）规范分析与实证分析相结合。本成果在规范分析中广泛采用动态优化模型、博弈模型和多级政府模型，在实证分析中大量运用面板数据模型、空间计量模型、多动态因素模型和拟自然实验等方法，力求在微观行为与宏观表现、作用机理与典型事实、理论发展与实践经验之间建立起良好的逻辑一致性。同时，采用专家法邀请学术界和政府部门对研究成果进行评价，依据建议不断完善，形成科学结论和有价值的政策建议。

二、成果的主要内容和重要观点

1. 主要内容

本成果共分 10 章。第 1 章为导论。第 1.1 节介绍了研究主题和研究意义。第 1.2 节对分权、财政分权、地方政府（包括地方政府目标和地方政府行为）等核心概念进行了界定。第 1.3 节介绍了本成果采取的方法、技术路线、主要内容和基本观点。

第 2 章为相关研究成果综述，主要通过对国内外关于财政分权的经济增长效应及其作用机理方面的已有研究成果的全面评述，为本成果奠定良好的文献基础。

第 3 章在全面系统地梳理改革开放以来我国财政管理体制变迁历程以及地方政府收支行为变化特点的基础上，构建一个财政分权、地方政府行为与经济增长的综合分析框架，探究财政分权及其制度安排对地方政府行为的激励和约束作用进而对经济增长的影响和作用机理，提出本成果的两个核心理论假说。第 3.1 节简要梳理改革开放以来中国财政管理体制变迁历程，刻画不同时期我国财政分权化改革的模式特点，揭示财政收支分权和地方纵向财政失衡的发展变化趋势。第 3.2 节以我国省份、地市和县级地方政府的大样本数据为基础，深入考察地方政府收支行为的变化特点和演变趋势。第 3.3 节以现代财政分权理论为基础，以地方政府行为为核心，以财政分权和经济增长为主线，构建我国财政分权、地方政府行为与经济增长的综合分析框架，重点阐述财政分权及其制度安排对地方政府的利益动机、目标定位和行为选择进而对经济增长的深刻影响，剖析财政竞争机制和公共池机制在财政分权及其制度安排的经济增长影响机理中的重要作用，提出本成果的两个核心理论假说。第 3.4 节为小结部分。

第 4 章从理论与实证两个层面全面考察了财政分权对经济增长的影响，对第 3 章提出的理论假说 1——改革开放以来，财政分权化改革的不同模式决定了地方政府竞争性行为的不同，致使中国财政分权的经济增长效应具有明显的跨时差异：财政承包制期间，财政分权不利于经济增长，1994 年分税制改革以来则具有较为积极的促进作用——进行检验。第 4.1 节分别在单部门和两部门内生增长理论模型框架内，就财政总分权和各类支出分权（支出分权结构）的经济增长效应进行理论分析，探究经济增长最大化的最优财政总分权水平和各类支出分权水平。第 4.2 节以我国省份和大样本的县级数据为基础，利用系统 GMM 和倾向得分匹配—双重差分方法考察中央与地方财政分权和省以下财政分权对经济增长的影响，以及省直管县财政体制改革对财政分权经济增长效应的制约影响。第 4.3 节为小结部分。

第 5 章检验了财政竞争包括支出竞争和税收竞争机制在我国财政分权的经济增长影响机理中的重要作用。第 5.1 节以我国省份和县级数据为基础，利用空间计量模型和自然试验的方法考察地方政府支出竞争行为的特征、模式及其对经济增长的影响，探究财政分权化改革和纵向财政结构安排在地方政府支出竞争行为发展演变中的作用，揭示财政分权通过财政支出竞争机制影响地方政府行为和经济增长的作用机理。第 5.2 节以我国大样本的规模以上工业企业调查数据和地级市面板数据为基础，从更加微观化的企业视角出发，通过测算企业前瞻性有效平均税率，考察我国地方政府税收竞争行为的发展演变及其对企业进入、市场发展和经济增长的影响，以及省以下财政分权化改革对其的影响，揭示财政分权通过税收竞争机制影响地方政府行为和经济增长的作用机理。第 5.3 节为小结部分。

第 6 章就纵向财政失衡对经济增长的影响进行理论和实证分析，对第 3 章提出的理论假说 2——1994 年分税制改革以来，我国地方政府财权与事权不匹配矛盾和纵向财政失衡日益突出，带来了严重的公共池问题，加剧了地方政府的行为扭曲，对经济增长产生较为明显的抑制作用——进行检验。第 6.1 节构建一个多级政府框架下的两部门内生增长模型，就纵向财政失衡对长期经济增长的影响及其机理进行理论分析，探究经济增长最大化的最优纵向财政失衡程度。第 6.2 节分别利用省级和县级数据，考察纵向财政失衡对省份经济增长的影响及其与地方政府行为的交互作用，以及纵向财政失衡对县域经济增长的影响以及政府组织结构（包括省直管县财政体制改革和辖区政府数量）对其的制约影响。第 6.3 节为小结部分。

第 7 章全面考察纵向财政失衡对我国地方政府行为的影响，检验公共池机制在纵向财政失衡的经济增长影响机理中的重要作用。第 7.1 节考察纵向财政失衡对我国地方政府支出行为的影响：构建一个不完全信息条件下的多级政府模型，剖析纵向财政失衡通过公共池机制对地方政府支出行为的影响，探究最优纵向财政失衡的决定因素尤其是横向和纵向财政外部性在其中的作用；然后运用县级数据考察纵向财政失衡对地方政府支出规模和结构的影响，对公共池机制进行检验。第 7.2 节考察纵向财政失衡对我国地方政府收入行为的影响：首先以县级数据为基础考察纵向财政失衡对地方政府税收收入行为的影响，然后在深入剖析土地财政形成的制度基础和内在逻辑的基础上，运用地级市数据就纵向财政失衡对地方政府土地财政行为的影响进行实证分析。第 7.3 节为小结部分。

第 8 章详细考察财政分权对我国经济增长波动的影响，深入剖析财政分权对地方政府行为进而对我国宏观经济稳定的冲击影响及其作用机理，探究改革开放以来我国经济周期波动的制度根源。第 8.1 节在深入刻画改革开放以来我国宏观经济波动和地方政府收支行为的典型特征及其内在联系的基础上，提出主要问题。第 8.2 节利用一个情势转换增长分析框架，识别出我国地区经济增长波动的四类模式，包括持续低增长、低增长高波动、高增长高波动和持续高增长，深入考察财政分权在这四类增长波动模式决定中的作用。第 8.3 节提出地方政府收入行为经济周期理论，分析在财政分权化改革带来的财政激励下，地方政府利用税收优惠政策的引资行为对宏观经济稳定冲击的一般作用机制；建立一个简单博弈模型，对地方政府和企业在中央政府的监管下，以自身利益最大化为目标在引资和投资中的行为选择及其对宏观经济稳定的冲击做理论分析。第 8.4 节提出地方政府支出行为经济周期理论，剖析地方政府支出行为的省份和全国周期性特征的形成机理及其对宏观经济稳定的影响机制和制度根源；然后以我国省份数据为基础，利用多动态因素模型和空间计量模型识别地方政府支出行为的省份和全国周期性特征及其对宏观经济稳定的影响，以及财政分权在其中的作用。第 8.5 节为小结部分。

第 9 章从基本公共服务均衡发展的视角出发考察财政分权的包容性增长效应以及行政和财政制度安排在其影响机理中的作用。第 9.1 节在详细考察我国地方基本公共服务发展演变特点的基础上，探究包容性增长与基本公共服务发展阶段性之间的内在逻辑关系。第 9.2 节以地方政府行为为核心，从制度激励角度出发构建一个整合分析框架，刻画纵向财政失衡、官员异地调派制度和政府组织结构等财政与行政制度安排对地方政府行为的激励与约束机制及其对包容性增长的作用机理，提出核心理论命题。第 9.3 节首先以我国省份数据为基础，考察财政分权对地方交通基础设施、基础教育和医疗卫生服务均衡发展进而对包容性增长的影响，以及纵向财政失衡、官员异地调派制度和辖区政府数量对财政分权的包容性增长效应的制约影响；然后从公平与效率权衡的视角出发，剖析用于弥补地方纵向财政失衡的中央财政转移支付未能有效促进地方基本公共服务均衡发展和包容性增长的原因。第 9.4 节为小结部分。

第 10 章给出本成果的主要结论，提出促进经济可持续增长、实现社会和谐发展的财政管理体制改革建议。

2. 重要观点

(1) 改革开放以来我国财政管理体制的两次重大变革，即 20 世纪 80 年代中期的财政承包制改革和 1994 年的分税制改革，形成了两种截然不同的分权模式：财政承包制改革形成财权过度下放、中央财政依靠“逆向转移支付”即地方上解收入的分权模式；分税制改革则确立了财权集中、事权下放、依靠转移支付解决收支责任不匹配的分权格局，且随着时间的推移日益加剧。这决定了我国地方政府收支行为在不同时期呈现出不同的变化特点：财政承包制期间，财权过度下放促使地方政府更多运用低税负竞争策略，导致地方政府的财政收支规模、经济性支出和维持性支出比重不断下降，“低收入低支出”模式特征明显；1994 年分税制改革以来，财权上收、事权下移迫使地方政府更多运用支出竞争策略，致使地方政府的财政收支规模和经济性支出比重明显增加，维持性和社会性支出比重下降，“高支出高收入”特征日益突出；地方纵向财政失衡在 1994 年特别是 2002 年所得税分享改革以来呈现出持续加剧态势，营业税、增值税和企业所得税分享收入以及土地出让金等成为地方财政收入的重要来源。

（2）财政总分权水平和各类支出分权水平与长期经济增长之间存在“倒U”形关系，即存在经济增长最大化的最优财政总分权水平和各类支出分权水平取决于中央与地方政府效率对比，地方政府效率越高，经济增长最大化的最优分权水平越高。改革开放以来，我国中央与地方支出分权水平不够合理，地方政府承担的总支出和社会性支出事务过重，对经济增长产生了不利影响；经济性和维持性支出责任安排较为合理，有利于经济增长；收入分权对经济增长的影响较为模糊。1994 年分税制改革以来，支出分权总体有助于经济增长，省直管县财政体制改革总体上不利于经济增长但通过减少财政级次有助于更好地发挥收入分权对经济增长的促进作用。

（3）财政竞争机制在我国财政分权的经济增长影响机理中发挥着重要作用。1994 年分税制改革以来，随着分权模式的转变，地方政府支出竞争行为的模式特征发生了明显改变，对经济增长产生了较积极的促进作用。省直管县财政体制改革改变了省以下纵向财政结构安排，削弱了省以下的协调机制而强化了财政竞争机制，进而加剧了县级地方政府以经济增长为导向的支出竞争行为偏差和职能扭曲。2000 年（尤其是 2002 年所得税分享改革）以来，地方政府的低税负竞争行为持续减弱，在不同所有制企业中，地方政府利用低税负吸引民营企业的意愿最弱。收入分权会促使地方政府采取低税负竞争策略，支出分权则导致地方政府减少对企业的税收激励力度。低税负竞争带来的税收激励可显著提升各类企业的进入率，其中对外商投资企业进入的影响最突出，但考虑了个人所得税、增值税和营业税等其他税种后，税收激励对外商投资企业进入的促进作用明显减弱。税收激励可缓解政府腐败等带来的投资风险对外商投资企业进入以及信贷约束对民营和外商投资企业的进入的不利影响，但基础设施条件越好，税收激励对外商投资企业进入的促进作用越弱。

（4）上述结果为我国财政分权的经济增长效应提供了一个良好解释，但应清醒地看到：地方政府支出竞争所形成的依靠大规模基础设施投资拉动经济的模式越来越难以持续，今后应切实扭转地方政府“高投资高税收”的竞争模式，促使地方政府摒弃过分依赖大规模基础设施投资拉动经济的做法，更加积极地运用税收激励政策激发企业家的创业创新精神，提升经济创新能力，实现经济增长方式的顺利转变。

（5）1994 年分税制改革以来，地方纵向财政失衡和中央财政转移支付规模总体较为合理，但 2002 年所得税分享改革以来，地方政府尤其是县级地方政府的纵向财政失衡明显加剧，对经济增长产生了显著的抑制作用。省直管县财政体制改革有助于遏制纵向财政失衡对经济增长的不利影响，辖区政府数量的影响较为模糊。

（6）公共池机制在纵向财政失衡的经济增长影响机理中发挥着重要作用。纵向财政失衡割裂了地方公共服务的成本收益联系，促使地方政府更多地将公共服务成本通过财政转移支付等公共池渠道转嫁给其他辖区，导致地方政府支出规模过度扩张，也会增加企业边际租金成本，带来较大的效率损失。最优的地方纵向财政失衡水平取决于横向和纵向财政外部性的权衡：横向财政外部性即地方公共服务收益辖区外溢性较大，意味需要更多的财政转移支付以补偿地方辖区居民的福利损失，因此最优纵向财政失衡水平较高；纵向财政外部性即地方公共服务成本辖区外溢性较大，意味需要减少财政转移支付以避免这种成本外溢给其他辖区居民造成福利损失，因此最优纵向财政失衡水平较低。

（7）纵向财政失衡对我国地方政府支出规模和基本建设支出比重具有扩张性影响，对教育支出和行政管理支出比重具有负影响。纵向财政失衡对地方税收收入规模具有负影响，对土地出让金规模则具有正影响，表明纵向财政失衡促使地方政府更多地采取低税负政策以更多地将财政成本通过转移支付等公共池渠道转嫁给中央政府和其他辖区，而利用土地出让等预算外手段筹措财政收入。2002 年所得税分享改革以来这一问题表现得更为突出。这为我国纵向财政失衡的经济增长效应提供了一个较好解释。

（8）我国地区经济增长呈现出持续低增长、低增长高波动、高增长高波动和持续高增长等明显不同的模式特征，财政分权在其中发挥了重要作用——赋予地方政府较大的财政自主权会引发频繁的经济情势转换和较大的经济波动，不利于经济长期可持续增长。财政承包制改革通过财权过度下放促使地方政府热衷于借助税收减免等优惠措施进行引资，而财政竞争加剧和中央调控不足更是助长了地方政府的违规引资行为，引发企业投资冲动，对宏观经济稳定产生巨大冲击。地方政府作为一个较独立的主体存在自身利益诉求，但作为中央政府的行政代理人又需服从全国利益，贯彻中央政策意图。这种双重身份蕴含的利益冲突和协调导致地方政府支出行为呈现出较明显的全国反周期和省份顺周期特征，有助于全国经济稳定但加剧了省份经济波动，1994 年分税制改革进一步强化了地方政府这一支出行为特征。这些结论较好地揭示出 20 世纪 90 年代中期前后我国宏观经济呈现出不同波动特征的制度根源。

（9）财政分权对我国地方基本公共服务的均衡发展进而对包容性增长具有重要影响。收入分权有助于遏制交通基础设施的过度扩张，促进基础教育和医疗卫生等社会基础设施的发展，更好地实现包容性增长；支出分权则具有相反影响。纵向财政失衡加剧会进一步强化支出分权对地方公共服务特别是交通基础设施服务的扩张性影响。官员治理模式和政府组织结构对财政分权的包容性增长效应具有重要影响：官员异地调派制度有助于强化收入分权对交通基础设施过度扩张的遏制作用，但未能显著改变支出分权的影响；地市级和县级政府数量减少有助于强化收入分权对交通基础设施过度扩张的遏制作用但呈现出逐步减弱的非线性特征。

（10）用于弥补地方纵向财政失衡的中央财政转移支付未能有效促进地方基本公共服务均衡发展和包容性增长，部分原因在于中央财政转移支付的资金分配没有很好地兼顾公平与效率：强调地方公共医疗卫生服务的公平性，忽略了财政激励作用，制约了公共医疗卫生服务的发展；对公共交通基础设施服务更多是以效率为导向，忽略了公平。同时，中央财政转移支付也没有很好地顾及地方公共服务需求和财力状况。

三、成果的学术创新、应用价值以及社会影响和效益

1. 学术创新

（1）理论创新。本成果以地方政府行为为核心、以财政分权和经济增长为主线构建一个整合分析框架，刻画财政分权及其制度安排对地方政府的利益动机、目标定位和行为选择进而对经济增长影响的内在逻辑机理；从多角度出发考察财政分权及其制度安排对经济增长、增长波动和包容性增长的影响及其机制，对我国财政分权及其制度安排的经济影响进行更全面的评价，提出促进经济社会长期可持续发展的财税体制改革方案，构建我国财政分

权、地方政府行为与经济增长的基本理论框架。

（2）研究角度创新。本成果从多角度出发全面考察了财政分权的经济影响及其作用机理：构建多级政府模型，从理论层面考察财政分权和纵向财政失衡对经济增长的非线性影响；从更微观化的视角即省以下分权视角出发，探究财政分权和纵向财政失衡通过财政竞争机制和公共池机制对不同级次地方政府行为的激励和约束作用进而对经济增长的影响；从宏观经济稳定和基本公共服务均衡发展角度考察财政分权及其制度安排的经济增长波动效应和包容性增长效应。

（3）研究方法创新。动态优化模型、多级政府模型和不完全信息博弈模型等理论模型的应用有助于深刻揭示财政分权及其制度安排对地方政府行为和经济增长的影响及其作用机理；典型基层政府的调研分析、基于地市县和微观企业大样本数据的动态面板模型和“自然实验”等计量方法以及专家法的应用有助于获得更为可靠的研究结论。

2. 应用价值以及社会影响和效益

（1）为推进我国财政管理体制改革和地方治理体系建设、优化地方政府激励和约束机制、促进我国经济社会长期可持续发展提供了良好的理论参考。

（2）本成果的作者针对如何缓解地方纵向财政失衡和财政风险提交的一份报告（《借鉴发达国家经验缓解我国经济发展阶段转换后的财政可持续性问题》）得到中央领导人的批示。

（3）部分阶段性成果公开发表后引起了学术界的高度关注和广泛好评。

《当代中国农业生产组织现代化研究》概要

曹 阳*

一、研究的目的、意义及所使用的研究方法

以“改革”“开放”为鲜明特色的当代中国，正在全面建成小康社会，建成富强民主文明和谐的社会主义现代化国家，以实现中华民族伟大复兴的“中国梦”。

“小康不小康，关键看老乡”，农业是国民经济的基础，农业现代化也是全面现代化的基础，是我国实现现代化的重点与难点。

相当长一段时期，特别是改革开放以前，人们把农业现代化局限于农业生产技术尤其是农业生产工具这一层面，而忽视了农业生产关系、农业生产组织制度的现代化。这种片面的认识在很大程度上源于我们历史上形成的一种盲目的“制度优越感”，我们自认为我国当时的人民公社体制、计划经济体制优越于西方发达国家，我们落后的仅仅是生产技术、生产工具，即所谓“先进的生产关系与落后的生产力之间的矛盾”。由于认定我们的农业生产制度、农业生产组织是所谓“先进的生产关系”，因此研究农业生产组织的现代化似乎就没有必要。

改革开放以后，随着人们对现代农业认识的深化，尤其是开放带来的国际视野的扩展，我们也在不断地重新认识农业现代化的内涵与外延。按照马克思的理论分析框架，生产力与生产关系是把握农业现代化的两大基本层

* 曹阳，华中师范大学教授，博士生导师。

面。我国改革开放前农业现代化理论与实践最为致命的缺陷就是它忽略或淡化了农业生产关系的现代化。

农业生产组织现代化是农业生产关系现代化的核心内容，也是本成果研究的主题与研究目的。

首先，组织是人在社会层面的集合，而现代化最本质的内容是人的现代化，最根本的目标是“人的自由的全面发展”。组织的现代化为“人的自由的全面发展”提供了最为重要的制度保障。

其次，以组织变迁为核心内容的制度变迁不仅是保证“外来型”先进科学技术得以顺利引进、扩散与再创新的基础性条件，也是诱发“内生性”技术创新、技术进步不可或缺的基础性条件。在一个落后、封闭、僵化的组织制度框架内，人们缺乏技术创新、技术进步的内在动力与内在需求，即便能从外部引进某些先进技术，也难以持续发展，更难以改变整个社会的生产结构与经济结构。这表明，没有组织的现代化、制度的现代化，技术的现代化、生产工具的现代化也不可能顺利实现与推进。

再次，从世界视野来看，各个国家农业发展最本质性的差异还不是农业生产技术、农业生产工具方面的差异，而是农业生产组织方式的差异。我国当前农业现代化进程面临的最大矛盾是小生产与大市场的矛盾，是小生产与大社会的矛盾。这也表明我国农业的生产组织形式还不能适应市场经济的发展。

最后，按照现代社会的知识分工，哲学社会科学工作者尤其是经济学研究者，研究的重点应该是农业的生产关系、生产制度，而农业生产技术层面的现代化则应是自然科学工作者、农业专家关注的重点。农业的生产组织形式是农业生产制度的核心部分。当然，马克思早就指出过，研究生产关系，不能脱离生产力孤立地进行。用现代制度经济学派的话说，制度变迁与技术变迁紧密依存。

本成果的理论意义是以农民“自由地实现自由”，或者说，以提升农民实现“实质性自由”“可行能力”为基点，构建了一个认识当代中国农业生产组织现代化的理论框架，从而深化与拓展了农业现代化理论以及生产组织理论。

本成果的实践意义是比较系统地研究了我国农业现代化进程中农民“组

织化”的一些重大现实问题，例如，如何“改造小农”，如何推进土地流转，如何在家庭土地承包制的基础上推进农业机械化，农民合作社谁组织、组织谁，如何以信息化引领农业现代化等，并在较为广泛的调研基础上提出了有内在逻辑关联的一系列政策建议。

本成果主要遵循历史与逻辑统一的研究方法，并有大量的案例研究作为理论支撑。在部分章节也运用了计量的研究方法。

二、成果的主要内容和重要观点

本成果共分为七章。

第一章，导论。解读了本成果名称中的几个关键词：“当代中国”“现代化”“农业”；论述了研究农业生产组织现代化的意义；交代了本书的基本内容与框架；最后概述了本成果的创新和今后的研究方向。

第二章，本成果基本分析框架：自由与组织。从一定的意义上说，该章是全书的“纲”，是研究当代中国农业生产组织现代化的“纲”。

依据马克思“人的自由的全面发展”和“自由地实现自由”的深湛思想，借鉴1998年诺贝尔经济学奖获得者阿马蒂亚·森“以自由看待发展”的理论，该章阐明了本成果的主旨：现代化组织的最终检验标准就是拓展“人的自由的全面发展”，提升人们实现“实质性自由”的“可行能力”。

该章的主要内容包括：何谓自由，何谓组织，组织如何拓展了个人自由的空间，组织又如何会异化成限制个人自由的工具，对西方主流经济学相关理论的评价与批判，对马克思“自由人联合体”思想的思考与探索。

第三章，新中国建立以来农业生产组织变迁的历史脉络与内在逻辑：基于农民自由视野的解读。该章遵循历史与逻辑统一的分析方法，紧紧抓住“组织—自由”这一主线，从农民“自由地实现自由”的视角，着重论述了农村土地家庭承包制是当代中国农业生产组织现代化的历史与逻辑起点。

该章首先分析了人民公社体制，指出人民公社体制实质上是以广大农民自主经营权、自由选择权为代价换来的基本生存权的集体安全保障，它在特定的历史条件下有其存在的合理性；人民公社体制解体的根本原因则是农民与公社“双向锁定”所导致的自由选择权空间过于狭窄所引起的效率低下。因此，农村经济体制改革、农村土地家庭承包制最深远、最持久、最本质的意义并不是农户的分散经营，而是它为农民“自由地实现自由”提供了一个比较广阔的、包容度较大的组织与制度平台。这一组织与制度平台给了农民“自由地实现自由”进程中两项最基本也是最重要的权利：一是有法律保障的“土地承包权”；二是“劳动自由权”。而且，农村土地家庭承包制并没有完全否定人民公社体制中的合理因素，社区土地的均分承包实际上继承和延续了基本生存权的集体安全保障。同时，当代中国农民的自由还不是充分的、完全的，二元经济社会结构以及与之相应的制度安排还从多方面束缚与限制了农民“自由地实现自由”，束缚和限制了农民实现“实质性自由”的“可行能力”。因此，农村经济、社会体制改革乃至我国总体的经济、社会体制改革未来的基本方向就是要进一步拓展农民“自由地实现自由”的制度空间。

第四章，多元共生：当代中国农业生产组织现代化的基本构架。该章从总体与宏观的角度论述了当代中国农业生产组织的基本构架是以农户经济为基础的、多种经济组织形式并存并交织的多元共生格局。这种多元共生的组织构架既是改革开放以来广大农民自由选择的结果，反过来又为农民进一步的多元化自由选择提供了一个较为广阔的组织与制度舞台。

该章首先论述了“共生”理论的意义，指出“共生进化”是另一条进化道路，是“合作双赢”“合作多赢”的进化，而不是“赢者通吃”，不是“谁战胜谁”“谁消灭谁”。它隐含的基本前提就是承认客观世界的多元化、多样性与异质性。该章的主体部分是笔者及课题组成员通过实地调查或通过文献搜索所获得的一系列现实生活中的案例。这些案例分布于我国东、中、西三大区域，每一个案例都有一定的代表性（不是孤案），但没有一个案例可以涵盖、包括或替代其他所有的案例。这一系列的案例说明了当代中国农业生产组织形式的多元、多样、错综复杂。需要着重指出的是，笔者及本课题组的工作是在丰富多彩的现实生活中去“发现”而绝不是去“发明”各具特色的农业生产组织形式，去“发现”而绝不是去“发明”各种农业生产组织相互之间的交融与合作，以及合作过程中的矛盾冲突、利益协调、利益整合。同时，还要说明的是，本章所“发现”的案例还不能囊括当代中国农村丰富多彩的各类农业生产组织形式，这进一步表明了当代中国农业生产组织形式多元化、多样性的基本特征，进一步证明了我国农村正在形成家庭经营、集体经营、合作经营、企业经营等共同发展的新型农业经营体系。

第五章，改造小农：当代中国农业生产组织现代化的关键。该章区分了“改造小农”的两种理念和两条路径，即“集体化改造小农”和“市场化改造小农”。“集体化改造小农”实质上就是要“消灭小农”；“市场化改造小农”则是要把小农改造成为现代化、市场化网络中的“节点”，用“现代小农制”取代“传统小农制”。

该章首先分析了“小农”的不同类型，指出了“现代小农”与“传统小农”本质上的差异。在此基础上论述了两种不同的“改造小农”路径，并着重探讨了在当代中国如何进行“市场化改造小农”。该章指出，农业劳动力转移，大幅度减少农民，推进城镇化进程是市场化改造小农的必要前提；土地流转是在农村土地所有权、承包权、经营权“三权分离”基础上，具有中国特色的市场化小农走向适度规模经营的渐进之路；推动农业生产环节的专业化、规模化经营是市场化改造小农的重要环节。并回答了在农户经济基础上如何推进农业机械化，如何推广农业先进技术，“未来农业，谁来种地”等现实中的热点问题。

第六章，农民合作经济组织：谁组织？组织谁？这是当代中国农业生产组织现代化一个不可回避的问题。

该章首先回答了“市场化小农是否需要合作组织”的疑问；接着指出了我国当前农民合作经济组织发展的主要困难不是农民没有需求，而是供给乏力：农民合作“企业家”（组织者）资源稀缺，农民合作组织的组织成本与运行成本过高。该章对政府作为农民合作“组织者”的独特作用进行了分析，但同时特别强调了政府主导合作的底线与边界：不可侵犯农民的自由选择权。对于流行的农民合作是“弱者联合”的观点，该章也进行了基本否定的具体分析，指出农民专业合作社的组织者是农村经济与社会生活中的相对“强者”；主要的组织对象是专业化农民、市场化农民，而不是贫困农民；建立农民合作经济组织有利于农村中产阶层的发展。

第七章，网络化：当代中国农业生产组织现代化的发展重点与战略导向。该章着重回答了在组织与制度层面“如何以信息化引领农业现代化”。

该章首先界定了“网络”“网络化组织群”的含义；接着借鉴荷兰、俄罗斯等国的实际案例，说明了现代化网络、网络化组织群与“现代小农制”

的内在联系，并指出当代中国农业现代化的瓶颈制约已不是“微观经济组织没搞对”，而是现代化网络、网络化组织群的缺失与不完善。改革开放以来，我国农业生产组织形式经历了从人民公社体制的“单一化”向以农户经济为基础、多种微观经济组织形式共存共生的“多元化”的历史转变，进一步的发展方向则是要在“多元化”的基础上逐步走向“网络化”。建立“网络化组织群”是“以信息化引领农业现代化”在组织、制度层面的具体体现；“单一化”—“多元化”—“网络化”，这就是当代中国农业生产组织形式现代化发展的历史轨迹。

图 1 概括了本成果的基本框架。

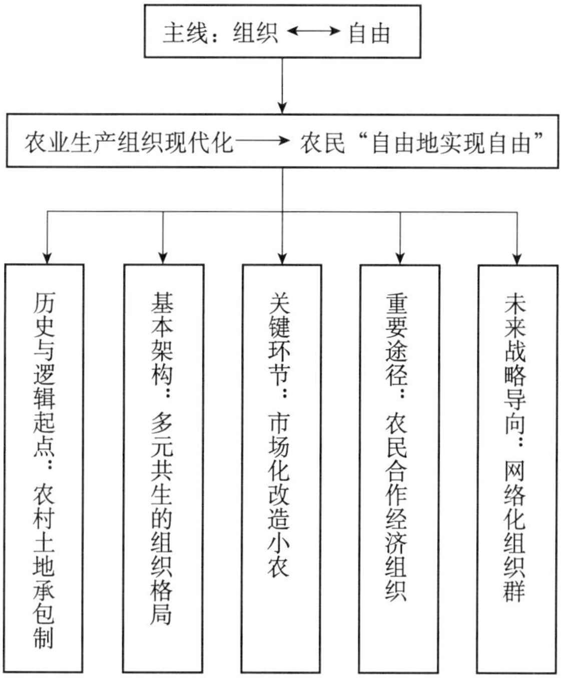

图 1　本成果的基本框架图

“组织与自由”是贯穿始终的理论主线。在这一理论框架下，本成果得出了如下一些主要的理论观点与结论：

（1）作为人们合作行为和合作关系长期性、稳定性的一种制度安排，组织最本质的意义在于它能更有效地保障和实现个人的自由，拓展个人自由的空间，而不应该异化为限制与束缚个人基本自由的工具。因此，组织现代化的最终检验标准就是拓展“人的自由的全面发展”，提升人们实现“实质性自由”的“可行能力”。

（2）从自由的视角重新认识人民公社体制。人民公社是以农民自主经营权与自由选择权为代价换来的农民基本生存权的集体保障组织，是为保障重工业优先的工业化发展战略而实行的制度安排；其解体的深层次原因是农民自由缺失必然导致的效率低下。实践证明，剥夺或限制农民自由选择权的结果，从长期来看，并不能切实保障广大农民最基本的生存权。

（3）从自由的视角重新认识农村土地家庭承包制的本质意义。与“大一统”、垄断型的人民公社体制相比较，农村土地家庭承包制最深远、最持久、最本质的意义并不在于家庭分散经营，而是在于它为农民“自由地实现自由”提供了一个比较广阔、包容度较大的组织与制度平台。这是维持农户土地承包制“长久不变”的最重要的理论依据。

（4）基于农民自由视野对农户土地承包制基础上农民“财产自由权”“劳动自由权”的解读。农户土地承包制给了农民“自由地实现自由”进程中两项最基本也是最重要的权利：一是“财产自由权”，最重要的就是有法律保障的“土地承包权”；二是“劳动自由权”。

（5）由于国家保护农村土地家庭承包制的“长久不变”，不允许任何组织（包括村集体组织）侵害农民的土地承包权，因此，农民土地承包权本质上是一种建立在土地村社集体所有制基础之上、同时又超越土地集体所有权并得到国家法律保障的“法定私权利”。

（6）农民在不放弃土地承包权的前提下有“不种地的自由”，是一项十分重要的自由权利。这意味着农村土地承包制并没有把农民“捆死”在土地上，农民有选择从事农业的自由，也有选择从事非农产业的自由。同时，土地承包权的不放弃，又给了农民万一从事非农产业选择失败而退回农业、重新耕作的自由权利，使他们能比较安心地自由选择，包括可能会出现的“试错”。

（7）从公社体制的劳动不自由到土地家庭承包制下的劳动自由，是广大农民“自由地实现自由”必不可少的关键性步骤之一。广大农民有了这种自主自由支配自己劳动的权利，才有超大规模的农业劳动力转移，也才有形态各异、丰富多彩、“百花齐放”的各种农业生产组织形式。同时，我国农民“劳动自由”的实现，是一个渐进性的历史过程。劳动者获得自主自由地支配自己劳动的权利只是实现“劳动自由”的基础性前提条件，更为重要的还需要一个自由的经济社会环境，使劳动者能自由地实现“劳动自由”。

（8）基于农民自由视野对当代中国农业生产组织基本构架的认识。以家庭经营为基础，家庭经营、集体经营、合作经营、企业经营等不同组织形式独立互补、融合交叉、共同发展的“多元共生”，是当代中国农业生产组织形式的基本构架。“多元共生”以多样性、差异性为前提，本质是利益共生。“多元共生”并不排斥竞争、进化。但是，这种竞争、进化并非“你死我活”“谁战胜谁”“谁消灭谁”“赢者通吃”；多元化组织的“共生进化”是一种共生组织群中各类组织共同获益、普惠式的进化。从根本上说，多元共生的组织构架既是广大农民在市场机制推动下自由选择的必然结果，同时又为广大农民提供了一个“自由地实现自由”的具有广泛包容性的组织与制度空间。

（9）从提升小农实现“实质性自由”的“可行能力”这一视角认识“市场化改造小农”。与“集体化改造小农”不同，“市场化改造小农”不是要消灭小农，而是要把“传统小农制”改造为“现代小农制”，以提升小农实现“实质性自由”的“可行能力”。因此，必须在“市场化小农”的基础上推进具有中国特色的，农村土地所有权、承包权、经营权“三权分离”的土地流转，实现农业生产环节的专业化以及农业机械化，并逐步过渡到现代农民从事现代农业，回应“未来谁来种地、怎样种地”。

（10）从拓展农民自由的视野认识农民合作。市场化农民需要合作，但是合作的根本目的是提升广大农民实现“实质性自由”的“可行能力”，而不是要丧失和束缚自由。因此，农民有采取何种合作方式的自由选择权利。政府主导合作一条不可逾越的边界是：不可剥夺与侵犯农民的自由选择权。

（11）基于农民自由的视角认识构架与完善农村现代化网络、建设农村网络化组织群的意义。现阶段我国农民实现“实质性自由”的“可行能力”还不强，一个极其重要的原因是我国农村现代化网络以及网络化组织群的缺失和不发达、不完善。因此，构建与完善农业、农村现代化网络，构建与完善农业、农村网络化组织群，本质上也就是要加快建设与现代化市场经济、信息经济、网络经济相适应的新型农业经营体制；它也是提升广大农民实现

"实质性自由""可行能力"的重要前提。"单一化"—"多元化"—"网络化"，这是当代中国农业生产组织形式现代化的历史发展轨迹。

（12）从提升农民自由的宏观历史视野认识"信息化引领农业现代化"。十八大提出"信息化引领农业现代化"，关键是"引领"。因此，"信息化引领农业现代化"不能仅仅局限于"村村通电话、户户能上网"等技术层面，而更应关注现代信息经济、现代网络经济给农业生产组织模式所带来的全方位的深刻变革。农业生产组织形式从"多元化"走向"网络化"，农业新型经营体系的建设，就是"信息化引领农业现代化"、现代网络经济引领农业生产组织模式全方位深刻变革的具体体现。

以实证调查为基础，本成果还提出了如下一些主要的政策建议：

（1）进一步明确农民土地承包权作为"私权利"的神圣不可侵犯，赋予广大农民在土地承包权转让、交易与继承方面更充分的自由权利。因此，有必要修改目前的《中华人民共和国农村土地承包法》；允许农民进城后"卖断"农村土地承包权，即以"农村土地承包权"交换"城市社会保障权"；同时，在农村可试行土地承包权一子（或一女）继承权。

（2）进一步改革"城乡分治"的户籍管理制度，给广大农民充分自由的居住选择权与相应的自由迁徙权。既不能阻碍农民自愿进城，成为"新市民"，也不能逼迫农民进城。

（3）在农民自由选择基础上的土地流转是在农村土地所有权、承包权、经营权"三权分离"的基础上，具有中国特色的农业适度规模经营之路，应在市场化运作的前提下鼓励积极的多元化探索，但是，"工商资本下乡"，将家庭农业转变为工厂化农业，把农民转变为农业工人，实践表明存在很大的不确定性和较大的风险，必须慎之又慎。

（4）在我国特定的资源约束与制度约束下，农业生产环节的专业化与农业生产环节的规模化经营是市场化改造小农的关键性环节之一，也是建设与完善农业社会化服务体系的重要内容。政府应出台积极的鼓励性政策，引导农村各种专业化服务组织的发展。

（5）农业机械化的目标不是要追求单个农户拥有多少农机，而是要追求农户整体农业生产各环节的农机服务覆盖率。因此，农业机械化的推进应以专业化、市场化的农机服务为主体，绝大多数的农户并不需要购买农机，而只需要购买专业化、市场化的农机服务。因此，需要调整相关政策，不要鼓励家家户户买农机，而是对农户购买农机服务给予适当的补贴，同时，积极鼓励发展农机专业户、农机合作社、农机服务企业等社会化农机服务组织。

（6）推动农村土地流转，培育农业生产专业户，发展家庭农场；推动农业生产环节的专业化，培育和发展各种类型的专业化农业生产服务组织。这是培育“职业化农民”的两条基本路径。未来“谁来种地”？根本的出路不是要把现有的农业劳动力都强行地“捆”在土地上，只能当农民，而是要在广大农民自由选择的基础上，培育“职业化农民”。它还应包括允许过去的非农民、“城市人”、大学生自由选择，去当“职业化农民”。

（7）农村合作经济组织发展最主要的障碍是“组织者”资源的极度稀缺以及组织成本与运行成本过高。为了鼓励农村合作经济组织的发展，政府必要的政策支持，即给予农村合作经济组织适度的“政策性收益”，具有必要性与合理性。同时，农村合作经济组织也应借鉴企业及股份制公司的成功经验，在现阶段不宜以所谓“国际标准”过于苛求合作经济组织及“组织者”的规范性。

（8）农民专业合作社并非“弱者的联合”，它以专业化农民而不是贫困农民作为组织成员的主体有其内在的逻辑合理性。因此，农民专业合作社的主要功能是促进农村的专业化生产、商品化生产，主要受惠者则是农村中相对富裕的专业化农民。通过农民专业合作社来培育农村中产阶级形成与发展的功能，事实上要大于扶贫的功能。这意味着对农民专业合作社要有更准确的定位。

（9）农民专业合作社，或其他类似的农村合作经济组织，只是为农民合作提供了一种可供选择的经济组织形式，并不是唯一的、排他的组织形式。农民合作应允许多种途径的选择。因此，在肯定农村合作经济组织对于农民“组织化”有十分重要作用的前提下，其功能也不必“泛化”和过于“拔高”。同时，加入合作社只是合并了社员一部分的经济职能，而不是“人也成了合作社的人”，这也就是说，不要把农民“锁定”在一个合作社。

（10）荷兰、美国等发达国家的经验表明，现代小农制之所以有效率，一个关键性原因是其背后有一个完善、发达的现代化网络及网络化组织群。“多元化”组织并不必然地会形成功能互补的综合竞争力优势；“多元化”组织构架也有可能长期停滞在“多元分散”的状态，无法形成组织合力。因此，“多元化”组织要形成功能互补的综合竞争力优势，关键在于要构建互补互利、资源共享、利益共享的“网络化组织群”。这种“网络化组织群”会创造出一种现代网络经济所特有的“联结经济性收益”。因此，我国农业生产组织现代化的未来选择必然是从“多元化”走向“网络化”。

（11）由于现代化网络本质上是一种外部性极强的社会公共产品，因此，它的建设与完善，“政府主导”是一种自然而且必然的选择。但是，政府主导不等于政府包办。政府“主导”与各相关经济利益主体的“合力”，是构建和完善我国农业、农村现代化网络的两大基点。

（12）由于社会信任机制是一种公共产品，具有极其明显的正外部性，因此，政府对社会信任机制的建立与完善负有极为重要的责任。政府要充当建设社会信任机制的主要制度供给者；政府要充当“道德说教者”；政府要充当诚信的“道德标杆”。

三、成果的学术创新、应用价值以及社会影响和效益

本成果最重要的理论与学术创新是从农民“自由地实现自由”，或者说，从提升农民实现“实质性自由”“可行能力”为基点，构建了一个认识当代中国农业生产组织现代化的理论框架。诚然，无论是“自由地实现自由”的思想，还是“以自由看待发展”的视角，都非本成果“原创”，但是，借鉴并运用马克思、森这些伟大思想家的“自由”思想来比较全面、系统地分析我国农业生产组织形式，并据此建立一个基本的理论分析框架，在笔者有限的阅读范围内尚未见到。

以“组织—自由”为主线，本成果提出了一些新的理论观点，或者提供了认识一些重大问题的新视角。例如，从自由的视角对人民公社体制和农村土地家庭承包制本质的认识；把农民土地承包权看作一种建立在土地村社集体所有制基础之上、同时又超越土地集体所有权并得到国家法律保障的“法定私权利”；对农民“劳动自由”及“不种地自由”的阐述；把当代中国农业生产组织的基本构架概括为“多元共生”的组织模式；对当代中国小农是“市场化”或“正在走向市场化”小农的定位，以及如何实现“市场化改造小农”的系统论述；从提升农民自由的宏观历史视野认识“信息化引领农业

现代化”；等等。

本成果也从经济学、管理学以外的学科领域借鉴了一些理念与方法，例如生物学中的“共生”理论，物理学中的“网络”概念。这些概念与方法丰富和拓展了我们的研究视野，也提供了一些新的研究思路，并得出了一些新的结论。

就政策建议而言，本成果最重要的创新是提出了当代中国农业生产组织形式发展战略的重点转移：“稳定农村土地家庭承包制，让市场自由选择多元共生的农业生产组织形式，重点构建农业、农村网络化组织群”。本成果认为，改革开放以来，我国农业生产组织形式已经经历了从人民公社体制的“单一化”向以农户经济为基础的“多元化”的历史转变；进一步的发展方向则是要在“多元化”的基础上逐步走向“网络化”。“单一化”—“多元化”—“网络化”，这就是当代中国农业生产组织形式现代化的历史轨迹。

本成果也提出了一些有实际应用价值的政策建议。例如，修改《中华人民共和国农村土地承包法》；推进农业生产环节的专业化、规模化经营；在农户经营基础上推进农业机械化；以培育农村中产阶层来定位农民专业合作社的发展；等等。

本成果是笔者主持的国家社科基金重大项目“具有中国特色的农业生产组织现代化研究”（07&ZD025）的最终研究成果，该课题还有2本已出版的子课题专著。其中一本专著已获得第六届教育部高等学校人文社会科学优秀成果三等奖和第五届“中国农村发展奖”提名奖。

课题组已发表的学术论文有25篇，其中英文论文4篇，有3篇发表在SSCI刊物；中文论文21篇，分别发表在《管理世界》《中国农村经济》《中国土地科学》《经济学动态》等学术刊物，其中多篇被《中国社会科学文摘》、中国人民大学复印报刊资料、《高等学校文科学术文摘》转载。

《西部大开发中区域产业转移与产业升级》概要

胡　新*

一、研究的目的、意义及所使用的研究方法

1. 研究目的

（1）丰富产业转移与产业承接理论，提出更合理的产业转移投向和产业承接方向分析模型。探索产业转移和产业承接机理，提出修正的产业级差模型和相对产业梯度系数用于国际产业转移投向的科学判定；立足环境资源双重约束，引入产业转移意愿和产业承接意愿维度，构建东部地区基于产业转移能力和意愿的产业转移投向概念模型、西部地区产业承接能力和产业承接意愿分析概念模型，为产业转移投向和产业承接方向选择提供新的判别方法及标准。

（2）通过实证研究，从产业转移的驱动因素和条件出发，结合西部地区环境资源约束，构建分析模型，更好地把握国内外产业转移态势及西部地区的产业承接能力和承接意愿。这种着眼未来的产业转移投向和产业承接方向的研究，促使转出方和转入方均能够提前谋划，有序推进产业转移与产业承接。

（3）引入资源与环境约束这一视角，立足区域可持续发展，构建基于产业承接的西部地区转型升级分析概念模型，将产业承接与破解西部地区环境

* 胡新，西安电子科技大学教授，硕士生导师。

资源约束难题相结合、产业转移与西部区域产业升级有机耦合，提出环境资源约束视角下的西部地区产业承接与产业升级的思路、任务及重点产业发展方向、空间布局及其保障措施等，为地区产业规划、西部产业承接和产业发展的政策制定提供必要支持，改变以往盲目的、粗放的产业承接方式，更好地促进西部经济与环境的协调、快速、健康发展。

2. 研究意义

金融危机之后发达国家的“再工业化”掀起了新一轮区域空间格局的强制性调整，随着我国东部地区要素成本的上升和外部需求的减弱，产业转移态势明显。西部地区如何把握产业转移机遇，合理选择和对接期望的国内外转移产业？如何规避产业承接的“低端锁定”或“资源诅咒”陷阱，科学筹划，进行产业承接与区域产业升级的有机融合，产业承接与区域环境资源承载能力的协调发展？深入探讨这些问题，对于提高西部地区承接产业转移效率、落实十八大“推进经济结构战略性调整”战略具有重要的现实意义。

3. 研究方法

（1）定量分析法的综合运用，为客观判断提供了分析基础。本成果立足统计数据，应用 FDI 投向偏离度指数、修正后的产业级差模型、相对产业梯度系数、多元回归分析法分析了东盟国家与西部典型省区在承接 FDI 上的竞争地位。从时间—空间—行业的多维分析视角，构建产业转移能力和意愿双维度模型，形成了对于国际国内产业转移投向、西部地区产业转移承接能力以及承接意愿、影响西部承接国际产业转移的因素等问题的科学而客观的判断。

（2）小型会议深度访谈法，为撰写政策建议提供了有价值的素材。利用与政府长期合作的便利，通过相关渠道对长三角的上海及嘉兴、无锡，珠三角的广州、佛山、深圳、清远等地政府及典型工业园区、企业进行了实地调查访谈；同时对西部承接地川、渝、陕的工业管理部门进行了访谈，深入了解各地区的产业基础、东部省份产业转移动态和西部省市产业承接定位、西部地区产业升级方向与路径的对策建议。

（3）对比研究法，为把握西部产业发展脉络提供了方向。横向与纵向比较相结合，对比东西部地区工业化进程发展阶段，东部产业转移、西部产业承接的现状、特点及其未来趋势，分析西部面临的环境资源约束等。

（4）案例研究法，为西部产业升级提供了可借鉴经验。以典型区域日、韩、台湾地区为例，对其在资源环境约束下的产业升级路径及其成功经验进行深度研究，尤其对日本在产业承接、产业升级与区域环境资源协调发展中的经验进行剖析，为西部产业承接与转型升级的政策构建提供支持。

二、成果的主要内容、重要观点和对策建议

1. 主要内容

（1）西部地区产业结构研究及其现状分析。对西部大开发以来西部各地区工业化过程进行了详尽分析，并对其工业化程度做出了综合判断和比较，得出西部未来产业升级的方向。从西部总体和省域两个层面上分析了产业结构动态变化趋势及特征；对重化工主导、能源化工主导、资源加工主导这三类地区的不同省区其制造业内部结构及动态变化、优劣势产业进行剖析。最后，对西部旅游业及现代服务业发展变化做了比较分析。

（2）国际产业转移动因、投向分析。分析了金融危机前后国际产业转移的变化趋势以及向我国转移的新特点，尤其是 FDI 流向西部的趋势及特点。在修正前人研究模型的基础上，构建了从产业视角上将西部具体地区与东盟国家承接 FDI 对比分析的模型与方法。对未来跨国公司更倾向于投资中国西部龙头地区还是东盟国家、它们承接的相对优势行业进行了实证分析和回答。运用回归模型分析了影响西部在新时期承接 FDI 的非产业性因素及其影响程度。

（3）国内产业转移动因、投向分析。用动态集聚指数分析了金融危机前后国内四大区域产业梯度转移的趋势变化；对具有不同转移驱动因素的行业群组，构建了综合转移能力评价模型。将产业转移按照驱动因素不同分为产业升级为主型转移、资源利用为主型产业转移、市场开拓为主型产业转移。针对东部长三角、珠三角、环渤海三地典型省区，在转移能力和转移意愿双维度的视角下，对三种类型转移行业的转移意愿和能力分别进行实证量化分析及匹配拟合；总结了危机后东部地区向西部梯度转移的投向及未来转移趋势。

（4）西部地区产业承接现状、能力及意愿分析。在金融危机后承接国内产业转移的现状、特点定性分析基础上，构建了西部地区基于产业承接能力

和意愿的产业承接分析概念模型，并从细分行业的视角，采用因子分析法和加权平均法进行了分省区定量实证研究，明晰了西部省份各细分行业在全国的产业承接竞争能力，以及本地区承接该产业的意愿动力。

(5) 环境资源约束下西部地区产业升级的迫切性分析与路径分析。一方面从土地、能源与矿产、人文自然生态旅游、人力资源及成本等方面对西部资源的比较优势及其变化情况进行分析；另一方面从水资源、工业能耗、环境污染等因素对西部工业化严重制约的视角，指明了西部地区产业升级的迫切性尤其是升级的方向。在归纳发达国家及地区产业升级的经验启示基础上，提出了资源环境双重约束下的西部地区产业升级路径。

(6) 环境资源约束下西部地区产业承接与产业升级的对策分析。按照“国家顶层设计为指导，技术协同创新体系构建为支撑，生态全产业链条打造为主线，鉴资选资、产业链招商为手段，承接、升级、产业融合为牵引”的发展思路，根据国内外产业政策环境、产业分工格局变化新趋势，提出西部产业承接与产业升级的“六个转变和四个突破”的战略目标与方向，以及西部地区产业承接与产业升级的五大根本任务；综合转出方转出能力和意愿、转入方承接能力和意愿的匹配拟合分析，将产业转移对接类型划分为理想型对接、引导型对接、重点突破型对接、补缺提升型对接和选择型对接。在此基础上，基于环境资源双重约束和全球价值链视角，提出西部承接产业转移及其升级的“主导型产业、成长型产业、战略型新兴产业多元并存的产业组合策略”，以及重点产业的承接与发展方向、区域空间布局等；从组织推进机制、园区载体建设、产业政策等多个视角提出加快西部地区产业承接和转型升级的政策体系建议，促使其能够抓住产业转移时代契机，加快产业结构转型升级，实现环境、资源、区域经济的协调大发展。

2. 重要观点

(1) 西部地区产业结构演变现状分析表明：

1) 第一轮西部大开发以来，西部开发和输出能源与资源、东部加工制造的产业分工格局有所强化；西部倚能倚重的重化工业结构，主要依托能源化工及有色金属、黑金属和非金属矿产资源发展，具有投资多、产出大、耗能高等特点。2) 西部具有与东部不同的资源禀赋，转型升级必须立足于本地区产业基础，遵从市场的选择；须将资源优势转换为产业优势。3) 西部各地区工业化进程很不平衡，有一多半省区仍处于工业化初期向中期的转型阶段；西部未必像国内其他地区一样，直接由重化工业阶段升级到现代产业体系阶段，其间应有一个较长的过渡期，也即先进入高技术装备武装了的重化工业阶段，然后再逐渐过渡到现代产业体系阶段。4）西部呈现第三产业增加值占比略微下降而第二产业上升趋势，第三产业相比全国明显滞后。传统服务业仍偏向于作为经济与生产制造活动的支援者，而现代服务业成为西部经济扩张新源泉的动力机制仍未形成。5）从增长源来看，西部正处于投资与生产要素驱动阶段。其投资效率在十年内快速下降，已显现出投资报酬递减状况。这种偏重于资源型重工业的固定资产投资结构如持续下去，将对未来工业结构的调整形成较大的固化型制约。6）西部发展重化工业的环境代价越来越大，不可再生资源生产的浪费也使其可持续发展受到严重威胁，资源类初级加工产品的价格剧烈震荡使企业收入和利润极不稳定，这些阻碍产业有序发展的因素，正在成为“倒逼”西部产业走向生态化、循环化的“推手”。

综上，西部产业升级需要实现六个转型：从依靠第二产业带动经济向依靠一、二、三产业协同带动转型；从资源与投资要素驱动向技术创新与效率驱动转型；从依赖粗放增长向注重集约增长转型，由外延式发展模式向内生型发展模式转变；从污染与挤压环境的增长模式向发展绿色、低碳、循环产业转型；从生产型制造向服务型制造转型；从价值链低端向价值链高端转型。

（2）国际产业转移动因及投向分析表明：

1）制造业仍是FDI投向的主要领域。2）FDI投向西部的特点：利用西部自然资源，面向国内生活消费品市场的行业一直是外商青睐的投资领域；目前在西部亟待升级和结构调整的行业例如能源化工产业、装备制造业等更多领域的投资仍然偏少。3）渝、川、陕等地与产业转出地美、欧、日、韩、新加坡等地区的产业极差更小，且在装备制造业等资本技术密集型产业上更有承接FDI的相对优势。4）从制造业人均工资来看，西部省区比较我国东部沿海地区以及马、菲等国是有竞争力的，但与东盟的印尼、越南等国相比并无多少竞争力。西部应适度评估与承接升级后的劳动密集型产业。5）随着西部开放程度的深入、经济水平的提升，以及FDI累积效应的增加，在资本与技术密集型产业上，西部地区比较东盟国家更有承接 FDI 的竞争力。

(3) 国内产业转移动因及投向分析表明：

1) 金融危机后，东部加快了向西部产业转移的速度，扩大了产业转移的范围，转移产业层次提高，转移方式日益多元化，产业的整体搬迁和抱团集群式转移趋势明显。转出地更看重承接地的综合优势，那些交通运输条件较好、产业承接综合优势强的西部省区，在吸引产业转移方面明显占优。东部污染型产业不是简单地搬迁式转移，而是在升级中转移。2) 东部各地转移动因以产业升级型为主，市场驱动型的趋势在加强；近几年以劳动密集型产业转移为主，而未来高端产业转移趋势将逐渐加强。3) 在能源资源约束加大、能源发展重点战略西移情况下，东部向西部资源开采和加工行业转移的态势较为明显。资本密集型产业以设立生产基地的方式开始规模化向西部产业基础较好的资源集聚地转移，产业链整体转移方式将持续较长时间。东部各地区转出产业类型比例存在差异。

(4) 西部地区产业承接现状、承接能力及意愿分析表明：

1) 西部地区步入产业承接加速发展的快车道，产业承接规模急速扩大，产业承接层次明显提升，特色产业招商成效明显，引进大项目支撑作用突出。2) 具有资源禀赋和规模优势的资源型产业，属于典型的承接能力和意愿双高主动承接型产业，但随着煤炭、黑金属、非金属等资源型产业产能过剩，西部部分省市，尤其是经济较发达地区产业承接意愿降低，转变为引强升级型承接产业。3) 具有增长潜力和较强区域带动性的装备制造业，西部产业承接能力较强，是西部较发达省份的主动承接型产业，是西部后进地区的承接培育型产业。4) 对于消费品制造的劳动密集型产业，西部地区产业承接意愿普遍较低，以选择型产业承接为主。而具有区域特色优势的农副产品加工业和饮料制造业，以及东部转移速度较快和劳动就业带动性较强的纺织业，西部部分省份，尤其是欠发达地区的产业承接意愿较高，有待进一步拓展融资渠道，扩大承接规模，在大项目的牵引下培育壮大。

(5) 资源环境双重约束下西部地区产业升级的路径。

围绕环境资源的双重约束，西部地区产业升级应坚持一个关键：产业存量调结构，产业增量调方向。产业升级须遵循“增加区域产业承载能力、减小资源环境压力”这一路径。也即区域合作统筹聚能增能、科技创新协同攻关增能、资源循环利用节能降耗增能、选资承接延伸链条增能；优化产业布局减压、淘汰落后产能减压、开发资源高效利用途径减压、注重调存量结构减压。

3. 对策建议

坚持“国家顶层设计为指导，技术协同创新体系构建为支撑，生态全产业链条打造为主线，鉴资选资、产业链招商为手段；承接、升级、产业融合为牵引”的发展思路。

（1）以国家顶层设计为纲——建立西部能源产业协调管理机构。打破西部各省区追逐GDP、追逐局部利益的格局，在体制机制上创新，强化政府在产业规划、重大能源化工项目的技术路线研究、组织关键技术的联合攻关方面的指导和服务功能。尽快建立一个以国家总体能源发展战略为依据、以统筹西部五省区能源产业发展为特征、以建立有效的关键资源合理利用与分配机制为导向、以打造支撑中国可持续发展的西部能源战略高地为目的的能源协调管理机构。

第一，区域合作统筹聚能——增强地区产业承载能力。

1）成立国家层面的西部能源统筹协调机构。2）进行西部五省区能源产业承接与能源产业升级的顶层设计。3）研究制定促进地区间产业联系与产业承接的政策。4）建立西部能源产业发展基金。5）鼓励和引导军工企业投入地方能源生态全产业链条的建设，探索建立重大高技术装备项目军民会商机制与联合攻关机制。

第二，优化产业布局与淘汰落后产能——缓解资源环境承载压力。

站在“区域合作统筹布局”的视角上进行西部重大能源化工项目如煤气化项目与新能源应用示范项目、有色金属项目的规划和实施。

1）分区引导，实施差别化产业政策支持下的重大项目环境准入。其一，统筹对重大项目所在地进行资源与环境影响评估。其二，西部能源统筹协调机构应建立多地区多部门会商机制，从国家能源战略总体布局、技术装备先进化及产业化水平、水资源配置、环保治理等方面明确准入要求，着力引导煤化工项目布局于水资源相对丰富，排水条件较好的区域，对列入国家定点的重大项目需深入开展厂址比选，尽可能选择有环境容量的区域。2）以“存量调结构腾空间，增量调方向扩空间”的思路淘汰落后产能。其一，提高行业准入门槛，严格限制西部地区传统产业的新增项目。其二，建立体现资源稀缺程度和生态价值的资源有偿使用制度，完善生态补偿制度，将落后产能的社会成本内化到企业生产成本中去。消除落后产能的生存土壤，促使各地建立淘汰落后产能的长效机制。其三，利用市场的倒逼机制鼓励企业兼并重组、改造升级，淘汰落后产能。

第三，统筹规划合理配置关键资源——缓解资源环境承载压力。

其一，“以水定产”。合理设定西部能源化工产业发展的短板。其二，实施水权有偿转让。其三，建立最严格的水资源管理制度，以水来定工业项目实施的技术路线，以水资源循环利用促进产业升级。

（2）以构建西部技术协同创新体系为支撑。

第一，科技创新协同攻关——增强地区产业承载能力。

1）建立国家层面的西部技术协同创新体系。一是建立主导产业的“官产学研”四位一体的产业联盟；二是对引进成套设备进行严格论证；三是建立西部产业重大技术研究、重大技术装备、重大示范工程及技术创新平台建设。2）通过政府技术补贴促进西部产业技术联合研发中心建设。

第二，积极鼓励技术要素向西部地区的产业转移——增强地区产业承载能力。

1）优先支持国内外龙头企业、科研院所在西部建立工程（技术）研究中心、企业技术中心、重点（工程）实验室等。2）着力构建公益化、均等化、社会化的转出地与承接地合作的产学研创新服务体系，形成“载体＋平台（若干科技公共服务平台）＋网络（产学研合作创新网络）”的产学研合作服务体系新架构。

第三，开发资源高效利用途径——缓解资源环境承载压力。

其一，凝聚产业联盟和行业协会的力量，加快推进西部煤气化、页岩气、新能源、新材料等重大开发领域的产业层面上的技术路线图研究编制以及发布实施。其二，加强西部高新技术产业化的智库建设。其三，重视高新技术的产业化应用，促使形成一批突出西部地域特点的重大标志性应用示范项目。

（3）以打造生态全产业链条为主线。

第一，按照绿色经济、循环经济的思想，以能源化工和有色金属等资源型产业为切入点，积极打造西部生态全产业链条。形成“资源型企业清洁生产、全产业链企业相互依托、资源循环利用、装备制造业鼎力配套、复垦土地特色农业及生态旅游后续支撑”的三次产业协调发展的良好态势，使得西部成为国内生态全产业链打造的集聚示范区。

第二，必须积极面对西部发展中的环境制约，构建以环境质量倒逼污染排放总量减排、以污染排放总量减排倒逼经济转型的联合驱动机制。

（4）以鉴资选资、产业链招商为手段。

第一，重视西部地区产业承接与产业升级的融合——增强地区产业承载能力。

摈弃产业承接量的追求，着力于优势产业与传统产业升级的承接，战略性前瞻性产业的承接，重点产业链核心企业、关键缺失环节或薄弱环节的承接。

第二，着力于产业链招商与产业融合价值链攀升。以产业链核心企业为主，着眼长远，找准方向，主动出击，促进西部制造业前中后端的融合、能源开采加工与装备制造业的融合、制造业与服务业的融合、循环经济与关联产业的融合。

（5）打造环境创新机制。

一是推进基础设施建设；二是打通物流通道，完善物流体系；三是积极营造良好的产业承接软环境。

三、成果的学术创新、应用价值以及社会影响和效益

1. 学术创新

（1）丰富了从产业视角分析 FDI 对不同国家与国内地区投资目的地选择比较的研究方法。

站在产业承接地的视角，构建了修正的产业级差模型，对西部具体地区和与其具有较强竞争力的东盟新兴国家，进行产业承接相对优势的比较分析，丰富了以往国际产业转移投向的分析。

（2）提出了东部地区基于产业转移能力和意愿的产业转移投向、西部地区产业承接能力和意愿的产业承接选择新的判别方法及标准。

打破以往仅从能力视角确定产业转移投向和产业承接方向的弊端，引入

意愿指标，对东部地区具有不同转移驱动因素的行业群组和西部地区全部细分产业进行实证研究，并采用四象限矩阵法对转出地能力和意愿、承接地能力和意愿的匹配拟合分析，得出对东部地区可能转出的产业和西部地区承接产业方向的大致判断，开辟了产业转移投向和产业承接方向判断新的研究思路和方法。

2. 应用价值

（1）对西部各地区产业结构现状与存在问题进行深度刻画与透彻分析，为后续研究和政府部门摸清地区工业化进程、制定区域产业规划提供了判断依据。

（2）通过基于产业转出地与承接地不同视角的能力与意愿的双维度分析，为转出地与承接地把握转出与承接产业方向提供了分析依据。

（3）对金融危机前后 FDI 的国际与国内投资趋势分析，以及西部与东盟国家承接 FDI 的比较研究，为西部未来选资提供了方向。

（4）从环境资源约束视角，探索了西部产业升级“增能力、减压力”的有效路径。

3. 社会影响和效益

相关研究成果已在国内外学术期刊上发表，引起学界广泛关注，被大量其他研究者引用；相关研究结论及部分政策建议已提供给陕西省工业和信息化厅，并被吸纳，作为其产业规划和招商引资的重要参考。

《从数量型到质量型人口红利：劳动力素质对产业升级的影响研究》概要

李　钢*

一、研究的目的、意义及所使用的研究方法

自从舒尔茨（Shultz）明确提出人力资本（human capital）的概念并用于经济增长的研究，经济学家对劳动力这一要素投入产生了新的认识。越来越多的经济学家开始将人力资本纳入经济增长方程式中，并进行实证研究考察人力资本、教育、知识等对经济增长的影响。根据伯曼等人（Berman et al.）的观点，劳动力素质在产业结构变化中的转移分为“产业内转移”（within industry shift）和“产业间转移”（between industry shift）。前者表现为各个产业内部高素质劳动力的增加，而后者则表现为生产资源由含低素质劳动力份额较高的产业向含高素质劳动力份额较高的产业重新分配（reallocation）。技术进步是产业结构升级的根本动因，而技术进步又更加依赖于劳动力素质的推动。一方面，人力资本水平的高低决定各国的技术能力，先进技术和新产品的研发依赖于各国高素质的科研人员；另一方面，人力资本水平决定先进技术在实际生产过程中的生产效率，因为先进技术毕竟需要相应素质的劳动力与之相匹配。因此，劳动力素质的提升对于产业结构升级起着至关重要的作用。一般来说，当劳动力的素质不断提高、劳动力的素质结构不断优化时，产业升级就越容易实现；但中国劳动力升级与产业升级之间

* 李钢，中国社会科学院工业经济研究所研究员。

的差距说明劳动力素质提升对中国产业升级的推动作用并不明显。这与微观企业层面的分析存在矛盾，也与现有经济理论及国际发展经验存在矛盾。是否中国劳动力素质提高的方向并不具备新的、有利于产业升级的劳动力基础呢？如果答案是否定的，那么具备了这样的劳动力基础，它促进产业升级的机制是什么？其实现又需要什么样的条件？这种条件在当前中国的经济发展过程中是否已经具备？在中国目前的国情下，劳动力升级对中国经济增长、产业升级的最终影响是什么？对不同地区、不同行业的影响又是什么？对这些问题的回答，对于加快推动我国产业升级进而实现经济发展方式的转变，具有十分重要的现实意义。

二、成果的主要内容、重要观点或对策建议

本成果首先对人力资本的计量理论进行了回顾。对于劳动力素质理论的发展及其计量在很大程度上得益于上世纪五六十年代人力资本概念的提出，从而将劳动力素质也作为一种资本看待，并用来解释劳动力素质的提升对于经济增长的内生作用。本成果先以人力资本为视角，并将其作为劳动力素质测算的代理指标，详细介绍其不同的计量方法。人力资本的特殊性使得其在计量上存在很大的困难，学术界对于人力资本的计量存在很大争议。目前主要的计量方法有教育法、成本法和收益法。教育法认为人力资本产生于教育，主张将人们的受教育水平作为衡量人力资本的主要指标，教育法可细分为两类——直接法和间接法。直接法是指学者们选取一个或多个指标进行对比，用以衡量人力资本，主要涉及受教育年限、成人识字率、文盲率、学生在校率、入学率、教育经费、高等教育机构学生注册人数占同龄人口比重以及师生比率等多个指标。间接法不直接将受教育年限作为人力资本指数，而是以受教育年限作为主要变量，进行一系列加工处理得到人力资本指数。间接法主要是考虑到不同受教育阶段对人的影响应该是不同的，一般认为如果时间一样，高年级的教育对人力资本的提升作用高于低年级。成本法是依据人力资本积累过程中的累计投入量来确定人力资本当前价值水平的方法。成本法隐含的假设是人们拥有的知识多少和能力大小主要取决于后天为获取这些知识、培养这些能力所投资的多少。其基本思想是：人力资本的价值等于花费于人（或劳动者）身上的相关支出的总和。收益法认为人们收益的多少

取决于其拥有的人力资本水平的高低，收益法可分为收入法和未来收益法。未来收益法是最早测量人力资本的方法，其基本思想是：人力资本的货币价值等于每年预期收益的现值之和。与未来收益法相比，收入法最大的区别就在于其以劳动者当期的收入为基础作为计量人力资本的指标，其结果并不依赖于对劳动者未来收益的计量。在三种方法中，教育法和成本法均是从投入的角度计量人力资本，只有收益法是从产出的角度进行计量。三种方法中，教育法使用最为广泛；成本法在国内得到了一定推广，但国外学者较少使用该方法；收益法在国外得到了广泛推广，但在国内却少有学者使用。在对各国人力资本进行比较研究时，使用得最多的还是人均受教育年限和受教育年限总和两个指标。

课题组通过对第三、四、五、六次全国人口普查数据中的省、自治区、直辖市的 6 岁及以上人口的受教育程度数据进行计算，分析了中国人口素质的时空演化规律。通过对四次人口普查数据的分析研究，我们得出如下结论：一是从绝对量来说，未上过学人口数量大，减少量也大；小学、初中、高中、大专、大学本科和研究生人数都在上升，且文化程度越高，其增长速度越快。不同素质的人口在地区之间分布不均衡，总的来看，低素质人口主要分布在西部落后地区，高素质人口主要分布在东部沿海和东北地区。对各地区人口占全国人口比例与不同素质人口占地区总人口比例进行对比发现，未上过学人口和小学人口在地区之间的失衡态势在恶化，而其他较高素质人口在地区之间的分布则愈加趋于平衡。二是改革开放以来，我国人口素质提高迅速，基本呈现出线性增长的趋势。对各省人口平均受教育年限的动态变化进行研究发现，各省份之间的人口平均受教育年限有一定的差异，且这种差异具有规律性。具体而言，北京、上海基本处于人口素质最高一级梯度，其次为东北三省、天津、广东；西藏是人口素质排位最低的省份，其次为甘肃、青海、贵州和云南四省；而在人口素质处于一般水平的省份中，江苏、山西、陕西的人口平均受教育程度处于较优水平，而安徽处于较差水平。三是对全国人口平均受教育年限提高进行群体分解研究。其中区域分解结果表明，贡献较大的为人口大省或经济大省，且有由人口大省向经济大省过渡的趋势；而贡献较小的为西部经济落后、人口较少的省份。受教育程度的分解结果表明，初中人口比例提高是全国人口受教育年限提高的最主要因素，但其作用在逐渐减弱；小学人口起初为正的贡献，但到1990—2000年间已经变为负的贡献，且负的绝对值有变大趋势；高中人口比例变化的贡献率始终维持在一般水平，并经历了先变大后又变小的过程；大专及以上文化程度人口占比提高贡献较小，但其有不断增大的趋势。性别分解结果表明，女性相比男性对于全国人口素质提高贡献更大。四是在受教育的平等性方面，就区域而言，人口受教育在区域间的不平等减小趋势明显。分性别来看，人口受教育在性别间的不平等程度持续下降。

课题组在对中国人口素质现状分析的基础上，以第六次全国人口普查数据为基础，根据不同的情景，预测了中国劳动力素质的变化趋势。预测结果显示，中国未来的劳动力素质提升是比较快的。以中等水平出生率情景为例，25岁及以上劳动人口的平均受教育年限，将从2010年的8.5年上升到2030年的10.2年。中国劳动力素质的快速提高，将成为中国经济持续发展和产业结构升级的基础推动力。

在前述研究基础上，课题组将中国劳动力素质与美国、日本进行了对比。从接受了高等教育（大专及以上）的劳动力占比情况来看，2010年中国25岁及以上的劳动力中接受了大专及以上教育的人数占比为8.8%，这还远未达到美国1940年的水平（美国1940年为10.1%），约相当于日本1968年的水平。以25岁及以上劳动力的平均受教育年限为对比指标，中国到2020年劳动力的平均受教育年限将为9.7年，大约与美国1951年的水平、日本1975年的水平相当。中国到2030年，劳动力的平均受教育年限将为10.2年，大约与美国1965年的水平、日本1983年的水平相当。进一步分析发现，虽然中国近年来的劳动力受教育程度提升非常快，但却没有导致劳动力平均素质提升速度快于美国和日本。重要的原因在于中国目前劳动力的结构特点，即低素质的劳动力占比很大，虽然新增劳动力的素质提高很快，但对基数较大的低素质劳动力的影响较小，所以拉低了整体劳动力的平均素质水平。通过构造新指标“劳动力素质的净提升”，发现与美国等发达国家相比，中国的劳动力净提升速度将会非常快。

课题组利用非参数方法对劳动生产率进行了测算，并对其按不同生产要素进行了分解。研究结果发现：1997—2010年全国全要素生产率年均提升约2.07个百分点，其中，劳动生产率的贡献是0.89个百分点；劳动生产率的提高主要来自劳动技术的进步；分区域来看，无论是劳动技术进步率还是劳动利用效率，东部地区均处于明显的领先地位。我们检验了劳动力素质等相关变量对劳动生产率增速的影响，研究结果并未发现劳动力素质的提升明显促进了劳动生产率的提高，这表明劳动力素质提升并未成为经济增长的主要动力，这也从一个侧面反映了中国经济增长方式并未实现真正的转变。这一结论虽然出乎意外，甚至可以说不尽如人意，但与最近其他的一些研究结论相同。

虽然到目前为止，劳动力素质提升并未成为经济增长动力，但我们认为随着中国经济实力与发达国家差距的缩小，经济增长方式必须要更多地依靠内涵式的增长，劳动力素质提升对经济增长方式的转变提供了内在的动力。但劳动力素质提升并不一定会促进经济增长，这是因为虽然劳动力素质提升将会促使技术进步，提高劳动生产率，从而促进产业升级与经济增长；但劳动力素质提升后必然要求更高的报酬，从而提高劳动力成本，降低经济增长率。因而劳动力素质提升对经济增长的影响难以直接判断，要结合中国实际进行定量计量分析。课题组采用可计算一般均衡（computable general equilibrium，CGE）模型对劳动力素质提升与经济增长的关系进行分析。模型运行的结果显示，劳动力素质的提升将会提高经济增长率，从 2011 年到 2020 年每年提高经济增长 2 个百分点左右，到 2020 年累计提高经济增长 20%（也就是 2020 年冲击结果的 GDP 是基线 GDP 的 1.2 倍）。由于不同行业的生产函数不同，劳动力素质提升对不同行业产生的影响也有较大差异。总体而言，劳动力素质的提升更加有利于资本密集型产业的发展，有利于技术进步较快行业的发展。分区域看，劳动力素质提升对东北地区、东部沿海地区、中部地区和西部地区均有正面冲击，提高四个地区的经济总量分别为 620 亿元、4 660 亿元、1 413 亿元和 1 239 亿元，提高各区域 GDP 增长率分别为 1.87%、2.14%、1.87%与 1.79%。提升劳动力素质对东部沿海地区的经济增长率提高幅度影响最大，东北地区及中部地区次之，西部地区最小。

在研究的基础上，我们提出如下政策建议：

（1）提高劳动者素质与收入是提升中国劳动密集型产业竞争力的战略选择。一方面，中国传统文化强调“万般皆下品，唯有读书高”；另一方面，在现实收入分配中脑力劳动者（特别是脑力劳动中的管理者）与体力劳动者收入差距又过大，甚至可以说形成了新的体脑倒挂。上述两个因素的共同作用使社会普遍不认同体力劳动者的社会地位；体力劳动者自我认同感也不强，体力劳动者普遍不安心于自己的工作，都在寻找机会从事脑力劳动岗位特别是管理岗位，从而使中国高级技术工人严重不足，进而影响了中国产业升级的速度。而技术工人与脑力劳动者应该有相应的配比，技术工人的不足实际上影响了中国产业对脑力劳动者的吸纳能力，进而影响了中国新毕业大学生的就业。当前的中国已经进入工业化的中后期阶段，资本、劳动力等生产要素对经济进一步发展的推动作用将逐步减弱，知识与技术密集型产业的发展将成为目前我国产业结构调整和升级的主角。而知识与技术密集型产业的发展又离不开与之相匹配的劳动力素质的提升。因此高素质的劳动力的培养将成为当前以及今后相当长一段时期我国工业转型发展的基本落脚点。

（2）根据各地区的劳动力素质差异，进一步推动区域间的分工与协作。我们的研究表明，中国东中西劳动力素质有较大的差异，低素质人口主要分布在西部落后地区，高素质人口主要分布在东部沿海和东北地区。东部地区目前已经有条件率先实现经济增长方式的转变，而中西部地区将劳动力从低效农业转到高效工业的任务仍旧十分紧迫。目前应加快东部地区产业升级速度，推动经济转型；加快产业结构转移，促进中西部地区的产业升级，鼓励东部地区企业到中西部地区投资建厂。

（3）高度重视发达国家在人力资本快速提升时期的经验。我们的研究表明，在与中国经济发展阶段相当时期，美国、日本都出现了工人的权利得到提升、工资快速上涨的状况。而将人力资本优势转变为经济优势使美日顺利有效应对了这一挑战。美国在 1960 年前后大学的研究地位进一步提升；研究和工艺创新对工业的作用更加凸显。日本在 1968 年后确立了走“技术立国”之路，实现从技术引进向自主创新的转变，在这个过程中，政府及其所属研究机构发挥了巨大的推进作用。

三、成果的学术创新、应用价值以及社会影响和效益

研究成果在以下方面存在特色与贡献：

（1）将劳动力素质纳入 CGE 模型，建立动态 CGE 模型，并分析劳动力

素质对中国经济发展的影响。CGE 模型通过对家庭、企业、政府等各个经济主体的行为设定，可对经济体系中各部门之间的相互影响进行定量分析，从而可以分析一项经济政策的直接与间接影响。模型的数据基础是在 2007 年中国投入产出表的基础上构建的社会核算矩阵（SAM）。SAM 能够为 CGE 建模提供一个完整一致的核算框架。对于原始 SAM 表中不同来源统计数据存在的一些差异以及投入产出表本身存在的统计误差项，本课题采用跨熵法（cross entropy）进行调整。模型中的替代弹性、收入弹性等一些关键参数的取值主要是通过借鉴其他一些 CGE 模型相关文献确定，并根据课题组所进行的历次大样本企业调查数据来进行不同行业及地区的调整；其余参数的取值则是利用 SAM 表的基年数据和外生给定的关键参数通过校准（calibration）方法得到。课题组构造 41 部门的 CGE 模型，从而可以分析劳动力素质提升对于主要产业部门进出口的影响。课题组采用 CGE 模型对劳动力素质提升与经济增长的关系进行分析。模型运行的结果显示，劳动力素质的提升将会提高经济增长率，从 2011 年到 2020 年每年提高经济增长 2 个百分点左右，到 2020 年累计提高经济增长 20%（也就是 2020 年冲击结果的 GDP 是基线 GDP 的 1.2 倍）。

（2）采取 DEA 模型对劳动力素质对全要素生产率的影响进行分析。课题组采用非参数的数据包络分析（DEA）方法测算全要素生产率，然后分析劳动力素质对全要素生产率的影响。目前所使用的测算全要素生产率的方法主要有参数方法与非参数方法两大类。非参数方法一般是以 DEA 方法为基础，首先通过线性规划测算出产出距离值，再将产出距离值动态化计算出反映全要素生产率的指数。参数方法与非参数方法各有其特点，对此已有许多文献进行过讨论。对于参数方法而言，首先需要设定生产函数的具体形式，并对误差项设定某些假设前提。其次，对于关键的要素投入产出弹性，要么通过计量方程回归获得，要么通过国民经济账户中的要素收入份额直接获得（仅限于 CD 函数时）。如果通过计量方程回归获得，那么所得到的要素投入产出弹性是所使用样本的平均值，难以反映样本的个体差异；如果是通过国民经济账户中的要素收入份额直接获得，则暗含的假定是生产要素的报酬等于其边际产出，这只有在完全竞争市场中才可能实现，对于中国等处于转型阶段的国家而言，这一假设条件难以满足。再次，对于经济增长核算所关心的全要素生产率，由于其在很大程度上取决于要素投入的产出弹性，因此，要素投入产出弹性的前述问题也会影响到全要素生产率测算结果的准确性。最后，由于各区域之间经济发展的空间依赖性，用参数方法进行分析的结果很可能是有偏差的。与参数方法相比，非参数方法无须对生产函数的形式进行先验设定，同时可以避免空间相关性带来的测量误差，因此在测算全要素生产率方面可能更为适宜。课题组利用非参数方法对劳动生产率进行了测算，并对其按不同生产要素进行了分解。

（3）利用三至六次全国人口普查数据分析了中国人口素质的时空演化规律，并对我国劳动力素质中长期变化趋势进行了预测。课题组通过对第三、四、五、六次全国人口普查数据中的省、自治区、直辖市的6岁及以上人口的受教育程度数据进行计算，分析了中国人口素质的时空演化规律。课题组在对中国人口素质现状分析的基础上，以第六次全国人口普查数据为基础，根据不同的情景，预测了中国劳动力素质的变化趋势。

《“一国两制”台湾模式》概要

李义虎*

一、研究的目的、意义及所使用的研究方法

1. 研究目的

第一，本研究是台湾研究重要且薄弱的领域，不少学者对“一国两制”提出的历史背景和重要意义已有深入研究，但多以政策解说和动态研究为主，理论含量较低，还没有提出“一国两制”台湾模式的命题，且在研究方法上缺乏定量与实证分析。本研究的目的在于弥补这方面的不足，填补相关空白，通过系统、深入研究，在统一理论和统一模式的高度上探讨“一国两制”台湾模式。第二，继港澳回归之后，如何用“一国两制”解决台湾问题以实现国家完全统一备受瞩目。台湾问题的特殊性和复杂性，特别是“一国两制”在岛内遭到的阻力和挑战，要求我们努力构建有台湾特色的、区隔于港澳的“一国两制”模式，即“一国两制”台湾模式。本研究以中央领导人的对台讲话和有关政策文件为依据，采取增量改革的思路，结合台湾现实情况探寻“一国两制”在台湾的具体实现形式，探寻构建“一国两制”台湾模式的合理路径，为中央对台决策提供有价值的参考。

2. 研究意义

理论层面：第一，推动“一国两制”理论的发展。台湾模式区隔于港澳模式，具有更大的理论容量和更丰富的政策含义，对其研究将扩张“一国两

* 李义虎，北京大学教授，博士生导师。

制”的理论内涵。第二，由于台湾模式涉及政治学、法学和社会学相关的理论问题，对其研究会丰富和发展国家统一理论及国家结构学说。第三，吸收百家之长，寻找更合理、更可行的国家统一模式。只有通过比较各种统一模式，才能充分揭示“一国两制”的科学性和理论生命力。

现实层面：第一，高度关照台湾问题的特殊性和复杂性，着重探讨台湾问题的解决之道，重建台湾民众对“一国两制”的信任。第二，近年两岸关系发展进入“深水区”，我们将面对复杂的两岸政治难题，这对台湾问题的解决提出了更加现实的要求。本研究有助于在“一国两制”框架下找到充分考虑台湾问题特殊性的更具操作性的做法，有助于找到实现祖国统一的合理方向和基本路径。第三，本研究的成果和结论，对中央对台政策具有重要的参考价值。

3. 研究方法

第一，理论与现实相结合，综合运用政治学、法学、社会学等跨学科理论，注重揭示台湾模式的理论内涵、理论特征及政策含义，为对台政策和祖国统一政策提供基本的理论支撑；同时结合台湾政局和两岸关系现实，注重研究实践中出现的重大问题。第二，历史与现状相结合，采用历史分析法、文献研究法和动态研究法，以第一手的历史文献、政策档案作为研究的原始资料，同时密切追踪现实情况进行动态研究。第三，定性分析与定量分析、规范分析与实证分析、统计研究与比较研究相结合，侧重定量分析和实证分析。本研究充分反映两岸在一个中国原则、“统独”问题和统一模式等方面的光谱分布，并提供相关的曲线分析。

二、成果的主要内容和重要观点

1. 主要内容

第一，关于“一国两制”的开放性逻辑：历史动力、发展过程和基本内容。

从历史动力来看，“一国两制”产生于改革开放初期，是实事求是、思想解放的直接产物，并与改革开放的整个过程相伴随，与中国的整体发展相呼应。从发展过程来看，“一国两制”具有与时俱进的开放性逻辑。它不仅引发了海内外关于国家统一模式的讨论热潮，推动了对国家统一问题的活跃思考，而且其自身也获得广阔的发展空间，呈现出与时俱进的特征。从基本内容来看，它是具有历史高度和战略高度的创造性产物，是采取增量改革而放弃存量改革思路的创新典型，而这恰恰是使其成为国家统一可行模式的合理根据。就此而言，“一国两制”绝非台湾某些人所说的是大陆对台政策僵化保守的标志，它为解决台湾问题开辟了实际可能。

第二，关于构建“一国两制”台湾模式的思想源泉和理论资源。

构建台湾模式有着丰富的思想源泉和理论资源。在30余年解决台湾问题的实践中，“叶九条”“邓六点”“江八点”“胡六点”等有关“一国两制”的论述提供了构建台湾模式的思想基础，而习近平总书记的对台政策论述更为台湾模式确立了坚实的理论和政策依据。最近，习近平总书记在会见台湾和平统一团体联合参访团时专门就“一国两制”提出论述，指出“一国两制”在台湾的具体实现形式会充分考虑台湾现实情况。特别是，他强调“我们所追求的国家统一不仅是形式上的统一，更重要的是两岸同胞的心灵契合”。这些进一步充实了“一国两制”的内涵，并为构建“一国两制”台湾模式指明了方向。

此外，港澳模式的先例和各种“非一国两制”模式的比较，也为台湾模式提供了重要的参照系，其中的合理性成分也应有力吸收。

“一国两制”本身具有丰富的理论含义和实践含义，在理论和实践上产生了三个不同的模式，即香港模式、澳门模式和台湾模式。但是，“一国两制”全部内涵的揭示需要通过具体实践：一方面，“一国两制”并未停留于港澳模式，其开放性逻辑为构建“一国两制”台湾模式提供了相当大的空间；构建台湾模式恰恰是“一国两制”本身具有开放性的最新表现。另一方面，构建台湾模式可以进一步充分揭示“一国两制”所具有的理论含义和实践含义，可以回答和应对我们所面临的各种质疑和挑战，推动两岸关系和平发展，进而实现祖国和平统一。

第三，关于台湾模式的动态模式。

台湾模式分为静态模式与动态模式两种，动态模式又分为统一模式与实践模式两种。需要指出的，现有的“一国两制”模式之探讨，多是一种静态层面的研究，即把“一国两制”模式仅仅看作一种事前的既定制度安排，从中概括“一国两制”的静态模式，如“一个中国、两种制度、高度自治、长期不变”等等。这种研究的不足在于忽略了这一模式的动态发展过程。我们认为，关于台湾模式的探讨，除了需要从作为模式构建之基础的静态层面来概括其基本内涵外，还应有一个动态的分析架构。按“一国两制”的内在逻辑，港澳模式可分为“回归模式”和“实践模式”，未来的台湾模式在动态层面可分为“统一（进程）模式”和“实践模式”。“统一模式”是统一过程中的方式、方法、步骤及组织形式，是统一前的动态安排，具有鲜明的阶段性特点。“实践模式”则是两岸统一后“一国两制”在台湾的实施方式、状态和在实践中创造的新经验，有些可以在此前的制度设计中做原则性规定，但更主要的是作为统一后的安排，它并非一方强加于另一方，而是两岸共同协商的结果。

由于台湾模式现在还属于“理念型”范畴，需要通过实践进行构建，因此其包容性和可塑性应当更强，应根据两岸关系的实践进程逐步增大理论容量和系统性。新的实践必将赋予台湾模式更多、更丰富的内容，其构建会是一个极富创造性的过程。在现阶段，两岸首先面临的任务就是共同构建两岸和平发展的制度化架构，为两岸人民谋福祉。大陆要通过全面深化改革，加快推进经济、社会、政治、文化和生态五位一体的建设，为统一创造充分条件。如此，“一国两制”对台湾民众的吸引力才会增强，台湾模式才有可能从大陆的传导性政策变成台湾的内生性政策。

第四，关于台湾模式与港澳模式的比较。

台湾模式的内容和特点可以在与港澳模式的比较中加以揭示。首先，港澳模式和台湾模式的区别，主要在于前者已经是现实确定的存在，既有建立在《联合声明》和《基本法》框架上的制度设计，也是被导入实践过程中并接受检验的模式；而台湾问题由于至今尚未进入解决的实践层面，故所谓台湾模式还只是一种“理念型”或理论建构型模式，目前更多的是在与港澳模式的比较中去探讨和论证，或者说其特征还处于被揭示的过程。其次，港澳模式已经形成以“一国两制，港人治港/澳人治澳，高度自治”十二字方针为核心的一整套的政策和法律体系，并有各种具体措施加以配套。而在台湾问题解决过程中，虽然大陆方面提出了一系列的对台政策，但在构建台湾模式方面仍缺乏完整的政策和法律体系的配套。因此，对港澳模式与台湾模式进行比较，说明台湾模式的构建需要有更完备的政策法律体系及配套措施。

第三，“一国两制”尽管成功解决了港澳问题，但在台湾问题上却遇到了困难。如果台湾模式仅仅是港澳模式的简单放大，即赋予台湾较之港澳更多的如保有军队等权力，也并不见得为台湾所接受。因此，我们必须以新思维面对台湾问题，构建不同于港澳模式的台湾模式。而台湾问题的复杂性和特殊性，决定了统一模式选择的难度，也决定了台湾模式的理论容量大于港澳模式。

第五，关于与“非一国两制”模式的比较。

对“一国两制”的理论论述和政策说明，主要来自大陆方面，即大陆方面是祖国和平统一模式的提出者和论证者。但是，台湾学者和海外华人学者就国家统一也提出过一些值得注意并具有一定价值的设想或模式，它们大都属于“非一国两制”类型。据统计，所谓“非一国两制”模式有 100 余种，有台湾学者、政要提出的，也有海外华人学者或国外学者提出的，还有大陆学者近年来提出的。这些模式或方案，并非没有意义或价值，而是在建构台湾模式时值得加以借鉴、吸纳和再造。“非一国两制”模式既有理论上的设计，也有实践中存在的或已经成为现实的模式，如“德国模式”“坦桑模式”“朝鲜模式”及“欧盟模式”等。研究“一国两制”台湾模式自然要借鉴这些模式中的营养成分，但也要剔除其不合理性。研究“非一国两制”模式是合理构建台湾模式的一个重要参照系，而如何消化和扬弃它们同样需要“一国两制”进一步扩大其理论容量。

第六，关于台湾模式的理论容量。

如前所述，台湾模式在理论容量上比港澳模式更大，同时它也应吸纳“非一国两制”模式的合理性来扩张其自身的理论容量，这是“一国两制”在理论和实践两个层面进一步发展的必然要求。这些理论容量既有其自身发生理论扩张的所需，又有兼顾和扬弃“非一国两制”模式的所需。同时，还要从现实角度处理理论容量和政策容量的关系。

台湾模式扩大理论容量的方向或要点是，较之于港澳模式，它在主权与治权、国家结构形式、宪政规范及国家认同等方面都要进行全新的认识和研究。但这种扩大绝非将港澳模式的相关政策简单地进行放大，再生搬硬套在台湾之上，而是必须充分了解和认识到台湾的“现状”，并结合实际情况，设身处地为两岸同胞的共同利益考虑，寻求能够得到广泛认同、理论足以容纳实践内容的台湾模式。

从主权与治权的角度来看，通过调整国家结构形式实现国家统一，实际上是通过治权的调整维护了主权的完整。在这方面，应该着重解决台湾定位问题，可以“区间定位”作为解决问题的基本途径。“区间定位”即是以“82 宪法”第 31 条所规定的“特别行政区”为下限，以主权国家作为上限，划定出两岸政治协商的区间，在条件成熟时进行双方接受的定位。同时，必须加大争取台湾民心工作的力度，在和平发展阶段解决台湾同胞的国家认同问题，在“九二共识”的基础上使一个中国框架和“两岸同属一个中国”成为两岸间的新共识和强共识。这样，国家结构形式、主权与治权、宪政规范、国家认同理论就被结合到了对国家统一模式的构建之中，台湾模式的理论容量也因而得到了进一步的扩张。

第七，关于台湾模式的政治设计。

台湾模式的构建应以邓小平、江泽民、胡锦涛、习近平有关“一国两制”和对台政策的论述为基础，坚持一个中国原则与和平统一的方向；特别是，要以习近平总书记和党中央关于一个中国框架、“两岸同属一个中国”和“两岸同胞同属中华民族”的新论述及其中所展现的更大包容性，努力寻求解决问题的合理路径。

应该遵循的原则：首先，应符合“和平统一、共同发展”的最高要求。“共同发展”是台湾模式的基本任务，“和平统一”是台湾模式的最高目标。台湾模式必须是“和平统一”与“共同发展”共同作用的结果。其次，应坚持一个中国原则、一个中国框架和“两岸同属一个中国”，同时应该站到“两岸同胞同属中华民族”的历史高度，并在这样的高度上寻找解决问题的方向。再次，辩证处理和平发展与和平统一的关系，和平发展是和平统一必然经历的一个过程，和平统一是和平发展的终极目标。

应该采取的合理路径：首先，采取增量改革而非存量改革的路径，即在保证存量不动，也就是维持现状的前提下，先在两岸关系中增加和发展新体制、新成分和新因素，为构建台湾模式创造基本条件。其次，妥善处理主权与治权的关系，对两岸关系进行合理的定位，包括解决台湾方面的政治定位问题。再次，具体而言，应该以 1993 年《台湾问题与中国的统一》白皮书提出的十六字方针作为基本点，将其具体化，并由此形成构建台湾模式的政策法律体系及其配套措施。

共同构建的方式及要求：台湾模式需要双方共同构建，而不是单方面构建。而共同构建对双方均有所要求。对大陆方面的要求是：首先，进行宪法架构的调整和具体条款的“修宪”，包括增加或补充类似“82 宪法”第 31 条的条款。其次，增加法理性论述，实现与台湾相关法律的对接。再次，争取台湾民意支持是成功的关键，应加大做台湾民众工作的力度。对台湾方面的要求是：首先，坚持“九二共识”、恪守“一个中国”是真正落实台湾模式的关键。其次，两制并存、高度自治是台湾模式的基本内容。再次，“高度自治”不能与“一个中国”相冲突。

演进阶段及主要议题：台湾模式的演进过程，也是推进统一的三个阶段，即统一准备阶段、统一协商阶段和统一实施阶段。构建台湾模式是两岸共同努力的结果，是双方经过政治协商的产物。在这一过程中，和平谈判是最佳途径和最好方式，主要涉及四大议题：国家尚未统一特殊情况下的两岸政治关系，结束敌对状态、达成和平协议，台湾“国际空间”问题，以及建立两岸军事安全互信机制。

2. 重要观点

观点 1：“一国两制”是实事求是、思想解放的直接产物，具有与时俱进的开放性逻辑。某些台湾政治人物把它说成是大陆对台政策保守僵化的标志，是根本站不住脚的。

观点 2：按照开放性逻辑，“一国两制”在理论和实践上产生了三个不同的模式，即香港模式、澳门模式和台湾模式；构建台湾模式恰恰是“一国两制”本身具有开放性的最新表现，其构建拥有相当大的空间。

观点 3：构建台湾模式有着丰富的思想源泉和理论资源。《告台湾同胞书》以及“叶九条”“邓六点”“江八点”“胡六点”有关“一国两制”的论述提供了构建台湾模式的思想基础，习近平总书记的对台政策论述更为台湾模式确立了坚实的理论和政策依据。

观点 4：“一国两制”港澳模式有着以十二字方针为核心的一整套政策和法律体系加以配套。而在台湾问题解决过程中，虽然大陆方面提出了一系列的对台政策，但仍缺乏完整的政策和法律体系的配套。

观点 5：台湾模式还只是一种“理念型”模式，其特征还处于被揭示的过程。由于台湾问题的特殊性和复杂性，台湾模式需要在港澳模式之外单独构建；由于台湾模式的包容性和可塑性更强，其理论容量将更大，新的实践必将赋予其更多、更丰富的内容，其构建是一个富有创造性的过程。

观点6：台湾模式分为静态模式与动态模式两种。就动态模式而言，台湾模式分为“统一（进程）模式”和“实践模式”两种。

观点7：从根本上说，台湾模式是对统一后“两制”的具体安排，这种安排并非一方强加于另一方，而是两岸共同协商的结果。

观点8：大陆通过全面深化改革，加快推进经济、社会、政治、文化和生态五位一体的建设，可以增强“一国两制”对台湾民众的吸引力，使台湾模式从大陆的传导性政策变成台湾的内生性政策。

观点9：通过与港澳模式及各种“非一国两制”模式的比较，台湾模式在理论容量上应该得到扩张，扩张的方向和重点是主权与治权关系、国家结构形式、宪政规范及国家认同等。

观点10：台湾模式的构建应以邓小平、江泽民、胡锦涛、习近平有关“一国两制”和对台政策的论述为基础，坚持一个中国原则和和平统一的方向；特别是，要以习近平关于一个中国框架、“两岸同属一个中国”和“两岸同胞同属中华民族”的新论述及其中所展现的更大的包容性，解决两岸关系中的实质问题。

观点11：台湾模式的政治设计应遵循如下原则：首先，应符合“和平统一、共同发展”的最高要求。其次，应坚持一个中国原则、一个中国框架和“两岸同属一个中国”，同时应该站到“两岸同胞同属中华民族”的历史高度，并在这样的高度上寻找解决问题的方向。再次，辩证处理和平发展与和平统一的关系。

观点12：构建台湾模式应采取增量改革的路径，而弃用存量改革的路径。按照该路径，需要妥善处理主权与治权的关系，对两岸关系进行合理的定位，包括解决台湾方面的政治定位问题。

观点13：解决台湾定位问题，可以“区间定位”作为基本方法，即以“82宪法”第31条所规定的“特别行政区”为下限，以主权国家作为上限，划定两岸政治协商的区间，在条件成熟时进行双方接受的定位。

观点14：为合理构建台湾模式，大陆方面应该进行宪法架构的调整和具体条款的“修宪”，包括增加或补充类似“82 宪法第 31 条”的条款；增加法理性论述，实现与台湾法律的有效对接。同时，应以 1993 年《台湾问题与中国的统一》白皮书提出的十六字方针作为基本点，将其具体化，并由此形成构建台湾模式的政策法律体系及其配套措施。

观点 15：必须加大争取台湾民心工作的力度，在和平发展阶段解决台湾同胞的国家认同问题，在“九二共识”的基础上使一个中国框架和“两岸同属一个中国”成为两岸间的新共识和强共识。

三、成果的学术创新、应用价值以及社会影响和效益

1. 学术创新

本研究的着眼点在于探寻两岸关系发展和祖国和平统一进程的客观规律，具有很强的学术创新性和前瞻性。这体现在：第一，以台湾模式推动“一国两制”理论的创新发展。“一国两制”顺利实现港澳回归并业已形成港澳模式，但因台湾问题的特殊性和复杂性，目前还未形成台湾模式。现实情况已使提出与港澳模式相区别的台湾模式具有了理论上的必要性。由于台湾模式会丰富和完善“一国两制”的理论内涵，扩大其理论容量，赋予其更生动的内容，因而会推动其发展。第二，台湾模式涉及政治学、法学和社会学等跨学科的理论问题，对其研究会丰富和发展国家统一理论特别是关于统一模式的理论，解决其中所遇到的政治和法律问题；还会丰富马克思主义的国家学说，包括丰富和扩张国家结构学说。需要指出的是，从统一模式的高度研究解决台湾问题的合理途径，是台湾研究的重大创新。第三，完整揭示“一国两制”台湾模式的政策和实践含义，对主权和治权的关系、国家结构形式所做的研究富有创新性。第四，以增量改革提出解决台湾问题和实现祖国统一的新的合理路径。

2. 应用价值

本研究高度关照台湾问题的特殊性和复杂性，着重探讨如何具体和实际地解决台湾问题，因此研究成果的应用价值亦十分明显：第一，在课题组主要成员参加国台办、外交部、国新办等内部会议时，研究成果对相关决策咨询发挥了重要作用。第二，台湾问题涉及港澳问题所没有的本土因素、国际因素、历史因素和现实因素，研究成果对于化解其中不利成分提出了一些应

对之策，相关重要建议已反映在提交国台办的内部报告中，并得到采纳。第三，在两岸关系发展进入“深水区”时，两岸政治难题更加凸显，尤其是两岸政治定位问题尚未得到解决。研究成果为有关部门的政策制定提供了有价值的参考，同时在“两岸和平论坛”“两岸经贸文化论坛”及“海峡论坛”等重要研讨场合引起高度重视和很好反响。第四，研究成果为找到实现祖国统一的基本路径提供了相应对策，为在“一国两制”框架下找到解决台湾问题的更具操作性的做法提供了重要参考。第五，加强了对两岸关系现状的理解，有助于引导岛内对大陆对台政策的正确认识。

3. 社会影响和效益

本研究在进行过程中，取得了较为丰富的阶段性成果，并已经产生了很好的社会影响和效益。第一，课题组成员在国内一些核心刊物上发表了30多篇论文，多篇论文被中国人民大学复印报刊资料、《高校文科学术文摘》、香港《中国评论》等权威刊物及人民网、中国台湾网、香港中评网、中国社会科学网等权威网站转载，取得较大社会影响。第二，课题成果通过向中央有关部门提交内部报告、在北京大学台湾研究院主办的内刊《研究要报》上发表文章，对中央对台部门的相关决策提供了有重要参考价值的意见和建议。第三，为更好地掌握大陆民意对“一国两制”以及“一国两制”台湾模式和大陆对台政策、两岸关系的态度，并与台湾相关民调进行比较，受北京大学文科校长基金支持，我们还出版了一部民意调查与舆情调研性质的专著，即《海峡两岸关系舆情调研与分析》（中国经济出版社2012年版），该书既为课题研究提供了实证分析的基础和定量化的参考数据，推动了课题研究的扎实进行；又引起两岸间的高度重视，台湾《旺报》专门为此举行座谈会，台湾《旺报》和大陆《环球时报》均大幅予以报道，马英九办公室发言人在回答记者提问时还专门对该书的观点做出回应。

《建设服务型政府与完善地方公共服务体系》概要

姜晓萍*

一、研究的目的、意义及所使用的研究方法

建设服务型政府是中国特色社会主义民主政治建设的内容，也是我国行政体制改革的总体目标。随着全国各地建设服务型政府的实践推进，学术界也推出了一系列服务型政府研究的重要成果，有效发挥了理论研究对实践的回应和指导作用。然而，十八大提出“必须从维护最广大人民根本利益的高度，加快健全基本公共服务体系”，《国家基本公共服务体系“十二五”规划》更加明确指出“建立健全基本公共服务体系，促进基本公共服务均等化，是深入贯彻落实科学发展观的重大举措，是构建社会主义和谐社会、维护社会公平正义的迫切需要，是全面建设服务型政府的内在要求……”。十八届三中全会提出“推进国家治理体系和治理能力现代化”，并且把服务型政府和法治政府建设作为提升政府治理和社会治理能力的重要举措。如何深刻领会新时期服务型政府建设的价值内涵与重心转移，推动服务型政府建设由“绩效导向”转向“民生导向”，这不仅向我们提出了以完善公共服务体系为着力点，构建新型服务型政府战略的国家急需，同时也提出了如何准确辨识现阶段完善公共服务体系的重点、难点和着力点，寻找化解社会矛盾、促进社会公平突破口的问题导向。

---

* 姜晓萍，四川大学教授，博士生导师。

基于上述认识，本成果主要探讨服务型政府与地方公共服务体系的内在逻辑、基础理论、政策变迁、公共需求、实践模式、绩效评价等，在此基础上按照十八大和十八届三中全会提出的服务型政府新思路，借鉴国外健全公共服务体系的经验启示，提出完善我国地方公共服务体系的战略构想与实施策略，构建以满足公共服务需求为出发点，以创新公共服务供给机制为关键点，以完善基本公共服务体系为着力点，以保障和改善民生、促进社会公平为归着点的新型服务型政府战略。这不仅有利于开拓服务型政府研究的新视野，丰富服务型政府研究的理论体系，而且可以为国家进一步完善服务型政府建设的顶层设计提供决策支持，同时也可以为地方政府完善公共服务体系的实践提供对策建议。

本成果以政治学、公共管理学、社会学、政策科学等学科的理论为基础，采用规范研究与经验研究相结合、定性分析与定量分析相结合、整体研究与重点分析相结合、纵向分析与横向比较相结合的研究方法。为了满足不同阶段研究的需要，我们从多种渠道搜集了不同类型的研究数据，包括国内统计数据、中央和地方有关服务型政府与公共服务体系的政策资讯、访谈数据以及问卷调查统计数据等。其中主要采用文献法对国内外研究现状和我国公共服务体系的政策变迁进行梳理提炼，总结出国内外相关研究的聚集热点、薄弱环节、前沿趋势，辨识出我国公共服务政策变迁的规律与阶段性特色；通过问卷调查分析归纳我国公共服务体系的公众需求；通过比较分析总结“十二五”期间我国完善公共服务体系的共同趋势与区域差异，归纳提炼地方完善公共服务体系的实践模式；通过运用层次分析法、问卷法、综合指数评价法等构建我国公共服务质量监测与绩效评价体系；通过案例法对地方完善公共服务体系典型案例进行研究。总之，本成果在尽可能获得研究资讯的前提下，因地制宜、因时制宜地选取研究方法，以确保研究结论的信度和效度。

二、成果的主要内容和重要观点

本成果按照基本理论架构—制度环境分析—实践模式归纳—供给质量监测—发展战略谋划的分析框架开展研究，尤其重视以完善地方公共服务体系为建设服务型政府的着力点，努力完成理论内涵的拓展创新、政策变迁与公共需求的分析研判、实践模式的归纳提炼、运行绩效的监测评估、发展战略的规划设计。

1. 强调“民生导向”是服务型政府内涵拓展与理论创新的基础

服务型政府的理论研究与实践探索在我国已近十年，早期对服务型政府的研究更偏重于以管制型政府为参照，构建一个以“服务公民”为核心的政府运行体系。故地方建设服务型政府的实践也主要是围绕政府行为规范、服务流程再造、服务方式转变、服务质量提升等方面，实质上这一阶段的服务型政府建设局限在政府内部运行机制的变革，某种意义上更像是绩效政府建设。随着我国经济建设的发展尤其是城市化的加速，由社会建设滞后、公共服务短缺而引发的社会矛盾越来越凸显，公共服务需求快速增长与政府供给严重不足的矛盾成为当代社会矛盾的主要形式。故建立健全基本公共服务体系、强化政府公共服务职能、提升政府公共服务能力理应是当下政府职能转变的核心，服务型政府的内涵也应该由“绩效导向”拓展为“民生导向”。

本成果针对目前学术界对建设服务型政府和完善公共服务体系的内在逻辑缺乏深层次解读，对公共服务体系构建与政府职能转变的内在关系缺乏深入分析，对各地完善基本公共服务体系中存在的误区、面临的障碍缺乏理性剖析等薄弱环节，一方面加强对服务型政府的基本概念、本质特征、理论溯源、构成要素、动力机制等基础理论的研究，另一方面结合十八大以后党和政府新的治理方略，把服务型政府建设融入实现“中国梦”的系统战略，为新时期服务型政府建设注入新的内涵与价值诉求。课题重点围绕服务型政府与完善地方基本公共服务体系的内在逻辑联系，对服务型政府的核心价值内涵、职能体系、制度障碍、战略设计等进行深度阐释与分析；提出目前服务型政府的核心价值应该体现为以人为本的服务理念、依法行政的服务规范、公民参与的服务路径、高效便捷的服务方式、公开透明的服务过程、民生导向的服务模式、人民满意的服务目标；同时提出加快服务型政府建设的现实路径就是实现理念重塑、目标重构、职能转变、流程再造，争取在服务型政府的基础理论研究中有所突破和创新。

2. 研判政策变迁与公众需求规律是完善地方公共服务体系的前提

完善地方基本公共服务体系，既要基于对国家公共服务政策环境与制度基础的准确研判，也要了解公众对公共服务体系的真实需求。本成果的重点是地方基本公共服务体系的完善，但并非局限在地方政府的视角，而是将地方公共服务体系的构建放在整个国家公共服务体系的大背景中进行重点研究。通过梳理国家层面公共服务体系构建的历史变迁、发展成就、存在问题等，为研究地方公共服务体系提供政策背景与制度环境分析。

研究发现：改革开放前，我国的公共服务体系主要以政府包揽、分级负责、平均分配为主，突出体现为计划经济特色的高度集中。改革开放后，公共服务体系改革也成为历史的必然。从 20 世纪 80 年代中期开始，我国公共服务体系政策变迁呈现出不同的阶段性特征。

1985—1992 年是我国公共服务体系改革的起步探索阶段，此阶段公共服务政策的特点是：开始尝试打破公共品供给的政府包揽，允许多种所有制并存，支持社会资金参与公共品生产和供给；公共服务责任下移，实现地方负责、分级管理；放松对事业单位的管制，扩大经营自主权，激活内部运行机制。1992—2003 年是我国公共服务体系改革的渐进发展阶段，此阶段公共服务政策的特点是：重点解决建立市场经济体制与现代企业体制进程中凸显的城镇公共服务短缺问题，但忽视了农村公共服务短缺问题；尝试建立政府、企业、社会、个人的公共服务责任分担机制；与分税制财政管理体制改革配套，实行公共服务责任的重心下移，加大了地方政府的公共服务供给责任。2003—2008 年是我国公共服务体系改革的快速发展阶段，此阶段公共服务政策的特点是：重点解决城乡基本公共服务供给失衡的矛盾，促进公共服务从效率走向公平；针对公共服务供给市场化进程中出现的政府缺位，强化政府在基本公共服务供给中的责任；加大了对农村公共服务的投入，着力建设农村公共服务体系。2008—2013 年是我国公共服务体系改革的内涵提升阶段，此阶段公共服务政策的特点是：更加注重公共服务政策的“顶层设计”，公共服务政策走向体系化；公共服务体系的质量标准与绩效评估逐步推进；通过公共服务供给模式创新，公共服务体系的多元协同格局初步形成；公共服务的公平性和可及性受到高度重视，加快推进公共服务均等化。

公共服务需求既关乎公众自身的切实利益实现程度，也涉及了公民作为公共服务对象的选择权利和作为公共服务主体的参与权利。调查显示，目前公众对公共服务体系的需求主要体现为：促进公共服务均等化、全面性、可及性的需求；优化公共服务供给内容方面的需求，尤其是高度关注对公共环境、公共文化、公共安全的供给；改进公共服务供给机制的需求，希望加快推进政府向社会购买公共服务的改革，构建公共服务供给的多元主体协同机制；提升公共服务质量与绩效的需求，希望构建公共服务的质量标准与绩效标准；满足公共服务供给中公民参与的需求，希望赋予公民在公共服务中的选择权、决策参与权、供给参与权和绩效评估参与权等。

3. 提炼实践模式是优化地方公共服务体系的关键

随着国家对服务型政府建设的大力推进，全国各级地方政府都围绕基本公共服务体系构建展开了多样化的创新实践。这些创新实践的共同规律与各自特色是什么，是否具备示范性和推广价值，有哪些经验借鉴与教训启示，迫切需要归纳提炼。

本成果从社会公共需求、政府自身变革需求、区域竞争需求三方面分析了地方推进公共服务体系变革的动力机制，提炼出我国公共服务体系的变革模式共分为 3 大类 9 种。第一大类是政府供给类变革，具体变革模式有：地方政府发动、地方政府供给模式（G-G 模式），社会发动、地方政府供给模式（S-G 模式），市场发动、地方政府供给模式（M-G 模式）；第二大类是社会供给类变革，具体变革模式有：地方政府发动、社会供给模式（G-S 模式），社会发动、社会供给模式（S-S 模式），市场发动、社会供给模式（M-S 模式）；第三大类是市场供给类变革，具体变革模式有：地方政府发动、市场供给模式（G-M 模式），社会发动、市场供给模式（S-M 模式），市场发动、市场供给模式（M-M 模式）。通过对这些模式的结构化分析发现，尽管目前我国地方公共服务体系的变革存在着多种模式，但政府、社会和市场始终是公共服务供给的三大主体，市场化、民营化与社会化必然是地方公共服务体系变革的总体趋势。并且，任何单一主体发起的公共服务体系变革都不能有效实现公共服务的绩效目标，也无法包容地方公共服务体系变革的多样性和持续性。因此，地方公共服务体系变革同样需要实现地方政府自觉主导供给、社会自主供给和市场自发供给三种模式相结合，构建一种协同联动型的公共服务体系。

4. 开展质量监测与评估是促进公共服务体系公平可持续的核心

对基本公共服务体系进行质量监测与评估，不仅有利于提升基本公共服务的供给效率，更有利于保障城乡居民平等享受基本公共服务，促进基本公共服务的均等化和社会公平，使发展的成果更多更公平地惠及全体人民。《国家基本公共服务体系“十二五”规划》要求：国家发改委要以全国基本公共服务水平综合评价为重要手段，制定评价指标体系和评价方案，牵头组织开展中期评估和终期评估，并向国务院提交评估报告，以适当方式向社会公布；各级政府部门要开展本行业和本地区的基本公共服务水平监测评价；鼓励多方参与评估，积极引入第三方评估。

本成果以省级政府为研究对象，探讨地方基本公共服务体系的质量标准与绩效评估。一方面，通过对传统政府绩效评估的合理反思，研究基本公共服务质量评估的价值取向、理论基础、指标体系、基本程序及一般方法，构建集主观评价与客观评价、发展性与保障性、过程控制与结果导向为一体的基本公共服务质量评估分析框架，解决公共服务绩效评估理论研究与实践探索中的诸多困境。另一方面，参考国家“十二五”规划的基本目标，综合公众满意度的主观评价模式和统计数据的客观评价模式，提出了公共服务质量标准，然后根据修正和适用性验证得出了省级公共服务绩效评估体系，并通过对区域和省域的公共服务进行评估，得出了省级政府基本公共服务质量水平。同时对公共服务质量和绩效水平提高提出了相应的对策建议。

研究发现：一是目前我国省级政府基本公共服务体系的质量水平处于巩固基础、稳步提升的阶段。2011 年的平均目标完成率为 72.71%，其中东部均值（76.81%）大于全国 31 省域均值（72.71%），西部、中部均值均低于全国均值。二是省级政府基本公共服务体系的构建呈现从生存性需求满足到发展性需求满足、从重点突破到系统推进的过渡。其中“劳动就业服务”“基本公共教育”等服务领域的水平和质量最高，“生态环境服务”“残疾人基本公共服务”“基本社会服务”“公共文化体育”和“基本住房保障”等服务领域的水平和质量最低。三是地方经济发展和人均公共服务投入仍然是提高基本公共服务体系质量的必要因素。基本公共服务体系质量与地方经济发展和人均公共服务投入之间存在显著正相关。但值得一提的是，与公共服务支出占地区一般预算支出的比重却是负相关。可以假设，经济发展落后省域，虽然服务支出所占比重大，但由于绝对数小，因而服务质量差。这也从某种程度上说明基本公共服务的投入更需要由中央政府加大比重，统筹安排。四是省级政府基本公共服务体系的主观满意度普遍不高，但质量评价的主客观匹配度较高。问卷调查显示，省级政府基本公共服务体系的公民满意度维持在中等水平，民众普遍就基本公共服务满意度做出“一般”评价，基本没有高满意度的评价，特别是生态环境建设、基本住房保障的满意度最低，共计 6 个分项指标中的满意度测评全部低于 3 分。

5. 谋划发展战略是提升地方公共服务能力的保障

服务型政府的基本任务，就是以发展社会事业和解决民生问题为核心，逐步形成惠及全民的基本公共服务体系，以破解“城乡之间、区域之间公共服务供给失衡”“公共需求增长和公共供给不足”的双重困局，也是调控社会群体之间收入差距、促进社会公平正义、保障社会安定有序的有效制度性手段和机制。在公共服务供给体制中，中央与地方政府应根据事权划分承担不同的责任，发挥各自的功能与作用。中央政府侧重于公共服务的规划决策、供给指导、制度保障与监督，原则上以城乡和区域基本公共服务均等化为重点，发挥中央的资源再分配功能；各级地方政府更侧重于公共服务供给的执行，主要根据辖区内城乡居民的公共需求，构建相应的公共服务体系，明确本地区基本公共服务范围与标准、资源配置、供给机制与方式，并保障公共服务的质量与供给效率。由此可以看出，完善地方公共服务体系，既是提升地方公共服务供给的能力与质量的关键环节，也是强化地方政府公共服务职能、建设服务型政府的核心问题。

《国家基本公共服务体系“十二五”规划》对完善我国基本公共服务体系进行了顶层设计，故完善地方公共服务体系既要依据基本公共服务体系的国家标准，又要结合地方经济社会发展状况与公共需求体现地方特色，从战略定位、基本原则、战略框架等方面提出进一步完善我国地方公共服务体系的战略思路。本成果提出了“保基本、强基层、提能力、促统筹”的地方公共服务体系战略定位，坚持把“民生优先、富民惠民；区域协调、城乡统筹；民生政府、民生财政；创新机制，多元协同”作为完善地方公共服务体系的基本原则，提出了以公共服务更多更公平地惠及全体人民为目标，以健全地方公共服务的范围和标准体系，创新基本公共服务供给机制、财政保障机制、绩效评估机制为核心，以改革公共服务体制、创新公共服务运行机制、提升基本公共服务质量、促进基本公共服务均等化为支柱，以服务型政府建设为基础的地方公共服务体系战略框架。在此基础上，本成果从推进地方政府公共服务体制改革、构建多元主体协同的公共服务供给机制、健全地方公共服务的资源保障机制、不断提升地方公共服务质量四个方面提出实现地方公共服务体系创新的具体策略与对策建议。

三、成果的学术创新、应用价值以及社会影响和效益

1. 学术创新和应用价值

本成果致力于解析服务型政府与完善地方公共服务体系的内在逻辑，拓展服务型政府的价值内涵，丰富服务型政府的基础理论体系，把握我国公共服务体系的政策变迁与公共需求，提炼我国地方政府完善基本公共服务体系的实践模式，监测我国公共服务供给的质量与绩效，谋划新时期完善地方公共服务体系的战略策略。其主要学术创新和应用价值包括：

（1）强调价值理性视角探寻理论创新。

本成果将完善地方公共服务体系作为新时期服务型政府建设的着力点，与当前国家把“保障和改善民生”作为经济社会发展出发点和归着点的主旋律相适应，从而弥补了以往研究过度强调服务型政府建设“绩效导向”的偏差，将人民的生活（民生）、社会的公平（民权）和群众的满意（民心）作为新时期服务型政府建设的关键环节，不仅回答了“怎样发展”的问题，同时回答了“为谁发展”的问题，不仅强调公共服务体系的规模和速度，而且重视公共服务的公平与质量，保障了公共服务体系“质”与“量”的协调，实现了工具理性与价值理性的有机衔接。

（2）聚焦国家急需的现实难题开展对策研究。

本成果按照“问题导向—国家急需”的标准，在翔实梳理研究现状和发展趋势的基础上，分析国家关于服务型政府与社会治理的一系列政策法规，发现将完善地方公共服务体系作为服务型政府建设的着力点，不仅是国家加快政府职能转变、推进国家治理体系和治理能力现代化的重点问题，也是当下地方政府实践中迫切需要解决的现实难点。其中，准确把握我国公共服务体系的政策变迁与公共需求，是完善地方公共服务体系的前提；提炼我国地方政府完善基本公共服务体系的实践模式，是优化地方公共服务体系的关

键；监测我国公共服务供给的质量与绩效，是实现公共服务体系公平可持续的核心；谋划新时期完善地方公共服务体系的战略策略，是提升地方公共服务能力的保障。本成果聚焦服务型政府与完善地方公共服务体系，提出了新时期服务型政府建设的核心是理念重塑、目标重构、职能转变、流程再造，并且形成以满足公共服务需求为出发点，以创新公共服务供给机制为关键点，以完善基本公共服务体系为着力点，以保障和改善民生、促进社会公平为归着点的服务型政府建设战略，避免了理论研究滞后于现实需求的缺陷，不仅保障了学术研究的前瞻性，也能及时回应国家加快行政管理体制改革、建设服务型政府的战略需求。

（3）重视公共服务体系的质量监测与评估。

地方公共服务体系的质量是影响城乡基本公共服务公平性的重要因素，对地方公共服务体系的质量监测可以确保地方公共服务体系的可持续发展。本成果以全面质量管理的理论与方法为主要建模和分析框架，从梳理和挖掘地方公共服务体系的理论基础、价值取向和现实需求入手，把地方公共服务体系的质量监测体系分为质量标准体系、质量控制体系、质量评估体系和质量改进体系四个关键链条，主要围绕四个关键环节开展专题研究，并通过实践案例验证该质量监测体系的科学性与可行性，进而提出完善我国地方公共服务体系的质量监测体系的对策建议，以破解地方公共服务体系的质量困境，推进地方公共服务体系的标准化建设。

2. 社会影响和效益

（1）形成了一系列政策研究报告，得到了国家领导人的批示和省、市政府的采纳，对公共政策制定产生了积极影响。

该成果是课题负责人和研究团队在长期参与地方服务型政府建设的方案设计与追踪研究中，逐步修正、完善汇聚而成的，前后历时十年。在得到国家社科基金重点项目资助后，研究团队更加重视用理论指导实践，用实践验证理论，推动研究的体系化和规范化，逐步形成了本成果。

在完成该成果过程中，课题组提交的《成都市规范化服务型政府试点工作方案》和《关于全面推进成都市规范化服务型政府建设的几点建议》得到市委、市政府认同采纳，并制发了《中共成都市委、成都市人民政府关于全面推进规范化服务型政府建设的意见》。国务院研究室编写了《成都市努力建设规范化服务型政府》的送阅件，报送中央政治局和国务院。提交的《完善公共服务，保障改善民生——关于四川省“十二五”期间政府转型的几点建议》得到时任省委领导的肯定。针对汶川灾后公共服务重建的专题报告《四川地震灾区受灾群众需求调查与潜在社会风险分析》，先后经新华社内参和中央党校《思想理论内参》第30期和31期，报送中共中央政治局，得到了总理批示。中央电视台《新闻调查》栏目也以《建设服务型政府》为专题，报道成都市的规范化服务型政府建设，作为全国推进服务型政府建设的典型。《人民日报》《中国法制报》《经济日报》《中国青年报》及香港《文汇报》等著名媒体也做过专题报道，产生了广泛的社会影响。

（2）部分阶段性研究成果发表后，被国内重要期刊、网站广泛转载，显示了课题研究成果的学术影响力。

成果负责人和团队成员先后在《政治学研究》《中国行政管理》等国内重要期刊发表直接相关论文35篇，其中5篇被《新华文摘》转载，部分论文被中国人民大学复印报刊资料《公共行政》及《中国社会科学文摘》等转载，部分论文被人民网、新华网等转载。其中《构建服务型政府进程中的公民参与》被《新华文摘》2007年第21期和中国人民大学复印报刊资料《公共行政》2007年第11期全文转载，被引频次达到100次；《政府流程再造的基础理论与现实意义》被《新华文摘》2006年第15期转载，被引频次达到165次。

（3）部分阶段性研究成果获奖。

《地方政府流程再造的理论与实践》获四川省第十三次哲学社会科学优秀成果二等奖；《关于全面推进成都市规范化服务型政府建设的几点建议》获四川省第十二次哲学社会科学优秀科研三等奖。《四川地震灾区公共需求调查与社会风险分析》获教育部第六届高等学校科学研究优秀成果三等奖。

《基层民主发展的途径与机制：权利保障与社区建设》概要

徐　勇*

作为社会主义民主的基础性工程，中国基层民主的诞生和发展，得益于改革开放的时代背景，得益于党和国家的大力支持，得益于基层群众的伟大创造，也得益于基层民主研究的不断深化。从某种意义上讲，正是基层民主的伟大实践推动了有关基层民主研究的学术热潮，使基层民主一时间成为世人关注的公共话题，并成为当时的“显学”。然而，进入21世纪，基层民主在实践中面临发展的瓶颈和现实的困难，一时难以突破，与之相对应的是基层民主研究遇冷，关注度明显下降。在这样的背景下，重新拾起基层民主研究是因为基层民主仍然在实践中为自己开辟新的发展道路，各地涌现出一大批基层民主的创新案例和成功经验，逐渐上升为党和国家的政策，一点一滴地改变着基层民主的内外环境。同时，经过前一阶段的热议后，回顾基层民主，有助于更加客观和全面地整理基层民主的发展途径、内在机理和未来发展，真正做到冷思考，从而用扎实的理论引导实践的发展，推动基层民主向前更进一步。

一

基层民主是人民群众在基层政治、经济、文化和社会生活领域直接行使民主权利，参与管理公共事务和公益事业的制度和实践。改革开放以来，在

* 徐勇，华中师范大学教授，博士生导师。

中国特色社会主义民主政治发展中，基层民主发展是一大亮点，也是一个重点，基层群众自治制度成为中国特色社会主义政治制度的四项重要内容之一。十七大报告强调坚定不移地发展社会主义民主政治，认为“人民民主是社会主义的生命”“社会主义愈发展，民主也愈发展”，要将基层民主“作为发展社会主义民主政治的基础性工程重点推进”。十八大报告指出，“在城乡社区治理、基层公共事务和公益事业中实行群众自我管理、自我服务、自我教育、自我监督，是人民依法直接行使民主权利的重要方式”，进一步扩展了基层民主的深刻内涵。在深化改革的背景下，十八届三中全会提出，“发展基层民主。畅通民主渠道，健全基层选举、议事、公开、述职和问责等机制。开展形式多样的基层民主协商，推进基层协商制度化”，并在具体的制度建设方面做出了一系列重大部署，比如：提高基层人大代表比例，完善人大代表联系群众制度；推进协商民主广泛、多层、制度化发展；发挥基层各类社会组织协同作用；推进党务公开、政务公开等，进一步丰富了基层民主的制度保障。近期，习近平总书记在全国人大成立六十周年纪念大会上明确提出，“我们要坚持国家一切权力属于人民，既保证人民依法实行民主选举，也保证人民依法实行民主决策、民主管理、民主监督，切实防止出现选举时漫天许诺、选举后无人过问的现象”，“我们要坚持和完善基层群众自治制度，发展基层民主，保障人民依法直接行使民主权利，切实防止出现人民形式上有权、实际上无权的现象”，进一步明晰了基层民主的发展方向。由此，基层民主进入新的发展阶段，将更加重视基层民主发展的机制建设，更加重视基层民众的权利保障。

进入新世纪以来，基层民主在发展和完善的过程中确实出现了“成长烦恼”和“发展困境”，未在短时间内实现人们原有附加给它的过多价值和意义，不仅质疑声音重起，而且不少学者也认为基层民主作为一项制度已经确立，已没有更多的问题需要研究。然而，不论是质疑论者还是终结论者都不能忽视这样一个事实：随着基层民主进入人们的日常生活，它已经逐步内化为基层群众不可剥夺和不可转让的民主权利。尽管基层民众可能不会参加具体的选举、决策、管理和监督活动，但是基层民主作为一项权利，则是其他力量不可剥夺的。在农村村委会选举中，一些村民不会在意自己最终是否参加选举，但是在意自己是否具有选民资格，这是村民对于自身权利的积极主张。当然，在中国这样一个缺乏民主传统的国家，基层民主的发展并不是制度的确立就意味着民主的实现。对于基层民众来说，基层民主不同于传统的基层政治系统，当其嵌入到基层社会时，必然会出现各种新的问题，这是基层民主发展中不可避免的现象，我们必须对基层民主发展的长期性有足够的认识。正如彭真所言，“办好村委会，实行村民自治，是一个长期的、艰巨的工作，不要把它看得那么容易，绝不是做一个决定，国家发一个号令，就能短期都搞好的”，这一论断对于整个基层民主同样适用。在新的政策背景和发展阶段，如何梳理基层民主发展的路径和趋向，如何推进基层民主的发展与完善，如何避免基层民主的“成长烦恼”和“发展困境”，这些都是基层民主研究的题中之义。因此，对基层民主的反思性研究才刚刚开始，还有大量的课题需要深入研究。

二

过往的基层民主研究更多是合理性的论证，以此来证明基层民主的价值与意义，所以多数研究成果集中于制度和政策层面，而对基层民主的制度文本如何进入基层社会、如何进入日常生活，则语焉不详。此外，以前对基层民主的研究关注较多的是组织的重建，比如村民委员会、居民委员会或者职工代表大会等，而对作为基层民主主体的民众却有所忽视。本研究在现有研究的基础上，尝试从基层民主主体的权利保障和基层社会的社区重建两个方面出发，系统整理基层民主发展的历史路径、内在机制、现实困境和未来的发展趋向，理论联系现实，着重对新的历史条件下基层民主的发展做一些探索性的研究。

在研究成果的前半部分，对基层民主发展进行了历史制度主义的整理，特别是在国家建构的视角下从自然权利和公民权利出发，回顾了中国基层民主发展的历史渊源，着重论述建国后基层民主发展的制度演进与实践探索，并以权利为中心对基层民主中农村村民自治、城市社区自治、县乡人大选举、企事业单位民主管理和城乡基层公共管理中的公共参与等面临的问题进行了重点分析，也对如何完善基层民主的权利保障体系提出了相应的意见与建议。在研究成果的后半部分，则聚焦于基层民主发展的社会基础，基层民主是社会系统的有机组成部分，一个社会的发育程度有可能决定着基层民主发展的社会空间。为此，本研究细致地分析了民主社会培育与基层民主的相关性、民主社会与基层民主的互动过程，以及在民主社会发育与基层民主发展失衡的情况下，社会转型带来的基层民主问题及如何在民主社会培育中促进基层民主发展。

具体来看，本研究从民主国家构建和民主社会培育两个维度来展开论述。第一，在民主国家建构维度下基层民主发展最先表现为法律制度所确定的权利，即权利授予。接着是基层民众对于权利授予阶段的法定权利的主张，既有制度性的权利主张，又有外溢于正式制度的权利主张，是对权利授予的积极或消极回应。为了达到权利授予和权利主张的良性互动，国家在权利授予的同时也为权利实现提供了多方保障，比如稳步推进的基层民主立法建设，持续的基层民主制度建设，日益强化的基层民主组织建设等。但是基层民众在主张权利时始终存在着权利受损的可能性，为此，权利救济是权利实现的最后保障，也是基层民主发展的重要内容。第二，在民主社会培育维度下基层民主发展有赖于社区建设，社区是社会建设的基础，必须在社区公共生活中培育民主社会。基于此，基层民主的发展需要从社区经济利益、经济关系、经济组织和经济分配，社区治理体制、治理关系、治理过程和治理参与，社区价值观念、道德规范、生活习俗和文化活动，以及社区社会结构、社会关系、社会交往和社会互动等方面来培育合适的社会基础，即民主社会的土壤，将权利日益广泛深入地带入人们的日常生活，赋予人们参与管理公共事务的行为正当性和合理性。

三

循着上述两个理论维度，本研究在原有基层民主研究成果的基础上，系统梳理基层民主发展与政治法律之间的制度构建、基层民主发展与经济发展之间的逻辑关联以及基层民主发展与社会文化条件的内在联系等研究路径，认为基层民主带有较强的规划性变迁色彩和国家建构的特点，基层民主的实践经验来自基层群众和基层社会，但是作为一项国家制度形态的基层民主，更多地带有权利授权的特征。在基层社会管理方面实现可控式放权改革，从最开始的经济体制改革，到基层政治体制改革，都体现了国家的授权主体作用。比如：农村村民自治之所以能够迅速展开，与当初国家进行政社分开，建立基层政权的政策有关，与《中华人民共和国村民委员会组织法》的施行有关。与一般的行政授权不同，基层民主所涉及的民主权利得到法律的确认，并逐步形成比较完善的法律体系，以保障基层民众的民主权利。1987年颁布的《中华人民共和国村民委员会组织法（试行）》第一次从法律上规定村民委员会成员由村民选举产生，村民因此获得选举权。1980年我国重新颁布《城市居民委员会组织条例》，除了保留原有的居民建议权以外，很重要的变化就是增加了选举权。1986年和1995年，全国人大常委会就完善县乡人大选举，充分保障广大选民的选举权做了详细规定。随着社会主义市场经济发展和企事业单位改革，工作场所的民主要求日益活跃，国家法律法规对此做出了相应的回应，明确了员工的参与权。改革开放以来，城乡基层政府的公共管理活动日益深入地渗透到民众的实际生活中，民众对参与基层公共管理事务的要求日趋强烈。国家自2000年以来颁布了一系列法规，要求政务公开，赋予广大公民知情权、参与权和监督权。中国基层民主发展是在国家主导之下有计划和有步骤地把民主权利带入生活，这也正是中国基层民主之所以能够低起点、高标准和快速度发展的原因。

权利授予并不代表权利的真正享有，只是代表一种资格。权利的实现离不开权利的主张。在统一的权利授予大背景下，基层民主也在一定程度上日益凸显其自主性，相应地影响着国家对于基层民主的建构，尤其是现代国家从民族国家向民主国家过渡过程中，公民权利成为国家建设的重点，基于公民权利之上的基层民主发展将带有更多的自主性，突出表现为基层群众的权利意识增强、行动能力增强，倾向于更加积极地主张自己的权利，包括知情权、参与权、决策权、监督权等。在权利主张的方式上，基层群众也有多样化的选择。除了制度化的村委会选举、居委会选举、县乡人大选举、工会维权、城乡公共事务听证等方式外，也出现了非制度化的群体性事件、集体行动或者其他方式。从整体的权利主张态势看，制度化的权利主张是主体，已经成为广大基层群众参与公共事务和公益事业的重要途径，并在发展过程中努力探索基层民主的有效实现方式。非制度化的权利主张时常出现在一些焦点事件中，影响基层社会的稳定，不过，也对制度化权利主张形成一定的压力，助推制度创新。可以预见的是，在未来基层社会，伴随“权利时代”的来临，民众的权利主张将越来越多，越来越频繁，越来越具有挑战性。

为了因应基层民众的权利主张，国家在权利授予的同时也逐步为基层民主权利主张提供多种多样的保障。首先是法律保障。作为整个权利保障的核心，在数十年的法律建设中，建立和健全了基层民主的法律保障体系，从基本的法律到具体的条例，从原则性法律到程序性法律，从中央的规定到地方的实施办法，逐步将基层民主纳入到法制化的轨道，增加民主权利的法律效力，也在一定程度上规范了基层群众的权利主张。其次是组织保障。民主权利的实现不能没有一定的组织形式，为此，在基层民主发展中，村委会、居委会、县乡人大、工会、职工代表大会、听证会等均是权利实现的有效载体。实际上，组织建设一直以来都是基层民主建设的重点之一，以至于出现将基层民主与组织建设画等号的情况，所以组织建设走在了整个权利保障的前面。随之而来的问题是众多组织建立后，却出现组织悬空和空转的现象，显然，组织建设还需要配套机制。最后，在法律与组织建设的基础上，制度和机制建设是权利保障的重要内容。在基层民众的实践中，产生了许多行之有效的制度和机制设计，民主选举、民主管理、民主决策和民主监督等环节不一而足，比如村务公开制度、民主评议制度、民主恳谈会制度等。这些机制性的设计让法律得以落地，让组织得以运转，正成为权利保障体系的新增长点。

在多方的保障体系下，基层民众的权利得到了有效的保障，可是权利侵害并不能完全避免，与之相对的权利救济就显得格外重要。中国基层民主发展的过程也是权利救济完善的过程，权利救济逐步从私力救济向公力救济转变，从个人救济向组织救济转变，形成以立法救济、司法救济、行政救济为主要内容的公力救济体系，同时发挥社会救济和私力救济的作用。权利救济是维护基层群众民主权利的最后一道防线，也是当前最为薄弱的一个环节。一是有权利无救济，救济体系不完善；二是私力救济和个人救济居多，救济方式比较单一；三是对于特定群体，尤其是城乡底层的弱势群体，由于经济文化水平的限制，或自身的社会弱势地位，群众的权利被侵害后得不到有力的保护，缺乏权利救济的途径。由此可见，基层民主发展所带来的权利下乡，既需要国家引导下的权利授予，也需要对基层民众权利救济的跟进。

伴随基层民主的发展，民主权利逐步深入基层社会，权利授予、权利主张、权利保障和权利救济等构成权利实现的要素，民主权利成为基层民主发展的强劲内核。民主权利如何从应然走向实然，则是基层民主发展的另一个重要的任务。对于非均衡的现代国家建设来说，基层民主发展是在民主国家建设与民主社会建设的总体格局下展开的，既有别于传统从制度来考虑基层民主发展，又有别于单纯从人来研究基层民主，而是将制度和人的因素放在现代国家与现代社会的生长与发育之中。只有在现代国家的制度框架下，国家才能将保证人民的民主权利作为自己的使命，与此同时，现代国家的建构始终离不开人所生产、生活和交往的社会，所以现代国家背景下培育自由、平等、公正、法治、宽容、参与的民主社会，这是基层民主发展的社会基础。在基层民主的新阶段，通过社会基础的重建将为基层民主创造新的历史条件和时代契机。

在培育民主社会中发展基层民主，则需要从社会的细胞即社区入手。社区是一个生活共同体，在社区中人们相熟相知，有共同的认同感和归属感等，有利于开展公共事务和公益事业。社区是一个利益共同体，社区居民彼此间存在着多种多样的利益关系，在个人利益之外，有着广泛的共同利益，为人们的参与提供内在的动力。社区是一个文化共同体，社区居民有着相似的文化背景，并在社区生活中实现文化的再生产，有助于形成共同的公共文化等。社区是一个交往共同体，社区居民持续的社会交往、频繁的社会活动，可以培养信任、互助、宽容等社会资本，营造富有生机活力的社会氛围。从这些特点出发，社区所具备的优势让其成为民主社会培育的基础。显然，在现实中，社区并未如设想的那样，与理想中的社区仍然有一定的差距，这就需要开展社区建设，在国家的支持和引导下，通过有计划、有步骤地重建城乡社区，为基层民主中民主权利的实现创造有利的经济、政治、文化和社会条件，让基层民主逐步落地生根，并内化为民众的一种自觉行动和生活方式，最终将权利带入生活。

在社区经济生活方面，由于利益关系的复杂化，存在不同的利益形式，比如集体利益、社区利益、家庭利益、个人利益等。利益之间的张力必然带来利益冲突增加，而要维护社区作为共同体的基础，必须积极推动基层民主作为一种利益协调机制的创新实践，在寻求利益冲突解决、利益合作发展的过程中，让基层民主机制的建立和健全成为基层民众的一种需求，并为民众提供一个进行利益融合、利益博弈、利益妥协、利益合作的平台，让社区群众在经济生活中能够逐步学会民主规则、养成民主习惯，在基层民主制度框架下解决基层利益矛盾问题，更好地维护和发展他们自身的利益。

在社区政治生活方面，村委会选举、居委会选举等是社区政治生活的常规性活动，大量的参与活动是生活化的，社区生活即政治，基层民众时常面临着共同的生活难题，需要议事、决策和监督等，在日常生活中不断操练着政治生活的规则与程序。无论是制度构建和实施，还是民主素质的锻炼和提高，都必须在完善和丰富社区政治生活的基础上来建构健康、理性和公正的民主制度操作平台。因此，应通过理顺治理关系，创新治理体制和完善治理程序，实现公民理性参与，发展健康有序的社区政治生活，推进基层民主发展。

在社区文化生活方面，民主不单是一种制度，还是一种文化，它的发展需要特定文化的支撑，包括自由、平等、信任、宽容、参与、尊重等文化元素，这些文化比一般的制度更具有潜移默化的意义。与大文化不同，基层民主可以在社区范围形成小文化，在日常的生活中培育民主精神和民主文化。当前，我国正处于社会主义现代化建设的转型期和关键期，文化生活的变迁中产生了许多有利于基层民主发展的条件，基层民众注重文化生活，投入更多的时间和精力，组建形式多样的文化娱乐团体，开展丰富多彩的文化活动，在文化生活中信任感、参与意识等逐渐增强，这些都构成基层民主发展所需的文化生活要素。

在社区社会生活方面，我国基层民主从本质来说强调的是民主社会发育，是一种生活民主。无论是以权利保障体系建设来推动民主权利下乡，还是以社区建设为基层民主发展创造条件，最终的落脚点与核心还是基层民主回归到日常社会生活中来，将民主内化和嵌入到社会生活中去。民主的成长不仅仅需要国家的制度建构，而且需要公共生活的建构，公共生活是现代民主成长的基础。近年来，社区社会组织发展迅速，涉及外来人口管理、子女教育、老人照顾、家庭救助等众多方面。社会组织的出现不仅回应了基层民众的多样化的社会需要，而且拓宽了居民参与的渠道。对于基层民主而言，社会组织的兴起意味着社区公共生活的生长，实现公共性的再生产，夯实民主的社会根基。

四

基层民主发展的途径是民主国家构建之下的权利实现过程，这是研究视角的一次转换。基层民主的发展既包括国家为主导的权利授予，又包括民众为主体的权利主张，还有与之相配套的权利保障和权利救济等。与制度层面的研究相比，权利视角将研究的重心从单纯的制度转移到制度与人之间的协同，并将基层民主放置于整个国家建构的大背景下，将基层政治与国家政治联系起来，赋予基层民主大历史的情怀。由此出发，把基层民主发展的整个进程纳入以权利为中心的叙述结构，明确国家在基层民主中的权利授予角色，分析基层民众权利主张的特点，着重关注权利保障和权利救济的现状，为进一步发展和完善基层民主指明了道路。虽然道路已明，但是应然的权利如何变为实然的权利，除了权利本身以外，还需要从社会着手，于是，与民主国家相对的民主社会便成为权利实现的社会基础，从而将基层民主研究回归到社会层面，即民主社会培育之下的社区重建。在社区经济、政治、文化和社会生活中培育民主社会的元素，对于权利实现带有根本性的意义，最终围绕权利的实现，从民主国家到民主社会的演进，基层民主发展的未来图景也日渐清晰。

基层民主是历史的产物，同时也是历史、现状与未来的结合体，这正是本研究在方法上的创新之处——用历史制度主义的方法来探讨基层民主发展。通过对基层民主的制度源头的研究，发掘基层民主发展中的制度变迁过程，以及基层民众在制度变迁中所扮演的角色和发挥的作用。民主不是无根的舶来品，而是植根于中国社会土壤的新绿。此外，在国家与社会关系的范式下，运用现代国家建构理论，将国家与社会关系进一步扩展和具体化，立足于国家与社会之间的良性互动，提出民主国家之于公民权利、民主社会之于社区建设的合理性，有助于更加深刻地认识中国基层民主与中国社会问题，为研究中国本土问题提供新的分析视角和理论工具。具体研究方法上，本研究综合运用政治学、社会学、经济学和人类学等多学科方法，并将文献分析、实地调查、问卷调查、个案剖析、社会实验和计量分析结合，尝试在基层民主研究领域将实证主义研究方法运用得更加精细化与科学化，使个案实证、计量实证和实验实证等多元方法有效组合，从不同的信度和效度来揭示基层民主发展这一宏大主题的微观逻辑。本研究虽然是以纯理论来表述的，但是诸多判断和问题都是在实地调查基础上形成的。本研究的这种方法探索是对基层民主研究的助推，让理论与实践有效互动，发现基层民主更多的内在机制，深入到中国基层民主的内在机理。

不过，基层民主发展尚需深入的研究，特别是步入权利保障和社区建设阶段。因为权利授予、权利主张、权利保障和权利救济还需要进一步厘清，并在此基础上发展更具有概括力的解释框架。社区建设中如何实现宏观民主理论与微观社区实践的结合，建立社区建设与基层民主更具相关性的分析路径也需要进一步思考。另外，在基层民主内部，对农村村民自治、城市社区自治和县乡人大选举的研究相对来说比较丰富和成熟，可是企事业单位民主管理和城乡基层公共管理中的公共参与由于实践的限制还需要更积极的挖掘与提炼，加强基层民主研究的薄弱环节。在研究方法上，除采用社会人类学的田野调查以外，对定量方法的运用仍然是基层民主研究的一大瓶颈，因而，基层民主研究需要加入计量研究方法，在一定意义上追求研究的科学性和可操作性。总之，基层民主发展是一个大的研究主题，也是一个大的时代主题，理论研究的推陈出新需要基层民主实践的持续探索与创新，更需要研究者的不懈坚持。

《法制“镂之金石”传统与明清碑禁体系》概要

李雪梅*

一、研究的目的、意义及所使用的研究方法

在中国古代“物以载文”的法律文化传承中，金石以其耐久性远高于甲骨、简牍、纸张等载体，在数千年中一直为人所重。而传承久远、有案可稽等共性，又使看似无甚关联的金与石，常常被人们相提并论，自宋代以来，又共同成为金石学的研究对象。

将禁令、规范、公文、契约和讼案等“镂之金石”即铭刻于青铜器或石碑上，公布彰显，以备查考，以垂久远，是中国古代法制文明的一个重要传统，即“镂之金石”法律纪事传统。这一传统由“铭金”和“刻石”组成，合称为“金石纪法”。用坚实恒久的材料铭刻法律事项，所追求的当是被刻载之事的严肃、公开、权威、永恒、警示，而这也正是一个稳定的社会秩序和法律秩序的根本。

本成果以丰富的古代金石铭刻为基础史料，采用有别于国家法律或制定法的视角，透过对文字载体从铭金到刻石，亦通过从偶见的禁碑到碑禁体系的发展演变的梳理，通过对铭刻文字法律内涵的不断扩充发展的现象分析，以及对碑石中非正式法的表现方式、生成路径、处罚措施、效力保障，非正式法与正式法并存、互补和转化机制的研究，总结中华民族法律传承中的有

* 李雪梅，中国政法大学教授，硕士生导师。

益成分，阐释中华法制文明的多元构成，旨在为当今基层社会法制建设进而为本土化的法律秩序建设提供借鉴。

二、成果的主要内容和重要观点

1. 主要内容

本成果由导论、上篇、中篇、下篇、结语和附录等部分组成。

导论就研究主旨、全书结构相关成果、研究方法、关键概念等进行阐释，以导引出本成果所关注的焦点和依据丰富金石材料而总结出的主要观点。

在当代研究中，金文和石刻文字分属于不同学科。基于中国传统金石学的深厚积累，本成果既关注金石法律文献的整体性，在法制“镂之金石”的发展传承中探讨“铭金”和“刻石”法律纪事的关联和同异，同时也基于丰富的石刻文献，探讨“刻石”法律纪事的发展规律及明清碑禁制度形成的社会基础，为丰富对中国法制文明的认知，也为传统金石学和石刻学在当代的发展，尽绵薄之力。

上篇“法制‘镂之金石’之传承与发展”由两章内容组成。通过对“铭金”和“刻石”法律纪事发展历程的梳理，意在探寻文字“镂之金石”传统与法律纪事发展演进的关系，展现“刻石”法律纪事中的政府公权（朝廷所赋之权）和民间公权（民间基于公议和认同形成的地方权威）、正式法与非正式法的并行发展和相互影响，阐发相对独立的“刻石”法律纪事和明清碑禁体系发展和形成的深厚根基。

“铭金”是中国秦汉以前法制传承的重要方式，历经西周时的“器以藏礼”、春秋时的“器以布法”、战国时的“物勒工名”、秦汉时的“刻诏行法”等发展阶段；“刻石”法律纪事是在先秦、秦汉“铭金”基础上对“镂之金石”法律传承方式的进一步发展，经历了秦汉“铭功纪法”和“碑以明礼”、唐宋金元“碑以载政”、明清“碑以示禁”等几个重要发展阶段。

“铭金”和“刻石”法律纪事既相对独立又相辅相成。相对独立指青铜和碑石铭刻分别处于大致以秦汉为界的不同时段，两者所处的社会背景不同，所用材质贵重程度及制作成本不一，发展路径也不尽相同。“铭金”是权贵的专利，“刻石”则由权贵向世俗普及，具有官与民、公与私并行发展的趋势。相辅相成表现为两者在战国秦汉时重叠并存，纪事内容有一定相仿；关键是两者展现了法律纪事中的人神共鉴、礼制教化、有案可稽、永垂不朽等共同目标和追求。

对“刻石纪法”发展历程的梳理，是本成果的重点内容。

秦汉开创了中国大一统的帝国时代，“刻石纪法”在帝国政治与法制创立过程中发挥了积极作用。秦刻石融“铭功”与“纪法”为一体；东汉时，在独尊儒术、举孝廉等政治举措的带动和重丧葬等社会风气的影响下，社会中坚通过“树碑立传”彰显儒家礼仪孝道。这种独特的社会教化功能，赋予碑石持久的政治生命力。同样在汉代，世俗性法律纪事在刻石中得到初步发展。务实性的以刻石方式定界记产和申约明禁，满足了社会各个层面的现实需求，也展示了非正式法生存的广阔空间。

唐宋金元时期，君言刻石和公文刻石得到充分发展，“碑以载政”是此阶段“刻石纪法”的主要特色。自秦汉至唐宋明清，君言刻石在碑石群体中一直占有举足轻重的地位，它对国家治理和朝廷施政，具有垂范与指引功能。从唐代官箴碑、诏敕碑到宋明清的御制学规碑、元明的白话圣旨碑，皇权独尊在刻石纪事中的至高无上和事无巨细得以展现。唐宋律有关“长吏立碑”的法律规定，是朝廷对东汉以来“树碑立传”风尚进行法律调控的结果，也是“碑以明礼”功能法制化的过程。同样在这一时期，碑石在国家机器运转和社会治理中逐渐形成了以敕牒、公据、榜示等政务实践为主的“公文碑”体系。这些碑刻的大量存世，与碑石所具有的政务公开和有案可稽等档案属性密不可分。

明清是“刻石纪法”的完备期。此时的法律刻石，既有彰显德礼教化、构建官府布政模式等正统性和规范性的一面，也有由官禁碑、民禁碑所展示的变通性和世俗化的一面。各地大量涌现的“勒石永禁”等官禁碑，基层社会以“奉官示禁”等名义刻立的民禁碑，展示了官民互动、官主民辅、现实救济等地方法律秩序的建构模式。更重要的是，明清由敕禁碑、官禁碑、民禁碑所构成的碑禁体系，展示出禁碑在地方法律创制与实施方面具有的重要实用功能，同时它也使法律碑刻成为有别于墓志、功德碑、题名碑等石刻类别的一种独立存在。

中篇“明清碑禁体系与非正式法”凡六章，从不同角度思考和探讨明清碑刻中的法禁、官禁、民禁、神禁（神授仪式与神罚）等内容及其特色和功效，以及它们之间的相互影响，并进而阐明禁碑及碑禁体系在中国古代法制文明发展传承中的重要作用。

前两章“明清地方禁令与词讼禁碑”和“江南‘禁当行碑’与地方法律秩序构建”，聚焦于明清词讼禁碑和江南“禁当行碑”等相对具体的内容，分析禁令和禁碑的关系，禁碑颁刻缘由、主要内容和功效，初步指明禁碑和碑禁体系在明清地方法律秩序构建中的作用。

接下来的一章“明清碑禁体系及其特征”是对明清碑禁制度形成和特色的全面梳理，系统阐述明清时期由敕禁碑、官禁碑、民禁碑所构成的碑禁体系在地方法律秩序建构中的功用，以及三类禁碑之间的内在关联。其关联性表现在：敕禁碑以对碑石功用的推崇和强化，起到对官禁碑和民禁碑的示范效用；官禁碑通过对皇禁国法的贯彻、落实，通过“勒石永禁”由范例到惯例及重惩严责的法律实践，通过对乡约行规等民禁的审核与认可，使皇禁国法与民禁乡规和谐相处；民禁碑则以明确具体的赏罚奖惩及公开、公平、监督、制衡等民间智慧，通过“神授”仪式和对政府权威的模仿，表现出对规则、秩序、公权的追逐。对明清碑禁体系及其特征的阐释，是认识古代中国“刻石纪法”传统的关键，也是深入认识中国传统法律文化在地方社会实际存在形态的关键。

探讨非正式的生成途径、运作机制和效力来源的内容，集中在“清代工商会馆碑刻与非正式法”和“信仰·仪式·权威：非正式法的生成路径”两章。前者透过数百通工商业会馆碑刻，总结了清代城市社会中“非正式法”的形成与运作机制，以及工商行业和社会、工商组织和业者个体、非正式法和正式法之间相互依存、冲突、妥协的动态演进规律。后者依据数量庞大的民间石刻文献和载于碑石上的乡规民禁，指明地方活跃人物以公议或公众认可的方式形成民间权威并议定规则，是民规民禁等非正式法产生的前提。由于公议规则缺乏国家制度保障，故主要采取借助神明的力量和争取官府支持的方式提升其效力。非正式法能得以长期存在，还在于它与正式法有相通互补之处，礼制与神罚等神道设教的内容是重要媒介。非正式法在与正式法的长期并存发展中，形成了一套相对独立的表达和运作体制，本篇最后一章“非正式法中的‘罪’与‘罚’”即着重探讨此问题。通过地方权威对“不孝”“窃盗”“亵渎神明”等罪名的世俗化解释，通过对非正式法的独立性罚则及其寓惩于教等特征的分析，意在表明，罪与罚不仅是国家律典中的规范性条文，也是村规乡禁中的世俗约定。非正式法中的罚则也有鲜明特色，主要表现为对阴司冥罚传统的认同，强调罚戏敬神以寓惩于教，以及较明显的重惩重罚倾向。借着罚则的实施，民间公权的威望和公信力逐步确立，同时也给人们造成了“以罚代管”的思维定式。

下篇“‘金石纪法’与中国传统法制”是总结篇，通过“中国法制‘镂之金石’传统及特质”“法律碑刻：一种独立的存在”“‘刻石纪法’：两种法制表达和实践系统”三章，总结法制“镂之金石”传统的规律性内容，并对本成果的主要观点进行归纳、提炼，指明古代中国法律铭刻具有深厚的传统和广泛的适用性，法制“镂之金石”传统是中华法制文明的有机组成。

2. 重要观点

法制“镂之金石”传统在中华法制文明发展传承中的重要性，可通过以下观点得到展现：

（1）中国法制“镂之金石”传统的核心是彰显“礼制”和布行“公政”。从西周青铜铭刻的“器以藏礼”，到东汉刻石初兴时的“碑以明礼”，表面上是“刻石”对“铭金”内容的复制，却深刻揭示了礼制文化在周代（西周和东周）、两汉及唐宋以后国家政治生活中的重要性。西周的“器以藏礼”蕴含着等级规范、尊祖敬宗及德治教化，这是后来儒家所极力推崇的；东汉碑石勃兴，是独尊儒术、举孝廉等政治举措的结果，“树碑立传”成为迎合朝廷释孝明礼的重要手段。唐宋律有关“长吏立碑”的法律规定是对“碑以明礼”功能的法制化，也是“碑以载政”的重要表现。明清碑文中大量存在的“神道设教”内容，是传统礼制深入民间的见证，也是非正式法据以在正式法占主导地位的环境中存续发展的策略。

“公政”的含义具有时段性和组合性。在“铭金纪法”阶段，“公政”是公器和政令的组合；在“刻石纪法”阶段，“公政”是公权和政事的组合。

“公器”指具有规范社会作用的公用器，法令和度量衡器均属之。战国秦汉流行的在标准度量衡器上铭刻法令诏书的做法，尤能反映公器在国家治理和建立新的社会秩序中的作用。“刻石”取代“铭金”后，由于碑石本身不具有公器的属性，只是基于公权（包括政府公权和民间公权）和政治（包括国家政治、地方政治和基层政治）的施加，碑石载体才具有法律意义，故立碑程序和仪式，对“刻石纪法”特色的彰显至为重要。

（2）“刻石纪法”是一种独立的法律纪事体系或法律铭传形式，与之伴生的是，法律碑刻逐渐成为一种独立的石刻类别。法制“镂之金石”传统尤其是其中的“刻石”法律纪事，是一种有别于简牍、纸本文献的相对独立的法律纪事传统。这一传统更具有庄严、永恒、公开、权威、警示等特性。

长久存留、不易灭失是碑石的基本属性。法律碑刻在此基础上形成的触目儆心、创制惯例、有案可稽等独特功能，带有标志性的额题、碑文格式，彰显权威性和传播性的立碑地点，以及其内容中所特有的对公权、公益、秩序的重视和追求，均强化了法律碑刻的独立属性，使法律碑刻能与传统碑石中的大类——墓志、功德碑、题名碑等并列而存。当然法律碑刻的独立性并非一蹴而就。经过初创期的“碑以明礼”、发展期的“碑以载政”及完备期的“碑以申禁”，法律碑刻的独立化历程才基本完成。而明清碑禁体系的形成，是法律碑刻取得实质性独立的关键。

（3）古代“刻石纪法”存在官方与民间两种法制表达和实践系统。法律的表达和实践是近年来中国古代法律研究中的一个热点。丰富的石刻法律文献，可以为我们检讨这一学术热点提供新的视角。

在法制“镂之金石”传统中，相对而言，“铭金”法律纪事的正统性、公权性更明显，法律的表达与实践以单线条发展为主；“刻石”法律纪事自秦汉初创以来，形成两个相对独立的发展路径，即政府公权和民间公权两种运作系统，其大致与正式法和非正式法（与制定法和非制定法的含义相同）的生成相对应。这两个系统时而独立并行，时而交互影响。无疑，具有国家强制力保障的制定法系统始终占据主导地位，社会影响力更强大，但后者的客观存在与实际功效也不容忽视。另外，民间公权对政府公权的依附和借力，也显而易见。

与黄宗智研究清代民法表达与实践相背离情况较突出不同的是，在“刻石纪法”尤其从明清碑禁体系的两大分支——代表政府公权的官禁碑和体现民间公权的民禁碑各自的层面看，其表达与实践契合度较高。大体而言，它们既重视禁令规约的制定和公示，也措意于告示禁约的效力与实施。但如果打破各自的系统做交叉性验证，以官方的表达对应非官方的实践，或以民间公权的表达对应政府公权的实践，其背离性较为明显。这提醒我们，在关注制定法和非制定法并存的同时，也要关注这两种法制产生的不同权力基础——政府公权与民间公权的运作方式，以及这两种法制的实施与效果、相互间的影响乃至默契。

在古代碑文中，政府公权的法制表达与实践，具有皇权至上、法律制度健全、行政管理系统化及自上而下的执行路径等特色。总体而言，在这一体系的法制表达与实践中，君言皇权刻石始终占主导地位；与实施行政管理有关的公文刻石在唐宋金元时期较为发达，具有创制性内涵的禁令刻石在明清时期制度化。唐宋以公文刻石传达政令、宣示政务处理结果，明清地方官推行刻石布政，反映了公文刻石流行的广度和运作的深度。中央和地方并存的政府公权"刻石纪法"，决定了中国古代官方的"刻石"法律纪事具有鲜明的行政管理特色，而定罪判刑等刑事法律内容微乎其微。

民间公权的"刻石纪法"是中国法制"镂之金石"传统中富有活力和生机的部分。民间权威主要以公议规则的方式表达其存在。其法制表达与实践，具有自下而上的形成途径；注重仪式、效力和罚则，强调公平、监督、制约等制度设计，也是民间公权"刻石纪法"的鲜明特色。

（4）"刻石纪法"展现了非正式法的原生路径和次生路径。非正式法存在的关键是权威和服众问题。非正式法产生的前提是地方活跃人物以公议或公众认可的方式形成民间权威并议定规则。由于公议规则缺乏国家制度保障，故主要采取两种方式提升其效力：一是强调"神授"，即借助神明的力量，通过酬神议事、演戏立碑等敬神仪式，展示民间权威及其所立规则的合理和神圣。这主要适用于相对稳定、共同认知性强的社会环境，属于非正式法的原生路径。二是争取官府的支持，以报官备案、府县核准、奉宪示禁等方式为授权依据。在民众心目中，州县官是父母官，得到他们的认可，民间公议的自治性规范便有了坚强的后盾，也就披上了"合法化"的外衣。所以得到官府的批示行文，或借助官府权力立碑示禁，成为民间权威努力争取的一个目标，而这也是将民间自治规范与官规禁令接轨的必由之途。这主要适用于社会关系复杂、人员流动性大的社会环境，属于非正式法的次生路径。

（5）碑禁制度展示了非正式法的罚则体系及"以罚代管"的社会基础。在明清碑禁体系中，民禁碑的内容几可与非正式法画等号。非正式法中的

“罪”与“罚”与正式法中的规定有明显不同。地方权威对“不孝”“窃盗”“亵渎神明”等罪名的“设定”及相应的处罚，多与地方实情和人们的切身利益相关。是故，罪与罚不仅仅是国家律典中的规范性条文。基于民间公权产生的非正式法，创设了一套与国法有别的惩罚方式，此亦是其特立独行的标志。这一罚则体系的要点有三：一是强调公开公平。公开指处罚行为和标准事先公布，对违禁犯约者，集众按规则议罚。由于禁约罚则是在公议和相互认同的基础上形成的，基于这种自发性，人们共同遵守、相互监督。而对违禁者施以处罚，代表的是民间社会共同认可的公权和公正，故可以做到罚则面前人人平等。二是实行复合处罚，在常见的罚钱、罚物、罚酒席、罚戏、体罚、诅咒、驱逐等惩罚措施中，一般是两种或几种兼用，其中罚钱兼罚物较为常用，体现出重惩重罚倾向。三是强调寓惩教于罚，主要采用罚戏、刊碑示众、罚碑立誓等方式。这些基层社会所“喜闻乐见”的处罚方式，由于出自乡邻或同行的公议，且事先勒碑公示甚至演戏告之，并强调一视同仁，故较之国法官禁，更具有群众基础，实施效果也更为明显。

当然，非正式法中的独立罚则、细致具体的惩处规定和重惩重罚倾向，也显示了民间公权的行使主要是通过惩罚违禁者的方式实现的。这是一种简单、有效的社会管理方式，同时也符合民间公权的权力构成和特性。我们在众多碑文及文献中看到会馆、香会、村社等公产、公款来源中，罚款占有一定比重；诸多处罚纪事碑，也明确记载了罚则的实施情况。借着罚则的实施，民间公权的威望和公信力逐步确立，但也逐渐培养了基层社会群体中的“以罚代管”的思维定式。

（6）“刻石纪法”体现了非正式法与正式法的互补性。非正式法能够长期存在，在于政府公权和民间公权的关注点不同。国家法律一般规定危及统治安全和社会稳定的严重犯罪行为，民间规范则更关注局部的社会生活秩序。

非正式法能够与正式法互补，礼制和信仰是重要基础。政府公权和民间公权对儒家礼制教化等正统思想有共同追求。中国古代传统教育所熏陶培养的是一种儒家正统观。由于儒家纲常孝道等长期潜移默化，在中国古代民众信仰中，道德化倾向非常明显。在传统治世理念中，礼乐与刑政相辅相成，同时神道设教对礼乐刑政的辅助作用也不可或缺。基于对神灵的敬畏而约束自己，并使人改恶从善，正是“幽有鬼神”所能起到的社会治理功效。而这种功效，能弥补礼乐刑政之失。

明清“勒石永禁”“奉宪示禁”等禁碑的刻立，是官民互动、官绅合作建构地方法律秩序的常见模式，也是非正式法和正式法互补的体现。

官民互动的基础是利益关切。禁碑主要为矫正地方弊端而刻立，是各级官府化解地方矛盾的重要手段。明清大量存在的禁碑、清代由各种禁碑构成的碑禁体系，是政府公权和民间公权相互作用的结果。无论代表至高权威的敕禁碑、反映政府公权的官禁碑，还是展现民间公权的民禁碑，均具有一定的共性，即强调公益高于私利，同时也均体现出权威性、公正性、约束性等特征。这说明了国家权力机构与非权力机构对规则与禁令需求的趋同性。

从官方的视角看，“勒碑示禁”是政治清明和爱民恤商的重要举措；从民间的角度看，“奉宪示禁”是维护自身权益的法宝。在社会治理和地方法律秩序建设中，通过刻立禁碑，官与民各取所需，从而达到官民携手治理地方的目的。

非正式法与正式法互补的特征是“官主民辅”。在现实生活中，政府公权更具主导性和权威性，民间公权则以其自治性和“拟官性”而拓展发展空间。“拟官性”表现为民间公权对政府公权的依附，即民间规约以各种方式向政府权力和国家法律禁令主动靠拢，这是一种单向的民禁碑向官禁碑的转换，而非相反的过程；同时，民禁碑所强调的“自治”是为弥补官府统治之不足，而非取而代之，也表现出这一转换过程的“官主民辅”格局。

非正式法与正式法的并行、互补和转换，说明社会治理和调控的手段是多元的。法律、道德、民间规范乃至鬼神信仰，在社会治理中都有不可忽视的作用。

三、成果的学术创新、文献和学理价值以及方法探索

1. 学术创新

本成果初步构建了古代中国法制“镂之金石”传统的解释框架，阐述了古代中国通过铭金刻石传布官法与民约在建构国家和地方法律秩序中的重要性，揭示了深入认识这一传统对全面认知中华法制文明的重要意义。通过对

“铭金”和“刻石”法律纪事的异同、法制“镂之金石”传统之“礼制”和“公政”特质、法律碑刻的独特功能、明清碑禁体系的形成与结构、非正式法的生成路径与表达形态等关键问题的探讨，指出“刻石纪法”是一种相对独立的法律表达方式，其表达和实践的契合度较高，并具有官禁公文与民禁私约并行发展的特色。

较之我们常见的纸质法律文本传承，作为一种相对独立的法制纪事体系和秩序建构要素，法制“镂金之石”传统在中华法制文明发展史上有着特殊意义。以金石铭刻官法民约、明确权益，并期以永垂不朽、公示于众，体现了古代中国特别是民间社会对法制和秩序长久稳定、开诚布公、神圣毋违的价值追求。

本成果对法制“镂之金石”传统和明清碑禁体系的探讨，对长期并存发展的政府公权和民间公权及与此相关联的正式法和非正式法的关注，有利于纠正以往关于古代民间社会轻视法制和权益的误解。有关基层社会实行自治管理方面的做法和经验，对于当代中国加强基层法制建设，当有一定借鉴意义。

本成果在阐述法制“镂之金石”传统与明清碑禁体系的过程中使用了一些新概念，如金石纪法、铭金纪法、刻石纪法、敕禁碑、官禁碑、民禁碑、公政等，并对这些概念的内涵做出解释，同时对“刻石”法律纪事中的法禁、官禁、民禁、神禁等内容和特色做了较深入的探讨。这方面的工作，或许对丰富法律史学理论研究有些益处。

2. 文献和学理价值

石刻法律文献具有出土文献和传世文献、官方文献和民间文献等多重属性。本成果在笔者十余年积累的古代石刻法律史料数据库基础上，借助梳理中国法制“镂之金石”传统，揭示出古代法律碑刻的源远流长、形式多样及多重现实功效，深入挖掘其文献价值，以充实古代法律文献的构成，拓展古代法制研究的视野。基于对碑文史料的释读、分析和归纳，探究古代正式法与非正式法的生成路径、表达方式、主要功用以及相互间的影响，以表现动静交互的古代法律创制和实施原貌。借助对非正式法的研究，从看似与法律无关的寺观纪事碑文中探寻非正式法的生成路径和实施效果，提升了古代碑文的文献价值和利用率。

3. 方法探索

在研究中我们对自己的要求是：坚持实地访碑调查，重视第一手资料，恪守传统学术之考证求真，亦借鉴法学、历史学、考古学、社会学等现代学术研究方法，既探求碑刻法律史料“史”的价值，亦揭示其“法”的机理；注意金文、石刻、简牍等不同实物史料的对比性研究，碑文、史籍、档案的互证性研究，兼顾静态碑文分析考释与动态碑石刻立及效果的过程考察、碑文主体信息和附载信息的全方位研究等，以期对碑石法律纪事的表象及本质的总结更具有信服力。

* * *

对古人而言，值得“镂之金石”的事项是重大且神圣的，是值得子孙后代永远铭记的。对当下而言，我们除了对这一传统加以解读、阐释、研究、总结之外，更多的当是感念。

我们的先人，累朝累代，日积月累，锲而不舍，将他们所处生活中的法律事项，包括官方的法律颁布与实施，也包括民间对法律的理解与期冀，凿刻于金石之上，使得古人与法制有关的言谈行事，得以穿越时空，与我们谋面。这是祖辈留给我们的宝贵财富。

我们比古代学者更幸运的是，可以看到时段更久、数量更多的金石铭刻。对于这些历经劫难而保存下来的古代遗物，无论是属于国之重宝的三代彝器，还是遗落于荒野的残碑断石，我们无不深怀敬意。正是基于历代遗存的为数庞大的青铜和碑石铭刻，我们有幸看到中国古代法制传承的别样风景。

《国家所有权的行使与保护研究》概要

孙宪忠*

一、研究的目的、意义及所使用的研究方法

本项目研究的主要目的，是从制度科学性的角度，解决长期以来我国国有资产的法律秩序不健全，尤其是公共资产的保护欠缺切实可行的法律制度的现实问题。我国的国家所有权，是众所周知的宪法、民法中的核心权利，在我国国计民生中具有至高无上的政治地位和法律地位。但是同样众所周知的是，我国法学界关于公有资产所有权的法律理论没有实质的更新，在这些理论下建立的国有资产制度，过分强调了这种权利的政治内涵，而没有建立起科学且符合国情的法律制度。所以我们可以看到，虽然我国《宪法》《民法通则》《物权法》《企业国有资产法》等法律对这种权利都做出了规定，但是在面临公共资产尤其是国有资产遭受到严重侵害的时候，我们甚至无法找到合法的主体来维权，也找不到维护这些权利的民法以及诉讼法规则。

简单地说，我国国有资产权利的行使与保护面临主体不明确、客体不明确、权利不明确、义务不明确、责任不明确这五个方面的问题。其核心缺陷是这一制度的建立没有依据民法尤其是物权法科学中的权利主体和责任主体必须明确肯定而且必须存在内在逻辑关联的原理。现有的公共财产法律制度，基本上是行政法的制度，而不是民法上的财产权利制度。

* 孙宪忠，中国社会科学院法学研究所研究员，教授，博士生导师。

我国法学界习惯于对这种权利做出高度的政治评价，但是在此之前还没有谁从法律科学的角度，对国有资产所有权的现实制度建设进行过认真的分析。就是因为这个原因，国家所有权作为一种法律制度，在国计民生实践中的运行一方面留下了辉煌的轨迹，另一方面也留下了诸如重大资产持续被侵吞、严重浪费和流失等很多遗憾。在分析相关国有资产被侵害以及严重浪费和流失的诸多案件时，我们首先会发现，虽然媒体和社会各界都会发出强烈的保护国家所有权的呼声，但是即使是案件事实清晰明了，这些案件也无法纳入司法的渠道来予以审理。原来，在中国立法中，国有资产的受侵害，作为一种案件是不可诉的。无论国家所有权受到多么大的侵害，都没有适格的主体来提起法律上的维权措施，比如诉讼，来主张国有资产保护。不论国家所有权的主体是“全体劳动人民”，还是政府，他们都没有权利提起保护国家所有权的法律诉求。哪怕是专门代表国家行使司法诉权的检察院也无权提出保护国家所有权的司法救济。正如本成果的副标题所言，我们恰恰就是要从制度的科学性入手来探讨国家所有权的行使与保护问题，希望从制度规则的角度找到解决问题的方法。

本研究的设立，本来是为了在中国《物权法》的制定过程中为该法的起草做出制度设计，以解决现实问题。原来的研究方案中的一些设想，确实也被国家最高立法机构公布的物权法草案采用过。但是，因为2005年“物权法立法的政治风波”出现，相关的一些基于法律科学性而建立的制度，最后基本上都没有被《物权法》采纳。我国行使与保护公共资产权利的制度缺憾，至今问题没有解决。在近年来的一系列重大腐败案件被揭露之后，我们能够更加清楚地看到，那些习惯于高喊政治口号而不掌握法律科学的观念和做法，给我国的公共资产制度造成了多么严重的损害。

不论是从理论上还是从实践的角度看，国家所有权的行使和保护问题与全国人民的日常生活息息相关，甚至也决定着我国整体的制度建设。我国现行法律，比如《宪法》《民法通则》《物权法》以及《企业国有资产法》等，虽然都规定了国家所有权，但是实事求是地看，这些规定都有鲜明的政治立法的色彩，制度科学性比较低。在我国，人们甚至无法将国家所有权理解为财产权利也就是民事权利。这种情形，反过来又极大地妨害了这一领域的科学性制度发展。

造成我国公共资产法律制度发展困难的原因，就是我国采用的关于公共资产法权制度建设的主导性理论，是从原苏联引入的那种所谓的社会主义理论，而不是法制成熟国家的科学性法理。原苏联法的“国家所有权统一唯一学说”，是根据计划经济体制的要求建立起来的，该理论的基本使命是为中央政府调拨资产、贯彻国民经济计划提供理论支持。它完全不符合法律科学中的主体必须明确肯定、标的物必须特定化、所有权必须是支配具体标的物的全面彻底的处分权这些最基本的科学原理；同时，它也不符合在所有权制度建设上，权利主体必须同时是责任主体的基本逻辑。因此，原苏联法学的这个核心的学说，不但无法和民商法学原理尤其是物权法原理相衔接，而且在应用于法律实践之后，必然造成公共财产法律秩序的混乱无序。我国法律制度在这一领域的一些设计，就背离了法律科学性原理，造成我国公共资产的权利行使和保护无法纳入现代法治的轨道。这就是我国公共资产制度的缺陷根源。我们并不愿意否定在此之前出现的关于国家所有权的各种著述，但是我们不能不看到这些著述明显地不符合民法基本原理，不能担负起在公共财产领域里“定纷止争”的基本任务，也根本无法建立起权利主体与责任主体内在统一的民法制度。

本课题负责人数十年直接参加国家最高立法机构的立法活动，一直关注我国国有资产权利行使和保护的法律制度建设问题，不论是从一个中国法学家应该秉承的法律道义出发还是从职业责任感出发，深感建立科学的国家所有权制度的必要性。显然，公共资产的法律保护在我国是一个必须解决的重大问题，而要解决这个问题，首先必须冲破法学界自认为主流的理论，然后将科学的法理贯彻在我国公共财产法律制度建设之上。改革开放以来，随着国民经济发展的步伐加快，我国国有资产的数量已经十分巨大，但是国有资产被侵害的情形，虽然经历行政手段以及刑事法律的介入，现在已经有所整治，但是基本的制度建设还是存在重大漏洞的。所以，这一项目的研究意义非常显著。

本课题研究的基本出发点是中国现实问题导向，即探索我国法律制度建设的重大问题，从制度科学性入手，探索行使和保护国有资产法律制度的体系化科学化道路。显然，这个问题比较大，涉及争议比较多，但是我们必须坚持改革开放的基本原则，坚持现代化科学化国家治理的基本精神，解放思想，实事求是，准确回答现实问题，解决现实需要。

本研究采取的方法主要有：

（1）历史方法。本研究的指导思想是历史唯物主义。虽然马克思主义明确了国家所有权与社会主义制度的相关性，但是因为时代原因它并没有对市场经济下国家所有权问题做出明确回答。所以我们坚持依据马克思主义的世界观和方法论，考察社会主义国家所有权的历史发展，从法学的角度探索国家所有权发展的新问题新方案。

（2）比较方法。国家所有权是与近代民族国家紧密联系在一起的。在“普天之下，莫非王土”的封建君王的绝对所有权被取消后，近现代民族国家都或多或少存在国家所有权。西方国家也有国家所有权的理论和制度。我们依据比较的方法，对我国及其他国家所有权的诸问题进行了有价值的分析，得出了有借鉴意义的结论。

（3）实地调查方法。研究过程中我们进行了多次社会调查，包括对于国有企业、机关、事业单位、群众团体的资产法律疑难问题的调查，考察了国家所有权行使和管理的现状，在此基础上提出了我们系统性的观点。

（4）交叉学科方法。研究过程中我们也借鉴了政治学、社会学、经济学的研究方法和重要资料。这些研究方法和资料给了我们很好的启迪。

二、成果的主要内容

本研究成果包括序言和结语，共17个部分，约55万字。其中，序言至第五章，为总论部分；第六章至结语部分为分论部分。每一章之后设有“小结”，对该章的讨论予以简要归纳，给读者必要的提示。各部分大体内容如下：

序言部分揭示了“为什么要从制度科学性入手”这个基本的主题。首先，我们提出了我国国有资产或者公共财产权利屡受侵害但是却从来没有人提起保护的法律诉求的这个重大问题。然后我们“从一个国际性案例说起”，从我国已经加入国际经济秩序、已经成为世界贸易大国的现实，看我国关于国有资产的法理和法制不能与国际认可的法律规则接轨的现实。接着我们探讨了“全民”以及“国家”的主体资格考察，提出从保护国有资产的角度看国家所有权的法律关系中，到底谁是主体、主体应该享有的法律特征这些基本的问题。再次，揭示了现实中存在的各种“国家”所有权之内的利益冲突，揭示立法和法制现实的巨大差异。最后是结论，提出本课题研究对于问题的归纳，指出现有主导理论下国有资产所有权存在的主体不明确、客体不明确、权利不明确、义务不明确、责任不明确这些显著的制度问题，并简要地提出了制度科学性答案：我国国有资产保护制度无法科学建立的根本原因是原苏联法学中的“统一唯一国家所有权”理论，这个理论下出现了法律主体和事实主体的脱离，出现了权利主体和责任主体的脱离。因此，要解决这个问题只能从法律关系的科学性和主体重建角度入手，来整体地寻求解决的答案。这个要领，也是整个课题的引言。整个序言部分，可以说基本上揭示了课题研究的基本思路。

第一章在“公法人主体制度”题目下，我们主要是从国有资产的主体的角度，来探索公法法人制度建设的可能性和合法性问题。本章主要是从国际上通用、我国法学界也曾广泛采用的公法法人学说角度，来探讨国有资产主体的法律制度建设问题。对于公法法人，我国《民法通则》事实上也是承认的。本章的内容包括：(1) 公法法人制度概述；(2) 两大法系主要国家及地区公法法人制度之比较；(3) 我国公法法人制度建设现状，包括行政机关的公法法人地位、事业单位的公法法人地位、社会团体的公法法人地位等；(4) 公法法人的主体资格的一般理论问题探讨，如关于民事主体资格的探讨，主要是从权利能力、行为能力、责任能力方面的探讨。另外，也讨论了国际上承认的公法法人的破产能力问题。

第二章“公法法人财产所有权的理论与实证分析”。本章主要探讨的是公法法人财产所有权一般理论，包括关于公法法人财产所有权的理论一般分析，关于在民法理论上曾经讨论过的、也是马克思曾经提到的所谓国家“虚幻共同体”思想及其对“国家”利益的揭示。另外，本章还突出了关于公法法人作为“经济人”与政府的“经济人”角色的探讨，在国家财产方面有必要建立公共财政理论对公法法人财产所有权理论的支持的探讨，以及公法法人履行公共职能离不开财产所有权的讨论。本章通过对“公地悲剧”进行正反两个方面的探讨，揭示了公法法人财产所有权存在的必要性。

本章对我国法学界以及社会曾经出现过的公共财产所有权理论着重进行了检讨。这些理论有：私人所有的观点；全民所有的观点；国家所有的观点；国家权力机关所有的观点；国务院（或中央政府）所有的观点；机关法人所有的观点；公共所有的观点；信托所有的观点；分级所有的观点；公所有权的观点；集合共有的观点；公法法人所有权的观点等。我们认为，比较符合民法理论的，是公法法人所有权的观点。

另外，本章对于公法法人财产所有权制度的历史变迁，以及公法法人财产所有权制度的理论意义及实践价值、两大法系主要国家或地区国有财产的类型化分析及其归属也进行了细致的分析。

第三章讨论的是公法法人财产所有权的权能及其实现问题。本章的基本内容是依据传统民法学说，对公法法人所有权的内在权能予以仔细分析，阐述其作为民法上的一种特别法人，在所有权权能这个核心要点上与传统民法中一般所有权权能的差别。讨论指出了公法法人所有权不同于一般所有权的权能特点，比如所有权的处分权能问题。在传统民法学上，所有权的核心权能是处分，但是自古以来公法法人所有权的处分权能都要受到很大限制。这是因为公法法人是根据公共利益需要而设立的法人，其活动必须受到公法的限制；法律为其设定财产，是因为公务的需要，所以公法法人处分只能依据法律，而不能依据其自己的独立意思，其处分财产的范围以及权利也受到严格限制。

第四章讨论的是公法法人财产所有权的变动规则，探讨公法法人所有权取得和消灭的一般规则。和一般意义上的民法所有权不同，公法法人所有权的取得和消灭也有自己的特点。比如公法法人可以因为征税、征收、划拨等行政行为取得所有权，同时也可能因为划拨而丧失其所有权。本项成果首先讨论了一般意义上的所有权变动规则，然后就公法法人所有权取得和消灭的规则，引述我国公法法人所有权取得以及消灭的特殊规则问题。

第五章讨论的是公法法人财产所有权的保护。本章从传统民法一般意义上的所有权保护入手，探讨公法法人所有权保护的科学方法和制度建设问题。本章对于依据宪法、行政法等特殊规则保护公法法人财产的特有规则进行了比较详细的阐述。

本成果第六章至第八章，是探讨国有资产特殊领域里的资产所有权的行使和保护的问题。这些内容，可以说是把上文建立的一般规则在具体的国有资产领域里加以充分的利用，同时就各种不同资产的特殊规则进行了必要的探讨。

第六章和第七章探讨的是经营性国有资产中的法律问题。在这一方面，虽然2008年制定的《企业国有资产法》做出了一些规定，但是该法基本上是旧理论的延续，无法满足我国公有制企业改革的现实需要。比如，该法强调坚持“国家统一唯一所有权”的原则，那么公有制企业如何上市？如何参股？如何继续投资设立子公司？如何和别的公司设立项目公司？最关键的是，在别的投资人都只是享有股权的情况下，为什么只有“国家”才能够享有所有权？对这些现实问题，我国立法者并非没有考虑，但是因为受到旧理论的束缚，现有制度与国企改革的现实相差太远。本成果首先探讨了国有企业投资人制度，提出了必须破解国有企业改革的现实问题，并且从由国家投资发展到政府分级别投资导致的投资人法律制度的重大改变的现实，分析了《企业国有资产法》关于投资人制度的理论矛盾和现实缺陷。比如，该法不能区分股东权抑或所有权、不能区分投资人抑或监管人、不能有效建立法人治理、不能遏制内部人控制、不能区分公司处分抑或政府处分等一系列问题。研究成果提出，必须按照投资人制度的一般原理来建设我国的国有企业投资人制度；必须从政府层面和公司层面两个角度、从股权这个核心建立国有资产控制和保护的制度。研究成果对我国近年来在这一方面的改革试验也做出了分析和评价。

在坚持国有企业改革中的政府投资的原则下，我国必然会出现国有企业法人，也会出现国有企业法人所有权。本研究成果对于国有企业法人以及法人所有权这个争议颇大的问题进行了比较细致的讨论。我们的研究坚持了物权法学和公司法学的科学原理，对我国近年来采取的依据现代化公司制度下的“所有权—股权”理论进行的国企改革的经验给予了充分的肯定。

第八章探讨了我国国家事业单位所有权制度建设问题。研究成果指出，改革开放以来我国的事业单位改革取得了一些成绩，但是在财产权利方面没有大的变化，继续坚持着原苏联法学上的“国家统一唯一所有权”的理论。这样，作为具体的法人，事业单位到底对自己占有使用的财产享有什么样的权利，至今法律上连个规定都没有。对这一笔巨大的公共财产，只有一些部门规章建立了一些零零散散的监管制度，这种情形必须予以改变。研究成果回顾了改革开放以来事业单位财产制度的现实发展，比较世界上普遍的做法，依据物权法的法理提出在这一领域里推进公法法人所有权制度的具体设想。

第九章至第十四章探讨了一些具体物品的国有资产权利问题。这些物品包括博物馆、自然资源、自然景观、公路、文物、无线电频谱资源等等。对于这些国有资产的所有权问题，大多法律规定模糊不清，法律的规定和现实的做法差距较大。本研究成果对相关法律制度进行了仔细的梳理，根据国际上普遍的做法和物权法学原理，提出了自己比较系统的观点。

第十五章，关于国家所有权的侵权法救济，探讨了侵权法视野下的国有资产问题，包括国有资产侵权和被侵权的责任承担方面的问题。

结语部分，对研究成果的主要思路、主要创新点进行了归纳。这一部分与研究成果的序言相互照应，将本成果解决序言中提出问题的科学化思路进行了总结。明确指出，我们在这一成果里倡导的观点，尽管和我国法学界多数人的学说已经发生了本质的切割，但是我们采用的很多观点其实并非本课题负责人的首创，而是传统民法的基本理论。也许在我国公共财产的法律制度建设中，清理原苏联法学的消极影响、依据法律科学完善甚至重建我国的公共财产法律制度，就是我们首先的创见。此外，我们在本研究中还采纳了如下学说：

（1）公法法人学说。

所谓公法法人，指的是依据宪法、行政法等法律成立的法人。在传统民法中，公法法人包括所有承担公共目的的机构，包括国家的公共权力机构如立法、执法、司法机关及军队等，也包括受公共权力机构的赋权而从事公共目的活动的社会机构，如公立学校、公立科学研究机构、公立文化与体育机构、公立慈善机构、宗教机构、受公共财政支持的基金会等等。这些以社会公共目的为宗旨从事社会活动的机关或者机构，在我国《民法通则》中被称为机关法人、事业单位法人和社会团体法人。公法法人学说制度的科学性就在于，它解决了承担公共目的的机关、团体、单位等参与民事活动的制度建设问题。我们一再强调指出，公法法人依据公法设立，依据公法和法人章程行使权利，包括行使处分权，而不是根据法人的自我意志享有权利和行使权利，因此不会导致私有化的问题。

（2）公有物的学说。

在传统民法中，物作为财产权利尤其是作为所有权的客体，必须从社会功能的角度区分为共用物、公有物和公法法人私有物。公有物也可以区分为绝对地开放由公众享受利益的物、相对地开放但是由公法法人掌管的物，以及公法法人私有物。因为公有物承载公共目的，公有物的制度建设必须保障民众共享利益。唯独在原苏联法学中，公有物理论被彻底删除，传统民法中民众共享利益的法律制度也失去了踪影。这样，在我国，本来属于民众共享利益的自然资源权利，却成为地方政府的创收渊源，甚至成为某些个人收入的渊源。显然这一理论是我国法学必须重建的部分。

（3）公有制的多种实现方式学说。

本课题的研究采纳了课题负责人在 1992 年提出的“公有制的多种法律实现方式”的理论，主张废止只有“统一唯一国家所有权”才能实现公有制的原苏联法学，并从现代民商法科学的角度解释了在坚持公有制原则情形下的公共财产权利。本课题相关论文发表后，执政党中央文件多次提出探索公有制的多种实现方式的要求，1995 年开始的公有制企业的现代化改制，即以现代公司治理结构来重构我国公有制企业的管理机制，应该说和本课题负责人的观点相一致。本课题的研究延伸了这一理论，提出了符合现代民商法学原理的依据政府投资理论来解决“国家”和国有企业之间法律关系的观点。

（4）公法法人所有权学说。

所谓公法法人所有权，就是由公法法人依法享有的对于具体物的所有权。权利的主体，是一个个具体的公法法人，而不再是“统一唯一”的国家。因为民事法律关系的主体必须明确肯定，标的物必须是特定物，而且公法法人享有的对物的支配权，已经达到了所有权的程度。在本课题的比较法资料介绍中，我们可以看到，公法法人所有权是国际上普遍采纳的学说。公法法人所有权学说和原苏联法学中“国家统一所有、政府分级管理”的公共财产的法权制度学说有着显著的差别。前者是民法财产权利制度，后者只是行政法制度，无法应用于市场体制下的公共财产权利的行使和保护。公法法人所有权的理论是科学的，而“国家统一所有、政府分级管理”的理论是不科学的。我们相信，在了解了公法法人学说、公有物学说、公有制的法律实现方式学说之后，我国社会理解公法法人所有权的学说，不应该再有理论阻碍。

三、研究的基本思路以及创新

本研究成果的基本思路是，以“实事求是、解放思想”为指导，从公共资产的法律保护这个重大实践问题入手，把公共资产所有权涉及的法律关系主体的制度建设作为研究核心，以此展开，探索公共资产权利行使和保护科学制度的建设。因为这一问题非常重大，而且和我国很多人的观念相异，本成果首先就公共资产所有权制度建设中的法理问题展开了比较深入的探讨。我们提出，科学性建设的理论障碍是原苏联法学，这种法学的依据是计划经济体制；计划经济体制需要建立计划的高度执行力，因此，它把抽象的国家解释为“统一、唯一”的主体，以便借助于行政管理权，来贯彻财产支配权，目的还是计划的执行。我国现在已经是市场经济体制，其基本的出发点是规范具体参与法律生活的自然人或者法人的主体资格。这恰恰就是人类历史数千年总结的科学法理，也是我们寻找解决公共资产保护的制度建设的正确道路。据此，我们从比较与历史分析相结合的角度，寻找国有资产保护的出路，最后从制度建设的角度提出系统性的结论。

首先，本研究成果以总论与分论相结合的方法，在建立国有资产权利的法理科学体系方面展开了较多的讨论，依据科学法理提出了自己的观点。在研究成果的总论部分，我们指出了原苏联法学引入后，我国现行法依据“国家财产所有权的统一性、唯一性”理论建立的国家财产所有权制度存在的“五个不明确”——具体地说，即主体不明确、客体不明确、权利不明确、义务不明确、责任不明确——这个明显的法理和制度缺陷。通过系统缜密的分析后，本研究成果认为“统一、唯一主体”的国家所有权理论实际上给我国公共财产权利的享有、行使以及保护带来了极大的障碍，提出了必须尽早废止这种不合时宜的理论的建议。在借鉴和比较的基础上，我们提出了公法法人所有权这个科学的理论，并且对该理论的内容进行了比较细致的探讨，指出这才是符合法理也符合国情的公共财产治理的科学制度。因此，本研究成果以民法法律关系学说作为基本逻辑，将物权法科学中要求的主体特定、客体特定、权利义务特定的基本规则以及权利主体和责任主体的内在逻辑应用于公共资产权利的行使与保护的法律制度建设之中。

本研究成果的体系结构是总论和分论相结合。在总论部分，通过对公法法人主体制度、公法法人财产所有权的理论与实证分析、公法法人财产所有权的权能及其实现、公法法人财产所有权的变动规则、公法法人财产所有权之保护的深入探讨，在总体上搭建起公法法人财产所有权的基础理论体系；在分论部分，通过对国有企业投资人制度、国有企业的法人所有权、国家事业单位的所有权、博物馆的国家所有权、自然资源的国家所有权、自然景观的国家所有权、公路的国家所有权、文物的国家所有权、无线电频谱资源所有权及国家所有权的侵权法救济等具体问题的详尽分析，对国家所有权的行使与保护问题在不同领域里的实际情况进行了近乎涵盖性的论述。分论部分也是通过比较法的分析，从经营物和公用物相互区分这个关键的角度，对公共资产的各种利用形成的法权关系进行了细致的探讨。这一部分探讨的公共资产法权，包括经营资产也包括非经营资产。通过这些过去均被统称为“国家财产”资产的法权关系分析，希望对于公共资产权利的行使和保护提出系统的看法。最后，我们从诉讼的角度提出了公共资产保护的核心问题，指出正是公法法人的治理结构的理论和制度建设，才能够为公共资产保护提供切实的法律手段。全部研究成果在此基础上既形成了一个完善的理论体系，也形成了比较完善的制度措施。这样，我们就在理论和制度建设两个方面实现了创新。

研究成果涉及我国法律制度建设中的重大问题和现实问题。它首先涉及一些重大的思想突破。首先，是关于国家所有权基本法理的突破，这就是对于原苏联法学中国家所有权的“统一唯一说”的突破。对此我们简要地进行归纳表述。我国已经建立社会主义市场经济体制。在市场经济体制下，根据民商法的基本原理，不论投资人是政府还是私人，投资者对于企业应当只享有股权或者股东权，不应享有所有权。因为，股权表明投资人对于企业的责任是有限责任，而所有权人对于自己的债务要承担无限责任，这是民商法中法人理论的基本内涵。而原苏联法学中国家所有权的“统一唯一说”认为，作为投资人的国家对企业并不享有股权，而是享有所有权。这种理论其实符合计划经济体制，而不符合市场经济体制。我国立法方面，不但改革开放之前的法律沿袭原苏联法学，改革开放之后的法律也没有跳出这一窠臼。我国《宪法》《民法通则》《物权法》以及《企业国有资产法》等，明确地在政府投资的法权关系制度中坚持国家所有权的统一唯一学说。这种不采取国际通行的民商法学概念，而非要自行其是的做法，是我们首先要解决的问题。本研究成果对此从法理和实践相结合的角度进行了仔细分析，提出了符合法理的公法法人所有权学说。

其次，对我国立法者以及法学界很多人长期抵触的公法法人所有权理论进行了比较细致的探讨。公法法人所有权理论的最大优势，就是利用法人治理结构的学说，将公产上的权利、义务和责任落实到人，使得我国公共财产的取得、变更和消灭都处于明确的监管之下。举一个简单的例子，在法制成熟国家，对国家风景名胜保护区、大学等国家资产，一般都建立董事会或者理事会来组建法人内部机构。这些董事会、理事会的成员，既要有投资人即政府的代表（比如大学理事会里应该有教育部门、财政部门的董事），也要有社会的代表，以体现这些公共资产上的公共利益。但是这些制度在我国公共资产方面都是不存在的。我国法学界之所以长期拒绝公法法人所有权理论，其原因一方面是受拘束于原苏联法学，另一方面是担心公共资产被私化。本研究成果指出，公法法人是国家特别立法设立的法人，其资产必须应用于“办公”，否则就要承担严重的法律责任。因此，公法法人所有权理论的应用，不会导致公产私化。另外，公法法人所有权的最大实践优势，是承认和落实我国改革开放后从1995年开始实行的、以“分税制”为代表的中央政府和地方政府的分别财产制度，并且以此推进公共财产领域法律制度的全面改革。

再次，我们对于公共资产的各种具体应用的细致的法权分析，也是此前我国法学界都没有进行过的。在国有投资方面，随着企业改制的深入，我国法学界对于公有投资法权关系的研究已经取得了大量的成果。本研究成果相对于这些研究，主要的特点表现在物权法原理的应用和归纳上。在非经营性公有资产方面，比如博物馆、自然景观等，我国法学界过去的研究多是语焉不详。本研究成果在这一方面下了很大功夫，基本上将公有非经营性资产法权的研究，依据科学法理建立了知识系统，为制度科学化奠定了基础。

最后，本研究成果突出了中国实践的作用，为科学行使国有资产权利和保护这一权利，提供了比较完善的可操作的方案。这一方面的论理，既包含着严格的民法科学意义上的考量，同时也包含着我国现实国情的调查和研究。

四、特别说明

在此先将几个容易引起争议的问题做出说明：

第一，本研究成果主张废止“统一、唯一主体”的国家所有权理论并不是绝对地否定国家所有权这个概念本身。在一些特殊情况下，“国家”仍然可以作为所有权的主体，比如在国际法上，国家对于相邻疆界的共同所有权、对于无人居住的海岛的所有权等。在国内法上，国家也可以享有对于一些总括性财产的所有权，比如对于矿藏的所有权等。另外，在机关财产制度、事业单位财产制度（诸如公立大学、公立科研机构的财产制度）中建立公法法人以及公法法人所有权制度，这只是实现公有制的具体方式。

第二，在物权法制定过程中，有官员和学者提出，主张“公法法人所有权”理论可能导致公共财产被私化。这种质疑的原因，是人们对于公法法人这种特殊的民法主体不了解。公法法人是根据宪法、行政法或者公法法人组织法设立的，专门完成公共职能的法人。一个政府机关在参与国家管理活动时，不是民法法人；它参与民事活动时才成为民法法人，比如它在市场上购买日常用品时，就是民法法人。法律规定它们占有使用的财产只能用于公共事务或者公益事项，公法法人不可以以自己的意思表示来行使所有权，这是公法法人所有权与一般民法意义上的所有权的最大区别。这是我们要强调的第一点。第二点，在当代民法上，所有权其实也是一种技术手段，比如公司法人所有权就是区别于股东的终极所有权的一种法律技术手段，而不是确定财产最终归属的依据。数个公司发起人投资设立公司，投资人享有股权，公司享有所有权；公司也可以作为投资人和别的投资人一起成立公司，从而成为股东。所以民商法学上的“所有权—股权”的结构，是分析现代社会所有权制度的切入点。第三点，公法法人自古以来都享有专有财产，比如一个大学或者一个机关掌握的员工的工资，在还没有发放到员工手中之前，就是公法法人专有财产。公法法人对此享有所有权。以此类推，公法法人所有权在广泛的意义上都是可以成立的。因此希望读者不要一看到私有所有权，就把它纳入到私有制的行列之中。这种简单化的做法，是非专业的表现。

第三，本课题研究历经多年，因为涉及问题重大，而作者尤其是课题主持人能力不足，作品中缺陷肯定有很多。在此我们诚恳请求大家批评指正。

应该承认，本课题的研究还有很多未尽之言。对中国法律制度稍有了解者，都会知道本课题的研究题目大、困难大、涉及复杂的历史和现实问题，还有一些常人不敢触碰的政治问题。在接受这一项目的研究任务之后，我们发现困难比我们想象的还要多。因为有些不可克服的困难，课题成果原来的设想并未彻底完成。一些内容，包括对于国家专营体制下涉及的公共财产的法权问题研究、重要稀缺资源矿藏的法权问题研究、涉及国防产业的法权问题研究等等，我们也进行了适度的研究，但是一些是半途而废，一些是根本无法展开。这些是本成果内容完整性方面的不足。

从研究生求学时代开始，课题负责人就已经十分关注公共财产领域的法权问题，有些问题的跟踪探讨至今已经超过了三十年。本项成果的完成，只是课题负责人在中国法学界提出我国法理尤其是民法理论实现“体系化、科学化”奋斗目标努力迈出的一步。为了我国公共财产领域法律制度的科学化，我们还要进行更多的研究。

《20世纪婚姻家庭法：从传统到现代化》概要

蒋　月*

一、研究的目的、意义及所使用的研究方法

中国婚姻家庭法现代化是在本国实施的一场已持续逾百年的法律变革运动，有其特殊背景和独特发展轨迹。婚姻家庭法现代化，既是社会既缓慢又快速变迁的结果，又是推动社会进步的要素。本成果试图回答婚姻家庭法现代化过程中下列重大问题：促成婚姻家庭法从传统固有法转向现代化的主要因素有哪些？传统婚姻家庭法与现代婚姻家庭法之间的主要联系和区别是什么？我国婚姻家庭法改革的主要参考源自何处？每一次婚姻家庭立法改革的主要争议问题、重点改革措施有哪些？立法改革成效如何？21世纪初，在平等、自由、人权运动催化下，我国婚姻家庭法走到了历史的又一个十字路口。谁都不能准确地预知未来，但是，认真地反思过去，确实能够为走向未来提供启迪。

1. 研究目的和意义

(1) 总结婚姻家庭法的优秀传统，为未来发展寻找原动力。传统是一个动态系统。每个民族或国家人民的思想、行为都有其特定性。文艺复兴运动是推动欧洲随后数百年突飞猛进的动力之一。本成果旨在检审和反思婚姻家庭法传统，古为今用；回顾20世纪百年该领域的重大改革及其成效，更合理地谋划婚姻家庭法未来。

---

* 蒋月，厦门大学教授，博士生导师。

（2）深入思考近现代中国婚姻家庭法变迁的规律性。婚姻家庭法现代化是一个聚变与渐变相结合的过程，漫长而艰难，既有世界发展潮流的推动，又受制于本国社会发展变迁之需要。20 世纪百年间，我国婚姻家庭制度经历数次重大改革，其法律的价值观、制度、规则等面貌一新，已看不清“从前的模样”。研究哪些因素及其如何地推动这些改革发生的；在现代化过程中，婚姻家庭法在保有中华传统与融入时代要求之间、在婚姻家庭法的民族性与国际化融合上，是如何作为的。

（3）完善婚姻家庭法，更好地发挥法律调整社会生活之用。经济持续快速增长使得财富获得变易，改变了国人的诸多观念。工业化城镇化过程中，应扬弃不符合现代社会主流价值体系的婚姻家庭法传统观念和规则，引入、增设能够适应新时代社会条件和环境的新规则，使得准备进入、尚在其中、已走出婚姻家庭的人们，在任何阶段上，其利益分配均趋于公平合理，人之善总能获得保护。

（4）促进婚姻家庭法学的进步与繁荣。婚姻家庭法发展，有赖于学科基础研究与前沿探索并重。全面评析我国婚姻家庭法最近百年变迁，总结其中的进步与不足，探讨未来改革走向，是婚姻家庭法学基础研究的任务之一。

2. 研究方法

本研究主要运用文献研究、比较研究、定性研究等研究方法，对百年间所有涉及婚姻家庭法改革的法案文本、立法资料、相关论著等进行认真研读，归纳每次立法改革的社会背景、争议焦点、改革措施，探讨重大改革措施的可能出处等，尽可能客观地评估其效果和影响，综合评价 20 世纪百年间婚姻家庭法改革之是非，展望其未来之路。

二、成果的主要内容和重要观点

本成果梳理评析中国婚姻家庭法自从清朝末年开始启动现代转型改革以来发生的巨大变化，总结婚姻家庭法的传统价值观与现代价值观之间的转换，探寻婚姻家庭法现代化变迁的规律性，研究未来更好地满足经济社会发展和人们愉快生活需求的改革问题。本项目以国家立法机关的婚姻家庭立法改革为研究对象，以法案为主要依据。中国最早两个民律草案有关调整婚姻家庭的条款，因具有特殊历史意义，也被纳入本项目研究对象。本成果由四个部分构成，除导论和结语外，正文包括三编，依次为婚姻家庭法传统与现代化的界定与分野、婚姻家庭法案改革评析、婚姻家庭法改革的未来之路，其中每编均包括若干章。

1. 导论：现代社会与法律现代化

中国的现代化，始于清朝末年“变法图强”。肇始于19世纪末20世纪初的社会大变革，引导中国传统社会向现代社会转型。百年间，中国社会发生急剧变动，婚姻家庭发生的变化，是众多具有重要社会意义的现象之一。孕育法律的社会母体发生重大变迁，法律必将随之发生相应的变化。社会变迁本身是推动婚姻家庭法律改革的主要因素，而婚姻家庭法改革，又极大地推动了社会改革及其进程。中国婚姻家庭法现代化是中国社会现代化的重要组成和推进器。婚姻家庭法处在社会生活表层，是社会变迁的显示器，在社会发展的每个重大阶段，婚姻家庭法改革的呼声总是很强烈。经由引入率先工业化国家实施的个体自由、人人平等、财产独立等主要价值观，改造传统婚姻家庭制度，中国婚姻家庭法实现了从传统到现代化的转型。

2. 婚姻家庭法传统与现代化的界定与分野

此为全书第一编，共两章，包括第一章、第二章。

第一章，分类研究中国的婚姻家庭法传统。在20世纪，传统通常被认为与理性、进步、自由等所有现代价值是对立的，甚至认为任何传统都是人类进步的阻碍。现代化经验渐渐成熟后，传统的真正价值才被缓慢地发现，稳定的传统与现代化之间的建设性关系逐步建立。婚姻家庭法传统是婚姻法发展的经历，是创新的根基。必须承认，每个民族或国家人民的思想、行为都有其特定性。文艺复兴运动是推动欧洲随后数百年突飞猛进的动力之一，中国古代的唐宋变革催生盛世。总结婚姻家庭法律优秀传统，为未来发展和创新寻找原动力，古为今用。重新发现中国人既往婚姻家庭生活基本经验规则中在当代仍具有价值之部分，从中找到现代化的动力和方向。

认真审视婚姻家庭法传统，可以清楚地看到婚姻制度、家庭制度、亲属制度作为基本婚姻家庭制度，从古至今都是结构社会的基本制度，其内容大都相同或接近；人伦秩序也是任何一个社会必须具备的，故可谓近现代社会没有抛弃基本的传统制度。传统婚姻家庭法与现代法的区别是各自的价值观，前者对适用对象的要求基本上是单向的，卑亲应孝敬尊亲，长辈则无须尊重晚辈；而现代法上，同一价值观是双向的，男女平等、父母子女之间平等。当然，男尊女卑等家庭成员之间不平等、包办强迫婚姻、夫权、家长专制等不符合现代要求的传统内容，已经被淘汰，且不应重拾。

第二章，探讨婚姻家庭法现代化变迁之规律性。在清末民初，中国民族危机深重，为图强而变法修律，义无反顾地走上了学习、仿效西方工业化国家婚姻家庭法之路，或称之开启家庭法现代化的进程。在此过程中，扬弃农业社会中国那些已不合乎近代社会基本价值体系的婚姻家庭法观念、行为准则，引入率先实现近代化国家的婚姻家庭法的主要价值观、制度，从而在婚姻、家庭这两个基本制度框架内，不断地以新规则取代固有的旧规则，以新传统取代旧传统。婚姻家庭法现代化，是渐进式的。

催生和促成婚姻家庭法向现代化转型的，除了社会大变迁总背景，主要要素如下：工商业社会经济模式和结构更新，国家政权结构和政治动向变化，文化革新和结构变化，妇女运动，科技革命等，它们引发人们在个人与家庭、人身关系与财产利益、家庭与社会等方面转变思想观念，用新的价值取代旧的价值观。

经过 20 世纪百年法律改革，中国婚姻家庭制度完成了现代化转型：结婚由父母包办强迫转向由当事人自主自决；婚姻形态由一夫一妻多妾制转向一夫一妻制，婚姻解除由夫权离婚转向自由离婚；家庭关系由从属转向平等，男女平等，不同辈分的亲属相互平等，重构亲属制度，抛弃了传统以宗亲为主的亲系划分；个人财产独立；保护人权；儿童权利优先。

婚姻家庭法的民族性和国际化。域外婚姻家庭法经验对中国婚姻家庭法改革有重要影响。开放的国家或地区的婚姻家庭法越来越趋同化。关注全球化背景下我国婚姻家庭法面临的进一步改革压力和未来走向。

3. 婚姻家庭法案改革评析

此为全书第二编，共八章，分别是第三、四、五、六、七、八、九、十章。

全面评述 20 世纪百年中国婚姻家庭立法每一次重要改革的背景、改革争议、改革措施，追溯改革效果，总结得失。以 1900 年至 2001 年间的全部婚姻家庭法案为评析对象，包括 1910 年《大清现行刑律》有关婚姻家庭法规范、1911 年《大清民律草案》、1926 年《民国民律草案》、1930 年《民法亲属编》、1950年《中华人民共和国婚姻法》、1980年《中华人民共和国婚姻法》、2001年婚姻法修正案等历次婚姻家庭立法改革。在这百年间，一方面，每隔二三十年，就至少发生一次婚姻家庭立法改革；另一方面，每次立法改革幅度都很大，尤以1930年的婚姻家庭法改革为最，从此中国真正走上效法工业化国家婚姻家庭法之路，再未回头。在中国法制史上，民国时期向被视作传统与现代的分水岭。辛亥革命成功建立中华民国之前，法典及其他典籍有关婚姻家庭制度的规范，可称“旧制”。从1902年到1926年的二十多年间，中国婚姻家庭法实现了从古代法向现代法的转型，立法将以往数百年乃至数千年的婚姻家庭法远远地甩在后面，而快速演变与发展。如果将这改革头二十年作为一个阶段，则该阶段的婚姻家庭立法，无论“革故”或“求新”，都明显地不彻底。结合因经济社会发展而不断变化的社会生活，探讨婚姻家庭法的功能和作用，解析现行婚姻家庭法对中国社会发展所起的作用。本研究力图探寻引发重大立法改革的基本要素、基本改革、基本精神，描绘出百年改革路线图。

第三章，1910年《大清现行刑律》中有关婚姻家庭立法。清朝末年的修律变法，开启了中国婚姻家庭法近代化改革的序幕。1910年《大清现行刑律》是第一次民刑分立，其中有关于婚姻家庭法的规范，但改革传统婚姻家庭法的立法措施少。

第四章，1911年《大清民律草案》中的亲属法。受西方民法学和民法法典化运动的影响，1911年完成了《大清民律草案》的制定，虽未及颁行，但它是变革近代婚姻家庭法的首次尝试。它实行婚姻半自主，实行法律婚，夫妻半平等，创设了夫妻财产制，家长权受到一定削弱。从此，中国婚姻家庭法变革的百年历程，深受欧陆法的影响。

第五章，1926年《民国民律草案》中的亲属法。该草案实行婚姻自由，基本确立了一夫一妻制度，赋予妻子若干权利，对夫权实行一定限制，改进夫妻财产制，放弃传统亲属分类，改革亲属关系计算规则。

第六章，1930年民法亲属编。20世纪二三十年代随着社会经济的变化，配合收回法权运动的需要，加之五四运动前后妇女对男女平等的要求以及受国际婚姻家庭法新发展趋势的影响，国民政府制定了亲属法。经过关于亲属分类、成婚年龄、夫妻财产制、妾问题等争论，立法确定了男女平等原则，改革了亲属分类与计算规则，改革家制，实行婚姻自主。废除妾制，赋予已婚妇女多项权利，改革夫妻人身关系，实行联合同产制，废除歧视子女的称谓，鼓励亲属互助和个人独立。从此，固有婚姻家庭法基本被弃，工业化地区的法律价值观及制度成为中国婚姻家庭法的主流。

第七章，1950 年《婚姻法》。新中国全面废除“六法全书”和旧法统之后，于 1950 年颁行《中华人民共和国婚姻法》。自此，开启了婚姻法单独立法的模式。该法案在立法思想上深受马列经典作家婚姻家庭法学说思想影响，全面继受原苏联的法学理论和立法模式，承继革命根据地时期婚姻立法经验。经过对离婚自由是否应附加条件等问题的争论，立法实施了男女权利平等、婚姻自由、特别保护军婚等改革，实行登记婚姻制。本次改革是一场彻底推翻封建婚姻家庭制度的革命。不过，该法案的内容和形式都有过于简略之嫌，基本上未涉及家庭制度现代化改革。

第八章，1980 年《婚姻法》。经过新中国三十年建设，经济社会基础发生了重大变化，妇女地位有了很大提高，人口管理面临空前压力；特别是实行改革开放政策之后，欲加强社会主义法制，婚姻家庭领域诸多问题亟待解决，制定新的婚姻法被提上议事日程。经历反封建思想或反资产阶级思想何者为主的争论，本次修法增设了计划生育原则，承认和保护婚姻自由，特别是确立了夫妻感情确已破裂为裁判离婚原则等。不过，该法案承袭 1950 年《婚姻法》确立的立法模式和风格，内容十分简略，未涉及亲属制度的完善问题。

第九章，1991 年《收养法》及 1998 年修正案。针对社会生活中收养数量较多却无法可依等情形，1991 年制定了专门的收养法，调整收养行为及其法律关系。该法案虽不完备，但其精细程度远超前述两部婚姻法案。针对收养人条件过严等不足，1998 年修订了《收养法》，适当放宽了收养条件，注重保护收养人权利，完善收养程序。不过，修正案对被收养人权利保护仍有不周。

第十章，2001 年婚姻法修正案。实行市场经济之后，经济社会环境有了较大改变，部分人对个人自由、婚姻自由的价值观似有了不同于以往的认识，对自我利益追求趋强，自我约束趋少，婚外情等问题较为严重，1980 年《婚姻法》原规定不能完全适应社会新要求。为此，2001 年修订了《婚姻法》。学界曾就法案名称与立法模式、是否增设亲属关系通则、是否存在配偶权、离婚自由度何为恰当、是否增设离婚损害赔偿等问题热烈讨论和争鸣。修正案实施了多项重大改革，如禁止家庭暴力，增设婚姻无效和可撤销婚，法定离婚理由具体化，放松对军人配偶离婚权的限制，增设离婚损害赔偿，引入离婚时经济补偿请求权、探望权等。这些改革取得了良好的社会效果。但是，该法案在保障男女实质平等方面仍有不足，也未建立亲属制度。

4. 婚姻家庭法改革的未来之路

此为全书第三编，共五章，分别为第十一、十二、十三、十四、十五章。

我国婚姻家庭法经过百年改革之后，又走到了另一个十字路口。该怎样往前走呢？直行？向左转？向右转？本编分专题讨论家庭法与社会政策、防治家庭暴力立法、儿童权利保护、婚姻自由等问题，涉及婚姻家庭法的功能、性权利、家庭生活权、性别平等、个体自由、弱势群体保护等内容，探讨婚姻家庭法改革面临的新挑战，探讨完善婚姻家庭法的主要路径和对策，以利于将来立法完善。

第十一章，家庭法与家庭政策。在当代，个体自由成为人们的普遍价值观，国家、家庭、婚姻、个人之间关系的调整，应合理平衡各利益主体之间的利益分配。探讨婚姻家庭法的定位与价值取向、婚姻家庭法的任务与目标。性权利、家庭生活权是每个人享有的基本权利。婚姻家庭法应既注重形式平等，又追求实质平等，消除性别不平等现象。我国自20世纪80年代初实行独生子女政策导致家庭规模和亲系结构发生了重大变化，婚姻家庭法安排家庭承担育幼养老和扶助病弱者的责任，却不能包办一切。政府应承担起社会救助责任。

第十二章，立法防治家庭暴力。20世纪40年代以来，基于人权保护理念，公权力介入私人领域生活特别是干预家庭暴力，成为国际新运动，因此改变了婚姻家庭法。中国立法应当借鉴欧美亚诸国反家庭暴力法律实践经验，积极干预家庭暴力。本章界定家庭暴力概念，分析公权力干预家庭暴力的正当性和可行性，讨论家庭暴力防治法的性质，探讨家庭暴力防治法的立法模式，构想家庭暴力防治的制度与内容。

第十三章，儿童、父母和国家：权利和责任。讨论儿童、父母、国家三者之间的关系，分析儿童法的发展与发展中的儿童权利。应当客观认识到未成年子女、父母是各自独立的利益主体。立法上，父母对子女的权利应转变为父母对子女的义务、责任，应建立以未成年子女为中心的父母子女关系法。然而，儿童权利保护不充分，既有父母拒不履责之因，更有父母等家庭成员无力履责之问题。应当完善社会福利和社会救助对贫困儿童的“公养”。

第十四章，婚姻自由将走向何处。讨论个人自由、性自由的权利与边界，探讨婚姻自由的历史使命和未来命运。个人享有生活方式选择权。随着非婚同居制度化、同性结合合法化的国家和地区数量不断增多，结婚自由已完成“反封建”，而走向越来越宽广的未来。结婚权与隐私权应协调。应合理评估非传统婚姻形式的两性结合模式。我国结婚法有待完善。离婚自由的发展，引发了“过错离婚是否过头”的疑问。离婚自由不可阻挡，但不能以牺牲公平为代价。离婚后果安排应当注重多种救济，维护婚姻当事人双方利益的基本平衡，防范“婚姻剥削”现象。

第十五章，完善夫妻财产制和家事劳动立法。讨论夫妻财产制的定位、功能和价值取向，探讨完善夫妻对共同财产的权利与义务，分析分割夫妻共同财产的规则，探讨完善家事劳动承担和贡献肯定的规则。

结语，历史对今天的启示。20 世纪“西风东渐”百年后，我国婚姻家庭的基本形式变化不大，但其价值观、制度已“看不清从前的模样”，因为人们的婚姻家庭思想观念早已更新换代了。中国婚姻家庭法，从头 20 年里实施不太情愿的、谨小慎微的立法改革，到第 30 年解除顾虑，立法大刀阔斧地引入工业化国家的婚姻家庭价值观、制度而制定了基本上现代的婚姻家庭法，但多数民众依旧遵循传统过着自己的日子。1950 年以后，婚姻自由、一夫一妻、男女平等的价值观普遍流行于中国，据此建设的婚姻家庭关系成为主流。社会变迁的潮流浩浩荡荡，顺之者昌，逆之者亡。婚姻家庭法是社会变革的“晴雨表”，其自身的改革既是社会改革的结果，又是推动社会改革的力量。婚姻家庭法是建构和稳定社会结构的基本工具。在个体自由、人人平等的时代，为追究公平，婚姻家庭法将不断地突破既有约束，将符合社会利益需求的新规则装入其框，以保障人的性、情感、生育、照护之行为和需求的满足之秩序。

三、成果的学术创新、应用价值以及社会影响

1. 学术创新

本成果研究20世纪百年婚姻家庭法改革，关注婚姻家庭法变革及其本质问题，深入论述该领域法律改革的背景、新旧法律规则之间的关系，试图揭示站立在法律背后的因素，探讨未来可能的重要法律改革问题，并有六个方面创新。

（1）分类检审中国婚姻家庭法传统及其价值。

以现代社会价值观衡量，传统婚姻家庭法是否仍有合乎时代的价值观、规则？既往，传统婚姻家庭法被视为几无是处，被直接整个地踢开去。然而，传统在生成当时，是新鲜的革新之举；在形成后相当一段时期内，定是鲜活的、积极的，而非“腐朽的”“没落的”！随着我国社会由古代向现代转型，传统婚姻家庭法中，凡否定个体的尊严与价值、主张男尊女卑的价值观和制度均被扫进了历史垃圾堆，但是，婚姻制度、家庭制度、传宗接代意识等，是人类社会生生不息的动力和实现机制，在剔除了性别歧视的不公平性别偏好、视女性为生育工具等消极因素后，显然是现代社会不可或缺的。即使是不合乎现代社会价值观的传统，在其生长的时代，曾经也具有旺盛的生命力。在当时的农村社会生产力水平及自然条件下，若没有被现代人狠批的传统婚姻家庭制度及其建立起来的秩序，就没有现代的中国！时代是平等的，当代人应当客观地评价和对待传统。本成果提出并回答了现代婚姻家庭法的哪些部分是体现中华民族文化独特的精神价值和内涵之问。

（2）归纳出婚姻家庭法从古代法向现代法变迁的规律及基本特征。

婚姻家庭法的变迁是社会生活变迁的“晴雨表”，其本身又促成社会进一步变迁。现代婚姻家庭法的基本特征，是婚姻由包办强迫到自主自由，家庭关系由从属到平等，家庭角色地位变化，儿童开始唱主角，个人财产独立，公平、人权观渗入婚姻家庭，家庭法公法化等。这些识别标准相互渗透，互相影响，自成一定体系，高度精练地呈现了中国婚姻家庭法百年改革的效果。

（3）描绘了1900年至2001年百年间婚姻家庭法改革的基本路线图。

本成果全面系统地论述了1900年至2001年百年间中国婚姻家庭立法变

迁，着重探讨每一次重要立法改革，包括生成原因、争议问题、改革措施等。此前，尚未见同类研究成果发表。虽然有学者发表过名为“20 世纪婚姻家庭制度研究”的成果，但并非系统地论述百年改革历史。本成果以“法律现代化”为主线，以婚姻家庭法改革为主轴，串联起百年间的婚姻家庭法，梳理其变化走势，阐明了“怎么走”“为什么这么走”等基本问题，客观评析了历次改革。

（4）揭示和阐释中国婚姻家庭法已趋同工业化国家同类法之事实。

中国自从清末开始实施改革以后，婚姻家庭法中，除了继续采用婚姻制度、家庭制度这两项传统的基本制度的外壳，关于婚姻的价值观、家庭关系的价值观已经全然不同于中国固有法之定位。我国自近代以来倡导和实施的婚姻自由、一夫一妻制、男女平等、保护妇女儿童合法权益等基本原则，均来自西方工业化国家和地区。显然，20 世纪初，中华民族内忧外患，民族危机深重，被迫实行改革时，环顾四周，唯有欧美工业化国家国力强盛，遂学西方。从学习、借鉴、引入个体自由到婚姻自由，从倡导人人平等到男女平等，从婚姻家庭法与刑法相分离到制定单独婚姻家庭法案，自从社会开始近代化进程，婚姻家庭法就走上了“西化”之路，且已无回头可能。或许，也可以说，现代婚姻家庭法中的绝大多数价值观、规则是人类普遍共同的体验、需求，只是西方国家率先发现并书面化而已。

（5）将婚姻家庭法改革与社会变迁联系起来考察。

近代以来，在中国社会向现代转型过程中，婚姻家庭法的现代化改革几乎成为每一场社会大改革的“急先锋”。社会变迁是促成婚姻家庭立法改革的主要原因和背景，这是立法变革的内在机制。立法者或者决策者只是顺势利用某个或大量社会事件，将立法变革内在需求转化为改革行动。20 世纪，立法者通过深思熟虑的行动来促进变革或者顺势而为，运用立法手段取得了各种不同婚姻家庭法改革成就。同时，每一次婚姻家庭立法改革的完成，都标志着社会的变迁，既是对此前社会变迁的反映，又标志着新的社会变迁之开始。如此，跳出婚姻家庭法的框架，鸟瞰婚姻家庭法，其观察研究视野更为宏观，透视感更强。

（6）探讨了未来婚姻家庭法改革的完善对策。

本成果讨论了家庭法与家庭政策、性权利、家庭生活权、家庭法与性别平等、家庭扶养与社会保障、儿童权利保护、婚姻自由、夫妻财产制完善等问题，针对现行法规范家庭关系之不全面，提出了若干完善对策。性权利是基本人权，家庭生活权则是个人生活方式选择权。立法防治家庭暴力，应界定家庭暴力，公权力干预家庭暴力具有正当性和可行性；主张家庭暴力防治法是综合法，应尽快制定专门法案。专题讨论了儿童、父母与国家之关系，强调儿童是权利主体，父母和国家均是义务主体的基本观；现行儿童权利保护不足源于过于强调家庭责任而忽视了国家责任，提议制定“儿童福利法”。提出了“婚姻自由向何处去”问题，讨论了作为人权的结婚权、是否结婚之选择权、与谁结婚之选择权、结婚权与隐私权，提出完善结婚程序的立法对策。提出并讨论了“离婚自由将走向何处”，关于离婚自由之适度、不同意离婚之权、阻却离婚条款与离婚障碍制，提出了完善法定离婚理由之建议；主张加强离婚救济，完善离婚损害赔偿制、增设离婚扶养费给付请求权。基于性别平等考虑，应加强夫妻财产利益的完整、公平分配，立法增设家庭生活费用承担、家事劳动分担的条款，防范“婚姻剥削”。

2. 应用价值和社会影响

本成果建立了一种婚姻家庭法研究的“新论述”，能够帮助人们更好地了解、把握当下婚姻家庭法的意义、问题及其未来发展趋势，为婚姻家庭法研究开辟了新的视野，是婚姻家庭法立法者和研究者无法“越过”的一本著作，对于婚姻家庭法的立法、法学研究等，均具有重要参考价值。

本成果对于儿童保护、社会保障、家事劳动社会化服务等涉及婚姻家庭的社会政策的制定和调整、相关产业发展也具有参考价值。

《分配危机与经济法规制》概要

张守文*

一、研究的目的、意义及所使用的研究方法

1. 研究目的和意义

2008 年发生的影响全球的金融危机，在欧美多国已经演变为财政危机、债务危机甚至整体上的经济危机。经济危机是经济失衡的体现，是资源、财富、利益分配不均衡的结果，各类经济危机实质上都与分配直接相关，在一定意义上都是分配危机。

分配问题及其可能导致的分配危机，是各国均须关注的重大现实问题。要防止危机的发生，就要防患于未然，在平时加强政策调节和法律规制，不断提升经济法治水平和经济治理能力，这对于保障经济安全和社会稳定，促进经济与社会的良性运行和协调发展，都至为重要。

我国当前面临着突出的分配问题，由此带来的分配风险不断加大，并可能导致分配危机，因此，非常有必要分析分配危机的成因和应对机制，提炼法学领域的分配理论，特别是分配结构调整理论和法律规制理论；同时，还应从制度实践的角度，提出解决分配问题、化解分配风险和应对分配危机的具体对策，找到通过经济法规制解决上述问题的具体路径。

有鉴于此，本成果着重研究分配危机与相应的经济法规制问题，以期有助于解决分配问题，防范和化解分配风险与分配危机，同时，推进分配规制

* 张守文，北京大学教授，博士生导师。

的理论提炼和学术研究。这些研讨在理论和实践层面，都有一定的价值和意义。

2. 研究方法

本成果的研究方法主要可分为两类：一类是在各类社会科学研究中通用的研究方法，如比较研究方法、经济分析方法、实证研究方法、历史分析方法等等；另一类是对于研究分配问题更有针对性的研究方法，如结构分析或系统分析的方法、政策分析的方法等。

二、成果的主要内容、重要观点与相关对策建议

1. 主要内容

（1）基本命题。

本成果关注的焦点，可概括为四个关键词，即分配、危机、法治、发展。它们分别涉及危机发生的原因、性质，危机的应对手段，以及化解危机的目标，并构成了如下相互关联的命题：分配问题会带来分配风险—分配风险可能导致分配危机—分配危机需要法律规制—法律规制要体现法治要求—法治能够促进经济的稳定发展。

基于上述认识，本成果的基本命题是：针对分配问题及作为其极端体现的分配危机，需要加强法律规制，特别是经济法规制，同时，应当不断提升经济法治水平；经济法规制有助于解决各类分配问题，防范和化解分配危机，并推动经济与社会的良性运行和协调发展。

从各国的制度实践来看，防范和化解分配危机，需要各类法律的综合规制，其中，最为重要的是经济法规制，因此，本成果主要基于上述基本命题，着重探讨“分配危机与经济法规制”的相关问题，同时，也会辅之以相关的经济政策及其他相关法律规制的探讨。

（2）研究对象。

本成果在总体上要研究分配危机与相应的经济法规制问题，具体而言，首先是研究分配问题，以及由分配问题而引发的分配风险和分配危机，探讨如何通过政策、法律等诸多手段，特别是如何通过加强经济法规制，来解决各类分配问题，防范和化解分配危机，进而不断提升经济法治水平，促进经济与社会的发展。上述需要研究的问题具体涉及以下内容：

第一，分配问题与分配危机。

分配问题是当代世界各国都非常关注的重大现实问题，它通常包括分配不均、分配不公、分配失序、分配失衡等，对政治、经济、社会、法律等各个方面，都有着直接而深刻的影响，关系到一国的政治安定、经济增长、社会发展、法治进步。一国要有效保障国计民生，实现国泰民安、长治久安，避免治乱循环，就必须解决好分配问题。

本成果所关注的分配，既包括收入分配，也包括财富分配、权力分配、资源分配，因而是广义上的分配；同时，分配主体包括国家、企业、个人等各类组织体和个体。因此，分配的具体类型包括国家的财政分配、企业和个人的收入分配等等。基于经济和法律等诸多原因，各类主体参与分配的能力各异，并由此会导致分配差异，形成分配不均；如果分配不均与分配不公同时并存，就会导致严重的分配失衡，并酿成较大的分配风险；而随着分配风险的集聚，就可能导致分配危机。

所谓“分配危机”，是由于上述诸多分配问题未能有效解决而引致的危机，它是分配问题的极端体现。分配不均所带来的分配失衡，会直接影响经济的持续发展，导致经济层面的分配危机；而分配不公、分配失范或分配失序，则直接影响主体的分配权利和分配能力，带来法律和社会层面的不平等、不公平、不正义问题，从而会影响分配的合法性和可持续性，导致法律或社会层面的分配危机。

通常，人们对上述经济层面的分配危机更有感性认识。无论是 20 世纪 30 年代被认为“生产过剩”的大危机，还是 2008 年发生并持续发酵的金融危机、财政危机、债务危机等，首先都是经济层面的危机，而且都与分配失衡有关，实质上都是分配危机。要防范或应对各类分配危机，加强法律规制十分必要，尤其应加强经济法规制。

第二，分配危机与法律规制。

为了防范和化解分配危机，各国通常非常注重政策手段和法律手段，并通过政策调节和法律规制，来配置分配的权利或权力，从而影响分配要素及其权重，优化分配结构，解决分配失衡问题；同时，通过加强法律调整，来解决分配失范或分配失序的问题。而上述政策手段和法律手段，作为解决分配问题的两种路径，对于防范和化解分配危机非常重要。

从现实情况看，无论是调整产业结构，促进地区均衡发展，还是尊重和保护各国的经济发展权，推进各国协同发展；无论是缓解收入分配差距过大，还是防止收入分配不公；无论是降低企业负担，促进中小企业发展，还是降低个人生活成本，增加居民收入，等等，都可以成为防范分配风险和应对分配危机的具体手段，都有助于促进经济与社会的良性运行和协调发展，这些措施与上述两类手段的运用都直接相关。

如前所述，分配危机不仅涉及经济层面的诸多问题，还涉及法律层面的分配权利、分配能力、分配公平、分配规范、分配秩序、分配正义，等等，因此，各国在解决分配问题的法律实践中，都愈发注重加强法律规制，特别是经济法规制，并不断提升经济法治水平，这已成为各国的普遍共识和共通做法。

事实上，在国家的财政分配、国民的收入分配，以及财富、资源等分配方面，如果存在严重的分配不均、不公或失衡问题，就可能在宏观层面带来经济的波动，从而形成某种类型的分配危机，如财政危机、金融危机、债务危机等等。历史上发生的历次危机，都是分配的危机。无论是实体经济上的生产过剩、总量失衡，还是金融创新过度所导致的实体经济与虚拟经济的失衡，都体现为资源在不同领域、不同主体之间的分配失衡，对此需要进行整体的协调，这就要求加强法律规制以解决上述分配问题，熨平经济波动。

在历史上，著名思想家摩莱里和德萨米曾提出“经济法是分配法”的命题，尽管其认识与今天有一定的不同，但他们揭示了经济法在解决分配问题方面的重要功用价值。此外，从国外的实践看，在 20 世纪 30 年代的大危机时期，随着美国罗斯福“新政”和各国宏观调控措施的成功推行，经济法中的宏观调控法应运而生，并被称为“危机对策法”，这说明经济法在应对经济危机或者“反周期”方面，具有重要功用。因此，在解决分配问题、防范和应对分配危机方面，应充分发挥经济法的重要作用。

在我国，分配压力或分配危机推动了改革开放，也推动了经济法的产生和发展。对分配问题的关注，贯穿于中国改革开放的全过程，构成了经济法制度变迁的主线。同时，经济法的发展，又有力地推动了诸多分配问题的解决。全面解决分配问题，既需要不断地推进改革开放，也需要大力加强经济法规制。这既是历史，也是正在发生的现实。

第三，危机、发展与法治。

发展乃当代世界的主题。在经济发展过程中频发的各种危机，需要通过发展来化解；而无论是经济的常态发展，还是经济的风险防范，都离不开法治的保障，并且，在促进经济的有效发展和应对经济危机的过程中，法治自身也会得到发展。危机、发展与法治之间的密切关联，尤其有助于理解和研究分配领域的经济法规制问题，现简略分述之。

首先，危机与发展密切相关。

一方面，危机是“发展中的危机”，即在发展过程中会产生危机，并且，危机若处置不当就会进一步恶化；另一方面，发展是“危机下的发展”，即危机虽然需要通过发展来化解，但它也会促进发展，并可能带来新的跨越式发展。

对于上述“发展中的危机”，人们通常更为关注。尽管学界对金融危机、财政危机有不同认识，但它们同属“经济的危机”，同时，也都是“分配的危机”。金融危机无论是否深入影响实体经济，都会影响相关主体的利益分配；而财政危机不仅会对市场经济产生巨大的负面影响，且其本身就是“公共经济的危机”。上述在经济和社会发展过程中出现的危及经济发展的突出问题，都会影响经济发展的时机。

在各国经济发展的历程中，都曾出现过多次危机。一国经济唯有协调、均衡发展，真正有效发展，才可能避免危机的发生。反之，如果实体经济与虚拟经济发展不协调，本国经济与世界经济发展不均衡，就必然影响整体分配结构的均衡，并可能产生经济危机或分配危机，最终影响经济的有效发展。因此，一国长期、均衡、稳定、有效的发展最为重要。

其次，危机与发展，都同法治密切相关。

有效的法律规制有助于防范和化解危机，有助于促进经济的有效发展。20 世纪 30 年代的大危机，使宏观调控法应运而生，从而使经济法制度得以整体问世，并成为促进经济有效发展的重要制度保障。经济法由此不仅被称为“危机对策法”，亦被称为“发展促进法”。

从分配的角度看，财政危机、金融危机等都与资金、收入、财富分配的失衡直接相关。通常，金融危机可能转化为财政危机，而财政危机则会加剧金融危机。各类分配危机的发生，固然有深刻的经济原因，但往往都与法律规制不足有关，因此，非常有必要加强对经济行为的法律规制。在防范分配风险或应对分配危机的过程中，相关法律制度会得以完善，整体的法治水平也会得到提升。

虽然无论是防范和应对经济危机的发生，还是促进经济的有效发展，都需要加强经济法规制，但必须要符合法治的基本原则，体现法治的基本精神。为此，经济法领域的法定原则、公平原则、效率原则都必须特别强调，并贯穿于经济法规制之中；同时，经济法制度的发展，也要处理好自身的统一性与差异性，以及与其他法律制度的独立性和协调性等关系，还要处理好经济政策与经济法的关系。

（3）基本线索。

本成果的基本线索是：从问题出发，提出我国需要着重解决的分配问题，探讨分配问题的表现、成因、危害，以及解决分配问题的具体路径，分析在解决分配问题的制度构建和实践方面存在的具体问题，并结合分配问题所带来的危害及其防杜，提出完善相关制度的措施和方向，并在此基础上，提炼相关的分配理论和法律规制理论。

具体说来，上述线索可以分解为以下几个方面：

第一，基于问题定位，本成果先提出分配领域存在的两类分配压力，即国家的财政压力和国民的民生压力，强调这两类压力的缓解和释放尤其需要加强经济法规制，从而说明在分配领域加强经济法规制的必要性问题；在此基础上，本成果再分别以财政危机和分配差距问题为例，揭示这两类分配问题与经济法规制的内在关联。

第二，各类分配问题的解决，都离不开国家协调。而国家协调的重要手段，则是政策和法律，特别是经济政策和经济法。因此，在分配结构的调整方面，需要经济政策和经济法的“双重调整”，需要经济法中的“促进型规范”的积极回应。此外，在分配结构的优化方面，传统法与现代法有不同的价值追求。这些探讨意在进一步说明为什么在分配领域需要加强经济法规制，以及为什么经济法规制更有助于分配问题的解决。

第三，运用经济政策和经济法的手段来解决分配问题，是我国改革开放以来的基本做法，同时，改革开放以来的整个经济法治建设，一直贯穿着分配的主线，体现着分配导向。事实上，解决分配问题始终是经济法治建设的重要目标，加强经济法规制，对于解决分配问题，防范和化解分配危机，尤其具有现实意义。

第四，要加强分配领域的经济法规制，就需要不断完善经济法制度。从整体法律体系的角度，需要注意经济法与其他法律制度的协调，尤其应保持与宪法、民商法的协调性，以更好地发挥各类部门法综合调整分配关系的功效；同时，从经济法自身的角度，则需要注意经济法规范的统一性与差异性，以更好地实现分配正义，确保实质公平，全面地解决分配问题。此外，加强经济法的制度建设，核心问题是要使相关主体的分配权利得到有效保障，特别是经济发展权、财产权或收益权，必须在经济法制度中得到应有的保护，这是解决分配问题的重要制度保障。

第五，如果经济法与其他相关法律的规制不到位，不能有效解决相关的分配问题，就极有可能发生分配危机。在危机应对方面，加强经济法规制会对走出危机发挥重要作用，但分配危机的成因和扩展毕竟受多种因素影响，因而也要看到经济法规制的局限性，尤其应当注意规制的合法性，即使在危机时分，也要符合经济法治的要求。

第六，基于上述分配问题、分配危机及相关法律规制的讨论，可以进一步深化理论研究。一方面，应注意运用经济法理论来分析分配问题和分配危机的成因、扩展、应对等问题；另一方面，也应注意结合分配风险的防范和分配危机的应对，不断完善和拓展经济法的理论研究，开创旨在研究分配问题和分配危机的相关法学理论，以更好地推进经济和社会的发展，同时，也推进法治自身的发展。

上述几个方面，着重针对分配问题和分配危机如何加强经济法规制的问题展开研讨，是本成果基本线索的进一步具体化，并力求将前述的分配、危机、法治、发展四个方面融为一体。

（4）基本框架。

基于上述的基本线索，本成果除导论部分外，共分为九章，这些部分紧密相连，相互贯通，分别侧重于讨论如下问题：

第一章主要是提出问题。由于分配问题多种多样，本成果选取了社会各界感受和关注最多的分配压力和分配差异切入，从中引出国家的财政分配问题、国民的收入分配问题，特别是分配差距过大和分配不公问题，强调这些问题是分配失衡的体现，都蕴含着分配风险和分配危机，都需要加强经济法规制，从而为整体的探讨奠定基础。

第二章、第三章和第四章，主要是探讨分配规制工具。先是强调对复杂、多元的分配关系加强国家协调的必要性，提出国家协调的两种重要工具或手段，即政策手段与法律手段，分析对分配结构进行两种手段的“双重调整”的必要性和可行性，以及运用法律手段中的经济法手段促进分配问题解决的合理性。同时，还强调对于分配结构的法律优化，应当注意传统法与现代法的分工和定位，尤其是经济法在解决分配问题方面的特别功用。在此基础上，从历史的制度变迁的视角，进一步揭示分配对我国经济法理论和制度形成发展的影响，以及经济政策和经济法规制这两类重要手段对于解决分配问题的重要功能。

第五章、第六章和第七章，主要是探讨分配规制制度。先是提出着力解决分配问题的经济法制度与其他涉及分配的宪法制度、民商法制度的协调发展问题；继而探讨经济法制度自身的统一性与差异性问题，强调经济法规制必须符合相关的法治原则；最后，再具体分析经济法制度对分配权益的保障，强调诸多分配问题的解决，都要不断完善相关的分配制度。这几章的探讨着重揭示分配规制方面存在的现实问题，对于完善经济法规制更有价值。

第八章和第九章，主要是基于上述的分配规制工具和分配规制制度，探讨应对分配危机的理论和制度问题。先是探讨应对危机的制度及其存在的问题，强调经济法规制对于应对危机的重要性以及局限性，尤其强调规制的合法性，在此基础上，进一步探讨经济法领域的分配危机理论，揭示风险理论对分配危机防控以及经济法理论发展的重要价值，强调应构建发展法学中的分配危机理论。

上述各个部分所构成的基本框架，包含了如下内容：第一，提出分配问题，确定本成果的研究对象；第二，针对各类分配问题，国家需要运用相应的规制工具加以解决，其中，政策手段和法律手段是两种主要的分配规制工具，特别是经济法规制具有更为重要的功用；第三，上述各类分配规制工具，都要融入相关的分配制度中，形成规制分配的各类具体制度，为此要研讨分配制度存在的诸多问题；第四，在此基础上，还应研讨如何运用分配规制工具或分配制度来应对分配危机，并提炼相关的分配危机理论。上述内容，形成了如下逻辑框架：分配问题—分配规制工具—分配规制制度—分配危机应对。

2. 重要观点

（1）在分配领域，存在着两类重要的分配压力，即国家的财政压力和国民的民生压力，这两类分配压力是分配问题的突出体现。必须有效缓解和释放，才能防止分配风险的扩大，避免发生分配危机。其中，针对财政压力所带来的财政风险和财政危机，必须通过加强经济法乃至宪法方面的规制来促进其解决；而针对民生压力，特别是与之相关的分配不均或分配差异、分配不公、分配失衡等问题，则必须进行多种法律的有效调整。

（2）对分配关系的国家协调和对分配结构的调整，应当从政策和法律两个层面展开，加强对分配结构的“双重调整”；同时，尤其应当注意加强经济法规制。在对分配结构进行优化的过程中，既要看到传统法对于解决初次分配问题的重要功用，又要看到经济法、社会法等现代法对于解决再分配问题的重要价值；发挥促进型经济法规范在解决分配问题方面的重要作用。

（3）从历史上看，我国的改革开放始终体现分配导向，围绕着分配问题的解决来展开；同时，我国的经济法治建设，也始终贯穿着分配路径和分配主线。国家的财政分配和个体的利益分配，是推进改革开放的直接动因，也是运用经济政策和经济法制度变迁发展的重要线索。透过分配路径，可以贯通整个经济法治的过去、现在和未来，并能够对经济法制度和经济法规制有“融会”的理解。

（4）在解决分配问题方面，尽管经济法的规制非常重要，并且，经济法制度在诸多解决分配问题的原因中占据重要地位，但也应看到，宪法、民商法等同样是解决分配问题的重要制度，因而要注意经济法与宪法的一致性和协调发展问题，同时，也应注意经济法与民商法的规制协调。只有解决好不同位阶、不同性质、不同类型的分配制度的协调一致问题，关注同类分配制度的内部统一，才能更好地在整体上发挥各类分配制度的功效，从而更好地解决分配问题，防范和化解分配风险和分配危机。

（5）在关注分配制度渊源的协调统一的同时，还应当看到，虽然从法制的统一性的角度，应当强调分配制度的统一性，但由于分配主体的现实差异，使得分配制度存在着诸多层面的差异性。这些差异可能体现在同一时期的不同区域、不同行业、不同企业、不同个人等方方面面，现实的立法试点、同一立法的内部差别，以及制度实施过程中的区别对待，都会体现为诸多差异，并影响到相关主体的分配。因此，要关注统一的分配制度之外的差异，以及差异化分配制度的统一规制，还要关注同类制度内部的差异化安排和相关特殊因素（如国家因素）的影响。

（6）对于各类分配问题，特别是双重分配压力、分配差异、分配不公等问题所可能引发的分配风险，必须运用经济法等各类法律制度中所蕴含的分配制度予以有效解决，为此，应加强对相关主体的分配权益的法律保障，特别是经济发展权中的分配权利，以及在各类具体制度中所体现的分配权利（如增值税领域的抵扣权、房产税制度中的财产权）等，都要予以有效保护。此外，对于中央与地方的收入分配权，也要有效保护，这样才能更好地防范和化解分配危机。

（7）如果分配问题不能得到有效解决，则分配危机的发生就可能成为现实。在分配危机的应对方面，经济法规制非常重要。既要看到经济法规制对于应对危机的重要作用，又要注意相关分配调控手段的实效性和合法性，并应注意在危机的应对过程中，推进相应的经济法规制理论和制度的完善。

（8）要重视运用经济法的理论来解析分配危机，同时，也要注意在经济法理论中提炼分配危机理论，包括公共经济危机理论、国家竞争理论、风险理论、情势变更理论等，特别是风险理论对于分配危机的防控更为重要。在此基础上，还应进一步提炼“发展法学”领域的分配危机理论，因为无论是分配问题的解决，还是分配风险和分配危机的防范与化解，都是为了更好地促进经济和社会的发展，发展法学应当把分配问题或分配危机作为重要的研究对象，并通过经济法、社会法等领域的深入研究，来推进经济、社会与法治的发展。

3. 相关对策建议

（1）我国目前同时存在着国家的财政压力和国民的民生压力，上述“双重压力”与分配差距过大、分配不公等密切相关，蕴含着分配风险，是分配问题的突出体现。为此，需要加强经济法规制，尤其需要加快深化收入分配制度改革，推进财税、金融等体制改革，有效实施“结构性减税”，切实减轻国民负担。

（2）对分配关系的协调或调整，是国家的重要职能和职责。国家的分配协调可以运用政策手段和法律手段，但要更加重视法律手段，解决一直存在的“重政策轻法律”的问题；对分配结构要运用上述两类手段进行“双重调整”，实现结构优化，改变不合理的分配格局和分配秩序。在法律调整方面，要重视传统法在解决初次分配方面的功用，兼顾效率与公平，同时，尤其应当发挥经济法规制在再分配方面的重要作用。

（3）我国改革开放的重要目标就是解决分配问题，分配问题与整个改革开放的进程相伴，也与经济法治建设的历程相随。为此，要深化改革，推进开放，加强法治建设，就必须解决好分配问题，加强分配法治建设，尤其应当出台行之有效的分配制度，解决当前存在的突出的分配不均、分配不公、分配失序和分配失衡的问题。

（4）在分配制度方面，应当重视经济法与宪法及民商法等部门法中的具体分配制度的协调，更好地发挥整个法律体系对于解决分配问题的重要功用。为此，应当在立法和执法过程中，发现、反馈各类制度存在的不一致或不协调的问题，不断提升立法质量和协调性；同时，应当关注各类分配制度在统一性和差异性方面的冲突问题，尤其应当注意从法定原则、公平原则、效率原则的角度解决上述问题，努力实现分配正义。

（5）分配问题的解决须注重平时的法律规制，尤其应当注意加强对分配主体的分配权利的保障。只有有效保护各类主体的经济发展权，保障国家的财政权和国民的财产权，缓解和释放“双重压力”，在各类具体的分配制度中切实保障相关主体的分配权，才可能防范或化解分配风险和分配危机。为此，在既有的各类制度中，以及未来相关立法的过程中，都要注意对各类主体分配权的保障。

（6）应对分配危机，尤其需要加强经济法规制，但也要看到经济法规制的局限性，确保规制的合法性。此外，关注分配危机的应对问题，还应当提炼经济法领域的一系列重要理论，开拓和推进经济法理论中的“危机与规制”或“规制与发展”领域的研究，提炼和构建经济法中的分配理论，进而推进更上位的“发展法学”的研究，这有助于更好地促进经济、社会和法治的发展。

三、成果的学术创新、应用价值以及社会影响和效益

1. 学术创新与应用价值

对于分配危机与相关的经济法规制问题，法学界还缺少研究。本研究成果对分配领域的经济法规制问题进行了较为系统的探讨，强调在我国存在着两类分配压力，即财政压力和民生压力，这两类压力是诸多分配问题的集中体现；而分配问题，特别是分配不均、分配不公、分配失衡等问题，则会带来分配风险，并可能导致分配危机。因此，对分配问题必须特别关注，并应当加强分配领域的经济法规制，这对于防范和化解分配危机非常重要。

本研究成果提出了“分配危机”的概念，强调金融危机、财政危机、债务危机等各类经济危机，实质上都是分配的危机，都是分配严重失衡、失序的结果，而要实现分配有序，保障分配均衡，确保分配正义，就需要加强法律规制，特别是经济法规制，全面推进经济法治，这对于推进经济和社会的稳定发展至为重要。

基于上述认识，本研究成果进行了分配理论和分配规制理论的探讨，提出了对多元分配关系进行国家协调的理论、对分配结构的双重调整理论和法律优化理论，以及分配制度的协调一致理论和差异性理论，探讨了双重压力下的经济发展权理论，以及经济法理论中的公共经济危机理论、国家竞争理论、风险理论以及“发展法学”中的分配危机理论。这些理论探讨都具有一定的创新性。

此外，本研究成果探讨了应对分配压力的经济法路径、应对分配危机的经济法制度安排、优化分配结构的法律规制措施、调整分配结构的政策法律手段等，以及在各类具体的分配制度中应当强化的权利保护；还探讨了我国的立法“试点模式”，分析了授权立法的相关问题，对多个具体分配领域的立法完善也都提出了相应的对策建议，因而具有一定的应用价值。

2. 社会影响和效益

本研究成果中的部分内容曾在相关核心期刊上发表，曾被《新华文摘》、中国人民大学复印报刊资料等转载，产生了积极的社会影响。

本研究成果将有助于推进分配领域的法律规制问题的研究，其中涉及的许多重要理论还将有助于推进经济法学理论、财税法学理论等相关理论的研

究，提出的一些对策建议也将有助于推进相关领域立法的完善。

如果本研究成果的某些观点能够被采纳，国家进一步加强相应的法律规制，并构建分配法治体系，从而有效防范分配风险和分配危机，防止经济和社会的剧烈波动与震荡，则会产生更为巨大的经济效益和社会效益。

《行政裁量基准研究》概要

周佑勇*

裁量基准，是近年来伴随着裁量治理转型而在中国本土的执法实践中逐步建立起来的一种新兴制度。它植根于中国的本土实践，是一种“自下而上”来自中国基层社会治理中的典型经验和实践创造。深入探寻和解决裁量基准这一新兴制度的生成模式、正当性基础和制度定位问题，并在此基础上构建科学合理的裁量基准制度，已成为助推中国行政法学发展和行政法治创新的重大课题。对此，本项成果从观察和分析裁量基准在中国本土的实践出发，以一种功能主义为立场，重点围绕裁量基准的性质、功能、技术及其制度构建、司法审查等问题展开了系统、深入的研究。

一、研究的目的、意义及所使用的研究方法

行政法的精髓在于裁量。如何在使行政裁量保持灵活多变的风格以适应现代社会发展需要的同时，又能够采取有效的治理方案防止裁量权的滥用，一直是各国行政法共同致力于研究和解决的中心议题，堪称行政法领域的“哥德巴赫猜想”。近年来在我国执法实践中，裁量空间偏大、随意执法、裁量权滥用等问题越来越突出，并成为转型期中国社会各种矛盾汇聚的焦点。因此，如何有效规范裁量权的问题，同样引起了当下我国行政法实践和理论的普遍关注。

在行政法实践中，近年来我国各地各级行政机关纷纷推出各种裁量基

* 周佑勇，东南大学教授，博士生导师。

准，就是旨在通过设定一种规则细化的裁量权行使标准，以加强对裁量权的规范和控制。与此同时，来自理论界的研究也在不断加强，近年来有分量的成果也在不断推陈出新。尽管多数学者所提出的理论方案仍旧局限于传统规范主义的控权模式，大体上还是沿袭了立法、行政和司法“三重控制”的传统固有模型，但是在主导模式的选择上已呈现出各有侧重、多路并进的态势。譬如，有的侧重于以立法为主导的规则控制模式，有的侧重于以行政为主导的程序控制模式，还有的侧重于以司法为主导的审查控制模式。显然，无论哪种模式的选择，对于行政裁量的控制而言都是有意义的。然而，面对“魔幻”般的裁量问题，并非一个简单的控制就能加以解决。要想从根本上彻底解决行政裁量的滥用问题，就必须超越这种单纯的裁量控制，去思考一个更加宏大的话题——“行政裁量的治理理论”，并实现从传统“规范主义控权模式”向“功能主义建构模式”的裁量治理转型，以探求切合中国特色的裁量权治理方案。

针对裁量权广泛存在并有可能被滥用的事实，也许的确应当按照传统的“规范主义控权模式”所倡导的那样，建立一个包括立法、行政、司法等在内的“多管齐下”的、以“立法指令”为取向并严格服从于法律规则的裁量监控体系。这种模式对于协调裁量与法治的关系，保证裁量严格受制于法治，无疑有着重要的作用。然而，这种模式往往片面追求形式法治，而忽视实质法治；过分强调严格的规则和机械的外在权力控制，而忽视行政裁量固有的能动性与实现个案正义的内在品质。“功能主义建构模式”则旨在弥补这一局限性，它强调的是一种行政的自我调节与自我控制，即通过行政裁量系统内部各种功能要素的自我合理建构，在保障裁量权正当行使的同时，激发其内在的能动性与自我调节功能。当然，过分依赖于行政机关的“自制”也可能导致一种新的“专制”。为此，这种行政自制仍然要受到来自一般性立法规则或法律原则的“法的约束”。具体而言，功能主义建构模式的要求是，在各种行政法“原则”的统制之下，通过行政机关内部的规则制定、个案中的利益衡量与意志沟通及事后的司法审查等方面功能因素的有效发挥，达到对行政裁量运行系统的最佳建构，由此形成一种新的治理框架和运行规则体系。

在我国，近年来全国各地各级行政机关在执法实践中纷纷推出的各种

“行政裁量基准”，作为一种特殊的“规则之治”，正是伴随着裁量治理模式从规范主义到功能主义的转型而出现的一种重要制度创新。其实，从域外的情况看，早在上世纪70年代，美国学者戴维斯所倡导的通过行政机关制定“规则”（rule making）来建构裁量的理论，既已备受人们广泛的关注。他指出，“对裁量权的限定，并不能将期望寄予法律的颁布，而在于比法律更为广泛的行政规则的制定”。由此强调行政机关应当通过自己的行为设计出裁量权行使的具体化规则，以替代要求立法机关进行具体细致的立法。我国实践中大量涌现的裁量基准，与戴维斯所倡导的以行政规则的制定为中心的裁量建构理论，在本质上都明显趋向于功能主义的建构模式，体现了裁量治理模式从规范主义到功能主义的转型。

实际上，裁量基准通过诉诸“情节细化”和“效果格化”技术而为裁量权的行使设定一种规则细化的具体判断选择标准，与个案中的利益衡量并无实质区别。它其实就是将个案中的利益衡量加以规则化和制度化，从而更加有效地建构裁量权的行使。从这种意义上讲，裁量基准在功能主义所倡导的整个裁量治理体系中处于核心地位，甚至可以说就是它的浓缩版。透过裁量基准，可以延展出功能主义建构模式的整个画面，精妙地演绎出对裁量权治理的一整套自我控制技术。这也许正是戴维斯将自己的学说以行政规则的制定为中心来展开的缘由所在，也正是本项研究的目的和意义之所在。

本项研究的另一更加重要的目的和意义在于，裁量基准植根于中国的本土实践，是一种“自下而上”来自中国基层社会治理中的典型经验和实践创造。尽管它与戴维斯的学说有着相似的路径，但是毕竟作为在中国本土生成的一种新的制度，自然有着更多本土化的要求，也引发了许多亟待我们深入研究的课题，需要学术界对此做出及时、应有的理论回应。尤其需要去深入探寻和解决裁量基准这一新兴制度的生成模式、正当性基础和制度定位问题，并在此基础上构建科学合理的裁量基准制度。这也正是本项研究所要致力于去完成的主要研究任务。

围绕研究任务，在研究方法上，本项研究除了采用理论联系实践，文献调查、社会调查与案例调查相结合等传统研究方法外，重点采用了比较分析、规范分析和实证分析三位一体的研究方法。首先，裁量基准在德国、法国、日本等国家已成为行政机关对裁量权实行自我拘束的一种较为常见的行政法现象，通过对这些国家裁量基准制度的比较分析，我们可以从中探寻其所遵循的普遍性共同规律，从而为我国裁量基准制度的确立提供许多有益的启示。其次，在我国，针对近年来在全国范围内大量出现的通过一定规范性文件的形式而制定的裁量基准这一重要事实，本项研究必须建立在对这些规范性文件的规范分析和实证分析的基础之上。同时，结合实证分析的目的还在于，通过对典型判例的观察来发现现行制度和理论设计中存在的不足与问题，并结合相关立法和学说来分析和解决所发现的问题，从而达到深化和丰富裁量基准理论及完善相关制度建设的目的。

二、成果的基本构思、主要内容和重要观点

本项研究从观察裁量基准在中国本土的实践出发，以一种功能主义的立场，重点围绕裁量基准的制度定位及其存在的正当性基础、裁量基准制度构建中的技术构造与程序设计，以及裁量基准的司法审查等三个方面的问题进行构思，并建立相应的框架体系，由此展开以下五个部分内容的具体研究：

（1）裁量基准在中国本土的实践。在中国本土实践中，最早成功推行裁量基准的是浙江金华。自 2004 年金华市公安局率先实践以来，裁量基准在全国范围内已呈现出多种类、多领域和多层次的发展态势。透过金华裁量基准的成功实践及其在全国范围的积极发展，我们可以发现，它无论对于行政裁量的有效治理还是对于中国未来行政法治的发展，都有着重要的启迪。一方面，裁量基准作为一种特殊的“规则之治”，融合在自律与他律之间，平衡于拘束与裁量之间，具有沟通法律与个案的结构功能优势，从而成为当下中国法治推进中最具价值和生命力的一种裁量治理模式。另一方面，裁量基准作为“自下而上”源自中国本土的成功实践，预示着未来中国行政法治的变革应当更加关注中国的本土资源，注重挖掘中国法治的中国元素，结合中国的特色来解决中国的问题，而不能一味移植西方所谓“成功”的法治经验；同时也意味着我们不能单纯借助于“自上而下”的政府强制性力量来推进行政法制度的变迁。当然，或许我们对裁量基准这种新兴的制度寄予了过多的理想主义期待，而理想与现实之间总是存在着巨大的落差。一种较为理性和务实的研究立场是，通过对行政裁量基准实践所提出的问题加以不断的探索和求解，在试图推动裁量基准制度更加科学合理的同时，以此为突破

点，尽力去探寻破解行政裁量治理这个行政法难题的有效方案。

（2）裁量基准的制度定位。面对裁量基准这样一种在我国本土实践中自发生成并发展起来的新兴制度，首先必须从制度层面对其性质和功能做出合理的定位，并在此基础上进一步追问其存在的正当性及制度边界等问题。考察各地所推行的裁量基准实践，裁量基准在性质上兼具“行政自制”和“规则之治”的双重品质，应当定位为一种裁量性的行政自制规范，或者说是一种自制型的裁量性行政规范。由此必须站在规则主义与功能主义的双重立场上去论证和解决裁量基准这一新兴制度存在的正当性问题。在规则主义层面，裁量基准作为一种特殊的“规则之治”，究其权力来源的合法性，其在宪政框架下的正当性基础源于“法律保留原则”的发展与“禁止授权原则”的超越，也与我国宪政体系并不相违背。在功能主义立场，裁量基准作为一种行政自制，其通过“自我控权”能否解决对裁量权的有效控制即控权的有效性问题，则通过行政自制理论的合理性证明，加之内含于裁量基准中的功能主义建构模式的优越地位，亦能获得全方位澄清。然而，裁量基准作为一种“规则化”的“自制”，亦有其难以克服的局限性。因此，还必须诉诸一种正当化的制度安排，通过对裁量基准制度边界的划定及其效力的合理界定来保障其正当性的实现，真正有效地发挥其内在的制度价值和功能。通过裁量基准作为一种行政自制规范的观察，有必要倡导一种功能主义的行政自制观，以此推进中国行政法治的新发展。

（3）裁量基准的技术构造。裁量基准作为一种特殊的“规则之治”，在“律令—技术—理想”的法律模式理论中，它更多体现出来的是一种“技术”—— 适用法律和规制裁量的技术。技术是裁量基准的灵魂，技术的合理度和科学性构成了评判裁量基准优劣的核心标准。在我国，受“统一裁量观”的影响，实践中裁量基准的技术构造呈现出“情节细化”和“效果格化”的总体面貌。但是在裁量基准实践的全国推进过程中，裁量基准的具体技术模式在全国范围内得到了极大的发展。以行政处罚领域的裁量基准为观察对象，“情节细化”可以被划分为与违法行为相关的裁量情节、与违法行为人相关的裁量情节以及与违法相关的特殊裁量情节等类型，需要受到“法律保留”“行政法益的必要性和等同性”等规则的限制。从对实践的观察情况来看，现阶段“效果格化”也大体有经验评估模式、寻找基础值模式、数学模式三种类型。它们各有利弊，为不同的实务部门所青睐。基于裁量基准行政自制和规则主义双重属性的考虑，“效果格化”应当提倡采取一种多元、开放的方法论体系，综合运用多种不同类型的技术模式。

（4）裁量基准的制定程序。程序是制度的核心，一项科学合理的法律制度必须建构在一种正当化程序的基础之上。如何划定裁量基准的制定权限，是否需要采取公众参与、公开等民主化的程序制度，不仅在理论上存在较大的分歧，在实践中也有着各种不同的做法，从而极大影响了该项制度的科学构建。对此，裁量基准作为一种不同于传统控权技术的行政自制规范，有着自身特殊的制度功能定位，需要以此为依据来进行相应的程序制度设计。就裁量基准制定权限的划分而言，过分提升基准的制定权限，可能与其行政自制的实质属性有所背离；过分放开基准的制定权限，亦可能与其规则主义的形式属性有所背离。较为理性的做法是在同时尊重行政自制和规则主义的基础上，将制定权限确定在省级行政机关以下、县级行政机关以上的闭合区间内加以分配，它本身亦源于行政机关的执法权，而不是立法权。对于裁量基准制定中是否需要采取公众参与这个问题，尽管公众参与作为一种直接的民意表达方式，一定程度上可以提升裁量基准作为一种行政规则的民主形象，但是基于裁量基准行政自制属性和行政成本的考量，它仍然不宜作为一项强制性义务强加给行政机关，而应由行政机关自主决定。实践中，行政机关应当以裁量基准的“质量要求”和“可接受性要求”为基本参考因素，比对相对人与自己的预期目标是否一致，根据实际情形在“改良的自主管理决策”“分散式的公众协商”“整体式的公众协商”“公共决策或共同决定”四种公众参与模式中选择适用，从而采取不同程度的公众参与。在对待裁量基准的公开性问题上，目前理论上普遍坚持裁量基准“必须公开”的观念，这实际上仍然是一种传统规范主义控权的逻辑思维。如果从裁量基准作为一种自律技术来看，行政机关则并不负有“必须公开”的义务。或许，采取一种“相对公开”的理论预设，则能够更好地满足在“自制”与“他制”之间的平衡要求。

（5）裁量基准的司法审查。司法审查是现代法治的基本标志之一。通过基层司法裁判的观察，裁量基准的司法审查已经获致一些尝试并有所突破，但与此同时也存有正当性瑕疵及其制度安排上的妥当性问题。基于裁量基准作为行政自制规范而同时兼具规则主义和行政自制双重品格，其在司法过程中亦呈现出作为“审查依据”与“审查对象”的双重现象。在规则主义层面，法院需要衡量基准作为审查依据是否能够成立，检讨基准的法律效力是否及于外部，从而确定其是否具有法源地位。对此，法院尽管一般并不受基准拘束，但缘于专业性不足，依旧有参考基准的必要。同时，裁量基准作为行政自制的外在形式，亦需澄清司法权与寓于基准之中的裁量权之间的关系，尤其是对其中自制成分的尊重态度。对此，法院在审查标准上，基于我国《行政诉讼法》所限定的合法性审查标准，以及学界对合理性与合法性审查标准的统合，应在择取合法性审查标准的同时，对合理性审查有所兼顾。并且，根据基准文本所对应的客体究竟是“不确定法律概念”还是“行政裁量”，分别奉行严格与宽松的不同审查立场。另外，在审查强度上，由于裁量基准在本质上仅是一种自制规范，因而法院的权力延伸也理应有所限度，在诸如公开性、设定义务及授权与否等具体内容上，亦应保持对裁量基准自制属性的基本尊重。

三、成果的学术创新、应用价值以及社会影响和效益

相对于国内现有研究而言，本成果的主要创新之处在于：

（1）从中国本土的裁量基准实践出发，揭示了裁量基准多元复杂的发展态势和“自下而上”的新型裁量治理模式，并在此基础上进一步提炼深化了行政法治变革的中国特色，指出未来中国行政法治的变革应当更加关注中国的本土资源，注重挖掘中国法治的中国元素，结合中国的特色来解决中国的问题，更加注重“自下而上”的制度变革路径。

（2）从制度层面合理界定裁量基准的性质与功能，提出裁量基准在性质上兼具“行政自制”和“规则之治”的双重品质，应当定位为一种裁量性的行政自制规范，或者说是一种自制型的裁量性行政规范；在功能上主要通过诉诸“情节细化”和“效果格化”的技术，来达到对裁量权的限定、建构和制约。在此基础上突破“限制性授权理论”，站在规则主义与功能主义的双重立场上，科学论证和解决了裁量基准这一新兴制度存在的正当性问题。

（3）对裁量基准的制度边界及其适用效力进行科学合理的定位，以克服裁量基准作为一种规则化治理模式的局限性，使其功能和效力都获得正当化

的依据。在制度边界的划定上，提出在裁量基准的运行机制与制度构建中必须充分把握三个方面的平衡，即在羁束与裁量之间的平衡、在规则与原则之间的平衡以及在自制与他制之间的平衡。在裁量基准效力的界定上，提出裁量基准不仅对内具有拘束力，而且源于其确立或体现的“行政自我拘束原则”等一般性法律原则也具有一定的对外效力，但是，只要说明正当的理由，具体行使裁量权的执法机关仍可以逸脱裁量基准的边界，根据个案的具体情况做出处理决定，以实现个案正义。

（4）对行政裁量基准制度构建的创新，特别是在技术构造与程序设计两个方面对裁量基准制度做出科学合理的构建。在裁量基准的技术构造上，提出应当提倡采取一种多元、开放的方法论体系，综合运用经验评估模式、寻找基础值模式、数学模式等多种不同类型的技术模式。在裁量基准的程序设计上，对制约裁量基准制度科学构建中的制定权限划分、公众参与及其公开性等问题做出了创新性研究。其中，特别是针对裁量基准制定是否需要采取公众参与这个问题，提出行政机关应当以裁量基准的“质量要求”和“可接受性要求”为基本参考因素，比对相对人与自己的预期目标是否一致，根据实际情形在“改良的自主管理决策”“分散式的公众协商”“整体式的公众协商”“公共决策或共同决定”四种公众参与模式中选择适用，从而采取不同程度的公众参与。在对待裁量基准的公开性问题上，应当基于裁量基准在“自制”与“他制”之间的平衡要求，采取一种“相对公开”的理论预设，而并不必要坚持裁量基准“必须公开”的观念。

（5）在裁量基准司法审查这个问题上，针对裁量基准作为“审查依据”与“审查对象”而存在的来自理论和制度上的障碍因素，分别以“功能主义”和“间接附带审查”技术为中心加以鲜明的理论回应，并在制度设计上创新性地提出法院应当将裁量基准作为论证的“依据”而非法定的“依据”，应当“一并援引”而非“单独援引”；在审查标准上，法院应主要围绕合法性而展开，在诸如公开性、设定义务等具体内容上，亦应保持对裁量基准自制属性的基本尊重。

在成果的应用价值及社会影响和效益方面，本研究成果立足于理论与实践相结合，旨在重点解决行政裁量基准的制度定位、正当性基础及其技术构造与制度构建，这对于完善我国裁量基准的立法体系，推动行政裁量及其治理的理论研究，并指导相关立法、执法和司法工作，以达到推动我国行政法学发展和中国行政法治进步之目的，都具有重要的学术价值。因此，本项研究成果无论在行政法理论研究领域，还是在行政法治实践领域都具有广阔的使用空间和推广价值。

本成果系笔者负责完成的国家社会科学基金项目的最终研究成果，该项目已经全国社科规划办公室验收结项，经匿名专家评审，受到专家的高度肯定，鉴定等级为“优秀”，并入选2014年度《国家哲学社会科学成果文库》(批准号为14KFX005)。围绕本成果的研究，已经撰写并发表了13篇作为阶段性成果的学术论文（均发表在CSSCI来源刊，其中3篇发表在《法学研究》和《中国法学》)。这些阶段性成果发表后已引起了理论界一系列相关研究，并被广泛引用，在学术界产生了重大的影响。据中国知网（CNKI）检索，这些论文总计被引用频次达292次，总计被下载频次更是高达7 255次；其中还有多篇论文被中国人民大学复印报刊资料《宪法学、行政法学》全文转载，或被《法学文摘》《高等学校文科学术文摘》转摘。同时，这一学术成果对法治实践也产生了并将进一步产生直接影响。尤其是，对当前全国自下而上正在推行的“裁量基准制度”起到了极大的推动作用和指导意义。自2009年广州市和湖南省率先在全国以“规章”的形式规范裁量权之后，全国几乎各个省、自治区、直辖市人民政府都或以规章或以规范性文件的形式发布了关于规范裁量权的办法、规定或指导意见，对本省市推行裁量基准制度做出了统一要求。与此同时，国务院2008年发布的《关于加强市县政府依法行政的决定》和2010年发布的《关于加强法治政府建设的意见》都明确要求建立行政裁量权基准制度，以细化、量化裁量权。国务院法制办还下发了《关于规范行政裁量权工作的指导意见》的征求意见稿，拟将进一步规范行政裁量的适用规则和裁量基准，并作为今后规范行政执法的发展方向。因此，本项研究成果作为国内系统研究该问题的研究成果之一，不仅引起了学界对裁量基准理论研究的广泛重视，也对推动裁量基准的实践产生了并将进一步产生积极的社会影响和效益。

《中国民生问题中的结构性矛盾研究》概要

潘允康*

一、研究的目的、意义及所使用的研究方法

1. 研究目的和意义

民生是人民群众的生存状态和生存境遇。任何时代、任何国家和社会都有民生问题。但由于时代特征不同，发展阶段和发展状况不同，民生问题的表现形式也各有不同。从实际出发，改革开放30多年来，中国快速地发展了经济，极大地改善了中国人民的民生状况，提高了人民的生活水平和质量，基本消灭了贫困，实现了温饱，已经开始了全民奔小康的时代和进程。但是，我们必须清醒地看到，在民生领域我们还面临着诸多问题和挑战。中国是个人口大国，经济社会发展还不均衡，要彻底解决民生问题，实现全面建成小康社会的宏伟目标，我们还有很长的路要走。社会上还有贫困现象存在，在旧的民生问题逐步解决的过程中，新的民生问题还在不断出现。社会上出现的贫富差别不仅导致了阶层分化，而且出现了不同阶层和群体有不同的民生问题和需求的现象。各种民生问题的相互联系和交织，产生了民生问题中的结构性矛盾，使得对民生问题的认知和解决变得更为复杂。

当前，中国正处于经济社会转型时期。经济社会转型期的民生建设既是机遇，又有挑战。习近平同志在中国共产党第十八次全国代表大会上对中外

---

* 潘允康，天津社会科学院社会学研究所研究员。

记者说："我们的人民热爱生活，期盼有更好的教育、更稳定的工作、更满意的收入、更可靠的社会保障、更高水平的医疗卫生服务、更舒适的居住条件、更优美的环境，期盼着孩子们能成长得更好、工作得更好、生活得更好。人民对美好生活的向往，就是我们的奋斗目标。"实现全面建成小康社会目标，让中国人民都过上好日子，都有幸福生活，是当前中国的最大政治、最大的中国梦。

研究中国民生问题的深层次矛盾，探寻解决中国民生问题的科学方法和规律，提出解决民生问题的政策和策略，有利于民生的改善，有利于提高人民的生活水平和生活质量，有利于改善社会治理和社会建设，有利于经济社会协调发展，有利于实现四个"自信"，有利于社会长治久安。无论如何，当前关于中国民生问题的研究，既有重大的理论意义，也有重要的现实意义。从理论研究的角度说，民生问题研究有助于丰富社会建设理论，有助于推进社会治理体制创新。从实践的意义上说，只有科学地研究民生问题，认识民生问题发生的客观规律，才能从实际出发，提出解决民生问题、改善民生状况的方法和策略，制定出统筹解决民生问题的政策和政策体系，为党和政府解决民生问题提供决策参考。

2. 研究的思路、过程和使用的方法

（1）将民生问题的研究置于中国社会变迁的舞台之上。

以社会时代为背景，对社会问题进行研究是社会学学科的特点。只有在中国社会发展与变迁的大舞台上，才能看清中国民生问题的特殊性，才能揭示其深刻的内在矛盾，做出中肯的、理论与实证相结合的分析，找到解决问题的路径。本课题首先研究中国民生问题产生的时代背景与特征，为中国民生问题研究拉开舞台帷幕。

（2）文献法：注重民生问题的基础理论研究。

本成果的基础性和深层次工作是进行民生问题的基础理论的研究和探讨。围绕民生问题，进行了翔实的文献检索和综述，包括民生问题的基本理论、民生问题的性质与结构、民生问题的现状和特点、民生问题的根源和解决民生问题的意义、改善民生的途径与对策、公共政策与政府转型路径、制度道德建设路径、公共产品供给路径以及社会建设和发展社会事业理论。上述研究为本成果提供了理论基础和支撑。

（3）确定以民生问题中的结构性矛盾为研究的切入点。

事实表明，中国的民生问题中存在着结构性矛盾，本成果力求通过对民生问题结构性矛盾的探讨和对各种民生问题相互联系的综合性研究（包括宏观和微观两个层面），开辟民生问题理论研究的新视角，实现民生问题理论研究的创新。

（4）社会调查法：进行民生问题的社会调查和定量分析。

本课题采取定性研究和定量研究相结合的方法，实证调查是本课题的一个重要组成部分。近年来政府有关部门、高校、科研单位进行的各种科研课题研究及新闻媒体等都公布过大量与民生问题研究相关的统计数据和例证，提出过各种分析和结论。这些文献资料是本课题分析和研究的主要依据、参考与佐证。

除此之外，本课题还进行了独立的社会调查。从本课题的总体设计出发，根据研究需要，用系统抽样的办法抽取调查样本，进行了千户居民民生问卷调查。

（5）比较研究方法：进行中外民生问题的比较研究。

比较的方法是社会科学研究的重要方法，在比较中显现差异，在比较中实行鉴别，在比较中得出相应的结论。本课题使用了比较方法进行研究，不仅进行了国内比较，还实行了国际比较。比如在探讨普教和职业教育问题时，与英国的双轨制、美国的生涯教育比较；在研究多元化养老模式时，则比较借鉴了美国的医疗照顾辅以社区服务、日本的家庭福利＋护理保险、新加坡的中央公积金制辅以社会参与等经验。

（6）兼顾民生问题理论研究创新和为现实服务之两个方面。

作为国家社会科学基金项目，本课题首先是关于中国民生问题的社会科学理论研究，但本课题在坚持民生问题研究理论性的同时，没有从理论到理论，而是依据调查研究，掌握大量第一手中国民生问题资料，从解决民生问题入手，提出改善民生状况的政策和策略，充分体现理论研究为现实服务、为党和政府提供决策参考的宗旨。

在上述研究的基础上本课题组经历了撰写论文、研究报告和咨询性研究“论点·建议”等阶段性成果，以及撰写专著等几个主要研究阶段。在项目进行过程中共发表民生问题研究的阶段性成果 46 项，其中公开发表的论文和研究报告38项，以“论点·建议”的形式报送相关领导参阅并获得包括中共中央政治局委员在内的省部级领导批示肯定的7项。

二、成果的主要内容和重要观点

第一，本著作从结构上可以分为三个组成部分。

第一部分是“绪论”，概括了本课题研究的理论意义和实践价值，及本课题研究的思路、具体做法和文献综述。文献综述是对民生思想理论和其他各种可借鉴研究成果的回顾、概括和总结，包括民生思想理论研究现状（中国古代民生思想、马克思主义民生思想、孙中山民生思想、中国共产党民生理论等）、民生问题及其解决途径研究（民生问题特征、解决民生问题的途径、政府转型与公共政策、体制改革与制度创新、公共产品和民生财政、道德理念与法制保障）、发展社会事业研究现状（社会事业概念、社会事业现状、社会事业的改革与发展思路），是本课题的理论基础和准备。

第二部分为第一篇，是中国民生问题的结构性矛盾研究，包括七章。其中，第一章着重阐述了民生问题的结构性矛盾，是全书的导论式的研究；第二章至第七章分章节具体解剖了六个热点民生问题中的结构性矛盾，即收入分配中的结构性矛盾、就业问题中的结构性矛盾、教育问题中的结构性矛盾、卫生医疗问题中的结构性矛盾、住房问题中的结构性矛盾和养老问题中的结构性矛盾，是全书的重点和主要内容。

第三部分为第二篇，是发展社会事业化解民生问题的结构性矛盾研究。包括第八章至第十三章，论述了以发展社会事业为切入点，解决中国民生问题的结构性矛盾的思路和策略，包括社会事业是社会发展与改善民生的有效契合、以人为本是改善民生发展社会事业的基本理念、建立服务型政府是解决民生问题的主要依托、提供公共服务是解决民生问题的重要保障、建立和健全市场机制是解决民生问题的有效途径、充分发挥社会组织的作用是解决民生问题不可忽视的补充力量等。

第二，研究中国的民生问题可以是多角度、多视野的。回顾起来，本课题抓住“中国民生问题中的结构性矛盾”这个主题，并以此为切入点展开研究的思路是正确的，假设是成立的。

所谓结构是指事物各个组成部分之间的搭配和排列，以及由此发生的关系、联系和生成的模式。所谓民生问题的结构，是指中国多种民生问题之间的相互关联与排列，以及每一种民生问题中所包含的各种问题之间的关联与排列。所谓民生问题的结构性矛盾是指各种民生问题自身或相互关联中的矛盾。对民生问题的结构性矛盾的认识来源于事物与矛盾的普遍联系和交织的唯物辩证法观点，即当我们深思熟虑地考察自然界或人类历史或我们自己的精神活动的时候，首先呈现在我们眼前的是一幅由种种联系和相互作用无穷无尽地交织起来的画面。中国民生问题正是由各种具体民生问题相互交织和联系构成的总画面。这个总画面是带有结构性的。我们必须从它的结构入手，才能从总体上把握它的特征和内部联系，高屋建瓴地分析和认识问题。

尽管我们没有也不可能涉猎中国所有的民生问题，只是选取了当下人们最关心的收入分配、劳动就业、教育、医疗卫生、住房、养老等六个问题进行研究，但通过理论研究和社会调查（包括使用了大量各种公开发表的统计和实证资料），我们深刻地感到中国的各种民生问题不是单一的、孤立的，而是复合的、交叉的、相互联系着的，用科学的话语说是结构性的。在中国的民生问题中充满着结构性矛盾，只有抓住这个要素进行研究，才能深入揭示各种民生问题的内在关系、本来性质和发生的原因，才能找到解决民生问题的路径，思考出改善民生的各种办法和策略。本课题为六大民生问题的结构性矛盾研究提供了相关理论、实证资料和数据，展示了从结构性矛盾处研究具体民生问题的过程，提出了一些改善民生问题的方法和策略，特别是从民生问题中客观存在的结构性矛盾出发，提出必须用统筹的方法解决中国的民生问题的宏观思路，是有益的。

事实表明，中国的民生问题中存在着结构性矛盾，以劳动就业问题为例，该领域同时存在着招工难和就业难问题。一方面，一些企业在劳动力市场上很难招收到急需的具有一定知识、技能和专业特长的技工人员；另一方面，大量的求职者因为不具备相应的知识、技能和专业技术而找不到工作。因此，出现了“招工难和就业难”并存的结构性矛盾。而这个劳动就业问题又显然和教育事业发展问题联系在一起，涉及我们教育发展中的职业培训和职业教育等方面。因此，我国现阶段的民生问题都不是孤立的、单一的，而是彼此关联、错综复杂的，换句话说，它们是结构性的。所谓民生问题的结构，是指中国多种民生问题之间的相互关联与排列，以及每一种民生问题中所包含的各种问题之间的关联与排列。所谓民生问题的结构性矛盾是指各种民生问题自身或相互关联中的矛盾。由于中国当代民生问题是多层面的，各种民生问题互相联系、互相交叉、互相影响、互相制约，因此十分复杂，从发展社会事业解决民生问题的角度说，除去有针对不同的民生问题的专门解决方法之外，还必须有综合性的解决策略。因此，从宏观和微观角度研究民生问题中的深层次结构性矛盾十分重要。本成果力求通过对民生问题结构性矛盾的探讨和对各种民生问题相互联系的综合性研究（包括宏观和微观两个层面），开辟民生问题理论研究的新视角，实现民生问题理论研究的创新。本课题研究民生问题的结构性矛盾包括三个层面：

（1）每一个民生问题自身的结构性矛盾。

收入分配问题中，一次分配、二次分配和三次分配之间的结构性矛盾；居民收入与国家、企业收入之间的矛盾；“强资本”与“弱劳动”之间的矛盾；垄断行业收入与一般行业收入之间的矛盾；“公开收入”与“隐性收入”之间的矛盾；不同地区（城乡、东西部、发达与非发达地区）、不同阶层群体收入差距矛盾；橄榄型的收入分层理想（中间阶层大）与收入分配现实间的矛盾等。

劳动就业问题中，结构性的“三碰头”矛盾，即大学生求职、农民工进城找工作、下岗职工再就业之间的矛盾；一方面存在着企业招工难，招不到合适的职工，另一方面求职者找工作难，找不到合适的工作之间的矛盾；社会安排和解决就业问题与劳动者自主创业之间的矛盾；不同社会群体中的就业特殊性的矛盾，如大学生中就业与择业时序之间的矛盾（是先就业后择业还是先择业后就业）；求事业和求地域之间的矛盾等。

教育问题中，普遍性的教育资源提供与优质教育资源不足不能满足社会需求之间的矛盾；普通教育与职业教育之间的矛盾；学校教育与社会教育之间的矛盾；农村教育与城市教育之间的矛盾；教育发展中的学校布局不均衡，比如中心城区和郊区之间的矛盾等。

医疗卫生问题中，以医疗卫生中的公平问题为切入点，从谁来提供医疗服务、谁来支付医疗费用两个方面展开，探索医疗卫生中的结构性矛盾。诸如医疗资源分配的理想金字塔形与现实的倒金字塔形的矛盾；医疗资源配置不合理，基层医院医疗设施薄弱，医务人员不足，病患从农村涌向城市，又都涌向高端大医院，造成“看病难”；政府与企业（组织）、个人医疗费用投入结构比例不合理，个人负担过重，政府投入不足，医院自劳自吃（以药补医），产生“看病贵”等。

住房问题中，住房的绝对短缺和相对短缺（有人无房住，有房无人住）之间的矛盾；房屋的高价格和人们的低收入之间的矛盾；住房供给（建设与出售单套大面积住房）与需求（小户型）的结构性矛盾；住房买卖与租赁市场的结构性矛盾（商品房市场火热，价格不断攀升；租赁市场冷淡，价格偏低）；以及学区房需求和城市空间布局导致的结构性矛盾。

养老问题中，社会经济发展水平和老龄化速度之间的矛盾——社会未富先老；家庭小型化、核心化与中国的家庭养老传统之间的矛盾；家庭养老、社会养老、社家养老等三种养老模式之间的矛盾等。

以上，我们从理论和现实的角度列举了中国民生问题中的结构性矛盾，本课题不可能对以上问题全部进行研究，而是选取其中一部分问题，比如在教育问题中只是进行了普教和职教、教育资源的配置两个问题的研究，这样有利于研究的翔实和深入。

（2）六个基本的民生问题之间的结构性矛盾。

本课题研究的六个基本民生问题，即收入分配、劳动就业、教育、医疗卫生、住房、养老问题，表面上是相互独立的，有各自的特殊性和规律，实质上却是相互联系的，比如住房问题和教育问题是两个问题，但其实是相关的。现在在大城市中，学区房热门是个突出的现象，家长为了孩子的教育问题，大多希望在比较好的学校附近买房或租房，但城市规划和房屋建筑常常没有顾及这个因素，因此造成学区房供不应求，房价大幅度上升，房租也贵，给人们带来很多困扰。又比如，部分职工收入偏低的问题，显然不能用简单的普遍涨工资的方法来直接解决，而必须通过教育培训，提高职工的素质和技能，使他们能在社会高端职场中找到技术含量较高的工作，以获得较多的收入，摆脱低工资的困境。再比如解决困难群体的收入分配、下岗职工的劳动就业和卫生医疗中的“看病贵”问题，又都和社会保障有关，牵扯到困难群体的低保、失业保障、医保等。显而易见，如果我们的社会保障制度很发达、很健全，收入低、失业下岗、看不起病等问题就不会让人们那么恐慌。因此，对民生问题进行综合性研究，是非常必要的。只有厘清民生问题之间的相互关联和结构性矛盾，才能找到问题的症结，得出科学的判断。

（3）研究和解决中国的民生问题和中国的社会发展、社会事业的发展是分不开的。

社会事业的发展是民生问题解决的必然路径。本课题在研究民生问题的同时进行了发展社会事业和解决民生问题关系的研究。提出社会事业是社会发展与改善民生的有效契合的理论和以人为本是改善民生发展社会事业的基本理念等观点，并从四个方面，即建立服务型政府是解决民生问题的主要依托、提供公共服务是解决民生问题的重要保障、建立和健全市场机制是解决民生问题的有效途径、充分发挥社会组织的作用是解决民生问题不可忽视的补充力量，为发展社会事业、解决民生问题提供了理性思考和科学论证。

三、成果的学术创新、对策建议及应用价值

（1）我们认为本课题在学术研究方面的最大贡献在于确立并实施了以结构性矛盾为研究和解决中国的复杂民生问题的切入点，从而为民生问题研究提供了一种科学的视角、方法和范式。

（2）与研究民生问题结构性矛盾相对应的是本成果提出要用统筹的方法解决中国的民生问题。

由于中国民生问题中客观存在着结构性矛盾，在分析和解决民生问题时，必须深入分析民生问题发生和存在的内在联系，解剖民生问题的复杂性，用结构性的方法（也即统筹的方法）解决民生问题。比如我们必须统筹收入分配中的一次分配、二次分配和三次分配，才能真正建立起合理的收入分配秩序和体系；我们必须统筹居民收入与国家、企业收入的关系，才能解决劳动者的收入分配问题；我们必须统筹以大学生为主体的青年人求职、农民工进城找工作、下岗职工再就业等三个方面的就业问题，才能真正缓解劳动就业中的矛盾；我们必须统筹普通教育与职业教育的布局，才能使学校人才培养与社会人才需求对口和衔接；我们必须统筹医疗资源配置，才能使中小医院（特别是社区医院）得到真正的发展，使大中小医院各司其职，真正缓解目前的“看病难”问题。以上是仅就一类民生问题而言的，如前所述，

许多民生问题都是相互联系交叉的，我们必须统筹几个领域中的问题，才能找到解决民生问题的出路。比如，我们必须统筹收入分配、教育、社会保障和劳动就业等领域，才能解决部分劳动者收入过低的问题，才能化解社会上招工难和就业难同时存在的矛盾，实现人才需求和人才供应相吻合。从宏观社会的角度看，要解决民生问题，统筹就显得更为重要，政府职能的转变和社会发展之间的关系必须统筹；化解体制中的矛盾，彻底改变城乡二元体制，更需要统筹。

“统筹”理念是科学发展观的一个组成部分。统筹即统一筹划，在科学发展观中它不仅是一种方法论，也是认识论。在统筹理念中，理论与实践，主观与客观，局部与整体，微观与宏观，历史、现实与未来是辨证的统一。用统筹的方法解决中国的民生问题提示我们，不能“头疼医头，脚疼医脚”，应该同时有具体的对策、政策和政策体系等几个方面。它们既包括解决问题的具体方法、政策、法规，还应当包括中观、宏观、跨领域、跨地域、跨行业、跨群体的综合的政策体系和战略思维。无论如何，用统筹的方法，建立起系统政策体系来解决民生问题，才是科学的、有效的。

（3）本成果具体研究了收入分配、劳动就业、教育、医疗卫生、养老、住房等六个方面的民生问题，也对每一个问题分别提出了一些解决的政策、办法和思路。比如，在收入分配方面提出了建立以民生发展为先的经济发展方式，促进初次分配的公平与秩序，提高普通劳动者的收入水平，建立公平的均等化的社会保障与公共服务体系，鼓励社会力量参与慈善事业的发展等；在劳动就业方面提出了转变经济增长方式，完善基本公共服务体系，加大人力资本投资，继续深化教育改革，强化企业的社会责任等；在教育方面提出了制定科学合理的教育资源分配制度，完善教育经费支付转移制度，继续深入探索义务教育经费随人口流动拨付的政策机制等；在医疗卫生方面提出了缓解“看病难”的主要思路、解决“看病贵”的主要方法等；在养老方面提出创新多元化的养老模式，特别是带有中国特色的“社家”养老的概念和具体做法；在住房方面则提出了建立住房公共政策，倡导梯度住房消费，深化住房政策调控力度等。这些具体的政策和做法的意见与建议，都可以成为政府和其他部门合力解决民生问题的决策参考。

（4）本成果特别把解决民生问题和社会事业的发展联系起来，从发展社会事业的角度思考和解决民生问题。提出了建立和建设服务型政府，提供人民群众满意的公共服务，充分发挥市场机制在解决民生问题中的作用，调动社会组织参与民生问题的解决等，具有重要的政策参考价值。

《中国慈善捐赠机制研究》概要

高鉴国*

本成果主要针对现行中国慈善捐赠机制的表现、内在要素及相互关系、存在问题及对策建议等进行研究。

一、研究的目的、意义及所使用的研究方法

1. 研究目的

本成果在挖掘国内外文献资料基础上，通过对慈善捐赠事业在社会转型时期发展的社会历史背景和捐赠过程内外各类关系的梳理，细致考察捐赠的类型特征、活动内容、组织形式以及运行机制，进一步确认已有发现，并提出新的研究结论与认识。旨在对慈善捐赠机制理论做出相应的补充与拓展；对中国社会捐赠事业提出相关改善管理以及促进发展的新思路、新对策；进一步丰富和深化对中国慈善捐赠机制及转型的综合和专题研究。

2. 研究意义

慈善捐赠在慈善事业领域占据首要环节，如果没有慈善捐赠，慈善事业就成了无米之炊。对慈善捐赠机制的研究有助于认识慈善捐赠事业发展的内在规律，有助于在实践上深入理解中国慈善捐赠事业的发展现状与趋势。在理论建构层次上，选择捐赠机制研究是以往该领域研究的延伸发展；有关慈善捐赠的原因、动机、环境、政策、制度、文化理念等诸多因素均可通过捐赠机制的研究得到更为透彻的解释，其成果可对慈善理论做出拓展，丰富非

* 高鉴国，山东大学教授，博士生导师。

营利组织或第三部门理论。在政策目标追求和实务运作面上，通过探索捐赠机制，有助于突破过去消极的捐赠方式和机制，为推动慈善资源的开发提供决策参照，引导企业和公民捐赠向制度化、规范化的方向发展。

3. 研究方法

本成果采用文献研究、实地研究与调查研究相结合的方法，通过对国内外相关研究文献、统计资料的梳理分析，总结归纳出可能影响捐赠行为的变量，对慈善捐赠机制的现状、特点及其发展趋势进行描述与分析，对不同捐赠主体行为做出比较，归纳解释慈善捐赠的不同内在机制。本研究注重慈善捐赠领域发生的个案经验，选取 SD 慈善基金会、SD 大学教育基金会、远近闻名的“慈善社区”——XZ 村三个典型个案进行深入访谈和实地观察，并针对地方“慈心一日捐”志愿者活动进行问卷调查（发放问卷 900 份，收回有效样本 797 份，回收率为 88.6%），获得丰富的第一手资料。在资料分析的基础上，对慈善捐赠机制的现实经验与发展障碍进行总结与探讨，检验已有实地和调查研究对解释捐赠行为的适用性，以达到发现慈善捐赠过程中的诸多影响因素及其关系、解释其运行机制、寻求行动对策的研究目的。

二、成果的主要内容和重要观点

本成果把慈善捐赠机制划分为组织机制、制度机制和文化机制等基本的亚类型，把慈善捐赠主体的类型、捐赠行为的动力（促发与动机）、捐赠渠道与方式（形式）、捐赠水平及其具体影响因素、筹资渠道以及治理机制等，视为慈善捐赠机制的组织机制。实际上，慈善捐赠机制中的组织机制涉及捐赠方、受赠方、受益方三类基本主体。整体上来看，募捐、捐赠、受赠、资助服务、受益是一个捐赠机制的连续统，构成了慈善捐赠组织机制的基本内容。影响慈善捐赠主体与行为的法律法规与社会文化、惯习构成了慈善捐赠机制研究的制度机制因素与文化机制因素。

本成果共分八章，第一章为研究概述，第二章到第八章是专题研究，分别探讨捐赠主体及其行为方式、捐赠中介机构及其行为特征、影响慈善捐赠的文化和社会因素、慈善募捐方式及创新、慈善救助方式及创新、慈善捐赠机制发展趋势、西方慈善捐赠机制的基本模式与特点等。本成果的主要内容和结论如下：

1. 捐赠主体及其行为特征

本成果确认了三类捐赠主体的社会作用——企业捐赠是中国慈善事业资金来源的主体，民族企业的捐赠在社会捐赠总额中占主要部分，国有大型企业在大额捐赠方面处于率先地位，民营企业逐渐成为慈善捐赠的中坚力量；政府机关捐赠虽然额度有限，但在中国慈善捐赠领域仍发挥重要的引领示范作用；个人捐赠目前不构成慈善资金的主要来源，但正发生一些积极变化，个人捐赠的数量和所占比重将稳步增长。政府、企业、个人三类捐赠主体行为方式的共同特征是：动员机制行政化、单位化，捐赠途径集中化。企业捐赠和个人捐赠的表现形式多样化，出现了现金捐赠、物资捐赠、志愿服务、股权捐赠和福利彩票等多种形式，捐赠指向领域集中在救灾、扶贫和教育等几个主要方面。这也是由中国的基本国情决定的，2008 年以来，地震、雪灾、台风等自然灾害频发，扶贫开发工程逐渐深入推进，吸引了较多慈善资源。企业捐赠以往受政府动员、官办慈善组织劝募和公益营销需要等多种外部因素影响较大，但近年来捐赠动机出现了由外力推动向内生动力转变的良好趋势，企业开始将慈善事业纳入公司战略的层面组织实施。政府部门表现出逐渐淡出慈善募捐市场的趋势，更重视引导作用，而将慈善事业的运作交给社会，这也是政府推动、民间实施原则的体现。个人捐赠方面，同国外相比，中国个人捐赠所占比例较小，主要受捐赠途径有限、税收激励机制不足等因素影响，但随着慈善文化影响不断深入，慈善组织对个人捐赠资源的重视程度逐渐提高，社会正能量积聚扩散，个人慈善意识越来越强，个人捐赠事业正向着良性方向发展。

2. 捐赠中介组织与行为特征

近年来，慈善中介组织类型复杂，发展各具特色。慈善总会系统自上而下建立起庞大的组织体系和救助体系，正在谋求从行政化运作到社会化、市场化运作的转型。基金会发展迅猛，出现了各种形态的基金会。公募基金会普遍成立时间较长，规模较大，以社会捐赠和政府补助为主要收入来源，无论在资金总量还是收入额度上都具有优势。非公募基金会异军突起，自 2011 年起其增长数量和速度均超过了公募基金会，其形态多样，运作灵活，以社会捐赠和基金的保值增值为主要收入来源。随着中国社会经济结构的转变和社会制度的革新，慈善基金会的组织运作不断丰富和成熟，呈现出某些特定的方式。在资金筹募机制上表现为：一是多方联动、以基金制为依托的大额募捐机制；二是以行政化手段为主导、与市场化力量相结合的劝募方式；三是有限的经营收入与基金增值。在转支流向机制上表现为：一是由以行政意志为主导到以社会需求为主导的使用机制；二是教育优先的常态化机制与救灾为主的应急性机制；三是以项目运作为载体的救助流向机制。由于存在慈善基金会依附政府资源的惰性和政府侵蚀慈善基金会权力的惯性，慈善基金会与政府的关系边界并不清晰和明确，甚至还会出现一些反复，直接反映到慈善基金会的实际运作中，呈现行政运作机制、市场化运作手段、社会化运作方式交叉出现，在不同性质的基金会和同一基金会的不同历史时段三种力量机制单独或者组合发生作用的现象。

通过对 SD 省 S 慈善总会的个案研究，发现其实际运作机制与非营利组织形态存在不一致。在慈善组织发育的早期阶段，慈善组织与政府存在密切的关系。政府同时具有获取社会资源和进行社会控制两方面的需求，所以在制度安排上，会尽可能地对慈善组织的内部运作加以控制。在特定的政治体制和社会结构下，自上而下的行政化方式无疑能够有效地提高活动效率，成为官办慈善组织在冲突性制度约束下的理性选择。目前，准行政化的运作机制可以看作基金会发展初期对现行制度的一种适应性反应，但这并不是两者关系建构的终极形态。双方力量的动态博弈推动了慈善组织运行机制的发展与转变。完善捐赠中介组织运行机制的主要方向应当集中在：第一，改革管理体制、放宽准入标准、促进不同类型的慈善基金会全面协调发展。第二，去行政化，赋予慈善基金会更多自主权。第三，开拓慈善资源，增加慈善资金收入。

通过对 SD 大学教育基金会筹资机制的个案研究，发现个人、企业、私人基金会是目前大学教育基金会的主要筹资来源。信任、社会网络和互惠规范是影响大学教育基金会筹资的核心因素，其中信任是大学教育基金会获得筹资的基础，社会网络是筹集资金的平台，互惠规范是筹集资金的保障。大学教育基金会的筹资机制实质上是一个由非校友个人、校友、企业、合作单位等捐赠方和学校、二级院系、校领导、筹资队伍等筹资方以及捐赠对象通过信任、互惠规范、网络等要素联系而成的一个资源集合体，涉及组织与个人、组织与组织之间的多重关系。完善大学教育基金会筹资路径应该致力于加强基金会自身建设，培育社会信任特别是基金会的公信力；增进基金会与社会的联系，拓展筹资网络；强化基金会内部管理，完善与捐赠方的互惠规范。

3. 影响慈善捐赠的文化和社会因素

社会文化机制。本成果探讨了慈善捐赠社会文化机制的两个方面——传统文化因素对慈善捐赠的影响和当代社会意识因素对慈善捐赠的影响，发现中国民众的慈善捐赠行为，除了受传统文化价值基础的影响，更多的是受当代社会慈善意识因素的支配。公民慈善捐赠意识发育水平偏低主要归因于：个人在认识上缺乏强烈的慈善捐赠动机，对慈善事业的理解存在偏差；慈善组织的宣传不到位以及运作机制不健全。公民慈善捐赠意识培育应建立在公众对慈善事业充分了解和信任的基础上。因此，慈善组织必须主动加强组织知名度和公信力建设，自觉提高组织信息透明度。同时，国家应完善相关立法职能，使慈善捐赠各个环节有法可依、高效规范，保障公众对慈善事业的公平参与。

税收机制。税收政策是政府促进慈善捐赠的重要手段，近年来与慈善捐赠相关的税收立法已经取得了进步，逐步给予企业和个人更大的免税优惠。现实中不同税种对不同捐赠主体的影响不同。中国以流转税和所得税为两大主体的现有税制体系下，增值税和企业所得税对企业慈善捐赠行为影响重大。总体上税收政策的激励机制不够充分和完善，主要体现在以下几个方面：企业慈善捐赠获得减免凭证难度大、退税程序复杂、缺乏“倒逼”效应机制。因此，需要进一步完善关于慈善捐赠税收优惠政策的法律法规，落实税收优惠政策，出台实施慈善捐赠税收减免的具体办法和细则。另外，扩大享有免税资格和公益性捐赠税前扣除资格的慈善组织的范围，缩小并消除税收优惠政策在官办 NGO 与民间慈善组织间的待遇差距。改变税前全额扣除仅适用于向特定公募基金会或特殊领域捐赠的局限，赋予更多民间慈善组织捐赠收入的免税资格。

监督机制。对慈善组织的监督主要包括政府监督、社会监督和慈善组织自律等方面。在中国，对慈善组织的监督管理中政府行政监督多，社会监督和组织自律少；缺乏独立的第三方评估机制。因此，完善慈善捐赠事业的监督机制需要：（1）继续完善慈善事业法规制度建设，制定综合性法律，明确对慈善事业监督管理的具体措施；（2）加强各监管环节衔接，增进各监督主体合作，建立政府、公众和新闻舆论共同参与的慈善组织监督制度和慈善组织自律章程；（3）借鉴发达国家相关信息披露经验，建立公正透明的慈善信息公开机制。

社区促进因素。通过实地个案研究发现，社区成员在慈善捐赠活动中的角色及相应的公共意识在发生着变化，纯粹自发型的捐款数量所占比例较少，大量的捐款活动属于组织型与自发组织结合型，其中组织型捐款比例最大。捐款多少不一定取决于人们一般所认为的地区经济发展水平，而与社区倡导以及社区人文传统有直接的关系；社区存在着有利于慈善事业发展的参与机制、激励机制、约束机制以及宣传机制，它们在捐赠活动中发挥着重要作用；在中国村庄社区，慈善捐赠并非像许多城市社会所表现出的那种依靠众多的专业化慈善组织尤其是基金会组织进行，也并非像传统慈善活动一般由宗教团体或慈善事业热心人士来开展，而是紧密地依靠乡村基层政权组织，社区领导人在捐赠活动中起着核心与表率作用。农村社区慈善捐赠的特征表现为互益性与公益性的统一、对村庄基层政权组织的高度依赖、社区精英的“影响效应”。基于民间自愿的捐赠活动，对缓解乡村一些家庭的贫困，缩小贫富差距，弥补社会保障制度的不足起到了较大作用；同时对改善村庄形象，培育村民公共价值，提升社区凝聚力也会产生多向度的积极影响。

4. 慈善募捐与救助方式

随着慈善事业的发展和社会的进步，募捐市场发生了较多变化。为更好地促进慈善事业的发展，提高慈善组织的社会服务水平，改进募捐方式成为慈善组织获取更多慈善资源的关键。借鉴现代营销理念，对捐赠市场进行区隔，开展有针对性的募捐方式，实施有效的分众募捐，有助于提高慈善组织的募捐效率。为实现募捐工作的高效开展，需要不断创新募捐机制，以慈善资金管理形式、募捐财产类型、信息公开、捐赠者管理和专业募捐队伍建设等层面为着力点，实现慈善募捐工作的专业化和现代化，推进慈善捐赠机制建设。现阶段，慈善救助主要通过开展项目的形式进行。由于慈善机构运行模式和政府定位等存在不合理之处，使得慈善救助局限在传统方式之中，缺乏一定的灵活性与多样性。近年来，慈善救助的民间性逐步增强，并出现了公益创投等新的项目开展方式，为慈善救助创新机制的建立与完善提供了重要的条件。进行慈善救助方式的优化与创新，需要转变慈善救助理念，扩大发展型救助的资金支出比例，促进受助者自身能力的发展；通过慈善救助的信息化建设，促进救助资源的公平合理分配。同时，应不断调整与优化慈善项目的结构与范围，使之与人们不断变化的社会需求相适应。

5. 中国慈善捐赠机制发展趋势

近年来，中国慈善捐赠机制在捐赠格局、捐赠组织管理体制、监督透明机制以及募捐筹资机制等方面表现出一系列积极的发展趋势。在慈善捐赠格局方面，中国慈善捐赠数量快速增长，捐赠网络不断完善，虽然总体上还与经济社会发展水平不相适应，但与发达国家的相对差距逐渐缩小。现代慈善捐赠主体格局正处在发育阶段，个体和企业捐赠发展迅速，传统基金会格局被打破，私募基金会开始崛起。捐赠领域开始趋向多元化，发展型捐赠增多。在捐赠组织管理体制方面，中国慈善捐赠组织管理体制逐渐由“偏紧”的控制走向“宽松”的管理，由“条块分割”开始逐步走向“综合协调”，开始注重慈善捐赠组织管理在不同政府部门以及相关领域内的综合协调治理。在监督透明机制方面，中国将初步建立以政府为主体、民间评估力量参与的中国慈善捐赠组织评估机制。独立的民间慈善捐赠组织评估力量将得到实质性发展，评估竞争市场将得到发育。在募捐筹资机制方面，中国慈善募捐机制逐渐向多元化、市场化以及专业化、职业化方向发展。股权捐赠等现代证券化公益性筹资方式将快速发展，慈善信托进入起步阶段。中国慈善捐赠机制的发展一方面依赖于政府通过税法、慈善法等相关法律规章的间接调控、监管与促进，另一方面取决于政府从直接的慈善捐赠活动中退出，进一步放宽控制，积极构建一个相对宽松的民间慈善组织发育环境。

6. 西方国家慈善捐赠机制

科学和公开的慈善捐赠制度，保证了西方社会捐赠的稳定发展。西方社会动员和运用慈善资源的能力体现在：(1) 慈善捐赠水平和社会发展水平相平衡，个人捐赠所占比例较高；捐献水平与可支配收入水平相平衡。因此，提高实际收入，便会带来捐赠量的自然增长。(2) 捐赠动机多元化，基督教价值传统是捐赠行为普及的重要精神动力之一，基督教传统中的强烈社团精神，容易使人们为社区或机构的公益事业做出贡献。(3) 合理科学的税收政策形成推动慈善捐赠的有效机理，主要是个人所得税、公司税、遗产税和累进制，以及企业和个人捐赠的所得税减免。(4) 筹款组织分工动员，慈善募捐组织过程达到较高的社会化、职业化、人性化水平；传统的分散化、自发性的募款方式向有组织、高效率的联合集资募款方式转变，实现了民间捐赠行为的社会化、制度化。(5) 在健全的管理监督机制下，慈善组织形成严格的自律标准。西方公众热心慈善捐献的重要原因之一是他们十分信任接受捐款的慈善机构能把钱物真正用于他们所关注的事业上。

三、成果的学术创新、应用价值以及社会影响和效益

1. 学术创新和应用价值

第一，整合多重研究维度和理论视角，对捐赠主体行为方式和捐赠机制做出客观分析和系统归纳，着力概括其关键特征的变化。国内有关慈善捐赠机制的整体研究不多，涉及慈善捐赠机制转型的研究更少。本成果细致考察捐赠的类型特征、活动内容、组织形式以及运行机制，拓展了慈善捐赠机制研究的深度与广度。围绕中外慈善事业的捐赠方、受赠方、受益方及慈善活动的组织、制度和文化机制，较完整地揭示了慈善捐赠的运行主体和机制构建。

第二，探讨了社区促进机制、机制发展趋势等学术界较少涉及的专题。这些研究初步建构了社区促进机制的理论框架与运作策略，形成社区捐赠机制改进的新思路，为建立中国本土化的慈善捐赠体系提供了一定的学术和实践依据。本研究总结了中国慈善捐赠组织管理体制由“偏紧”控制到“宽松”管理的走向、慈善捐赠管理机制的革新速度依赖于法律规章建设以及政府部门直接退出程度等观点，试图进一步揭示慈善捐赠事业发展的一般规律。

第三，通过中外比较研究，深入总结了国内外相关理论和实践经验。通过具体考察西方国家慈善捐赠的启动、动员、组织和资助过程，发现慈善捐赠事业的高水平运行与文化观念机制（社会价值基础）、税收机制、组织运行机制、管理监督机制等各种结构因素的发展和完善相关，如慈善捐赠水平和社会发展水平相平衡，基督教价值传统是捐赠行为的重要精神动力之一，合理科学的税收政策形成推动慈善捐赠的有效机理，慈善募捐组织过程呈现社会化、职业化、人性化趋势，以及在现代管理监督机制下慈善组织自律水

平的提高等。

第四，将学术性与应用性研究相结合，较多揭示了具有政策评估、政策倡导意义的现实问题。研究者将逻辑分析与经验概括相统一，注意选择有政策评估和倡导价值的分析对象，着重提炼有现实意义的学术知识，以突出研究课题在认识和解决现实问题中的应用性。在现实问题和发展趋势研究基础上，提出了一系列对策设想，尤其是扩大享有免税资格的相关慈善组织范围，逐渐消除官办 NGO 与民间慈善组织的差别待遇，借鉴发达国家相关信息检索系统的经验，建立公正透明的慈善信息披露机制等对策措施，对目前慈善捐赠运行机制的优化具有积极的参考价值。

2. 社会影响和效益

第一，本研究阶段性成果被全国社科规划办《成果要报》刊载，并刊载于《光明日报》“国家社科基金”成果选登专栏，获中央领导人批示和全国社科规划办通报表扬。

第二，成果内容用于相关立法论证和倡导工作。近年来课题组负责人和相关成员多次参加有关慈善捐赠事业座谈、论证、评审活动，交流和传播了课题研究的内容成果。如在民政部慈善立法调研组《慈善法（草案讨论稿）》意见征求座谈会（2009 年）和全国人大内务司法委员会主办的《慈善事业法》高层论坛暨“创新慈善制度，推进慈善立法”学术研讨会（2014 年）上，就慈善法中慈善基金组织章程、慈善捐赠与劝募活动等方面的条款所提出的各项建议，均基于本研究成果的结论与心得，受到调研组和与会代表的高度肯定。

第三，通过国际性学术会议进行广泛交流，受到与会代表好评，并被与会《争鸣与探讨》《学术与实践》等编辑部同仁约稿。

第四，部分前期成果已正式发表，充实了相关学术研究文献，有助于推进慈善捐赠研究在慈善事业研究中的独特地位。

慈善捐赠事业的理论和政策研究始终存在一些矛盾与难题。从理论定义上，慈善捐赠事业是来自民间资源并由民间组织运作的事业，但中国较长时间以来的基本国情是由政府部门主导社会捐赠资源的运作，这使得学术研究的理论前提和现实对象之间难免存在一定程度的断裂或游离。而且慈善捐赠过程与机制涉及的环节和因素诸多，实务操作性强，对研究者经验能力的要求高。由于国内慈善捐赠事业还缺乏系统、翔实和口径统一的统计数据，要做出科学、客观的推论并非易事。

目前中国慈善事业处于上升发展阶段，但慈善事业的作用远没有与社会需求、社会体制以及经济发展水平相适应，慈善捐赠机制研究不可避免地受到现有社会实践水平的局限。然而，学术研究是政策和社会发展规划的先导，需要大力加强法规政策措施、慈善组织自身能力建设方面的研究，具体包括政府公共财政与民间慈善捐赠的互动关系、慈善中介基金组织的法人性质、慈善组织和成员的专业化、慈善信息统计与披露机制等。参与慈善事业的各界同仁有责任通过深入和全面总结已有的经验、面临的问题和改革的措施，推动中国慈善捐赠事业的新发展。

《文化反哺：变迁社会的代际革命》概要

周晓虹*

本成果包括十章，含附录等共计 40 万字。其主要内容包括：

第一章题为“导言：文化反哺与代际传承的新模式”。在这一章中，研究者交代了文化反哺现象的概念内涵，并从全球化的背景入手讨论了代际关系变化的总趋势。为了深入地分析文化反哺现象和代际关系的演变，研究者着力援引了与此相关的三种理论：代际关系理论、社会转型理论和全球化理论。能够看出，研究者希望能够在历时态的社会转型和共时态的全球化背景下，讨论中国社会代际关系的变化。具体说来，一方面，研究者意识到，进入科技革命时代尤其是全球化时代以来，中国社会的代际关系与西方发达国家一样也发生了翻天覆地的变化，代沟现象前所未有地凸显出来；另一方面，中国社会转型所带来的巨大变化，使得中国社会的代际冲突和代际差异表现得最为突出和淋漓尽致，这也是文化反哺现象在中国社会演绎得最为彻底的原因所在。

为了更好地揭示中国社会的代际关系的演变趋势和文化反哺现象的内在意义，研究者采用了定性研究方法来分析这一现象，并在这一章中具体交代了其中焦点访谈（focus group interview）的特点、意义和具体实施措施。通过焦点访谈，我们着重收集了与研究主题相关的四个方面的资料：(1) 在我们的社会生活中，亲子两代人之间的代际传承是否发生了变化，或者像我们所说的那样，出现了文化反哺现象？(2) 如果说出现了文化反哺现象，那

* 周晓虹，南京大学教授，博士生导师。

么在社会生活中它究竟表现在哪些方面？（3）子代教育亲代的能力从何而来？或者说，这种代际关系的“颠覆”是怎样发生的？（4）亲子两代人对文化反哺现象的看法如何？以及这种现象究竟会在何种程度上影响亲子间的代际关系，改变他们在家庭及社会生活中的地位？显然，我们希望通过这一研究，获得对文化反哺现象意义的充分理解，并据此为代际之间越来越剧烈的对立和冲突找到一条负责而理性的解决途径。

第二章题为“反观历史：代际关系及其流变”。在这一章中，研究者希望能够从历史背景入手，交代中国社会代际关系的传统、近代以来的变迁以及1949年的革命对代际关系的塑造或影响。这种历史分析所以必要，基于这样两个基本原因：其一，中国社会有着数千年的悠久传统，这一传统形成了中国人社会行为的基本逻辑和规则，其中包括代际关系以及处理代际关系的基本原则——孝悌传统和长幼尊卑，不了解这一传统既无法理解近代以来的变化，也无法理解文化反哺现象的历史与现实意义；其二，自近代以来一直到“文化大革命”为止，中国社会一直处在革命的激荡时代，革命对中国传统的代际关系造成了相当大的冲击和影响，如果不理解革命对代际关系的正反两方面的影响，我们就不能够很好地理解改革开放以后中国社会代际关系变化的背景和意义，也不能够理解为什么在当代中国会形成这样巨大的代际差异。

第三章题为“灵魂深处的革命”。在这一章中，研究者希望从价值观的转变入手，对文化反哺现象进行进一步的梳理和分析。为此，研究者梳理了1978年改革开放伊始一直到2010年30余年中的中国人精神世界嬗变历程，包括最早的思想解放运动、“潘晓讨论”、1980年代出现的各种思潮和“热浪”（如异化热、尼采热、弗洛伊德热、文化热等）、1988年的“蛇口风波”、1992年的市场化，一直到近年来中国人社会心态的嬗变，等等。研究者通过对许多家庭的访谈，用鲜活的经验事实说明，自改革开放以来，首先是年青一代成了中国社会转型的“边际人”。具体说来，在这场中国人精神的大蜕变过程中，年青一代所以走在时代的前列，不仅因为他们受传统的束缚更少，还因为他们离现代的熏陶更近；不仅因为他们天性反叛政治上的专制和精神上的桎梏，还因为一个朝向民主和自由的中国为他们提供了思想上信马由缰的广阔天地；不仅因为他们青春年少、富于学习和创造，还因为在全球化的背景下开放的世界为他们带来了纷至沓来的知识和信息；不仅因为他们天生聪慧而敏锐，还因为1978年前的30年剥夺了他们的父辈或祖辈在精神上独立的权利和机会，代际之间巨大的落差成就了后来者的多彩人生。最后，研究者提出，在中国社会迈向现代化的过程中，我们必须也只能从年青一代入手，重塑中国社会的价值观。这是因为：(1) 年青一代是中国的未来，要实现中华民族的伟大复兴，显然首先必须铸就能够堪与时代比肩的年青一代；(2) 青春期是锻造价值观的重要时期，因为这一时期的社会化为一个人的成长做好了自然铺垫；(3) 除了上述两点，我们需要强调的是，一个真正能够支撑一个民族的伟大复兴的价值观体系的建构，需要通过不断的反思、交流和吸收，而历史证明，只有年青一代才能够完成这一时代重任。

第四章题为“行为模式的断裂”。在这一章中，研究者在讨论完价值观的嬗变之后，将分析视角转向行为模式这一中观领域，讨论了在当代中国这一越来越异质的社会，多元价值观和多元行为选择对年青一代的影响，以及经由年青一代而产生的对年长一代的影响。研究者通过对诸多社会事件（如“四面楚歌”“超级女声”）和诸多家庭的讨论，从追求自我表现、趣味与格调、偶像崇拜以及服饰和语言等多个领域，论述了年青一代的前行特征，以及他们在行为模式的方方面面对年长一代的反哺或影响。研究者力图说明，中国人社会行为模式的断裂或改变，是从年青一代的反叛开始的，而这种反叛或不遵从，开始受到父母们的批评，后来却成为父母们仿效的对象。尤为有趣的是，研究者证实了：现在，在大众传播媒介对年长一代的影响过程中，年青一代就是这个关键个人，大众传播媒介通过对年青一代的影响来影响他们的父母或祖辈。换言之，在年长一代对生活的理解和生活意义的建构中，年青一代开始起着举足轻重的关键作用。

第五章题为“无法忽视的器物力量”。在这一章中，研究者进一步将讨论的层面下降到具体的物质层面，力图审视在器物使用领域年青一代对年长一代的更为明显的影响或话语权力。为此，研究者讨论了在食品、各类电子产品、电子计算机三大领域，年青一代的“领潮”作用。在这些讨论中，研究者引用了诸多研究专著的观点，但更多的资料则选自自己的访谈。成果通过丰富多彩的访谈资料，向我们证实了在上述物质层面，年青一代确实表现出了鲜明的反哺能力或指点父母和长辈的话语权力。如此，研究者才敢于写道："对生活在世的所有父母们而言，在他们的成长旅途中所遭遇的真正的人生'滑铁卢'是电子计算机的出现和普及。在这里，我们所以使用'滑铁卢'这样的字眼比喻父母们的失败，是因为面对电子计算机，在与年青一代的较量中，他们败得十分彻底。作为电子世界的'侏儒'，父母们不能不承认孩子们的'巨人'地位。在这个世界里，他们与孩子们的'过招'丝毫没有招架的余地，更不用说寻找还手的良机。只要能够做到心平气和，父母们对自己的失败都会口服心服，承认'人类掌握计算机的能力同年龄成反比'。而这场代际间的较量从开始到现在不过 30 年，在中国更是只有 20 年。"

第六章至第八章，研究者用了三章的篇幅讨论了这样一个重要的问题：造成文化反哺这一前所未有的独特现象的原因究竟是什么？具体说来，我们可以将文化反哺现象出现的社会原因归纳为三个方面：（1）自 1978 年以来中国社会发生了急速的社会文化变迁，这一变迁将年青一代和他们的父母、祖辈分隔开来，在亲代和子代之间形成了价值观、生活方式和器物使用方面的巨大鸿沟。（2）同辈群体间的相互影响。这种影响使得他们算数级数式的聚集导致了知识和信息获取方面的几何级数式的增长。这样一种状况，也使得我们的父母现在实际上不是单和自己的孩子，而是和他们那一群人或那一代人打交道。在一个不起眼的孩子后面可能站着一个个联系密切的同辈群体，这些群体成了孩子向父母进行文化反哺的取之不尽的知识蓄水池。（3）现在大众传播越来越发达，正是各式各样的大众媒介造成了亲代与子代在信息获取能力上的不同。对于亲代来说，当他们处在自己的青少年时期时，大众传播媒介还不发达，电脑和互联网对于那个时期的他们来说还不知是何物，他们对于这些信息操作技术的匮乏也自在情理之中。同时，由于那个时期的中国正在经历各种各样的政治运动，或者这些运动刚刚结束，历史氛围使大多数人失去了接受良好教育的机会，这一切都使得大多数父母变得力不从心。相反，对于子代而言，由于所处时代对于教育和信息技术的强调，他们有充分的机会来学习这些技术。正是这三个方面，构成了本书的第六章、第七章和第八章。

显然，研究者受到涂尔干社会学的影响，想在原因和功能两个方面讨论文化反哺及其历史和社会意义。因此，在第六章至第八章的原因分析之后，研究者又用了两章的篇幅（第九章和第十章）讨论了与文化反哺的功能有关的问题：这一现象的社会功能或社会后果是什么？为此，研究者在第九章中指出：（1）子代对亲代的“反哺”一般不会影响亲子间的情感，但它确实改变了原有的亲子关系模式，尤其是提高了子代在家庭中的地位和对家庭事务的发言权，并且使中国社会千百年来的“孝道”出现了困境。（2）来自子代的文化反哺不仅使亲代了解到了许多原先陌生的知识、开阔了他们的眼界，而且实实在在地提高了他们的社会适应能力。我们完全可以说，这也是文化反哺现象最为积极的社会意义。

鉴于代际关系是社会结构及其价值观和社会行为模式变动的反映，研究者在本成果中专门辟出了一章的篇幅，即第十章，讨论了国家、社会与青年三者的关系，通过中国社会近百年来尤其是近 30 年来代际关系的变化，探讨中国社会的变迁和中国社会的现代化。

本项研究直接涉及社会变迁与代际关系的研究，从申报课题开始，研究者就一直希望能够将文化反哺这种现象置于科技进步及网络化浪潮席卷的宏观背景中去研究，其间的学术价值和应用价值是不言而喻的。基于此，我们可以从以下两个方面来论述本研究对中国社会学的发展和社会生活本身可能具有的理论（学术）和现实（应用）意义：

（1）社会学自孔德时代以来，一直以现实的社会生活为研究对象，以收集经验资料说明社会生活为己任。那些杰出的社会学家们在建构自己庞大的理论体系的同时，一直没有放弃解释活生生的社会生活及其间丰富多彩的社会现象的努力。因此，本课题的设立和完成，在某种程度上是对社会学家的社会敏感性及解释力的一种考验。具体说来，在改革开放以后，由于社会发展和科技进步，中国社会的两代人之间出现了与先前全然不同的代际传承方式——从“亲代—子代”发展为“子代—亲代”。这种代际关系的颠覆或革命性的变革，使得社会中的文化传承方向和模式发生了巨大的变化，它同时也改变了中国社会亲子两代人之间的社会地位，从积极的方面说还为“代沟”现象的缓解提供了现实可能的路径。面对这样的变化，研究者认为，如果社会学家不能够敏锐地意识到它的新颖性和社会影响，我们就不能够把握社会生活的基本走向，也不能够反映我们时代的基本旋律。另外，单就课题承担人提出的“文化反哺”这一学术概念而言，无论对社会学中的社会化研究，还是对社会学的“中国化”或“本土化”尝试，也都是一种理论或学术创新。

（2）自工业革命尤其是上世纪 50 年代以来，社会生活中的代际矛盾和代际冲突愈演愈烈，而家庭生活中亲子之间的关系也愈见紧张。如何理解这种被称为“代沟”的社会现象的背景和必然性，如何为两代人之间的理解、沟通和合作找到一条切实可行的道路，从上世纪中叶起就一直是社会学家、社会心理学家、教育学家和文化人类学家着力探索的问题之一。本课题从现实生活的变迁入手，通过对近百个家庭的访谈了解到代际之间在价值观、生活模式和器物使用方面的基本差异，并对差异的形成原因做出了分析。因此，我们相信，本研究所探讨的主题“文化反哺”是沟通两代人之间的相互理解、促进两代人共同进步的有效途径。

从 1988 年开始，研究者就一直致力于文化反哺现象的研究，先后在《中国社会科学》（中英文版）和《社会学研究》等核心杂志发表了十余篇以此为主题的中英文学术论文，并在诸多高等学校、中等学校、研究机构和青年机构做了数十场相关学术报告，研究产生了相当的社会影响，也使这一概念流行开来。2010 年，“文化反哺”甚至成为当年浙江省高考的作文选题。我们可以认为，文化反哺概念的提出及其相关研究，对转型中的中国社会的代际关系的理解与分析，并进而对中国社会学和社会心理学的发展都具有积极的影响和深远的意义。

《中国残疾预防对策研究》概要

郑晓瑛*

一、研究的目的、意义及所使用的研究方法

我国现有 8 500 多万残疾人，残疾问题已成为重大的公共卫生问题和突出的社会问题。经济社会转型中快速的工业化、城镇化、人口老龄化和疾病谱变化使残疾问题更为突出，若不及时采取有效行动，我国残疾人口规模将持续增长。残疾，尤其是重度残疾，严重影响人的健康和发展、学习和工作、家庭和社会生活，严重影响人口素质、人力资本和人民群众的生活质量，导致沉重的社会、经济和心理负担。

国内外经验表明，大多数残疾是可以预防或使其延迟发生的，但大量可预防的残疾依然严重影响人民群众的健康，残疾预防工作面临严峻挑战。加强残疾预防刻不容缓，要把加强残疾预防作为改善民生和残疾人事业发展的重要内容，采取有力行动，有效控制残疾的发生和发展，尽快遏制我国残疾人数快速上升态势。这需要尽快在国家层面制定切实可行的残疾预防行动计划，动员全社会力量，采取适宜于我国系统的社会化综合性残疾预防措施。

2008 年 3 月 28 日下发的《中共中央国务院关于促进残疾人事业发展的意见》（［2008］7 号文件）明确指出，为进一步遏制残疾人口规模的扩大，大幅度降低残疾导致的社会经济负担，要着重加强残疾预防工作，并提出要制定和实施国家残疾预防行动计划。本研究旨在系统分析和评价我国残疾发

* 郑晓瑛，北京大学教授，博士生导师。

生状况和残疾预防现状，总结国内外已有残疾预防成果，探索我国残疾预防工作的重点和突破口，形成适宜于我国的残疾预防对策，为制定和实施国家残疾预防行动计划提供理论和实证支持。

本研究在对2006年第二次全国残疾人抽样调查、历次残疾监测和其他相关专题调查数据分析的基础上，采用文献和政策分析、现场调查及干预试点研究等多种研究方法，采取总体预防策略研究和重点残疾预防策略研究相结合的方式，探索适合于我国国情，科学、有效、可行的残疾预防对策。总体预防策略研究着眼于残疾预防理论和对策研究，全面分析我国残疾发生状况、致残原因及残疾预防现状，确定我国残疾预防的重点和优先领域，提出残疾预防对策建议。重点残疾预防策略研究，根据残疾发生率高、增长速度快、对社会经济影响大、有成熟预防措施、现有研究基础较好等原则，选取先天性残疾、精神残疾、意外伤害致残、听力残疾和视力残疾等若干重点残疾进行研究，提出可行的重点残疾预防方案。

二、成果的主要内容和重要观点

1. 我国残疾防控工作现状：亟待系统规划和政策整合

研究表明，我国残疾发生状况和防控工作主要有如下特点：

（1）我国残疾社会负担迅速增加。在人口老龄化等多种因素的共同作用下，我国残疾人口总量呈现迅速增长的态势，预测结果表明到2050年我国残疾总人数将增加一倍。同时，全国不同地区残疾人口比例上升，除西藏外，其他各省（自治区、直辖市）2006年调查的残疾人口比例都较1987年有所增加，且残疾类别构成也发生了变化，听力言语残疾、肢体残疾、视力残疾、精神残疾以及多重残疾的规模均有所上升，其中肢体和精神残疾上升显著。

（2）我国各类残疾分布存在显著的城乡差异、地区差异和社会经济差异。我国残疾人地区分布不均衡，呈现西高东低的特征，东部地区平均残疾率最低，中部地区居中，西部地区最高。同时，残疾人地区分布还与区域的经济发展水平有关，总体上呈现经济欠发达地区残疾率高于经济发达地区的特征，西南地区残疾率最高，而东部沿海地区最低。此外，残疾人规模城乡差异巨大，农村残疾人数远远高于城市，农村残疾人数约占全国残疾人总数的 3/4。残疾对贫困人口等脆弱人群影响更大，加剧了社会的不公平性。

（3）致残原因复杂且不同人群的致残原因差异明显。在快速的经济和社会转变过程中，我国致残原因谱发生了显著的流行病学转变，致残原因更为复杂，无论是先天致残还是后天由于传染病、慢性病、意外伤害等所致的残疾问题，在我国快速发展过程中都不容忽视。不同年龄人口的致残原因差异较大：0～4 岁婴幼儿组遗传性残疾和发育缺陷非遗传性残疾所占比例较大；而受教育年龄段主要为传染性疾病致残和创伤及伤害致残；在工作年龄段，主要为创伤及伤害致残，并且随着年龄的增长，非传染性疾病致残的比例迅速增加；而老年人则主要为非传染性疾病所致的残疾。

（4）大多数残疾的发生是可防可控的。残疾并不是注定要发生的，也并不是不可控制的，现代科学技术的发展为残疾预防提供了强有力的技术支撑。世界卫生组织指出：利用现有的技术可以使至少 50%的残疾得以控制或者使其延迟发生，我国现有的实践经验也充分表明了这一点。如我国在流行地区采取改善谷物卫生质量的措施，控制了大骨节病的发生和流行；通过预防和妥善处理中耳炎，使 40%的听力障碍得以预防。

（5）我国现有残疾防控政策和措施需进一步整合。我国已出台多项政策和措施来防控残疾。如完善残疾预防相关法律法规，要求国家各部门从各个方面协同做好残疾预防工作；通过残疾人事业五年规划提出残疾预防的任务目标和主要措施，同时通过专项残疾预防规划开展重点残疾预防工作。这些残疾预防规划的实施，使我国残疾人口的规模得到了一定程度的控制，针对特定致残因素的预防已取得一定成效，如传染性疾病、营养不良等导致的残疾已得到有效控制。然而，我国残疾预防措施相对零散，缺乏系统的规划，残疾预防和康复工作发展不平衡，取得的成效也参差不齐，亟待进一步的整合。

（6）缺乏国家层面的残疾预防系统规划。目前，我国残疾预防工作缺乏国家层面的系统规划。各类残疾预防政策散见于中央和地方各相关部门的文件中，政府相关部门缺乏系统的残疾预防工作方针，各部门之间的协调不够，政府和社会用于残疾预防的资源也不足，导致很多有效的残疾预防策略和措施难于落实，极大地影响我国残疾预防工作的开展，降低了现有残疾预防措施的政策效应。

2. 我国残疾预防的总体策略：建立综合性社会化的残疾预防机制

目前，我国残疾预防的目标是明确的，相关部门也陆续出台了各类预防规划和措施，但从国家层面上看仍缺乏系统的残疾预防规划和行动计划，相关政策措施落实也不够。因此，我国残疾预防的总体策略应该是建立综合性、社会化的残疾预防机制，重点关注以下六个方面：

（1）提高政府相关部门和公众对残疾预防重要性的认识，倡导积极预防理念。要有效地开展残疾预防工作，首先要提高政府相关部门和公众对残疾预防重要性的认识，要充分认识并强调残疾预防知识的普及和预防意识的提高是最经济和最有效的预防措施；广泛宣传和普及残疾与残疾预防知识，普遍提高公众对残疾问题重要性的认识；达成“残疾预防是全社会共同责任”的共识，倡导全社会积极参与残疾预防工作。

（2）抓紧制定和实施国家宏观残疾预防规划和行动计划，完善相关政策。残疾预防是一项社会系统工程，必须要有系统、周密的残疾预防规划以及相应的政策支持。首先，要制定全国残疾预防长远规划，设定不同时期残疾预防的策略和目标。从国家计划的高度上统筹全国性重大的残疾预防工作，并在各级政府社会发展计划中纳入残疾预防相关内容，这是残疾预防的首要对策。其次，还要制定和实施切实可行的残疾预防行动计划，增强现有政策的可操作性，以保证国家残疾预防策略和目标的实现。在各类残疾预防专题研究和实践基础上，系统总结经验教训，形成国家整体的残疾预防对策和行动计划，以指导残疾预防工作的顺利进行。

（3）积极推动政府相关部门对残疾预防工作的参与和协作，促进政策落实。残疾预防工作涉及卫生、计生、安监、教育等多个政府部门和组织。因此，残疾预防工作的开展，需要在国务院残工委的领导下，积极推动多部门的参与和协作，并给予相应的政策支持和经费保障，才能切实保证各类残疾预防政策的落实。除制定国家残疾预防行动计划外，还应在相关部门制定和修订有关优生优育、安全生产、药品管理、交通管理、环境保护等相关法规和政策文件时，推动其纳入残疾预防相关内容，以使国家残疾预防行动计划的政策措施进一步具体化，以利于其更好地达到政策目标。

（4）积极总结和推广已有的残疾预防模式和成果，创新残疾预防模式。目前，全国各地对各类残疾的预防已进行了较长时间的探索，对于一些特定类型的残疾，如出生缺陷、交通和职业意外伤害、听力残疾、视力残疾等的预防已经积累了比较成熟的经验，但这些政策和做法大多还只是停留在一个个的“点”上，没有或者未能及时进行深入的总结，形成适宜的残疾预防模式并进行推广。相关部门应积极总结已有残疾预防成果和经验，以形成成熟的残疾预防模式并进行推广，推动残疾预防工作的发展。

（5）加强对重点人群残疾预防的优先干预，强化残疾预防行动。残疾高危人群暴露在各种残疾风险的威胁之下，受多重致残危险因素的综合作用，而致残高危因素具有明显的年龄和职业特征，不同年龄和不同职业人群的残疾发生水平和致残原因都不尽相同。因此，应针对不同人群实施有重点的优先干预策略。针对儿童群体，应重点预防跌落、意外伤害和传染性疾病所致的残疾；针对育龄人口，重点应通过遗传咨询和产前诊断等手段早期发现残疾，以防止和减少先天性残疾人口出生；针对高危职业人口，重点则在于加强安全生产教育和个人防范意识，减少意外伤害和职业病所带来的残疾；针对老年人口，重点在于预防非传染性疾病致残。

（6）强化对残疾预防工作的政府责任、社会支持和经费保障，保证其顺利推进。残疾预防工作是一项社会系统工程，需要政府各部门和社会的广泛参与和支持，良好的社会支持是残疾预防工作成功必不可少的保障。首先，要增加残疾预防的财政经费保障，建立中央财政与地方财政合理分担机制，促进全面创造残疾预防的支持性环境。其次，要充分发挥慈善机构、民间团体、志愿者等个人及非政府组织在残疾预防工作中的积极作用。此外，还要加强以循证为基础的残疾预防对策研究，进一步总结和研究科学、经济、有效的残疾预防措施。

3. 我国残疾预防的重点策略：对重点残疾优先干预

残疾预防是一项系统工程，既需要综合性的总体预防策略，也需要根据当前我国残疾发生现状选择重点残疾进行优先干预。本研究选取先天性残疾、精神残疾、伤害致残、视力残疾、听力残疾等五类重点残疾进行了针对性专题研究，并分别提出了可行性较强的重点残疾预防对策。

（1）先天性残疾的预防对策。

出生缺陷和先天性残疾日益成为突出的公共卫生问题。本研究估计我国严重出生缺陷实际发生水平至少应在55‰以上。出生缺陷是导致先天性残疾的最重要原因，因而先天性残疾的预防应将重点放在出生缺陷预防上。基于出生缺陷及先天性残疾发生状况和预防现状的分析，参考国内外最新研究成果，本研究提出了先天性残疾预防的优先领域，并提出了若干对策建议。

1）先天性残疾预防的优先领域和行动措施：第一，加强婚前保健和孕前保健及孕产妇系统管理，降低新生儿重大致残出生缺陷和其他先天致残因素。广泛开展婚前保健和咨询指导，推广免费婚前和孕前医学检查。推行一级预防措施，减少重大致残出生缺陷及早产和低出生体重的发生。落实二级预防措施，提高产前筛查服务覆盖率和严重出生缺陷发现率，降低重大致残出生缺陷的发生。第二，加强儿童保健服务和管理，进一步降低儿童先天性残疾的发生风险。推进新生儿遗传代谢性疾病和听力障碍筛查，提高筛查覆盖率，加强确诊病例的治疗和干预。及早发现和管理早产、低出生体重、宫内和出生窒息等高危新生儿，预防脑瘫、智力低下等残疾的发生。推进唇裂、腭裂、畸形足、先天性心脏病等出生缺陷患儿的手术治疗，有效控制出生缺陷致残率。

2）将出生缺陷和先天性残疾预防融入现有卫生保健体系。进一步将出生缺陷和先天性残疾预防融入妇女、孕产妇、新生儿和儿童保健工作与康复体系，有机整合形成覆盖从婚前和孕前到儿童早期的出生缺陷和先天性残疾的预防网络。加强相关机构建设，开展业务培训和专业人才培养，不断提高出生缺陷和先天性残疾防治服务能力和水平。完善新生儿疾病和先天性残疾筛查、诊断、康复、随访和管理等服务的有效衔接机制，提高综合防治效率和效果。

3）强化政府责任，促进出生缺陷和先天性残疾预防的公平性和可及性。将出生缺陷和先天性残疾预防纳入经济社会和卫生事业发展规划，加强政府领导，密切部门协作，加大投入力度和经费保障。优化卫生资源配置，增加农村与边远地区出生缺陷和先天性残疾预防经费投入。逐步将出生缺陷和残疾患儿的治疗与康复纳入基本医疗保障。

（2）精神残疾的预防对策。

随着经济快速发展、社会竞争压力不断加大等因素的影响，我国精神残疾患病率呈增长的趋势，已成为政府和社会最为关注的问题之一。众多研究证明，精神障碍与残疾高度关联。精神残疾的主要致残原因包括精神分裂症及相关精神疾患，如感知觉障碍、思维障碍、情感障碍、行为障碍、自知力丧失等。在儿童精神障碍中，孤独症和精神发育迟滞为主要致残疾病。

1）精神残疾预防包括三个阶段：第一阶段是针对病因的预防，即预防精神障碍和残疾的发生；第二阶段是早发现、早诊断、早治疗，尽量降低残疾的程度；第三阶段重点是帮助精神残疾患者提高生活质量并预防精神障碍的复发。本研究对精神残疾三级预防的国内外经验进行了系统回顾，并基于我国精神残疾的主要致残原因提出将预防重点放在儿童和老年人这两个特殊人群。

2）重点探讨了老年痴呆和儿童孤独症等的预防。老年痴呆是老年精神致残的主要原因，本课题确定了更适合中低收入国家的老年痴呆诊断标准，以期有效检出轻症老年痴呆，做到早发现、早干预、早治疗，提出改善老年人的营养状况有助于老年痴呆的预防。针对儿童孤独症，本课题开展了儿童孤独症的新疗法——经颅磁治疗的疗效研究，研究结果显示经颅磁治疗具有良好的治疗效果，正在继续进行临床研究，可望在相关医疗保健政策支持下进行大规模推广应用。

（3）伤害致残的预防对策。

伤害已成为一个重要的全球性公共卫生问题，我国每年至少有100万人因伤害导致终生残疾。伤害致残的主要原因在于伤害造成重度和极重度损伤，以及损伤后没有得到及时和合理的急救、治疗与康复，导致不可逆的、永久性的功能障碍或失能。通过分析，本研究确定我国伤害致残的主要类型为肢体残疾和听力残疾，交通事故、坠落/跌倒、工伤是预防伤害致残工作的主要领域，15岁以下的儿童和25～44岁年龄段是伤害致残的高危人群。

1）提出伤害致残的优先预防措施。伤害预防策略可分为被动干预与主动干预两个方面。被动干预通过改善道路、车辆或环境来完成，而主动干预是对宿主的行为和活动进行干预，例如佩带安全带和戴头盔。许多研究结果表明伤害的主动预防效果并不很显著，发达国家目前的伤害防控工作已经从主动预防（立法、宣传、教育）转向被动预防（工程、技术和产品）为主。针对主要伤害类型，基于伤害致残的主要原因、重点人群及重点地区等因素的分析研究，本研究提出以道路交通伤害、坠落/跌倒和工伤致残预防为主，以被动预防为主的防控具体措施。

2）提出非常规突发事件残疾预防政策建议。我国是世界上自然灾害最为严重的国家之一，未来我国面临的自然灾害的潜在危机还会进一步加大。通过对国内外关于突发自然灾害预防、应对以及灾后恢复重建相关经验的回顾，本课题提出我国当前应对突发自然灾害预防残疾的对策建议，包括构建预防知识体系、构建心理援助体系和构建应急管理持续改进体系。

（4）视力残疾的预防对策。

我国是世界上盲和视力损伤最严重的国家，单纯视力残疾人数达 1 230 万人，患病率为 1.53%。我国低视力人数大约为 900 万，约 300 万患者需要低视力康复，如不采取积极措施，到 2020 年我国盲及低视力将为目前的 4 倍。我国在低视力的预防治疗及康复等方面均面临严峻的挑战。

1）视力残疾预防的优先领域。以日常生活视力为标准时，白内障是最主要的生活视力双眼盲（占 36.6%）和单眼盲（占 31.0%）的致盲原因；屈光不正是最主要的双眼低视力（占 35.7%）和单眼低视力（占 36.4%）的原因。以最佳矫正视力为标准时，白内障仍然是双眼盲（占 35.2%）和单眼盲（占 49.5%）的最主要原因；第二大原因是近视性视网膜病变（占 16.1%）；青光眼、角膜混浊分别为第三和第四大原因，大约各占 9.7%。单眼低视力患者中，白内障占 36.2%，弱视占 20.8%。

2）视力残疾预防策略所需要的政策：第一，建立一个长期的视力残疾预防规划。把防盲治盲工作纳入国家和省级卫生工作与残疾人康复规划，加强领导，健全组织机构，充分发挥各种防盲治盲资源的作用，在国家层面上统一管理。第二，将视力残疾干预战略（初级眼保健体系）纳入国家公共卫生体系。把初级眼保健系统纳入更广泛的部门间发展计划，特别是国家医疗改革及国家公共卫生体系的计划，将有助于形成全面、综合性的卫生服务。第三，将视力残疾预防纳入国家整体文化卫生教育体系，加强健康促进。第四，在劳动防护法规中增加视力残疾预防条例。

（5）听力残疾的预防对策。

我国现有听力残疾人数总计为 2 780 万，占我国残疾人总数的 33.51%。与 1987 年第一次全国抽样调查结果相比，我国听力残疾人数总量和现患率呈上升趋势。遗传因素、药物中毒、传染性疾病、母孕期病毒感染、早产和低体重及新生儿窒息导致的听力残疾以一级和二级居多；老年性聋、噪声性聋、中耳炎、全身性疾病及高胆红素血症以三级和四级听力残疾居多。

1）构建了我国听力残疾三级预防模式。在调研的基础上，本研究将我国的听力残疾预防和康复对策构架为三个层次、两个年龄阶段。三个层次分别是听力残疾一级、二级和三级预防，两个年龄层次分别是儿童和老年人听力残疾。儿童一级预防的主要手段是普及耳聋预防知识，提高爱耳意识，进行高危人群的耳聋基因检测；二级预防主要包括听力筛查，做到早发现、早诊断，及时验配助听器或植入人工耳蜗，进行听力补偿或重建，促进其听觉康复；三级预防主要是对听障儿童进行康复教育，包括听觉训练、言语矫治、语言学习及认知发展。老年人一级预防的主要手段是普及耳聋预防知识，提高爱耳意识，预防导致耳聋的相关疾病；二级预防主要包括早期诊断、医疗服务及助听器验配；三级预防包括助听器验配后的适应性训练及其效果评估。

2）针对我国听力残疾现状，在听力残疾三级预防基础上，提出听力残疾预防对策：继续推进耳聋预防宣传教育工作；将新生儿听力筛查列入公共卫生服务基本项目，推进听力筛查工作，并积极开展耳聋基因筛查工作，从源头上减少听力残疾的发生；进一步完善助听器验配专业服务准入制度；加强听觉言语康复学科建设，培养专业人才，开展听力残疾防控研究；完善听力残疾人保障制度。

三、成果的学术创新、应用价值以及社会影响和效益

残疾预防不仅是我国重大的公共卫生问题，也是非常重要的社会问题，需要动员全社会的力量，多部门共同协作完成。面对数量众多的残疾人口以及残疾类型、致残原因相对复杂的残疾现况，要做好残疾预防工作，必须制定切实可行的残疾预防行动计划，采取适宜于我国的残疾预防措施，才能取得较为理想的效果，而这正是本项目的价值之所在。本成果通过对我国总体残疾预防以及几类重点残疾的研究，提出了当前乃至今后较长时期我国残疾预防的对策建议。

本成果对贯彻落实《中共中央国务院关于促进残疾人事业发展的意见》提出的“建立健全残疾预防体系，制定和实施国家残疾预防行动计划”的要求起到重要推动作用，在制定《关于加快推进残疾人社会保障体系和服务体

系建设的指导意见》（国办发［2010］19 号文件）和《中国残疾人事业“十二五”发展纲要》等重要文件，特别是在《残疾预防和残疾人康复条例》起草过程中得到采用，取得了显著的社会效益。

（1）本成果利用 2006 年第二次全国残疾人抽样调查数据和分析结果，以及近年来的残疾监测数据对我国的残疾现状进行系统评价，探索我国残疾预防工作的重点和突破口，并借鉴国内外残疾预防经验，尤其是在总结国内已有残疾预防成果的基础上，对我国现阶段的残疾预防工作进行了评价，探讨适宜于我国的残疾预防对策并提出了针对性的建议。研究结果为制定和实施国家残疾预防行动计划提供了理论和实证支持。

（2）本成果根据残疾发生率高、近年增长快、可干预、现有研究基础较好以及对社会经济影响大等几个原则，选取五类重点残疾类型，根据已有的研究成果，结合国内外有关资料，提出了针对性的预防措施。

（3）研究过程中，共发表论文 64 篇，其中 SCI 和 SSCI 论文 13 篇，中文核心期刊论文 35 篇，多篇论文发表在 *WHO Bulletin* 等该领域重要学术期刊上。本成果还全面收集了国内外有关残疾预防的文献资料，建立了国内外残疾预防文献资料库，为进一步开展残疾预防研究提供了重要参考资料。

（4）通过本次研究，吸引全社会对残疾人和残疾预防事业的关注，提高全社会对残疾人问题的认识，增强全社会防残助残意识，推动了残疾人事业的发展。除此之外，通过对各重点残疾预防的研究，对残疾预防实际工作中的难点和问题进行了探讨，向有关部门提出了可行性建议，加强了残疾人事业各部门之间的协调与组织工作，促进构建完善的残疾预防体系，更好地为残疾人工作的开展服务。

《全球学导论》概要

蔡 拓*

一、研究的目的、意义及所使用的研究方法

本成果旨在建立一种新的学科知识体系，用以描绘一个全球化日益深入发展的世界，并为那些希望了解全球化是什么，以及全球化是如何影响和改变这个世界的人们提供一套概念、理论和方法。这一研究宗旨基于两个向度的考虑。首先是社会实践的需要。当代人类社会正处于前所未有的大变革、大转型时期。全球化成为时代的主题，全球问题与全球治理全面挑战人类已有的制度、观念、价值、生活方式。相互依赖，把人类联结成一个紧密的命运共同体，日益增多的非领土性、跨国性问题和事务要求人们突破国家的视域与领土的边界从整体上予以回应和处理。但现实却是，人们所熟悉、认同，并且至今居于主导地位的国家中心主义的制度、价值、观念制约着人们的认识与行动。人类社会第一次在全球范围与层面上出现了认识的困惑、行动的迷茫。国际金融危机、全球气候变暖、国际恐怖主义的猖獗，责任主权的定位，人权国际保护与新干涉主义的评判，这一系列问题都凸显了全球化时代社会转型的复杂性、严峻性，并急迫地要求给出理论上的答案和政策上的回应。全球学正是以全球化、全球问题、全球治理为研究背景和对象，探究跨国性、超国家性、全球性的现象与影响的学科，因此它的构建无疑符合时代的需要，具有重大实践意义。

---

* 蔡拓，中国政法大学教授，博士生导师。

其次是知识增进的需要。全球学所要探究和回答的问题是人类未曾遇到过的问题，全球化作为人类社会发展演变的一种重大趋势和生活样态，使人类社会以一种前所未有的“地球村”的全球景观呈现出来。这种“地球村”全球景观需要人类社会突破国家视角的束缚，以一种全球视野、全球立场、全球价值和全球性思维来重新审视人类社会在各个领域的行为和活动。但是现今几乎所有人文社会科学学科的知识体系，都是立足于民族国家的视野来建构的，因而难以适应全球化时代人类社会对新知识体系的需求。所以伴随对全球化、全球问题、全球治理的认知与回应，必然有新知识的产生，包括新的理论、新的观念、新的价值等等，以便扩大人类的认识领域，丰富人类的知识宝库，提升人类的认知能力。由此可见，在知识增进方面，全球学也有独特的、不可代替的作用。

任何一个学科都有相应的适用于本学科的研究方法，从某种程度上来说，研究方法成熟与否，决定了一个学科的成熟程度。本成果的研究方法主要有以下几种：一是方法论全球主义（methodological globalism），这是相对于方法论民族主义（methodological nationalism）而言的。方法论全球主义的要义就在于打破方法论民族主义的国家藩篱，以一种全球的视野、框架去审视全球化时代所显现的全球现象与景观。方法论全球主义把整体的边界从国家社会扩展到全球社会，凸显了全球主体、全球空间、全球制度、全球价值，即全球性的时代意义。显而易见，没有这种新的全球主义的方法论自觉，就不可能创建独立的全球学学科。二是复杂性科学方法。复杂性科学强调从线性发展转向非线性发展，重视随机性；强调从还原主义、机械主义转向有机论、整体论。而全球化与全球问题所展现的复杂性、多维度性、不平衡性、整体性、全球性只有突破简单的平衡论、决定论、线性思维、领土性、国家与民族性，才能被理解和认同，这正是复杂性科学方法所强调的方法论要害所在。三是跨学科与比较的方法。由于全球学的研究对象涉及政治、经济 、社会、文化等各个学科领域，所以，其研究方法必然要求跨学科和比较的方法。

二、成果的主要内容和重要观点

本成果在结构上由绪论、第一编、第二编、第三编四部分组成。绪论从总体上概述了全球学兴起的原因、研究现状、学科定位和研究方法；第一编通过分析全球化与全球问题两个范畴阐述全球学的时代与学科前提，揭示全球学内涵；第二编通过八个范畴阐述全球学的外在表征与内容；第三编通过四个范畴阐述全球学的价值追求与内在本质。以下简要介绍各部分的主要内容与观点。

1. 绪论

绪论的任务是在勾勒全球学的发展进程和研究现状的基础上，阐明全球学概念、学科定位与研究方法。

（1）本成果认为，全球学起源于20世纪70年代的全球问题研究，罗马俱乐部的系列研究报告，特别是早期的《增长的极限》和《人类处于转折点》两个报告，体现了鲜明的全球视角、全球意识和全球关怀，奠定了全球学的基本向度。20世纪70—80年代的全球学体现为全球问题学，是全球学研究的第一个阶段。20世纪90年代以来的全球学突破全球问题学的框架，更加关注全球化与全球治理，走向更具学科意义的全球学，是全球学研究的第二个阶段。

国际学术界对全球学的理解和概念界定表现出如下两种基本倾向：一种倾向是把全球学视为一个独立的新学科，另一种倾向是把全球学视为一个新的研究领域、研究方向。尽管存在上述不同，但我们依旧可以看到，学术界主要关注和强调了这样一些要素和特征：

其一，全球学以全球化和全球问题为产生前提，同时又主要以全球化和全球问题为研究对象，探讨全球化时代出现的全球现象、全球关系与全球价值。

其二，全球学强调人类日益紧密的相互依赖所形成的世界的整体性，个体、国家、民族以及我们所熟悉的现象、结构、关系、制度、价值在这种整体性中需要重新定位。整体性世界的本质及其运作是全球学关注的核心，作为类主体的人类的活动和关系，以及由此导致的诸多跨国性新问题是全球学研究的重点。

其三，全球学是一门新兴的、综合性的学科，传统人文社会科学学科内任何一个学科的边界都难以涵盖其内涵，所以，全球学的显著特征之一是跨学科性，包括研究内容和研究方法。

鉴于上述分析，我们对全球学做出如下界定："全球学是以全球化为时代和学科背景，以全球化和全球问题所催生的全球现象、全球关系为研究对象，以探寻全球治理为研究归宿，以挖掘、揭示全球性为学术宗旨，探究世界的整体性联系和人类作为一个类主体的发展特点、进程与趋势的新兴综合性学科。"

（2）本成果认为，全球学的学科定位有四个要点。首先，全球学是一个独立的、新兴的综合性学科。全球学不依附于任何学科，也不是已有学科的大杂烩、大拼盘，有其独特的学科内涵与边界。全球学不是政治学、经济学、法律学那样的单学科性的学科，具有明显的综合性。其次，全球学与国际关系学的内在联系最为密切，与社会学相互联系与依托，可以说这三个学科有学科上的渊源与血脉。所以，在构建全球学过程中，必须很好地审视与借鉴国际关系学与社会学，从中获得足够的学科支撑。再次，全球学与人类学、未来学的关系必须澄清。全球学与人类学、未来学的关系不同于全球学与国际关系学、社会学的关系。后者有内在的学科渊源与关联，而前者的联系则缺乏内在的学科共识，甚至包含着误解。全球学所关注的人类与人类学所关注的人类，不能望文生义地加以等同，其研究角度与内容差异甚大；同样全球学与未来学也因立足点不同难属同一学科。把全球学视为未来学、预测学中的一个悲观主义分支的观点是难以成立的。最后，由于全球学以全球化和全球问题为学科的前提、基础和逻辑起点，以治理全球化、全球问题为研究宗旨，坚持问题导向、治理导向，所以在这个意义上，我们可以说，全球学是全球问题学和全球治理学的综合。当我们强调问题向度时，全球学就可以理解为全球问题学；当我们关注治理向度时，全球学又可以理解为全球治理学。而无论是全球问题学还是全球治理学，都是对全球化时代全球性现象、关系、价值、制度的思考与回应，都要探究人类作为一个主体的整体性发展的特点、进程与趋势。

2. 第一编　全球景观与全球内核

这一编包括全球化与全球问题两个范畴。全球化、全球问题是全球学的时代与学科前提、基础和历史背景，也是全球学的内核。全球化带来了世界性的变革，产生了许多以往不曾遇到的问题、困惑与挑战。这些问题、困惑与挑战一方面在实践上亟待我们解决，另一方面又要求我们在理论上予以回答，因为以往的知识已难以解释、理解诸多新现象。全球问题以问题的形式展现了全球化进程中的负面性要素与影响，研究和解决全球问题也已成为时代的课题。由此可见，全球化的时代标示意义，全球问题的强烈问题意识与问题指向，在全球学中具有特殊重要的轴心地位。可以说离开了全球化、全球问题，就不要奢谈全球学。这两个范畴将全面地梳理、分析全球化与全球问题的特征、历史、产生的原因与挑战、解决的途径等。这一编的主要内容有：

概括了全球化的当代样式：其一，以信息革命为依托、特征的物质技术基础；其二，经济活动的全球性趋向毋庸置疑；其三，非国家政治挑战国家政治；其四，全球生态与环境主题凸显；其五，社会领域的广泛公共问题方兴未艾；其六，特殊性与普遍性的文化博弈；其七，全球制度化监管与治理的强化；其八，全球公民身份与公民社会的崛起。

提出了划分全球化理论流派的新主张。我们认为，当前学术界关于全球化理论流派的划分过于粗糙和简单。赞同全球化和反对全球化这种习惯性的两分法的片面之处在于，赞同者和反对者之中都可以做进一步划分，而把怀疑论者归结为反对派阵营也有武断之嫌。这里，尤其要考虑到政治与学术视角对细化全球化理论流派的意义。鉴于此，全球化理论流派可划分为推崇论者、反对论者、怀疑论者、批评论者、变革论者。

分析了全球化认知存在的理论症结：其一，全球化是意识形态的产物还是客观历史进程；其二，全球化是否被夸大；其三，是否要强调和认识全球化的当代性；其四，全球化能否仅仅归结为经济全球化；其五，全球化是同质化（趋同）还是异质化（趋异）。

揭示了全球化的时代意义与启示：其一，全球化凸显了国际社会的相互依存；其二，全球化凸显了人类共同利益；其三，全球化凸显了国际机制的历史作用；其四，全球化凸显了新意识与新价值；其五，全球化凸显了全球公民身份与个体权利。

总结了全球问题的主要特点，即全球性、全面性、整体关联性、超意识形态性、严重性。

从传统安全、经济与发展、生态环境、社会与政治等向度阐述了当代全球问题的现状，并进行了理论分析：其一，全球问题使人们重新看待整个世界的发展主旋律；其二，全球问题使人们重新认识国家与非国家行为体的作用和地位；其三，全球问题使人们开始关注低级政治领域的国家利益需求；其四，全球问题使人们认识到全球治理的必要性；其五，全球问题呼唤真正的全球身份认同。

3. 第二编　全球关系与全球活动

这一编包括八个范畴，即全球经济、全球政治、全球法律、全球文化、全球体系、全球秩序、全球治理、全球公民社会，这是全球学的外在表征与基本内容。全球经济、全球政治、全球法律、全球文化是展现全球化时代新现象、新关系的最基本的领域，也是我们认识全球现象、全球关系、全球活动的最基本渠道。全球体系、全球秩序、全球治理、全球公民社会四个范畴则进一步拓展了认识全球现象、全球关系、全球活动的视野，分析在应对全球化与全球问题的历史进程中，治理的途径与公共政策，参与治理的主体，以及治理导致的结构性变化与可能的结果。同样，对这四个范畴的梳理与分析，也会涉及范畴的表现、特征、要义、影响，及其与我们所熟悉的主流制度、机制、价值的关系。显而易见，第二编的八个范畴，全面展开了全球化与全球问题所催生的全球现象、全球关系、全球活动，从而构成全球学的骨架与主干。这一编的主要内容与观点有：

全球经济具有高度的复合性与整体性特征，其在全球市场经济躯壳的基础上又超越了全球资本主义经济；全球政治的议题政治色彩极浓，全球政治行为体的多元化催生了全球政治的新特质，全球政治共同体、全球权威空间、责任主权、全球民主等成为全球政治的核心范畴；全球法的出现是应对全球危机与法律全球化的必然结果，全球治理需要和呼唤全球法治，全球法治的加强需要国际法治与国内法治的互动与并进；全球文化充满争议，其中涉及文化的自主性与西方化、文化的进化论与传播论的争议，但是文化领域也呈现出全球化的景象则是一种客观事实，全球文化的建构既需要考虑到全球文化与地方文化之间的关系，也需要考虑到现代文化与传统文化之间的关系；全球体系因其多元行为体的组成而呈现出复杂的复合结构，为应对全球化的新挑战，全球体系复合结构需要在主权国家、超国家、跨国家等多个层面实现民主化；全球秩序与全球公共物品的供给高度相关，全球秩序设计的理想图景需要解决全球行为体提供公共物品的能力与意愿、责任与义务、供给目标与水平等一系列更复杂的问题；全球治理涉及政治与治理的本质性转向，即从国家到社会、从政府到非政府、从领土政治到非领土政治、从强制性到协商性政治的转向；全球公民社会的治理参与产生了多重治理效应和政治效应，推动了国际事务治理的转型和新型政治形态的出现，并在全球层面颠覆了政治学中的“公—私”关系。

4. 第三编　全球进程与全球价值

这一编包括全球进程、全球利益、全球伦理、全球性，这是全球学的价值追求与内在本质。第一、第二编所涉及的十个范畴，更多的是对全球化时代的全球现象、全球关系、全球活动进行归纳与描述，从而使人们能够感性地认识这些新现象与新关系。第三编的四个范畴则要揭示和挖掘全球化与全球问题所导致的全球现象、全球关系、全球活动的内在本质和价值指向，以及从进程角度分析全球化的复杂性。人类共同利益、普世伦理以及主体、空间、制度和价值的全球性，就是遮蔽在全球现象、全球关系、全球活动背后的全球价值，就是全球化时代的价值转型和走向。所以，全球利益、全球伦理、全球性三个范畴的设置与分析，对于提升全球学的学理性，展现全球学的内核与精髓，有非常重要的意义。而在这四个范畴的分析中，它们各自的表现、特征、要义、影响，以及全球利益与国家利益、全球伦理与国家伦理、普世价值与民族（本土）价值的关系同样是最基本的内容和关注点。这一编的主要内容与观点有：

全球进程具有共时性、动态性和复杂性特征，其中充满了矛盾性和不平等性，全球进程的调控需要从规则制定的平等参与权以及全球利益与国家利益的权衡等角度着手；全球利益、全球伦理、全球价值在很大程度上重塑了我们以国家为中心的各种观念，全球利益与国家利益的调适需要我们建构一种全球主义关照下的国家利益观，全球伦理重塑了人类伦理的核心价值，全球性以主体的全球性、空间的全球性、制度的全球性和价值的全球性重塑着我们所生存的世界，并重塑着人类整个社会科学知识体系建构的基础。

三、成果的学术创新、应用价值与社会影响

1. 学术创新

首先，在知识体系的架构方面建构起了具有较强内在逻辑的全球学知识

体系。全球化与全球问题作为全球学学科产生的“元要素”，既是全球学研究的核心对象，也是全球学学科产生的逻辑起点，正是全球化与全球问题的呈现，才导出了全球景观、全球关系、全球活动与全球价值。本成果以此为基石，对全球经济、全球政治、全球文化、全球法律、全球体系、全球秩序、全球治理与全球公民社会进行深入探究，勾勒出一幅全景的全球关系与全球活动，这种全球关系、全球活动的分析视角与国际关系的视角相比，更准确地勾勒出了全球化时代人类活动的全球性新质。对于这种全球性新质，本成果从全球进程、全球利益、全球伦理与全球性四个角度进行了更深入的揭示和分析。全球学作为一个正在兴起的交叉学科，虽然国际学术界已有许多尝试性探索，但并没有成熟的、逻辑体系完整的学科知识框架，本成果在逻辑体系的探索和建构方面可以说是走在了国际学术界的前沿，并在知识体系的逻辑性与完整性等方面表现出独创性。

其次，在全球化、全球问题与全球学基础理论研究方面的创新性。本成果在以往研究基础上，对于政治、经济、文化、法律等领域的全球性现象进行了进一步的深入分析，如全球经济领域中关于全球经济与全球资本主义、全球经济与民族经济的关系的探讨，全球政治领域中关于全球政治共同体、全球权威空间、“全球性国家”、全球政治的继承性问题的探讨，全球法律领域中关于全球法概念与内涵、从国际法到全球法的演变、全球法治的价值与构建等问题的探讨，全球体系概念的提出及其复合结构的探讨，全球秩序的运作模式以及全球公共物品供给问题的探讨，全球公民社会的治理参与及其治理效应与政治效应的探讨，全球进程的矛盾性与复杂性的探讨。

再次，突出全球性，不仅将其视为本成果的精髓，而且视为人类必须面对与探究的时代议题。全球化、全球问题与全球治理作为当今的显学，已渗透到众多学科，成为政治学、法律学、社会学、经济学、文化学、传播学、管理学等学科关注的对象和研究的分支领域，但尚不足以体现全球学的学科本质。因此，还需要找到一个更具本质意义、更有说服力的概念与范畴来标示全球学，这就是全球性。全球性对全球学的精髓做了高度概括，揭示了在全球化时代，全球主体、全球空间、全球制度、全球价值的理论内涵与意义。

2. 应用价值与社会影响

一是适应了全球学学科发展的需要，为全球学学科在中国乃至世界的发展提供了理论支撑。据不完全考察和统计，在全球学学科的研究与学生培养方面，目前全世界至少已有 100 余所大学招收本科学生从事全球学的学习，有 40 多所大学开展全球学学科的硕士和博士生培养，有 20 多所大学设立博士后研究项目，有 100 多所大学在其原有科系下设置相关教育和研究项目。我国也已经在中国政法大学、上海大学等院校设置了全球学专业。本成果作为全球学的核心课程知识读本，具有开创全球学专业知识与课程体系框架的基础作用，其学术与社会影响绝不仅限于国内。

二是适应了全球化时代发展的需要，为人类应对全球化与全球性问题的挑战提供了一种全球性思维。当今人类社会正处于全球化向深度发展的时代，在经济、政治、文化、社会、法律、生态环境等领域，国家与国家、社会与社会、人与人之间形成了跨国性的交往和相互依赖。全球化发展中的负面效应以及全球性危机对人类的生存与发展形成了严峻挑战，人类迫切需要一种全球性思维来应对这种挑战。本成果在全球性、全球意识、全球伦理、全球利益等全球性价值方面的探索，为人类应对上述全球性危机的挑战提供了一种全球性思维。本成果作为这种全球性思维的知识载体，在培养全球学专业人才、培育人们的全球意识和全球伦理观念、引导人们以全球性视野和全球性思维来观察和理解世界发展的趋势方面，都是一种适用性极强的知识读本。

三是适应了中国日益崛起和发展并走向世界的需要，为中国应对全球化与全球性问题的挑战并担当相应责任提供了理论支撑和价值导向。改革开放以来，中国的发展与崛起及其走向世界步伐的加快，正日益对世界产生越来越强烈的影响。如何适应日益全球化的世界，如何处理全球化进程中面对的各种矛盾与挑战，这都是主权国家占绝对中心地位的近代国际关系历史上所没有的问题。本成果所揭示和倡导的全球意识、全球伦理和全球性思维等全球价值，则为我们观察、理解和思考我们所面对的全球化时代国际关系提供了新的理念和思路。

《国际货币体系改革：中国的视点与战略》概要

李　晓*

一、研究的目的、意义及所使用的研究方法

1. 研究目的和意义

全球金融危机爆发后，现行国际货币体系暴露出一系列的问题与缺陷，但与此同时，以美元为中心的现行国际货币体系具有相当程度的可持续性，彻底的、根本性的改革困难重重。尽管近年来有关国际货币体系改革的呼声不断高涨，但实际上，真正的改革不仅未有进展，甚至令人感觉失望。在这种情况下，中国作为一个已经成为全球第二大经济体的发展中大国和全球经济体系中的重要成员，如何应对目前的国际经济、金融局势，有效地、积极地参与到国际货币体系改革与调整的进程中去，在外部环境和内部条件的约束下，寻找到一条既能够有效促进中国经济乃至全球经济健康发展，同时又能够保障以中国为代表的新兴经济体权益的参与国际货币体系改革的路径，已经成为亟待深入研究和解决的问题。本成果以系统、深入的理论和实证分析为基础，以国际经济（金融）学、国际政治经济学研究为主要方法，通过对国际货币体系进行历史与现实的分析和研究，为中国积极参与国际货币体系的改革提供明确、具体的政策建议。本成果将对促进世界经济包括中国经济的稳定发展与健康成长，对保障中国的国家利益、提高中国在国际货币体

* 李晓，吉林大学教授，博士生导师。

系乃至全球经济体系规则制定中的地位（话语权），具有重要的理论与现实意义。

2. 研究方法

本成果在研究过程中主要应用下述研究方法：

（1）国际经济学的研究方法。本成果从经济发展的基本面上探讨现行国际货币体系对于全球经济循环和各国经济变动的影响，分析改革国际货币体系的经济成本与收益，考察中国参与国际货币体系改革的经济动因与经济手段。

（2）国际政治经济学的研究方法。货币，尤其是货币合作或体系本身是一个政治现象，相关研究不能缺少国际政治经济学的分析。本成果从国际政治经济学的视角，揭示国际货币体系作为一种公共物品的性质与特征，研究在国际货币体系改革进程中各方利益主体的博弈过程，探讨国际组织、国家以及各种经济组织在其中的相互关系及其影响，借以分析中国在相关利益博弈过程中所面临的问题和应采取的策略。

（3）金融学的研究方法。国际货币体系是国际金融学研究的一个重要领域，本研究使用金融学的分析方法与框架，一方面考察现行国际货币体系对世界金融市场发展以及各国金融部门的影响及其面临的问题，另一方面从金融视角讨论改革国际货币体系的可行性及其成本、收益，探索全球金融监管体制的建立、完善等问题。

（4）制度经济学的研究方法。国际货币体系作为一种全球性的制度安排，其改革进程是一个典型的制度变迁过程，存在着路径依赖、锁定等特征，尤其是国际金融治理结构和跨国金融监管体制等正式制度安排的改革等问题，需要以制度经济学的研究方法进行深入探讨。

（5）定量分析与定性分析相结合的方法。为了对国际货币体系的影响、缺陷、改革路径以及东亚货币合作、人民币国际化等问题进行深入研究，本成果使用大量相关数据，采用理论和定量实证分析相结合的方法进行必要的分析。

（6）历史分析与案例分析相结合的研究方法。从具体到抽象的研究方法和从抽象到具体的表述方法是现代经济学的重要方法。本成果采用横向比较和纵向历史比较相结合、理论考察与案例探讨相结合的研究方法，考察国际货币体系的历史演进过程，以更宏大的视野研究现行国际货币体系的形成、发展及其所面临的主要问题，依此探讨中国参与国际货币体系改革应采取的战略步骤。

二、成果的主要内容和重要观点

1. 主要内容

本成果的主要研究内容分为两大部分，共八章，主要内容如下：

第一部分为“现行国际货币体系面临的问题与改革方案评述”。首先，分析现行国际货币体系面临的主要问题及其可持续性。从国际货币体系的基本构成入手，分析现行国际货币体系的性质、特征及其运行机理；从构成国际货币体系的各层次制度入手，具体分析现行国际货币体系在储备货币、汇率制度、国际收支调节机制、跨国金融监管及国际金融治理机构等方面存在的缺陷。其次，对国内外学者关于国际货币体系改革的有关讨论，特别是现行国际货币体系的改革目标和方案，以及国际储备货币体系、国际汇率制度、国际金融机构、跨国金融监管以及东亚货币金融合作等问题，进行全面、深入的归纳、梳理与评述。

第一部分共包括三章，各章的主要研究内容如下：

第一章为“现行国际货币体系面临的主要问题及其可持续性”。本章首先从国际货币体系的基本构成入手，分析现行国际货币体系的性质、特征及其运行机理，在此基础上探究全球经济失衡和国际金融危机与国际货币体系的关系，指出现行国际货币体系虽不是全球经济失衡和国际金融危机产生的直接原因，但是它加剧了全球经济循环的失衡，进而为国际金融危机的爆发提供了条件。在此基础上，进一步从构成国际货币体系的各层次制度入手，具体分析现行国际货币体系在储备货币、汇率制度、国际收支调节机制、跨国金融监管及国际金融治理机构等方面存在的主要问题与缺陷。

第二章为“现行国际货币体系的改革目标、方案及其进展”。首先考察国际货币体系的基本功能与目标。国际货币体系改革的近期目标应是：“控制失衡”和“抑制美元风险”相结合，以国际收支协调机制的合作“控制失衡”，以汇率合作“抑制风险”，以国际储备货币、国际金融机构和国际金融监管的改革为世界经济的稳定发展提供良好的外部环境。在明确国际货币体系改革的目标之后，对国外学者关于国际货币体系改革的有关讨论进行了归纳和评述，对国外学者关于国际储备货币改革、国际汇率制度改革、国际收支调节机制改革、国际金融监管改革、国际金融组织改革这几个基本领域的观点，进行系统梳理与深入考察。

第三章为“未来国际货币体系改革的发展进程展望：中国的构想”。本章主要从国际储备货币体系、国际汇率制度、国际金融机构、跨国金融监管以及东亚货币金融合作五个方面对中国学者提出的关于国际货币体系改革的各方观点进行归纳、梳理与述评。首先，从国际储备货币体系改革方案入手，对构建多元化的储备货币体系和创建超主权货币体系两大改革方向的观点进行了详细讨论与评述，重点探讨其可操作性。其次，总结了国内学者对未来国际汇率制度的演进方向的判断。再次，在国际金融机构的改革方面，主要考察了关于国际货币基金组织的改革方案，比较与评析有关跨国金融监管体系的改革观点。最后，对中国学者在东亚区域货币金融合作方面的研究成果从东亚债券市场的建设、东亚外汇储备库的构建、《清迈协议》以来各国央行的货币互换以及在东亚区域货币金融合作中所需的金融监管合作等方面进行归纳与评述。

第二部分为“中国积极参与国际货币体系改革进程的必要性、基本思路与具体战略”。首先，通过中国和全球两个视角，即从中国自身出发的局部角度和从整体国际经济环境出发的全局角度的分析，全面考察中国积极参与国际货币体系改革的必要性，提出了中国积极参与国际货币体系改革的总体思路与战略选择，分析了人民币国际化进程的理论基础、进展、面临的问题以及实现的路径。其次，通过阐述当前包括中国在内的东亚地区在现行国际货币体系下面临的困难和挑战，进一步探讨东亚区域货币合作的进展与现状、面临的困境以及中国参与这一合作的基本思路和出发点。最后，从全球层面，分析并提出中国积极参与国际货币体系改革进程的参与策略和具体措施。

第二部分共包括五章，各章主要研究内容如下：

第四章为“中国积极参与国际货币体系改革的必要性”。主要从中国视角和全球视角两个角度分析中国积极参与国际货币体系改革的必要性。所谓中国视角，就是以中国自身因素和自身所面对的问题出发，从中国暴露于美元体制下的风险角度入手。所谓全球视角，就是从中国与外部关系的角度，在全面分析、把握现阶段国际经济环境的基础上，从国际货币体系发展、改革本身与中国自身需求两个方面，分析中国参与国际货币体系改革的必要性。通过中国和全球两个视角，即从中国自身出发的局部角度和从整体国际经济环境出发的全局角度，全面考察中国积极参与国际货币体系改革的必要性。

第五章为“中国积极参与国际货币体系改革的总体思路与战略选择”。首先，根据中国经济发展的总体目标，结合国际货币体系改革的基本出发点，以及当前国际政治、经济格局下现行国际货币体系的可持续性，分析中国参与国际货币体系改革的目标、可能面临的诸多挑战与可能把握的机遇，提出符合中国国情的参与国际货币体系改革的总体思路。现行国际货币体系虽然存在着许多矛盾，但其根本性的变革在短期内是难以实现的，尤其是中国作为一个正在崛起的发展中大国，不论从历史经验还是现实战略需求来看，现阶段都不宜单独、直接地挑战美国的金融霸权，谋求从根本上推进国际货币体系的改革。中国积极参与国际货币体系改革的具体战略选择，在货币层面上应由近及远地从三个方面展开，即通过人民币国际化、区域货币合作和积极参与G20平台来推进国际货币体系改革；在非货币层面，鉴于各项措施与国际货币体系改革的关联度，由内及外依次为中国国内相关金融领域改革、产业结构的调整和升级、企业的技术创新和产品升级，以及从宏观经济层面积极推进经济发展模式转型，努力成为东亚地区乃至全球的最终商品市场的提供者，等等。

第六章为“稳步推动人民币国际化进程”。首先，依据货币国际化的理论基础，对人民币国际化的可行性进行分析。虽然现阶段人民币还不具备直接实现国际化的条件，但是人民币已经具备了成为东亚区域货币的部分条件。因此，人民币国际化的实现必须走区域化的路径。人民币区域化在地域上应当走从周边化到区域化的道路，在货币职能上应当走先交换媒介、再记账单位与价值贮藏的道路。

第七章为“主动推进东亚区域货币合作进程”。首先，通过阐述当前包括中国在内的东亚地区在现行国际货币体系下面临的困难和挑战，结合东亚区域货币合作的进展与现状、面临的困境，分析中国参与这一合作进程的基本思路和出发点。在此基础上，提出东亚区域货币合作推进路径的总体设计，考察中国如何主动发挥主导作用，使东亚区域货币合作更好地与中国参与国际货币体系改革的战略相适应。其次，分析在这一进程中中国如何积极主动地推动东亚区域货币合作循序渐进、分阶段地向更高层次发展。

第八章为“在全球层面上积极参与国际货币体系改革进程”。在前述研究的基础上，首先对中国参与国际货币体系的改革做出总体展望，对中国的角色定位、指导思想、战略目标、遵循原则、参与策略和具体措施等方面进行总体的框架设计，并以此为出发点，对涉及国际货币体系改革的主要方面依次做出分析。主要的研究重点为：第一，以 G20 为平台积极参与国际货币体系改革。第二，推动国际金融组织改革，修正国际货币体系运行规则。第三，积极参与新一轮国际金融监管改革。

总之，在参与国际货币体系改革的过程中，中国应将自己的角色定位为积极的倡导者而非积极的主导者，以防成为体系博弈变革中的矛盾焦点。其指导思想是坚持互利共赢。战略目标是追求建立公平、公正、包容、有序的国际金融新秩序。遵循的原则是全面性、均衡性、渐进性、实效性、对等性。参与的策略是增进共识、倡导规则、改进组织、促进协调。具体的战略部署是积极参与国际储备货币体系改革、国际汇率制度改革、国际收支调节机制改革、国际金融监管体系改革及国际金融组织改革。

2. 重要观点

第一，明确提出了国际货币体系改革的近期目标。

国际货币体系改革的近期目标应是：“控制失衡”和“抑制美元风险”相结合，以国际收支协调机制的合作“控制失衡”，以汇率合作“抑制风险”，以国际储备货币、国际金融机构和国际金融监管的改革为世界经济的稳定发展提供良好的外部环境。

第二，论述了在今后相当长时期内美元体制的支撑机制。

在今后相当长时期内，支撑美元霸权地位以及“美元体制”的机制主要包括“商品美元回流机制”“国际债务本币偿付机制”“石油交易美元计价机制”“金融危机美元救助机制”。因此，美国的霸权地位具有相当的可持续性，建立在美国全球霸权基础上的美元主导的现行国际货币体系总体上也仍然具有一定的可持续性。

第三，提出了人民币区域化的具体推进路径。

人民币国际化的主要目标在于减少或消除现阶段国际货币体系的成本与风险，而非替代美元成为主要的国际储备货币，更非推进国际货币体系的根本性改革。为了将美元波动特别是贬值风险控制在一定范围内，降低中国在对外贸易、跨境投资与外汇储备管理方面对美元的依赖程度，积极推行人民币国际化成为现阶段中国政府独立可控性最强、最为主动的战略选择。

人民币国际化的全球路径面临贸易和金融层面的约束。因此，人民币国际化的区域路径或者说人民币区域化应当是现阶段合理的选择。具体来说，人民币区域化在初期阶段可以分以下几个步骤推进：

第一阶段，稳步推进人民币在周边国家的流通，创造条件促进人民币在我国与周边国家的部分贸易中承担结算货币职能，提高周边国家与我国交易中人民币的市场接受度，与此同时积极稳妥地开展人民币离岸金融市场和人民币国际债券市场的建设，使人民币在特定范围内承担投资货币的职能。在资本项目尚未完全放开、人民币尚未实现完全自由兑换的情况下，推进人民币跨境贸易结算的发展需要香港离岸人民币市场的建设与发展，其功能包括：一是向境外输出人民币，提供人民币流动性；二是向境外投资者提供更多的人民币计价金融产品，使其具备人民币买卖、投资与避险的市场功能；三是通过跨境人民币投资活动提供双边投资的便利化，开拓境外人民币可控的回流渠道；等等。

第二阶段，在上述工作基础上，通过我国与周边国家乃至更多的东亚经济体之间缔结的官方结算协定，促使我国与东亚其他经济体一般贸易中普遍采用人民币进行结算，同时，充分利用货币互换协定等方式，促使其他东亚经济体中央银行扩大与我国中央银行间人民币的官方交易，使人民币在一定程度上成为其他东亚经济体的官方储备货币，并逐步推动人民币在官方交易中可兑换。与此同时，逐步开放国内金融市场，放松资本账户管制，改进人民币回流机制，使人民币在更大范围内、更高层次上承担投资货币的职能。

第三阶段，通过国内经济的改革、调整、发展和对外经济贸易模式的逐步转型，促使其他东亚经济体自发地将人民币作为汇率安排上的某种“锚”货币，进而使人民币成为其他东亚经济体外汇市场的干预货币。

第四阶段，利用区域融资安排提高人民币作为储备货币和干预货币的吸引力。通过逐步推进的次区域汇率合作安排（如在中国与东盟自由贸易区范围内等），在制度化层面上实现人民币的“锚”货币地位，同时，协调好与日元、美元等区域内外主要货币的关系，最终使人民币成为区域内主导货币或主导货币之一。

第四，提出以区域货币合作推动国际货币体系改革的策略。

以区域货币合作推动“控制失衡”与“控制美元风险”目标的实现。在当今的国际货币体系中，任何一国货币依靠自身力量挑战现行美元霸权的努力是很难成功的。欧元的诞生和“日元国际化”失败的案例告诉我们，货币区域化是国际化的重要步骤，一国货币要参与国际竞争，脱离不开区域经济合作的平台和制度性区域货币合作的整体框架。以区域货币合作推动国际货币体系改革的策略如下：

首先，以区域货币合作促进东亚各国、各地区通过区域性合作“控制失衡”。“控制失衡”绝不是中国一个国家可以同美国单独进行的经济调整，而是需要与东亚各国、各地区开展紧密合作。为此，应加强中国—东盟自由贸易区的建设，尤其应该加快中、日、韩自由贸易区的谈判，争取其早日实现。

其次，“控制美元风险”需要开展区域货币合作。东亚货币金融合作的推进，需要中日两国的合作。在推进今后的区域货币金融合作以及设计自身货币金融战略的过程中，中日两国应该认识到：现阶段双方均不具备单独主导区域货币金融合作的能力；区域货币合作进程的顺利推进，需要中日通过合作共同推动。

第五，中国应该利用 G20 平台积极参与国际货币体系改革。

首先，G20 本身就是一个应对危机的合作机制，并且其功能与作用在不断深化。特别是 2009 年以后，相关国家的领导人和部长们曾就是启动“退出”机制还是继续刺激经济这个重要问题进行了深入讨论，最终达成了继续刺激经济的共识，对增强世界各国的信心、遏制经济颓势起到了重大作用。

其次，G20 是今后世界各国宏观经济协调与合作的重要平台。在经济全球化背景下，防止经济危机或风险，需要世界各国特别是主要国家之间的宏观经济政策合作。G20 的全部国民生产总值占全世界的 85%，人口占世界人口的 2/3，它的活动及影响具有全球意义。

再次，G20 已成为发展中国家参与国际事务特别是国际金融秩序改革的重要舞台。G20 对于国际货币体系改革的重大意义在于：它不仅意味着对传统的世界经济旧秩序的突破，而且孕育着国际经济新秩序的萌芽。我国在未来参与国际货币体系改革的道路上应该更多地借助 G20 的平台，谋求国际协调与合作，树立自身的“合作型大国”的形象，通过国家间的联合力量来实现自身的利益诉求。

第六，中国积极参与新一轮国际金融监管改革。

国际金融监管改革具有明显的危机导向特征，因此当下正是国际金融监管改革进程的关键时期，对全球金融业发展将产生深远影响的一系列国际金融监管新规则将陆续出台，并奠定今后一个时期的国际金融格局。中国作为最大的新兴经济体，应当在这场新的金融利益的博弈中准确定位和充分应对。现阶段，应当主要从以下三个方面着手：

首先，应当全面参与美国主导下的全球统一金融市场标准化信息系统的构建。全球统一金融市场标准化信息（LEI）系统在美国的主导下，将可能成为与《巴塞尔协议》比肩的国际金融监管的基石。目前，中国应当积极参与该系统的筹备过程，特别是参与各项细则的制定和讨论。一方面，在规则制定阶段表达自身的利益诉求，争取新的国际金融规则的制定权，并不断扩大在国际金融监管领域的影响力；另一方面，加强与各国金融当局的沟通与交流，借鉴各国构建本土金融市场 LEI 系统的经验，并在此基础上探索如何构建符合中国国情的宏观审慎监管框架。

其次，密切关注主要发达国家的监管改革及其可能对我国产生的溢出效应，采取有效的应对措施。LEI 系统在全球各国的建立和推广很难做到完全同步，市场机制相对完善的发达国家的改革进展将快于发展中国家。这可能为对冲基金等跨国金融机构提供监管套利的机会，从而对监管体制相对不完善的新兴经济体的金融稳定形成冲击。在我国金融开放进程日益加速的背景下，金融当局应当酝酿并及时出台相关监管条例和法规，在最大程度上降低跨国金融机构的监管套利对金融体系的冲击。

最后，应当顺应时势推进和深化我国金融监管体制改革，构建符合国情的大金融监管格局。美国金融监管改革的实践证明，今后金融监管体制改革的主要方向是构建央行牵头的大金融监管模式。危机过后，主要发达国家纷纷在系统整合监管资源的基础上成立专司监控和防范系统性风险的监管机构（如美国的金融稳定监管委员会以及英国的金融稳定理事会），并赋予中央银行参与系统性风险监管的重任。目前，我国在这一方面的改革进展仍较为缓慢。有必要进一步做实金融监管协调部际联席会议制度，使其成为中国金融业混业经营时代的大金融监管中枢，协调和整合现有监管资源，有效避免系统性金融风险。

第七，中国积极参与国际货币体系改革进程需要辅之以国内金融体制的深化改革与金融市场的审慎开放。

首先，大力推进金融市场特别是债券市场的发展。现阶段需要促进债券市场扩大发行主体与债券品种，加强债券评级、担保、清算等基础设施建设，并大力发展国债市场。还需要进一步发展资本市场，培育多元化市场投资主体，设计多样性的金融产品，提高直接融资比例。同时，要推进金融市场特别是直接融资市场发展，另外一项重要工作是进一步提高直接融资市场的市场化程度。

其次，进一步实施金融体制改革，促进利率市场化，提高金融业竞争度。金融体制的进一步改革，不仅是提高金融体系服务实体经济的效率，切实降低实体经济发展的融资成本，促进实体经济持续健康发展的需要，也是中国成功参与国际货币体系改革的需要。

再次，逐步推进金融系统、市场的审慎开放，有序推进人民币资本项目可兑换。继续拓展外汇市场的广度和深度，丰富外汇市场产品，完善外汇市场的交易机制和基础设施建设，推进外汇市场的对外开放。这是金融开放和推进人民币资本项目可兑换的基础。继续坚持立足实体经济、服务实体经济的基本方针，促进使用人民币进行贸易投资结算的便利化，在此基础上进一步拓宽人民币跨境流动渠道，完善人民币跨境清算体系。在完成上述基础性工作的同时，开放资本项目的进程可以通过数量放松、制度设计这两个方面推进。但总体而言，在现阶段国际货币体系难以进行根本性改革的条件下，中国金融系统、金融市场的开放必须要循序渐进、审慎进行。国内金融市场的改革、效率提升及国际竞争力的增强，是中国金融系统、市场开放的前提条件。

最后，完善金融监管，提高抵御金融风险能力。具体来说，可以从以下三方面着手：一是加强金融机构自我监管能力，通过金融机构特别是国有金融机构自身建设，积极推进金融机构现代化建设，努力与国际惯例接轨，完善管理机制和自我监管体制，增加金融机构抗风险能力；二是在监管机构层面上，要继续加强和完善统一的大金融监管体系，切实提升监管机构风险识别、计量、评价、监测、控制和预警能力；三是在非金融部门也应建立起有效的信息披露机制和信用评价体系，完善企业的征信体制，为金融部门提高抵御风险能力提供良好有序的外部环境。

三、成果的学术创新、应用价值以及社会影响和效益

1. 学术创新

第一，通过对现行国际货币体系性质、特征的分析，考察国际货币体系改革的可能路径，丰富国际金融理论。第二，通过对国际货币体系改革背景下人民币国际化的模式与战略的探讨，揭示发展中经济大国货币区域化、国际化的特殊进程，考察其对国际货币体系发展、演变和改革的影响，拓展货币国际化理论。第三，将国际货币体系改革问题与人民币国际化、区域货币金融合作等结合起来加以考察，有助于区域货币金融理论的创新，为相关研究提供新的视角与思路。

2. 应用价值

第一，对于改革国际货币体系、改善国际金融秩序具有重要的参考价值。只有明确当前国际货币体系面临的主要问题，才能科学地判断国际货币体系改革是应该破旧迎新还是应改革或调整该体系的缺陷。第二，有助于提升中国的对外竞争能力。中国 30 多年来的经济增长受益于开放的国际贸易与金融体系，面临着未来更大程度的金融开放，中国的金融发展及其权益自然成为国家核心经济利益的一个重要内容。因此，积极参与国际货币体系的调整和改革直接关系到中国在现阶段以及今后国际经济增长中竞争能力的提升。第三，对于顺利提升中国在世界经济体系中的地位具有重要意义。考察现行国际货币体系面临的主要问题及其在一定时期内的可持续性，对中国积极参与国际货币体系改革以及构建反映以中国为代表的发展中国家利益诉求的国际货币制度具有现实意义，有助于提升中国在世界经济体系中的地位。第四，对中国的金融安全、经济稳定与长期增长具有积极意义。考察中国在

改进国际货币体系效率、预防金融危机和类似冲击的爆发中所应发挥的作用，对于维护中国的金融安全，确保中国经济稳定与长期增长，具有重要的实践意义。第五，对于决策部门在汇率政策、区域合作政策、国际经济协调政策等领域的具体政策的制定与实施具有重要参考价值。

3. 社会影响和效益

本成果对于推进合理且可操作的现行国际货币体系的改革，建立公平、公正、包容、有序的国际货币体系，具有重要参考价值。对于决策部门在汇率政策、区域合作政策、国际经济协调政策等领域的具体政策的制定与实施具有重要参考价值。

本成果研究团队撰写的三篇阶段性成果《美联储量化宽松政策退出预期的影响和应对》《中国应倡导建立全球金融规则》《我国应积极参与新一轮国际金融监管改革》被全国哲学社会科学规划办公室《成果要报》所采用，直接为国家相关决策部门提供政策制定的理论依据。

本成果提出的学术观点在本研究领域具有重大影响。本成果研究团队发表的学术论文被本研究领域学者们大量引用。其中 1 篇被《中国社会科学文摘》转载，1 篇被日本《国际金融》杂志 2011 年 7 月 1 日号全文转载，3 篇被中国人民大学复印报刊资料《世界经济导刊》《台、港、澳研究》等全文转载，多篇文章在英文或日文期刊上发表。

在首席专家李晓教授指导和带领下，本成果研究团队对国际货币体系改革问题进行了深入全面的研究，发表或出版了一系列具有重要学术影响力的学术论文或著作。本成果研究团队撰写的学术论文《国际货币改革的集体行动与二十国集团的作用》荣获吉林省第十届社会科学优秀成果奖论文类一等奖。本成果研究团队在该领域的研究已达到较高水平，并在国内外相关研究领域具有重大影响力。

《西南酋邦社会与中国早期文明：西南夷政治与文化的演进》概要

段 渝*

一、研究的目的、意义及所使用的研究方法

在汉代和汉以降的文献中，西南夷是指中国古代分布在青藏高原东缘巴蜀以西、以南和西南地区的古代族群，即秦汉时期以至魏晋南北朝时期分布在今四川西南、西北和云南、贵州等地区属于氐羌系统和濮越系统的各个族群的总称。本成果所研究的西南酋邦社会，是指先秦秦汉时期西南夷在各自小生态内所形成的政治组织和政体群，即以《史记》《汉书》《后汉书》《三国志》《华阳国志》等文献所记载的“以百数”的“君长”为代表的“巴蜀西南外蛮夷”的西南夷社会，以及先秦时期曾长期被认为是“南夷”和“西僻戎狄”的巴、蜀酋邦社会。

对西南夷政治组织的研究，由于文献资料的贫乏，国内外学术界几乎很少论及，难以看出在中国文明形成时代西南地区文明演进的水平以及西南夷各族文化从分散走向整合的历史进程。除资料的不足而外，关键在于如何运用适合的理论和方法对西南夷酋邦的政治组织进行深入系统分析，并基于有限的历史文献加上西南夷地区本身考古所反映出来的社会特征，形成一种有效的学术解释力。这不但是对西南夷古代社会研究的内在诉求，同时也可以为中国古代国家起源与形成的多种特质提供新的视野与解读可能性。

* 段渝，四川师范大学教授，博士生导师。

本成果旨在详细占有历史、考古和民族学资料的基础上，通过对相关文化因素及其组合方式和演变关系等的细致分析和比较，深入、系统地研究西南夷各族群的政治组织及其演进，探讨在政治组织演进过程中的社会复杂化及其机制，以及由酋邦组织向国家演化的方式和途径，以期揭示西南夷政治组织演进的历史进程和特点，从而把文明与国家起源的研究从区域类型分析和物质文化探讨推进到政治组织与文明演进研究的新高度。

二、成果的主要内容和重要观点

中国西南地区的古代酋邦社会，并不是由某个单一民族所构成的整体社会，也不是以几个族群联合形成的统一的政治经济实体。

由于历史文献记载的不足征，西南地区的上古史显得非常复杂而隐秘，学术界对这个地区古代社会各个族群的族属和年代等问题的看法存在相当分歧。更为重要的是，学术界在对西南夷的研究中，往往只是从《史记·西南夷列传》出发，仅对“巴蜀西南外蛮夷”进行分析，却忽略了先秦时代的巴、蜀均属西南夷范畴这个历史事实。

西南夷的族群和地理等概念，在先秦秦汉时期有一个历史的演变过程。先秦时期的西南夷，包括巴、蜀在内，称巴、蜀为“南夷”，而汉代西南夷的北界则向南推到了汉嘉郡、朱提郡和越嶲郡一线，汉代文献关于西南夷地理方位的记载，是在汉武帝时期南夷的大量南迁后才基本上固定下来的。

包括巴、蜀在内的整个西南地区，在夏、商、西周、春秋、战国前期都可以称为西南夷地区。直至公元前 316 年秦并巴、蜀以后，对巴、蜀在政治、经济和文化上进行了大规模改造，巴和蜀成为汉文化圈的重要一员，从此才不再被视为西南夷，而蜀郡西南部的沈黎郡在汉武帝时期才退出南夷的范围。自此之后，汉代的西南夷地区就仅指“巴蜀西南外蛮夷”，即夜郎、靡莫之属（包括滇）、嶲与昆明、邛都、徙与筰都、冉与駹、白马等七个区域，以及东汉时期归附中央王朝的永昌郡，而邛都、徙、筰都、冉与駹、白马等到了两晋时期也被排除在南中之外。

新石器时代晚期是古蜀文明的起源时代，也就是古蜀的酋邦时代，这可以通过历史文献和考古资料的分析大体得到解释。大约在商代，成都平原古蜀地区由于三星堆文化的创造而进入国家与文明时代。巴人的酋邦时代于史无征，考古学资料则显示出，当春秋战国之际巴国进入峡江流域之前，长江三峡东部清江流域的廪君尚处于酋邦时代，长江三峡西部嘉陵江流域的板楯蛮也处于酋邦时代。而商代的巴国有着强大的军队，西周时代的巴国已是周王室分封在南土的诸侯之首，为著名的“汉阳诸姬”之一。

在巴、蜀西南外，是汉代文献所称的西南夷的世界。虽然西南夷各族见诸历史文献记载并不算太晚，先秦文献对其中的某些族群有着间接而模糊的记载，但是对西南夷社会比较集中而轮廓大致完整的记载，是汉代司马迁的《史记·西南夷列传》。根据《史记·西南夷列传》的记载，西南夷从先秦到汉初，其社会仍然在部落与酋邦时代徘徊，没有进入国家与文明时代。虽然其中某些族群及其文化，已行进在通向国家与文明的道路上，但还未能跨进国家与文明的门槛。汉武帝开西南夷，对西南夷进行大规模改造，政治上在西南夷地区设置郡县，经济上在西南夷地区设立铁官，实行盐铁专营制度，文化上将汉文化大量而源源不断地输入西南夷地区，最终将西南夷纳入到汉代国家的体制之内，纳入到文明社会之中，从而结束了西南夷的酋邦时代，并使西南夷地区成为中国文明的重要亚文明区之一。

在属于西南夷范围的今四川西部和西南部发现的新石器晚期文化遗存，主要集中在岷江上游地区、青衣江流域和安宁河流域；在属于西南夷范围的贵州西部地区，21 世纪以前很少发现新石器时代文化的遗存，近年来始有新石器晚期文化遗存的重大发现；历年来云南发现的新石器晚期文化遗存比较丰富，但可确认的遗存在空间分布上呈现出明显的不均衡性，而以云南西部至中部地域为集中分布区。由于文献资料不足征，所以这一大批新石器时代晚期文化遗存的发现就尤为重要，为探讨西南夷地区新石器文化晚期部落时代的文化与族群提供了非常宝贵的资料。

迄今西南夷地区的考古资料显示出，在新石器时代晚期，西南夷地区部落的分布已经比较广泛，并在多数地方形成了区域性的分布空间，意味着部落间相互依存关系的发展和共同地域传统的初步形成。根据目前已有的考古资料，部落时代的西南夷文化可以大致划分为 15 个区域，分别是：（1）黔西滇东北；（2）滇池区域；（3）安宁河流域；（4）青衣江流域；（5）岷江上游；（6）金沙江上游；（7）金沙江中游；（8）洱海区域；（9）滇中（通海县杞麓湖周围）；（10）澜沧江中游；（11）滇东南（元江—红河支流和南盘江下游的支流）；（12）滇南（澜沧江下游、元江中游）；（13）滇西、滇西南（澜沧江中游、下游及怒江上游和中游）；（14）滇西（怒江下游和伊洛瓦底江支流龙川江—瑞丽江和大盈江流域）；（15）滇西南沧源、耿马（澜沧江中游、下游及怒江上游和中游）。

在上述西南夷地区新石器时代晚期文化的15个区域，已初步形成了各自区域内连续或不连续的空间分布形态，它们的空间分布形态具有很大程度的相似性：多位于大河支流流域两岸的台地、湖滨、浅丘或缓坡地带，并以这种有限的自然地理环境作为各自文化生长点的依托和界域，因而各种类型的分布一般以自然地理为界限，表现出明显的小生态内部的地域文化特点，意味着各种类型文化都是适应当地的小生态而发展起来的。由于金沙江、澜沧江、怒江均为两岸高山夹峙，滩险弯急，支流之间被高山峡谷所分割，不像黄河中下游和长江中下游那样有宽敞的平原，易于形成一种或数种文化的广阔的连续性分布空间，而是以小生态为族群及其文化的分布界域，从上游到下游相间分布，并以这种形态基本涵盖了各个流域。例如，金沙江以南区域与洱海以北的剑湖区域以及滇池区域和杞麓湖区域的新石器文化遗存虽然具有某些联系，但各自所显示出的独有的且主流性的文化特征更为鲜明，它们分别代表了不同的考古学文化类别。所以，从整体形态上看，西南夷地区的新石器时代晚期文化具有复杂性、多元性和流域性（区域性）等显著特征，而这些因素直接导致了多数族群具有持续发展的不稳定性特点。特别是由于这些族群具有资源获取能力不足、资源需求不足、促进政治组织演进的动力不足，以及组织机制的力量不足等先天性缺陷，致使其难以在自身新石器时代晚期文化的基础上进一步向青铜时代演进。

不过另一方面，西南夷地区新石器文化各区域之间又存在着某些共同的文化因素，并以此为基础，初步造就出西南夷地区的共同地域传统。在陶器方面，西南夷各区域类型多数以小平底为主，器形以罐类为主，如夜郎区域、滇池区域、安宁河流域、金沙江上游、金沙江中游、滇南以及滇东南区域。在石器方面，各区域类型多见长条形石斧、半月形穿孔石刀和梯形石斧，如夜郎区域、安宁河流域、金沙江上游、洱海区域、滇南及滇西南等区域，而有肩有段石器则在金沙江中游和雅砻江流域广泛分布。在文化类型方面，从金沙江以南的龙川江谷地向西直至澜沧江中游的广大地域内，分布着元谋大墩子、宾川白羊村、永平新光等三个类型，但其间在文化遗存方面却又显示出较多共性，而位于金沙江中游南岸的大墩子类型则与北岸的礼州类型有许多相似之处。

从西南夷地区新石器时代文化的面貌来做进一步分析，可以看出，它的各种特点事实上反映了各个区域中各族群的来源、迁徙、适应能力、交往范围等多方面关系，使西南夷地区的新石器时代晚期文化显现出它的走廊性和土著性二重特征，由此构成了西南夷地区民族文化生长壮大的基础。

关于西南夷地区早期青铜时代的文化遗存，目前的发现还相当有限。从已有的考古资料看，早期青铜时代的文化遗存仅在黔西滇东北区域、滇池区域、滇西剑湖区域、洱海区域、滇西南澜沧江和怒江下游等有所发现，而大多数早期青铜文化遗存既与当地的新石器时代晚期文化之间没有直接的继承发展关系，又与全盛时代的西南夷青铜文化遗存之间没有直接的发展演变关系。

西南夷地区在商周时期开始进入青铜时代，春秋至西汉时期，西南夷青铜文化的发展已达顶峰。同时，从商周到汉代，西南夷地区的一些族群也在经过长期发展演化后，在较为独立和封闭的地理空间中演进为具有相当分层与组织能力的社会，发展到复杂酋邦的水平。但是西南夷各族群并没有从酋邦组织进一步演进为国家，没有在自身文化进化的基础上过渡到文明社会，而是在汉代文化的强劲扩展和传播下，从青铜时代跨入铁器时代，并从政治上纳入到汉代国家的体制之内，纳入到文明社会之中，从而结束了其尚未完成的文明起源进程。

西南夷地区文明与国家起源的进程，与黄河流域中原地区的夏商周及其诸侯国，长江流域的巴国、蜀国以及楚国等有很大的相异性。不论中原、巴、蜀还是楚国的文明，青铜器都可以作为其文明高度发达的标志和物化形式，所以，青铜时代可以作为其灿烂文明的同义语。然而西南夷地区的情况却与此有很大的不同。

在春秋战国时代，西南夷地区形成了多个生长在大河流域支流小生态中的青铜文化群或青铜文化区域，目前在考古学上反映出来的这样的青铜文化群或区域主要有 13 个，分别是：（1）黔西滇东北夜郎青铜文化区；（2）滇东曲靖盆地劳浸、靡莫青铜文化区；（3）滇池区域青铜文化区；（4）安宁河流域邛都青铜文化区；（5）青衣江流域徙青铜文化区；（6）雅砻江下游盐源盆地筰都青铜文化区；（7）保山盆地巂青铜文化；（8）洱海区域昆明青铜文化区；（9）岷江上游冉駹青铜文化区；（10）川北陇东南氐文化区；（11）金沙江上游白狼、槃木、唐菆青铜文化区；（12）红河流域句町青铜文化区；（13）滇南地区漏卧青铜文化区。这些生活在大河流域支流小生态中的青铜文化群体具有各自自身的独立性，但经过长期发展演进，相互交流，日益扩展，由某些共同文化因素而形成共同地域传统，并由于一些共同具有的青铜文化要素而构成特征鲜明的西南夷青铜文化。

对于西南夷青铜时代的认识，如果用中原青铜时代的同一眼光或标准来衡量，西南夷青铜文化似乎已经达到文明的水平，建立起早期国家组织。但是，如果我们用文明与国家形成的一般定义去详加考察，就会发现西南夷青铜文化仍然不能称之为文明，它只是青铜器的流行时代，即使是它们当中最为发达的几个酋邦社会也没有在社会复杂化进程中进一步演进到国家。它们虽然在外力的推动下产生了青铜文化，但并没有以此突破酋邦组织的政治体制，而是形成了一种酋邦组织与青铜文化紧密结合的复杂的二元结构。这种二元结构的长期稳定化发展，没有导致西南夷酋邦在自身的基础上最终产生出古代文明和国家，却对西南夷地区共同地域传统的形成以及西南夷文化在整体上的进步起到了重要的维系和推动作用。

西南夷酋邦的很多考古遗存显示了青铜文化的发达，这种现象很容易造成一种假象，即按照中原文明起源的一般和规律现象，进而推测西南夷地区已经达到了中原三代时期的“青铜文明”阶段。实际上，西南夷的青铜文化是受到四川盆地古蜀文明以及其他地区青铜文化剧烈影响的结果。因此，西南夷的青铜文化并不能被视为达到了同等条件下独立发展的经济技术高度和政治社会水平。正如近代四川凉山的彝族已经开始使用火器作战，但并不意味着这一社会组织已经发展到近代水平。

根据《史记》等历史文献的记载，加以从对考古资料的分析中获得的认识，西南夷地区的13个青铜文化区域可以划分为“魋结耕田有邑聚”“或土著或移徙”以及“编发随畜迁徙”三种经济类型的社会，它们在政治社会演进中的发展水平高低不一，主要形成了酋邦和部落两种政治组织形态。属于“魋结耕田有邑聚”的社会有：夜郎、滇、邛都、劳浸、靡莫，这五个社会中的夜郎、滇、邛都等三个青铜文化群在政治社会演进的进程中已进入较高级的酋邦时代，而劳浸和靡莫仍然在部落时代徘徊。属于“或土著或移徙”的社会有：徙、笮都、冉、駹，其中的笮都已进入比较发达的酋邦社会，冉、駹存在部落与酋邦并存的特点，徙则仍然在部落社会中逡巡不前。属于“编发随畜迁徙”的社会有：嶲、昆明、白狼、槃木、唐菆、句町、漏卧，以及白马、僰、且兰、滇越、哀劳、摩些夷等，它们当中除句町已进入酋邦社会外，其余都还在部落时代徘徊。

对于西南夷地区而言，以滇、邛都、笮都等为代表的政治组织走在了金沙江流域各族社会演进的前列，处于酋邦向国家演进、史前向文明过渡的阶段。如果没有秦王朝尤其是汉王朝国家力量的进入，将汉文化包括铁器和政治制度在内的各种文明要素在西南夷地区做强劲扩展和传播，造成西南夷地区从史前青铜时代跨入铁器时代，并将其纳入秦汉国家体制的政治秩序之内，西南夷族群仍旧会按照自身的发展方向和逻辑，完成向国家社会的演进。换言之，西南夷复杂酋邦已经站在了文明曙光的门槛面前。

西南夷地区的各个区域性政治中心并不完全具有共时性，它们并不完全是在同一时期并存于世的。根据对西南夷考古资料和古代文献记载的分析，西南夷地区形成酋邦及社会的时代，主要是从春秋到西汉这一时间段。考古资料揭示，在这个较长时段中，随着区域内不同地点青铜文化的消长，以前的一些区域性政治中心消失不存了，而同样的青铜文化却在不同的地点成长壮大起来，意味着区域政治中心的转移。整个西南夷地区各个区域性政治中心的共时性并存与历时性变化，便构成了时空变换中西南夷政治秩序的壮丽图景，揭示出先秦至西汉时期西南夷文化纷繁复杂的历时性变化与演进。

在西南夷新石器文化向青铜文化的演讲过程中，可以看到社会复杂化程度日益加深和政治权力的逐步集中化发展：在从史前时期向青铜时代早期的演进过程中，聚落的数量逐步增多，意味着社会组织和政治组织在地域上的扩展或扩大。而在从青铜时代早期到青铜时代鼎盛时期的演进过程中，区域内的聚落数量更是大大增长，但是这种情况却并不意味着政治单位的增加，换句话说，这种局面并不是反映了各个聚落作为独立的政治单位的存在，这些聚落并不是独立性的政治单位，它们数量的增长恰恰反映了区域内政治单位的减少，而政治层级却在这种局面中增加了；同一文化体的空间界域没有缩小，但权力中心诞生了，政治权力实施的深度和广度增加了。古代文献记载的西南夷的“最大”的“君长”，就是文明起源时代西南夷社会复杂化和政治秩序重建的结果。这种社会组织和政治秩序的重大变化，表现在考古学上，就是西南夷地区各个区域内新石器晚期文化向青铜文化的演变以及区域性青铜文化中心的出现。

在西南夷新石器晚期文化向青铜文化演进过程中，同一区域内的新石器文化聚落并没有消失，但在政治演化进程中却已变成为某个青铜文化中心的下属政治层级，即演变为经过重新组合生长发展起来的区域性政体中的成员，而不再是新石器时代晚期独立的村落和氏族。如：在滇池区域，青铜时代的滇文化就涵盖了新石器晚期的白羊村类型、闸心场类型和石寨山类型，这一考古学文化现象意味着，从前的白羊村类型、闸心场类型和石寨山类型等新石器晚期文化的村落，现已演变为石寨山、李家山等滇池区域青铜文化中心即古滇国的下属政治层级或单位，两者之间不再具有往日的平等关系。

历史文献和考古资料揭示，在西南夷各族群所创造的青铜文化中，有着三星堆青铜文化程度不等的影响，而西南夷各族群对外来青铜文化在吸收的基础上进行了自身的创新性发展，形成了绚丽多姿的西南夷青铜文化，并且在战国秦汉时期达到了青铜文化的鼎盛。但是，西南夷各个族群长期依赖于所安身立命的大河支流小生态，未能在村落及族群扩展和社会复杂化方面取得突破，形成具有城市水平的新的分层体系来对政治和资源进行再分配，而其本身的资源获取能力不足、资源需求不足、促进政治组织演进的动力不足，以及组织机制的力量不足，所以尽管个别酋邦如滇、夜郎等的政治组织已经演进到相当水平，但仍然不能有效扩张其政治与文化势力，并以此促进内部政治分层和政治结构的进一步复杂化，其发达的青铜文化也没有能够促成国家水平政治组织的诞生，因而在迈向国家的道路上不能够取得长足发展，长期停留在酋邦制社会。

三、成果的学术创新、应用价值以及社会影响和效益

本成果首次通过全面、系统、详细地统计西南三省各地新石器时代晚期遗址、青铜时代遗址和墓葬以及出土器物的考古资料，建立起先秦秦汉时期

西南地区各族政治与文化发展演进的历史序列。本成果没有沿袭学术界关于青铜时代即是国家和文明形成时代的一般研究理路对西南夷青铜文化进行定义，而是通过对大量考古资料进行具体而深入的分析，对西南地区青铜时代的性质进行了创新性研究，首次提出西南夷地区的青铜时代是酋邦时代而不是国家与文明时代的崭新观点，对中国青铜时代、国家和文明形成时代的研究，提供了新的研究范例和理论分析模式，具有重要的理论意义。本成果通过对西南夷青铜文化的分区，首次建立了西南地区新石器时代晚期到青铜时代的分区结构和发展序列，这为西南夷各区域的政治与文化演进的系统研究提供了十分翔实的第一手资料。

本成果对先秦秦汉时期西南民族地区政治与文化演进所提出的若干观点，不同于学术界对西南夷社会发展模式的传统认识，为中国古代国家与文明的形成提供了新的研究范例、理路和理论分析模式，具有重要的学术价值和理论意义。

本课题组已发表了一系列论著，并有多篇论文被转载，课题部分成果收入主持人的专著并获得四川省政府一、二等奖，在学术界产生了较为重要的影响。相信课题成果出版后，将对西南地区酋邦社会的研究起到积极的推进作用，也将为中国古代国家起源与形成的多种特质提供新的视野与解读可能性。

《宋代瘟疫的流行与防治》概要

韩　毅*

一、研究的目的、意义及所使用的研究方法

1. 研究目的和意义

瘟疫是一种发病急骤、具有强烈传染性、病情危重凶险且有大流行特征的一类疾病，其形成原因多是气候反常和人类活动所致。宋代约发生了293次传染性较强的疫病，其种类有疾疫、伤寒病、时气病、天行瘟疫、斑疹伤寒、痢疾、痘疮病（即天花病）、大风癞疾（即麻风病）、麻疹、瘴疫、痄腮病（即流行性腮腺炎）、黄肿病（即钩虫病）、时疫疙瘩肿毒病（即鼠疫）、劳瘵病（即肺结核病）和动物疫病等，通称为瘟疫。疫病严重危害人类生命和健康，不仅造成人口的死亡、迁徙、流动和社会动乱，而且制约了社会经济的发展，对区域社会结构、人口增长、军事战争乃至国家统治秩序造成严重的影响。由于疫病防治事关国家政权稳定和体恤民众的统治思想，所以对各类传染病的防治成为宋代社会长期关注的重点，受到宋代皇帝、政府官吏、医学家和社会民众的高度重视。

宋代是中国历史上疫病频发的时期，也是国家政府和社会力量积极救疗并取得显著成效的时期。宋代建立了以国家政府为主导、社会力量为辅助的疫病应对体系，不仅将"疫灾"提升为国家"四大灾害"之首，而且确立了"既病防染"和"未病先防"的原则。疫病流行造成的人口死亡和沉痛教训，

* 韩毅，中国科学院自然科学史研究所研究员，博士生导师。

迫使宋代国家和社会建立有效的疫病防治体系，完善医学理论，研制各类防疫药物，改善卫生状况和生存环境，从而将政府、医学家、社会民众和宗教人士等紧密地联系起来。宋政府采取的医学措施、经济措施、政治措施和军事措施等，不仅有效地控制住了疫病的传播，而且宣扬了儒家“仁政”，极大地拓展了古代国家的职能。疫病防治中出现的新理论、新方法和新方剂，极大地丰富了古代传染病防治史的内容。在当前的情形下，无论从现实还是从传染病流行病学的研究来说，本研究都是非常必要而且深具意义的。

本研究通过对宋代疫病史料的全面统计和梳理，深入地探讨宋代疫病在时间和地域分布上的变化与特点，以及疫病流行对宋代社会带来的影响，积极而又科学地开展宋代政府、医学家、社会民众对疫病的认识及其所采取的应对措施研究，解决和攻克了中国古代防治传染病的重大医学问题和技术难关，科学地揭示了宋代医学的发展与社会变迁的关系及规律问题。这项研究不仅有利于在中国疫病史领域拓宽学术视野，把疫病史的研究拓展到整个社会史与文化史的领域，而且有利于我们今天重新审视国家与医学、传统与现代等问题，还能为我们今天认识、面对以及处理现代疫病等提供有益的借鉴，因而具有重要的学术意义和现实意义。同时，对这一问题的积极探索，有益于我们全面了解中国古代传染病防治体系中国家因素和社会因素之间的互动关系，深入地认识历史上国家和社会的疫病救疗事业的发展轨迹，并且促使我们探明宋代社会的反应机制、防治措施的发展脉络、深刻的历史经验和启示等。

本成果关注的问题是：宋代发生了哪些严重的疫病，其流行特征、疾病种类和发展趋势如何，对宋代社会产生了何种影响？宋代皇帝、政府官吏、医学家、宗教人士、地方乡绅和普通民众等对疫病的认识和态度如何，采取了哪些积极的防治措施？通过对此问题的研究，揭示宋代不同社会阶级尤其是国家政府和医学家在疫病防治中发挥的重要作用，认识中医传染病学在重大疫病防治方面取得的成就和创新。

2. 研究理论与方法

本成果以马克思主义为指导，依据中医传染病学和医学社会史的研究理论与方法，重点研究宋代瘟疫的流行概况、地理分布、社会影响、病因病机，以及宋代政府、医学家和社会民众等对疫病的认识及采取的应对措施。

中医传染病学主要解决的是疫病的概念术语、发展源流、病因病理、流行过程、疾病症状、临床诊断、临床治疗和临床处方用药等问题。

医学社会史关注的国家医学活动、阶级关系和等级制、传染病防治体系、社会群体的自我保护、普通民众的行为方式、妨碍疫病治疗的社会因素（如巫术干预和社会习俗）等问题，并对其做系统、翔实的论述，深刻地揭示宋代社会中皇帝、政府官吏、医学家、宗教人士、地方乡绅和普通民众等对疫病的认识、态度、防治措施及其所发挥的作用。

马克思主义阶级分析方法，在解析宋代社会疫病防治中出现的复杂的阶级性、等级性以及社会各阶级在疫病防治中的地位、作用和局限等方面，具有重要的理论指导意义。

本研究改变了过去中国医学史研究的模式，从疾病史与社会史的角度改造研究方法，发展新思路，提出新问题。以宋代发生的293次疫病为研究对象，采用整体研究和个案研究相结合的方法，深入系统地探讨瘟疫在宋代的流行情况及社会各阶级采取的防治措施，揭示宋代政府在疫病防治中发挥的重要作用，总结医学家在疫病防治中提出的新理论、新方法和新方剂，为现代社会应对重大疫病提供借鉴，因而具有较强的现实意义。

二、成果的主要内容和重要观点

1. 主要内容

本成果共分九章，通过对宋代重大疫情的流行、地域分布和社会影响的梳理，全面系统地探讨宋代中央政府、地方官吏、医学家和社会民众等对疫病的认识、态度及防治措施，分析宋代政府力量和社会民众力量在疫病防治中发挥的作用，进而总结宋代在瘟疫防治方面取得的成就和创新。

第一章“绪论”，重点介绍选题的意义、研究状况的回顾、研究内容、史料来源、统计方法、研究理论和研究方法等。

第二章“宋代瘟疫的流行、种类、分布及其社会影响”，重点探讨宋代疫病的流行概况、时空分布、发生频率、疫病种类、社会影响，以及疫病在北宋和南宋时期的变化，着力研究宋代疫病的病名和流行变化，梳理影响宋代疫病形成的自然因素和社会因素。

第三章“宋代政府对瘟疫的认识与国家防疫机制的建立”，重点探讨宋代皇帝和中央政府对疫病的认识及态度。中国古代皇帝专制主义中央集权政治的特点，决定了皇帝对疫病的认识与态度成为中央政府防治疫病的政策依据和关键。宋代皇帝和政府对疫病的认识，经历了从“上天垂佑”“自然灾害”到“疾疫过后、盗贼必起”的变化，将疫病引起的“疫灾”提升为“四大灾害”之首，从国家战略的角度和加强仁政统治的目的出发，积极采取应对措施，并建立了以政府为主导、社会民众为辅助的疫病防治体系。

第四章“宋代政府防治诸路州县瘟疫的措施”，重点探讨宋代诸路州县地区重大疫情的流行情况、特点及影响，以及政府采取的医学、经济和政治应对措施，梳理宋政府建立的国家疫病防治机制、医疗救治机构和各项措施的内容及变化。尤其是疫病防治中重视疫情信息的收集与上报，医学机构的建立与参与，病因病机的解释与应用，新方书的整理与刊行，防疫药物的研发与制造，患者的隔离与治疗，病尸的掩埋与火化，以及水源的保护与城市卫生的清洁等，是宋代政府应对全国疫病的一大显著特点。

第五章“宋代政府防治军中瘟疫的措施”，重点探讨宋代军队中重大疫情的流行情况、特点及影响，以及政府采取的医学、军事和政治应对措施，分析国家应对特殊阶层疫病的机制，以及对军事医学的重视和军事制度的调整。宋政府在医学领域内采取了派医诊治、赐药颁方、掩埋尸体和公布医方等措施；在军事制度方面采取了调整军队驻防地点、换防时间和起用南方峒丁戍守等措施；在经济领域内采取了划拨钱物、减免军人家属赋税等措施；在政治方面采取了授予病亡军人封号、遣使祭祀名山河神、超度病死军人亡灵、优恤军人家属和征收军人子弟入伍等措施。

第六章“宋代政府防治牲畜疫病的措施”，重点探讨宋代牲畜疫病的流行、特点、影响及政府采取的应对措施。宋政府对牛疫、马疫的防治给予了相当的重视，将其提升为宋代“四大灾害”之一，采取的应对措施主要有：建立完善的兽医检验、检疫制度；建立医马院，修缮马厩和驿路养马处所；颁布医牛、医马方书，规范养牧法，发放药品；治疗、隔离、出卖病马，防治疫病扩散；购买“土产马”，弥补战马不足；严司其职，制定赏罚条例等。但北宋和南宋政府在牲畜疫病的应对方面又有着明显的不同，这种不同与宋代的农业、军事政策有着密切的关系。

第七章“宋代地方官吏对瘟疫的认识与防治措施”，重点探讨宋代地方官吏对疫病的认识、态度及应对措施。地方官吏是宋代州县地区应对疫病的核心力量，也是国家政权应对疫病的基层力量。他们一方面积极贯彻国家防疫措施，另一方面又亲赴灾区，诊治病人，施舍粥药，亲撰医书，部分官吏为此献出了宝贵的生命。

第八章“宋代医学家、宗教人士和普通民众对瘟疫的认识与防治”，重点探讨宋代医学家、宗教人士和社会民众对瘟疫的认识、态度及防治措施。宋代医学家对疫病给予了积极的防治，不仅亲临疫情地区治疗患者，而且亲撰方书，阐明疾病病因、病理和治法治则。僧人、道士也积极参加疫病救治，如施舍粥药、收留病人、掩埋病尸等。普通民众对疫病的认识和态度较为复杂，大多数采取了逃避的措施。

第九章“宋代社会防治瘟疫的特点、作用与历史借鉴”，总结宋代防治瘟疫的特点、不同社会阶级发挥的作用及其历史借鉴等。研究表明：重大传染病的流行与防治，不仅仅是一个医学问题，而且是一个重大的社会政治问题，需要国家建立一个长期的、有效的疫病救治体系，将政府官吏、医学家和社会民众等联合起来，疫病的防治才有可能取得成效。

2. 重要观点与结论

（1）宋代疫病的名称有疫、疾疫、疫疠、大疫等，一般统称为瘟疫。按官修医学著作《太平圣惠方》《政和圣济总录》和《太平惠民和剂局方》的分类，其种类主要有疾疫、伤寒病、时气病、天行瘟疫、斑疹伤寒、痢疾、痘疮病（即天花病）、大风癞疾（即麻风病）、麻疹、瘴疫、痄腮病（即流行性腮腺炎）、黄肿病（即钩虫病）、时疫疙瘩肿毒病（即鼠疫）、劳瘵病（即肺结核病）和动物疫病等，通称为瘟疫。尤其是瘴疫，成为南方地区流行最广泛的一种疾病。宋代，从国外传入的传染性疾病主要是“时疫疙瘩肿毒病”，该病“生于岭北，次于太原，后于燕蓟，山野颇罹此患，至今不绝，互相传染，多至死亡”，大致在金熙宗天眷、皇统年间（1138—1149 年）传入中国。此病在黄河下游、淮河流域和长江中下游地区多次爆发，给宋金民众带来极大的伤亡。据该病的症状和从蒙古高原传入华北平原的传播路线来看，该病可能为宋金时期新出现的“大头天行病”或“鼠疫”，具有强烈的传染性，死亡率极高，以致明代称此病为大头瘟或大头伤寒病。

（2）宋代重大疫情的发生和流行，既有自然因素，也有社会因素。尤其是严重的自然灾害、严酷的地理条件和多发的军事战争，成为引发重大疫情的根本原因。疫病在时空分布上，既普遍又不平衡。在季节分布上，四季均有发生，但以春夏最为集中。在时间分布上，凡重大自然灾害多发的年份，疫病发生就较为频繁；凡军事战争较多的年份，疫病发生也随之增多。在地区分布上，南方地区多于北方地区，东部地区多于西部地区。另外，宋代特殊的驻军制度使首都开封和杭州成为全国疫病高发的地区之一。疫病的发生和流行对宋代社会产生了重要的影响，不仅造成人口死亡和迁徙，土地荒芜和经济破坏，而且延缓或改变了当时的战争进程；与此同时，疫病的发生和流行，也在一定程度上刺激和触动了医学科学和社会政治制度的发展和完善。

（3）宋代建立的以国家政府为主导、社会力量为辅助的疫病防治体系，将皇帝、政府官吏、医学家、地方乡绅、宗教人士和普通民众等紧密地联系起来，具有强大的生命力。其中宋代政府是疫病应对的核心力量，在疫病防治体系中发挥了政策制定者、组织实施者和成效监督者的作用。宋代皇帝普遍重视医学，多次将医学视作“仁政”，从国家战略的角度和加强统治的目的出发，积极预防疫病。其采取的措施主要有：一是将疫病引起的灾害提升为四大自然灾害之首，“民之灾患大者有四：一曰疫，二曰旱，三曰水，四曰畜灾。岁必有其一，但或轻或重耳”。从国家战略的高度采取积极的防治措施，“治病良法，仁政先务”。不仅注重平时的预防，而且在重大疫病发生期间，采取积极的措施加以救治。二是在医学方面，让翰林医官院派医前往疫区诊治，命翰林医官院、太医局等研制各类防治疫病的药物，定期向各级官吏、军营、河堤、学校等发放夏药、腊药、瘴药、茶药和疫药，编撰各类医学方书且将其应用于疫病救治，重视掩埋尸体以阻断传染源，建立临时医院以隔离病人等。三是在经济方面，发放粮食、赐钱和施粥，帮助灾民渡过难关等。四是在政治方面，下罪己诏、遣使祭祀和安抚灾民等。五是在社会生活方面，打击巫术，传播医学知识，对普通民众的行为进行引导与干预，规劝民众“有病视药”“依方治病”。宋代地方官吏是国家应对疫病的基层力量，除贯穿朝廷防疫措施外，还负责疫情信息的上报，初步采取防控措施，派遣州县医官诊治，散发药物施治，发放粮食赈济和打击巫术等。无论是中央政府还是地方州县，均对疫病采取了积极的防治措施，不仅控制住了疫病的传播，而且也宣扬了儒家“仁政”，极大地拓展了古代国家的职能。

（4）宋代社会力量，包括民间医学家、宗教人士、地方乡绅和普通民众等，在疫病防治中发挥了辅助性的作用，弥补了官府救治薄弱的区域。他们地处乡村，身处疫区，往往在官府到达之前率先对疫病采取初步救治，尤其在王朝更替和战乱年月，社会力量在一定地域内发挥的作用较为显著。民间医学家是宋代应对疫病的中坚力量，他们一方面亲赴灾区诊治病人，发放药物，公布医方，传播官方医学知识；另一方面积累经验，亲撰医书，精选各家名方，简化官府医方，使医学方剂广泛地应用于临床治疗。地方乡绅、僧人和道士等也对疫病采取了积极的防治措施，如发放药物，施舍粥食，捐献家资，掩埋尸体，祈神驱疫，祭祀神灵等。跟以前相比，宋代政府加强了对民间救治力量的管控，并将其纳入到国家疫病防治体系之中。受国家的重视和引导，宋代社会逐渐认识到医药知识是防治疫病的根本和关键，地方宗族、个人和医学家等极为重视药物的应用。

（5）疫病的流行及其传播促进了中医传染病学的进步与发展。疫病引起的死亡和恐惧，不仅推动了医学著作的大量出现，医学机构的建立，疫病分类的增加，防疫药物的研发与应用及外来物种入境的检验检疫，而且改变了人们的观念，使人们重视城市卫生的清洁及饮用水的净化与保护等。

三、成果的学术创新、应用价值以及社会影响和效益

1. 学术创新

本研究在以下六个方面取得较大的创新和突破：

（1）统计宋代境内疫病流行次数为 293 次，其数量远远超越了前人的统计。在此基础上完成的《宋代重大疫情年表与史料》，不仅为分析宋代政府、医学家和社会民众如何应对疫病提供了很有价值的素材，而且为学术界提供了珍贵的疫情资源和共享数据。

（2）首次从中医传染病学的角度研究了宋代重大疫情发生、发展和防治的规律。揭示了宋代流行的疫病种类，重点梳理了疾疫、伤寒病、时气病、天行瘟疫、痘疮病、麻疹、瘴疫、黄肿病、大风癞疾、劳瘵病和时疫疙瘩肿毒病的名称、发病原理、流行过程、基本特征、临床诊断、临床治疗和临床处方用药等。同时，本成果选择传染病中最难治疗的麻风病作为个案，深入

地探究了宋代对麻风病的认识与防治，全面地梳理了中医学对麻风病的认识、诊断、治疗及其临床处方用药情况。

（3）以中医病因病机学的研究理论与方法，系统地总结了影响宋代疫病形成的自然因素和社会因素。研究表明，在两宋时期发生的293次疫病中，疾疫是宋代流行最广泛的传染病，约发生了167次大规模的疫情。自然灾害引发的疫病在宋代多次发生和流行，文献中直接用“水疫”“震疫”“旱疫”“火疫”“饥疫”等名称来称呼这类疾病，约发生63次。宋辽、宋夏、宋交（阯）、宋蕃、宋金、宋蒙（元）之间发生的战争，使得军中和边境地区疫病流行的次数超越了前代，约发生21次。宋代对南方的开发和拓边活动，使得瘴疫多次发生和流行，规模较大者约有29次，其高死亡率给宋人造成极大的恐惧，人们称岭南之地为“大法场”“小法场”和“人间地狱”，多不愿前往做官。宋代牲畜疫病的流行呈现出增加的态势，约发生了13次传染性较强的疾病。人类不合理的生活方式所引发的疫病逐渐增多，这是宋代出现的一个新变化。

（4）以马克思主义史学和医学社会史的理论与方法，从国家与社会的角度，深入系统地探讨了宋代社会各阶级对疫病的认识、态度及采取的防治措施。研究表明，宋代建立的以政府为主导、社会民众为辅助的疫病防治体系，将政府、医学家和社会民众的力量紧密地联系起来，从而改变了宋以前应对疫病主要以社会力量为主的局面。从救治对象来看，国家医学优先关注的是皇亲、官吏、军队和普通民众，此外，商人、学生、外国使节和监狱囚犯等也得到积极的救治。从救治的地区来看，国家医学优先关注的是京城，其次是军营，然后是经济发达的州县。从救治的效果来看，北宋较南宋更为显著和有成效。在应对疫病的过程中，政府的力量深入到传统官府从未到达的层次。

（5）开展了对宋代中医病因病机学、中医临床诊断学和中医方剂学的研究。本项目对官修医书《太平圣惠方》《政和圣济总录》《太平惠民和剂局方》和医学家个人著作中有关传染病的理论与治疗方剂进行了深入的研究，认为宋代政府重视医学方书的编撰、中医防疫理论的创新以及各类防疫药物如春药、夏药、腊药、瘴药、茶药和疫药等的收集与研发，是其防治疫病取得显著成效的重要因素之一。尤其是官府药局对成药的重视和大量生产与销售，为国家积极防治疫病提供了坚实的医学基础。在疫病防治中，宋政府极为重视疫情信息的收集与上报、医学机构的建立与参与、病因病机的解释与应用、新方书的整理与刊行、防疫药物的研发与制造、患者的隔离与治疗、病尸的掩埋与火化，在传染病防治史上具有积极的作用。本成果收集整理了大量宋代防治人、畜疫病常用的重要的医药方剂，以备现代临床医学参考。

（6）完整地再现了宋代政府应对重大疫情的机制和流程，以及在具体疫病流行中采取的医学措施、经济措施和政治措施，因而具有较强的借鉴功能，是宋代留给后人的宝贵财富，值得我们加以总结和提炼。疫病引起的恐惧，不仅改变了人们的观念，而且推动了城市卫生的清洁、饮用水的净化与保护、防疫药物的研发与应用、外来物种入境的检验检疫等。

2. 应用价值以及社会影响和效益

本成果属于基础性学术研究，通过对宋代疫病史料的全面统计和梳理，深入地探讨了宋代疫病在时间和地域分布上的变化与特点，以及疫病流行对宋代社会产生的影响，积极而又科学地开展宋代政府、医学家、社会民众对疫病的认识及其所采取的措施研究，解决和攻克了中国古代传染病防治的重大医学问题和技术难关，科学地揭示了宋代医学的发展与社会变迁的关系及规律问题。过去的中国医学史研究，乃至一般的宋史研究，常常是社会政治经济史与科学技术史互相脱节，对医学发展的社会、政治因素的研究不够深入。本项目弥补了这项不足，运用中医传染病学和医学社会史的研究理论与方法，提出新问题，发展新思路。

（1）本成果的研究表明：宋代是中国历史上疫病频发的时期，也是中央政府和社会力量积极参与救疗并取得显著成效的时期。本研究从社会史的角度，深入地分析了历史上国家力量和社会力量在防治疫病中的地位及其作用，以及社会反应机制的建立与中央集权强化的关系。宋代建立了以政府为主导、社会力量为辅助的疫病防治体系，从而将政府、医学家、宗教人士和社会民众等紧密地联系起来。宋政府在瘟疫防治中扮演了政策制定者、组织实施者和成效管理者的角色，其采取的医学、经济和政治措施，对金元明清政府产生重要的影响和示范作用。

（2）本成果的研究表明：宋代有关中医防疫新理论、新方法和新方剂的探索和思考，极大地丰富了中国古代传染病防治史的内容。宋代认识到疫病、伤寒病、瘴疫是病因病机不同的传染病，并首次将“运气学说”用于指导疫病防治，从而形成了一种新的解释疫病成因的理论——“五运六气说”，反映了在疫病理论方面的巨大创新。受此影响，宋金时期不仅提出了新的解释疾病的理论，而且出现了大量治疗急性传染病的医案病案。宋代防疫的经验和实践告诉我们，中医药在防治疫病方面能起到重要作用。官私医书不仅强调疫病分类的重要性，而且强调“辨证论治”的诊疗特色，说明中医提倡的“病”“症”在防疫方面仍具有强大的生命力。官修医学著作《太平圣惠方》《神医普救方》《简要济众方》《政和圣济经》《政和圣济总录》《太平惠民和剂局方》《新铸铜人腧穴针灸图经》，官修兽医学著作《疗马集验方》《医牛方》《景祐医马方》《蕃牧纂验方》《绍圣重集医马方》，以及庞安时《伤寒总病论》，苏轼、沈括《苏沈良方》，朱肱《南阳活人书》，陈言《三因极一病证方论》，郭雍《仲景伤寒补亡论》，许叔微《普济本事方》，杨士瀛《仁斋直指方论》等，对各种疫病的病因、病机、病症和治则治法进行了积极的探索，促进了本草学、方书学、伤寒学、运气学、温病学、脉学和兽医学等医学理论、教育和实践的发展。这些知识在防治瘟疫方面，发挥了重要的作用。在当前的情形下，无论从现实还是从传染病流行病学的研究角度来说，都是非常必要而且深具意义的。

（3）本成果的研究表明：疫病的发生、流行和传播，客观上推动了宋代医学机构的建立、医学科学的发展、防疫药物的研发、外来物种入境的检验检疫和医疗技术的革新等。宋代政府对瘟疫的认识、态度和防治措施，对于营造整个社会重视医学的氛围起了政策性的导向作用。在宋太祖、宋太宗、宋真宗、宋仁宗、宋神宗、宋哲宗、宋徽宗、宋高宗、宋宁宗和宋理宗统治时期，政府相当重视医学，无论是官方医学还是民间医学，均取得突出的成就。在校正前代医学文献、编撰新医学方书、铸造腧穴针灸铜人、发展太医局教育、完善医学人员选任以及控制和改造巫医方面，政府不仅制定了切实可行的政策，而且取得了显著的成效，表现出一定的创新性。宋代政府主导的医学分类分科——大方脉科、风科、针灸科、小方脉科、眼科、耳科、产科、口齿科、咽喉科、疮肿科、折伤科、金镞科和书禁科等，均是实践性较强的、与疾病治疗有关的临床医学领域。无论是北宋还是南宋，有关各类传染性疾病的防治始终是政府政策关注的核心，因而推动了中医疾病分类学、中医病因病机学、中医临床诊断学、中医药物学、中医方剂学以及针灸学等学科的发展与应用。

（4）本成果的研究表明：这项研究不仅有利于在中国疫病史领域拓宽学术视野，把疫病史的研究拓展到整个社会史与文化史的领域，而且有利于我们今天重新审视国家与医学、传统与现代等问题，还能为我们今天认识、面对以及处理现代疫病等提供有益的借鉴，因而学术前沿性较强。同时，对这一问题的积极探索，有助于我们全面了解中国古代传染病防治体系中国家因素和社会因素之间的互动关系，并且促使我们探明宋代社会的反应机制、防治措施的发展脉络、深刻的历史经验和启示，因而具有重要的学术意义和现实意义。

（5）本成果的研究表明：重大瘟疫的流行和防治，不仅仅是一个疾病和医学的问题，而且是一个重要的社会政治问题，需要国家建立一个长期的、有效的疫病救治体系，将各级政府、医学家和社会力量等联合起来，疫病的防治才有可能取得成效。宋代有关瘟疫防治的政策、措施以及新出现的防疫理论、防疫著作和防疫药物，在实践中被证明是有一定成效的。宋代成功防治疫病的措施、经验和教训，能为当代社会提供借鉴。本成果对 2008 年“汶川地震”、2011 年“中国南方大旱”、2013 年“雅安地震”、2013 年“H7N9 型禽流感”等灾后预防疫病流行，提供了有益的借鉴。笔者应国家卫生部门、中国科学院、人民日报社、《文史知识》编辑部的邀请，及时撰写了《宋代政府如何应对疫病》《宋代政府应对疫病的态度与措施》《宋代政府应对疫病的历史借鉴》等文章，受到学术界和新闻媒体的广泛关注，人民网、环球网、中国网等予以转载和介绍。本项目有关宋代重大牲畜疫病的流行与防治的研究，为当代社会防治牛疫、马类传染病、口蹄疫、羊疫和禽流感等提供了有益的借鉴，受到德国、英国、美国、韩国、以色列以及我国台湾地区学者的关注和重视。

《宋代三衙管军制度研究》概要

范学辉*

一、研究的目的、意义及所使用的研究方法

宋代三衙管军制度，作为赵宋王朝的“根本性的制度措置”之一，是宋代所取得的一项影响较为深远的重大制度建设成果。“三衙”，为殿前司、侍卫马军司和侍卫步军司的合称，是宋代国家机器中至关重要的强力军事机构。“管军”，指的是北宋的殿前都指挥使、马军都指挥使、步军都指挥使，殿前副都指挥使、马军副都指挥使、步军副都指挥使，殿前都虞候、马军都虞候、步军都虞候，捧日天武四厢都指挥使、龙神卫四厢都指挥使；南宋的主管殿前司公事、主管马军司公事与主管步军司公事等高级将领。三衙统领所部重兵驻扎京都，是宋代皇帝之下，彼此衔接、互相制衡的枢密院—三衙—皇城司—军头司京师统兵体制以及枢密院—三衙—地方兵马司全国统兵体制最为重要的组成部分之一，也许是最为关键的一环。

三衙管军制度以“聚兵京师”为主要特点，既是五代以来“京城诸军”即禁军长期发展壮大的当然结果，更与募兵制取代征兵制、职业兵取代义务兵相适应，是中唐以来特别是宋代社会形态、政权性质和官民关系等历史性深刻变化的必然产物。三衙管军制度的确立，对内适应了“先军而后国”“以兵立国”“国依兵而立”的时代政治大背景，不仅解决了中唐以降的藩镇割据问题，也使得禁军由五代时期最能威胁皇权的“腹心之患”，转化为宋

---

* 范学辉，山东大学教授，硕士生导师。

代维护统治最为重要的支柱，具有强化皇权和保障宋代政局稳定的重大意义。宋代“百年无内乱”，内部持续安定局面的出现，与三衙管军制度的完善和良好运行密不可分。对外则适应了“宋与辽、金攻战且三百年”，宋与辽、西夏、金、蒙（元）等军事强权相鼎立对峙的第二次“三国”或第二次“南北朝”时期的历史大格局，在抵御“外忧”层面也发挥了重要的作用。“宋历三百二十年”，三衙诸军功不可没。从历史的层面来看，宋代三衙管军制度是中国古代最早的、成熟的、职业军队的指挥和管理体制，在中国古代军制发展史上具有承前启后的开拓意义，对其后元、明、清数朝的军制都产生了相当大的影响，对宋代以后“中国历史上再没有出现过严重分裂割据的局面”也发挥了较为重要的积极作用。

显而易见，对三衙管军制度进行深入研究，不论是对宋代制度史、军事史、政治史研究，还是对中国古代军制史、军事史研究，皆有较为突出的推动价值和学术意义；对当今的强军建设，也应该能够提供一些必要的具有借鉴价值的历史经验，当然还有必须引以为戒的历史教训。与三衙管军制度相关的内容，学术界尽管已有了长期的关注，取得了颇为丰富的成果，但大致以通论性论著中的相关叙述居多，就三衙管军制度在宋代制度史、军事史、政治史等中的重要地位而言，研究的力度、深度和广度还都是远远不够的，不仅亟须拾遗补阙、继续推进之处甚夥，专题研究的展开更是当务之急。

笔者服膺中国传统史学“朴实求是”的优秀传统，推“沉潜之学”，重“考索之功”，致力于“成一家之言”，但不强求不强作“高明”之新见。书稿前后经过十余年的反复打磨，严格遵守学术规范，在充分学习、吸收学界前贤、师长相关研究成果的基础之上，尽可能地穷尽式发掘和征引《宋会要辑稿》《续资治通鉴长编》《三朝北盟会编》《建炎以来系年要录》等大量的文献史料，特别注重考证，“去绝浮言”，所云皆由细致爬梳史料入手，再经反复推敲考据而得。

本成果主要采用制度史与军事史、政治史等相结合的研究方法，从宋代社会形态演变、政权性质和官民关系变动的时代大背景入手，着眼于对宋代统兵体制的宏观把握，立足于以三衙军制为中心的制度考证，进而将制度史与宋代军事史、政治史等相结合，既对宋代三衙管军制度进行了较为全面、系统的动态论述，也对宋代统兵体制的构成及其变化等诸多相关问题，勇于提出个人的见解，进行了新的宏观概括，致力于“成一家之言”。

二、成果的主要内容

本成果总计110万余言，绪论、后记加20章，共88节。主要包括如下六个方面内容：

（1）宋代之三衙管军制度作为赵宋王朝的一个“根本性制度措置”，宋人多将其渊源追溯至汉、唐之制，甚至更远，实则为方镇五代之制。其产生和发展，既是五代以来“京城诸军”即禁军长期发展壮大的当然结果，更与募兵制取代征兵制、职业兵取代义务兵相适应，是中唐以来特别是宋代社会形态深刻变化，尤其是政权性质与官民关系的历史性变化的产物。在“先军而后国”“以兵立国”“国依兵而立”的时代政治大背景之下，三衙等军事强力机构在政权国家机器中的特别重要性，及其规模与组织的严密程度，都不是此前汉、唐数朝类似的机构所能够比拟和相提并论的。

（2）三衙管军制度，肇始于唐末五代，从后梁开端，以后唐、后晋侍卫亲军司的形成为关键性的发展节点，经过后周殿前司、侍卫亲军司二司并立，在宋代继续沿着三衙长官级别递减和三衙鼎峙、互不统属两个基本趋势，至宋仁宗朝方定型为“管军八位”的三衙四厢体制。宋神宗熙宁、元丰年间，随着“将兵法”“保甲法”等一系列新法的推行，三衙管军出现了较明显的阙员现象。马军司移屯建康，更名马军行司，殿、步两司并列京师取代三衙鼎峙；主管某司公事取代都副指挥使、都虞候等成为三衙管军名号。这是南宋三衙管军制度区别于北宋的两个明显特征。前者是宋孝宗乾道年间筹划北伐的一项成果，后者则是宋代三衙管军军职逐步向“阶官化”演变的结果和表现。

（3）殿前司、侍卫马军司与步军司三衙，作为宋代至关重要的强力军事机构，与其拱扈皇宫、卫戍京师的军事地位相适应，除了马军司在宋孝宗朝移屯陪都建康之外，殿前司、侍卫马军司和步军司三衙皆置衙于京师。殿前司帅衙，更始终是紧邻皇宫。宋代三衙事实上皆为一长制，南宋时期又增设了计议、主管机宜文字、干办公事等多员幕职属官，为主帅出谋划策、参赞军机。两宋三衙，皆分设诸案司、置吏胥办事。以宋神宗朝为界，北宋三衙经过了五案制和六案制两个发展阶段，南宋三衙则为五案制。南宋三衙吏胥不仅规模大幅度地超过了北宋，吏胥的实际出职前景也要优于北宋。宋代三衙还先后设有监狱、都作院、差使剩员所等直属附属机构。

宋代三衙率部驻扎京师，遂行“守京师，备征伐”，即卫戍都城，宿卫皇宫、扈从帝王，更戍地方，组织所部作战，以及“掌禁卫军之政令”，即招募所部阙额、打造和掌管所部军籍、主管所部军事训练、提名所部军职迁补、主管所部司法、主管所部财务、保障所部官兵生活等，全权指挥所部之诸多职能。与此同时，三衙还兼行巡警京都、维护治安，主管都城火政、防火救灾，整治汴河、黄河等水患，监修宫殿、皇陵与都城，比试武举弓马、呈试人武艺，参与宋辽、宋金交聘事务，押运会子纲、运送地方新兵，护送都督、督视军马、宣抚与宣谕等使，兼管殿侍、环卫官批书印纸与差拨地方兵马司人吏等诸多军事、半军事的事务性和礼仪性的职能。三衙皆是职能繁多，堪称“事务繁冗”。南宋三衙更是如此，其职能在北宋三衙的基础之上，又有所增多，而不是通常所认为的正相反。三衙职能的扩大，是三衙管军制度得以发展的一个重要标志。

宋代三衙不仅直接统领所谓“在京禁军”，即驻扎于京师的本部直辖人马，“天下军马”及“内外诸军”即禁军、厢军的绝大部分，其番号也都隶属于三衙，分别被整编进了殿前司、马军司或步军司的系统当中去。此一体制的形成，经历了一个较长的历史过程，其实现的形式，前后也有着较大的变化，出现过“直辖”和“遥隶”两种不同的模式：在宋初三朝，主要是将地方精锐抽调到京师，或是直接增补进殿前、侍卫两司下辖各部当中，或是单立新的番号，编入两司，统归殿前、侍卫两司直接指挥，是谓“直辖”。宋仁宗及以后各朝，则主要是把地方精锐，或是招募自当地的新兵，只将其番号纳入三衙的系统，但并不抽调至京师，而是以“就粮禁军”等名义，就地升为禁军，遥隶三衙，然仍由当地经略安抚司、都总管司、兵马钤辖司等路、州地方兵马司统领和指挥，是谓“遥隶”。这是两种有着质的差异的不同模式。

随着“遥隶”模式的推行，从北宋中期以来，宋代军制很自然地发生了如下重大的变化：禁军在事实上被一分为二，分为“在京”三衙禁军和“在外”地方禁军两大部分。地方禁军尽管使用三衙禁军的番号，在制度上被整合进了三衙系统，但却改变不了其为地方兵马司所直接指挥的地方军马的实质。三衙对所隶地方军马所行使的职权，主要集中于在对该部将校人事安排的干预上。如此制度设计，在加强边境地区防御实力的同时，又避免了唐代地方割据的重演，堪称中国古代通过顶层“制度设计”收到“制度实现”较佳成效的典型。

南宋江上、四川诸军各都统司所部不隶属于三衙，使得南宋三衙统兵权的范围，在制度上和名义上皆要较北宋三衙为小，然广东摧锋军、福建左翼军、江西右翼军、淮东武锋军、湖南飞虎军、湖北神劲军等多支重要的地方军马，亦遥隶于或曾经遥隶于三衙，而且南宋三衙对所隶地方军马的实际控制力与影响程度，都要强于北宋三衙。

（4）北宋三衙直辖所部，指的是驻扎于“京师”之“在京”三衙各部，不包括遥隶于三衙之地方禁军。在宋仁宗朝以前，开封府界是京师开封府的组成部分，驻扎于当地之禁军各部也就是当然的“在京”禁军，其为三衙直辖所部可以无疑。宋神宗熙宁三年（1070年）以后，开封府界禁军脱离了三衙系统，后又单独实行“将兵法”，组建了开封府界将兵，不能再计入三衙直辖所部的序列。此前的宋仁宗至宋神宗朝之间，双方的关系比较复杂，但随着开封府界、京畿路的发展，开封府界禁军的独立化乃大势所趋。

北宋三衙直辖所部的编制，并非完全整齐划一。殿前司的殿前诸班直自成系统，通常只有班或直一个层级，每班、直兵力在百人上下。三衙诸军则实行厢、军、营、都四级之制，百人为都，五都为营，五营为军，三至五军为厢。但除了“上四军”与殿前司、步军司两虎翼之外，三衙诸军的大多数其实并无厢一级的编制，也有不少厢、军两级编制皆无者。营，称“指挥”，是北宋三衙基本的编制、管理和作战单位，通常步军五百人、骑军四百人为一指挥。宋神宗熙宁七年“将兵法”推行之后，地方禁军出现了将、部、队等新的编制，然三衙直辖所部不行“将兵法”，不实行将、部、队之制。

北宋三衙直辖所部的兵力：宋太祖开宝年间，殿前司、侍卫司马、步军合计为十八万余人；宋太宗至道年间，殿前司、侍卫司马、步军合计为三十五万三千余人；宋真宗天禧年间，三衙合计为三十八万七千余人；宋仁宗庆历年间为二十七万余人；宋英宗治平年间为二十六万八千余人；宋神宗熙宁年间为十一万七千余人，元丰年间为十一万两千余人；宋哲宗元祐年间为十一万四千五百余人；宋徽宗朝为十一万六千余人。

宋仁宗朝以前，赵宋军队建设的中心主要是放在三衙直辖所部上。在宋仁宗朝之前，北宋禁军兵力的增长主要体现在三衙直辖兵力的增长上，三衙兵力的最高峰出现在宋真宗咸平年间。宋仁宗朝之后，尤其是宋神宗熙宁、元丰行“将兵法”之后，建军的中心向地方禁军转移，禁军总兵力的提升主要体现在地方禁军兵力的增长上，三衙直辖所部的兵力反而呈急剧的下降趋势。三衙诸军占禁军总兵力的比例由最高的宋太宗朝的98%，下降为宋仁宗朝的32%，再下降为宋神宗元丰年间的18%，在宋哲宗、徽宗两朝更继续下降，其最低点为宋徽宗朝的15%，应该就是这一建军国策转变合乎逻辑的结果。在三衙当中，殿前司始终是赵宋建军的重中之重。

宋代兵籍上的编制兵数，由于阙额、编制不满员的存在，其实在大多数的历史时期里只不过是一个“虚数”，与部队实有兵力的“实数”之间大都存在着或多或少的差距。宋神宗熙宁年间，王安石设计并建议推行了“封桩禁军阙额请给”政策，该政策与三衙所部的并营、定额和保甲法相配套，是将三衙等禁军的部分阙额阙而不补，封桩其请给作为训练保甲的费用。终极目标则是废除募兵制，恢复兵农合一的征兵制度。“封桩禁军阙额请给”政策的推行，在熙宁、元丰期间推动了“保甲法”以及“将兵法”的实行，但却不可避免地使内外禁军，特别是三衙所部的阙额问题更加严重。宋哲宗、徽宗两朝，“募兵日衰，保甲亦衰”，保甲的军事训练日益流于形式，然“封桩禁军阙额请给”却畸形地膨胀，成为供帝王挥霍享乐的一大财政收入来源。至宋徽宗政和、宣和年间（1111—1125年），内外禁军总体阙额率当在百分之三十上下，而三衙直辖所部的阙额率，更荒唐地高达百分之七十以上。三衙的编制兵力在十一万四千余众以上，然其时的实有兵力却不过三万，仅为应有编制兵力的四分之一强。开封失守、北宋灭亡，实咎由自取。

南宋三衙所部的编制：三衙诸军自宋高宗绍兴五年（1135年）创军以来，行军、将、部、队四级制，以将为编制与管理、作战基本单位。通常是五十人为一队，五队为一部，五部为一将，一将通常为一千二百余人。宋人习言“一军三将”，实则三衙各军多则十将，少则一将，四五将上下为夥。殿前司诸军下辖马、步军十二军，即护圣马军、护圣步军、踏白军、选锋军、策选锋军、游奕军、神勇军，前军、右军、中军、左军、后军，再加上水军，共为十三军。马军司诸军下辖马、步军最多为七军，宋孝宗乾道后定编为六军，即选锋军、前军、右军、中军、左军、后军。步军司诸军下辖马、步军为五军，即前军、右军、中军、左军、后军。南宋三衙诸军马、步军共计为二十三军。宋宁宗以后，殿前司之踏白军番号撤销，马、步军减为十一军，水军则扩编，以“浙江水军”为番号。殿前司之中军、护圣马军、护圣步军，马军司之后军，在军中的地位和战斗力比较突出。

殿前诸班直与三衙旧司指挥仍大致沿袭北宋旧制，诸班以班、直为单位，共二十四个班；旧司指挥则以指挥为单位，殿前司旧司：捧日、天武、拱圣、骁骑、宁朔、广勇，各一指挥，共六指挥；马军司旧司：龙卫、云骑、武骑，各一指挥，共三指挥；步军司旧司：神卫、左虎翼、右虎翼、床子弩、飞山、厢军、御营喝探，各一指挥，共七指挥。

南宋三衙所部与其他各部宋军一样，在激烈的宋金战争中，经过了一个坎坷而曲折的壮大历程。其兵力大致以宋孝宗乾道年间陆续定三衙、江上、四川诸军各统司等内外大军“新额”为分界线，可以分为前后两个大的阶段：

在宋孝宗乾道元年（1165 年）之前，北宋殿前诸班直与上四军等三衙诸军余部，自南下之后，尽管数度跌至崩溃的谷底，宋高宗建炎三年（1129 年）明州兵变之后，更彻底地处于边缘化的位置，然其番号仍然以诸班直和“三衙旧司指挥”的名义予以保留，并不时地得到小规模的补充。宋孝宗隆兴元年（1163 年）、隆兴二年前后，诸班直与三衙旧司指挥被定编为一万二百余人。

与此同时，宋高宗另起炉灶，先后将数支中等部队的指挥权收归朝廷，于绍兴五年（1135 年）分别以神武中军、八字军等为骨干，创建了新的三衙诸军，以之作为南宋建军的核心。南宋三衙诸军迅速壮大，绍兴十一年之后，更并入了韩世忠、张俊、岳飞诸大将等所部的精锐。至迟至绍兴十八年，三衙诸军的兵力已然超过了十万之众，战斗力也成为南宋内外诸大军之翘楚。主要从减轻财政压力考虑，宋高宗于绍兴三十年有将三衙等内外大军定额之举，但被宋金战事的爆发所打断。宋孝宗乾道二年（1166 年）前后，宋廷陆续将三衙和江上、四川诸军各都统司“内外大军”皆予以定编，至乾道六年，三衙诸军的编制确定为：殿前司诸军七万三千，马军司诸军三万，步军司诸军二万五千，合计十二万八千，要占南宋“内外大军”的百分之三十强。加上诸班直与三衙旧司指挥之万余人，南宋三衙所部之总兵力，更上升到了十三万八千余众。南宋三衙的兵力，至此已经超过了宋神宗熙宁、元丰时期的三衙。

宋孝宗之后，终南宋一代，三衙的编制定额未再有大的变化。其实有兵力，却以开禧北伐为界分为前后两个阶段：开禧北伐以前，基本上保持着齐装满员的状态；开禧北伐失败之后，阙员问题日趋严重，三衙诸军的实力江河日下。贾似道于宋理宗景定元年（1260 年）开始掌权之后，三衙诸军兵力有所恢复，但已经无法挽回南宋灭亡的命运。

北宋时期，不论是监牧养马，还是推行民间养马的保马法，或是向西北地区蕃部买马，其事务三衙皆未参与或参与甚鲜。南宋时期，三衙成为南宋马政的中心，四川茶马司等所购得的优质战马，优先保证三衙尤其是殿前司的需要，并主要由三衙选派本部官兵自兴元府将“西马”马纲押运至临安，沿途州县则设有马驿，专门保障取马官兵和纲马的后勤供应。三衙战马的日常管理较为严格，实行定期的集中牧放。南宋三衙马政取得了一定的成效，三衙战马的数量达到了二万余匹的相当规模，在提升三衙的军事实力，对外抵御金、蒙（元），对内强化中央集权等方面，都发挥了重要的作用。但也存在着诸多问题，完全依赖购买，马源单一、受制于人更是其先天不足。开禧北伐失败之后，南宋三衙马政愈来愈趋向衰败。

宋与辽、夏、金、蒙（元）等军事强权相鼎峙的历史大格局，决定了这是一个各政权之间彼此攻战不休、军事较量频繁激烈、大战事连绵不断的时代。“宋历三百二十年”，也可以说是战事不断的三百余年。三衙所部作为宋军的基干或重要力量，自然责无旁贷，平定南北各政权、北伐幽燕、拓边西北等大的战事几乎是无役不与。尤其是在宋高宗绍兴三十一年（1161 年）至宋宁宗开禧三年（1207 年）的宋金战事期间，以抵御完颜亮南下、隆兴北伐和开禧北伐为中心，三衙诸军单独或为主遂行了胥浦桥、采石、蔡州、海州、灵璧、虹县、六合、官桥、宿州（两次）、凤凰山、真州等战役或大的战斗。开禧之后宋与金、蒙（元）之间的战事，三衙诸军也有重要的表现，如著名的襄阳保卫战，马军司诸军就发挥了重要作用。

（5）三衙管军本为禁军“都校”，随着宋太宗、真宗朝罢地方方镇之制，宋神宗熙宁、元丰前后“武臣不为二府”以及宣徽院的被废罢，三衙管军进一步上升至“武臣极任”，升格为宋代内外诸军的最高级军职，枢密院都副承旨、知合门事、御带、环卫官等“中朝”武官，地方各路马步军副都总管、各都统司都统制等，皆在三衙管军之下。在文武群僚当中，三衙管军则升格为“礼继二府”，与文臣“侍从”官地位相当。三衙管军、“两府、侍从”，合称为“要官”。与之相适应，三衙管军拥有高级的武阶，品位最高者，至正一品的保傅“三孤”，位从一品的使相、开府仪同三司和正二品的太尉者更多，在俸禄、赏赐、荫补等方面，皆享有极为优厚的待遇。宋朝严禁武夫干政，然三衙管军“为国虎臣”，其政治地位依然不宜低估，特别是在多次的皇权授受过程中，三衙管军协助宰相，有节制地利用其手握京师兵马的威慑力，或有效制止了政治风波的形成，或减轻了政治动荡的后果，对政局的平稳过渡，发挥有相当积极的作用。这是宋代政治运作趋向文明化、理性化的一个重要表现。

宋代重三衙管军之选，专任武官，对候选武官在品位、职位等方面，皆有着相当严格的具体要求。品位，通常要在横行特别是横行遥郡暨以上，并有严格的“出身”要求，北宋大致是“戚里”即外戚、荫补和军班三者并重，军班的权重相当突出。南宋则多用荫补出身，不用外戚管军，军班出身亦鲜。职位，北宋以三衙厢都指挥使暨陕西、河东和河北三路之马、步军副都总管为主，南宋则以三衙之统制、江上、四川诸军各都统司之都统制为主，以及御带和环卫官。枢密院都副承旨包括知合门事，必要时亦可暂时代理三衙管军之职。殿帅，通常要有曾任马帅或步帅的经历。尽管品位、职位并重，然从总体上看，北宋更偏重于品位，南宋则对职位要求强调得更多一些。不论北宋还是南宋，三衙管军任职皆实行亲属回避，对年龄、籍贯、健康、背景等有一系列的限制性要求。

三衙管军的选任制度日趋严密化。其选任权从宋代初期的权归枢密院，至宋仁宗朝之后发展成为在皇权的主导之下，经枢密院初拟，三省、枢密院宰相、执政共同聚议“进拟”，再“进呈”皇帝批准，宰相的主导作用越来越突出。给舍、台谏等“言路”官，给舍通过“书读”“书行”缴驳，台谏通过“论列”表达异议，对三衙选将亦有一定的参与权。南宋时期，三衙主帅的选任事实上主要由三省宰相来掌控。南宋高级文武官员的“举将帅”和三衙主帅的“举自代”，也形成了制度化。皇帝通过或是就三省、枢密院所

“进拟”“进呈”的名单发表可否意见，或是越过三省、枢密院聚议“进拟”，直接以内降手诏任命三衙管军等多种方式，来行使其最高决策权。北宋后期与整个南宋时期，以宦官为主要代表的皇权周围的佞幸群体，往往也能够对管军选任发挥相当大的影响力。

宋太祖朝殿前、侍卫两司用将，以“杯酒释兵权”为重要转折点，其实质是宋太祖以其殿前军的嫡系部下来取代留用之前朝大将，再以其亲兵卫士即私人奴仆来取代部下。宋太宗、真宗和仁宗三朝，三衙非“姻旧不委”，藩邸亲随“随龙”旧人和外戚等攀龙附凤之人充斥其中。宋仁宗“庆历新政”之后，一度略有改观，宋英宗、神宗朝之后，包括宋哲宗、徽宗朝，宋廷整军经武、拓边西北，“非有边功，不得为三衙”的原则得以制度化，三衙管军多以“边功”突出的边将升任或升带。北宋中期以后，“循资格”“循次稍进”的资序体制，在三衙用将中的权重也一直较为突出。

南宋三衙用将，主要操控于相权。宋高宗绍兴初年，三衙管军已与赵鼎、张浚等宰相共进退。此后秦桧、韩侂胄、史弥远和贾似道等权相，更皆能决定三衙管军的陟黜，三衙管军多为权相之爪牙和心腹。皇权主要是通过宦官等佞幸干预的畸形方式，在三衙用将层面对相权形成一定的制衡。绍兴二十五年（1155 年）之后的宋高宗朝、宋孝宗朝及端平至景定元年（1234—1260 年）的宋理宗朝，在相权稍为弱势之时，宦官等佞幸的权力即呈膨胀之势，甚至可以“卖统军官职”。

赵宋以“重文轻武”为国策，“痛折武夫”“文盛武衰”，武将的整体素质较汉、唐普遍为低。北宋三衙管军群体的素质状况，以宋太祖建隆二年（961 年）“杯酒释兵权”以及宋仁宗“庆历新政”和宋英宗、神宗的整军经武为界线，经历了一个高—低—高的动态变化过程。南宋自宋高宗绍兴五年（1135 年）三衙新诸军创军以来，三衙管军多为百战之将，然以绍兴十一年民族英雄岳飞被害与《绍兴和议》的签订为转折点，解潜、刘锜等被罢职，杨沂中、赵密、成闵等则由战场勇将，堕落为阿谀逢迎宋高宗、秦桧的官场小丑，堕落为军营蠹虫和战场懦夫。宋孝宗有志北伐，注重选拔将帅，从整体上看，宋孝宗隆兴、乾道和淳熙年间所用之三衙管军，以李显忠、王友直、郭棣、陈敏四将为代表，其素质在南宋一代大致是最为优秀的。

宋宁宗朝，在韩侂胄揽权的庆元、嘉泰和开禧年间，韩氏所用的三衙管军，以吴曦、郭倪、李汝翼为代表，多出身显赫将门，然开禧北伐战败，证明他们多为纨绔子弟。宋宁宗嘉定至宋理宗端平年间，三衙管军多是靠贿赂史弥远而得其位，整体素质较韩侂胄时众将更等而下之。宋理宗景定元年（1260年）之后，贾似道所任用的三衙管军，以范文虎、孙虎臣、陈奕、管景模为代表，多为能够与元军在战场当面厮杀的敢战、能战之将，其军事素质是好的。然其政治忠诚度较低，襄阳失守之后，范文虎等纷纷向元军投降，从而加速了南宋的灭亡。

（6）五代宋初，随着三衙管军制度的逐步确立，三衙统领所部禁军重兵驻扎京城，中央直接掌握了各地方难以抗衡的强大的军事力量，中唐以降的“内轻外重”和藩镇割据问题随之得到根本性的解决，兵权由地方藩镇集中到中央也得以顺利实现。在此基础之上，从宋太祖开始的宋代统治者，本着“兵权宜分不宜专”的原则，以皇权为中心，在京师构建了枢密院—三衙—皇城司—军头司统兵体制，在全国范围则构建了枢密院—三衙—地方兵马司统兵体制。北宋中期以来，三省、枢密院实际趋同，宋高宗绍兴十一年（1141年）之后，又废宣抚司置江上、四川诸军各都统司，其统兵体制又分别调整为三省、枢密院—三衙—皇城司—军头司和三省、枢密院—三衙—都统司、地方兵马司体制。由此以来，三省宰相、枢密院长贰、三衙管军、皇城司干办宦官、军头司干办官、都统司都统制与地方兵马司帅臣暨兵官之间，就形成了彼此相互制衡的关系。与此同时，皇城司主要作为特务机构，对三衙也形成了特别强有力的制衡。宋廷还加强了御史台对三衙的监察，以及皇帝对三衙军政的直接干预。

宋代的历史表明，枢密院—三衙—皇城司—军头司和枢密院—三衙—地方兵马司这一统兵体制是比较成功的，在保障兵权由皇权掌控，维持中央集权和王朝内部政治稳定层面尤其成功。

三、成果的学术创新、应用价值以及社会影响

本成果是宋代三衙管军制度“首部研究专著”，被专家们称许为：资料翔实丰富，内容系统全面，梳理详尽细致，“是近年宋代军政研究中不多见的力作”。

在史料的使用方面，对《景定建康志》卷二十六《官守志三・侍卫马军

司题名记》及同卷之《御前诸军都统制司题名记》的重视和充分使用，对《嘉定镇江志》卷十六《将佐·宋都统制以下》当中所记南宋主管步军司公事任职资料的使用，对《太宗皇帝实录》《东京梦华录》《梦粱录》三衙相关记载的高度重视，对《宋史全文》所载宋理宗一朝三衙史料的充分使用，等等，就颇有些许新的收获，应该皆属于颇值得一提的几个较新的史料发掘。在此基础之上，本成果着重对如下诸问题进行了考察，并提出了一系列自己的看法：

（1）两宋三衙管军制度的产生与演变。对三衙管军制度产生的时代大背景，主要从中唐以来特别是宋代社会形态、政权性质和官民关系等的历史性深刻变化加以分析；对三衙管军制度的具体演变，划分为从两司到三衙，从三衙到三衙四厢，再到南宋马军行司移屯与殿前司、步军司两司并列等三个大的变化阶段；对三衙都副指挥使、都虞候、四厢都指挥使等管军名号的“阶官化”走势与三衙主管公事的出现等问题，进行重点梳理和分析。

（2）三衙的建置与职能及其与地方军马的关系。对三衙的建置，从衙署方位、长属、案司体制与吏胥配置等问题的细致考证入手，认为南宋时期三衙属官体制得以确立，是三衙机构设置的一个重大发展；对三衙的职能，细分为“守京师，备征伐”“掌禁卫军之政令”与兼行巡警京都等诸多军事、半军事的事务性和礼仪性职能三大层面，重点考察三衙诸军都城驻扎与更戍地方的详细状况；对三衙与地方军马的关系，从区别“直辖”和“遥隶”两种模式的角度来加以阐明。

（3）三衙所部编制、兵力变动与马政。对三衙所部的编制和兵力变动，从对三衙所部“在京”禁军的性质加以严格界定入手，对三衙诸军的编制即北宋三衙的厢、军、营（指挥）、都和南宋三衙的军、将、部、队四级制进行考证；对北宋三衙直辖所部的兵力状况，由辨正《宋史·兵志》入手，统计并编订出了《北宋禁军总兵力暨三衙直辖所部比例变动表》与《北宋三衙各司直辖所部兵力变动表》；从“封桩禁军阙额请给”政策的角度，对北宋三衙的实数与虚数问题加以分析；对南宋三衙诸军的兵力，从对南宋三衙新诸军创立和发展壮大过程的梳理入手，对南宋岳飞、韩世忠、张俊三大将等所部之精锐并入三衙诸军进行重点考察，编订出了《南宋三衙诸军兵力变动表》与《南宋诸班直与三衙旧司指挥兵力变动简表》；对三衙的马政，以南宋三衙为重点，认为三衙是南宋马政的中心，通过“西马”的购买和输送，三衙诸军战马达到二万余匹的规模，其骑兵实力随之明显提升。

（4）三衙诸军与宋代战事。全面评述三衙诸军在宋与辽、西夏、金、蒙（元）战事中的表现，以宋金战事为重点，着重对胥浦桥、真州等由南宋三衙诸军遂行的战斗和战役进行发掘与评析，并断定马军司诸军在著名的襄阳保卫战中发挥有较重要的作用。

（5）三衙管军的地位与任职资格、选任及其素质状况。对三衙管军的地位与任职资格，主要从职位、品位的角度加以综合分析；对南宋三衙管军的俸禄重点加以考辨；对三衙管军在皇权授受过程中的政治作用给予积极评价；对三衙用将，主要从制度规范与现实运作以及皇权、相权互动等视角加以阐释；对三衙管军的素质状况，则进行整体地动态分析；等等。

本成果还通过考察枢密院、皇城司、军头司、地方兵马司以及皇权与三衙之间的关系，对宋代的统兵体制也尝试进行了新的把握，提出：宋代以皇权为中心，北宋时期在京师构建了枢密院—三衙—皇城司—军头司统兵体制，在全国范围则构建了枢密院—三衙—地方兵马司统兵体制。南宋时期又分别调整为三省、枢密院—三衙—皇城司—军头司和三省、枢密院—三衙—都统司、地方兵马司统兵体制。

上述看法，“论说绵密”，多为“能发前人之所未发”的新见，足以“弥补宋代军政研究的不足和空白”。本成果的部分内容，作为单篇论文，已经在《中国史研究》发表3篇，在《文史》等其他学术期刊发表十余篇，这些文章多为二三万言的长文，发表之后得到宋史学界的较好评价和师长们的肯定、鼓励。其中，被《新华文摘》论点摘编2篇，《中国社会科学文摘》主题转载2篇，《高等学校文科学术文摘》部分内容转载2篇，中国人民大学复印报刊资料《宋辽金元史》全文转载6篇。《南宋三衙管军制度若干问题考述》一文，发表于《中国史研究》2009年第2期，2011年获得山东省优秀社会科学成果二等奖；《南宋三衙马政问题试探》一文，发表于《中国史研究》2012年第1期，2014年获得山东省优秀社会科学成果二等奖。

《明清歇家研究》概要

胡铁球*

一、研究的目的、意义及所使用的研究方法

1. 研究目的和意义

除了对歇家本身进行研究外，本研究还透过歇家这个中介组织来看明清社会运动，考察与之相关的制度变革细节，以及这些细节引起的社会结构变动。歇家介入了明清社会的各个领域，曾是乡民与政府对话的桥梁，是政府管理社会最为倚重的力量，因此通过考察歇家职能的延伸和变革，能够从细节方面把握明清时期上层制度变革与下层社会组织结构变迁的关系及其过程，故研究歇家具有重大的学术价值。

2. 研究方法

采取宏观与微观、动态与静态、实证与思辨、个案与类型以及制度史与社会史、经济史研究结合的方法，力求摆脱现有歇家问题研究比较狭隘的取向，为歇家乃至明清史研究提供一个值得参考的范例。

二、成果的主要内容和重要观点

1. 总说篇的主要内容和重要观点

歇家本义是客店或客店主人的别称，但随着赋役货币化和商品经济的发展，自明代中期以后，各类中介组织开始兼营歇家，而歇家也开始兼营其他

* 胡铁球，浙江师范大学教授，硕士生导师。

各类中介组织，于是歇家就变成了对兼营客店的所有中介组织的泛称，也就是说歇家是对客店或兼营客店的各类中介组织的统称，而不是某一种单一经营组织或群体的称呼。

作为对中介组织泛称的歇家，有以下三个共同的经营特点，即提供住宿服务、提供中间代办服务以及经营内容具有多样性。且至少到明成化年间，县级地方政府便开始利用歇家的诸多功能为其提供服务，由此形成了极为重要的“保歇制度”。所谓“保歇”，就是“保户歇家”一词的缩称，是歇家居中代办政府部分职能的一种制度。“保歇”的功能可分为两部分，其在政府方面被称为“保户”，为官设，有其额定的设置单位，且有其相应的政府部门职责和职权，是政府利用歇家功能为政府办理事务的一种制度；在民间方面则被称为“歇家”，是一种商业经营方式，主要提供住宿餐饮、贸易、运输、贮存、代办、承包等服务。自明代中期以来，由县级政府向上推演，保歇制度逐渐建立于各个领域，诸如税关、仓场、盐场、船政以及省、府、县等衙门皆设有“保歇”，形成了一个十分庞大的保歇制度体系，改变了明清的社会结构，影响十分深远。

歇家作为一种经营方式，任何人都可以参与，因此歇家构成人员十分复杂，其中商人、册书、士绅、土豪、宦仆、胥吏衙役、市棍、宗族、讼师、里役等等是构成歇家的主力。歇家作为社会与政府之间的一个中间机构，既具有提供各类服务的民间职能，同时又肩负许多政府职能，这就导致歇家属性的多样性。歇家的复杂性与多样性，又导致歇家概念的复杂性和其异名极其众多。因此，要理清歇家问题，必须先理清歇家概念与异名，从歇家的概念与异名中来管窥歇家的具体运作方式。

歇家异名十分繁杂，达几十种。引起异名的方式亦是很复杂，这反映了歇家在明清社会广泛存在的事实。对歇家异名逐个考订，不仅可扩大歇家研究文献来源，也为歇家概念的厘定提供了诸多证据。同时，本成果对客店、主户、保户、主家、民房、民舍、园亭、牙家、侩家、铺户、牙行、店户等名词做了新的解释，也对与歇家相联而形成的新名词，如保歇、保家、歇保、歇户、牙歇、店歇、歇店、里歇、仓歇等做了概念的界定。

2. 歇家与商业贸易篇的主要内容和重要观点

歇家在贸易领域中可称为“客店”“园亭”“牙家”“侩家”“牙歇”等

等，基本上是“客店”与“牙行”合一的经营方式，这种经营方式往往是集客店、经纪人、仓储、贸易、兑换甚至运输、借贷于一体，笔者把这种经营方式称为“歇家牙行”。自明代中期一直到清乾隆初期，歇家牙行经营方式在米市、布市、木材等各领域处于支配地位。

通过对歇家牙行这个经营模式的具体内涵、在商业贸易中的表现以及其形成、发展与衰落的考察，可知歇家牙行模式是与我国“官牙制”支撑的商业运行体制相吻合，它上承“邸店”“塌房”经营模式，下启“字号”“坐庄”及其他模式，处于承上启下的历史发展环节中，具有独特的历史变迁意义。

在藏边地区，歇家牙行的形成与发展有其特殊性，其兴衰与沿边贸易政策的变化息息相关，在“茶马司”被废除之前，歇家是商茶或私茶的主要贸易形式。有明一代，这种商业经营模式虽然没有完全摆脱“茶马司”的控制，但已经取得独自发展的空间，到明弘治时期，已经成为汉藏贸易往来的核心模式。进入清代以后，随着清政府政权的稳固和疆域不断扩大，马匹来源甚广，而需马之量不断减少，故以以茶换马为目的的“茶马司”官营贸易失去了存在的必要，于是清政府因势改造歇家，以替代“茶马司”职能，创立了“官歇家”，成为垄断藏边地区贸易的商业经营模式。

进入近代以后，歇家之称呼除在藏边地区依然存在外，在西北其他地区基本上销声匿迹，起而代之的是外馆、货栈、毛栈、行栈、斗家等名称各异的商号。但我们进一步分析各个外馆、货栈、毛栈、行栈、斗家及其他各大商号的经营方式，从微观层面来考察，就会发现它们依然保留了明清以来的歇家牙行经营模式的胚胎，其内涵和精神是一致的，即集住宿、仓储、经纪、贸易于一体的经营方式。从宏观层面来考察，近代以来，具体时间应是清光绪中后期，皮毛出口贸易大规模发展以后，“歇家牙行”经营开始大规模淡化其中介服务贸易的内容而走上了直接贸易及混合经营模式的道路，这种嬗变也构成了我国西北地区近代化过程的一个重要内容，颇值得关注。

歇家牙行经营模式与明清海关管理模式的形成有着紧密的关系。为了冲破明代的海禁政策，民间利用歇家集各种经营于一身的优势，把各类商人、基层组织、地方衙门、海防、税关等人员联络起来，形成一个巨大的贸易与关系网络，为成功走私海外贸易提供了条件。开展这种经营方式的群体，史称“商牙歇家”或“窝主”“主家”“接引之家”等，名色不一。它们推动了明代海禁政策的调整，转变了明清海外贸易管理方式，这主要体现于政府利用它们的力量来协助管理番货抽分。另外，因歇家牙行经营模式能很好地替代市舶司的功能，这为明清从市舶司管理转变为海关管理提供了社会条件。

歇家牙行经营模式与市镇兴起有着密不可分的关系，如藏边地区市镇基本上是依靠歇家这种经营模式而形成和发展的，主要原因在于歇家这种商业经营模式，为藏区商业的发展找到了一个稳定的据点，即歇家经营必须建造房屋。在此之前，这些地区的贸易形式一般采取的是“旷野市场”，即人们按习惯集中到某块草地上交易，交易完后又各自散去，交易地点依然是一片草原，无法形成定居式的贸易商业行为。明清以后，“歇家”这种造房贸易的形式，改变了“旷野市场”的状态，在贸易规模较大的“旷野市场”，歇家开始建筑房屋，开辟固定的贸易市场，初步形成市镇形态。其中，丹噶尔与打箭炉两市镇的形成发展过程，典型地反映了这一过程。

3. 歇家与税关篇的主要内容和重要观点

明清时，许多税关设有保家、铺户等来“保收税银”或“保承钱粮”，形成了法定的中间代纳制度，属经制关役。清顺治至乾隆时期，政府不断禁革保家、铺户等名色，推行“亲报亲填制度”，试图建立税关与商人直接对应的交纳体制，但事与愿违，各关依然是由歇家、铺户、牙行等包揽。所谓歇家、铺户、牙行，在税关中，实际上皆是对兼营客店的中介经营组织的泛称，往往有所特指。

明清税关的中间代理制度内涵包括两方面：一是从过关商人视角去看，保家、铺户等在为商人提供住宿、兑换、贸易、运输、搬运、贮存等各类服务的同时，还代理商人办理过关手续并交纳关税；二是从管理税关的衙门视角来看，保家等具有代理税关开写报单、递报数目、核查丈量、估算税额、收取关税等方面的职责，甚至税关的公私费用皆取之于它们，是政府极为倚重的力量，可以说这些中间组织成为税关运转的中轴。保家等“保税”一般是通过税关、保家、商人三者之间签订“保税限状”方式来实现的，“保税限状”签订后，商人便可过关贸易，事后交税于保家，保家交税于税关，目的是加快过关速度和招徕商人过关。其流程根据商人过关方式不同而不同，如商人到关贸易，则是商人到关后便把货物存于保家或铺户或牙行的仓库中，政府派人到仓库清查，确定应纳税额，然后便与保家等签订“保税限状”，在这个过程中，保家等已经为商人展开了业务洽谈，这就为商人贸易争取了时间，这是招徕商人到关的一种有效方式；若仅是过关，则“保税限状”一签订，商人可扬帆过关。另外，税关中的保家一般按商品类别与商业区域设置，具有世代相传的特性。

歇家、铺户、牙行，皆可泛指中介群体，但它们又有各自的概念边际。如歇家，必须具有提供住宿服务的功能，否则不能叫歇家；而铺户虽然概念外延非常宽广，但必须具有开设店面这一特征，否则不能叫铺户；至于牙行则必须有“说合”这一特征，否则不能叫牙行。不过具体到税关，因其服务的需要，这些原本可以分称的经营方式逐渐综合起来了，它们不仅开设店面，提供住宿、贮存等服务，而且还不断地“说合”。于是人们可以从不同侧面来称呼，或称歇家，或称铺户，或称牙行，等等，加之政府常常利用它们来管理关务，于是又可从执行政府职能方面来称呼，如“相识”“保家”“保商”等等，到近代则改称“保税行”“税行”等等。

但剥开这些称呼的外衣而言及具体包揽人时，则多指掌控贸易、运输、贮存、搬运、兑换、住宿等环节的各类经营群体，诸如店户、埠头、过塘主人、银铺、歇家等等。总之在税关中，歇家的实际身份常常是兼营客店的牙行、埠头、过塘主人、银铺等人员的总称或泛称。铺户、牙行亦如歇家一样，是对上述人员的总称或泛称。

商人过关形式多种多样，但不管采取哪种形式过关，皆逃不过掌控贸易、运输、搬运、贮存、兑换、住宿等环节的各类坐商群体。这些群体对货物数量及等级、船只的大小皆了如指掌，加上钱银兑换及倾泻官银亦掌握在它们手里，故征收关税时，离开它们便无从有效地丈量、清点货物，估算税额，兑换钱银、倾泻官银甚至稽查也变得异常困难或陷于低效运行中。正因为中间代纳群体处于各类市场的关键环节，在明清缺乏现代管理税关理念以及相关的专门技术人员培训机构的情况下，税关管理者必须充分利用这些群体的市场身份与技术，否则就会出现效率低下等诸多问题。故一般而言，明清税关管理链条是，官吏通过对掌控关市的贸易、运输、搬运、贮存、兑换、住宿等的群体的监管与规范，并确定各类经营体的数量，如店户几家、埠头几家等，使之垄断经营来控制商货的流通路径，从而达到官控坐商、坐商控行商的目的。

正因为如此，关役多是从掌控贸易、运输、贮存、搬运、兑换、住宿等环节的各类经营群体中挑选出来的，诸如单书、买办、丈量手、巡守等关役，皆是从这些人中遴选。最能反映这个问题实质的是保家、铺户等拥有众多职能，如递数、写单、丈量、稽查、估税、保收税银、总收各类使费和杂费等，几乎囊括了所有关役的职能。这种情况的出现，只有两种可能：其一是保家或铺户自始至终参与了税关的管理和征收；其二是大多数关役是从它们中挑选出来的，故许多关役职能亦累积于其身。

4. 歇家与州县赋役词讼篇的主要内容和重要观点

州县歇家概念，是相对省会歇家与府城歇家而言的，两江总督于成龙、浙江巡抚赵士麟等，皆把歇家划分为三个等级，即省会歇家、府城歇家与州县歇家。所谓州县歇家，就是指活跃于州县这个区域的歇家。

歇家作为一种商业运作模式，其包揽的普遍化意味着赋役征收的市场化。据各种文献记载，歇家兴起原因有五：一是乡民离城或水次仓遥远，办纳赋役等需要歇家提供住宿、看守、贸易、代纳等服务；二是明中期以后粮长、里长破家频仍，里甲制度功能渐渐丧失，于是歇家起而代之，故言歇家以包充里役为事；三是明代比限制度建立以后，乡民“应比”频繁，需要歇家提供“代比”服务；四是由于乡民不敢与政府打交道，怕进城市，故需要歇家提供中间代纳等诸多服务；五是乡民不谙承应、书算、潜规则，需借助歇家来承担其应役的职责。实际上，歇家兴起与明清赋役制度变革息息相关，其中周忱的拆仓建仓运动、粮里制度的崩坏、比限制度的建立，是歇家兴起、发展及其包揽制度化的基础。若从歇家的视角来看明代赋役制度变革以及由此引起的基层社会力量重构，几乎可颠覆以前许多有关明清史的基本看法，如赋役制度变革的动机、方向及其效果，国家权力向乡村伸展的方式，甚至对士绅城居的动机以及乡绅支配论等会产生新的观点。

歇家与漕粮市场化的关联。明清时期漕粮征纳有个大规模市场化的过程，推动漕粮市场化的核心原因有四：一是运输艰难与漕粮征纳的市场化。陆运或逆流运输的成本过高，乡民运米的费用往往大于正额，如陆运 300 里，其运费与粮价基本等同。为了减少运输成本，离水次仓较远的乡民便带银钱到水次购米上纳，形成特定区域的漕粮市场化，其精神是通过市场环节把水次仓周围的粮食产区变成财政市场，而在水次仓掌控漕粮贸易的基本上是歇家，这在河南、山东及不便水运的南方山区具有普遍性。二是漕粮米色米种制度与漕粮征纳的市场化。明清政府在漕粮征收中所规定的“米色”含义十分复杂，不仅仅指“干圆洁净”，还包括米种以及米的颜色。米种主要有粳米、粟米、籼米三种，米色则有红白之分。若当地所产的米种与中央所定应交纳的米种不一致，则百姓必须通过市场环节来完成漕粮交纳任务。与米种类似的还有米色，许多地方盛产红米，但漕粮需交白米，如是便有一个出售红米购入白米，然后上纳漕粮的市场化过程。由于粳米与籼米的市场价相差比较大，故以籼米代替粳米等交纳漕粮，成为明末清初仅次于漕粮折银的救荒措施之一，这也大大推进了漕粮交纳的市场化。以小麦、杂粮、豆类以及棉花等经济作物为主的地区十分广泛，若这些地区需交纳漕粮，必是买米上纳。另外，若本地所产之米不足以供本地消费，其漕粮交纳也是买米上纳。三是漕运程限制度与漕粮交纳的市场化。漕粮开仓、征完、兑完开帮、过淮、过洪、到达京通仓、回空等皆有严格的时间限制，史称“漕运程限”。制定漕运程限制度的目的是避免漂流、守冻等事故，保证漕粮及时足额到达京通仓，这就需要运期与运河航运的自然特点相吻合。但运河最适合航运时间是三、四月，这就促使各地漕粮必须在十一月前征完，十二月兑完开帮，这就出现稻米收获期与漕粮交纳期不一致的情形。许多地方官急于征完漕粮以应考成，于是把开仓时间提前到八月或九月，而政府所规定的晚稻交纳，需十月才成熟，加上晒干、收租、出米、征收、运输等需要一段时间，若八月或九月开仓，则乡民手中必无稻米，只好通过市场购买来完成漕粮交兑任务，于是形成了大规模的漕粮交纳市场，这些市场也多由歇家掌控。四是歇家包揽与漕粮折干。漕粮交纳的市场化，为歇家包揽漕粮提供了舞台，作为商人群体的歇家，利润是其永恒的追求。而明清时期米价的区域价格相差巨大，如江西米价，在万历时一般是每石 0.3～0.4 两，江南地区则高达 0.5～0.6 两，两者间形成了巨大的价格差异，这促使歇家运距离买纳漕粮成为现实。不仅区域价格存在差异，季节以及荒年、丰年之间的价格也存在巨大差异。为了使利润最大化，歇家开始向纳户征收银钱及其他物品，根据价格波动来贮存或出售粮米，这又大大推动了漕粮交纳市场化。不仅如此，歇家还与旗军联合起来把本色漕费、月粮、行粮等皆折银钱交纳，甚至部分正额漕粮也折成银钱，形成了大规模的漕粮折干之弊，实际上是漕费及漕粮的货币化体现。

在漕粮交纳市场化过程中，歇家的作用愈加凸显，甚至因其而不断改移水次交兑并引起了纳漕方式的不断变革，这在河南非常典型。因河南境内之河流，要么如黄河，含沙过多，不便运输，要么水量过少而不利运输，要么流于南方，与漕运方向背道而驰，总之，在河南要找到一个便于漕粮运输的码头非常艰难，故不得不把交兑地移至北直隶元城县小滩镇。于是一系列问题产生了，因路途遥远，陆运艰难，成本过高，故各大户不得不带银钱到小滩镇买米上纳，由此导致了河南漕粮交纳的市场化。因异地购买，容易为歇家等中间商所欺凌，致使民不堪苦，又因隔省办漕，河南官员督查不便，致使漕粮亏额不断。因此河南官民以歇家之害及隔省办漕不便为理由，要求改移水次地至河南境内，而获得巨大利益的小滩镇商人及旗军，则以水运条件不便为理由而反对迁移，于是两者争论不休，致使交兑地改移不断。改移交兑地的一个核心目的是消除歇家及旗军勒索之害，但因水运条件不便，往往以失败而告终。改移交兑地失败以后，河南地方政府开始寻找新的解决方法，在寻找过程中，逐渐形成一种共识，即大户之所以受到歇家、旗军勒索，是因为大户势弱之故，因此用强势的官吏代替弱势的大户买兑漕粮成为改革总趋势，于是相继推出了官解、委官领买、代纳、民折官办等纳漕方式的变革。

在赋役货币化或交纳的市场化中，歇家与粮里制度的虚化及其废除有着千丝万缕的关系，其中江南负责收兑漕粮的群体的演变，典型地反映了歇家在役法变动中的作用。自明万历到清雍正，江南负责收兑漕粮的群体，按役法，经历了三次大的变化，即从粮长负责变为仓夫名色负责，再从仓夫名色负责变为里书名色负责。仓夫名色收兑漕粮时，役法中的粮长之名依然存在，但不过是为仓夫名色提供工食与各类费用而已，粮长实为空役，这个时段反映的是粮长制度的虚化过程；里书名色收兑漕粮时，役法中的粮长之名消失，里书名色直接向各粮户摊收工食与各类费用，这个时段反映的是粮长制度的废除过程。虽然仓夫、里书名色繁多，达数十种，可谓变幻莫测，但剥开外表看实质，其实就是一个歇家化的册书群体，万变不离其宗。所谓歇家化的册书，就是指上述各类名色有一个共同特点，即既充当册书又开设歇家，它们是粮长职能的具体承接者，反映的是漕粮征收市场化的趋向。

歇家与仓夫、里书三者合一，有一个渐进演变过程。首先是歇家利用市场运作能力直接包当粮长，后来便是通过充当仓夫来包揽粮长或充当粮长保户，于是仓夫与歇家合一了。同时，歇家要顺利完成漕粮的收兑任务，就必须清楚各户钱粮，于是买充里书成为必要也是必然之路，仓夫、歇家、里书就此融为一体。歇家与里书合一的另一途径是，里书利用其掌控“田赋征收册”的优势而开设歇家，即册书在包揽赋役过程中，必须具备市场化的运作能力，否则就要被淘汰，即册书若不与歇家经营方式结合，是无法继续担当册书的，其必然会被包揽赋役的歇家所买充。总之，歇家与里书合一，是市场运作能力与掌控赋役征收册的合一。

歇家与地方社会关系非常复杂。州县歇家职能可分为民间与官方两部分来谈。就其民间职能而言，歇家几乎成为乡民进城办事的桥梁，不管是进城贸易、借贷还是应役、交纳赋税及打官司，皆先经过歇家这个环节；就官方职能而言，歇家几乎是地方政府的外府，遇有公事，其拘禁、勾摄、拘提皆交歇家办理，甚至赋役追征、词讼候审等皆离不开歇家保领。由于歇家干预一切公事，出现了“凡词讼钱粮，事在官司，权柄执于歇家，行止听其自便”的局面，歇家具有架空官吏的势力。

歇家与地方官吏的关系异常复杂。一方面，地方官吏需借助歇家力量来完成国家交给他们的任务，所以文献称歇家为政府的外府；另一方面，歇家利用政府给它们的权力而不断架空官吏，致使歇家与官吏既有利益结合亦有利益冲突。就利益结合方面而言，歇家与地方官吏之间往往会形成典型的官商结合，这个结合后来成为阻碍社会变革的重要力量；就利益冲突而言，歇家经常侵蚀赋税、操控词讼、架空官吏，以至于出现了“乡民只知有歇家不知有政府”的局面，这是为地方官吏所不允许的，故规范、遏制、打击歇家势力，是地方官吏经常采取的措施，而这些措施又会引起基层社会的变革。

总之，歇家作为一种商业运营模式，本身并不能操纵钱粮词讼，但因充当或支撑歇家之人，往往具有官府或特权身份，或具有地方势力的背景，这便可把政府权力、地方势力、身份特权引入到歇家这种经营模式中，形成一个巨大的包揽网络，于是歇家变成一种权力运作的外壳，逐渐成为各类册书、胥吏衙役、乡绅、宦仆、土豪等人包揽钱粮词讼的舞台。也就是说，歇家这种经营方式成为上述各类人利用自己势力或权力来把持政府、控制乡村的工具。至于他们为什么一定要借助歇家这种形式包揽，主要是因为在包揽过程中，其为乡民提供住宿、看守、借贷、买卖、代比等服务是必不可少的，没有这种经营方式则无法有效包揽。

歇家参与司法领域的途径很多，其中最主要的方式有三：一是利用其赋役征收功能延伸到司法领域，成为明中叶至清初期民事纠纷的主要干预者之一；二是利用为官司缠身的乡民提供食宿服务的便利，或家延讼师或自兼讼师，与衙役、流氓、土霸相勾结，操纵案件审理；三是利用其保人等身份直接或间接干预司法审理。总之，歇家利用各种身份参与了司法领域，成为当时在司法领域极为活跃的中心力量之一。实际上，因赋役征收常常牵扯到官司，故歇家要有效包揽赋役，必须要有掌控词讼的能力。

从目前各地已经出版的契约文书和笔者所收的浙江南部契约文书来看，明清时的“状式”中几乎都列有“歇家”一栏，这充分说明了歇家在司法领域中已经制度化了。歇家在司法领域主要有八大功能：一是歇家为远道而来的原被告提供住宿餐饮服务，引导或代理原被告办理诉讼所需的各类手续，并代原被告交纳各类诉讼所需的衙门费用；二是歇家需为官府确保原被告的真实身份，填写原被告确切的住址籍贯，初步调查原被告兴讼的原因，甚至在案件审理过程中，还有协助政府取证的义务；三是官府通过歇家来传唤原告与被告，故歇家一般设在衙门附近，以便随传随到；四是歇家受官府委托拘留被告，预防其逃逸，并担当原被告的委保人；五是歇家需给那些不知道手续的原被告提供信息和建议，并解释官府准讼与不准讼的规定；六是充当原被告之间的调解人，若是一般的民事诉讼，官府一般让歇家居中调停；七是通语词讼，由于地方方言的复杂，审理案件往往有语言障碍，故需歇家当翻译，尤其是在民族地区，歇家的这种功能显得特别突出；八是歇家往往兼任讼师，代写诉状，甚至充当现代大律师的角色，成为众多讼师的活动据点，若原被告不服，可代为上控，即充当上控的中间代理人。

歇家与州县官吏的关系非常复杂，有联合，有暗斗，有生死较量，在这错综复杂的关系中，歇家在部分地区表现出了一股非正常的势力，其主要表现在以下四个方面：一是歇家一旦与官吏形成了利益联盟的关系，往往成为官员的心腹，会出现官吏听从歇家指挥的局面，一县之钱粮词讼往往皆由其掌控，这个时期歇家的势力最为强大；二是歇家利用各种手段胁迫或要挟官员成功后，则可呼风唤雨，不可一世，包揽钱粮词讼不在话下；三是若歇家在与官吏斗争中获得胜利，如官员被下狱或被革职查办，这时的歇家会十分嚣张，不可一世，不只是包揽钱粮词讼这么简单；四是若歇家与胥吏衙役形成稳定的利益关系，且所有政务不经其之手无法办理的格局形成后，即歇家能够指挥各胥吏衙役时，歇家则能架空官府，形成巨大的力量。但不管如何，歇家的势力不是天赐的，其主要还是来自衙门，是皇权的延伸。当其与官吏联合时，其代表的是官吏的势力；当与官吏产生矛盾时，则需依靠更强大的势力来压制地方官员，利用的依然是衙门势力，只不过这个势力来自更高级别的权力部门。总之，歇家力量需要政府明里暗里的保护，否则便可马上衰落，并非不可动摇，其依然笼罩在皇权之下，受皇权的控制。歇家势力非正常的强大，是皇权在基层社会的一种变态，终归要回到衙门控制的正轨中。

5. 歇家与仓场篇的主要内容和重要观点

歇家在南京仓场中，原本仅是为“纳户”（包括解户、解役、解官、运官、粮长、大户等）提供指引、住宿、晒晾、驰载、籴买等服务。到成化、弘治年间，便从服务发展为包揽，其职能在上述各项服务职能之外，又添加了代替纳户交纳各税、办理入仓出仓等手续，甚至发展为包收、代买等全方位的包揽。到嘉靖时，又从包揽发展为保歇。保歇就意味着包揽的制度化和合法化。这时的歇家不仅服务纳户，而且还附有各种政府职能。其职能主要有三：稽查奸宄，以防止纳户拖延隐避；监禁追比纳户，帮助政府追讨欠税；押解其所保的挂欠纳户回乡催办欠税等。明政府对于保歇的态度是反复无常的，常常革而又复，复而又革，但总体趋势是歇家揽纳不断官方化。

明代京通两仓，设有小歇家与大歇家两类，到清代以后，小歇家更名为“雇长”，大歇家更名为“住户”。考察其渊源，便可知道，小歇家指开设歇店的夫头，其职能是“专管包囤、粮米进廒、修理仓墙、卸粮回袋”等等，清代便用“花户”兼领其职责，其名逐渐消失于历史的长河中。大歇家是仓库与纳户之间的中间经营体，主要为纳户提供住宿及办理纳税手续等服务，自建立“保歇制度”后，一般被称为“保歇”“保家”“引户”“保识”等。大歇家在漕运系统，特指“下官歇家”，其核心职能是“运官于彼安歇，一应粮、银、板、席未完俱应承任”。因大、小歇家掌控了税粮完纳过程的关键环节，故仓官仓吏与其关系非同一般，仓场多数积弊是通过它们表现出来的。

歇家不仅存在于南京、京通仓场，也存在于北京内库等仓储系统、水次转运及预备仓系统、边仓系统以及各布政司在省城、府城等地建立的各类存留粮的仓库系统。这些仓储系统皆曾建立保歇制度，歇家成为纳户的法定代纳群体，其代纳方式是签订保状合同，在合同框架内，歇家拥有部分政府职能。总之，各种迹象表明，在各类仓场中包揽解户（纳户）上纳的歇家，并非仅是开客店，而多是采取歇家与牙行相结合的经营方式，即“歇家牙行”经营模式，使其既具有贸易功能又具有客店等功能，还具有政府的许多职能。

三、成果的学术创新、应用价值以及社会影响和效益

本成果的学术价值集中体现为首次对歇家进行了较全面的研究，打开了明清史研究的一扇新的窗户，透过这个窗户重新审视了明清商业贸易制度变革、税关制度变革、州县赋役制度变革、仓场制度变革的部分内容和相关问题，并在此基础上探讨了明清社会结构的变动，呈现出与以往研究不一样的明清社会。本成果对歇家与州县司法审理的问题亦做了简略的阐述，并第一次对歇家的概念、异名、更名、人员构成、衙门设置做了较系统的论述。

歇家介入了明清社会的各个领域，曾是乡民与政府对话的桥梁，是政府管理社会最为倚重的力量，因此研究歇家具有重大的学术价值，目前引起部分学者关注，得到部分学者的高度评价。如在笔者博士论文《明清歇家研究》的审定中，曹树基先生认为其“完全改变以前对于明清社会结构的一些基本看法”。在《歇家与明清社会基层社会变迁》（国家社科基金资助项目）的鉴定中，有“该成果是填补学术空白的开创性成果”“该成果为明清基层社会管理与运作研究提供了一个新的范本”等评语。

另外，到目前为止，笔者共发表了 10 篇有关歇家问题研究的论文，其中 4 篇被中国人民大学复印报刊资料全文转载，1 篇被《新华文摘》论点摘录。这 10 篇论文共被引用 76 次。这也从侧面反映了该问题研究引起了一定的关注，产生了一定的影响。

《清代中缅关系》概要

王巨新*

一、研究的目的、意义及所使用的研究方法

1. 研究目的和意义

关于清代中缅关系，学界研究已逾百年，对乾隆朝中缅战争、中缅封贡关系、界务交涉、贸易往来和缅甸华侨华人等问题进行了一定讨论，但还存在诸多不足：第一，尚无对清代中缅关系全面论述的专著。相对于清代中国与朝鲜、日本、琉球、越南、俄国、葡萄牙、美国、英国等国关系研究成果斐然、著述林立而言，关于清代中缅关系的研究还停留在对个别问题研究的层次上，缺乏全面系统的研究著作。第二，国内学者局限于外文文献资料的缺乏及使用困难，国外学者则局限于中文档案文献的使用不足。实际上，关于清代中缅关系，有大量的原始档案文献，对于这些档案文献的使用，无论是国外学者还是中国学者都很不够。第三，由于使用资料来源的限制，中国学者研究中缅关系一定程度上存在“中缅友好模式”和“中国中心主义”倾向，国外学者则一定程度上存在“缅甸中心主义”或“英国中心主义”倾向。第四，在清代中缅关系具体问题研究中，还有许多历史疑问，如乾隆朝中缅之役爆发的原因，《老官屯协议》的签订过程和具体内容，清代中缅政治关系的性质，清代缅甸朝贡的次数和时间，清末中英关于滇缅界务、商务问题的谈判过程，清代中缅两国的经贸往来、文化交流和缅甸华侨华人等问

* 王巨新，中共山东省委党校副教授，硕士生导师。

题，都需要进一步研究和讨论。鉴此，本成果旨在全面论述清代中缅政治、经济、文化关系及缅甸华侨华人等问题，廓清清代中缅关系的历史框架与发展流变，并对清代中缅关系中的历史疑问进行探究。

2. 研究方法

本成果使用了以下研究方法：一是考据法。本成果遵循无证不信、依据原始资料的原则，共使用原始档案650余条，古籍史料110余种，在成果中有7万多字的注释用来说明正文的资料来源。二是文献互证。文献互证是中外关系史研究的基本要求和重要方法。在清朝对外关系记载中，中文档案文献之间、中外文档案资料之间的分歧随处可见，这些分歧有的是记载与不记载之别，有的是记载详略之差，更有的是记述事实的差异。对此，本成果以中文档案为基础，综合运用中、缅、英三国资料对多处历史疑问和记载分歧进行了对比互证。三是图表分析。本成果制作复制了6张地图（包括清代云南地图、缅甸地图、乾隆征缅之役图、乾隆五十三年缅甸使团使行路线图、薛福成滇缅划界图、清末滇缅划界形势图）和13个表格（包括缅甸王朝世系表、清代云贵总督表、清代云南巡抚表、茂隆银厂课长与协办表、清代缅甸朝贡表、乾隆五十三年缅甸使团使行路线表、缅甸朝贡物品表、清朝赏赐缅甸物品表、清朝向缅甸派遣代表团表、车里宣慰使世系表、清朝对违禁商民处罚情况表、清末云南海关表、清末云南三海关进出口贸易统计表）。四是计量统计。在考察中缅贸易往来和缅甸华侨华人问题时，采用了计量统计方法。

二、成果的主要内容和重要观点

1. 主要内容

缅甸是和中国山水相连的邻邦。自汉代以来，中缅两国始终存在着密切的政治、经济、文化交流和人员往来。清朝时期，缅甸境内曾存在东吁王朝（1531—1752年）、后白古王朝（1740—1757年）、阿拉干王朝（1433—1785年）、雍籍牙王朝（1752—1885年）、英属缅甸（1886—1948年）等政权，其中东吁王朝、雍籍牙王朝、英属缅甸与清朝关系密切。本成果系统论述了清代中缅两国的政治、军事、经济、文化关系及缅甸华侨华人问题，包括绪论、正文、结语三部分，正文又分为十章。

绪论主要介绍清代中缅关系研究的目的、意义及思路方法。分为三个问题：一是选题缘起；二是学术史回顾；三是研究价值与思路方法。

第一章主要回顾清代以前的中缅关系。分为三个问题：一是汉代至宋代的中缅关系；二是元代中缅关系；三是明代中缅关系。

第二章主要讨论清初与缅甸东吁王朝的政治关系。分为三个问题：一是清军入缅追剿永历朝廷；二是雍正至乾隆初期的中缅关系；三是茂隆银厂与清缅关系。

第三章主要叙述乾隆中期与缅甸雍籍牙王朝的战争。分为六个问题：一是雍籍牙王朝扩张与清缅战争爆发；二是刘藻统兵时期的清缅战争；三是杨应琚统兵时期的清缅战争；四是明瑞统兵时期的清缅战争；五是傅恒统兵时期的清缅战争；六是《老官屯协议》与清缅战争结束。

第四章主要探讨乾隆后期与雍籍牙王朝的冷战。分为两个问题：一是与雍籍牙王朝的紧张对峙；二是与雍籍牙王朝的艰难交涉。

第五章主要分析乾隆末年以后与雍籍牙王朝的封贡关系。分为四个问题：一是与雍籍牙王朝封贡关系的建立；二是雍籍牙王朝频繁的朝贡活动；三是云南派往雍籍牙王朝的代表团；四是封贡关系下的边境事务交涉。

第六章主要论述英国侵入缅甸与清缅封贡关系走向终结。分为四个问题：一是英国侵入缅甸与雍籍牙王朝覆灭；二是英国对滇缅商路的探索与马嘉理事件；三是中英《缅甸条款》的签订与清缅封贡关系结束；四是清朝对缅甸民众抗英斗争的态度。

第七章主要研究中英续议滇缅界务商务诸问题。分为四个问题：一是中英《续议滇缅界、商务条款》的签订；二是中英《续议缅甸条约附款》的签订；三是中英会勘滇缅边界；四是中英围绕中缅关系其他问题的交涉。

第八章主要研讨清代中缅两国的贸易往来。分为四个阶段：一是乾隆中期以前的中缅贸易往来；二是乾隆中后期中缅贸易的衰落；三是乾隆末年以后中缅贸易的恢复与发展；四是清末与英属缅甸的贸易往来。

第九章主要概述清代中缅两国的文化交流。分为四个方面：一是科学技术交流；二是语言文字交流；三是佛教文化交流；四是音乐文化交流。

第十章主要考察清代缅甸的华侨华人。分为四个阶段：一是乾隆中期以前的缅甸华侨华人；二是乾隆中后期的缅甸华侨华人；三是乾隆末年至光绪初年的缅甸华侨华人；四是清末英属缅甸的华侨华人。

结语是对全部研究的总结和分析。

另外，本成果还附录了晚清时期中英两国围绕缅甸问题制定的多个条约，包括《烟台条约》（1876 年 9 月 13 日）、《缅甸条款》（1886 年 7 月 24 日）、《续议滇缅界、商务条款》（1894 年 3 月 1 日）、《云南缅甸边界陆路电线相接约款》（1894 年 9 月 6 日）、《续议缅甸条约附款》（1897 年 2 月 4 日）、《续订滇缅电线约款》（1905 年 5 月 23 日）、《变通滇缅续约第六款文》（1907 年 3 月 26 日）。

2. 重要观点

（1）目前学界尚无对清代中缅关系历史分期之划分。本成果提出，清代中缅关系可分为四个阶段：第一阶段为乾隆三十年（1765 年）以前，这一阶段两国交往总体不多，除清初入缅追剿永历朝廷和乾隆十六年缅甸东吁王朝遣使入贡外，未有大的交涉，甚至有一段时间没有两国交往的历史记载。第二阶段为乾隆三十年至五十三年，是为两国关系紧张时期。乾隆三十年十一月，清朝与缅甸雍籍牙王朝之间爆发了历时四年的战争。至三十四年十一月，两国在缅甸老官屯签订协议，战争宣告结束。但由于对《老官屯协议》内容的不同描述和理解，两国关系并未迅速改善，而是经历了近 20 年的“冷战”。其间两国虽有数次交涉，但由于意见分歧、沟通不畅等原因，交涉迄无效果。第三阶段为乾隆五十三年至光绪十一年（1885 年），这一阶段清朝与雍籍牙王朝的关系达到了友好的顶峰。虽然边境地区仍有冲突交涉发生，但并未影响两国中央政府的友好往来。第四阶段为光绪十一年以后，这一时期的中缅关系更多地表现为中英两国围绕缅甸存祀续贡，滇缅界务、商务等问题的交涉。清代中缅关系发展的历史阶段性，是与两国国内外形势变化分不开的，到 19 世纪中叶后更受到英法等国在东方扩张的影响，这种影响使中缅关系由简单的双边关系发展为复杂的国际关系。

（2）关于乾隆朝中缅战争爆发的原因，缅甸和英国学者多认为，战争是中缅边境一系列冲突事件未及时解决引起的，中国学者则一般认为是雍籍牙王朝频繁向云南边境土司索取贡物造成的。本成果认为，雍籍牙王朝对外实行军事扩张政策，缅人多次入扰云南，是清缅战争爆发的主要原因；但缅人入扰云南的情况比较复杂，除向云南边境土司索取贡物外，还包括反雍籍牙势力逃入云南、边境土司因内部权力斗争而勾结缅兵进入云南等情形，后者中典型的召散勾结缅兵进入云南是战争爆发的直接原因。

（3）作为乾隆朝中缅战争结束标志的《老官屯协议》并没有明确统一的文本，中外文献对协议具体内容的记载差异较大。本成果综合中外文献提出，协议的具体内容应当包括三项：一是两国每十年互派使节。缅方描述为两国政府互派使节；清朝方面则描述为缅人奉表纳贡。二是两国边境恢复战前状态。缅方理解为恢复战前土司存在状态和边境贸易开放状态，即清朝要归还木邦、蛮暮、猛拱三土司，并重新开放边境贸易；清朝方面则理解为缅人永远不犯边境。三是双方交换战俘。缅方认为是双方互相交换战俘；清朝方面则认为是缅人送还拘絷兵民。由于两国语言语境的差异，造成双方对《老官屯协议》的不同理解和描述。另外，由于双方代表谈判仓促，边境距离国都又较远，最后签订的协议是未经两国君主同意的。乾隆帝接到前线议和报告，距离《老官屯协议》签订已过去了 13 天，对傅恒报告的协议内容，乾隆帝基本满意。与此相对，缅王接到谈判情况报告也在数日之后，他对协议内容非常不满，这也成为战后缅人未履行协议的重要原因。

（4）关于清缅战争的结局，缅甸和英国人都认为是缅甸获得了胜利，清朝人则认为是清朝获得了胜利，乾隆帝还将征缅之役列入“十全武功”来称颂。本成果认为，清朝与缅甸均未获得战争的胜利，而是都付出了沉重的代价。清军在驱逐入境缅军后，三次入缅作战，但因瘴疠盛行、不熟悉地形、不适应山地丛林作战、悬军深入后继无援、滇省绿营兵战斗力弱等原因，付出了沉重的人力物力财力代价。清缅战争的影响，并不在于它给时人带来的荣耀，而主要在于它对西南边疆稳定所做的贡献：它阻滞了雍籍牙王朝对中国边境的军事扩张，稳定了西南边疆局势。在清缅战争之前，中缅边境模糊不清，有诸多瓯脱之地。通过这场战争，中缅边境大部分以实际控制的形式确定下来，这成为近代中英滇缅界务交涉及边界勘划的基础。另外，由于这一时期缅甸正与暹罗进行战争，清缅战争在客观上也援助了暹罗吞武里王朝的抗缅复国战争。

（5）关于清缅战争结束后的中缅关系，学界研究较为薄弱。本成果考察认为，清缅战争虽然结束，中缅关系却未迅速改善，而是经历了近 20 年的“冷战”。在近 20 年的时间里，中缅关系经历了由紧张对峙到相互接洽再到交涉中断的曲折历程。自乾隆三十四年（1769 年）十一月至四十一年底，为双方紧张对峙时期。送还拘絷官民是影响这一时期清缅关系的首要问题。由于对《老官屯协议》存在不同理解，中缅双方均未履行协议规定的内容。经历了四年战争的乾隆帝明白大规模征缅已不可行，遂采取多项措施以警戒和敦促缅甸进贡还人。但由于缅方迟未进贡还人，导致清朝方面的误会。乾隆四十一年底至四十五年五月，清朝和缅甸都为缓和双边关系做出了努力，乾隆四十二年间甚至双方信使来往频繁，但由于乾隆帝坚持要求缅人送出杨重英并奉表纳贡，而使双方做出的努力功亏一篑。后来乾隆帝多次表示缅人是否送出杨重英已无关紧要，但缅甸由于国内政局动荡而未再派员入关。乾隆四十五年五月至五十三年五月，双方交涉陷于中断，中国档案中找不到中缅双方官方交往的记录。乾隆五十三年五月，缅甸遣使入贡，标志着清朝与缅甸“冷战”对峙的结束和友好时期的到来。

（6）关于清代缅甸遣使访华的次数，美国学者费正清和美籍华裔学者邓嗣禹以及国内有学者都统计为 17 次。本成果考察认为，清代缅甸共有 15 次遣使访华，其中自乾隆五十五年规定十年一贡起，分别于嘉庆五年（1800 年）、十六年，道光三年（1823 年）、十三年、二十三年，咸丰三年（1853 年），光绪元年（1875 年）七次呈进例贡，基本符合十年一贡的规定。除例贡外，缅甸还有谢恩、祝寿、进香、表贺等贡。另外，嘉庆元年（1796 年）、十一年，缅甸两次请贡，未获准许；咸丰三年以后，因国内外形势变化，缅甸惟于光绪元年遣使入贡。另外，学界尚无有关清朝派遣代表团赴缅甸之研究，本成果系统考察了云南地方政府 11 次向缅甸派出代表团的历史。

（7）关于清代中缅关系乃至清朝与亚洲周边国家关系的性质，有学者认为是朝贡关系，有学者认为是宗藩关系，也有少数学者认为是平等的政治关系。本成果认为，“朝贡”这个词语在字面上只强调了朝贡国的单方朝贡行为，而忽略了清朝与朝贡国关系的双边性；“宗藩”这个词语在内涵上带有过多的现代政治意蕴，且不符合清朝与非汉字文化圈朝贡国的政治关系实际。结合清朝对外关系的话语系统和历史实践，清朝与亚洲周边国家的关系称为“朝贡—封赐”关系或简称为“封贡”关系更为合适。其中清朝与朝鲜、琉球、越南等汉字文化圈朝贡国的封贡关系更接近于现代意义上的宗藩关系，与暹罗、缅甸、苏禄等非汉字文化圈朝贡国的封贡关系则更接近于一般意义上的封贡关系。至于清朝与西方国家的关系，则可归为封贡关系以外的一般政治关系。就清代中缅关系而言，清朝初年与缅甸东吁王朝政治交往不多，并未形成封贡关系。此后中缅政治交往一度中断，到乾隆中后期，清朝与缅甸雍籍牙王朝经历了四年的战争和近 20 年的“冷战”，也未形成封贡关系。自乾隆末年至光绪初年，清朝与雍籍牙王朝建立并保持了近百年的封贡关系。一方面，清朝在制度上对缅甸贡期、贡道、使团规模、朝贡礼仪、赐予等做出一系列规定，并在实践中努力维护和保证这些规定付诸实施；另一方面，雍籍牙王朝基本遵循了十年一贡的规定，使团也遵循清朝安排的朝贡礼仪和各项制度规定。清朝与雍籍牙王朝对朝贡制度和朝贡礼仪的遵循是两国封贡关系存在的根本标志。当然，这种封贡关系并未得到缅方史料的认可。

（8）关于雍籍牙王朝按期朝贡的动力，学界尚无讨论。如果说朝鲜、琉球、越南等汉字文化圈国家对清朝的朝贡有更多的文化归属和思想认同的话，与清朝语言文字、宗教文化都有巨大差异的缅甸为何能够基本遵循十年一贡的规定？原因应当有二：一是《老官屯协议》有两国每十年派使互访的约定；二是朝贡可以给缅方带来丰厚的经济利益回报。为保证雍籍牙王朝能够按期朝贡，云南地方政府几乎每届贡期都要先向缅甸派出代表团。对于频繁来访的代表团，缅甸王廷应当很快就会察觉不是清朝皇帝而是云贵督抚甚或更低层次地方官员派出的。既然如此，缅王为何还乐此不疲地派使访华？很重要的原因是清朝方面“厚往薄来”的招徕与优待。清政府不仅承担了缅甸使团在华期间各项费用，而且给予缅王和使团成员丰厚的赏赐，这是缅王频繁遣使朝贡的经济动因。从清朝方面讲，与缅甸保持和平友好的“封贡”关系，不仅可以实现“万邦来朝”的政治和文化优越感，而且可以因此保持西南边疆的和平与稳定——这是清朝统治者建立并维护朝贡制度的政治、文化和国家安全用意所在，而由此建立的封贡关系也在一定程度上具有了维护边疆安全稳定的功能和意义。

（9）清末中英围绕滇缅界务、商务等问题的交涉以及滇缅边界勘划，是清代中缅关系中较为复杂的问题。本成果以中英两国签订的《缅甸条款》《续议滇缅界、商务条款》《续议缅甸条约附款》三个条约为主线，系统梳理了清末中英围绕滇缅界务、商务交涉的过程。在讨论清末滇缅边界勘划时，又将中缅边界自北而南分为五段：第一段，尖高山以北；第二段，自尖高山至太平江与南奔江汇流处；第三段，自太平江与南奔江汇流处至南帕河与南定河汇流处；第四段，自南帕河与南定河汇流处至南马河与南卡江汇流处；第五段，自南马河与南卡江汇流处至南阿河与湄江（湄公河）汇流处。本成果根据边界勘划顺序逐段论述，特别是分析了“北段未定界”（指尖高山以北边界）与“南段未定界”（指南帕河与南定河汇流处至南马河与南卡江汇流处边界）的分歧缘起。

（10）按照清朝对缅贸易政策和中缅贸易状况，清代中缅贸易可分四个阶段：乾隆三十年（1765 年）以前，为准许双边贸易和两国贸易平稳发展阶段。乾隆三十年至五十五年为清朝立法禁止滇缅边境贸易，中缅贸易衰落阶段。乾隆五十五年至光绪十一年（1885 年），为清朝重新开放边境通商，两国贸易恢复发展时期。其间英国通过第二次英缅战争占领下缅甸后，积极发展同中国东南沿海的海路贸易，使这一时期的中缅海路贸易迅速繁荣并超过陆路边境贸易。光绪十一年后，为清朝与英属缅甸贸易阶段，清朝与英属缅甸的贸易逐渐融入世界贸易体系。清代中缅贸易发展的历史阶段性，是与中缅两国政治关系发展的历史阶段性相适应的。

（11）与中缅政治、贸易关系的发展变化相适应，清代缅甸华侨华人历史也可分为四个阶段：乾隆中期以前，入缅华侨华人主要有南明残余势力、贸易商民、从事种植业和采矿业者三大群体；乾隆中后期，华人入缅遭到禁止，只有部分士兵流寓缅甸；乾隆末年至光绪初年，随着中缅两国关系正常化，入缅华侨华人数量持续增长，贸易商民成为入缅华侨华人主力；清朝末年，缅甸华侨社会进入成熟期。从地域上看，上缅甸主要是陆路来的滇籍华侨，下缅甸主要是海路来的闽、粤籍华侨。从时间上看，19 世纪 20 年代以前，陆路滇籍华侨是入缅华侨华人主力，之后福建、广东人沿海路入缅越来越多，逐渐形成滇、闽、粤“三籍鼎立”的格局。从从业状况看，陆路滇籍华侨多从事商贸和玉石相关行业，海路闽、粤籍华侨则多从事商贸和手工业。从性别来看，入缅华侨华人多为男性，其中很多娶缅籍女子为妻。

（12）清代中缅关系对于中国西南边疆以及东南亚地区产生了深远的影响。从政治上看，清朝与缅甸雍籍牙王朝的友好往来，奠定了今天中缅两国睦邻友好的基础。清末中英会勘滇缅边界，使中缅两国的边界大部分得以确定。从民族上看，滇缅边境各民族长期互相通婚往来，清末中英会勘滇缅边界，形成了多个跨境少数民族，典型的如佤族、傣族等。这些跨境少数民族，虽然由于边界划分而具有了不同的政治身份，但仍有着较强的民族文化身份认同。从经济上看，中缅两国频繁的贸易往来，促进了中国西南地区的经济社会发展和边疆开发，也促进了缅甸的经济社会发展。随着英国不断侵入缅甸，中缅贸易逐渐卷入东南亚和南亚经济贸易圈，中缅贸易也成为世界经济贸易体系的重要组成部分。从文化上看，中缅两国的文化交流，促进了两国文化生活的丰富和发展，也促进了两国的“胞波”情谊和友好往来。从两国人员往来看，清代有大批华人入缅，他们是现代缅甸华侨社会的奠基者，也是中缅和平的使者与友谊的桥梁。

三、成果的学术创新、应用价值以及社会影响和效益

1. 学术创新

（1）资料创新。本成果尽量使用原始档案，共使用尚未出版的中国第一历史档案馆藏宫中朱批奏折 46 条、军机处录副奏折 28 条、内务府奏案 14 条、电报档 29 条、寄信档 3 条、内阁题本 2 条，台北“中研院”近代史所档案馆藏总理各国事务衙门档案 53 条、外务部档案 17 条，英国公共档案馆藏英外交部档案 3 条，已经出版的历朝上谕档 135 条、宫中档四朝奏折 59 条、《清季外交史料》56 条、《明清史料》47 条、《缅档》28 条、《清代外交史料》16 条、《光绪朝朱批奏折》11 条、《乾隆朝满文寄信档译编》10 条、《史料旬刊》5 条，以及私人文集中的档案，如薛福成《庸盦全集》30 条、岑毓英《岑襄勤公遗集》24 条、《李鸿章全集》22 条、《张允随奏稿》12 条等。在英文资料方面，共使用英文资料 19 种，绝大部分是 19 世纪末以前关于缅甸史和缅中关系史的第一手资料。

（2）内容创新。本成果讨论的茂隆银厂与清代中缅关系、乾隆后期与雍籍牙王朝的“冷战”、云南派往缅甸的代表团、中英围绕中缅关系其他问题的交涉、清代中缅两国的贸易往来、文化交流和清代缅甸华侨华人等问题，都是学界研究较为薄弱的领域。

（3）观点创新。本成果对清代中缅关系的历史分期，清缅战争爆发的原因，《老官屯协议》的签订过程及具体内容，清代中缅关系的性质，清代缅

甸朝贡的时间和次数，云南派往缅甸的代表团，清末中英围绕滇缅界务、商务等问题的交涉，清代中缅贸易往来，文化交流及缅甸华侨华人等问题提出了自己的观点。

2. 应用价值以及社会影响和效益

清代中国与缅甸的历史关系，奠定了今天中缅两国边界、民族、贸易、文化等关系的基础。本成果不仅可填补学界尚无系统论述清代中缅关系著作之领域空白，更对分析解决当代中缅关系诸多现实问题具有重要价值。而且，以史为鉴，可知兴替。在中国与东南亚、南亚国家政治、经济、文化、安全领域广泛合作的今天，研究总结清代中缅关系的历史与经验，对当前发展中国与东南亚、南亚国家间的友好合作关系，建设21世纪海上丝绸之路，具有重要意义。

《中国近代商会通史》概要

马 敏*

一、研究的目的、意义及所使用的研究方法

1. 研究目的和意义

商会的历史纵贯近现代中国，但商会研究却条块分割，在历史与现实之间、地区之间、学科之间均缺乏深入的交流互动，这些极大影响了学术研究的进步与当代商会建设的理论总结。本成果以通史性的研究，拟打破史学界对商会史的研究长期以来与当代知识界对商会历史的探讨两相隔离的状况，弥补已有研究因时空受限而导致的主题受限的缺憾。此外，为当代商会建设提供启示的思路贯穿始终，希冀对构建适合今日中国的商会制度和中国公民社会的建设提供有益启示。

2. 研究方法

在唯物史观的指导下，坚持历史实证的基本研究法，放宽研究视野，以动态发展和辩证的观点来分析商会与中国近现代社会间的互动关系。主要方法有：

（1）实证研究法。从整理历史档案开始，坚持历史实证研究法是本课题的最基本和最重要的要求。不论是近代商会史还是当代商会改革研究，都建立在扎实、充分、可信的资料基础之上，最大范围地搜集原始文献和一手调研材料是本课题进行的首要工作。在分析与归纳的过程中，也坚持和发扬实

---

* 马敏，华中师范大学教授，博士生导师。

事求是的实证学风，不做随意之主观判断。

（2）跨学科研究法。在史学研究中，跨学科的研究方法也运用得十分普遍。商会史研究与社会学、社会心理学、法学、政治学、经济学、管理学等学科都有着紧密联系，运用这些学科的某些理论有助于打开研究视野，使有关问题的分析更为深入。但更为重要的是，跨学科研究法不能以跨学科为目的，而要以实证为基础，以问题为中心。唯有如此，才能够避免以理论肢解历史及由此得出的片面、狭隘观点。因此，本成果将这两种方法紧密结合起来，力图避开概念和理论的陷阱，进而据之于商会发展的中国实情，建构属于自己的解释体系和话语体系。

（3）比较研究法。由于时空范围很大，商会的组织与活动势必千差万别。因此，本成果在对商会的组织与活动进行探讨时，加强不同时期不同发展不同地区的比较分析，希冀通过比较，归纳出商会的多样性乃至中国近现代社会演进的错综复杂性。

（4）重视集体协作。本课题是集体协作的结果，项目组成员以华中师范大学中国近代史研究所研究人员为主体，又邀请中国社会科学院等机构的学者参与。在调研及写作过程中，各子课题组之间保持密切沟通合作，建立了资料共享和定期交流机制。

二、成果的主要内容和重要观点

1. 主要内容

本成果以商会与近现代中国社会变迁中的重大问题为中心，探讨商会制度的演进、商会与政府关系、商会的政治参与、商会与市场经济体制的建立、商会与国家形态间的复杂关系等问题，尤其是借鉴和运用政治学、社会学等学科的理论与方法，对商会存在的社会与法理基础、商会的组织与运作原则，以及商会与经济市场化、政治民主化等问题进行深入研究，进而探讨商会与近现代中国市民社会发展的关系。本成果共由四个部分组成，依时段划分为晚清时期（1902—1911 年）、北洋时期（1912—1927 年）、南京国民政府初期（1928—1937 年）、抗日战争至新中国成立初期（1938—1953 年）等，共 200 余万字。其中：

（1）晚清时期（1902—1911 年），凡 11 章，约 54 万字。商会的成立表明资本家有了真正属于自己的社团，从此不再是以个人或落后的行帮形象，而是以新式社团法人的姿态与官府或其他社会势力相周旋。晚清商会系依照政府的法定程序经由政府的批准而设立，但社会属性是一种商办法人社团组织。表面的民主、实力构成原则是晚清商会组织的二重原则，商会的出现，是对传统行会组织的突破与超越。由绅商阶层来主导商会，在某种意义上也凸显了晚清商会亦官亦商的双重性特征。总会、分会和分所三个层级结构构成了晚清商会的本体组织系统，此外，晚清商会还通过一省或数省间商会之间的互动与联合，构筑成范围更大、组织形式更加复杂的跨区域的商会组织系统。在晚清城市中，以商会为中心和基线，形成了一个关系紧密的新式社团网络，广泛的社会联系加上经济和政治上所拥有的优势，使商会在地方公益事务中享有很高的威望，为城市新式社团网络事实上的领袖团体。在城镇乡地方自治运动中，商会及其成员起到了重要的作用。晚清商人开始逐步具有了“法”的意识，并不断将这种意识转化为法的实践，晚清商会的拟订商法活动以及商会争取商事裁判权的理案活动等即是重要的尝试，这些活动反映了中国近代法制化发展趋势，同时对资产阶级的成长壮大和市民社会的发展均起到了不可忽视的推动作用。商会的经济功能主要体现在联络工商、振兴实业等方面。商会的成立改变了以往工商业者被分散隔绝于各个行会组织的状况，使其联结成为一个整体。另外，商会通过商情调查、兴办新式工商企业、推动技术进步等推动了实业的发展。商会成立后，随即成为反帝爱国运动中的领导者，抵制美货是其所参与领导的第一次大规模的反帝爱国斗争。清末的立宪运动，成了商会领导资产阶级参与政治改革的第一个实践对象。国会请愿是晚清商会介入的另一次较大的国内政治活动。商会既对革命抱有同享共和、丕兴实业的期望，又害怕暴力革命损及自身利益，这种矛盾心理不仅使它们在参加或支持革命运动时显得被动而乏力，而且也影响到它们在中华民国成立以后的政治态度。商会还积极参与国际博览会，或代为传达赛会消息，号召商家踊跃赴赛，或协助征集赛品，办理展品赴赛事宜，还参与及发起具有国际博览会性质的南洋劝业会，并通过邀请、接待美日实业团的访问，直接开展商民外交，并促使中国商会进一步走向世界。

（2）北洋时期（1912—1927 年），凡 10 章，约 36 万字。民国北京政府时期是中国近代商会发展的关键和高峰时期。所谓关键，是指中国商会的完整组织形态形成于此时，全面社会活动展开于此时；所谓高峰，是指中国商会的组织规模和功能作用在此时达到了巅峰。本部分的内容呈现了商会在这一时期的这种发展状态。对于这一时期的中国商会，已有的研究成果多为专题性的单项研究，难以反映商会发展的整体面貌，本部分则弥补了这一欠缺，致力于商会整体状况的构建。在内容构成上，除了检讨整合已有的研究成果之外，还开拓了新问题的研究，深化了旧问题的辨析和作用考察；在评判观点上，除了进一步论证已有研究所持观点之外，还提出了不少新的见解。在新问题开拓研究方面，本部分开拓了商会与商人经济外交（如商会与外国商会及商人团体的交往和合作、商会的参与世界博览会活动、商会的声援政府外交活动、商会的支持民众外交斗争活动）、商会与国家商政（如商会对政府经济政策和经济法规制定及实施的参与和实际作用）、商会与和平民主（如商会的参与裁兵废督活动、商会的参与“国是会议”活动）等方面有关问题的研究。在旧问题深化研究方面，本部分细化了商会在这一时期发展的原因分析，如辛亥革命和中华民国成立对商会发展的制度性原因；加强了商会参政活动的原因、特点和作用分析，如在商会参与五四运动、五卅运动的章节中，不仅进一步考察商会与学生团体及其他党派的分歧和分流，而且注意考察它们之间的互动和合作；突出了商会对政府商事司法制度建设实际作用的研究，如商会商事公断处的功能作用分析及其对政府司法机构的辅助作用。在新见解的建树方面，本部分既有旧观点的修正，亦有新观点的提出。如对商会功能作用评判中“在商言商”与“在商言政”的关系，修正旧有的对立之说，提出互补之说，认为是二者兼有，均出于商人自身的需要。对于五四运动上海罢市，认为虽没有商会的直接作用，但其间接影响还是存在的，如果没有南商会事件，学生未必就能直接动员全体商人罢市；至于结束罢市，并不能简单地说是上海总商会的妥协行为，而是包括学生在内的上海各界的一致态度。对于五卅运动中的上海总商会，认为其所持的是现实主义的态度，注重可能解决的实际问题，其做出开市决定，也与工商界的要求和某些社会舆论的呼吁相一致，并取得工商学联合会的同意。对于商会参与“裁兵废督”运动，认为虽然以其本身之力没能也不可能真正实现废除军阀政治和实现社会和平的目的，但是亦不可因此而否定其积极作用，它为国民革命和北伐战争的兴起做了一定的社会动员。如此等等不胜枚举。

（3）南京国民政府初期（1928—1937 年），凡 11 章，约 50 万字，论述了商会组织演进及其政治、经济和社会活动。南京国民政府成立后，国民党中央民众运动的目标随之由“革命之破坏”调整为“革命之建设”。在商人运动方面，也修改了最初对商会为不革命和反革命的商人团体的界定，对其进行了改组和整顿，并宣布取消商民协会，以适应“训政”新形势的需要。改组后的商会，不仅再次恢复重建了全国性的组织体系，而且将同业公会纳入这一体系之中。不仅如此，中国商会还积极加入国际商会，借此参与世界经济事务，并在争取取消不平等条约和治外法权等方面发挥了一定的作用。抗战前，商会还积极投身于应对进入风潮、拓展国内市场、推进税制改革和抵制日货走私等活动，以及为争取商人选举权而努力和抗争，并发起和主导了颇具声势且产生一定影响的废止内战运动。这些表明改组后的商会没有完全丧失政治自主性，对经济民主乃至政治民主依然有着强烈期盼。

（4）抗日战争至新中国成立初期（1938—1953 年），凡 10 章，约 50 万字。抗战爆发后，国民党将商会指导管理权移至政府，并逐步建构起组织管理与业务管理相结合的双重管理体制。除了颁布一系列法律规章加强对商会的监管外，国民党还采取诸如强制入会、派遣书记、组训人员、工作汇报等多种手段，对商会的组织和活动进行管制。在统制体制下，商会也力争有所作为，在经济统制和抗日救国等方面扮演着重要角色。在沦陷区，日伪政权利用各种力量、采取多种措施构建了服务于自己的商会组织体系，乃至建立区域性的商会联合协议会，这些商会组织成为日伪统制经济和政治统治强化运动的重要组成部分，但在社会救济和人员保释方面也发挥了一定的作用。抗战胜利后，战时商会管理体制得以延续和强化。但不同的是，随着工业会的成立，原先大一统的商人团体走向了“工商分野”。尽管组织上分离，商会与工业会仍携手参与经济政策的制定、推销国货、减税争贷以及“国大”和“立委”选举、地方政治与社会救济等活动，并发挥着积极作用。这些研究和分析虽有待于进一步深化，但一定程度上弥补了学术界相对忽视民国中后期商会研究的缺憾。

新中国成立初期，为有效利用商会这一制度资源服务于政治社会建设，于是对原有商会、工业会和同业公会等商人团体进行了改组，构建了全国性的工商业联合会组织体系，这一体系在此时期国民经济恢复和社会主义改造等活动中扮演着重要角色。随着社会主义改造的完成和“文革”的来临，绝大多数工商联完全处于停滞状态，根本无法正常运行。

2. 重要观点

本成果强调需要在发扬过去长处的基础上，进一步思考如何结合中国历史的实际，既借鉴西方理论，又超越西方理论，建立起中国自己的商会史研究理论框架和话语系统，这是商会史研究能否更上一层楼的关键。本成果提出了如下重要观点：

一是坚持系统、联系的观点。

现代思维方式的基本特征之一，便是由分析走向综合，由实体走向系统，在事物普遍联系的“语境”中来把握实体。在商会史研究中较为广泛使用的现代化理论，便格外强调社会转变过程中各社会系统、层面的相互影响和相互联系，强调现代化是一个“连贯的整体”“都市化、工业化、世俗化、民主化、教育，以及传播媒介的参与等等，并不是零乱地偶然发生的”“这些因素如此紧密地联系在一起，使人难以相信它们是完全独立的因素，它们经常有规则地一起出现”。这种系统、联系的观点，对商会史研究的启发是相当大的，它促使我们以系统、整体和普遍联系的观点去看待商会组织，而不是孤立、割裂地看待它们。同过去单纯就商会谈商会不同，新的研究往往从商会的组织系统、商会与社会的关系中去把握商会的性质与功能，除研究总会、分会和分所所组成的商会本体组织系统外，也研究商会与商团、商学会、教育会、救火会、市民公社、农会等新式社团组织的相互关系，极大地拓宽了研究视野，丰富了研究的内容。正是在考察商会组织系统与“市政在野权利网络系统”的关系时，便自然而然地导引出了关于中国式市民社会雏形的大问题。姑且不论讨论中的谁是谁非，单单这一问题的提出，便极大地拓展了商会研究的视野。

如果能够在坚持系统思维方式的基础上，进一步引入已比较成熟的“网络论”“跨国主义”“跨文化研究”等新视野、新理论，更多地从区域的范围来考察商会的历史角色，更多地进行跨区域、跨文化的比较，我们的研究视野显然还可进一步放宽，一些新的研究课题也望由此而浮现。其中，有关不同国家之间商会的比较研究，中国商会与日本商会、美国商会及欧洲商会的交往等，虽已注意到这类跨区域、跨国界、跨文化的大视角研究，但研究的广度与深度都还很不够。中国近代商会的产生和最初的组织设计，显然受到日本和欧美商会的影响，但这一影响的具体过程和方式，中国所主要借鉴的商会模式及理念，取舍的依据等问题必须在更为广泛的国际化背景中，通过发掘更多的中外双方的资料来求解。

二是坚持动态、发展的观点。

现代化是一个不断从传统性向现代性转变、发展的过程，尽管过度夸大传统性与现代性的二元对立会带来诸多负面效应，同时也不合乎历史实际，但这种传统—现代的二分框架和动态发展的观点，又毕竟给我们提供了一个可资观察商会组织功能发展变化的理论分析视角和手段，使我们的研究一开始便具有比较明确的目的性和方向性，而不被零碎的事实牵着鼻子走。从动态、发展的观点来看商会的性质问题，其结论也会截然不同。过去，商会的性质之争，似存在一个误区，便是非此即彼的价值判断，要么商会是官办机构，要么商会是民间法人社团，二者不容调和。官办机构便与封建性、传统性挂钩；法人社团便与现代性、进步性等同。殊不知历史上的实际情形往往更加复杂，商会的性质仍同样具有某种“历时性”特征，必须从商会组织的“具体历史演变过程”中“具体地”把握其性质与特点。换言之，从发展的观点来看，商会的性质或特征并非一成不变的，不能绝对化地二分，或静止地看待其性质。从商会诞生之日起，民间社团组织与官方色彩便包孕于一身，存在“亦此亦彼”的过渡性特征。其法人社团属性有一个逐步明晰的发展过程。初期的商会官督和官办色彩较浓，1906 年左右普遍设立后，民间社团的性质增强，但官方色彩依然存在（如使用关防、绅商领导体制等）。20 世纪 20 年代以后，民办的性质更强，但政治作用反倒不如清末民初大。因此，对商会的性质在基本定性判断的同时，更重要的是对其性质和特点作分阶段的研究，以得出更符合实际的结论。

扩大来看，商会的政治表现也是一个动态发展的过程，从早期的“在商言商”，到后来的“在商不言商”，再到“不得不言商”“想言商也言不了商”，商会的政治态度也同样表现出既相互衔接又不完全衔接，既合乎逻辑又不完全合乎逻辑的复杂运行轨迹，不能一概而论、一以贯之，必须结合不同的发展阶段及连带的语境进行具体的分析。

动态、发展的观点要求我们在商会史研究中必须注重长时段的考察，注意研究时段的连续与后延，通过时段的延长来全面把握商会组织的演化史，不单凭某一阶段的考察就得出整体性、通盘性的结论。目前学界对民国时期商会史的研究似比以往较为重视，相关成果也渐次增多，这就从总体上增加了我们对中国商会的认识，带来新的研究发现。

三是坚持“据之于实情”，对商会做出更合乎中国历史实际的解释。

中国商会史研究的一个好处或长处，便是这一领域的研究一开始就是建立在实证研究的基础上，是从历史档案出发，对档案进行诠释。因此，这一领域的研究最有条件从中国的历史实际出发，建立自己的解释体系和话语体系。可以允许借鉴西方有用的概念，但要防止食洋不化，避免掉进西方概念和西方话语的陷阱而不能自拔。

中国近代以来所发生的变化，是世界近代一体化发展的一部分，许多改革都是对西方先进的模仿、效法。晚清所拟订的商会章程就对西方商会和日本商会有根本性的借鉴。这一点从根本上决定了可以将西方的某些理论用于对中国近代社会和组织的分析。但这种分析毕竟要说明的是中国的问题，自然会有种种不同和变异，而不能削足适履，一味照搬。换言之，借用西方的概念必须结合中国历史的实际，赋予其新的解释。例如“城市精英”“地方精英”“公共领域”“市民社会”等，都应作如是观。又如在讨论商会与国家关系问题时，不能先入为主地以西方市民社会理论中国家与社会必然对立、市民社会在抗衡国家权力的过程中成长等结论作为预设的前提，而必须依据历史资料，实事求是地说明国家与商会和其他自治组织之间如何既冲突又合作的复杂历史情形，探索中国式市民社会雏形的独特历史经验。包括对“公”领域的解释，也不能照搬哈贝马斯等的既有成说，而必须考虑其在中国传统和语境中的独特含义。

当然，更理想的办法是“据之于实情”，直接从中国历史本身中抽象出某些概念，确立某些关键词，从而真正建立中国自己的“话语”。如“绅商”“职商”“职会”“劝业”“市民公社”“商事公断”等便是从文献中直接细绎出的概念，若能围绕这些关键词进行种种厘清内涵外延的重建工作，还原其赖以生存的社会原生态，或许有望形成“以我为主”的理论解释框架。

目前在整个近代史研究中能自成一格、土生土长的“理论框架”和“话语系统”实在是少之又少，这是中国史学的遗憾之一。在中国商会史研究中我们应当有足够的自信尽量减少甚至杜绝这种莫名的“遗憾”，因为从已有的研究成果看，中国商会的社会功能与政治功能甚至已经超越了西方的同类组织，一度具有很大的政治能量，这是东方国家在后发现代化过程中学西方又超越西方的一个例证。由此，我们关注的重点不应当是中国的商会像还是不像西方的商会，或者是还是不是标准的、典型的西式商会，而是应描摹出中国近代商会的本相，探讨其与西方商会的不同特征以及何以会有这样的特征，形成一套合理的解释体系，或许这才是中国式的真问题，是中国史学应走的正道。

四是走出商会看商会，提倡总体史的研究。

尽管就商会史研究的理论历程而言，大体上可以看到从以阶级分析为中心的政治史范式向强调发展与进步的现代化史范式，继而向以国家与社会关系为中心的市民社会范式的认识论转化，但是商会史研究的总体趋向和发展方向实质上是“总体史”的进路与范式。

所谓“总体史”，更多的是就方法论意义而言的，是一种“新的研究方法、新的研究态度和新的研究视角”。其中视角的转换和视野的开阔又是最具关键性的，它主张对历史进行“全景式”和“全幅式”的把握。总体史固然强调宏观的、综合的、长时段的研究，具有“大历史”的特征，但它并不排斥微观的、具体的历史研究，而常以微观、具体的历史研究作为其载体，或者更确切地说，是小中有大、以小见大，把握和审视是宏观的，切入和描述是微观的，将宏观历史研究与微观历史研究、长时段研究与短时段研究有机地结合在一起，从而形成一种新的史学风格。比如，商会史研究和社会群体研究本来是非常具体的研究，但我们可贯注“大历史”的精神，对之进行“总体史”的研究。所谓总体史的研究，也就是全方位的研究。即对一个具体的商会和活跃其中的商人，既可从经济史、政治史角度切入进行研究，也可从社会生活史、心态史、思想文化史角度切入进行研究，形成立体化研究格局。这种研究方法，可概括为走出商会看商会，多管齐下，全方位切入。在研究方法上，也要采取多学科的研究方法，历史学、社会学、社会心理学、政治学乃至法学的各种理论和方法均可采用。这种研究的结果，是在一种新的视角和眼光之下，使某种具体的研究更趋精细化和精致化，展现历史的多面相、多维度，更接近于历史的客观真实。

所谓总体史的研究，也是一种“透视”法的研究。落实到商会史研究中，不能就商会看商会，而要透过商会看社会，看各种社会组织之间错综复杂的联系，看社会与政府之间的复杂关系（合作中的冲突与冲突中的合作俱在），看商会与整个城市生活之间的关系，看商会在近代社会发展中所扮演的角色和所起的作用，这样才能真正做到“以小见大”，真正体现和贯彻“总体史”范式的研究宗旨并深得其精髓。

发展至今，商会史研究事实上已成为一个国际性的学术课题，研究不同国家商会史的学者之间应加强交流，在不同国家和地区研究中国商会史的学者之间更应该加强彼此的交流。相信在国际学术界的通力合作下，不断拓展视野，提升认识，加强理论与实证的双重研究，中国商会史研究一定可以获致更多的原创性成果，为解决市场经济条件下商人组织与政府之间、社会与国家之间、制度创新与和谐社会生态建设之间的诸多矛盾与问题，提供更多的历史范例与思考空间。

三、成果的学术创新、应用价值以及社会影响和效益

本课题对百年来中国商会史演进历程做出细致的梳理和深入考察，不仅丰富了商会史的研究，推进中国商会史迈上新台阶，而且推动了中国近现代史研究向纵深拓展。本成果的学术价值和影响主要体现在下述几个方面：

（1）通史性研究，是第一部对中国商会百年历程进行探讨的成果。商会史自晚清起就不乏研究者，近三十余年更是成绩卓著，当前商会问题更引起政府、学者与工商界注目，但长期以来史学界对于商会史的研究与当代知识界对商会历史的探讨两相隔离。本课题贯通历史与现实，拓宽商会研究的视野，具有系统性和创新性。

（2）视野开阔，史料来源丰富。本课题最终成果在充分利用已刊资料和学术研究成果的基础上，大量挖掘各地档案馆、图书馆馆藏的原始档案、报纸、期刊，以及时人文集、日记、回忆录，乃至网络资料。这些资料的搜集运用，既是本课题以“商会与近现代中国社会”为基本视角的体现，也进一步促使项目组成员放宽视野，抱持科学分析的态度，顾及各种资料对商会组织活动的记载和诠释，尽可能客观地呈现商会百年历程的多样性和复杂性。因此可以说，本课题为中国近现代社会团体史研究在史料的选用方面提供了一个成功范例。

（3）体现史学参与精神。本课题的研究引起了学术界和社会各界的关注。项目组成员推出的阶段性成果，大多被《中国社会科学文摘》等重要学术刊物全文转载或重要摘登，举办的“商会与近现代中国”国际学术研讨会更是吸引了来自美国、日本等近 10 个国家和地区的学者与会，会议综述在《历史研究》上发表后，更是引起学术界的广泛关注。不仅如此，中华全国工商业联合会和湖北、武汉两级政府部门还时常与课题组联系，邀请项目组成员出席它们的活动、举办演讲，以及委托项目组对当代商会的组织发展、职能配置等进行专题调查。这些在一定程度上扩大了中国商会史研究的现实意义，对培育和发展适合中国国情并与国际接轨的商会组织，推进社会主义市场经济体制的建设均大有裨益。

《踌躇的霸权：美国崛起后的身份困惑与秩序追求（1913—1945）》概要

王立新*

一、研究的目的和意义

1913年到1945年，美国从一个影响力局限于西半球和东亚的地区性大国成长为超级大国，拥有了在全球范围内投射经济和军事实力及为国际社会制定规则的能力。这一时期，整个世界和国际关系的面貌也由于美国力量的增长及其对这一力量的运用而发生了巨大的改变。但是，与美国力量持续增长和国际地位不断提高相对照的却是美国国内社会围绕美国在国际事务中应该扮演何种角色的激烈争论。美国的外交政策以及美国与外部世界的关系也因此经历了剧烈的摇摆：一战开始时美国宣布中立，但后来又突然卷入，并试图在战后领导世界而美国民众却对世界领袖的角色不感兴趣，参议院拒绝批准《凡尔赛和约》和加入国联；接着是20世纪20年代共和党政府对国际事务的有限卷入和对集体安全原则的放弃；到30年代，极力避免承担任何国际义务并带有隔岸观火性质的孤立主义主导了美国外交政策；而珍珠港事变后美国又开始全面参与世界战争，并在战争结束前后承担起重建国际秩序和领导世界的责任。这种剧烈的摇摆表明这一时期的美国社会就美国应该在国际社会扮演何种角色、如何处理美国与外部世界的关系以及如何维护和促进美国的安全与利益等问题严重缺乏共识。就像个人在成长过程中会面临身

* 王立新，北京大学教授，博士生导师。

份困惑和对现存社会规范的认同危机一样，美国在成长为世界大国的过程中也面临相似的问题。就身份和角色而言，美国需要解决的问题是，崛起后的美国究竟在国际事务中应该扮演一个道德的角色，成为促进民主和繁荣的力量，还是效仿欧洲，成为一个像英、法、德那样赤裸裸地追求海外殖民地和扩充国家实力的帝国？崛起后的美国要不要积极参与（欧洲）国际政治，承担起领导世界的责任，以维护美国的利益？而国家身份和国际角色问题又与国际秩序问题紧密联系在一起。已经成长为大国的美国如何处理与现存国际秩序的关系，是接受国际社会既有的规范和准则，完成在国际社会内部的“社会化”，还是运用自己的力量重塑现存的国际规范，实现国际秩序的“美国化”？实际上，从1898年起，什么是美国的国际角色、如何处理美国与国际（欧洲）秩序的关系就成为美国处理对外关系时面临的两大难题。从一战到二战期间的历届美国政府都追求在国际关系中贯彻美国的原则，试图通过国际秩序的“美国化”来维护美国的安全和利益。这一目标在二战结束时伴随自由国际主义秩序的建立基本得以实现。

本成果把1913—1945年的美国对外关系视为其解决（国家）身份困惑与追求（国际）新秩序的过程，在兼顾这一时期重大国际事件和外交政策的同时，主要考察美国在20世纪初期崛起为世界强国之后，如何思考和界定自己的国家身份和国际角色，如何运用自己强大的实力对欧洲主导的国际秩序加以改造并试图根据自己的价值观和利益建立一套国际新秩序。

21世纪初期的中国实际上面临着与20世纪初期的美国相同的问题。英国杰出历史学家克里斯托弗·希尔（Christopher Hill）言道：“每一代人都需要重新书写历史，因为尽管过去不会发生改变，但现实是不断变化的，每一代人都要对过去提出新问题，发现（与现在）相似的新领域，再现先辈经历的不同侧面。”希尔的话虽然是就书写本国历史而言，但对研究外国历史的史学家大体也是适用的。正是基于这种理解，本成果试图对1913—1945年间的美国对外关系进行重新阐释，以应答当代的问题，即通过考察美国追求国家身份与国际秩序的过程来为中国思考和解决崛起过程中的身份困惑和秩序忧虑提供某种参照。

二、成果的主要内容和重要观点

本成果分为导言、序章、第一至第七章，以及结语。

导言梳理了美国学术界对一战至二战时期美国外交政策的研究状况，并在此基础上提出我们阐释这一时期美国对外关系的新视角，即把这一时期的美国对外关系视为其解决身份（国际角色）困惑和追求国际新秩序的过程。

序章对19世纪末至一战爆发前的美国外交政策进行了回顾。伴随美国在19世纪末崛起为世界强国以及世界形势的新变化，如何运用美国的巨大实力以及如何处理美国与现存国际秩序的关系开始困扰美国精英。以威廉·麦金莱和西奥多·罗斯福为代表的政治势力主张美国积极参与国际事务，加入列强对殖民地的争夺，成为欧洲那样的帝国，并且承认现有国际秩序的合法性。而"反帝国主义者"和塔夫脱总统则强调美国的"独特性"，坚持美国应该扮演不同于欧洲的角色并用美国的价值观来改造欧洲主导的国际秩序。在两派争论尚无结果的时候，欧战爆发，并把这两大难题摆在了美国人的面前。

第一章讨论了一战时期伍德罗·威尔逊总统重塑美国国家身份和重建国际秩序的努力以及美国社会围绕美国国际角色的大辩论（国联大辩论）。威尔逊利用美国卷入一战和战后媾和的机会，试图重塑美国的自我认知和国家身份，让民众接受美国从"自由典范"到"自由卫士"和"世界领袖"的转变，从而带领美国走出孤立主义。他还提出一整套基于民族自决、自由贸易、集体安全等原则的自由主义国际秩序，并试图以此来改造欧洲建立在马基雅维利主义、强权政治和均势外交基础上的旧秩序。英、法等欧洲大国也希望美国加入到欧洲力量格局中去，遏制德国未来可能的东山再起。但是，国会和民众拒绝了威尔逊对美国新国家身份和国际角色的界定，欧洲列强也阻挠新秩序的建立。威尔逊虽然在政治上失败了，但是他提出的一整套自由国际主义思想（威尔逊主义）却产生了长远的影响，并逐渐成为20世纪美国占主导地位的外交政策思想。

第二章探讨了20世纪20年代共和党的外交思想及其建立国际秩序的努力。本成果把哈定、柯立芝和胡佛三任共和党政府的外交思想称为"保守的国际主义"。保守的国际主义者为美国确定的国际角色是"道义领袖"而不是"政治领袖"，反对美国加入欧洲国际政治和承担国际义务。同时，共和党政府拒绝集体安全原则，反对输出民主，试图建立基于国际关系的法治化、门户开放原则的全球化和裁军的国际秩序。为此，共和党政府在欧洲运用美国的金融力量促进欧洲的经济复兴和政治稳定，并在20年代中期初步实现了这一目标；同时欧洲安全问题在《洛迦诺公约》和《非战公约》签订后也出现可喜的局面。在亚太地区，共和党政府通过华盛顿会议建立了以大国合作、门户开放与和平竞争为内容的远东新秩序，国际裁军也获得重大成就。共和党的努力是一战后美国重建国际秩序的长期过程的一部分，巴黎和会是这一过程的起点而不是终点。在美国共和党政府的努力下，20年代成为一个相对和平与繁荣的时代，同时也是20世纪美国历史上最安全的时期。但是共和党政府在关税政策、战债和投资等领域出现种种失误，最终导致经济危机的爆发和国际秩序的瓦解。

第三章考察了20世纪30年代国际秩序瓦解的过程和美国对此做出的反应。面对经济大萧条和极权主义兴起对国际秩序的挑战，美国从20年代有限参与国际事务的保守国际主义转向全面拥抱孤立主义，再一次拒绝英法等国让与的世界领袖角色，不愿承担领导世界走出危机和保卫国际秩序的责任。自建国以来就存在的对欧洲的厌憎、经济萧条、对一战的幻灭感以及学界对一战起源和美国卷入一战原因的新解释共同导致孤立主义弥漫在美国社会，构成对罗斯福外交政策的极大掣肘。美国的孤立主义政策和英国力量的衰落导致国际领导角色的缺失，其结果就是经济危机的加深、国际秩序的混乱和世界大战的爆发。

第四章研究了从二战爆发到珍珠港事变前孤立主义者和国际主义者之间的外交大辩论及其意义。这场大辩论的焦点是美国是否应该援助英法和干涉欧洲战争，同时大辩论也涉及美国外交中的一些根本问题，即美国作为世界大国应该如何处理与国际体系的关系，对外干涉是否会破坏美国民主和人民福祉，以及美国究竟应该满足于充当“自由典范”还是挺身而出，领导世界抵御法西斯主义的进攻。同时，大辩论还是一场对普通民众进行的国际思想教育，它深刻地改变了美国人的国际思想和外交观念，使强调“大国责任”的自由国际主义思想深入人心，并在战后主导了美国外交政策的制定。与此同时，美国通过与日本谈判、警告以及在太平洋布防等方式对日本实施威慑，阻止日本南下，但1941年8月实施的对日石油禁运使美国的遏制战略失败，珍珠港事件爆发，也终止了美国历史上持续时间最长、影响也最为深远的外交大辩论。

第五章考察了战时美国与盟国的关系以及美国筹建战后国际秩序的过程。罗斯福、赫尔等人利用重建战后世界的机会，推行以美国领导、大国合作、集体安全、自由贸易和人权保障为核心的自由主义国际秩序，从而实现了国际秩序的“美国化”。二战后建立的国际秩序在国际金融与贸易体制的制度化、人权的国际化、集体安全机制的大国化等方面修正和发展了威尔逊设想的国际秩序。这表明美国社会在国际秩序问题上达成了共识：美国加入国际体系的前提不是与欧洲主导的旧秩序“同流合污”，而是按照美国的价值观和利益对“旧秩序”进行改造，建立国际“新秩序”。同时，经过两次惨烈的世界大战和国内激烈的政治辩论，到二战结束时，美国社会在美国的国际角色和国家身份等困惑美国近半个世纪的问题上也达成了共识：美国必须积极参与国际事务，充当所谓的“世界领袖”，以实现“美国治下的和平”。

第六章考察了美国非政府组织对美国外交政策的影响及其在国际秩序构建中的作用。两次世界大战之间是国际非政府组织兴起和迅速成长的时代，这些非政府组织吸取一战的教训，主张以国际主义取代狭隘的民族主义作为处理国家间关系的主导原则，并致力于培育超越狭隘民族主义关怀的跨国共同体。本章考察了三类美国人发起建立的非政府组织，即和平团体、传教组织和知识团体（太平洋国际学会）。和平团体谋求通过重建国际和国内秩序来消除战争的根源，用有组织的“积极和平”取代欧洲均势和“消极和平”，防止大战的重演。为此，它们提出了种种和平计划，呼吁美国加入国联和国际法院，发起裁军运动和使战争非法化运动，对 20 年代国际秩序的构建做出重要贡献。传教组织则从思想和观念层面反思一战，认为持久和平可以通过在人的心中培育爱、善意和兄弟情谊，即通过“国际关系的基督化”来实现。20—30 年代的传教组织改变过去只关注个人灵魂得救的宣教路线，开始重视传播“社会福音”，广泛参与教育、医疗、慈善、乡村建设等活动，同情亚洲的民族主义运动，对种族歧视、经济剥削、战争与和平等国际问题表现出极大的关注，并提出自己的国际秩序原则和计划。传教组织的活动有助于美国人了解外部世界，促进了东西方之间的沟通与相互理解，并通过塑造公众舆论、游说美国政府以及输送外交人才等方式对美国外交政策产生深刻影响。传教士反对国际政治中的马基雅维利主义，从道德主义视角看待国际关系，把国家间冲突视为道德问题，倡导把规范个人的基督教伦理贯彻到国家间关系中，为国际秩序的改进做出了独特的贡献。而由亚太地区多个国家的知识界、教育界和新闻界人士参加的太平洋国际学会则试图通过促进亚太地区不同国家间的相互理解来改善这一地区的国际关系。为此，学会发起多次国际会议，讨论困扰亚太地区的重要国际问题，出版上千部著作和小册子，对亚洲问题进行研究，并开展各种活动传播有关太平洋地区的知识。在太平洋战争期间，学会成为美国和盟国的智库，为反法西斯战争的胜利做出了重要贡献。太平洋国际学会在亚太地区构建了一个知识共同体，其开展的各种活动影响了相关国家的公众舆论和政策，增进了各国的相互了解，并促进了亚洲研究的兴起。

第七章讨论美国对外文化输出及其对国际关系的影响。20 世纪上半叶传播到世界各地的美国文化包括四个方面：威尔逊的自由主义国际秩序观念；工业文化和以消费主义为核心的大众文化；自由、平等价值观和美国的民主制度；美国的文学、艺术、学术作品和科技成就。以民族自决和集体安全为核心的国际秩序思想主要是通过一战时的公共信息委员会和二战时的战争信息署等官方宣传机构向世界传播的，特别是威尔逊的国家平等和民族自决思想经过公共信息委员会庞大网络的宣传传遍了整个世界，极大激发了殖民地和半殖民地人民追求国家独立的愿望。虽然巴黎和会拒绝讨论亚、非殖民地独立问题并因此导致这些地区民族主义者对威尔逊主义产生强烈幻灭感，但民族自决思想作为重要的遗产保留下来并已深入人心，成为塑造二战后国际关系格局的重要思想力量。美国工业文化和大众文化主要是通过美国的投资、产品、旅行和好莱坞电影在两次世界大战之间的欧洲大行其道。这些大众文化媒介将消费主义观念和现代性文化传入欧洲，引发了欧洲知识界关于“美国化”的争论和对“美国方式”的抵制。但无论如何，欧洲在20—30 年代已经深受美国大众文化的冲击。从 1938 年开始由美国国务院实施的最早针对拉美国家的文化外交在太平洋战争爆发后扩大到中国和中东。联邦政府实施的文化与教育交流项目不仅传播了美国自由和民主价值观，把美国的科技成就、文学作品和学术著作输往其他国家，而且发挥了鼓舞战斗士气的作用，成为战时对反法西斯国家的“文化（租借）援助”。在这一过程中，美国文化关系司的官员和参与文化项目的民间人士极力把文化外交纳入自由主义的轨道，强调文化与教育交流在促进国家间相互理解和相互借鉴智力资源方面的作用，反对仅仅把文化项目作为服务于具体外交政策的工具，这引发美国政府内部关于文化外交目标的争论。美国的文化输出对其他国家和国际关系产生复杂的影响，既给其他国家带来了现代性和民主的观念，丰富和改善了其他国家的生活，又在不同地区、不同程度上破坏了一些国家的文化传统，导致世界文化的“美国化”、单一化和同质化。不过越来越多的学者反对用“文化帝国主义”和“美国化”来概括美国文化扩张的后果，认为美国文化输出导致的是文化的混杂化和地方化，美国文化接受者对美国文化进行了有效的抵制和改造以满足自身的需要。本成果在梳理有关美国文化影响的争论之后指出，美国文化的全球传播催生了一种共享的“国际文化”或“全球文化”（包括自由、平等和人权观念以及好莱坞电影、NBA体育、麦当劳食品以及耐克鞋），促进了世界共同体观念的兴起，整个世界开始成为一个“想象的共同体”。从这个意义上说，所谓美国“生活方式”的传播具有世界秩序的意义。

结语对全书进行总结，并简要评析了自由主义国际秩序的缺陷。与20世纪后半叶频繁的对外干涉和全球主义外交不同，美国在1945年以前实际上并没有执行与其实力相称的积极的对外政策，对国际事务的参与是相当有限的。如果从19世纪90年代美国成为世界第一经济强国算起，美国经过半个世纪的犹豫和摇摆，并两次拒绝英国让与的领导地位后，才在二战结束前后把其强大经济实力转化为全球性的政治权力，确立起领导世界的决心，并在世界各国的“拥戴”下成为世界领袖，走上全球干涉之路。从这个意义上说，二战结束前的美国实际上是一个相当踌躇，甚至有些不情愿的霸权。这种“踌躇”和“不情愿”与多种因素有关，包括美国独特的地理位置和自然条件、分权制衡的外交决策体制、以自由为核心的国家传统、对霸权（领导世界）代价的担心以及独特的自我形象。特别是对霸权代价的担心使很多美国人在两次世界大战之间反对美国干预国际事务，充当世界领袖。美国人所担心的霸权代价不仅是生命损失和物质付出，还包括卷入外国纷争和充当“世界警察”对美国民主制度与自由生活方式的损害和威胁（民众税负的加重、国家权力的膨胀、公民自由的丧失）以及外国对美国的嫉妒和仇恨。当美国决心参与国际事务，充当世界领袖和全球霸权的时候，美国社会在国际秩序问题上也达成了共识：美国加入国际体系的前提不是认同和接受欧洲主导的“旧秩序”，而是按照美国的价值观对“旧秩序”进行改造，建立一个国际“新秩序”。美国在这一时期追求的自由主义国际新秩序在很大程度上是美国国内秩序的翻版，是美国价值观的外化。同时，这一秩序也是为美国的安全和利益服务的，是二战后美国维持全球霸权和领袖地位的重要工具。美国倡导建立的自由主义国际秩序有种种缺陷（无视世界的多样性，试图用统一的政治文化和政治模式来整合整个世界，导致对其他国家内政的干涉，甚至是战争；自由国际主义者宏大的目标与愿意为实现目标付出的代价之间存在严重失衡），特别是其隐含的种族主义思想使美国不能平等地对待其他国家，与自由国际主义者倡导的国家平等和民族自决原则相矛盾，体现了自由主义国际秩序的虚伪性。而这种虚伪性又削弱了这一秩序的正当性和权威性以及在维护和平方面的效力。

三、成果的学术创新和现实意义

（1）在视角上，本成果从中国学者的现实关怀出发，提出了理解从一战到二战时期美国对外政策的新角度，即对新的国家身份和国际秩序的追求，并在此基础上构建了阐释这一时期美国对外关系的新框架。

（2）在方法上，本成果除使用历史叙事和档案研究的方法外，还借鉴了跨学科的方法。例如，对巴黎和会期间英法美国家安全观念的分析、对战时罗斯福对苏战略的考察借鉴了国际关系和战略研究的方法，对威尔逊重塑美国国家身份的研究则借鉴了文化研究的方法。

（3）近年来美国对外关系史研究出现了文化转向和国际化的潮流，学者们越来越关注文化因素对美国外交政策的影响以及非国家行为体的作用。本成果在主要叙述美国政府的外交政策和行动之外，还以较大篇幅考察了非国家行为体对美国外交的影响和国际秩序的贡献以及美国文化的全球传播，在探究美国外交政策根源时特别重视意识形态和观念因素的作用。这些内容都是以前同一题材著作中所没有的。

（4）此外，本成果对自由国际主义的内容和影响、保守国际主义外交思想和国际秩序观念、珍珠港事件前美国外交大辩论的过程和意义、富兰克林·罗斯福对威尔逊国家秩序思想的发展、自由主义国际秩序的缺陷等方面的研究也都是崭新的内容。而对我国学者已经讨论过的问题，本成果则要么从新的视角加以阐释（如对威尔逊外交与国际秩序思想、20 世纪 20 年代美国对欧政策、珍珠港事件前的美国对日政策的考察），要么比以前的研究更系统和深入（如对孤立主义的根源、战时美国与盟国的关系、华盛顿会议等问题的研究）。

（5）对一些重大问题提出了新的观点和看法，如威尔逊国联计划失败的原因、20 世纪 20 年代美国对欧政策的影响、对 20 世纪 20 年代美国外交的评价等等。特别是本成果把这一时期美国的国际角色概括为“踌躇的霸权”，是对这一时期美国对外关系的全新解释。

（6）就本成果的现实意义而言，21 世纪初期的中国实际上面临着与 20 世纪初期的美国相同的问题，即崛起的中国应该扮演何种国际角色，拥有什么样的国家身份，以及如何处理与外部世界和现存国际秩序的关系。本成果可以为中国思考崛起过程中的身份（国际角色）困惑和（国际）秩序追求提供参照和借鉴。

《美国人才吸引战略与政策史研究》概要

梁茂信*

一、研究的目的和意义

虽然美国引进外来人才的思想和历史实践，可溯至美国的立国初期，但作为一项国策，它始于 20 世纪 30 年代。此后到 21 世纪初，美国政府通过总统行政命令和国会立法等方式，确立了完备的人才吸引战略与政策体系，为美国吸引了大量的优秀人才。据统计，到 2000 年，生活在美国的有学士以上学位的外国人才超过 1 000 万。在 2001—2010 年，美国通过授予永久移民资格和发放临时技术劳工签证的方式，又吸引了近 2 000 万外籍技术人才。尽管其中有些人在美国工作了六七年之后回国，但也有数百万人最终在美国定居，对美国的科技和经济发展产生了积极的推动作用。例如，在博士后研究人员中，外籍人比例从 1982 年的 38%上升到 2002 年的 59%。在美国就业的所有博士学位获得者中，50%出生在国外。在 1998—2005 年获得诺贝尔奖的美国人中，1/3 以上是在外国出生的。不难看出，持续不断的科技移民潮，不仅每年为美国节省了数百亿美元的抚养与教育经费，而且这些移民都是在最具有创造力的青壮年时期进入美国的，因而对美国科技、国防、经济和社会的发展具有不可替代的推动作用。有鉴于此，研究美国吸引外来人才战略与政策的历史与现状，具有重要的现实意义：第一，有助于了解美国人才吸引战略与政策体系的演变及其内在机制；第二，在把握当代各

* 梁茂信，东北师范大学教授，博士生导师。

国科技人才跨国性流动总体趋势的同时，积极探讨发展中国家科技人才移民美国的根源，缕析并凝练市场经济条件下科技劳动力供求关系的规律，为中国制定切合实际的人才吸引政策提供借鉴和启示。

二、成果的主要内容和重要观点

本项成果的研究内容可分为三部分。第一部分包括第一章和第二章。第一章在评析和借鉴国内外学界研究成果的基础上，对美国历史上的“人才”与“战略”概念分别进行了界定。在此前提下，成果站在世界近现代经济发展和全球化的视野下，充分利用已有的原始文献、学界成果和自己的积累，以素描的方式，粗线条地勾勒了19世纪以来全球范围内，特别是来自欧洲、亚洲、大洋洲和拉丁美洲地区的移民潮，对二战后技术人才跨国迁移的走势和特点做了简要评述，对美国历史上吸引的人才类型、结构和趋势做了简单介绍。这样安排的目的，就是要拓展研究视野，为读者清楚地认知美国人才吸引战略的历史提供一个层次分明的历史语境，让读者在通览整体发展的条件下，对美国人才吸引战略的发展有一个准确的定位性把握。在第二章中，成果以中美学界关于国家利益研究的结构性缺陷为切入点，指出了其偏重于美国对外关系而忽略对国内利益研究的问题。另外，中美学界在美国移民史研究方面，也没有关照国家利益与移民政策和人才吸引战略之间的关系。有鉴于此，成果根据美国历史发展的轨迹以及外来移民与美国国家利益关系的变化，提出了“U”形模式说。在此基础上，再从移民政策结构内部进行分析，凸显人才吸引、家庭团聚和难民法等重要立法条款之间的逻辑关系，分析其各自所承载的美国国家利益的任务和在人才吸引方面的效果。最后，再将人才吸引、家庭团聚和难民等立法问题，与美国国内不同的利益集团及其彼此间的博弈联系起来加以分析，指出了美国人才吸引战略与政策的制约因素。在功能上，第一章和第二章中的内容与构架安排，既能使研究主题避免只见树木不见森林的弊端，又能在结构上对全书内容起到一个“纲”的统领作用，其中的核心观点即是在思想上和理论上对全书内容的基本定位；而以后各章节的内容则是以丰富的史料为依据，以历史实证的研究方法，在借鉴跨学科理论的前提下，从微观上分别对其全面展开和深入论述。

第二部分包含第三章至第六章。在这一部分，成果以时间为序，分别对

1952年、1965年、1990年和2007年美国移民政策改革问题进行了探讨。第三章论述的重点是美国人才吸引战略与政策体系的形成，认为冷战不仅使二战时期美国出现的“人才赤字”问题在战后趋于常态化，对1952年移民法中确立的吸引人才的双轨制产生了双重性影响，而且，在难民问题上，美国表面上打着人道主义旗号，操作中却优先安置那些经济条件好又有专业技术的技术人才。在对外文化交流方面，美国在加紧宣传其政治价值观的同时，利用向友邦提供教育援助的名义，积极吸引外国留学生和访问学者赴美深造，然后又适时创造条件，允许那些掌握美国急需的科学技术的留学生永久定居。这一过程始于1945年，形成于20世纪60年代初。至此，美国形成了一套互为一体的人才吸引机制，奠定了20世纪后期美国人才吸引战略与政策的基础。第四章是围绕20世纪60、70年代美国人才吸引战略的调整而展开的。其中包括美国对国际教育交流和留学生政策的完善、移民政策中种族歧视条款的废除、为满足跨国公司需要而设立的L签证劳工计划以及根据美国就业市场需要而对外籍医护人员就业的规范化调控与管理。这些政策与措施的实施，标志着美国人才吸引战略开始走向成熟与完善，美国政府关注的外籍人才来源的重点也开始转向美国国内的外籍留学生和持非移民签证入境的外籍临时技术劳工。同时，上述政策的改革与实施，既是美国满足冷战时期美国外交战略的需要，同时也是美国政府根据其国内经济和科技发展的客观实际所做出的自然选择。第五章论述了20世纪80年代末期到2000年间美国人才吸引战略与政策的变化。在这个时期，一方面，美国通过1990年移民法拓展了“人才”概念的含义，其中不仅包括受过高等教育的精英人才，而且包括从金融、工商业到影视艺术和文化娱乐等各个领域的能够创造经济与社会财富的人才；另一方面，它还丰富并完善了临时技术劳工计划的类别与实施范围，扩大了每年入境的临时技术劳工的规模。从此以后，临时劳工计划就成为美国人才吸引战略中不可替代的核心平台之一。上述政策的实施，说明美国人才吸引战略中的“去冷战化”色彩在增强，人才吸引战略的重心转向以满足国内高新经济发展需要为主要目标的战略轨道上。至此，美国人才吸引战略与政策，经过近半个世纪的实践检验与改革完善，形成了令世界其他国家望尘莫及的缜密体系。第六章对20世纪90年代到2013年之间美国围绕人才吸引和限制非法移民问题的争论与改革问题进行了探析。

面对欧洲和日本等国家人才吸引政策的实施，一些富有远见的美国政要认为，美国应该加强移民政策中吸引外来人才的力度，限制低学历移民规模，但是，强调维护美国国家安全、人才培养体系、边界安全、本土劳工的利益和就业市场秩序问题的人士则主张制定更多的保护性措施，避免因为吸引外来人才而在上述诸多方面对美国构成不必要的威胁和挑战。值得关注的是，美国国会和社会各界还对加拿大等国家实施的“积分制”政策及其利弊进行了讨论。然而，由于各方在讨论中将人才吸引、国家安全和非法移民的赦免等许多问题都纳入移民政策的改革范畴之中。这种捆绑式的做法使议案难以满足各方的利益要求，因而改革最终以失败告终。到 2014 年初，美国社会围绕移民政策改革的辩论仍在继续。不管其结果如何，可以肯定的是，在国际人才资源竞争日益加剧的形势下，美国人才吸引的战略与政策将会得到进一步的加强和完善，这既是一种明智的选择，也是历史的大势所趋。

需要指出的是，在以上各章中，成果以美国社会经济变革为主轴，将人才吸引战略与美国就业市场的供求关系、历史上影响深远的种族主义思潮、冷战时期的反共意识形态和美国人引以为自豪的政治价值观等重大问题联系起来，说明移民政策所承载的美国国家利益及其在实践上对人才吸引战略的影响。从纵向看，在 1952 年、1965 年和 1990 年移民法改革中，美国国会为满足政治意识形态利益而牺牲了国内经济和科学技术发展对技术人才需求的利益。相应地，在美国的移民限额制度中，包含着人才吸引条款的就业类移民限额比例从 50%下降到 20%，而关照美国公民和合法外侨与其外籍家属团聚的家庭团聚和难民类限额的比例却从 50%增加到 70%以上。从横向看，移民政策内有三大条款：家庭团聚、就业类移民和难民法条款。家庭团聚条款的政治目的是为彰显美国的公共道德价值观而设立的，就业类条款则是要缓解美国国内劳动力供给不足的问题，反映了美国移民法中的实用主义原则。难民法条款是美国为服务其冷战外交战略并最终瓦解社会主义国家而设立的。由于人才吸引战略、家庭团聚和难民法条款处于同一体系之内，三者在实践上既相互补充又彼此竞争。所谓相互竞争是指三者所获得移民限额属于零和游戏，总是出现此消彼长的现象，而人才吸引条款所得到的限额始终是最少的。所谓相互补充是指三者在功能上共同服务于美国国家利益不同层面的前提下，以殊途同归的方式，服务于美国人才吸引战略的总体目标。

第三部分内容由第七章至第十章以及结语部分构成。这一部分主要是从横向论述的角度出发，按照专题设立章节，目的是保证全书整体结构深度的均衡。从具体章节的内容看，第七章主要是对美国的临时技术劳工计划的形成、发展与实践效果进行分析，指出了其在实践中出现的问题与社会争议，对临时技术劳工转化为美国的永久性移民问题做了实证分析，这些安排就是为了凸显其在美国人才战略中的历史地位变化和现实意义。第八章主要是围绕国际留学生移民美国的历史趋势展开的。本章不仅追溯了美国吸引外国留学生的历史变迁，勾勒了其政策的阶段性变化，指出了其与冷战和经济全球化之间的关系，而且分析了美国吸引留学生的政策经历了从服务于美国外交的需要向“出口创汇”的产业模式的转变及其原因，探讨了国际留学生最终移民美国的原因、国家间差异以及留学生回流等问题。第九章的内容是围绕亚洲国家科技人才移民和人才流失的问题展开的，其中前两节论述了亚洲国家技术人才流向美国的过程及其历史与现实性根源，后两节集中剖析了战后特别是 20 世纪 80 年代以来中国技术人才的流失问题，同时，对于我国政府鼓励海外留学人员回国的各种措施和海外留学生回国的总体趋势做了初步的探讨。第十章则针对过去半个世纪中西方学界关于“人才流失”“人才循环”以及“美国人才流失”等学说的产生、性质及其与史实的内在逻辑关系进行了论述。成果在比较了世界各国特别是经合组织成员国技术人才双向流动与移民的状况后指出，美国是当代全球各国中最大的人才净收益国家。在亚非拉发展中国家，人才循环的现象并不存在，而在美国和其他发达国家之间，则存在着不大对称的环流方式，其中美国仍然是最大的人才净迁入国家。从人才流失率看，非洲和加勒比海地区是最高的，但是，从人才流失的绝对人数看，亚洲地区则是最多的。本章最后一部分简要地论述了外来人才对于美国和其母国的社会贡献的差异问题，核心论点是强调这样一个事实：美国作为当代技术人才跨国流动的最大收益国家，也是跨国技术人才创造的社会财富的主要受益者。换句话说，对于已经迁入美国的外来技术人才来说，他们在自己的工作岗位上，为社会、经济、教育、文化和科技等各个领域所做出的贡献中，受益最多的是美国，而其母国则居于次要的地位。

最后，结语部分在总结前文的基础上，对美国人才吸引战略的变迁以及在此基础之上所形成的社会机制，做了画龙点睛式的概述，指出了美国人才双轨制的特点和就业市场作为选择和吸引人才的“过滤性机制”的特点与作用，说明了美国在经济全球化进程中制定人才吸引战略和政策的重要意义，指出了其在今后继续吸引外来人才的客观性和必然性，对美国人才吸引战略在实践中暴露出的各种问题，例如，技术人才的年度限额在美国移民限额制度中的比例偏低、外来人才入境后对美国就业市场和人才培养机制的冲击以及美国决策层担心技术人才回流而导致美国尖端技术流失等问题，做了简要的剖析，进而对美国人才吸引战略的利弊得失做出总体上的评价。

三、成果的创新与建树

本项成果的创新点在于：(1) 它是国内史学界第一部系统研究美国人才战略的成果，与美国学者的成果相比，具有“山外观庐山”的特点。而且，在美国历史学界，迄今未见一部完整的由历史学者撰写的美国人才吸引战略的成果。迄今为止，美国学界的多数成果出自法学、社会学、政治学和经济学科的学者之手，其现状性调查和对策性研究的特点非常突出，关注的焦点更加微观。(2) 在研究中，项目负责人首次将国家利益概念与理论应用于外来移民特别是美国人才吸引战略的历史研究中，揭示了美国移民政策在美国国家利益中的地位变迁和移民政策所承载的国家利益含义，认为其在美国国家利益中经历了一个“U”形模式：建国后到 1880 年是外来移民由“社会财富”逐渐沦为被美国主流社会视为“国家威胁”的阶段；1880—1924 年是跌至“不受欢迎”的谷底阶段；1924—1965 年是美国移民政策逐渐松动和放宽的阶段；1965—2013 年是被美国社会视为“财富”与“威胁”并存的阶段。(3) 在参考国内外学界关于人才概念界定的基础上，以美国吸引外来人才的历史为考察对象，根据历史上进入美国的各类外来人才的类型，提出了适合于解释美国人才吸引战略的人才概念。(4) 通过实证研究，展示了美国在吸引外来人才方面的机制，其表现方式是一种不大对称的“双轨制度”。一方面，通过政策安排，每年有大量的、富有经验的外国人才直接从境外申请入境；另一方面，通过就业市场上“优胜劣汰”的法则，在国际留学生和已圆满履职的临时技术劳工中选择出类拔萃者申请移民。这种先以非移民身份入境、后在美国境内适时调整身份获取移民资格的方式，被称为“曲线移民”。在 20 世纪 90 年代中期以来，曲线移民占每年美国吸引的外来人才的50%以上，并在21世纪最初10年间上升到每年的80%以上。到2010年为止，有移民资格的外籍人才和各类临时技术劳工累计超过2 000万人。如此庞大的技术劳动力资源，对于任何一个国家的社会、经济和科技的发展都会产生不可小觑的作用。(5) 通过对美国国内利益集团的诉求及其与美国国会立法的关系的考察，本项研究的结论是：美国人才吸引战略是美国国家人才培养战略的重要补充。在历史上的每一个时期，美国政府对于外来人才的种种限制，包括就业许可证制度、对雇用外籍技术劳工的企业的征收签证费制度等，都意味着美国在积极参与并利用国际人才资源的同时，又在国际技术劳工的供给与美国就业市场需求方面，构筑了一道不可或缺的“防火墙”，有效地保护了美国就业市场的有序运作和美国劳工在就业、工作条件、晋职和工资福利等各方面的权益。(6) 运用大量原始资料，揭示了当代国际技术人才流向失衡的问题，对美国学界的“人才循环”说和“美国人才流失”说提出了批判，认为“人才循环”只是以不大对称的方式，存在于美国与英国、德国和加拿大等少数发达国家之间，而在美国与发展中国家之间，人才循环的现象根本不存在。从美国与各国人才迁移的对流关系看，美国仍然是全球最大的人才净收益国家。

四、成果的学术与社会价值

本课题作为一项国家社科基金资助的基础性研究课题，其价值主要体现在如下方面：(1) 本课题在中美历史学界，属于首次系统性研究，因而对于扩宽历史学界的研究，具有重要的学术价值。(2) 在研究方法上，本课题以唯物主义史观为指导，以历史实证法为基础，根据美国国会、审计总署、商业部和国家科学基金会等机构的原始材料，结合美国内政外交的发展趋势，缕析美国人才吸引政策发展的动因及其内在规律。所以，在研究视角上，以经济全球化为背景，力图展示20世纪特别是当代发达国家为争夺科技人才而实施的政策，适当地对一些共性问题进行横向的比较，凸显美国人才吸引战略的产生、形成、发展及其特征，进而探寻经济全球背景下科技人才跨国流动的内在规律。(3) 在分析技术人才跨国迁移的时候，借用沃勒斯坦的世界体系论，通过对发达国家和发展中国家经济上的依存关系及其变化的分析，展示彼此经济结构性变化对人才流动的影响，进而显现人才吸引政策的总体效用。在分析发展中国家人才流失的原因时，既体现市场经济发展过程中人才跨国流动的必然性，又指出美国政府人才战略与政策效用的有限性，进而探寻今后中国培养和吸引人才政策的有效路径。(4) 在纵向分析美国人才吸引战略发展与变化的时候，借用中美学界关于国家利益的概念和理论，把美国人才战略放在美国移民政策结构及其走向的语境下进行分析，缕析与人才吸引战略相关的各项条款及其所承载的美国国家利益的含义和表现形式，以及彼此在实现美国国家利益的时候，对人才吸引政策和战略的促成与制约因素。(5) 在谋篇布局方面，采用纵向和横向相结合、历史实证与非历史学科结合的手法。这样，最终成果既体现了历史学宏观叙事的特点，又能在横向上展示非历史学科的某些特征。

从社会价值来看，在课题研究启动后，我们通过不同方式，将部分阶段性成果与学界展开交流活动，并取得了积极的社会效果：(1) 在 2010—2013 年间，课题组负责人先后在香港大学、南京大学、吉林大学、武汉大学、四川大学、上海大学、厦门大学、陕西师范大学、河北大学、云南大学、闽南师范大学以及中山市图书馆等，通过参加学术会议和特邀专题报告等形式，将部分阶段性成果与学界广泛交流。(2) 到目前为止，笔者围绕美国人才吸引战略的专题，在《历史研究》和《世界历史》等有影响力的刊物上公开发表了 9 篇论文，其中有 3 篇先后被中国人民大学复印报刊资料《世界史》全文转载。上述各种不同形式的报告和学术交流以及这些成果的面世，使本课题的研究产生了良好的积极反响。课题组相信，随着时间的推移，本项课题的研究成果将会在学术价值和社会意义方面产生更大的社会影响。

《犹太史研究新维度：国家形态·历史观念·集体记忆》概要

张倩红*

一、研究的目的、意义及所使用的研究方法

自近代以来，犹太学研究一直都是国际学术界经久不衰的热点。近年来，随着研究视野的拓展与分析方法的转变，国际学术界对于犹太史的研究日趋深入。在此过程中，学者们对政治制度的演变、史学思想的观察、国家建构问题的关注等致使许多问题得到了更好的学理阐释。就中国学界的情况来看，改革开放以来的三十多年是中国犹太学的重要突破期，在此期间经过几代学者的艰苦努力，取得了一系列丰硕成果。尤其是步入新世纪以来，中国的犹太研究朝着更加专业化的方向发展，更多地走进了大学的课堂，大批的研究论著相继出版发表，与国际学术界的交流合作也日趋频繁。但客观而论，中国的研究与国外研究相比还存在着诸多不足之处，具体表现为许多新领域尚未触及、新材料未能利用、研究方法相对滞后等。因此，推动犹太史研究的进一步深化、细化势在必行。本课题立足于实证分析的基础上，尝试从国家形态、历史观念、集体记忆等维度考察犹太历史的演进，展示国际犹太学领域的最新成果，以期在深化研究领域、拓展研究视野上为我国的犹太学研究贡献绵薄之力。

众所周知，犹太—基督教传统与希腊—罗马传统是共同构筑现代西方文

* 张倩红，郑州大学教授，博士生导师。

明的两大基石，古代希伯来政治传统对后世西方政治思想影响深远，一直是犹太史和西方政治思想史研究领域中的重要课题。然而，长期以来，我国学术界对于古代希伯来国家形态与政治传统的研究涉猎甚少，对古代希伯来国家的权力体制、社会结构、力量制衡以及思想理念等问题的研究没有真正展开；关于古代犹太人的历史观念问题，南开大学王立新教授曾进行了若干有益的研究与分析，但对于犹太历史观念的现代演进，中国学者的涉猎还十分有限。实际上，现代犹太历史观念的兴起为犹太社会的转型和现代化提供了重要的思想前提。此外，对于犹太集体记忆的研究在国内还刚刚起步，许多方面的重要内容都尚未涉及。

本成果追溯了早期希伯来人的国家形态与政治理念，探讨了犹太历史观念的形成过程和发展脉络。不仅从神学语境中梳理了古代希伯来人的心智历程，从圣经传统中为以历史学为基础的现代学术寻找思想渊源，而且对历史意识与当代以色列的国家建构进行了研究。虽然以色列国是成立于 1948 年的新国家，但它有着十分悠久的犹太传统作为支撑。为把流散各地的犹太人凝聚到新的国家认同之中，犹太复国主义者借助对政治象征与历史记忆的运用来塑造群体共同身份、增进现代国族认同，从而促使“共同认同感和统一归属感的达成”。

本成果以历史唯物主义为指导，在充分借鉴吸收前人研究的基础上，以自古至今的犹太史为研究视域，把国家形态、历史观念与集体记忆等作为切入点，从不同维度探讨这些层面与犹太历史的演进如何息息相关，并将它们与犹太认同的塑造和变迁结合起来进行考察，从而折射出犹太传统和社会发展之间纷繁复杂的历史面相与交错相应的独特意蕴。本课题的创新之处就是展现了新的研究维度，开拓了研究视野，有助于深化当代中国的犹太学研究。

就研究方法而言，本成果在充分吸取国外研究成果的基础上，运用历史学与跨学科的研究方法，从宏观和微观的角度对犹太历史上的国家形态、历史观念、集体记忆等问题进行了深入系统的实证分析。此外，本成果还借鉴了当代西方文化史与社会史的学术方法，使犹太史研究超越了早期的问题意识与单一化思考路径。

二、成果的主要内容和重要观点

本成果除绪论以外，分为上、中、下三编，分别从国家形态、历史观念与集体记忆等维度对犹太史进行了较为系统的分析。具体如下：

上编：系统分析古代希伯来人的政治传统及其对后世的影响。首先对早期希伯来人的国家观念以及王国时期的政治体制进行研究，梳理了神权历史观的形成问题。指出在希伯来王国君王不仅无权制定法律，而且受到托拉这一根本大法的限制；而拥有献祭和传言等精神权力的祭司与先知则不断对君王的违法僭越行为进行监督，反映到实际政治生活之中即是神权制衡下的有限君主制。希伯来王国“有限君主制”的根本特征就是，作为世俗最高权力的王权受到神权与律法的双重限制。在希伯来社会，神权的绝对至高地位由此确立起一种“更高级的权威”（a higher authority），将所有人置于神权统辖之下，普通人据此实现了与君王在上帝面前的人格平等。这就使王权不再高高在上，而是与普通人一样都要接受上帝的管辖；上帝赐予的律法相对于人所制定的法律而言构成了一种“更高级的法律”（a higher law），所以在逻辑上排斥了具有随意性的人之意志而成为人类所服从的终极对象，从而为所有人都在法律之下奠定了坚实的基础。之后对散居时代犹太人的政治权威观进行分析，指出散居犹太人对于居住国要承担遵守属地权威、履行纳税职责的义务；同时他们对所在国家权威的遵守又是有限度的，一旦君王超出其权威范畴，肆行专制、横加压迫，根据这项准则，犹太人将有权进行反抗并拒绝遵守王国法律。但这种反抗已不再是流散前那种武装斗争的形式，而更多体现为非暴力不合作——迁徙出走，中世纪犹太社团的一次次出走即是鲜明的例证。这种反抗行为虽是非暴力的，但它意味着犹太人视自己为与国家有着契约关系的自由子民，而非专制君主的无能附庸。一言以蔽之，犹太政治主权意识非但没有在流散过程中消失，相反以一种更加隐蔽、更为柔韧的形式体现出来。之后，通过回溯至近代早期的欧洲政治思想世界，梳理政治希伯来主义的思想内涵以及该思潮在这一时期的兴衰，以期揭示希伯来传统在近代共和话语构建中的独特作用及其对于西方现代文明的历史贡献。出于构建反王权理论的现实需要，当时的基督教思想家们将所谓的“共和制”嫁接在对古代希伯来社会的理解之中，从而把后者附会为“共和政体”以强调近代共和政治的神圣起源，其目的是为当时的政治思想变革提供合法依据。就本质而言，近代共和主义的塑造有着历史与现实的多重因素，而在其中起根本作用的是近代共和思想家所构想的社会契约与天赋人权等革新性理论，希伯来的政治因素不过是充当了为他们正在形成中的共和观念增加权威性与赋予合法性的手段。在“托古改制”情景下被借鉴、被利用甚至被歪曲的希伯来政治话语，虽然不如希腊罗马古典共和思想与欧洲近代共和思想影响深远，但至少将希伯来因素融入了近代政治文明的创建之中。

中编：重点研究近代以来犹太史学观念的兴起及扩展。现代犹太历史观念的形成和发展是一个历史的过程，受到了多种时代观念和社会因素的影响。哈斯卡拉（即犹太启蒙运动）是培育现代犹太历史意识的摇篮，哈斯卡拉的知识教育改变了传统宗教文化统治犹太生活的局面，更新了犹太知识系统，培养了具有现代精神的新一代犹太人，有利于打破拉比的宗教权威，增强宗教怀疑精神。哈斯卡拉在一定程度上改变了犹太知识阶层的社会历史观。在世俗文化特别是世俗历史教育的影响下，犹太历史开始从以神启为中心的历史转向以人及人性实现为中心的历史，历史研究和人性教育逐渐受到重视，鼓励了批判精神的发展，为对犹太教的科学研究准备了条件。在历史编纂学领域，以马库斯·约斯特（Marcus Jost）和海因里希·格雷兹（Heinrich Graetz）为代表的犹太历史学家开始以科学和宏观的视野编写犹太历史，采取客观的态度和世俗的眼光将犹太史描述为一部不囿于宗教的犹太民族的生活史，一部关于犹太思想发展和学术知识的历史，从而推动了现代犹太史学的形成和发展。犹太教科学运动以及与其密切关联的犹太历史主义思潮动摇了拉比犹太教对犹太教的超历史性的神学解读，一定程度上纠正了启蒙的普世主义和同化主义倾向。但科学运动本身在建构独立的犹太历史（尤其是学术史）和融入欧洲历史之间存有内在张力，因而难以确立明晰的目标。事实证明，把犹太教当作一门纯粹的学术进行研究在基督教占据主流的欧洲学术界显得异常艰难。最终，以历史主义为导向的犹太教科学运动在犹太教改革过程中获得了巨大的生命力并产生了重大的影响。

下编：主要探究集体记忆与当代以色列国家认同建构的关系。犹太复国主义在 19 世纪末出现之时，犹太人正处于遭受反犹主义狂热攻击的漩涡之中，反犹主义的猛烈发展致使一部分受到西欧民族主义思想影响的犹太知识分子开始思考自身的民族命运，而且同化浪潮的快速扩张给犹太认同造成了极大的冲击与削弱，致使犹太社会面临着空前的危机感。在此情形之下，作为民族主义之形态的犹太复国主义应运而生。由于集体记忆在犹太人的政治生活中频繁出现并发挥着重要作用，围绕集体记忆而建构的文化认同与记忆的政治化运用，与19世纪末20世纪初以来犹太民族主义者再造民族身份、创建现代国家的努力息息相关。在此犹太民族从传统走向现代、从流散到回归的历史性时期，犹太复国主义者并非完全反传统，他们是借助比流散更早的“传统”反对流散的“传统”，在此过程中大量前流散时代的历史资源被重新发掘并大量使用，以唤起人们对于以色列故土的再度认同。此外，纳粹大屠杀作为犹太历史上空前规模的民族浩劫，以色列建国后对其进行了政治化的控制、管理与运用，其中的突出表现就是确立纳粹大屠杀纪念日作为国家纪念节日，建造亚德·瓦谢姆大屠杀纪念馆作为国家记忆场所。在以色列建国初期国家建构与社会化进程中，通过对大屠杀创伤记忆赋予英雄主义的价值内涵，从而把流散犹太人整合进现代国家的政治认同之中。但记忆不是一元的和固定的，它始终依赖于特定的社会框架与历史环境。随着政治环境的变迁，以色列社会经历了一个“祛魅化”的过程，建国一代的许多意识形态开始遭到人们的质疑与否定，在此情况下，犹太复国主义主流意识形态也经历了一个解构的历程，以色列社会的集体记忆和身份认同由此日益走向私人化与多元化。

作为犹太史的专题研究成果，本成果的主要学术论点可以归纳如下：

（1）希伯来王国的独特性体现在君主制与氏族制的关系之上，是早期国家起源研究的重要个案。实际上，希伯来国家的形成没有经历一个奴隶社会，而且它与王权的诞生相同步，其产生主要出于管理需要（社会结构变化、外族入侵、邻国影响等）；希伯来王国的建立不仅没有打破部族制度，而且是在此基础上建立，长老与民众的作用得到极大的保留。由此体现出一种全新的国家形态，树立了早期国家的典范，为探讨人类早期的国家起源问题提供了典型的个案。

（2）传统犹太社会是一种以托拉法度为核心的社会，其主要的社会理想即人人遵守托拉的法度，并且在律法面前一律平等。由于充分了解其弊端，希伯来人很早就意识到必须对王权施加种种限制，从而形成古代世界中独具特色的“有限君主制”之雏形。神圣的律法是为全体犹太人制定的，君王的统治、法官的裁决必须遵照托拉而行，托拉是世界的准则，所有人务必遵从。对律法托拉的绝对遵从为权力制约观念的产生提供了重要前提，犹太式的民主不同于希腊的古典民主模式，后者提倡“由下制约”的民主路径，但希伯来人另辟蹊径发明了一套“由上制约”的路径：在希伯来王国虽也有君主及其专制，但由于存在一种“更高级的权威”与“更高级的法律”而得以制约世俗的最高权力。

(3) 作为西方文明的两大源头之一，希伯来传统对后世的影响不仅仅局限于以一神信仰为代表的宗教精神，政治体制所蕴含的王权有限观念也是其重要的历史遗产。希伯来人对人类政治形态发展的历史贡献不容忽视。众所周知，王权的压缩与民权的扩张是中世纪晚期以来人类政治文明发展的一条主线。希伯来王国政治所体现的“律法至上”“君权有限”等观念，作为一种铭刻在《希伯来圣经》中的精神遗产为基督教所继承，经后者的再度传递，到中世纪后期随着主体权利意识的滥觞而发展为现代西方国家分权制衡机制的历史性起源。

(4) 在近代早期的欧洲政治思想界，基督教学者通常将《希伯来圣经》视为政治体制架构的典范，认为希伯来社会即是上帝为以色列人设计的理想共和政体。作为一种思想资源与理论武器，政治希伯来主义为近代早期反抗王权、确立共和的话语构建提供了必不可少的古代先例与理想模式。在此“托古改制”情景下被借鉴、被利用甚至被歪曲的希伯来政治遗产，虽不如希腊罗马共和传统影响深远，但至少将希伯来因素渗透进了现代政治文明的创建之中。

(5) 18 世纪末和 19 世纪上半叶兴起的哈斯卡拉（即犹太启蒙运动）作为一场宗教与文化改良运动，矛头直指拉比犹太教的权威，对传统犹太教启示神学对犹太历史所做的诠释构成了挑战。哈斯卡拉在一定程度上改变了犹太知识阶层的社会历史观。随着欧洲犹太人解放浪潮的到来，犹太人加强了同主流社会与主流文化的沟通和融合，并将当时欧洲盛行的历史和哲学观念融入到犹太知识体系中，从而使自己的宗教文化传统得以改造和更新，还吸收了外部世界的文化观念，现代犹太历史观念也应运而生。

(6) 每个民族在国家创建之时，都力图去建构体现自身历史与认同的神话、象征和仪式，援用与过去事件相关的人物、场所和对象，从而创造一种共同的根源与延续的传统。以返乡复国为目标的犹太复国主义的出现是对长期存在的“犹太人问题”的回应。为重新唤起犹太集体认同感、号召犹太人返回故土，犹太复国主义运动借助了许多流散时代以前的历史传统与民族象征，并对这些历史资源进行政治化的运用，据此赋予流散犹太人一种共同的民族身份，从而为现代以色列国的诞生奠定了必不可少的思想基础、文化基础与社会基础。

（7）记忆与历史不尽相同，虽然都以过去的事物为对象，但二者的立意却有着根本的不同。集体记忆是社会建构的产物，受到具体社会环境的影响，往往真假难辨；而历史研究则强调客观真实，必须如实地反映本来之原貌，并在理性的基础上消除虚假不实的内容。因而，历史研究的深入往往带动着由集体记忆建构起来的不实内容之消解与廓清；历史研究的目的就在于，纠正记忆背后的谬误，破除记忆助长的“迷思”（myth，也作“神话”之意）。犹太复国主义的主流话语与集体记忆在当前走向多元、濒临碎化，很大程度上就是由于历史研究的不断深入开展所致。

三、成果的学术创新、应用价值以及社会影响和效益

首先，本成果有助于深化我国的犹太史研究，尤其是犹太史前沿问题的研究。国家形态、历史观念与集体记忆是犹太史研究领域内的重要课题，本课题涉及希伯来王国“有限君主制”、流散时期犹太人的国家权威观、犹太启蒙运动与犹太教改革运动的兴起、现代以色列民族国家建构、巴以冲突与后犹太复国主义等关键性问题。在犹太史的宏观背景下，本课题重点探究了早期希伯来人的政治传统，透视了圣经时代希伯来人神权历史观的基本理念；梳理了现代犹太历史观念的形成过程和发展脉络；分析了犹太复国主义语境下犹太集体记忆与当代以色列历史的同构。本课题有着庞大的时间跨度，并从历史学的视角审视了犹太历史与犹太认同之间的内在关联及文化内涵。本成果在很大程度反映了国际学术界的最新成果，也是国内少有的关于犹太史的专题研究成果，不仅有一定的史学深度，而且体现了犹太学研究的跨学科发展趋势。

其次，本成果为认识和理解西方现代文明的形成提供了独特的视角。19

世纪英国著名批评家马修·阿诺德对希伯来精神和希腊精神进行了十分精彩的分析，他把体现了人类根本发展方向的两大动力——思考与行动归结为这两大民族的创造，认为这两种文化精神代表了人类的终极目标，一个注重“求知”，强调如实观察世界之本相；另一个提倡“遵行”，对秩序之服从与遵守为其最大特点。可以说，希腊人缔造了西方人的理性与科学精神，而希伯来人则形塑着西方人的道德和信仰世界，这两大内容是相辅相成、互为补充的。因此在追溯西方文明的精神源头时，人们习惯上将犹太文化与希腊文化并列起来，共同视为哺育西方文明的两大母乳。但长期以来，研究西方近代政治思想史的学者均不同程度地强调来自希腊罗马与基督教的巨大影响，而对希伯来因素关注不足。作为西方文明的两大源头之一，希伯来传统对后世的影响不仅仅局限于以一神信仰为代表的宗教精神，其政治体制所蕴含的许多观念也是重要的历史遗产。摩西出埃及和之后士师时代的自由精神，希伯来王国时期对王权的诸多限制，在犹太人丧失国家后，这种政治传统仍然得到了顽强的维持。早期希伯来政治中孕育的早期民主、平等、法制思想，是西方文明自近代以来引领世界潮流的重要因素。因此，本成果通过对早期希伯来人政治传统的系统考察以及在近代社会中的被阐释、被运用，为我们探讨西方价值理念的起源、认识西方文明的早期形成提供了独特的视角。

第三，本课题的阶段性成果具有较高的学术价值及较好的社会影响。本课题组成员陆续在《历史研究》《世界历史》《史学理论研究》《人民日报》《光明日报》等重要报刊上发表了20余篇学术论文，其中《国际学术界关于大屠杀研究的新趋向》《神权与律法之下：希伯来王国的“有限君主制”》《纳粹屠犹纪念日的确立及其英雄主义内涵》先后被中国人民大学复印报刊资料《世界史》2013年第12期、2014年第3期、2014年第8期全文转载，《德国对纳粹大屠杀的反思与悔悟》一文被许多主流媒体转载报道。另据中国知网显示，《圣经时代以色列人的国家观念与国家形态》一文的引用率达到13次，《后大屠杀时代：纳粹屠犹的社会后果分析》一文达到7次，等等。可见，本课题的阶段性研究成果获得了较好的社会评价，达到了学术研究的预期效果。

《西藏考古与西藏文明》概要

霍　巍*

从20世纪初到21世纪初近一百年间，中国边疆考古取得了举世瞩目的成绩，我国考古学者在新疆、内蒙古、西藏等地开展的工作在很大程度上丰富和完善了中国古代边疆史地的资料，尤其是没有文字记载的史前史（先秦史）和文献记载极为简略的边疆区域史。

与中原周边各民族和各地区相比较，我国西藏地区的古代历史和考古学的研究相对更为滞后。传统的西藏历史研究主要依据汉文和藏文的文献，但在吐蕃王朝以前，西藏并没有成熟的文字和历史文献记载，吐蕃王朝以前的历史均缺乏可靠的历史年表。即使在学术界公认的公元7—8世纪吐蕃王朝创立藏文字之后，保存至今的真正属于吐蕃时期的藏文文献记载也相当贫乏，除敦煌出土的吐蕃历史文书，新疆、青海等地发现的一些藏文简牍，以及西藏本土现存的部分金石铭刻之外，传世的藏文历史著作成书年代多在14世纪之后，在更多的情况下学者们的研究主要还得依靠为数不丰的唐宋时代的汉文文献。

19世纪后期至20世纪初期，由于当时国际形势的变化，西方学者研究汉学以及佛教、东方历史与语言形成一种国际风气，与“敦煌学”的兴起几乎同时，“西藏学”的研究也开始成为西方学术界关注的热点。在这样一个历史背景之下，一部分受过人类学与考古学训练的西方学者也开始了对西藏地区的考古调查与研究，这种情况一直持续到1951年西藏和平解放以前。

* 霍巍，四川大学教授，博士生导师。

在20世纪最初的50年左右，西藏的考古工作几乎完全是由西方学者进行的。由于当时种种条件的局限，尽管他们取得了诸多成绩，但也存在着相当大的缺陷。如同已有学者指出过的那样："杜齐等人的工作，对于西藏考古学的建立具有积极的意义，起到了先导性的作用。但是，他们的做法局限于对地上文物的随机调查与搜集，虽然网罗周遍，但门类庞杂，缺乏系统、深入的专业性研究。"

如上所述，西藏考古这一研究领域在国际藏学界有着长期形成的研究传统和悠久历史，以意大利著名学者G. 杜齐等人为代表的西方学者已经取得了一系列开创性的成果。但与海外学术界相比较，20世纪50年代以前我国学术界在这一研究领域几乎还处在空白阶段。西藏和平解放以后，尤其是在近二十多年来，中国学者奋起直追，在西藏田野考古中开展了富有成效的工作，考古资料的积累和综合研究两个方面都在同步前进，基本改变了过去只是由西方学人在西藏零星开展一些调查和发掘的格局，使西藏考古被纳入到与我国其他省区总体规划、总体发展的科学轨道，开始稳步地向前发展。

正是在这样的学术发展趋势和背景之下，为了科学地推进西藏考古向前发展，适时地对既往的藏地考古工作所取得的成绩加以总结，尤其是对其中对于重构西藏古史具有重大意义的一些考古发现及其研究成果加以有系统的整理与出版，是必要的，也是具有特殊意义的。从某种意义上而言，这也是一项"史料学"建设的基础性工作。傅斯年曾在《史料与史学》发刊词中讲道："本所同人之治史学，不以空论为学问，亦不以'史观'为急图，乃纯就史料以探史实也。史料有之，则可因钩稽有此知识，史料所无，则不敢比附成式。此在中国，固为司马光以至钱大昕之治史方法；在西洋，亦为尔克莫母森之著史立点。史学可为绝对客观乎？此问题今姑不置答，然史料中可得之客观知识多矣！"而本成果既是对西藏考古重大发现做一番认真的清理，或在一定程度上也可视为西藏古史研究史料的积累和核理。

本成果所使用的方法首先是考古学的方法，对实地发现的考古材料按照学科规范进行必要的年代学梳证，正确地判定其时代、性质、分期、地理分布等基本问题，为下一步研究奠定坚实的基础。其次是历史学的方法，广泛联系、结合相关文献记载对考古材料加以适当之诠释，尤其是对考古材料所处的时代背景、相关事件与人物等有关"人"的历史进行深入探索，达到

“透物见人”之目标。再次是充分利用自然科学的方法进行科技考古，对考古材料本身所具有的物质形态、工艺技术等加以分析，充分地吸取考古材料本身所提供的多方面信息，使研究工作形成点、线、面、体相互结合，而又富有层次感的逻辑结构。

本成果是以专题论文的形式展开，主要内容分为三个部分：第一部分为导言，主要是阐述西藏考古对于西藏文明史研究的重要价值与意义，以及对西藏考古的既往研究史、20 世纪以来主要的研究进展以及成果、目前的研究趋势和发展前景等进行简要的总结。第二部分具体分为五个章节，依时代先后对西藏考古重大发现及研究情况进行论述。第三部分为综论，在第二部分的基础上提出若干理论性的总结与归纳，并对未来西藏考古工作提出设想与展望。

本成果的重点主要在第二部分，这部分内容可细分为以下三大板块：

第一章主要以吐蕃王朝建立之前的西藏史前时期（约公元 7 世纪以前为下限）为主体，重点对西藏远古时代以迄吐蕃王朝建立之前这段历史时期的一系列重要考古发现展开专题研究，其中包括对西藏高原首次进行考古发掘的藏东昌都卡若遗址、拉萨市曲贡遗址、山南昌果沟遗址等著名的史前遗址考古发现与若干问题进行探讨，对西藏新石器时代考古文化的基本面貌、与周边地区史前文明之间的联系、从卡若遗址分析环境变迁对于青藏高原史前人类生营方式及“经济文明类型”的变化等重大问题提出了新的认识，此外还涉及对西藏细石器来源及其与华北细石器文化的联系等问题的探讨，从而从不同的角度和层面试图勾勒出西藏远古文明发生、发展的基本轮廓和时空框架。

第二章、第三章、第四章是西藏古代文明史上最为辉煌的吐蕃王朝时期重大考古发现与研究。重点包括最能集中体现西藏古代文化特质的若干方面，如对藏王陵墓以及其他高等级贵族、王室墓地的考古调查与研究，对吐蕃社会物质文化若干现象（如金银器、丝绸等）的考古学观察与研究等，同时对吐蕃与外部世界之间的联系与交流也从考古发现的材料入手进行了探讨。其中尤其是对新发现的吉隆《大唐天竺使出铭》及与其相关的唐代使节王玄策出使印度（天竺）的使团组成、路线、经由时间等的考证，再现了唐代中原与吐蕃王朝之间新辟交通路线以及唐代中印文化交流的若干情景。此外，对吐蕃与中亚、南亚地区的文化交流也有涉及。

第五章是对吐蕃王朝灭亡之后，处于分治时期（约公元10—17世纪）的以西藏西部为中心的佛教文化进行的考古学研究，重点放在对新发现的西藏西部佛教石窟寺遗址、佛教寺院遗址以及相关的壁画、雕刻、铜造像等的观察与分析。本章中还注意到这一时期的城堡、宫殿遗址的考古调查，同时对西藏西部地区著名的象雄王国、古格王国时代的考古遗存也做了较多的研究，揭示出过去史料记载中“羊同国”“女国”等神秘古国若干真实的考古线索，指出了未来的研究方向。

第六章是本部分的最后一章，是对前文的总结概括，主要内容分为三个方面：第一，是通过近一个世纪以来的回顾，对西藏考古发现的意义与价值做出客观评估，尤其是对这些重要的考古发现对于西藏古史的重构所具有的不可替代的作用进行了阐述，将考古发现放置于历史背景之中加以考察。第二，是从更为广宏的欧亚文明史的角度，尤其是从西藏与中原关系的视角进行观察分析，论证西藏考古在亚洲文明发展进程中的特殊位置，试图勾勒出西藏古代文明的发展轨迹，深度论证为何西藏文明的发展方向主要是东向发展、主动接受以唐代文明为核心的东亚文明因素，最终成为中华民族之一部的历史演进过程。第三，对未来西藏考古的发展趋势、学术路径、研究取向等提出了展望。

本成果通过不同时代、不同角度、不同层面的综合研究，在前人既往研究的基础之上提出了一系列重要的、新的学术见解。其中重要的学术观点可以归纳为下列诸点：

（1）西藏高原自从有人类活动伊始，所体现出来的主要的考古学文化面貌便与中原黄河流域华北地区有着密切的联系，虽然在西藏的早期石器工艺传统当中也可以观察到与其他地区考古文化之间存在的某些联系，但明显都居于次要和从属的地位，其主流文化因素和主体文化面貌与华北史前旧石器和细石器文化之间具有更多的共性。石器的制作工艺传统虽然不能直接等同于远古居民的“人种属性”，但却是反映在当时人类最基本的生产实践活动——石器制作工艺当中的“文化基因”，从中可以折射出远古人类根据其生存环境所做出的“文化选择”和由此产生的“文化属性”。

（2）从考古发现材料可以看出，西藏古代文明在其发生和发展的历史过程中，一方面始终保持着自身独特的文化传统，但同时又与其周边地区和民族之间有着密切的联系。一些后来形成西藏文明内核的文化因素，都含有中国北方草原、西南山地等地古代文化的丰富养分，是在与这些文化相互吸收和融合的过程中孕育成型的。从目前可以观察到的自西藏史前新石器时代到早期金属器时代时断时续的发展轨迹上，我们既可以感受到来自中原、北方和西南等周边区域对西藏所产生的持续不断的吸引力，也同样能感受到西藏文明在自身发展过程中对于这些地区越来越强烈的向心力，在这两种力量的交互作用之下，西藏古代文明发展的轨迹始终围绕祖国中原地区旋转，而不是朝向其他方向。同时我们也由此可见，西藏文明融入中华文明这一体系的历史过程不仅源远流长、连绵不绝，而且自有其发展脉络。

（3）作为西藏古代文明核心的吐蕃文明，一方面继承了自西藏高原新石器时代和早期金属器时代以来已经开始孕育的自身文化传统，另一方面也积极地吸收外来文明的先进成果加以融合改造。如同藏文文献记载，在西藏古代文明形成过程中最为重要阶段的吐蕃时期，吐蕃王朝的最高统治者曾经一度向东面的唐朝、南面的印度和北面的突厥、回纥等地区和民族寻求过制度、文化上的支持。我们丝毫不否认在吐蕃文明形成过程中，不同时代可能受到的外来影响有所不同，所接受的文化因素也具有开放性和多元性，但是在其基本构架和主体因素方面，却始终保持着她的传统和基色，而正是在这些传统与基色当中，如同水乳交融一般已经深深带有中原文明影响的痕迹。吐蕃时代各方面的考古遗存从一个侧面也反映出这种特质的存在。

（4）在若干具体细节上，本成果也提供了全新的考古学证据对西藏古史中的某些重要问题做出阐释。例如，关于唐代中印交通路线和唐蕃古道中“吐蕃道”的走向与线路问题，以及唐使节王玄策使团的组成、出使时间、在吐蕃的出山口等细节问题，本成果根据在西藏吉隆县发现的《大唐天竺使出铭》将长期以来存在的学术争议迎刃而解。又如，对于古史记载的象雄（汉文典籍称为“羊同”）国问题，本成果综合在阿里地区发现的城堡、墓葬、大石遗迹、丝绸残片等考古学遗存结合文献加以比对分析，认为这一时代不仅存在，而且有丰富的考古学材料可以佐证。再如，关于我国佛教石窟寺考古遗存在西藏高原的流布情况，过去一直是一个缺环，本成果根据西藏西部象泉河流域发现的若干石窟地点，将中国石窟寺艺术的分布延展到中国版图的最西部，并对其艺术风格、宗教题材、传播路线等若干问题做出了详尽的解释，丰富了我国佛教考古的资料。诸如此类的成果，在本成果中还有不少，从经、纬两条线上对西藏考古的纵向发展与横向比较均有新的见解。

近年来，许多考古学者在谈到中国考古学学科发展史时，都曾引用傅斯年先生当年的一句名言“上穷碧落下黄泉，动手动脚找东西”，鼓励学者要不断扩充研究史料，尤其是地下出土资料的发掘与利用。这和王国维先生提倡学术研究要重视文献与考古材料并用的“二重证据法”几乎同时成为当时引领学术发展的两大“引擎”，不仅极大地推动了中国历史学、考古学的发展，还拓展了诸如敦煌学、简牍学等研究领域，影响至为深远。

其实，这两位民国时期的学术领军人物当时都面临着一个重要的历史背景：由于敦煌文书、居延汉简等西域考古的重大发现，西方学术界利用这些资料对西域历史文化的研究已处于领先水平，这极大地刺激了中国学者的爱国精神和奋起直追的高度热情，也使中国学者对中国传统学术的局限性有了更为深刻的反省和认识。傅斯年先生的这句名言出自他撰写的《历史语言研究所工作之旨趣》一文，在讲这句话之前，他还用很长的一段话比较了当时中西学术发展出现的差距，并且指出了学术发展的三项标准：

> （一）凡能直接研究材料，便能进步。凡间接的研究前人所研究或前人所创造之系统，而不能繁丰细密的参照所包含的事实，便退步。（二）凡一种学问能扩张他研究的材料便进步，不能的便退步。西洋人研究中国或牵连中国的事物，本来没有很多的成绩，因为他们读中国的书不能亲切，认中国事实不能严辩，所以关于一切文字审求、文籍考订、史事辩别等等，在他们永远一筹莫展。但他们却有些地方比我们范围来得宽些。我们中国人多是不会解决史籍上的四裔问题的，丁谦君的诸史外国传考证，远不如沙万君之译外国传、玉连之解《大唐西域记》、高几耶之注《马可波罗游记》、米勒之发读回纥文书，这都不是中国人现在已经办到的。凡中国人所忽略，如匈奴、鲜卑、突厥、回纥、契丹、女真、蒙古、满洲等问题，在欧洲人却施格外的注意……（三）凡一种学问能扩充他做研究时应用的工具的，则进步，不能的，则退步。……西洋人做学问不是去读书，是动手动脚找到处寻找新材料，随时扩大旧范围，所以这学问才有四方的发展，向上的增高。

傅斯年先生在这里所强调的材料的扩充、方法的进步，尤其举出在研究中国“四裔问题”上西方学术界的重视与所获成绩的例子，实际上都暗含着两层意思：一是重视除文献材料之外地下材料的出土，二是主张将研究空间从传统的中原地区向着边疆地区（亦即旧籍中的“四裔”）拓展，认为这将是中国学术未来发展的方向。

新中国成立以后，尤其是改革开放的三十多年来，我国考古工作不断取得的巨大成绩，已经完全改变了傅斯年当年提到的学术景观和学术生态，其中西藏考古建立的初步体系就是显著的例证之一。本成果利用西藏考古所获取的新材料对西藏文明发展历程所进行的探索，只是这宏大图卷之中的一个篇章而已，也可以视为对当年傅斯年提出的未来中国学术发展方向的一个历史回应。

本成果完全是建立在长期以来对西藏高原进行实地考古调查、发掘的基础之上，它的学术价值与学术创新点集中体现在下述四个方面：

第一，原创性特点突出。如前所述，近一个世纪以来，中西方学术界在西藏高原这一地区开展的考古工作处于相对滞后状态，而本成果主要基于中国学者进入这一领域之后所开展的各项田野调查与发掘工作，无论在数量上还是在质量上都在既有研究的基础上有所进步，获取资料具有的科学性、准确性与客观性都超越前人，所有资料数据皆清晰可靠，据此得出的研究结论既尊重前人又不囿于陈说，在许多方面都提出了全新的学术见解，原创性特点十分突出。

第二，资料性很强。考古学的特点是以出土实物作为研究对象，而本成果的另一个突出特点是具有很强的资料性。成果按照考古学的基本理论与方法，注重原始资料的科学整理，分门别类地对地面调查和地下出土资料依照时、空关系进行了系统梳理，形成一套科学的资料体系，某种意义而言是在进行一种“史料学”的基础工作，可将考古材料本体纳入到基础史料体系中加以利用。

第三，应用价值高。由于西藏自然条件和人文环境具有特殊性，在这一地区开展实地考古工作实为不易，所以考古资料的获取和利用均受到极大限制。众所周知，考古资料是人类古代文明最为直接、最为直观的实物证据，所以本成果不仅仅对于中国考古学具有参考借鉴意义，对于其他学科也同样具有利用价值。例如，西藏各史前遗址中出土的农作物种子、植物种子和动物骨骼等，对于重建西藏远古时代的古环境、古物候和作物起源史均有重要的参考利用价值；关于西藏出土的早期金属器（包括青铜器、铁器、黄金制品等）的研究与分析，将会对西藏高原早期冶炼史具有重要的参考价值；对出土丝绸、衣物及各类陶质、木制器物等的考察，将提供西藏古代手工业史的重要实物证据；大量寺院和石窟寺遗址中发现的壁画、塑像、造像等宗教文物，更是可以为西藏宗教史、艺术史、民族学等领域提供直接的研究史料。

第四，现实意义重大。长期以来，藏学研究已经成为国际性的学术领域，而西藏考古从来都是藏学研究的重要组成部分。本成果的出版，无疑将对国内外关注度极高的所谓“西藏问题”研究从一个特殊的角度发出“中国声音”，以科学的资料、严肃的研究、严谨的结论来回应目前国际上关于藏民族及其文化的形成与发展、西藏历史地位、西藏与中原政治关系、西藏文化遗产保护与继承等若干重大理论与现实问题的理论挑战，从而为国家的统一、边疆的政治稳定、各民族团结做出应有的贡献。

《近代中国宗教文化史研究》概要

何建明*

本成果主要探讨近代中国宗教界面对古今中西思想文化交汇和激荡所做出的积极回应及其思想阐释，试图揭示近代中国宗教界在近代社会转型和文化变迁中的历史自觉、文化认同和思想创新。

一、研究的目的、意义及所使用的研究方法

1. 研究目的

（1）本成果旨在以历史唯物主义为指导，研究近代中国社会中传统的儒、释、道三家文化与外来的基督宗教、进化论、科学思潮、社会主义等近代主要西方文化和新生的三民主义、国家主义、爱国主义等近代中国文化之间的互动关系——从相遇、冲突，到交流、对话，最后到融合与共存共生，探寻近代中国宗教文化的基本特点及其与当代中国宗教的直接或间接关系。

（2）本成果重点探讨以近代以来在中国最具影响力的佛教、基督宗教和道教为主要代表的宗教文化，如何在适应时代变迁、社会转型及各种文化挑战的过程中逐渐自觉地探索自身的生存方式、展现自身特有的文化形象，特别是外来的基督宗教文化如何探寻中国化道路，以及以佛教和道教为代表的中国传统宗教文化如何探寻现代化道路，以此总结其中的历史经验和教训。

2. 研究意义

（1）在近代中国社会转型和文化变迁的过程中，宗教在各个历史时期都

* 何建明，中国人民大学教授，博士生导师。

扮演着不可低估的重要角色，许多宗教界精英同时也是社会文化精英，而大多数社会文化精英也或多或少地都与宗教文化发生程度不等的重要关系，因此，本研究既是近代中国宗教史的重要组成部分，也是近代中国文化史和思想史的重要组成部分，对于推动近代中国宗教史和近代中国思想文化史的研究不断走向深入都有重要的理论意义和现实意义。

（2）近代中国是一个古今中西文化开放交流的时代，宗教文化作为这一文化交流的重要代表，也充分体现了这一时代特征。因此，近代中国宗教文化既不是对传统宗教文化的全盘直接继承，也不是对西方宗教文化的简单完全接受，而是建立在现代知识文化体系基础之上的现代新型宗教文化。这对于我们全面、合理地认识近代以来的主流宗教文化传统、积极推动当代宗教文化与思想建设，无疑具有重要的学术价值和现实意义。

（3）宗教文化在古今中外的历史文化传统中都占有不可忽视的重要地位，在当前中国新文化建设中，宗教已经渗透到社会生活的许多方面，成为当今社会文化多元化的一个重要组成部分，宗教文化因此也将在当代世界文化新体系建设和中国新文化建设中充当不可替代的重要角色。本研究将力图科学地揭示近代中国宗教文化的民族性和现代性特征，为当代中国的新文化建设提供积极的历史经验。

3. 研究方法

（1）本成果在研究方法上主要采用通行的文化史和思想史研究方法，以大量的第一手历史文献为基础，并立足于现有的国内外学术研究成果，对近代中国宗教与文化之间的关系问题做一深入的专题阐释，试图对近代中国宗教文化的内在根据和外在影响及其在不同社群精英中的多样性表现形式进行科学的探讨。

（2）与已往的研究成果或局限于单一的历史学方法，或局限于单一的宗教学方法或哲学方法不同，本成果以历史学方法为基础，将宗教与近代中国文化关系问题放在近代中国和世界的社会史、宗教史和文化思想史的多维大背景中来进行整体性的阐释，而不是孤立地分析和看待某一个或某方面的问题。比如，在探讨上世纪 20 年代基督教和佛教的文化观念时，立足于整个 20 年代的中国过渡时期的历史背景，同时也考虑到第一次世界大战后的全球思想文化趋向，还考虑到当时中国的非宗教的科学化浪潮与非基督教的民族主义运动以及基督宗教的本土化运动和佛教的现代化运动等重要社会背景和文化背景。

二、成果的主要内容和重要观点

1. 主要内容

宗教与近代中国文化变迁之间的关系，是一个很复杂的问题。不同的人可以有不同的理解，从而确立不同的研究视角和研究重点。面对这个课题，我们首先碰到的问题是如何确定“近代中国文化”这个概念。很显然，所谓“近代中国文化”，应当既包括儒、释、道等在近代以各种形式延续存在的中国传统文化，又包括近代从西方传入的各种文化，还包括近代中国新出现的各种文化。而“文化”本身又是一个非常宽泛的概念，本成果以思想层面的文化为主，兼顾制度层面的文化，基本上不涉及器物层面的文化。这样，本成果所要涉及的近代中国文化问题，主要集中在以下方面：

（1）近代中国的传统文化，即儒家文化、道家道教文化和佛教文化；

（2）近代传入中国的西方文化，即科学思潮、进化论思潮、民主思潮、无政府主义思潮、社会主义思潮和基督宗教文化；

（3）近代中国的新生文化，即文化论争和各种社会政治思潮，如三民主义、国家主义、民族主义、中国马克思主义等等。

不过，就“宗教”这一概念而言，通常应当包括五大宗教，即基督教、佛教、伊斯兰教、天主教和道教，但是，本成果不涉及伊斯兰教，主要原因是：伊斯兰教在近代中国的政治性远大于其文化性，近代中国伊斯兰教还不能像其他宗教那样造成全国性的影响；当然，还有一个重要因素，就是有关伊斯兰教与近代中国文化之间关系的文献发掘工作还相当有限。至于基督教与天主教，通常合称为基督宗教。而道教除了极少数道教徒和道教学者之外，作为一个整体的道教的文化自觉程度还相当低，在社会上的影响，尤其是在文化思想层面上的影响还非常有限。但基督宗教和佛教在近代中国的情形就大不一样，反映了近代中国宗教面临急剧的近代社会转型和文化变迁过程中所呈现的历史主体性角色。

就基督宗教而言，天主教早在唐代就开始传入中国，到了明代中后期以耶稣会士等为代表的西方传教士开始有意识地将中国作为传教目的地，并对中国的思想、文化和科学技术乃至政治、社会等诸多方面都产生了重要影响。虽然雍正至乾嘉时期一度禁教，但是，天主教在中国文化中的影响并没有完全消失，而是以各种潜伏的形式保存下来，并影响着中国的社会和文化。鸦片战争后，天主教在中外不平等条约的保教条款的支持下再次获得向中国大肆传播的历史机遇，特别是晚清时期各地此起彼伏的教案，给中国社会带来很大的影响。基督教（新教）在近代中国的影响则较天主教有过之而无不及。自 1807 年英国新教传教士马礼逊来华传教，到鸦片战争以后，在欧美基督教向海外传教的奋兴运动大力推动下，以英、美、法等帝国主义的侵略势力和中外不平等条约为后盾，大批传教士从欧美国家来到中国传教，在中国各地建立了数百个传教组织，同时也将最新的近代西方文化带到了中国。从清末到民国时期，基督教逐渐迈向中国化，并广泛而深入地影响着中国社会的各个方面，成为晚清民国时期势力最强劲的宗教之一。就在基督教强劲地影响中国社会的过程中，明清时期已经渐趋衰颓的中国传统佛教，在辛亥革命前后受各种社会改良和革命思潮与政治革新运动的影响及基督教来华传教的刺激而开始复兴起来，并积极而自觉地开展起全国性的佛教革新运动，成为民国时期中国传统宗教努力探索现代转型的主要代表，并取得了辉煌的成就。

因此，在近代中国的宗教中，真正具有时代自觉意识并与社会文化发生较为密切关系的，主要还是佛教与基督宗教。而它们正是本成果论述的重点。

当然，宗教本身也是一种文化。文化与宗教之间的关系一直不可分隔。人类历史上的几大主要文明体系，无不是以其独有的宗教文化作为其主体象征。但是，就宗教与文化之间的关系而言，一方面，宗教是文化的载体，历史上各民族和地区的文化都较集中地体现于其宗教形式之中；另一方面，文化是宗教的灵魂，每一种宗教都有其所表征的文化内涵。宗教与文化之间的这种密切关系，使我们在探讨宗教与近代中国文化关系时，不能将宗教与文化作为两个相对独立的体系来对待，而只能将其作为整个社会文化系统中的不同形式的文化体系来加以分析。

因此，本成果对宗教与近代中国文化变迁之关系的讨论，实际上是立足于整个近代中国社会转型时期所特有的古今中西文化大汇合之中的各种文化之间的相遇、冲突、对话、调适与融合而展开的。

本成果分上、下两编，每编各三章，共六章。

上编主要是探讨宗教界本身所呈现的宗教形态的文化与非宗教徒（或宗教界）知识分子所呈现的非宗教形态的文化之间的关系。

科学化与民主化是中国社会近代转型的两个主要目标和表征，近代中国社会非宗教形态的文化（社会思想文化）最集中的体现，莫过于以科学化为特征的科学化浪潮、以民主化为特征的各种社会政治思潮以及如何面对科学化和民主化的各种文化论争。因此，上编讨论的重点就是基督宗教和佛教与中国近代主要社会思潮、科学观念和民国时期激烈的文化论争之间的关系，这也就是本成果前三章所着重探讨的问题。

第一章“宗教与近代社会思潮”，主要论述近代西方传入并为中国学人所阐释的社会进化论、无政府主义和早期社会主义、三民主义和马克思主义、民族主义等主要社会思潮在近代中国社会的影响及其对基督教和佛教的挑战，以及以基督教和佛教为代表的中国宗教界知识精英如何自觉地对各种文化思潮进行理性认识和积极的回应与融会。

本章的具体内容包括：（1）近代中国宗教与进化论思潮；（2）近代中国宗教与三民主义；（3）近代中国佛教与无政府主义和早期社会主义；（4）近代中国宗教与马克思主义；（5）近代中国宗教与民族主义。

第二章“宗教与近代科学观念”，主要论述近代科学作为一种思想文化浪潮在世界范围的急速传播及其深广影响，探讨其在传入中国后，对中国各个宗教存在与发展的合理性所带来的严峻挑战，以及以基督宗教和佛教知识分子为代表的中国宗教界知识分子如何积极地接受和认识科学成果、科学精神和科学方法，及他们对科学与宗教之间关系的独特阐释。

本章的具体内容包括：（1）东西方宗教文化所面对的近代科学观念；（2）近代中国知识界的科学化宗教观；（3）近代中国基督教界的科学观；（4）近代科学化运动对传统佛教的挑战；（5）近代中国佛教界对传统佛教的反思；（6）近代中国佛教界对科学与佛教关系的新认识。

第三章“宗教与近代文化论争”，主要论述近代各种文化讨论中思想文化界对各宗教文化体系的评判，宗教界对各种评判的回应和澄清及其对新文化建设中宗教主体性的阐发。

本章的具体内容包括：（1）近代中国思想文化界的基督教观；（2）近代中国基督徒的文化自觉；（3）近代中国思想文化界的佛教观；（4）近代中国佛教界对文化论争的认识。

下编主要探讨来自西方的基督宗教文化与中国传统的儒、释、道三大宗教文化之间在近代中国社会转型与文化变迁的历史进程中交互影响、相互借鉴和共存共生的关系。

这里所说的基督宗教文化，并非完全都是西方的，也包括以传教士为代表的西方基督宗教文化和正在或已经本土化了的以中国基督徒为代表的中国基督宗教文化。而中国宗教文化既包括传统形态的儒、释、道三教文化，也包括正在适应社会文化变迁而转型中的儒、释、道三教文化。因此，下编的重点是讨论来华的西方基督宗教文化及中国化的基督宗教文化与中国传统的佛教、道家道教和儒家文化等本土文化之间的关系。当然，近代中国的基督宗教文化与中国传统文化之间的关系，其表现形式是多种多样的，本成果试图以基督宗教来华及其中国化为视角，分别从宗教相遇、文化教育和宗教对话三个焦点，以若干典型个案的形式来探讨基督宗教与中国传统文化形态之间从相遇、冲突到对话、融合的历史与逻辑过程。

第四章“文明相遇：佛教近代化与基督教中国化”，主要论述近代西方基督宗教来华与中国本土复兴中的佛教文化相遇之后，从相互轻视、排斥、冲突，到通过彼此接触、碰撞而相互重视、调整认知，乃至相互有所借鉴和吸取的过程，特别是佛教如何自觉地借鉴和吸取基督宗教在近代化转型过程中的传教方式和近代宗教改革以后向世界传播的各种成功经验（如文化传教、教育传教、科学传教和慈善传教等等），以及基督宗教在反思和总结在中国传教的历史之同时，如何逐渐自觉地总结、吸收和借鉴佛教从作为一个外来的宗教传入中国后逐渐自觉地适应中国社会和文化的发展需要而中国化的历史经验和教训，从而推进基督宗教自身在中国的本土化（本色化）建设。

本章的具体内容包括：（1）基督教的近代化改革经验及其对中国佛教从传统走向现代社会的革新之影响；（2）佛教的中国化历史经验及其对基督宗教来华的中国化探索的影响。

第五章“文化传承：民族性与现代性的共时追寻”，主要论述近代中国宗教，特别是以基督宗教和佛教知识分子为主要代表的中国宗教界知识分子，在兴办适应近代中国社会和文化发展迫切需要的教育事业时所体现出来的对文化的民族主体性和现代性的追求。圣约翰大学本是近代中国最早创办，也是公认的最西化和基督化的教会大学，可是，正是这里的中国文化教育，随着近代民族主义的收回教育权运动和基督教本色化运动的兴起和不断推进，而得到不断加强，并成为其办学的重要特色之一。辅仁大学虽然是在天主教西方差会支持之下开办的，但是它是由爱国爱教人士英华、马相伯和陈垣等创办于上世纪 20 年代民族主义高涨和天主教中国化运动时期，因此从产生时起就非常重视中国文化教育与研究，并逐渐成为近代中国的国学重镇。近代中国佛教界从清末杨文会创办的祇洹精舍时起，就为了振兴中国佛教文化而努力培养符合近代社会发展和人生需要的新型佛教弘法人才，而以太虚大师等创办的武昌佛学院为代表，佛教在寻求现代转型过程中尝试建立起新型的佛教文化教育和学术体制，展示出佛教文化教育的现代性特色。

本章的具体内容包括：（1）以圣约翰大学为例，探讨教育体制的现代化探索中教会学校如何逐渐认识到中国文化教育的重要性及其如何积极开展中国文化教育实践；（2）以武昌佛学院为例，探讨现代佛教革新运动中的现代中国佛教界如何自觉吸收和借鉴基督宗教兴办文化教育的历史经验而积极探索中国现代形态的佛教文化教育和人才培养形式；（3）以辅仁大学为例，探讨在新文化运动和收回教育权运动大力推动之下的中国化浪潮当中，基督宗教如何逐渐调整自己的文化传教和教育传教方式而创立新型的由中国人领导的现代基督宗教文化教育形式，从而确立了现代教会教育中中国文化教育的突出地位及其对中国文化复兴的重要意义。

第六章“文明对话：宗教对话与文化交融”，主要论述基督宗教在近代来华后与中国传统三大文化，即儒、道、佛三教之间的直接的观念冲突、交会和对话，重点选取和阐释清末来华传教士对道教的认识及道教界的回应、20 世纪 30 年代佛教界对来自基督宗教批评的回击以及民国时期中国知识分子吴雷川和林语堂调和基督教与儒学以及基督教与道家道教文化之间冲突与交流的努力及其文化特点。

本章的具体内容包括：（1）西风东渐浪潮中基督教来华对本土道教的挑战和中国道教界知识分子的积极应对及文化阐释；（2）西风东渐浪潮中基督

教来华对本土中国佛教的挑战和中国佛教界知识分子的积极回应及文化阐释；(3) 以吴雷川为个案，深入探讨基督教文化在中国如何与儒家文化交汇、融合，并得到中国化的创新；(4) 以林语堂为个案，具体探讨基督教文化在中国如何与道家文化交会、融合，并得到中国化的创新。

2. 重要观点

(1) 近代中国宗教文化是在特殊的近代中国社会中传统与现代、东方与西方的不同形式的文明冲撞和文化交流中成长起来的，具有鲜明的过渡时代的现代文化特征。近代中国的各宗教文化都是建立在现代知识文化体系基础之上的，任何宗教都不能无视或逃避现代知识体系和各种文化思潮的挑战与洗礼。离开了现代知识文化体系，宗教便无法获得其存在的合理性与合法性。因此，近代中国宗教不仅仅是一种信仰体系，也是一种文化体系，是一种以接受新式教育而成长起来的知识分子群体为主体的有文化的信仰体系，也是一种具有自觉信仰并立足于近代社会当中的古今中西文明交会和现代文化阐释与创新的有信仰的文化体系。无论是基督宗教来华之后的中国化或本土化，还是传统中国佛教的现代化，都是在一大批宗教文化精英的领导和努力之下自觉地、积极地开展起来的。比如，他们既开办培养教内新型人才的各式神学院和佛学院，也积极开办服务于社会现实需要的科学文化教育机构，包括从幼稚园到大学、研究院等各级普通学校和学术机构，还创办大量的文化报刊和学术文化出版及传播机构，等等。这些现代宗教文化的引领者和主要实践者，不仅是近代中国宗教文化精英，同时也是近代中国社会文化精英。他们是近代中国文化的多元化特征和现代化发展的重要代表，是近代中国宗教文化的重要标志。

(2) 近代中国文化与近代中国宗教之间有着千丝万缕的重要联系，从清末洪秀全借鉴基督教宣扬太平天国理想，戊戌变法时期康有为、梁启超、谭嗣同、严复等以佛教融通西学开展思想启蒙，到辛亥革命时期孙中山、章太炎、黄宗仰等发扬佛教自由平等思想鼓吹资产阶级革命，再到民国时期王国维、梁漱溟、熊十力、陈垣、吴雷川、陈寅恪、许地山、鲁迅、胡适、林语堂、杨度、冯友兰、汤用彤、贺麟、朱谦之、季羡林等文化学术精英研究宗教历史与文化，并以不同的形式接受宗教文化的影响，或反对、批判，或信仰、接纳，或研究、评价，或借鉴、创新，在文化反思、学术创新、理论建构和文艺创作，乃至政治实践和日常生活等诸多方面，都体现出对宗教文化的探索和思考，宗教文化因此成为近代中国文化中不可忽视和轻视的重要组成部分。要想全面、正确地了解近代中国文化，就不能不合理地对待和深入地了解近代中国的宗教文化。近代中国的宗教文化充分体现了近代中国社会转型和文化变迁过程中古今中西文明交会、互鉴和创新的特色。

（3）近代中国的宗教文化不只是适用于中国范围的宗教文化，也是具有世界性的宗教文化。清末杨文会开启的近代佛教文化复兴运动及其以祇洹精舍为代表的现代佛教教育运动，从一开始就与日本近代的佛学现代化运动和欧美及南亚地区的世界佛学复兴运动结合在一起。民国以后太虚大师提倡人间佛教，并环游欧美，与欧美各宗教领袖对话，积极建立世界佛学院、世界佛教图书馆，以推动佛教全球化，从而使得近代中国的宗教文化不仅突破了中国文化的传统局限，也突破了中国文化的地域格局，近代中国的宗教文化与世界文化之间形成了一种积极的互动关系。正是这种互联互动关系使得近代以来的中国宗教文化与国内外宗教文化和其他各种文化之间存在着非常复杂而交相影响的关系，直接影响中国宗教文化的全球化与民族化的主体性确立和多样性发展。

（4）近代中国宗教文化的世界性特点并不意味着近代中国宗教的民族性遭到削弱，相反，近代中国宗教文化的民族性在现代化宗教教育和文化交流与互鉴当中表现出鲜明的主体性特征。无论是最西化的基督教圣约翰大学，还是在上世纪20年代天主教中国化运动过程中建立起来的辅仁大学，以中国文化为中心的国学教育不仅被列为学校的主要课程或必修课程，而且国学的教育与学术研究成为辅仁大学的重要特色，并与燕京大学、华中大学、华西大学、齐鲁大学等基督宗教大学的国学教育一起，成为基督教中国化的重要标志。中国文化的民族主体性，无论遇到什么样的文化挑战，无论遇到什么样的时代变迁，从古到今，源远流长，并呈现出一体多元的格局。近代中国的基督教文化与佛教文化、道家道教文化和儒家文化，并没有因为冲突甚至各种政治和军事势力的干预而被一方所取代，而是在冲突中走向交流、对话和互鉴，乃至融合和创新。近代中国的宗教文化与世俗的各种社会思潮、文化思潮和科学化、民主化运动，也并没有因为冲突而被迫退出历史舞台，而是在积极地自觉调适，特别是在寻求中国化和现代化的过程中，不断改革和创新，以新的面貌、新的形式，成为近代中国文化的重要组成部分。

三、成果的学术创新、应用价值以及社会影响

1. 学术创新

（1）与已有的各种有关近现代中国宗教与文化关系的论著相比，本成果在研究的广度上有明显的突破。有关近现代中国宗教的研究成果已经非常多了，但是，几乎所有的研究成果都只局限于某一种宗教与近代文化之间的关系，而甚少将不同的宗教放在同一个层面上来进行相关联的比较性的研究与论述。本成果充分发挥笔者自身多年来对佛教、道教和基督教等多个宗教都进行过专题研究的特长和经验，打破各宗教之间的人为界限，从而使不同宗教在面对近代中国社会转型和文化变迁带来的时代挑战中所表现出来的共性与个性尽可能地展现出来。这是以往的研究成果所未能达到的。比如说，面对同一个近代科学化浪潮的冲击，基督教与佛教的历史调适是不一样的，基督教不能回避科学化浪潮对有神论的批判，而更多的是从文明史上基督教与科学的关系和基督教与科学关注的不同问题域的角度来进行回应；而佛教则大胆地提出与科学相一致的无神论和反迷信的口号，并从人性论的角度指出佛法可以补科学唯物论之偏弊。再比如说，以往的近代文化论争的研究很少涉及宗教界的反应，事实上，从本成果的论述中不难看出，近代宗教界与文化论争之间的关系非常紧密。

（2）本成果不仅在广度上较以往的研究成果有所超越，也在研究的深度上推进了有关宗教与近代中国文化变迁之关系的研究领域的深化。已故美籍华裔学者陈荣捷先生曾著有《现代中国的宗教趋向》一书。这也是目前探讨近代中国宗教与社会思想文化关系非常重要的一部作品，在国内外有较大影响。该书涉及近代中国的多个宗教问题，并从宏观上对近代中国宗教与社会思想文化的关系进行了有重要意义的哲学阐释，但是，该书缺乏深入的专题或个案分析，而且该书的重点是探讨传统儒学与近代思想文化之间的关系，特别是儒学在近代的历史命运。本成果虽然在广度上较以往的研究成果是一个突破，但是并非面面俱到，而是以一些重要的历史问题和个案为突破口，通过深入的专题研究，力图取得认识上的突破。特别是第二编的三章，都是选取不同时期不同背景之下的一些最有代表性的问题个案来进行深入的挖掘

与讨论，不仅提出了许多新的观点，也开启了以往学术研究甚少关注的重要研究领域。比如，国内外对于宗教对话的研究一般都集中于理论假设和哲学探讨，而甚少涉及历史性的探讨，本成果则通过一些中国近代史上重要的不同宗教文化之间关系的讨论，开拓了宗教对话理论研究的历史学新领域，即强调从历史事实本身——即不同宗教文化之间真实的历史关联——来科学地探讨宗教对话的理论与实践问题。

（3）宗教与近代中国文化关系的研究涉及多学科、多领域，也就是说，这项研究的开展需要多学科、多领域的综合性研究，同时这项研究本身也将积极推动近代中国宗教与思想文化相关联的许多领域的研究的进一步拓展与深化。比如说，对林语堂所涉及的基督教与道家道教关系的探讨，有助于推动对林语堂相关文学史、近代中外文化交流史和宗教关系史的研究；对宗教与近代文化论争的探讨，有助于推动对近代中国文化思想史的重新认识；对基督教与佛教、道教关系的探讨，有助于推动基督教来华史及中国近现代佛教史和道教史的认识深化；等等。这些都是以往国内外学术界比较薄弱或忽视的方面。总之，这整个课题的研究，一定会有助于推动人们对中国近现代思想文化史和中国近现代宗教史的重新认识。

当然，本成果开展多学科、多领域的研究还只是一个初步的尝试，只是取得了一些初步的成果，毕竟它涉及的问题还有许多，需要发掘的资料还有许多，需要许多有兴趣的研究者长期艰苦地努力工作。因此，本成果所存在的许多缺陷和不足是笔者深感遗憾和往后需要继续努力的。

2. 应用价值以及社会影响

（1）本研究将有助于人们改变过去对近代中国文化和近代中国宗教在认识上的一些局限，使宗教与文化的关系更明显地展示出来。一方面，使那些一味排斥宗教的人认识到，宗教不单纯是一个信不信教的问题，也是一个关系国家民族文化发展的现实问题；另一方面，也使那些因信仰宗教而忽视或轻视文化教育和文化提升的人认识到，宗教本身就是一种文化教育形式、一种生长在历史传承和时代土壤当中的文化形态，而不仅仅是一种宗教仪式或宗教活动形式，脱离时代文化发展的步伐、缺乏文化深度和广度的宗教信仰，必将成为一种落后于时代，甚至堕入迷信泥淖的低俗文化，而只有自觉地吸收各个时代先进知识文化养分的宗教信仰和宗教形式，才能成为促进社会发展的正能量和推动文化发展的一种具有时代特征的文化形式。

（2）在宗教仍然长期存在的现代社会当中，中国宗教文化不仅会在信仰层面上满足一些人在社会发展过程中所生发的个人精神生活和社会物质生活的需要，也将在文化层面上促进全世界中华儿女的民族认同，在国家统一和中外文化交流与对话、增进世界和平当中发挥积极的重要作用。近代中国的宗教文化是当代中国宗教文化的重要基础和前身，同时以近代宗教文化为重要组成部分的近代中国文化也是当代中国文化建设、成长和未来发展的重要基础，因此本研究必将为当代中国文化建设和未来发展提供若干重要的历史启迪和思考方向。

《论经典》概要

詹福瑞*

一、研究的目的、意义和价值

经典之争，在欧美始于20世纪70年代文学教育的民主化进程，其焦点是传统经典的合法化问题，重构经典是其主要目的。而在我国，经典之争最早反映为20世纪90年代重写文学史的争论，衍化为文学理论界关于经典的讨论。经过近二十年的探讨，形成了一批有学术价值的研究成果。然而也存在不足。其一，“正典（canon）原本是指教学机构的选书”。研究经典，局限于编写教材的需要，关于经典的讨论，更多地来自高等学校。因此关注的角度偏于甚或主要在文学教育，文学史教材编撰中何人可列为经典，是经典争论的起点也是终点，忽略了社会普通读者这一重要的阅读群体的阅读现象，显然是不全面的。其二，关于经典的内部属性，在基础理论研究方面，也缺少有理论深度、有说服力的研究成果。检查欧美和中国反经典与捍卫经典两派的理论，可以发现，论辩双方对经典的内部品质都缺乏集中而又深入的研究。其三，在经典研究中，有的现象被有意无意地忽视或遮蔽。如在讨论经典与政治的关系时，一些文章过于强调主流意识形态对经典的决定性影响以及经典对政治的从属性，忽视或无视经典与政治关系中的另外一个向度，即少数的经典并不符合主流意识形态，这些经典实际上是冲破了权力的禁锢与干扰而得以传世的。其四，跳开经典教学为了规范、树立标准的立

* 詹福瑞，首都师范大学教授，博士生导师。

场，站在普通读者的立场来看经典阅读，究竟为什么要读经典？这一问题没有得到回答，或者说没有得到认真而令人信服的回答。其五，时至今日，尚无一部专门研究经典的学术著作。

对经典的研究和论述，虽然属于基础理论研究，但是其意义却不仅仅在于从理论上解决经典的一些基本问题，还在于为中国古代文学史和现当代文学史的编写提供理论支撑，为提高全民阅读的质量提供理论支持，等等。

二、成果的主要内容、重要观点及创新点

本成果的基本观点是：经典属于优秀的文学遗产，并非只具有标本意义的文学遗产，而是“活性”的、仍然参与当世文化建设的文学遗产。经典的形成，首先来自它自身的品质，如传世性、普适性、权威性、耐读性等。只有具备了这些条件，才有可能在其传播过程中，确立其经典的地位。当然，经典文本所具有的品质，还仅仅是其成为经典的文本条件。必须承认，经典是在传播过程中建构而成的。本成果试图调和“正典”和“非典”两家的观点，首先在分析历史遗留下来并被认可的经典的基础上，讨论何为经典，经典的价值及其存在的意义；而后再来探讨经典在历史的传播与建构过程中，与政治、媒体以及教育的关系；最后讨论大众阅读与经典面临的挑战和问题。

第一章，经典之争，主要介绍中外关于经典的论争，存在问题，以及本成果研究的目的、意义。

第二章，经典的传世性。

立足于文化的阶段性和传承性观点，论述经典传世性的可能。同时试图回答迈克尔·泰纳在《时间的检验》中的著名追问：在一系列的时期中发生了什么使时间起作用的事？

本成果认为，一部精神产品能够成为经典，主要是在经典的传播与接受过程中，经过两个以上的文化阶段，不同时代、不同时期的读者克服了阅读的“时尚性”，达到了对一部作品价值的历史共识。所以，中国古代儒家的经典《周易》《诗经》《论语》《孟子》和道家的经典《老子》《庄子》历经千年，流传至今。儒家经典在漫长的封建社会作为主流文化直接影响到社会的政治制度，也影响到士人的安身立命。道家经典，则作为与儒家思想并行的

思想体系，作用于政治，成为儒家思想的补充。如道家的无为而治政治观，在不同时期与儒家的积极有为政治观互为消长，共同构成了封建社会的政治治理理念。而对于士人而言，道家思想与儒家思想一样影响深刻，出则为儒，入则为道，几乎成为大部分封建士人的处世之道。1911 年后，中国的社会制度发生了深刻变化，儒家和道家赖以存在的社会制度已经不在，但是儒家经典"十三经"，除《尚书》《周礼》《孝经》等逐渐变为只具有认识价值以外，以上所说的几部儒家经典和道家经典作为思想资源依然对中国社会发生着重要影响，而其经典的地位并未因社会变迁而发生根本性的动摇。其原因即在于这些传世经典凝聚了中华民族的智慧，里边保存着我们前面所说的超越了时代和意识形态的共识，并且已经深入到这个民族的血液。

第三章，经典的普适性。

对于经典的普适价值，反对经典的学者，尤其是后现代的学者也是持否定态度的，甚至其激烈的程度超过了对于经典的时间维度的永久性价值的否定。不同阶级、不同民族、不同地区和不同性别的人群，是否具有相同或相近的价值观，长期以来就是争论不休的问题。这也充分反映到对经典的认识上来。

本章立足于文化的差异性和共通性的立场，论证经典普适性的合理存在。认为作为生活在这个地球上的唯一的具有文化的物种，人类有其可以共同承认或接受的文化，有其共同的文化遗产。任何可以称为经典的作品，都会跨越时空，超越族群、阶级和性别的局限，得到读者的普遍认同。

其原因在于：首先，经典反映了人类普遍关注的问题，并试图给出解决的方案。我们不能不承认，即使是不同意识形态、不同民族、不同地区、不同性别、不同语言族群的人，亦必然有其共同关心的人与自然、人与社会以及人作为个体自身的精神情感问题。

此外，作为人类共同的文化遗产，经典探讨并深刻地反映了人类共同存在的人生、人性问题，同时也积淀了众多基本的价值观，如，无论任何社会、任何国家的人民，对真善美的追求，对假恶丑的憎恶，对自由与民主的渴望，对专制与压迫的反抗，对真理与正义的坚持，等等，都是相同的。洪水、地震、干旱、瘟疫等自然灾害给人类带来的灾难，战争、杀戮给人类带来的痛苦，专制、贪腐给社会造成的不公，等等，也都是不同地域和民族、不同性别和族群的人所共同关心而且是深恶痛绝的问题。尤其是人类所关心的自身的复杂人性问题，更是历代精神产品都在不断探索的问题。

第四章，经典的权威性。

本成果虽然认为不是所有的经典都具有权威性，但是并不赞同后现代反经典和反权威的观点，理由很简单，即按照现代诠释学的理解，权威并不等同于权力；并且权威虽然不是衡量经典的唯一标准，然而却是经典之所以传世并且受到历代读者重视的原因之一。所以研究经典，就不能不承认相当一部分经典所具有的权威性，不能不探讨经典的权威性问题。

本成果主要辨清了三个问题：

其一，权威性不是衡量经典的唯一标准。

其二，真理性不是经典权威性的唯一来源。经典的权威性，并非完全决定于经典是否承载了某种真理。伽达默尔承认权威也是一种真理源泉的可能性，但是它仅仅是可能性而已，并非真理的唯一源泉。在传世的经典中，无可否认有些作品是承载了真理或具有真理性的内容，但是并非所有的经典都具有这样的认识价值。所以，不是所有的经典都具有真理性，而有无真理性也不能决定经典是否权威，即真理性并不是衡量经典是否具有权威性的唯一标准。那些非带有真理性的经典并不因此而有损于它的价值，因为经典之所以传世，正在于它的内涵的无限丰富性，它提供给读者的不仅仅是认识世界的价值。尤其是文学艺术，它的主要功能不是理性地认识世界，揭示社会发展的某些规律，而是其作者面对世界的心灵感受。如果说它也有什么认识价值的话，这种认识也是其作者对于社会人生的一种审美把握、审美判断。对于这样的经典，读者越是试图从里边寻找规律和真理，也就越容易失去对经典的丰富内容的理解。

其三，在精神产品中，权威并不等同于权力。本成果借鉴了杜威科学权威乃是“集体理智”的定义和伽达默尔《真理与方法》中的“前见”说来解释经典的权威性，提出了经典权威来自判断优先的新说。经典的权威性来自读者在阅读经典时对于合于自己价值观的前见的承认和认可。如果一部经典在历代读者的不断阅读和评价中，都得到了承认和认可，就形成了杜威所说的“集体理智”，或曰“共识”，因此而具有了权威性。

经典的权威，不仅如伽达默尔所说的表现为对经典的承认和认可，还表现为对经典的信任与信服。如果说承认和认可是读者阅读经典时对经典接受的理性判断的话，那么读者对于经典的信任和信服，则带有明显的情感成分，是理性判断和情感仰慕相统一的阅读接受。

第五章，经典的耐读性。

借鉴了欧美经典理论中的陌生性和熟识感来论述经典的耐读性，并从创造性、内涵丰厚性和深刻性三个方面论述经典的陌生性，从读者的共同关注来解释经典阅读时的熟识感。

独创性，是经典之所以使读者有陌生感的原因之一。任何可以称为经典的作品，其提供给读者的精神产品都应该是独一无二、与其前后的作品绝不雷同的。

经典的陌生性，还指经典之作内涵丰富厚重，不断地打破个人业经阅读同一部经典所形成的前见，可以不断地激发读者的想象，给人以多方面的启示，因此，每一次的捧读，都会给读者带来新鲜感，如同第一次阅读。

经典的陌生性不仅源自其内涵丰富，还来自它的深刻。经典之不同于一般的精神产品，甚至不同于一些比较优秀的精神产品，其原因之一就在于它思想内涵之深刻，它之于社会人生的认识精辟入微，入木三分，深入事物的核心，直达本质。所以经典常常成为人类思想的策源地，人的灵魂的栖息地。有些经典甚至在人类的精神成长史上占有十分重要的地位。

第六章，经典的累积性。

首次提出经典的这一特性。经典经历的往往不是一个时期、一个年代，或传之百年，或传之千年万年，多有其漫长的传播与阅读史。在传播过程中，历代读者对经典发表了各种各样的评价，并同经典文本一同流传。因此，经典在其原生的文本层之外，又累积成了经典的次生层。

经典的次生层，就是由历代读者阅读经典的当下理解和解释经过时间沉淀而形成的阅读前见，或曰前理解。当然，每一个阅读个体在阅读时都必然会有其对经典的理解，必然会有一些形成文字，但是这些前见，经过漫长时间的淘汰，同经典文本一样，只有少数有价值的流传下来，就是这些流传下来的前人对经典的理解文字构成了经典的次生层。

所以我们所接受的经典，并不是经典文本的个体、经典文本本身，而是一个历史的整体。在经典的传播过程中，原生层与次生层以一个整体的面目出现，共同对读者发挥作用。

本成果重点考察了中国经典次生层存在的两种样态。其一，经典的整理与注释层；其二，经典的评点与批评层。

第七章，经典与政治。

此章以下研究经典的传播与建构。以上章节论述的都是经典的内在属性和品质。作为传世的优秀文化遗产，从其文本自身说，它必须具备这些属性和品质，才有可能被读者接受，在历代甚至世界范围内拥有读者，受到重视，并对人类文化的建构和传播产生重要影响，做出贡献。

然而，人类创造的精神产品如汗牛充栋，不可胜计，毕竟不可能全部流传下来，失传于世的亦不可胜计。即使流传下来，但是真正对历代不同地域和族群的读者产生重要影响、对人类精神文明发生重大作用的更是少之又少。精神产品具备了以上章节所说的属性和品质，还只是具备了进入经典的文本条件，而能否成为影响读者和人类精神文明的经典，则缘于来自社会更多方面因素的因缘凑合。因此，研究经典，我们不能不研究经典是如何被确定以及传播的。

从政治的视角来考察经典与权力的关系，可以发现，经典其实并非如建构派所描述的那样，总是与主流意识形态保持一种紧密的同流关系。经典与政治权力的关系极为复杂。

其一，经典的建构与传播，无疑要受到政治权力的干预与影响。一般而言，权力对经典地位的形成和传播产生的影响表现为三个方面：禁毁经典，重新阐释甚至篡改经典，制造并神圣化经典。

然而，这种影响并非对所有的经典都有效。尤其是从超越意识形态和文化阶段的历史眼光来看，政治权力对经典的建构和传播，并不发生决定性的作用。譬如，儒家典籍经典地位的确立，政治起了决定性作用；而道家典籍《老子》和《庄子》经典地位的确立，却未必决定于政治权力。至于似《红楼梦》《西游记》《三国演义》和《水浒传》等之所以成为经典名著，更非得到政治权力确认的产物。如果硬说有关系的话，像《红楼梦》和《水浒传》，则是越禁越火，是读者的阅读选择与政治权力相抗衡的产物。

其二，从政治发展之历史流程和经典的建构与传播之历史流程来考察经典与政治的关系，经典与政治处于同流和不同流的不断调整之中。所谓同流，即经典在某一时期构成了主流意识形态，如在汉代乃至整个封建社会中的儒家典籍；非同流，则指经典游离于主流意识形态之外，如在宋代之后的道家典籍以及《三国演义》等四大名著。

其三，经典与政治权力虽然同流，亦有经典与政治同质之中存在异质之细微区分，由儒家的经典与政治权力的关系可见一斑。

在漫长的封建社会中，儒家的经典与中国封建政权的关系，实际上就是合中有分、同中有异的关系。就本质而言，儒家经典与封建制度是同质的，儒家经典是与封建制度相适应的意识形态。然而在儒家经典中也有超越了那个时代的社会制度和意识形态特征的精神内涵，即我们在本成果第三章所论述的普适性价值。这部分内容既可称为与封建社会同质的内容，亦可称为与封建制度异质的内容。儒家经典作为道的载体和体现，还发挥着批评政治权力、制衡权力、抑制不合理权力（如昏庸专制的皇权、宦官专制、外戚专权等）的作用。而每当此时，经典的正义性和普适性价值就得到了充分发挥。

第八章，媒体之于经典的传播与建构。

本章认为：媒体对经典的影响，虽然并非表现为强制性的干预，如同政治权力那样，但是却发挥着比政治权力更直接、更强大的影响。经典无论多么优秀，都必须依赖于媒体才会传播久远，产生广泛的影响，从而确立它的经典地位，可以说经典的建构是在经典文本的传播过程中完成的，经典的传播过程就是经典接受时间检验的过程，也就是经典的建构过程。本成果把传世经典分别置于传统的雕版印刷、诗文选本、现代期刊以及大众传媒等不同媒体条件下，考察了媒体对经典传播与建构形成的影响，尤其对于大众传媒削平经典思想高度的倾向，给予了特别关注。

在传统的纸本传播媒介中，古代的诗文选本和现代的期刊扮演着极为重要的经典化角色。

近现代以来，期刊成为传播的一种重要手段。期刊由于发行量大、传播迅速和连续性传播等特点，拥有众多的读者群，因此对于经典的传播与建构而言，其重要作用既类似于古代的选本，又比古代的选本影响更大。尤其是中国现代精神产品中经典的形成，与期刊的传播有极为密切的关系。这是因为，在现代，期刊不简单是作品的发表之地，同时也是精神产品的组织生产之地和精神产品评价之地。从组织生产到期刊发表，再到产品出书和推介，形成了一个完整的生产营销线。因此，期刊不仅成为作家、人文社会科学专家的摇篮，也成为经典潜在的建构者。

到了当代，由于信息技术的快速发展，尤其是互联网技术和计算机技术在传媒上的广泛应用，精神产品传播的媒介和途径异常发达，精神产品已经不再是少数作家、学者的专利，也不再单靠书籍而传播，这给大众参与精神产品的生产以及精神产品迅速而广泛的传播带来了便利。但是考察经典与现代大众传媒的关系，重要的不是要看大众传媒是否传播了经典，而是看其如何传播经典。现代传媒下的经典传播，都带有明显的削平经典思想的高度，减损经典内容的深度，以投合大众接受水平的倾向。

在现代传播媒体下，不仅媒体本身面对经典出现了分化，而且也给经典的评价造成了极为复杂的局面，其表现如下：

其一，媒体的传播程度与精神产品质量的不对称性。如果说在媒体不发达的古代，基于传播的数量，能够从一个比较重要的方面考察是否经典的话，那么，在发达的现代传媒下，仅据精神产品一时传播的多寡，已经很难判定精神产品的质量，所以也不能以之作为判定经典的依据。时尚未必经典，经典未必时尚，此其然也。所以，在现代传媒高度发达的条件下，时间在经典确立中克服时尚的作用，就更为凸显。其二，评价信息的多元和虚假性。在现代传媒条件下，对精神产品评价的信息日益多元化，打破了官方和少数人文学者的垄断，对于习惯于精神产品旧的评价机制的社会而言，实在是一种挑战。谁来评定其优劣，似乎已经成为问题，更何况经典的确认。不仅如此，对精神产品的评价，在现代传媒条件下，往往伴随着虚假性。在这种情况下，对精神产品的判断，尤其是经典的确定，就更需要经过时间的沉淀，克服现代传媒下对精神产品判断的不确定性给经典的确定所带来的困难。

第九章，教育之于经典的传播与建构。

教育之所以重视经典，是因为经典乃是教育机构从培养某种人才出发，灌输某种价值观、确立某种人才规格的重要途径。经典同时也是作为模范，从内容到形式规范某一个知识领域的重要手段。因此，经典与教育的关系至为密切，教育在经典的传播与建构过程中发挥着重要作用。

本章分析了教育影响经典建构的几种表现：

教育对经典的传播与建构最直接的影响，当然是经典进入学校的教材，成为学校教师讲授的对象，使经典在历代不同时期都得到传播，因而不断得到历代读者的确认，不断扩大其影响。而年代切近的作品进入教材，获得了成为经典的契机。

更为重要的是，教学会直接影响到青少年学生的阅读取向和阅读心理，成为其未来认识和阅读经典的前见。其一，小学、中学和大学教材所选的作者及其文章，会形成读者此后阅读经典的前见，影响到他们对经典的认知。其二，更重要的是学校教育会干预学生阅读兴趣的形成，而学生时期所形成的阅读兴趣又往往影响甚至决定了一个人一生的阅读兴趣。这才是教育对经典传播产生的更为深刻的影响。

当然，教育对经典传播与建构发挥的作用只是多种作用之一，这是因为影响经典的因素有许多。即使是教育，教材对作品的选取也并非只有经典这一唯一的标准，而且受教材编写者主观因素的制约，对经典的判断也有一定的出入。因此，并不是凡进入教材的作家和作品，就必然是经典，或者必然成为经典。因此对教育决定了经典的说法，本成果研究者并不表示赞同。原因是学校的教材对经典的确定只起到一定的作用，并不起决定性作用。对于传统的文化遗产，教材中选入作者和作品，当然要考虑到作者和作品的典范性，因此，必然要把优秀的精神遗产作为首选。但不能因此说是教育确定了经典，应该是经典通过教育而扩大了传播和影响。所以更确切地说，教育在经典的建构中主要发挥的是传承与传播的作用。

第十章，大众阅读与经典面临的挑战。

此章引入大众文化理论，提出了大众阅读这一概念，考察近二十年的阅读倾向，分析大众阅读的载体、阅读对象和阅读心理，论述其疏离经典的潮流取向，并就社会为什么要读经典，提出浅见。

大众阅读，是大众文化重要的接受形态之一。在这里，“大众阅读”，不是一般人所理解的大众或曰民众的阅读，而是指在大众社会的背景下、以大众传媒为载体，以大众文化为消费对象的新的阅读现象。

大众阅读的对象，一般会具有如下特征：其一，消遣娱乐性。文化作为一种商品，必须遵循商品的逻辑，寻求产品大量销售的可能性。而大众读者最平常也是最需要的则是消遣娱乐，“因此，娱乐消遣性的作品，比文化工业所有的因素都出现得更早”①，而且迅速演化为文化的主要属性之一。其二，普通性。考虑到市场的占有，大众文化产品必然是以拥有更多的消费者为其追求的目标。因此，生产者在策划和推出其文化产品时，必须要预测并投合大多数读者的口味。因此大众阅读的产品，并非是个性化的高级产品，而是适合普通人水平和口味的产品。其三，模仿性。复制与模仿，是大众文化的显著特征之一。如果说独创性是艺术尤其是经典的生命的话，复制则是大众文化获得最高效益的生命体征。

大众阅读下的阅读习惯和阅读心理，同人们接受大众文化的心理一样，首先表现出快乐主义和享乐主义倾向。这是一种快乐至上的非理性阅读心理。它追求享乐，放纵官能，止于快感，陷入阴暗的混沌的本能领域。阅读领域的快乐主义盛行，不仅使读者沉溺于感性的受用，还会使读者逐渐丧失理解和感受作品内涵的能力，使读者的阅读能力平庸化。快乐主义和享受主义的盛行，也使阅读成为逃避社会现实的避难所。由回避精神产品中有深度的思考内容，延伸到对社会问题的逃避。

其次，大众阅读心理还表现出趋同性和盲目性：缺乏个性，盲目从众，成为阅读的普遍心理。一方面是大众传播媒体强势进入，渗透进大众的日常生活，客观上挤压了个人独立的文化空间，诱使读者的兴趣和习惯都自觉或不自觉与大众传媒保持一致性，使他们日渐变为阅读取向标准化的读者；另一方面，则是读者主动交出其阅读的自由裁量之权力。乐观地分析，读者不愿花费脑力思考问题，是其原因之一；但是更严重的是，也许大众阅读已经令读者失去了判断力和理解力，所以习惯于跟风，跟着广告走，跟着电视走。大众传媒喂什么，读者就吃什么。

这种大众阅读，会塑造出什么样的读者，给阅读带来什么样的后果呢？就是使读者自然而然地疏离经典，并且最终远离经典。

本成果最后讨论了经典对于个人精神成长和社会发展的重要意义。

---

① ［德］马克斯·霍克海默、特奥多·威·阿多尔诺：《启蒙辩证法（哲学片断）》，重庆出版社1990年版，第126页。

《文学道德论》概要

高　楠*

一、研究的目的、意义及所使用的研究方法

随着以改革开放为标志的社会转型的展开，既有道德理性因与社会转型现实难以适应而不同程度地陷入被质疑、被批判、被解构的境遇，这使得现实社会生活不同程度地出现道德基准的混乱，拜金主义、工具主义、非理性主义虽然没有形成相应的理论思潮，但在现实生活中却作为新的价值取向而被人们自觉不自觉地追随。这导致现实生活出现了众多与既有道德标准不符的非道德状况，如家庭孝道的淡化、商业诚信的践踏、社会交往的金钱化、人际关系的功利化、政府官员的腐败、爱情友情的庸俗化等，这类道德混乱的普遍性虽说还言人人殊，但起码，已成为社会生活各方面均无可回避又不容忽视的重要社会问题。

与之相应，文学道德问题也变得日益突出，很多文学作品的道德取向存在问题，很多文学批评缺乏应有的道德坚持，受众对于文学的道德接受不乏低级趣味倾向，甚至出现道德迷惘。这种情况在 1990 年代，曾引发一系列的社会讨论及学术讨论，如文学家的道德责任讨论、道德身份讨论、道德法庭的道德批判与道德监督讨论等。这些讨论虽然热烈，充满卫道的激愤，但由于讨论中缺乏有力的理论指导和理论建构意识，因此并没有深入进去。进入新世纪，随着大众文化兴起，精英文化衰落，文学道德状况与社会道德状

* 高楠，辽宁大学教授，博士生导师。

况呼应，仍在混乱中寻觅建构的出路，而这期间，本应更为活跃，也更体现道德建构取向的文学道德批评却呈弱化之势，甚至时常陷入冷淡或缄默状态。这种情况对于在社会转型中积极建构的文学理论是不正常的，而这种不正常又有着正常的理论延伸根据——新时期以来，文学理论包括文学道德论长期处于古今、中外相互纠葛不清的混乱状态，这种混乱已经成为相当一段时间的理论常态。

如何在需要道德建构的社会转型的当下阶段，活跃、深化文学的道德批评，梳理混乱的文学理论，建构合于时代发展及文学实践的文学道德论，进而推进社会道德的新构，已成为时代的呼唤。本成果即是应时代呼唤而进行的研究，这不仅体现了从道德建构角度进行人文关怀的学术责任感，也体现出研究者从道德角度探索文学规律的学术敏感性。而更重要的，这是在对诸种文学道德问题进行理论求解的过程中所坚持的文学道德论建构的本土特色的理论自觉性。

对于我国社会转型中社会道德重构、文学道德论建构以及文学道德批评的针对性进行系统的理论研究，是本成果的突出特点。

本成果体现这一研究特点所采用的一个重要方法即问题式求解。问题式求解不仅是提出问题回答问题，而且涉及提出与回答问题所依凭的思维结构、思维方式以及合于这套结构与方法的理论运作及理论建构，这是阿尔都塞通过研究马克思而提出的一个重要的方法论问题。文学与伦理学的关系，从文艺学角度说是以文艺学为学科主体所要求解的一个命题，这个命题的性质被规定于文艺学的学科属性，关涉文艺学的一系列基本问题。包括作为文艺学研究对象的文学是怎样体现其道德属性的，又是怎样实现其道德功能的；文学的道德形态是怎样的，道德说教、诉诸判断的道德评价及明显的道德倾向为什么总是引起多数优秀文学家及批评家的反感与否定；文学家的道德意识与文学作品的道德表现有何关联，是一体性关系还是差异性关系；文学的道德表现与现实生活的道德规范有何关系，二者是反映与被反映的关系，抑或另外的超越关系；文学接受、文学的道德意蕴是以怎样的方式被接受，并被接受为怎样的道德意蕴；文学创作主体的道德责任是怎样的责任，先验律令之说是否有人的本性根据，道德责任被体验为怎样的创作身份感；文学叙事或抒情是否有其内在的道德结构，道德结构的创作主体的根据是什么，文学文本的根据是什么，接受的根据又是什么，这类结构是既在的、生成的，抑或既是既在的又是生成的等。这类问题都是社会转型语境下文学实践中令人关注的现实问题，同时也是亟待理论求解的问题，这类问题是社会转型带来的思维冲击与道德感震荡引发的思维结构变化，及由这一变化而强化的理论关注点的偏移与重新凝聚。这类问题的求解思路及求解根据既是既有文学道德现象的解构，又是新的文学道德论的建构，是解构中的理论建构。

这里的关键是提出问题及求解问题的思路。阿尔都塞问题式研究有一个对本成果研究有重要意义的预设，即思想理论的问题式提出并不是思想或理论自身运作的结果，也不是对于思想或理论自身的某种结构性承诺，它的根据在于现实社会生活，在于现实生活的意识形态场域。现实生活及其意识形态场域作用于思想理论主体，内化为思想理论主体关于思想理论的问题式构架，再将之实现于思想理论。这就有了一个问题式的衡定标准，即愈是接近于现实社会生活及其意识形态场域客观规定性的，经由这样的问题式所产生的思想理论便愈具有理论价值。

本成果研究本着这样的问题式思路，立足于时代向文学提出的上述道德问题，将之纳入当下中国社会转型期诸种规定性的考察中，在文艺学既有的学科理论问题式中，构入当下社会生活及意识形态场域新的结构因素，并把伦理学的学科理论问题式择其相应成分有机地导入文艺学的问题式结构，从而构建以文艺学为学科主体，以伦理学为结构性辅助，并向当下社会生活及意识形态场域敞开的问题式结构，在这样的问题式结构中思考文学的种种道德问题，将之提升为文艺学的理论课题，进行要点式求解。

本成果进行文学道德论研究的又一重要方法即动态研究。在通常的文学理论研究中，动态研究被自觉不自觉地排斥着，排斥的理由很大程度上来自西方传统认识论有相对的两种倾向，即唯实论倾向与唯理论倾向，这两种倾向又有一个认识论的共同点，即都强调对于确定对象、稳定对象、已然对象的理论把握，对象的动态性因此被理论地排斥。本成果研究避开常见的进行这类研究的静态途径，对之进行动态考察与分析，并进行理论的动态揭示，亦即抓住情感活跃与理性复归的动态特征。这种动态研究继承了中国古代动态思维的传统方法，又汲取了西方学者现象学、情感心理学研究的方法，成为理论分析的阐释依据与形式依据。

本成果的第三个重要研究方法即有机整体性研究。这种方法坚持对象的有机整体性，即认为对象是不可分割的整体，虽然这一整体是不同要素构成的，可分解为不同要素，但诸要素的内在联系都须作为要素分解前提而保留，并作为一种随时发挥作用的规定性而坚持，而且，要把这种坚持贯彻到各种研究中。本成果把作为文学道德形态的行为系统放到创作与接受相互作用的行为体验中思考与分析，进而把这种思考与分析放入规定着创作与接受的社会场域中做进一步的互构性思考，由此探索文学道德在这样一个相套叠的结构中近乎于标准性的运用。这是一个富于开拓意义的思路。

二、成果的主要内容和重要观点

本成果对因大规模社会转型引发的纷乱复杂的文学道德问题予以梳理、分析，进行理论审视，形成了富于中国特色的文学道德论的系统性观点，并且对文学与伦理的现实关系进行了理论与实践相结合的探索。研究的意义在于解社会转型期文学道德论之惑，对当下文学实践予以文学道德论的指导。

本成果的主要内容概括地说即质疑与批判了文学道德批评的三种倾向：文本的道德说教与道德标榜倾向；批评者自设的道德批评标准的对应性批评倾向；批评的非标准的情绪化倾向。在此质疑与批判基础上，着重论证与阐发如下要点：文学的道德属性，不是文学的附加，不是文学的可有可无，而是文学随时在场的属性；这一属性不仅规定着文学的发生、生成，规定着文学的历史与现实展开，而且文学的各要素，文学的各种构成性活动，包括创作活动、接受活动、传播活动，都受文学的道德属性所制约与规定，或者说，正因为道德属性的随时在场，才有了被称为文学的这种存在；随时在场的文学道德属性，以文学表现或虚构的文本行为及行为系统的形态存在。文学道德与文学文本行为及行为系统的关系，是所指与能指的关系，前者随时地见于各种文学文本行为，又系统地见于文学的行为系统，所以文学道德不是文学的道德说教，也不是文学的道德标榜；文学道德的行为及行为系统形态，生成和建构于体验的心理活动，体验生发于创作与接受主体的道德感，具体化为不同的道德情感活动；这样的道德情感活动生动而有机地组构着或虚构着文学创作与接受中的见于作者、接受者的文本行为及行为系统，文学的道德意识、道德价值、道德批评、道德生存等都在这样的道德属性与道德体验中发生着、流变着，并被规定着；中国古代的文学道德论集中地揭示了上述文学道德属性与道德体验。

本成果由 11 章组成，对研究过程中提出的重要观点，分述如下：

第一章，探讨文学的道德在场。此章指出道德属性是文学的本质属性，文学即布设的道德场所，道德是这一场所的随时在场及永久在场。无论创作主体或接受主体是否自觉这种道德的本质在场，他们都使道德在场。同时，道德在场永远是文学的预设性在场。这预设性既在于文学是既有道德规范的文学性预设，即它不仅是文学创作与接受如何展开的预设性引导，更在于这种预设总是某种道德规范的理想性预设尤其是某种超越性预设。文学各构成因素在这样的预设中获得整体性的各得其所。

第二章，探讨创作主体的道德意识。此章论证文学的道德意蕴不是道德说教，它是文学创作主体的道德感经由形象行为系统的传达。按西方学者的探索，道德感是普遍的主体活动，它面对事实或情境进行道德判断，它既有先验性又有经验性。在此基础上本成果进而认为道德感产生于道德主体心理结构，是主体不断见于外又活跃于内的道德习性，是规定并组织主体实践的道德场。道德感化入文学作品成为文学道德意蕴，文学道德意蕴以直觉运作和意识运作方式共生于文学作品，文学设定的各种身体行为是道德规定的选择性实现，并在行为系统中成为具有稳定性的延续过程。

第三章，探讨道德价值的文学形态与文学超越。此章提出文学的道德价值是文学随时实现着的价值，既是文学的普遍价值，又是文学作品自有的具体价值，它与文学共生共在。它的实在性即历史性，不同历史状况下的文学道德价值有不同的活跃状况，在文学接受中形成不同的道德意识与道德行为转化，并因此施动社会生活。一般地说，社会转型期也是活跃的道德构建期，道德失准与道德失序成为这类时期的历史特征，新的道德标准与秩序在这个过程中潜移默化地脱胎。这样的时期也是文学的道德价值格外凸显的时期，当下，我国的文学活动就正处于这样的时期。这一时期的文学理论理应给文学道德价值问题以更多的关注，理应突破既有的宏观概述的理论水平。本成果旨在这方面做些努力。

第四章，论证体验是文学道德的心理形态。此章认为文学是体验的产物，按照传统分类，模仿艺术与表现艺术，不管属于哪一类，都是从主体体验世界中脱生出来。表现自不必说，它就是主体心灵世界的艺术呈现，尽管这被呈现的心灵世界与外部世界彼此关联、互生互动，但它仍然是体验的心灵世界。而模仿艺术所模仿的，也不是哪个客观给定物，它仍然是对于主体心灵世界不同对象的模仿。这个心灵世界，既非认知的世界也非实践的世界，它是融合着认知与实践的体验的世界，只不过模仿艺术更注重体验物与它所对应的客观给定物的某种相近性的保留。

第五章，研究文学的伦理情感与情境。此章指出艺术是属于人的，为人而在并由人构成，人是艺术的永恒主体。而人又总是关系生存的人，规定着关系生存或关系生活的伦理是人的生存规定。相对于艺术而言，一定的伦理目的的实现不是艺术创作主体想不想为之的问题与是否自觉为之的问题，艺术创作主体仅有在必然为之的情况下选择如何为之的自由，而且，这一自由也是在一定的伦理目的规定下的自由。艺术的伦理功能是必然的，艺术的伦理批评也是必然的。伦理情感体验具有情境性，是情境性体验。情境是关系概念或间性概念，它包括对象状况及主体对这一状况的理解与接受两重意蕴，是这两重意蕴在情感或体验中的统一与融合。

第六章，探讨道德的文学接受状况。此章指出道德属性与文学共在的关系从属于一个更大的关系体，即文学与生活的关系体，在这个关系体中，文学的道德属性成为有待接受并实现于接受的属性。文学的道德属性何以为接受属性又如何为接受属性，这是文学道德论的基本问题，这个问题由于常在刻意的意识运作中求解，而这又是在违背道德接受规定的状态下被创作主体所处理，继之，它又在简单化的道德批评中被置于观念或具体经验的位置，故而使这个问题缺乏更为深入的也是更合于道德接受关系的求解。

第七章，研究道德批评的应在之维，揭示艺术与人的道德生存的关系。此章认为生存是做的本原根据，做是生存形态。具体人生存地做时，道德律便律定他的生存与做。作为生存道德律的整体性生存是生存的现实形态。整体性现实地占有着生存主体，这是生存道德律对于生存主体的至上性所在。整体性生存在时间空间的延续中又体现为现实非整体性，这便是生存道德悖论。艺术由于根基于生活的非现实形态，因此以其生存的有机整体性超越具体的现实生存的非有机整体性，并获得时空超越，这使得艺术在真实的虚拟或虚拟的真实中求得生存道德悖论在生存整体性上的超越及实现中的化解。

第八章，研究中国古代艺术的伦理传统，从历史维度发掘文学道德论的民族传统根据。本章指出伦理特性是在中国古代艺术中稳定发挥核心作用的基本特性，也是区别于其他民族艺术的民族特性，这一伦理特性体现艺术的伦理价值观，艺术的此岸关注，及见于尊古崇圣的艺术自觉、投入现实的生命意识、修身齐家的心理定位、人伦序位的价值追求四个方面的此岸倾向。

第九章，对孔子的伦理诗论进行阐释，这是文学道德论传统研究的专题性研究，对之从理论上追本溯源，同时也是对所建构的文学道德论对于中国古代诗学进行演示性的运用。本章指出“性”是“仁”的本源，“仁”是“礼”的根据。孔子站在仁学设教的立场，运用诗、理解诗、阐释诗，使《诗》成为通性启智的仁学教材。这是解读孔子诗论的基本点。孔子论诗分为三个方面，即诗特征论、诗功能论、诗实践论。孔子论诗的这三个方面，又都是就诗义而言，基本没有涉及诗的文学形式，因此这又是诗义论。

第十章，探讨文学道德属性的审美之维。本章指出当文学以生活本质为揭示对象时，思的精纯就被突出出来。这是亚里士多德的模仿说所圈出的一个涉及文学根本属性的领地。在这块领地上灵肉二元论的权威性被不断强化，灵亦即思的合法性实现于对于肉体欲望的放逐中，尽管置身于这一领域的文学作品不乏肉体描写，然而，在思的深处，肉体欲望被禁绝。这从文学道德论的角度说，是思的道德对于生存道德的否定；这从美学角度说，则是对于美的釜底抽薪。本章从审美维度探求文学的道德属性。

第十一章，从文艺学的道德命题角度阐释文学道德论的理论价值。本章指出多年来文艺学建构中道德问题常被不同角度不同程度地提及。近年来，日常生活的很多道德规范发生变化，一些新的道德规范陆续形成，社会行为层面的道德冲突随时可见。这是中国现代化进程的道德反应，也是大规模社会转型所引发的道德振荡，全球化的时局为这一反应与振荡推波助澜。尤其是中国有着根深蒂固的道德传统，这更使现时道德状况具有历史冲突的性质。这是一场潜移默化地发生于现实生活的道德“变革”。现实生活的道德状况以生存语境的方式作用于文学创作者，一切外在的反应、震荡、“变革”便都内化为创作者的道德意识，创作者道德意识以道德感的形态随着综合性创作目的进入文学作品，形成文学的现实道德状况，并由此成为文艺学道德研究的鲜活的文本。同时，它们所体现的道德反应、振荡与“变革”的历史性质，正构成文艺学须予认真研究的道德命题。

三、成果的学术创新、应用价值以及社会影响和效益

1. 学术创新

（1）本成果提出文学作品所提供的文本行为系统是文学的道德形态，批判了把文学的思想意蕴、作者的道德倾向及人物的道德主张作为文学的道德形态的普遍看法，这种提法及其论证均具有理论开拓意义。对于文学创作主体的内在的道德规定性，本成果提出在于创作时创作主体先已养成的道德感，在创作过程及修改过程中不断发挥作用的是道德感而不是通常理解的道德意识反思，是创作主体在作品行为系统组构中出于道德感的想象及文学形式化。这种提出本身是拓新的，这使行为系统是文学的道德形态的开拓性指认，在创作主体这里又有了合于逻辑的延伸。

（2）本成果从道德价值在中国文学中的传统地位及当下状况出发，提出道德价值是中国文学体系核心价值的看法，这一看法是特征性的，它以对于中国文学传统的历史性思考及对于西方文学传统的特征性比较为根据，其意义不仅是对文学道德重要性的理论强调，更是对当下中国文学实践的理论对应性的揭示。

（3）本成果所进行的文学道德的心理形态、伦理情感与情境、文学的道德接受与批评、中国古代艺术的伦理传统、文学道德属性的审美之维等方面的研究及理论揭示，也都力求拿出新见。新见，不是理论研究的价值标准，只有历史依凭及理论根据的新见才是有价值的理论研究，本成果这类新见的获得坚持了三个要点，即批判精神、历史理性及当下问题性视野。

（4）本成果的突出特色，是它立足于中国社会转型中的文学实践，进行中国文学道德论的特色性思考，形成对于文学道德论的理论解答。它的主要建树在于抓住中国社会转型这一特殊历史时期的一系列文学实践问题，从文学道德论理论领域的一般规定性出发，对有当下问题价值的文学道德疑问进行系统的理论探索，揭示其中道德论的内在联系，形成系统的文学道德论命题，即是说，本成果在问题性及系统性上进行了中国文学道德论的理论建树。

2. 应用价值以及社会影响和效益

（1）本成果在中国社会转型的理性批判、混乱、重构的时代语境中，从理论与实践相结合的意义上，坚持运用问题式思维方式，在这种方式的总体构架中，把握实践，拓展理论。这是阿尔都塞所揭示的马克思问题式研究方法的系统性的理论演练与过程性展示。

（2）本成果向学术界提供了文学道德论这一文学理论基本问题的系统性研究文本，它的学术启发性不仅在于提出了一系列文学道德论的富于批判性与探索性的新看法，更在于它通过自己的系列性研究，提示了一个重要的理论研究时机的到来，即经过三十余年社会转型、理性批判与建构的历史振荡，深入系统地研究文学理论的基本问题，从而使中国文学理论形成自己的系统特色并进一步多元化建构，已成为可能。

（3）本成果提出的一系列文学道德论的命题、范畴及理论阐释，为文学理论界提供了深入思考与批判的理论对象。

本成果的应用效益直接体现于对当下莫衷一是的文学实践的道德批评。本成果对文学伦理学问题进行集中研究，形成系统性观点，从理论上解决了近年来已成难点的文学实践中的伦理混乱问题，同时，也使文学伦理学这一文艺学基础理论研究走出多年来难以推进的困境，并突出这一问题的中国特色理论研究。

《中国审美文化焦点问题研究》概要

韩经太*

本成果是一个循着历史时序和历史逻辑的双重线索而循序展开的“焦点问题”系列。在一共由九大专题所组成的问题系列中，涵涉中国审美哲学之形而上思辨与文艺创作之形而下实践之间的广阔领域，并在兼顾学界争论不休之焦点与学界忽视之盲点的基础上，出于揭示审美文化史真相和提炼中国美学精神的终极目的，集中论述了以中国美学的逻辑起点为始端而以中国美学的“意境”阐释为终端的一系列“焦点问题”。现以章节次序摘要叙述如下：

一、中国美学逻辑起点的确认与“道法自然”的再阐释

全书首章，确认《老子》“道法自然”为中国美学之逻辑起点。为此，充分展开《老子》内含“自然”概念之原创文本共五章内容的逐一细读，并把细读而精解的前提，建立在《老子》“道经”首章及相应文本中关键命题如“道可道，非常道；名可名，非常名”与新出土郭店楚简《太一生水》章以及先秦诸子共生之“水镜”意念之间的兼容而辩证思考之上。继而以“自然之道”的哲学美学阐释为中心，全面考察从《淮南鸿烈》到《文心雕龙》的思想史阐释逻辑，尤其对学界历来高度关注的刘勰《文心雕龙》“自然之道”阐释问题给予特殊关注，系统梳理从《老子》原创到《淮南鸿烈》的道家文化集成阐释再到南朝刘勰的“自然之道”阐释传统，从《文心雕龙·原

* 韩经太，北京语言大学特聘教授，博士生导师。

道》文本内在逻辑和先秦以来思想史发展脉络两端展开“自然之道”的再度阐释。以“制器尚象”的古典命题为中心，参照西方文化语境下的“艺术起源”诸说，探寻中国“艺术起源”说的哲学底蕴。最后，综合上说而旨归中国审美文化精神的提炼。

中国审美文化之创造性阐释的题内首义，当在于逻辑起点的确认。而老子“道法自然”的经典命题以及充分展开其思维理路的内含“自然”观念的《老子》五章，堪称中国美学的逻辑起点——体现中国美学发展之历史逻辑的思想原点：第一，如果说中国哲学美学的核心范畴是“道”，那《老子》不仅是“强字之曰道”的“道”学原创主体，而且是同时提出了“道可道，非常道；名可名，非常名”的思辨主题，中国源远流长的“原道”文化，缘此而生；第二，如果说“水源说”不失为人类普适的宇宙发生论要素，而中国“水镜说”尤其保存了人类“直觉的自我发现”的原始经验，那么以老庄“涤除玄鉴”“用心若镜”说为中心的观念阐释和意象塑造，就已经确定了中国心物合一而“外师造化，中得心源”的审美文化基调；第三，如果说中华民族数千年养成的民族性格具有“实践理性”色彩，那《老子》阐释其“自然”观时确认“功成事遂”为前提的基本立场，实质上已经揭示出，“无为而无不为”是一个富有成功学目的论的实践论命题，中国审美文化乃至整个中华传统文化之核心精神的历史阐释，势必以此为基准之一。

基于此而注目于中西文化碰撞视域下的“艺术起源”诸说，我们发现，就像“模仿说”的内核其实是“模仿本能说”一样，“巫术说”的内核其实是“原始交感说”。西方“巫术说”的原始交感理论，事实上相通于中国古代的“物感心动”学说。汇总中华典籍中有关“艺术起源”和“艺术发生”的论述，可以从中找到西学种种“艺术起源”说的影子，而那堪当中华文明贡献于人类文明之标志性思想建树的艺术哲学思想，包括关于“艺术起源”与“艺术发生”的精妙学说，可以凝练为：“艺术起源于象征性模仿”！

二、关于“混沌”美学与“玄同”思维的新探寻

本章从评述李泽厚“庄子的哲学即美学”一说起步，进而讨论“老庄一体”意义上的哲学即美学问题，特别注意在结合魏晋玄学之如何传承并阐述老庄思理的思想史视域下，重新解读“此两者同出而异名，同谓之玄”的老

庄玄思的语言哲学本质，借以把握老庄玄思的思维模式及其话语形态。然后进入以“混沌”为中心范畴的哲学美学论辩，将具体而微的“混沌寓言”解读和多元文本互相发明的庄子思想宏观把握相结合，充分展开庄子之精神家园究竟是“原始混沌”还是“理性混沌”的思考，并通过具体分析大量分明带有“炫技”色彩的寓言情节，实际展开关于“至人”艺境必有双重超越难度的艺术哲学核心原理阐释。本章关于“大音希声”的艺术哲学再思考，是围绕着魏晋南朝之际“隐逸”及“游仙”文化背景下有关“无弦琴”“一弦琴”和“长啸”的名士精神生活意态来具体展开的，在深入梳理相关史料的基础上，联系现代观念艺术代表作《4 分 33 秒》，就“大音希声”之艺术哲学原理展开思辨与阐释。

元典创制这一“后巫术”时代“混沌氏”思想意态，可以提炼其精神实质为理性“混沌”。理性“混沌”与原始“混沌”的本质区别在于，前者是对后者的自觉保护，并通过这种自觉保护而实现了自身的完美追求。正是在这个意义上，庄子的“混沌”美学是“后巫术”时代的“混沌”美学，是“人”的理性与原始“混沌”的人文统一。

《庄子》“技艺寓言”实质上含有忘却一切而坚守技艺本身的深刻寓意。《庄子》对于“机心”的高度警惕与深刻批判，其终极追求未尝不契合于“忘机炫技”的双重自由境界。只有那真正自觉排除功利主义而守护技艺讲求本身的创作主体，才有可能同时实现纯粹精神与纯粹技艺的双重收获。

魏晋以降在神仙与隐逸文化的交织中凸显出来的“魏晋风度”，呈现为“一弦琴”和“无弦琴”两个相关的音乐文化意象。其“抚无弦琴”的寓意，与王弼论“圣人有情”之所谓“神明”与“五情”合一之“应物而无累”说的玄学语境有关，蕴含着双重主题动机：一面是音乐美与乐器音律相统一的美学价值观，另一面是音乐美脱离乐器音律的美学价值观。双重主题动机的历史性展开，在深化音乐美学思想的同时，孕育了士大夫文人“自美其美”的文人艺术传统。

中国艺术哲学不是唯道主义的，而是“道艺二元”的——纯粹观念与审美技艺的交织性创造，体现着“至人之用心若镜”的人格与技艺双重“进境”。

三、围绕“内圣外王”与“玄圣素王”的人格美学探寻

首先，基于庄子思想而提炼“天地大美”人格和“与道徘徊”意态为中国人格美学之核心内容。接着，根据《庄子》文本的内在逻辑，具体辨析“内圣外王”与“玄圣素王”的关系，揭示隐含其间的社会政治元素和士人精神诉求，据此而引申及于“处下”的人生观念与“让王”的人格理想。继而，比较分析《庄子》“让王”情节的不同版本，探究隐身于不同文本情节背后的政治文化寓意。然后，认真辨析自孟子以来关于孔儒“素王”人格的阐述传统，揭示孟子以来申论“素王”人格者所阐扬的历史批判精神，进而发掘《论语》载述中孔儒师生问答之际所表现出来的价值追求及其人格力量。值此，还特别讨论了《论语・子张》所具有的历史批判理性问题。

先秦庄子原创的“内圣外王”命题，以汉儒阐释孔子“素王”人格为契机，历史地成为儒家阐释自我人格理想的经典范式。“玄圣素王之道”的人格美典型，就是富有政治根本原理之底蕴的“让王”意象。“帝王”与“素王”的分列，已然标示出文化主体与权力主体的历史疏离。人格美学的理想主义，因为这种“轻帝王”而“让天下”的特定政治内涵，赋予自身超越政治理想的人学价值。

原始儒家学派内部，已有着质疑西周政权之历史话语霸权的理性自觉，子贡的辩护与质疑，因此而具有启蒙理性的光芒。“圣之时者”的孔子人格，是以其执着的实践精神，让富于“始条理”意味的原创礼乐文明具有可持续性，推动礼乐文明进入当下社会，进而使其发展为富有“终条理”意味的新兴文明。

“士”这一历史主体与家国政体之间的深层矛盾所导致的“内圣外王之道”的阐释意向是：“内圣外王之道”乃是终极价值之所在，而“玄圣素王之道”才是人格理想之所寓。《庄子・天道》或生成于秦汉庄学传人之手的推论，恰好说明，道家“玄圣素王”之人格理想乃生成于儒家“素王之业”的阐释实践之中，这种历史进程中的“儒道互补”，历史地塑造了道家“玄圣无为”与儒家“素王删述”相结合的文化人格典型。

四、中国政治教化诗学传统中的文学“风骨”

本章的第一个论述重点是“政教诗学原理”之阐释。缘此，有对朱自清

《诗言志辨》的重新认识，以及就《尚书》相关载述内容展开的史实考论，内容涵涉中国上古社会文明形态和人类原始艺术的普适形态。继而，辨析淮南王文客集团称为“《诗》《春秋》，学之美者也”的学问之道，从“王者之迹”与“学诗之士”的内在关系入手，历史地分析了春秋《诗》学与《春秋》学的文化整合过程。

本章进一步考察汉人政治诗学的历史真相。在汉代谶纬之学的特殊文化解读中，发现先秦儒家历史批评精神的特殊传承方式，以及汉儒志在复兴礼乐文明的思想精神和制度设计。与此相应，总结汉代“采诗观风”和中唐“新乐府”诗学的正反经验，具体辨识其中儒家风骨的历史生成及其清虚化历程。

中国是一个具有政治中心主义特色的文明古国，中国诗学首先是政治诗学。汉儒传承孟子思想而整合《诗》《春秋》之学以凸显“风”诗价值的理论建树，对应于汉代“采诗观风”的制度设置，理当分为“风化”与“风刺”两系。当“风刺”诗道体现出反权利剥夺的价值选择时，诗的政治学自觉就与诗的美学自觉一样具有本体价值。古代史家和思想家以“王者之迹”的存亡为线索而展开的文化价值阐释，其逻辑线索的历史展开意味着“王者之迹”与“学诗之士”的整合性传承。布衣之“士”作为“采诗观风”制度框架内沟通民间与朝廷的中介力量，担当着“社会谏诤者”的历史角色。

自上而下的教化是辩护性的，自下而上的讽谏是批判性的。辩护与批判的内在紧张关系，导致儒家“风骨”的振兴或者衰变。当其外受政治现实挫折、内受心性义理导引，从而敛约甚至消解其外向锋芒时，却也将滞守在事功主义层面上的文学价值解脱了出来，并使其在注重怡神悦性的美感形式的同时，获得某种艺术哲学的灵性。

五、关于中国造型艺术的适意写实传统

从有“世界青铜之冠”美誉的“秦陵铜车马”造型准确、风格写实、制作精美的物质事实出发，反省长期以来国人基于中西比较而确认中国艺术精神为“写意”的既定之论。基于此，讨论以下问题：第一，作为先秦理性精神之凝练的“敬鬼神而远之”的思想命题；第二，处于巫觋文化与礼乐文化交替过程中的“远方图物”文化现象及其艺术特性；第三，可以视为典型作

品的三代铸鼎之“饕餮”纹饰的文化解读问题。

由此，进入中心问题：被称为“马踏飞燕”的汉魏铜奔马的重新命名。

首先，逐一例举自该文物出土以来的有关报道和涉及命名的各派论文，包括民间有识之士的各种意见。缘此而有“马乘飞燕”新名之申说。基于对古代文献记载以及出土器物的实例分析，特别以“羽人”“翼马”为中心，深入辨识中华民族之实学思维与飞升想象的直觉统一形态，揭示出由“羽人”向“乘羽”演化的艺术史动向，最终推导出“马乘飞燕”的新命名。

巫觋文化转型为礼乐文化的过程，伴随着礼乐文化对巫觋文化的吸纳和涵容。“饕餮”纹饰之“食人未咽”的狞厉美形象构思，含蕴着对当时人们来说其实并非神秘莫测的政教文化意义——逢凶化吉而旨在上下协和。此时此刻的“狞厉美”，是一种或者被人类文明所征服的自然对象，或者是一种人类已经懂得如何与之相处的自然对象。

中国民族的飞升之梦，实际分解为“羽人”和“乘羽”两个系列，前者是“人的异化之梦”，后者是“人的自觉之梦”，两个系列交织一体，大体呈现出一前一后的文明理性演进态势。西方艺术传统，可以概括为写实艺术与变形艺术各极其妙的高度统一。中国民族则是由“羽人”自觉转向“乘羽”自觉，并以此而走出了一条将变形自由收束为实学思维之“异质同构”的艺术道路。

六、中国美学的情景交融理想与诗画交融艺术

在具体论证先秦儒、道、法三家共生之技道参融美学思想的基础上，接着讨论顾恺之关于绘画艺术诗意化和透视造型自觉之矛盾的难题意识，剖析其“悟对通神”以及“迁想妙得”等美学观念在化解诗意化绘画创作难题方面的价值和意义。系统考察自魏晋而至于唐宋的诗学思想历程，发掘其伴随着诗意画和山水诗的兴起而逐步实现“诗画交融”的审美文化轨迹。

反思长期以来人们循着中西美术彼此大异其趣的固定思路，就中国绘画以“散点透视”迥异于西方绘画“定点透视”的美学定论展开新的探寻，论述之际，以沈括“以大观小”之说为典型例证，深入探寻沈括此说特定的时代语境，并在完整解读沈括文本原意的基础上，充分阐释其所谓“折高折远”的视觉审美透视法奥秘。

先儒孔门师生在讨论《诗》学时引入“绘事后素”问题，意味着《诗》学与“绘事”首次发生了联系，从而也就形成了中国诗画交融史上第一个值得关注的焦点问题。

联系魏晋以降山水诗以及山水画的审美自觉来领会顾恺之“迁想妙得”的思想精髓，意识到只有将“迁想妙得”的艺术构思原理与“眼视实对”的透视原理联系起来，才能求解“目送归鸿难”这一诗意画创作的特定艺术难题。

“山水以形媚道”，堪称那个哲学与艺术同样发达的时代所酝酿出的最富于诗意的艺术诗学命题。如果说刘勰的“窥情风景”一语已然使情景交融的审美理想呼之欲出，那么，宗炳的“以形媚道”则含蕴着直觉形象刻画与终极价值判断的兼容性艺术自觉。其核心精神，是让“道”以及“神”“理”这些终极存在直觉形象化。

自魏晋至于两宋，山水诗、山水画的相继兴盛，促成了“诗中有画”“画中有诗”的双向互动艺术讲求，通过语言艺术与造型艺术相互渗透的实践经验与思想观念，生成了对我们这个以耕读文明为主的民族来说，具有特殊意义的山水诗情画意。

中国艺术极富写实兴趣，不仅早于西方艺术而形成空间透视观念，而且实践过焦点透视的“真山之法”，但同时又生成了自我超越的艺术模式，本着“以大观小”的审美原理，让“真山之法”所得的山水“真形”重重叠合，通过画幅纵向展开中山水形象的层出不穷或画幅横向展开中山水形象的绵延不绝，最终创造出不违平面造型基本法则而又深得诗意想象情趣的审美境界。

七、中国传统文章学的文体论与文术论两翼

本章内容是就近年来学界关于“中国文章学”的讨论做进一步深度思考。

首先，围绕刘勰“智术”观，纵向追溯到汉代扬雄之以“心”释“神”的思想观念，横向考察则将刘勰之“神思”论与宗炳之“畅神”说视为同构语境中的共生存在，以此而实现“中国文章学”阐释的背景透视。

具体辨析刘勰关于“古来文章，以雕缛成体”的基本判断和倡导“自然

之道”的价值追求，系统考察《文心雕龙》所实际呈现出来的“雕饰”与“自然”二元结构的具体形态。

与此相关，针对学界大都强调《文心雕龙》之“文体自觉”的既成认识，围绕刘勰“秉心养术”之中心观念，辨析《文心雕龙》的“文术”学体系，尤其辨析其“文体”论与“文术”论之间的依存、互补关系。

在考虑到“杂文学”之所谓“杂”的负面含义的前提下，用“文章学”来替代含有“杂文学”是十分必要的。

《文心雕龙》启人深思的高明见识，是其关于“以雕缛成体”的文章本体论和“自然之道”的艺术哲学观。如果说中国文艺发展史上始终存在着雕饰美学的自觉与天然美学的自觉之间的矛盾，那么，《文心雕龙》就已经在探讨“自然·雕饰”的原理和方法，一面赋予雕饰自然的合理性，一面要求雕饰本身以自然天成为理想境界。《文心雕龙》作为中国古典自然雕饰美学的理论典型，其内在的理论支点，就在于“以雕缛成体”的文章学本体观念与“自然之道”的美学本体观念的契合。以此为前提，又有了雅润清丽之品味格调的讲求，又有了折中调和之技法结构的讲求，它们共同构成《文心雕龙》自然雕饰美学的思想体系。

《文心雕龙》的“术”学思想，不妨提炼其精髓为“道”“术”合一之论。《序志》篇中对“智术”的赞美，是与《文心雕龙》全书注重“术”学的思想建构完全契合的。在养心和养术相统一的意义层面上，“术”实际上又是一个深进于“心性”世界的内在元素。因此，我们认为，《文心雕龙》所表现的思想理论，乃是一种文学“道术”论——更准确的说法是“文章道术论”。尤其是“秉心养术”一说，具有鲜明的整合心性修养与技艺习得于一体的理论倾向。

八、心性儒学复兴时代的中国诗学本体自觉

其一，论证中国诗学本体论的“性情与言语”二元建构模式，并揭示其历史生成的鲜明轨迹和不同进境的典型特征。

其二，聚焦宋儒阐扬“‘吾与点也’之意”的心性儒学思想，在心性儒学思想史的历史逻辑推理中，探究理学家所谓“心源澄净”与原始道家“相忘于江湖”境界的深层关系。

其三，分析《濂洛风雅》所收理学家诗人群体共同推崇陶渊明的诗学现象，由此切入，再度透视陶渊明人格与诗品，探寻“渊明风流”递传而塑造宋儒“光风霁月”人格意象的精神轨迹。继而就“宋型文化”视域中的心性诗学意象问题展开讨论。

其四，集中分析理学集大成者朱熹的诗学思想和诗歌艺术，特别注重阐发其儒家悲悯气质和诗家澄明境界。

其五，针对“一代之文学”的词学发达时代，专门讨论王灼《碧鸡漫志》谓苏词指出“向上一路”的问题，因此而展开含涉东坡词与梦窗词的“梦”与“觉”主题组合现象。

中国诗学的本体建构，呈现出历史生成的特殊轨迹和内在逻辑，那就是“性情与言语”的二元组合模式及其历史性展开的三种境界：春秋《诗》学与《诗》《春秋》学历史交织中的“风”诗导向；玄学“应物”说基础上的情景交融诗学与诗画交融艺术；心性儒学复兴背景下的“意新语工”诗说与“逸品”艺术格调。

宋明理学家所讴歌的“孔颜乐处”人格讲求，孕育出“吟风弄月”等心性诗学话语和“光风霁月”之心性诗学意象，说明诗人心目中的君子理想人格具有“和光同尘”与“泾渭分明”异质同构的双重属性，最终是以“出淤泥而不染”的人格自觉显现其“独树众乃奇”的引领与示范意义。

朱熹的理学集大成思维，显示出先验论与经验论、唯心论与唯物论的某种历史整合，并在心性诗学的阐释与创作中通过个性的魅力实现了终极追求与生活情怀的统一。朱熹那通向理学思维的诗学实践，不仅是富有诗人气质的，而且具有一种将“人物之性”化为“气质之性”的人文关怀。

苏轼诗词的高妙之处，往往表现为通过生活细节的生动写照传达出深邃而透彻的人生哲理思考，此即所谓“向上一路”。其中，以苏词“梦境”“梦觉”所呈现出来的“梦学”艺境，是一个尤为典型的文学审美现象。在苏轼那里是“人生如梦”的反复咏叹和“梦觉无期”的深层哲思，而在吴梦窗那里，又表现为如梦情境的幻化结构与觉翁高逸的意象塑造。

九、中国古典美学“意境”阐释的若干问题

鉴于学界围绕着“意境”所展开的论述和讨论已经相当充分，本章主要

从笔者与他人彼此商榷的角度切入。

其一，分别就“意象”阐释中涉及的显隐意向问题，及其多维阐释的可能展开讨论。然后就“意境”阐释的学术史脉络做出扼要论述，在凸显从王昌龄“诗有三境”说到王国维“境界”论之阐释史脉络的基础上，对盛唐王氏与晚清王氏的诗学思想做出“再解读”。

其二，分别讨论“意境”阐释学之主体意识建构和历史意识建构问题。前者关系到专用性理路与通用性理路的契合问题，后者关系到穿越古代与现代的美学通观问题。

其三，具体批评学界存在的文本误读现象，并就相关文本的完整精读做出示范。而在理论创建方面，本章提出并论证中国古典美学之概念的“丛集生成”原理。

“意象”范畴的理论阐释，有两种意向必须加以关注：其一是在老庄禅佛之学的推动下所发生的“超以象外”的阐释运动；其二是意想论“意象”阐释向体物方向的发展。中国古典诗学之“意象”说，大体可以分为意想论与情景论两个系统，这两个系统又共同具有向体道论提升的理论趋势。中国古典诗学在情景论层次与体道论层次上都表现出对“目击”之象的特殊兴趣。

“意境”是古人所谓“物境”“情境”“意境”的历史整合，是通过“得意忘言”与“目击道存”两种观念的互动来完成的。在讲求真情实景的基础上，中国古典诗歌锻造“名句”的创作经验和以禅喻诗而主张“妙悟”的思维经验，共同提炼出诗意语言的独特方式，那就是借助于“画龙点睛”式的原创性“造语”，最终“状难写之景如在目前，含不尽之意见于言外”。“意境”具有复层意义结构。中国古典诗学在实现了对形象化的极致性追求的同时，也实现了试图超越“语言”的审美追求，而此双重追求的客观效果就包含着诗情画意的兼容之美。

“意象”与“意境”的讲求都是侧重于形象性追求的。唯其以形象化为宗旨，所以才会有人们阐释中的情景交融之说。情景交融说的实质是对抒情诗传统表现手法的改造，而改造的方向则是将单纯的主观表现性转型为主观的客观化。

我们提出“概念丛生”的说法，以适应中国诗学的言语思维方式。中国传统诗学思想的阐释方式，有别于西方理性思维之逻辑言语，除了在“原道”层面上确认整个思想文化的核心之外，其余的思想智慧和言说艺术大体都在“道”的辐射空间里“丛集生成”。

《制礼作乐与西周文献的生成》概要

过常宝*

本成果主要对西周时期的制礼作乐和文献发展进行较为系统的梳理，研究范围主要涉及文化政治制度、官司职事特征、文献纂集的方法以及早期的文献制度等方面。

一、研究的目的、意义及所使用的研究方法

本成果旨在研究西周制礼作乐与上古经典文献生成的关系，并由此探讨文献在构建新的意识形态中的功能和意义，这对理解中国传统文化的构成和方式有着十分重要的意义。在古代曾被认为是出于周公之手的《尚书》《周易》《周礼》等传统经典文献，已被学者从思想、内容或语言特点等方面确证为成书于春秋以后，甚至更迟。当代学者由此否认西周时期存在文献编辑活动。一些确实是出于西周的单篇文献，也被默认为是自然而零散存在的，对它们的研究也都集中在史实背景和文本意义上。但是，西周时期确实存在着有意识、有组织的文献编纂活动，它们是周初制礼作乐的产物，因此与周公有着或近或远的关系。制礼作乐大约持续了一百年的时间，而此期形成的经典文献，虽经春秋以后的增删、修改，仍然在不同程度上为我们保持了原始的信息。随着人们对上古文化理解的加深和新的文献材料的出现，学者也开始讨论某些诗文在西周的纂集问题。因此，系统梳理中国早期的文献意识及其形成的原因以及文献纂集的方法、文献制度等，有助于我们理解中国传

* 过常宝，北京师范大学教授，博士生导师。

统文化定型时期的宏观面貌。

基于上述意义，本成果的主要研究目的如下：

（1）全面描述周公制礼作乐的方式及意义。始于周公的制礼作乐，实际上是一场由宗教礼仪到政治制度、文化形态的全方位的社会变革，这场变革奠定了中国传统文化的发展模式。周公摄政称王，凭着掌管宗庙祭祀的特权，假先祖之灵而诰教天下，是神道设教的具体实践。在其还政成王前后，又成功地将政治训诫和礼乐教化之权授予“耉老”和巫史人员，从而使得新的礼乐文化精神在宗庙祭祀之外仍可得以制度化地发展。

（2）系统揭示制礼作乐背景下西周文献意识和文献制度状况。首先，西周礼乐文献虽然产生于宗教仪式之中，但却能凭着从宗教仪式中获得的合法性和权威性，在仪式之外继续发挥着规范、鼓励、教诫、交流等作用。其次，随着制礼作乐的深入，一些不再依赖宗教仪式的文献，如传说、歌谣、谚语等，成为礼乐文化的资源。再次，随着宗教意识的渐趋淡薄，文献代替礼仪，成为话语权的保证，如纯粹教化的“语”文献出现，展现出文献独立构建意识形态的功能和价值。成果考证了史官、祝官、卜官的文献职事，对西周乐人，尤其是太师的文献贡献做了详细的分析，并认真梳理了西周文献典藏方式、文献分类、文献功用。同时，也对西周采诗制度、学宫制度和乐教理论提出了自己的见解。

（3）结合西周时期的礼乐制度，对“书”“诗”“易”“青铜铭文”等文献的生成、文化功能，进行较为详尽的研究，力求形成一些系统、新颖的见解。

（4）文献既是制礼作乐的手段，也是制礼作乐的成果。所以，本成果重在从制礼作乐的背景上来讨论西周文献生成的制度因素。西周文化改革起自宗教仪式，最终却落在文献上，以多种经典奠基并承担着中国传统文化的基本内涵。但在西周时期，甚至在整个先秦时期，文献背后的仪式性张力一直存在着，文献的传统总能够追溯到仪式中去，并从中获取合法性和话语权力。因此只有从制礼作乐的背景上来讨论西周文献的生成，才能真正理解文献的生成过程及文化功能。

本成果主要采取文献考据与理论研究相结合的方法，对传统文献做了大量的比勘、考证、释读工作，在研究中充分重视并谨慎地借鉴近年的出土材料，十分关注文化、历史、文学、文献学等相关学科的国内外的最新成果，细心揣摩国外相关文化理论和优秀的文化研究范例，尤其是借鉴了国外文化功能学派、古典语文学、传播学等理论，重点考察了周初制礼作乐的具体内容、文献意识、文化制度和文献的生产方式，以期较为全面地、有层次地再现中国早期文献的发展进程，从而形成了本成果理论指导、实证说话、结论具有理论意义的方法特征。

二、成果的主要内容和重要观点

本成果主要探讨西周制礼作乐与文献生成之间的密切关系，并由此研究中国早期的文献意识及其形成的原因，涉及文献纂集的方法、早期文献制度、官司职事特点等。为此，本成果在参考学术界最新研究成果的基础上，充分利用传世文献与考古材料的价值，形成了自己的研究结构及主要观点。兹简介其主要内容及观点如下：

周公的制礼作乐，实际上是一场由宗教礼仪到政治制度、文化形态的全方位的社会变革。在礼仪层次上，以祖先和自然神祭祀为核心，推广至各类社会礼仪，逐步制定了包括祭祖、册命、征伐、朝聘、农耕、乡饮酒、婚丧、成年等礼仪性规范；在制度层次上，以宗法和分封为大纲，逐步建立起了新的家国一体的政治形态，以及与之相应的承继、官僚、会盟、服色仪仗、井田、历法等制度体系；在意识形态层次上，以“克自抑畏”为起点，倡导反省和忧患意识，褒扬德、敬、谦、俭、孝、义等人格品质。所有这一切，构成了礼乐文化的基本内涵，也就是王国维所谓“制度文物”。周公是制礼作乐的倡导者、领导者和实践者，他通过对殷商礼仪的损益，揭开了周代“郁郁乎文哉”的历史新篇章。

周公制礼作乐的主要方法是神道设教，也就是借助宗教仪式和神圣话语方式，推广新的政治文化理念。如《周易辑闻·筮宗·原序》所云：“圣人无惑，众人未能免惑。圣人不欲以己意解人之惑，天生神物以前民用，圣人托之，虽曰神道设教，非无是理而矫诬斯世也。”也就是借助宗教传统的权威，才能使百姓信服。神道设教的前提是一定程度上的政教合一。周公摄政称王，为制礼作乐奠定了基础，也是周初宗教和政治由合而分的关键点。周公凭着掌管宗庙祭祀的特权，假先祖之灵而诰教天下，是神道设教的具体实践。在其还政成王前后，又成功地将政治训诫和礼乐教化之权授予“耇老”和巫史人员，从而使得新的礼乐文化精神在宗庙祭祀之外仍可得以制度化地发展。

《礼记·王制》所谓“乐正崇四术，立四教，顺先王诗书礼乐以造士”，《周礼·地官·大司徒》所谓“以乡三物教万民而宾兴之：一曰六德，知、仁、圣、义、忠、和；二曰六行，孝、友、睦、姻、任、恤；三曰六艺，礼、乐、射、御、书、数”，这就是所谓礼乐教化。在这一过程中，礼乐由宗教祭祀以及与宗教秩序有关的仪式，转变为社会意识形态和自我养成的手段。教化，从此也成为中国传统社会最为理想的政治方法，“厚人伦，美教化，移风俗”成为历代最重要的政治目标，并一直延续到封建社会结束。

制礼作乐必然导致文献生成方式、功能的变化，导致文献编纂高潮出现，也推涨了全社会的文献意识。

首先，殷商文献，无论是何种形态，基本都具有宗教性质，它们是人神交往的手段和结果，虽然包含很多信息，但一般不会在世俗社会传播并形成意义。所以，殷商文献在脱离了宗教仪式后，就不再具有社会交往的功能。但西周文献不同，它们同样产生于宗教仪式之中，起着人神交通的作用，但在仪式结束之后，无论是被藏于盟府之中，还是镌刻在彝器之上，或者是由乐太师授之于学宫之中，文献的功能并没有被冻结，而是继续发挥着规范、鼓励、教诫、交流等作用，维系着个人和家族、当下和历史、不同群体之间的关系。可以说，西周礼乐文献从宗教行为中获得合法性，却主要是在世俗社会中发挥着作用。这是西周礼乐文献和殷商文献的区别之一。

其次，制礼作乐的目的是社会制度和社会文化的革新，是新的社会观念和社会规范的确立和推广，而这些在相当程度上要依赖礼仪活动。西周史官、祝官、乐官等为各类礼仪活动提供命辞、祭辞、训诫辞、歌辞等，并通过这些“辞”来推广礼乐精神。仪式为制礼作乐提供合法性保障，也提供思想和方法的资源。随着制礼作乐规模的扩大和深入，尤其是在缺少如周公这样的精神领袖的时代里，人们始通过追忆的方式，将前代礼仪或传说作为新的资源，于是，追溯性或转述性礼仪文献开始大量出现。当然，民间宗教礼仪或者歌谣、传说，也都可能被搜集、改造，用作制礼作乐的又一重要资源。西周时期的文献产生方式，要较殷商更为多样化，也更具创造性。

再次，随着制礼作乐的深入，宗教性渐趋淡薄，而文献会在一定程度上代替礼仪，作为话语权的保证，这时，一些不依赖仪式而只是纯粹表达教化意义的文献开始出现，并受到敬重。如传说为西周初年的史佚的语录，或者是西周后期出现的政治讽刺性歌谣，从其产生的方式和内容来看，已经和后世文人文献没有什么太大的区别了。虽然，“史佚之言”出自史官，而讽刺诗也是在无算乐的仪节中呈现出来，多少还具有一些礼仪传统的影子，但它们的社会化的因素显然更多、更值得关注。更为重要的是，“史佚之言”开创了“语”文献的传统，它和讽刺诗一样，在文本形态上都有一些容易识别的规范性，正是这些规范性，使得“文献”的特征和意义凸显出来。西周时期还有一些文献也具有同样的过渡性特征，如青铜器铭文，它产生于赏赐仪式之中，并且一直作为宗庙重器而仪式性地存在着，但它的纪事述功的内容和载录方式，使得它有可能在脱离了仪式以后仍然保留着教诫作用。这样，春秋时期最为常见的文献形态：诗、语、史记，都已经在西周时期萌芽和发展。这三种文献形态是春秋时期礼乐文化得以延续的重要方式，并且基本不具有宗教或仪式含义，可称为“君子”文献。

制礼作乐还促使了文献职事和文献制度的发展。“史”是最早的文献职官，是甲骨卜辞的载录者和保存者。殷商史职转为周人服务后，在制礼作乐过程中起着十分重要的作用。至少到西周中晚期，已经有了“太史寮”这样专门的史官衙门，不同文献的撰制、载录、保存等，往往分属不同的职事。史官之外，“大祝”掌六辞、卜官掌三易、宗伯于会同时“陈天下之谟”等等，皆各有文献之职事。此外，西周乐人也是制礼作乐的重要力量，他们是乐舞、歌谣等文献的创造者和传播者，尤其“大师”一职，还从事着以诗书礼乐教授“国子”的工作。西周的文献意识首先来自代殷而王的合法性的诉求，周人将“典册”看成是具有权力合法性的依据，为此，西周建立了较为完整的文献制度：在周王宗庙中设有天室、图室、盟府等文献典藏之所，周庙之外，各府衙亦有文献收纳机构。大史所掌文献被区分为“典”“法”“则”“书”“策”“事”等，这些文献有可能被用来对贵族、官员进行考核。西周还有采诗制度，所采集之诗由太师加工整理，用于礼仪之中。西周设立了多种学宫，通过教学，举行乡饮、乡射等礼仪，来传播“诗”“书”“礼”“乐”，培育子弟。在学宫之中已经形成了一整套的关于乐德、乐教、乐舞的理论，促进了文献的传播和阐释活动。

绵延整个西周时代的制礼作乐，在总体上是一个不断发展的过程。西周中期，出于对文献的信仰，人们开始模仿、改编、创造出新的文献。《管子·小匡》说昭王、穆王“合群国比校民之有道者，设象以为民纪，式美以相应，比缀以书，原本穷末”，说明在西周中期有过一个文献编纂的高潮。《尚书》《逸周书》《诗经》等中相当一部分篇章即产生于此时。但制礼作乐也非一帆风顺。《国语·周语上》太子晋曾提到“厉始革典”，韦昭解释说是厉王“变更周法”。史书记载，厉王“专利”，并使卫巫“监谤”，后者显然是对周公建立的谏诫制度的否定，而且卫乃殷商故地，“卫巫监谤”似乎是殷商旧巫术。显然，这是违背制礼作乐精神的事件，也可以说是礼崩乐坏的开端。但礼崩乐坏并不意味着文献编纂的衰落，礼乐文化的深入人心，使得变风变雅得以兴盛，文献的自主性于此得到很好的体现。

西周制礼作乐导致了大量文献的产生，文献又逐渐成为制礼作乐的主要方式，这一过程，既是文化逻辑的必然，也十分复杂。制礼作乐在不同的文化层面、不同的历史阶段有着不同的目的和方法，也就必然会导致文献生成方式和形态的多样性。经过历史的汰择，大多数文献都已经淹没无存，只有少数几种礼乐文献，被视作礼乐文化的经典流传下来。这些文献也可能是在西周之后被编定，经过了删改、掺伪等，很难说是西周时的原貌。前人做了大量的辨伪工作，但也难以定谳。保留在西周青铜器上的铭文，虽然也有年代认定的问题，但较传世文本文献更为可靠。铭文文献的思想价值不如传世文本文献，此前只是被当作史料或语料使用，但从文献文化史的角度来说，它能活生生地再献文献活动的方式和意义，具有很高的价值。本成果在综述西周制礼作乐活动和文献状况的基础上，主要对“书”“诗”“易”“铭文”等不同类别的文献进行辨析，以期再现西周制礼作乐与不同文献形态之间的关系。

“书”类文献，直接起源于周公的制礼作乐活动。收录在《逸周书》中的《克殷解》《世俘解》《皇门解》等，载录了周人建国时期的政治、军事和礼仪活动。而《尚书》所收“周初八诰”则是周公在主持祭祀仪式时假借祖灵之名发布的教诫之言，体现了周公“敬德”“保民”“慎刑”“殷鉴”等政治改革的思想。周公将祭祖仪式上的对神之“告”，发展为仪式中的对人之

“诰”，使其成为大祝“六辞”之一。“八诰”是周公“神道设教”的具体实践，它不但形成了制礼作乐的基本思想，而且开辟了训诫政治的基本模式。《大戴礼记·公符》载：“周公使祝雍祝王……祝雍曰：‘使王近于民，远于年，啬于时，惠于财，亲贤使能。’”这说明周公有意识利用大祝一职建立教诫政治的传统。《逸周书·周祝解》所载全是“周祝垂戒之语”，反映了这一礼教传统的发展状况。又《国语·周语上》有“史献书”的记载，也就是史类职官可以读“书”以谏天子。《世俘》载“（武王）乃俾史佚繇书于天号”，说明史官是通过读“书”交通天人的，这是“史献书”的宗教传统，而周公所建立的训诫政治则是它的现实基础。一些追溯古史类“书”文献，如《尧典》《皋陶谟》《牧誓》等，可能就是在“史献书”这一背景下产生的。这些文章都有祭祀仪式的场面和情节的描写，表明它们可能是对乐舞仪式、传说等的文字性转录。这是西周时期“书”文献产生的又一种重要形式。

“诗”类文献本就是仪式的一部分，与乐和舞三位一体，所以，制礼作乐和“诗”文献密切相关。西周初年，周公将祭祀文王、武王作为最高的典礼仪式，这是对传统礼乐制度的重大革新，周公自作有《武》《赉》《桓》等以祭祀武王。《国语·周语上》称《时迈》为“周文公之颂”，则“颂”这一名称也可能始于周公，它意味着当时已将某些“诗”根据“颂”的标准编定起来了。颂祖诗是西周礼乐文化最核心的部分。西周中期，随着礼乐制度的成熟，尤其是辟雍礼仪的兴起，典礼用诗更加发达。此时，祭祖礼趋于完善，祭祀的对象以文王、武王为核心，往前追溯至后稷，往后延续到康王，形成了一个连贯的英雄祖先谱系。这些都在“诗”中表现出来。祭祀礼仪之外，举凡农事礼仪、政事礼仪、军事礼仪、燕飨礼仪乃至于婚姻、宫室落成等普通生活礼仪，无不用“诗”，《周颂》《大雅》中的大部分诗篇都产生于这个时期。西周晚期礼崩乐坏促成了献诗讽谏的风气，它们主要用于各种典礼的无算乐仪节中，所以仍然是礼仪用诗。仪式中的无算乐部分具有节制性小、个体主观性强的特征，成为讽谏诗最有利的发布平台。讽谏诗的价值倾向与西周的礼乐传统一致，因此被纳入周王朝“雅乐”之中，成为“变诗”，并在东周平王之时结集。《尚书·舜典》云：“诗言志，歌永言，声依永，律和声。八音克谐，无相夺伦，神人以和。”诞生于西周时代的“诗”，是中国文化中最具阐释性，也是普及程度最高的经典文献之一。

西周制礼作乐的另一重大成果是《周易》。易占是周人流行的占卜方式，它以“筮数”将人们的卜问与特定的卦爻辞联系起来，通过解读卦爻辞以预言吉凶。在制礼作乐过程中，西周太卜、筮人等对早期数字卦占卜方式进行改造，并利用卦爻辞的方式，统一了多种民间占卜形式，同时使得筮占更加规范化，这才形成易占和《周易》文献。现存《周易》卦爻辞中，至少包括数字占、象占、谣占、史事和占筮实录等内容。《周易》以占卜为出发点，旨归却在于具有训诫性的大义，是神道设教的典范。《周易》以象征着天、地、山、泽、雷、风、水、火的八种卦形为世界构成的最基本元素，通过各种组合，以及爻位的变化，构成了一个无所不包而又富于变化的象征系统。通过这一象征系统，《周易》表达了自己对自然、世界、人生的观点。《系辞下》云：“《易》之兴也，其于中古乎？作《易》者，其有忧患乎？”《周易》的忧患意识来自商周易代的反省，内容则为对天道变易的敬畏，以及克制和谨慎的人生姿态。《周易》阐发“变易”思想，但认为世界是可把握的，显示出较为乐观的理性态度，反映了西周的礼乐文化精神。《周易》中阴阳平衡、物极必反、观象立义、整体性、关联性等思维方式也成为中国传统文化中最有魅力的部分。《周易》之外，仍有物占、星占、望气、梦占等占卜形式在社会上流行。《山海经》即为一种包括了“物怪”占卜和祭祀的文献，它的编纂可能与多种图画文献有关。

青铜器及其铭文主要用于与祖先神灵沟通，其精神内核是慎终追远和光大族姓的宗法意识。西周制作青铜器的目的是祭祖和陪葬，而制作的契机则可能是得到王的册命或赏赐，或者是缔定契约等，西周人认为这些事情对家族十分重要，都应该铭刻在青铜器上。青铜器的样式和陈列方式，有着礼制的规定性。青铜器作为家族性祭器，殷商时代既已存在，但以铭文的方式颂扬祖德，纪述勋劳，感念王恩，这是在西周制礼作乐背景下出现的，主要体现了宗法意识下的家族伦理。铭文显示了在世者与祖先亡灵之间的相互依存关系，所以“祭享类铭辞”最多；铭文往往载录周王册命和赏赐的原因和过程，有为在世者纪功的目的，但却被归因于祖德的护佑；同时，铭文还表达了氏族和王室的亲密关系；等等。多数情况下，铸器原料来自王的赏赐，所以，铭文中所表达的福泽绵长的家族观念，以及对王恩的感戴情感等，是得到王的鼓励的。这就是“对扬王休”“子孙永宝用”等颂辞、嘏辞的意义所在。可以说，基于宗法思想的家族伦理和政治意识，是青铜器铭文的主要文化功能，它深刻地反映了礼乐文化的精神内涵，这也是“器以藏礼”的真正含义。青铜器铭文由于转载了宗庙册命或赏赐中的诰、命、记、誓、训、颂等内容，又被后人看作是一种具有训诫意义的文体，对后世各种形式的器物铭，以及脱离了器物的铭文、诔文文体等，都有重要的影响。

除以上这些文献，本成果还穿插讨论了“语”“史记”“约剂”等其他形式的文献，并根据西周礼乐文化和文献自身的发展情况，讨论了春秋时期几种主要文献形态产生的必然性。

总之，周初的制礼作乐是为了稳固周贵族统治而进行的政治文化改革，也是文明自身发展的必然进程。文献既是制礼作乐的方法，也是制礼作乐的成果。新意识形态就在礼仪和文献这两端之间生成，随着时代的推移，逐渐远离仪式而靠近文献。可以说，西周文化改革起自宗教仪式，最终却落在文献上，以多种经典奠基并承担着中国传统文化的基本内涵。但在西周时期，甚至在整个先秦时期，文献背后的仪式性张力一直存在着，文献的传统总能够追溯到仪式中去，并从中获取合法性和话语权力。因此，只有从制礼作乐的背景上来讨论文献，才能真正理解先秦文献的生成、方式和文化功能。

三、成果的学术价值和社会意义

本成果主要是对西周时期的文献生产过程的文化制度、具体方法进行考论，并对西周文献的发展进行阶段性的描述，这对正确理解相关文献、早期的文献行为，以及其在文化发展中的功用，都有着重要的意义。本成果的学术价值主要表现在：

（1）对西周时代的制礼作乐和文献活动从制度的角度做了较为切实的考察，从而为上古文化研究、文献研究找到一个可以观察其“存在方式”的立足点，礼乐制度和文献制度的研究，拓宽了先秦文化研究的领域；

（2）首次较为完整地再现了西周文献发展的路径和状况，能帮助学者有效地突破盲目崇古和轻率疑古的历史迷雾，重新认识和评估中国经典文献的价值；

（3）揭示了西周制礼作乐这一改变中国历史的重大文化活动是如何对文献产生影响的，以及中国上古经典文献拥有超乎寻常的话语能力的原因；

（4）对《尚书》《诗经》《周易》《山海经》以及青铜器铭文等文献的生成、话语特点和编纂过程做了富有新意的阐释，能予古代经典研究以启发；

（5）本成果形成的“制度—话语—文献—功能”的研究方法，对中国传统学术研究也有一定的参考价值。

本成果有着较好的社会价值，主要表现在：第一，从内在机制方面挖掘西周文献生成的深层原因，有助于我们充分认识西周文化的价值、深化西周文化的借鉴意义。同时，有助于社会人士对中国上古文化流变的把握和认识。第二，本成果在尊重前人研究成果的基础上进行新的探索，提出的新观点或解决思路有助于推动人文社会科学界的争鸣，具有很强的借鉴意义。第三，本成果是对中国传统文化定型和发展时期的探讨，相关结论如果得到进一步拓展，有助于提升国家文化软实力。

《金圣叹史实研究》概要

陆 林*

本成果是在明清文学史实研究的大视野下，以金圣叹（1608—1661）身世、交游、著述情况为研究中心，以史实考索的细密坚实为质量追求，以学术史评价为纵向考量思路，以问题研究、事迹编年研究和交游研究为结构形式，通过对相关问题的实证研究，厘清有关金圣叹的基本事实，以期凸显或再现其人其事的历史具体性，展示以金圣叹为中心的明末清初一批边缘文人的人生轨迹，尝试为明清文学及文化研究寻求深度推进和视域拓展之可能，并由此探索史实研究之于明清文学及文化研究的方法论意义。

一、研究的目的、意义及所使用的研究方法

1. 研究的目的和意义

（1）金圣叹是明清之际著名的文学批评家，在古代文学理论批评史上具有重要地位。自新时期以来，有关金圣叹的研究一直是古典文学界的热点所在，甚至有学者提出建立“金圣叹学”的主张。但是，有关成果大多是围绕着金圣叹文学理论而阐述，以身世和交游为中心的史实研究一直是弱点所在。金圣叹身处历史语境的复杂性，其个人思想生平的丰富性，有关其基本史实存在的大量歧见和讹误，使对金圣叹史实的系统和深入研究，具有了必要性和典型性。

（2）就金圣叹研究本身而言，史实研究是必做的独立性工作。金圣叹生

* 陆林，南京师范大学研究员，博士生导师。

活在明末清初，此一历史阶段的文人著述，经历过朝代鼎革的兵燹劫难和康熙乾隆的文字毁禁，保存下来的原始文献本来就相对稀少，加之金氏一生因行止多义而留下诸多需要破解的密码，又在晚年卷入“哭庙案”而成为被钦定御案镇压而亡的“不良死”者，许多生前交往记录往往会被遮蔽或删毁，种种因素造成今人对这样一位著名学者生平的认识竟然模糊到连姓、名、字、号和籍贯都莫衷一是，这无论如何都是不应该的。

（3）对金圣叹史实的全面研究，将有助于明清文学和文化研究。金氏虽后期名扬天下，但在当时、当地却始终是一介寒儒，故其所交大多是草野小民、普通士子。研究中，势必要钩稽出明末清初一大批中下层文士的生平事迹，涉及当时江南地区身处边缘阶层的普通文人的活动和情感，挖掘出许多向来缺乏研究、却是构成文学史和文化史的丰满血肉的人和事的细节。因此，本成果对明清之际的文学及文化研究应有参考价值，既有助于深入了解江南地域作家群的生存状态和人际关系，也可由文人个体生存状态的勾画而达到对彼一时段重大历史事件的再认识。

（4）通过本成果体现和检验明清文学史实研究的独特方法。明清文学的史实研究所牵涉的文献种类和研究方法，比起前此各代远为丰富。笔者长期沉潜于明清文学文献的整理研究，对明清文学的实证研究和史实考证时有心得和创获。在本成果中，试图通过各种事例的考述，展示笔者摸索多年、在明清文学文献史实研究方面具有高效度的独特研究方法。

（5）通过本成果探索和展示史实研究之视域边界和构成板块。从事史实研究，不能指望一蹴而就，更难以毕其功于一役，而是需要研究者花费相当长的时间和精力进行专门的研究，以在同一领域的长期浸淫而形成的专业修养和学术敏感，获得突破和精进，从而将一个问题做透做实。本成果以长期的学术积累为前提，形成了以基本史实考证为核心，以学术史梳理为基点，以原典整理、事迹编年、交游复现等为分翼的研究思路。其研究视域及板块构成，可以拓展史实研究的边界，为史实研究的纵深推进提供方法和思路上的借鉴，亦是板凳甘坐二十年、打造学术精品的研究精神的切实践行。

2. 研究方法

（1）充分利用家谱文献达到史实研究的“群体性”突破。从古典文学研究的角度看问题，家谱可谓是家族关系史。在“专人研究”中，对研究对象家谱的利用，在学术界已有许多成果，但是就整个研究领域而言，在古典文学的史实研究或文献研究中，对家谱的利用尚处在单一性或偶然性的阶段，还缺乏对家谱“文献查找的系统性和学术利用的自觉性”。本成果首次有意识地广泛利用旁族别姓的家谱，对谱主的其他社会关系进行系统、全面的考察，在金圣叹史实研究领域里取得了系列显著成果。

（2）有的放矢的文献搜求。对于史实研究而言，家谱资料不是万用灵丹，不能解决所有问题。因此对与金圣叹有关的人和事，在知见所及的范围内，必须进行一定观念指导下的竭泽而渔式的搜求，尽可能多地掌握其生平和交游的史实情况，以求最大程度上恢复金圣叹的社会关系网。所谓一定观念，针对这一研究对象的特殊性，就是对地方文献的系统查找。地方文献，除了上面已涉及的家谱之外，就文献形式而言，一是方志，由省、府、县志而到乡镇志；二是秀才一级的地方科举史料，如《诸生谱》；三是郡邑乡镇诗文总集。许多特殊文献，在金圣叹研究领域里，都是笔者首先采用的。此外，还广泛旁及其他各种别集、总集、野史、笔记、进士履历。在长时间寻觅、大量占有原始资料后，始进入融会贯通式的考论阶段。

（3）以对基本文献的掌握和整理促进史实研究。作为金圣叹史实研究的中期成果，笔者用三年时间（2006—2008年）整理出版了《金圣叹全集》。较之以往出版的同类著作，《全集》主要有两个特点：首次收集整理了《小题才子文》以及新发现的佚诗、佚联、佚文三十余篇，为金圣叹研究提供了新资料。首次在正文后编著了近十九万字的“附录”，分为年谱简编、著作序跋、传记资料、“哭庙案”史料四个系列。其中年谱简编约四万字，对金圣叹生平、交游、创作等各个方面的事迹，给予了初步搜罗和考订。通过辑校整理工作，使得对“原典”的占有和熟悉，居于一个优越地位，有效地促进了史实研究的深化。

（4）文献考述和文学研究相结合。以文献考述为核心，并不意味着研究方法的史料“本位”观念，甚至止步于对史实真相的揭示，而是在收集到文献后，进一步考论其与相关文学现象或美学话题之关联，以史实为依据，论证文学史或批评史发展的必然性与特殊性，以此克服或局限于文学、或局限于文献的“一元化”研究思路所造成的空疏之风或琐屑之习。如本成果中，由金圣叹扶乩降神史实之揭示，探寻金圣叹“心理批评”方法的特点形成及所能达到的理论高度，以及扶乩情事对后世小说戏曲创作的影响；或由金圣叹与王思任、徐增、邵僧弥等交游、交接之事实的发现，阐释其“六才子书”说产生的学术史渊源，其以佛法、画法等说诗论文等现象产生的个体必然性等，均可见出文献考述和文学研究相结合的方法对史实研究的大力促进。

（5）史实研究与文化研究的结合。史实的实际存在，并非仅为自然生成之状态，而是文化沉淀的结果。史实研究与文化研究的结合，一方面可以借助对文化制度、习俗、精神的充分了解，为文献辨析和真相解剖提供必需的史识和学养，提高史实研究结论的科学性；另一方面，亦可由史实研究延伸而引入文化观照的视角，由一事一人之考述，引出对类化文化形态的认知和对整体文化生态的勾画。如本成果中由籍贯考引入同城而治，由庠姓问题窥及科举文化，以及在交游考中以内化的文化研究视角形成的史料勾选原则及相关解析等，都是此一研究方法的实践创获。

二、成果的主要内容和重要观点

1. 主要内容

本成果重点考察金圣叹的生平事迹、著述缘起、社会关系。具体而言，生平事迹，不仅要对其姓名字号籍贯的纷纭众说予以史源学的研究，而且要探索其各个阶段的活动，尤其是早期经历对后来文学批评的影响；著述缘起不仅是指研究其著作的成书年代，而且包括其诗歌创作的具体时间及其涉及的当时之具体史实（即陈寅恪所谓“今典”）；社会关系不仅是指各种著述中涉及的亲友，而且包括同时代对他有过相关评价者。

本成果由二十章组成。第一至第三章，由“哭庙记闻版本论争平议”“姓名字号籍贯异说考辨”“扶乩降神活动研究”组成。第一章抓住引起诸多争议的关键所在，即对哭庙文献版本的不同看法这一牵一发而动全身的焦点，反思问题的缘起、论争的历程及其学术史教训。在厘清有关文献认知后，第二章进而探讨原姓张与庠姓张，一名、改名及字号，唱经堂与贯华堂，金喟与金麟振的疑伪，以及籍贯不同说法的生成和取舍。第三章主要探考金圣叹早年扶乩降神活动及其与文学评点的关系，在前人研究的基础上，进一步讨论其扶乩降神的基本史实、其中表现的精神风采以及扶乩降神对其文学批评的具体影响。

第四、五章是“事迹编年订补”和“佚作分类辑考”。第四章将金圣叹一生主要行迹分为早、中、晚三个阶段，以前人研究为基础，以前此年谱、系年类成果作为主要订补对象，综合各家之说，对前此相关著述语有歧义处妄加商订、言或疏漏处试作补遗。第五章虽然在原始文献的征引上与第四章有所重叠，但侧重考述相关文献的学术史发现历程和文献价值，在叙述角度和详略方面各有差异。

第六至第二十章是金圣叹的交游研究。这是本成果的另一重点，采用了从网状社会结构和脉络中分析人物的方法和视角，行文指向的是个体的生存境遇和世道人心，以求最大限度地复原金圣叹文学活动产生于其中的人文生态。

其中第六至第十一章，分别探讨金圣叹与莫厘王氏、周庄戴氏、吴江沈氏、甫里许氏、唯亭顾氏、葑溪丁氏的交游情况，除了甫里许氏族谱尚未得见，主要依靠乡镇志来考察诸许亲缘关系外，其他五章都是基于家谱的利用而发掘出金圣叹与相关各家族群体的关系细节。

第十二至第十七章，分别以“徐子能：杰出的辩护士”“邵僧弥：心仪的同乡画友”“周计百：可以托孤的神交”“淮安诸友：人生的末次欢会”“周元亮：褒贬审慎的研究者”“尤展成：纠结半生的才子争名”为题，探讨了在金圣叹生命中或不同阶段的重要人物关系，综合运用别集、笔记等各种文献，努力打通交游细节的考证与生存状态的揭示以及心路历程的体认之间的联系。

第十八至第二十章，分别以“小题才子书”、“沉吟楼诗选”和“鱼庭闻贯”为中心，考述金圣叹著述中所涉及的人物，前此已涉之人，或不再专门考述，或注意犯中见避。重点围绕相关人士平生经历中与特定的时代社会、文人心态和士子处境密切相关的某些史料，发掘其中具有心史价值、历史意味的方面，写法上虽以人物为单元，却文风不一，篇幅不拘，长则一两万，短则三五千（资料过少者从略）。历来古代专人研究中都不乏“交游考”部分，在今日之学界已成赘疣或填充篇幅的“良方”。笔者则尝试在此处荡开笔墨，努力写出所涉诸人之心灵和人生的特点，借以表达对某个特定时代世态人情的兴趣或看法，也是替向来被人诟病的交游考做个新例。只是想法虽好，着笔不易，幸亏面对的是明末清初那个精彩的时代、那么丰富的依违出处的人生。

本成果另含“附录”五种。一为“近现代金圣叹史实研究举要”。将上世纪清末至民国年间的史实研究，按照滥觞期（1900—1919 年）、演化期（1920—1931 年）、争论期（1932—1936 年）、沉寂期（1937—1949 年）四个阶段，评述有关研究的收获与缺陷。评述以史实贡献为准绳，以“理解之批评”（与“理解之同情”有分寸的差异）观照古今，努力做到既充分理解，又批评不足。鉴于笔者的研究在当代成果中的比重，本研究对建国后的研究总结不做专门讨论。

二为“《沉吟楼诗选》‘读后记’史实探源与辨误”。之所以将此旧文作为附录，是因为文字与正文有所重叠；之所以仍作附录，是因为保留了笔者撰于本世纪初的一篇文字，可以看出十余年间的进步与停滞。

三为“全书人名字号别称索引”。是将本成果所涉及的与金圣叹直接、间接相关的各色人物，将文中所及的字号、别称、室名、堂号等，做一综合索引，以供读者了解本成果在交游考方面的创获与不足，并为明末清初文学研究者提供便于检索的参考。

四为“本课题前期研究论文目录”。将笔者自 1993 年以来研究金圣叹史实问题的单篇文章目录予以罗列，是因为这份目录记载了笔者二十余年来有关这一课题的蹒跚脚步和学术年轮，可供读者比较书稿中的文字与已经发表相关论文的差异。

五为“主要参考文献”。

2. 重要观点

（1）金圣叹史实研究的学术史，本身就是中国现当代学术发展史的典型缩影，其研究的阶段性起伏盛衰、取得的成就和暴露出的不足，不仅体现了学术研究自身前进和波折的历史进程，也与不同时期的文学思潮、文化风向和学者个人在学术思想方面的不同取舍密切相关。因此，本成果在撰写过程中，始终坚持以学术史评价为纵向考量思路，以史实贡献为准绳，以求站在时代的高度总结以往金圣叹史实研究的得失。为了体现学术史的演进历程，对于笔者前此发表文字中的学术性讹误或缺失，一般不予径改，而以行文自纠谬缺，或出注予以说明（一般笔误不在此列）。

（2）金圣叹史实研究经过一个多世纪的发展，取得了不少成绩，但繁荣的同时也存在着对其生平史实缺乏基本认同的问题，辗转因袭成说，缺乏深入研究，成为一个较为普遍的现象。只有仔细地清理既往的研究积累，对一系列的陈说公案进行重新考评，对记述不一的文献资料去伪存真，方可获得可靠、可信的学术认知，从而以此为前提展开“接着说”的工作。本成果因此坚持问题意识，以学术界存在争议和缺乏深入研究的问题来构建内容，追溯问题的学术史“发生”和演变的过程，加强考索和辨析，以求逐个突破。如第一至第三章，将姓、名、字、号、籍贯作为金圣叹史实研究的基本内容，由前此研究所据文献版本的不同、各种说法的史源出处、行政区划的历史沿革等，厘清有关文献，提供新证，并形成相应的结论。又将影响其一生的扶乩降神活动的研究独立成章，在纵向上梳理了其扶乩活动的过程及深远影响，借此呈现金圣叹的人格面目，指出扶乩降神与其文学批评特色的内在关联，即金圣叹“这种长于心理分析的批评特色，使得古代文学批评从片言只语的点评，发展为容量适当的阐释，由方法的更新导致了形式的突破”。在第四章“事迹编年订补”中，也以对各家之说的商订和补遗为前提，力求对金圣叹的生平事迹做出更为深入也更接近历史真相的呈现。

（3）交游研究是金圣叹史实研究中的薄弱环节，其“生活场景”的复现因此存在大片空白点和模糊之处，对于认识其生活细节和生存的文化语境构成了障碍。本成果集中考述了金圣叹的交游情况。对金圣叹与莫厘王氏等六大家族群体交游情况的考述，不仅涉及金圣叹人生和文学活动中与其密切相关的人物生平，也有助于了解金圣叹交游圈的形成和扩展延伸的轨迹；对徐增、邵弥、叶奕荃、周计百、阎修龄、周亮工、尤侗等与金圣叹交集的考述，探讨了金圣叹生命情怀的构成、形象“书写”、时人评判等不同方面和人生阶段的重要人物关系；以金圣叹的著述为中心、对在其中出现而未能为上述两种角度所涵括的人物进行考述，在探讨他们与圣叹关系的同时，亦努力写出所涉诸人的各自人生和心灵的特点，借此为金圣叹文学批评活动构建一个立体的、“可触摸”的参照图景。如其中揭示的姚佺、徐崧、陈济生与遗民选诗，宋德宏、秦松龄等与奏销案，吴晋锡（兆骞父）、刘逸民与科场案，李瑞和与通海案，嵇永仁、邵点与清初士人游幕生涯，王复阳、吴愉与清初士林“拉帮”结社之风气，许之溥与明末打击清流之政治背景，朱茂璟与晚明清初的纵欲风气等，均与明清之际学术史、政治史、文化史上的重要话题密切相关。本成果对有关对象生平事迹中“有意味”史料的发掘和提取，由微显著，积点成面，改变了传统交游考“见事不见人”“见人不见心”的缺陷，为史实研究向文学研究和文化研究的延伸和拓展提供了案例。

（4）史料与史识的结合、文献研究与史实研究的参互验证，可使研究获得基于事实和学理的突破或结论。其中既需要从一事一字入手，发现大事重典的文献敏感性和史实探求欲望，也需要掌握大量的文献资料和历史文化风俗的相关知识，以及对古人的生存状态和日常生活情景进行符合情理的“复现”的能力，还有立足传统学术和当代学理，为学术研究中的争议和疑问寻求合理可行的解决途径的眼光。研究者只有在较为丰厚的学术积累下，始有可能盘活所有的史实线索，对疑难杂症给予一针见血的剖析。如本成果中对金圣叹“庠姓张”问题的解决，就是以对科举考试中存在“庠姓”“榜姓”史实的发现和认识为基础；又如关于“圣叹”之为法名的辨析和相关史实的发掘，不仅解决了问题，亦可见其时佛教对士人之人生影响的普遍性；对金诗《念舍弟》“记得同君八岁时”中的“舍弟”，做出异母弟的判断，也是建立在对明清士人纳妾状况的了解之上。另如对金圣叹在扶乩降神中拟写的诗文，以及在此虚构“创造”的情境中产生的叙事行为及其记录，是否应该纳入《全集》的问题，涉及文集的编撰和轶文收录的边界标准，也是当前学术界存在争议和应该引起注意的问题。本成果提出了在独立的艺术世界中（例如完整的小说戏曲创作）人物创作的诗文，与游离于现实和幻拟活动之间的降乩行为中所作诗文，应区别对待的观点，细致呈现了收录与否的学理依据。其中对“语录”类佚作的命名和处理方式，即从“古人在为前贤编纂文集时，往往将作者的零散言论以‘语录’为目编入”得到启发，也是由史识带来文献编纂之突破的体现。

（5）研究方法对于学术研究的重要性不言自明，而研究对象的特殊性，需要研究者选择和探索更具契合性的高效度的研究方法。针对金圣叹史实研究的特殊性，本成果采取的方法主要有四点：第一，以学术史研究促进史实研究的突破和深度推进。金圣叹史实研究面临着基本史实缠夹不清、疑讹重重的问题，使学术史的梳理成为深化研究的必需和当然的起点。本成果对金圣叹史实的研究和突破，基本遵循这一过程：以学术史梳理为前提，以问题为核心，回顾问题的形成原因，展开问题的深层肌理，最终达到解决问题的目的。第二，在交游考证上充分利用家谱。这一方法的应用，集中体现在对金圣叹与莫厘王氏等五个家族成员的交游情况的考述中。这是一次有意识地广泛利用旁族别姓的家谱，对研究对象的其他社会关系，进行系统、全面考察的学术尝试。第三，通过对地方文献的系统运用，尽可能多地掌握金圣叹生平和交游的史实情况，以亲友、知交、同道等，层层填补和恢复金圣叹的社会关系网。在关系研究之外，还注意在大量史料中攫取具有时代典型性和信息新颖的事件，置放于其产生的政治和文化语境中，为金圣叹其人其事提供具体的、鲜活的社会图景。第四，尝试多形式、多角度的研究思路和角度，实现史实研究与相关研究的互动和深化。如以全集整理、年谱编撰促进史实研究的深化，以史实研究为全集整理提供丰富的文献占有、为年谱编撰的完善和细化提供材料基础等。而这些研究又可以说是共同构成了广义的史实研究的学术板块。

三、成果的学术创新和社会影响

1. 学术创新

（1）在金圣叹基本史实研究方面的主要建树：第一，通过对哭庙案文献的版本考订和有关论争的历史考量，对学术界一向众说纷纭的姓、名、字、号、籍贯等问题，提出了可信的意见；第二，对金圣叹生平事迹的前此研究成果，以编年的方式给予逐条订补；第三，通过讨论影响其一生行止和评价的扶乩降神的基本史实、其中表现的精神风采，揭示给其随后从事的文学批评活动烙下的鲜明的个人印记；第四，首次对金圣叹佚文、佚诗、佚联和语录给予最为详尽的辑考；第五，对现代金圣叹史实研究的学术史进行了梳理，彰显了学术研究的波折和演进历程。

（2）对明末清初下层文士生活、创作和心态的细致展示。本成果以金圣叹的生平和交游考述为中心，通过史料勾选和生态复现的方式，广泛地考察其交游者的日常生活、精神面貌和心态特征。不仅力求勾勒和再现这些历史人物普遍的生存环境，即鼎革之变、道德舆论、政治语境、科举制度、家族精神、师友关联、地域文化等，还呈现出受制于个体具体处境和选择而表现出的不同投影和人生历程。这些研究对象，除了作为金圣叹的亲友、同道之外，彼此之间或存在血缘、婚姻关系，或存在交游的交叉重合关系，从而使得对之进行文化阶层和时代群像的整体研究成为可能。相关研究不仅达到了最大量地搜求金圣叹交游轨迹的学术目标，且其所涉及的历史人物，在总体数量上、每一个体的人格丰富性的揭示上，以及人物事迹的罕见、资料搜集的难度等方面，在同类学术著述中均居于显著地位，有关成果可为明清文学文化研究（尤其是家族和地域文化研究等）提供研究方法、学术积累和样本资源。

（3）关于明清文学史实研究方法的探索和应用：第一，体现了家谱“文献查找的系统性和学术利用的自觉性”的意识及实际有效应用，为家谱文献在明清文学史实研究领域的科学、深入、全面的应用提供了诸多案例；第二，针对研究对象多属于名不见经传的下层文人的特点，形成了由家谱、各级方志、“低级”地方科举史料和郡邑乡镇诗文总集组合成的文献系统，富有成效地钩沉出若干已被尘埋的人物及其生平事迹；第三，注重文献与史实、文学与文化、事迹与人心研究的结合贯通，以史实研究“复现”人物心史和人文生态，进而阐释史实事迹与文学文化现象之深刻关联，促进了文献研究法的意义提升和文学研究法的深度夯实。

2. 社会影响

本成果有着长期的学术积累，笔者有关金圣叹的史实研究颇得学界的好评。见诸文字的，如已故学者章培恒先生在为王靖宇著《金圣叹的生平及其文学批评》撰序时，特地指出：“像纯考证的文章，只要写得好也是很有意义的；以金圣叹研究而论，例如陆林教授对金圣叹生平、交游所作的一系列考证就是必须而有益的工作。”（上海古籍出版社 2004 年版，第 7 页）同行专家吴正岚先生《金圣叹评传》则如此归纳笔者的研究特色：“其高出前人之处在于综合运用谱牒、尺牍、笔记、别集等多种史料，通过考订金圣叹所交往过从的士人的生平事迹，揭示圣叹的精神生活状态。”（南京大学出版社 2006 年版，第 4 页）本成果的前身为同题国家社科基金项目，2007 年立项，耗时 5 年于 2012 年 9 月申请结项，约 45 万字（鉴定结论“优秀”）；本成果在此基础上又历时一年半继续修改、增删，在原结项成果基础上新增加了近 20 万字的内容。

笔者自 20 年前发表《金圣叹佚文佚诗佚联考》（《明清小说研究》1993

年第1期）以来，至今问世有关金圣叹史实研究的专题论文近40篇，其中发表在《文学遗产》《文史哲》各3篇，《社会科学战线》《中国典籍与文化》各2篇，《文史》《文艺研究》《中华文史论丛》各1篇。在已经发表的金圣叹史实研究论文中，被中国人民大学复印报刊资料《中国古代、近代文学研究》全文转载的有9篇：(1)《清初姚佺评选〈诗选〉的时代特色》(2014年第2期)；(2)《鲁迅、周作人论金圣叹——明末清初文学与现代文学关系之个案考察》(2013年第4期)；(3)《金圣叹籍贯“吴县”说献疑》(2013年第1期)；(4)《陈登原〈金圣叹传〉的学术贡献及缺憾》(2012年第12期)；(5)《金圣叹基本史实考论——〈沉吟楼诗选〉“读后记”史实探源与辨误》(2008年第1期)；(6)《金圣叹与王鏊后裔关系探微》(2002年第11期)；(7)《金圣叹与周计百交往揭秘》(2002年第10期)；(8)《〈晚明曲家年谱〉金圣叹史实研究献疑》(2002年第6期)；(9)《生命中的最后一次欢会——金圣叹晚期事迹探微》(2001年第5期)。此外，《“才名千古不埋沦”：金圣叹精神风貌和批评心路简论》被《新华文摘》2009年第10期摘要转载，《鲁迅、周作人论金圣叹——明末清初文学与现代文学关系之个案考察》被《新华文摘》2013年第10期转载9 000字。

《王国维词学与学缘研究》概要

彭玉平*

一、研究的目的、意义及所使用的研究方法

王国维是20世纪学术的标志性人物，他的文学、词学思想影响到整个20世纪，从新的角度，结合新的文献，整体推动王国维文学、词学和学缘研究的进程，并以此个案的方式彰显20世纪学术思想之个性和发展轨迹，就是本研究的目的和意义所在。

王国维词学研究在近20多年来进展缓慢，进入瓶颈期，不少新发现文献如《词录》、《盛京时报》本《人间词话》，包括此前已经陆续发表的《人间词话》手稿等，似一直没有得到充分重视，导致研究成果虽然很多，但选题、观点的低层次重复颇为常见。王国维的词学思想不仅有一个发展过程，而且呈现出整体性的特征，需要对基础文献予以全面阅读和领会，才能辨别其理论宗旨，才能更充分地彰显王国维词学的本来面目。

作为20世纪的文论经典，《人间词话》的文本经历了怎样的变化，它是如何走向经典的？这是一个值得考量的问题，但学术界对此的重视显然很不够，许多在《人间词话》学术史上具有重要影响的人物和著作，长期处于被偶尔引用却缺乏整体研究的状态。而作为《人间词话》研究的奠基也是最重要时期的20世纪三四十年代，其学术史的整体风貌究竟如何，更是乏人问津。所以笔者重点梳理20世纪三四十年代《人间词话》学术史，意图在辨

* 彭玉平，中山大学教授，博士生导师。

明学术史上发展方向的基础上勾勒其走向经典的历程。

“学缘”即“学术因缘”。王国维的文学、词学思想受到诸多方面的影响，其中从历史而言，庄子和屈原是对其影响最深远的两个历史人物，王国维的不少文学观念即萌芽或者酝酿于此。而稍前的龚自珍乃是对近代文学产生重要影响的人物，王国维因为特殊的因缘而与其有着一定的关系。王国维与沈曾植、梁启超、胡适、陈寅恪等交往颇多，其间学术影响多方，而文学仍是他们交往的重要方式。笔者一一梳理其学缘，以见其学术渊源及发展。

总之，笔者在全面阅读王国维哲学、文学文献的基础上，结合新发现的若干文献（包括笔者在国家图书馆新发现的若干书信），力图还原王国维文学、词学思想的真实面貌，对其早期的读书经历、诗学思想的形成、词学范畴的解读、词学体系的形成、走向经典的历程予以较为全面的分析说明，对其文学、词学的学术因缘，追源溯流，以彰显其文学、词学思想的渊源及影响。这一研究不仅对于厘清王国维个人的词学学术思想具有重要价值，而且对于20世纪文学学术史研究，也具有一定的范式意义。

本成果的研究方式，在总体上坚持宏观与微观相结合的方法，在时代背景和王国维学术思想的整体背景之下，以问题和专题的形式，就王国维文学、词学的本体，词学学术史，学术因缘等多方面问题展开具体而微的研究。注意历史描述与学理推演的结合，同时将文献释读与理论研究结合起来，多维地切入研究，展示王国维文学与词学思想的丰富复杂性及其价值、意义。

二、成果的主要内容和重要观点

本成果在导论、附录之外，分文学观念论、词学本原论、词学接受论、学术因缘论（上、下）5编共42章。以词学为核心，推衍其文学观念的底蕴，勾勒其词学接受史的特点，同时对影响到其文学观念、词学思想的学术源流，也进行了大量有针对性的研究，力图以王国维为核心，彰显出20世纪文学观念、词学思想及其学术发展的一个重要方面。

“导论”以问答形式就本成果的特点与进程、研究方法，王国维词学的评价等展开对话，以一种简捷的方式切入到本成果的核心内容。

第一编“文学观念论”，共5章。笔者围绕王国维的哲学研究、宗教思想与文学思想的形成过程、早期读书经历、早期文学理论著述等，勾勒其文学观念的发展线索和主要内容，突出其立足“人生”的文学观念特点，同时对其文学观念中与境界说相关理论内涵的明晰过程予以描述。

第二编“词学本原论”，共12章，分词学思想与填词创作两个方面。笔者对王国维三种版本的《人间词话》展开系统研究，总体贯穿着对王国维词学的历时性考察，这与素来立足通行本所做的单一考察，显示出不同的研究理路。其中对《词录》、《人间词话》手稿及《盛京时报》本《人间词话》的研究，都具有一定的开创意义，对于拓展王国维词学的研究格局和理论深度应有积极的影响。此前学术界大量的研究成果基本上是立足《国粹学报》初刊本展开的，而作为初刊本基础的手稿本和作为初刊本提炼的重编本却长期被冷落在学术视野之外。本成果全面深入探讨手稿的写作过程、命名缘由、理论表述、修改经过和结构特征等，力图还原王国维词学的原始面目。而作为王国维最后定本的《盛京时报》本也从无学者关注，笔者通过研究，发现这一定本实际上反映了王国维词学思想的终极意义，其中更包含着对《国粹学报》初刊本许多重要观点的扬弃，同时也强化了中国古典的渊源和其“去西方化”的立场。

王国维的词学之所以具有经典意义，主要在于他提出了一系列具有独特内涵的词学范畴，并建构起自成一家的范畴体系。本成果对于王国维词学的重要范畴如境界、有我无我之境、隔与不隔等，根据新文献和新理论，在重视语境的基础上进行分析，提出了不少颇为新颖的看法。笔者的研究采取了不同以往的理路，如研究境界说，既非从西方寻绎渊源，也不从中国追溯源头（这些工作前人已经完成，无须重复了），而是直接从王国维使用“境界”的不同语境中分析其应有的内涵，同时结合不同的条目，注重从其文本关系中厘清其内涵的互补关系，如此分析而得出的结论，应该是具有较强的说服力的。有我之境与无我之境之说没有出现在《盛京时报》本中，这体现了王国维词学的一个重要变化。但在学术史上，有我无我之境恰恰是广受关注的一组范畴，则从“阶段性”而言，有我无我之境自有其价值。笔者对此的研究并非故意求新，而是因为对王国维的大量文本做了细致的阅读考量，所以能发现此前学术史的若干不足，如对于两境的情感特点和类型分析，就是长期被简单化处理的一个问题，笔者以“豪杰之士”为切入点，分析其在相似的情感底蕴基础上而表现出来的不同的情感特点，推进了相关学术史的发展。王国维的“隔与不隔”说影响深远，但从王国维去世后不久，即陷入各持一说各自裁断的境地，实际上呈现出较为凌乱的情形。但对勘三种版本的《人间词话》，可以见出王国维对此理论用心甚力，调整的轨迹也清晰可辨。笔者在三种版本的对比中发现，王国维其实是将隔与不隔分为四种结构形态：隔、不隔之隔、隔之不隔、不隔。其中不隔之隔与隔之不隔在王国维的语境中或者以具体的语境来说明，或者用“稍隔”来表述。实际上隔与不隔两极都不具备真正的实践意义，恰恰是中间的两种结构才是文学创作的常态。笔者对此的分析相信具有一定的启示意义，应该可以从整体上推进王国维词学本体研究的进程。对于王国维的填词创作，不仅明其版本，而且对其寄寓的人生哲学与政治内涵做了分析，特别是对其政治内涵的分析是此前学术界所忽略的。

第三编“词学接受论”，共10章。本编是有关《人间词话》的学术史研究，侧重从文本的变化、传播的方式和特点、范畴的研究等，描述其走向经典化的进程。具体又可分为四个部分：第一部分即是第一章，主要描述王国维对《人间词话》三个文本的压缩过程，以及王国维去世之后，学术界先后对《人间词话》的七次增补扩充过程。因为王国维一直致力于压缩、精炼其理论，而学术界则反其道而行之，导致《人间词话》的篇幅不断膨胀，虽然不失其丰富性，但不免遮蔽了王国维词学的阶段性特点。第二部分是第二、第三章。这两章概述了《人间词话》走向经典化最为重要的20世纪三四十年代的学术史，20世纪三四十年代是《人间词话》走向经典的关键时期，以俞平伯标点本《人间词话》为基石，不仅在基础文本上有赵万里、徐调孚、陈乃乾等人的辑佚，而且有靳德峻、蒲菁、许文雨等人的笺释，为《人间词话》文本的普及和理论的接受奠定了重要条件。而以朱光潜、唐圭璋、吴征铸、任访秋、刘任萍、顾随、叶鼎彝等为代表所进行的研究专论，则对《人间词话》的著述性质、学术价值及其与新文学运动之关系做了初步分析和定位，并对其中提出的境界说、有我之境与无我之境、隔与不隔等重要命题，进行了学理层面的探讨，虽大体有借王国维之语阐释自我之理论的倾向，但却在这种以批评为主流的研究中，完成了《人间词话》经典化的关键一步，其学术史意义是应予充分估量的。第三部分是第四至第八章，对在

《人间词话》经典化历程产生重要影响的俞平伯、蒲菁、许文雨、梁启勋、朱光潜等人进行个案研究，揭示他们的主要观点及其在《人间词话》学术史上的重要地位。第四部分是第九、第十两章，前者注重从学术界对王国维的词人批评的裁断，见出当时的词学观念，后者则首次对《人间词话》的英译及域外传播做了研究。《人间词话》虽被公认为 20 世纪的文论经典之一，但对其经典化的历程却素来缺乏整体的考察，本编对此做了初步的努力，丰富了 20 世纪学术史的学理内涵。

第四编“学术因缘论”（上），共 10 章。大体以时代为序，梳理王国维的学术因缘，这些学术因缘或者对王国维词学的基本内涵，或者对王国维的创作思想，或者对王国维的学术研究，都产生过一定的影响，故专列一编，以彰显其学术思想的源流。具体可分为三个部分：第一部分是第一、第二、第三章，分别以庄子、屈原和龚自珍对王国维的影响为考察对象，揭示这些人在人生志趣、理论传承上对王国维的影响。特别是庄子、屈原的思想对王国维词学思想的形成具有重要的促进作用，是其最重要的思想底蕴所在。第二部分是第四、第五、第六、第七章，分别考察年辈较长的沈曾植、罗振玉、吴昌绶、梁启超与王国维的学缘关系。此数人与王国维有着时间不等的直接交往。沈曾植不仅是较早赏识王国维的前辈学人，而且在文字、音韵、西北史地等研究领域对王国维启迪颇多，其《菌阁琐谈》中的词论与王国维的词学也颇有可以对勘者。王国维的若干音韵、西北地理、蒙元历史等方面的著作，多受到沈曾植的提点或影响；王国维通过若干序跋歌联等形式，对沈曾植在清代学术史上的贡献和地位做了充分的估量。罗振玉与王国维的诗学因缘主要体现在对陆游的重视上。吴昌绶则在词学文献、词学观念上，与王国维多有交流和切磋。梁启超是王国维早年私慕的人物，晚年两人同为清华学校国学研究院导师，彼此互相敬重，并时有词学方面的切磋。王国维去世后，梁启超大力弘扬其学术，对于扩大王国维的学术影响起了重要的推动作用。第三部分是第八、第九、第十章，分别考察年辈相近的罗振常及年辈较轻的樊炳清、陈寅恪、胡适与王国维的学缘关系。罗振常与王国维颇多共同的经历，其对王国维词序的若干批注，可见其当时往返讨论之情形。胡适是王国维入清华任教的推荐者，两人交往不少，尤其是胡适的《词选》以及相关词学著述，曾多次请益王国维，胡适对意境的强调与王国维的境界说，虽有侧重的不同，但也颇多精神的联系。陈寅恪与王国维私交甚契，在王国维生前，他们或寒夜对谈，或联袂淘书，志趣契合。王国维去世后，陈寅恪写下多篇悼念文字，总结其学术特点和人生志趣。同时在文史互证的方法、文学的结构等方面，两人也表现出许多相似的地方。也许探讨王国维的学缘应该有更多的人物可以纳入进来，但以上诸位在词学思想、学术领域、研究特点、人生志趣等方面，与王国维确实有着非常紧密的关系，本成果的研究只是择其要者而论。学缘研究对于从更广博深远的学术背景上来考量王国维的词学特点和学术建树，具有不可忽略的意义。

第五编“学术因缘论”（下），共 5 章。此 5 章虽与学缘有关，但涉及一些具体问题，范围略显宽泛，故别为一编。本编也可分为四个部分：第一部分是第一、第二章，是对两桩公案的解析。关于王国维在辛亥东渡日本期间，是否曾经烧毁数百册《静安文集》之事，学界记载颇异其趣。本章在充分占有资料的基础上，描述了摧烧《静安文集》的过程。同时揭示出这一摧烧是王国维真正告别西学而向中国古典深度迈进的标志性事件，故具有重要的学术史意义。而关于《殷虚书契考释》的作者问题，虽然原本不是问题，但因为牵连进较多的政治因素，而人为演绎成一桩学术史公案。笔者通过详细研读相关文献，将公案形成的过程及背景详细揭出，结论虽然并不出乎意外，但描述这一段学术史，也可见学术与政治之间若有若无的关系。第二部分是第三章。这一章以王国维与北京大学的离合关系为考察中心，对王国维的大学观念及其与民国之大学的关系做了专题研究，其中包含着政治、学术等综合因素的作用。第三部分是第四章。笔者在国家图书馆访读王国维相关著作期间，意外发现七通王国维 1916 年从日本回国居沪时与遗老沈曾植的通信，在最新版的《王国维全集》中，也失收此七函。笔者详为考论通函内涵，其中颇多当时学人关系、诗词唱和、学术评价等多方面的内容，对于研究王国维与沈曾植之学缘，也不无参考价值。第四部分是第五章。这一章是对最新出版的谢维扬、房鑫亮主编的二十卷本《王国维全集》的学术评价，笔者肯定其存真求实的编辑精神，对此费时数十年的全集编纂工作之于王国维研究的整体推进作用也做了充分估量，特别揭示出其中增补的若干著作对于加深理解王国维的心态所具有的参考意义，同时对于后续文献的追索方向和途径也做了个人的设想。

三、成果的学术创新、应用价值以及社会影响和效益

关于王国维词学的研究，已经呈现出很长时间的停滞状态了，这不仅与新文献的发掘不足有关，更与研究观念和研究方式的陈旧有关。本成果注重新文献的发掘研究，注重新的研究维度的调整，注重学术史的梳理，力图丰富其研究格局，并在整体上推进对王国维词学的研究进程，其学术创新价值主要表现在以下几个方面：

（1）发掘出一批新文献所蕴含的学术价值，如《静庵藏书目》对王国维早期诗学观念的影响、《盛京时报》本《人间词话》在王国维词学中的终极意义等都是首次进入学术研究视野，可以由此明晰王国维早期文学观念的形成过程，调整对王国维词学的认知格局。而王国维两种抄本词集《人间词》《履霜词》，也是经笔者的研究而首次彰显其理论价值。笔者对《词录》的考订，对《文学小言》的理论分析也具有一定的开创意义。对《人间词话》手稿本的首次全面分析，更是将王国维词学的初始面目比较全面地展示出来，可以由此更清楚地展现王国维文学、词学思想的渐进轨迹。而对王国维与沈曾植七通集外书信的考论，也为相关学术史提供了甚具价值的文献。

（2）首次比较全面地通过厘清《人间词话》学术史，追寻其走向经典的历程，为考量20世纪学术史的发展，提供了一个很有价值的学术史个案。其中俞平伯、蒲菁、许文雨、梁启勋、朱光潜等人的学术贡献更是第一次比较完整地进入学术史行列，初步改变了学术史对他们的观点只是简单引用而未有整体研究的状况。

（3）对王国维词学的若干本体范畴做了新的考量，得出了富有学理意义的新结论。如追溯王国维个人使用（或翻译或自撰）境界的语源，这比泛泛地追寻中西境界的语源应更有针对性，而在阐释境界内涵时，也在王国维的自身语境中，通过整合排比，梳理其内涵，也自然较有说服力。关于隔与不隔的理论，也是通过多种版本的对照，从而揭示其内蕴有四种结构形态，为其词论的逻辑性提供了有力的支持。关于有我无我之境的情感特性和情感类型的分析，则对于抉发出两境的本质特征——小我与大我，提供了一个重要的研究维度。本成果不重复旧说，也不故立新说，而是在充分掌握材料的基

础上提出新的观点，相信具有较强的说服力。

（4）在研究理念上重视“学缘”的意义，并比较全面地考察了王国维的学术因缘，通过十个个案，对其文学、词学、学术思想的源流做了勘察分析。其中如龚自珍、沈曾植、罗振玉、罗振常、梁启超、陈寅恪、胡适与王国维的全面学缘关系分析，应是本成果首次全面论及，而词学则是学缘考察的重要环节。陈寅恪虽然未涉词学，但他与王国维在文史互证的方法上、文体观念上颇有承传之迹，也同样值得关注。庄子、屈原对王国维的影响虽然前人有所论及，本成果则从人生志趣、词学理论、文学观念等多方面进行了全面而深入的分析。

（5）澄清了两桩学术史公案，也从一个侧面丰富了王国维的学缘意义。考察《静安文集》是否曾被烧毁，这不仅是澄清一个“事件”，更是彰显一种学术的精神和趋向。而关于《殷虚书契考释》作者公案的考证，结论并不惊人，但由此对 20 世纪学术史的生态环境，当可有了更深的了解。

本研究持续了十多年，相关成果曾以论文的方式发表了 60 余篇，发表刊物包括《文学评论》《文学遗产》《复旦学报》《社会科学战线》《文史哲》《清华大学学报》《中山大学学报》《武汉大学学报》《四川大学学报》《河南大学学报》《苏州大学学报》《南京师大学报》《江海学刊》《中州学刊》《学术研究》《中国韵文学刊》《词学》等重要学术刊物，并有 22 篇（次）的论文被《新华文摘》、中国人民大学复印报刊资料《中国古代近代文学研究》《历史学》《中国近代史》、《高等学校文科学术文摘》、《文学遗产》网络版、《中国社会科学报》、中国社会科学网、《文史知识》等全文转载或摘要转载，产生了一定的学术影响。另外，本成果中的若干章节也曾作为会议论文在北京大学诗学会、华东师范大学词学会、澳门大学词学会、马来西亚马来亚大学文学传播会、中国近代文学学会理事会等做主题讲演，获得不俗的反响。

《鲁迅与俄国》概要

孙 郁*

一、研究的目的、意义及所使用的研究方法

本成果写作的目的，是通过鲁迅译介俄国文学作品的过程，探讨鲁迅审美底色、思想的来源及知识结构的形成。追问鲁迅左转的原因，以及与俄国文化传统的内在关联。

鲁迅研究的困难的地方，是如何解析其知识结构。除了传统诗学对他的精神辐射之外，域外文化的冲击不可低估。许多年前笔者就说，鲁迅首先是一个翻译家，其次才是作家。他所翻译的域外作家作品达上百种，而字数超过自己的创作数量。在与域外文化的对话里，他的知识结构才呈现出异样的特色。

如何进入鲁迅的知识结构？一是从其文本出发，可以嗅出内在的气息；二是熟悉其藏书的情况，摸索某些知识的来源。本成果从鲁迅的俄罗斯文学作品的藏品出发，探讨其审美精神及自我意识的内在联系。这些藏品涉及中文版、俄文版、德文版、日文版的俄罗斯文献。结合其翻译实践，以及自身的创作，分析其思想与审美的变化过程。俄罗斯经验如何进入其思想的内部，怎样与汉语思维连为一体，形成独特的新形态？他在对旧俄的文化认识里，怎样影响了自己的小说写作？后来接受马克思主义的美学思想时，认识结构发生了怎样的变化？研究这些话题，可以更为明晰地进入其思想的深层

* 孙郁，中国人民大学教授，博士生导师。

领域，看到其精神的本色所在。从藏书与其翻译里，能够找到他后来左转的根本原因，对理解其精神形象，不无意义。

认识鲁迅仅仅阅读其全集远远不够，他的藏书提供了另类的视角。本成果从大量文献出发，细读翻译文本，在不同的俄罗斯文学版本里，寻找鲁迅阅读史的线索；选择有代表性的人物加以剖析，从鲁迅与他们的对视里，发现摄取外来艺术的内心状态；运用马克思主义文学批评理论和传统的诗文鉴赏的方法，深入讨论鲁迅小说观、批评观、文学史观和革命观复杂的联系；将知识分子话题与革命史话题放到更开阔的文化地图里加以审视，较之过去80年间鲁迅与俄国文学的一般性研究，思想的维度有所增加。

二、成果的主要内容和重要观点

本成果涉猎到鲁迅译介俄国文化史的方方面面。重点集中在小说鉴赏、批评理论、美术传播及知识分子的使命等话题上。

鲁迅的域外文学观，在藏书和其译作里均有所折射。译者涉猎的域外话题极其广阔，最初是对科幻小说、科学史片段的留意，后来是关于安德莱夫、迦尔洵、阿尔志跋绥夫的思考，个性化的言说方式在他眼里占了很大的分量。他所译介的都是有智性的作品，果戈理、契诃夫、高尔基、法捷耶夫、理定等，在文学史上意味非同寻常。鲁迅译介他们的文字，更多的是为了自己的内心，他感到这些对丰富自己有益，可以唤起一种内力的喷吐。而且这些作品多不是对一种目标的渴望，而是对自我更新的可能的思索。那些外来的作品多少是反省本民族痼疾的，作者多是思想界的斗士。在精神的高度和艺术的水准上，有难以企及的地方。

大致看来，他所藏的作品和译介的作品有以下几类：一是短篇小说（包括童话、科幻作品），二是随笔，三是美术史著作，四是美学专著，五是长篇小说，六是剧本。不过他藏的外国著作很多，像考古报告、哲学专著、电影评论、史学理论，都没来得及动手去译。但这些思想对他的暗示毋庸置疑。他一面翻译，一面结合中国的实际发表言论。比如他介绍俄语作家爱罗先科的作品后，就发表过关于中国缺少真正的知识阶级的讲演。他批评左翼作家的轻浮浅薄，也受益于俄国学者的文本。在翻译了《艺术论》后，他也说，作者对社会的思考，简直也像在说我们，而可惜，那时的中国还没有普列汉诺夫那样的作者。在推出《竖琴》后，他清楚地意识到左联外围作家的价值，对接近革命而非革命的作家的理解就有了深度。

鲁迅的审美意识拒绝确切性的文本。他以为那些显赫的大师多是“完成时”的人物，中国需要的恰是“未完成时”的艺术，因为我们就正在“未完成时”的阶段。而“未完成时”就意味着有多样的可能。鲁迅思想与艺术有时就蕴含着诸多可能性。他关注的迦尔洵、格罗斯、比亚兹莱、蒙克，都是颠覆“完成时”的固定模式的艺术家。他们的思想流淌着，不断穿梭在意识的波光中，不像湖泊那样凝固着。只有奔走的艺术才是活的艺术，躺在象牙塔里的鸿篇巨著，在他看来是半死的存在。中国需要腾跃的文字，而非僵硬的死文章。他所引来的作品，都有鲜活的意味。

纵观一生，他一直和三个群落对话：一是和旧有的文明对话，整理汉画像和乡邦文献是个证明；二是和当下的中国对话，有那些杂文为例；三是和近代的以及同代的洋人对话，有 300 万字的译文为证。在这些对话里，外来思想和诗情，给他的刺激尤大，因为那是中土里没有的东西，它们能催生出新生的思想。他有时战胜环境的压迫，靠的就是洋人的外力。比如在教育部工作时，有感于中国教育理念的陈旧，遂翻译了上野阳一的《艺术玩赏之教育》《社会教育与趣味》《儿童之好奇心》，对知识界是个不小的触动。革命文学论争的时代，他为了弄清俄国文学理论的根本点，便亲手去翻译普列汉诺夫的美学著作。当新文学进入困难的时期，他从捷克、爱尔兰等国的文学史里寻找参照，译过凯拉绥克的《近代捷克文学概观》和野口米次郎的《爱尔兰文学之回顾》。为了弄清法国左翼作家的环境，他亲自介绍纪德的《描写自己》。他浏览的作品很多，除了俄苏、日本外，德国、法国、西班牙、奥地利、匈牙利、罗马尼亚、保加利亚、荷兰、美国的作品都曾涉猎并译介过来。

在与这些作品相逢的时候，正值鲁迅拷问自己的时期，而俄国作家残酷地拷问自己的文本十分丰富。他说用这些盗来的火种煮自己的肉，其实有大的欢喜。中国旧的文学奴性过多，士大夫者流只会说着空洞的自慰的话，全与真的人生无关。鲁迅所介绍的作品，几乎都是心灵深处的描摹，或直面现实，或拷问内心，显出精神的深。而且他绝不以士大夫的口吻叙述和转述对象世界的思想，一直试图转化出新的语序和新的逻辑表达方式。越到晚年，他越自觉地和自己旧的表达习惯相背离，译文也越苦涩难懂。他试图创造出严明的语句，希望以此增添汉语表达的丰富性。这是他一生最悲壮的语言试验，梁实秋、李敖攻击他的语言不通，完全用的是常态人的逻辑。而鲁迅在思想和审美上，向来是反常态的，因为恰恰是非常态的存在，才可以超越人的感觉阈限。鲁迅是个向极限挑战的人，创作如此，翻译也如此。他在阅读俄罗斯文学时所产生的内力，在许多文章里依稀可以感受到。

鲁迅在果戈理那里，发现了直面现实时的幽默与忧郁之间的复杂关系。在借用俄国作家的资源时，其问题意识一直缠绕在当下中国的矛盾之中，也纠葛着历史的难题。较为难得的是，在面对果戈理遗产的时候，不是教条地在形神上保持一致，而是立足于民俗和中土文化的土壤，像果戈理那样成为度苦的智者。只有回到中国问题的现实中来，才会有精神的对话。寻找什么，转换什么，建立什么，都是在互为参照里完成的。

而在陀思妥耶夫斯基那里，经历了颠覆性的绝境后，世象才清晰可辨了。这是大梦醒后的洗礼。鲁迅和陀思妥耶夫斯基一样，只有内心沉浸在无望和死灭的边缘的时候，思想才开始起飞，有了自己的方向感。或者说，在没有路的地方，行走的可能性才出现了。

真的作家，有自己的梦幻所在。他们回到生命的原态里，自觉地记录内心的过程。他们把不属于常识的常识勾勒出来，走进黑色的洞穴之中，看那些我们意识里不注视的存在。在他们眼里，在盲点的世界里才有真实，假象才是人间的主宰。世界的图像不再被常衡地膜拜的时候，上帝的灵光才会回来。

鲁迅与陀思妥耶夫斯基的这种超逻辑的生命体验，完全撕毁了强迫性的知识与价值之维对人的挤压，获得了自我的真实。在一个极权的国度，类似的状态是走向精神自救的一种突围。他们不再在囚牢里既定地表演和思考，而是飞到广袤无边的苍穹，每一种方向都是一种获取自由的可能，每一回咀嚼都有自新的放松。在极度紧张的面对时，绝境之后的放松感弥漫于文本之间。死亡边缘乃精神蠕活的融冰点，不是人人可以抵达这个边界之所的。历险者的轨迹才有真诗，而那些浪漫与写实者的精神的追随者，则在此间与诗学的本质有了不小的距离。

从翻译高尔基的实践里可以看到，鲁迅对俄罗斯革命文艺的态度含有深意，高尔基给他的启示是巨大的。在鲁迅所熟悉的欧洲作家里，没有高尔基类型的人物；这带来了惊喜之后的思考：在民族遭受危机的时候，知识阶级是在象牙塔里呢，还是到民众中去？19 世纪 80 年代，俄罗斯知识阶级出现了三条路线：一是到民间去，二是普及文化，三是自我完善。高尔基看到了这三条路线后来所出现的问题。高尔基讨论知识分子的历史与现状时，不是像前人那样从内部来思考问题，而是带着非象牙塔化的眼光。在其著名的文章《个人的毁灭》里，显示了他对知识阶级本身痼疾的敏感。中国尚没有这样的表述者，许多知识人的言说流于空喊，现实的丰富性和精神的丰富性不是对应的关系。在这个意义上说，高尔基恰是中国需要的参照。他在三四十年代的持续的热，证明了知识界对相关话题的趣味。

探讨鲁迅与俄国文学的最困难的问题，是他对列宁主义的态度。我们今天对鲁迅的叙述，多是在列宁主义的话语中进行的，但鲁迅不是列宁主义者。他的思想更接近普列汉诺夫、托洛茨基，与列宁思想只有少部分的交叉点。讨论这个话题时应当看到，中国在转型的阶段，最能够给知识界带来冲击力的，不是鲁迅过去所注意的尼采、陀思妥耶夫斯基式的人物，而恰是革命运动的理论。列宁将书斋里的革命引进到了日常的生活之中。倘若还用列宁之前的西洋的理论解释动荡的中国社会，似乎有点隔靴搔痒了。在对文艺的态度上，列宁有过许多论述。鲁迅对其间的许多思想是并不清楚的。他没有专门思考列宁的文学观，至于政党与文学的关系，也是没有顾及研究的。他既吸收了受列宁影响的理论家的思想，又在非列宁主义话语里驻足，新与旧复杂地纠葛在一起。列宁关于党的出版物与党的文学的文章，对后来的左联颇有影响，到了 1942 年的延安，这已经成了指导思想。而鲁迅还是在这一思想之外的另一个存在。在许多方面，他还是正在转变的“同路人”。可是那时候的批评家没有这样区分鲁迅与革命文化的不同，他们把鲁迅还是纳入列宁主义的话语逻辑中去了。

影响鲁迅对俄国判断的还有德国左翼艺术的理论和左派，以及日本马克思主义信徒的文字。他从德、俄艺术家的实践里，感受到新奇的存在。但影响最深的，还是日本的经验。鲁迅看日本思想者的文章，感受到一种研究的深度，他们一方面译介作品，一方面从世界视野里瞭望文学的发展过程，在态度的认真和研究的刻苦上，都值得中国人学习。从鲁迅的翻译与收藏看，藏原惟人对鲁迅的文学观产生了一定的影响，尤其是对俄国革命文学的理解，鲁迅是从他的文章里感受到其间的主旨的。

藏原惟人对俄国文学从托尔斯泰到法捷耶夫的历史的描述，既说明了俄国文化发展的轨迹，也点到了其间的要害之处。那其间最大的变化是革命的政党意志进入了文学。在托尔斯泰的时代，文学是个人与世界的对话，乃自我意识的扩张，有自我焦虑的突围。而到了法捷耶夫那里，个体精神的问题只能够在团体的世界里得到解决。鲁迅看到了俄国解决知识分子困境的办法，这对他是有引力的存在。日本左派文人译介俄国文学的目的明显，就是要直面自己的问题。那些问题的提出，是在与新俄文学的对话里完成的。

1930年，鲁迅翻译法捷耶夫的《毁灭》，就引用了藏原惟人的文章，对革命文学与小资产阶级文学进行了区分。藏原惟人在这里礼赞了无产阶级的文学的特点，认为无产阶级文学是有组织性的。鲁迅一定感到新鲜。但如何组织，谁来组织，组织的形态如何，鲁迅都知之甚少。他后来所唯一了解的是，中国的左联的组织活动，是有问题的。苏联的组织形态对于鲁迅不过是一个美好的符号。在纸面的世界和现实的世界里，有很多不能通约的存在。

在面对新俄文学的时候，鲁迅对知识分子的话题依然保持着兴趣。法捷耶夫给他的启示不全是革命的对错问题，还有知识分子如何面对自己的有限性。而他在列宁主义已经占统治地位的时候，依然欣赏被逐出共产党的同路人的作品，对《城与人》《竖琴》别有心解。由此他还从法国的纪德、德国的乔治·格罗斯那里，对照审视知识群落的自我调整。他从日本译本的不同观点的文本里，寻找的是解决困顿的办法，那些尖锐的批评文字和与现实周旋的文字，与其说是坚信了自己的道路，不如说是在修改自己的道路。他从俄国文学里增加了现实批判的勇气。

在认识俄国文化的过程里，鲁迅特别注意其中的艺术品世界。这些美术品，对于鲁迅的价值是多方面的。他希望此作品得以流行，一是介绍俄国社会的真相，二是希望借鉴其审美里的品格，三是借此丰富对俄苏相关文学作品的认识。这些活动刺激了当时的画坛，直接影响了中国新生版画运动，另一方面，也把文学与美术很好地结合起来，使艺术之间的对话成为了一种可能。

由于对俄国作品的引进，鲁迅成了中国新兴版画运动的发起者。许多青年画家被其审美精神所感召，集结其门下。新兴木刻家的创作，多留下鲁迅思想的痕迹。他们从鲁迅那里得到的启示，比从当时的中国名画家那里得到的要多。鲁迅在俄苏版画的介绍中，也把解放之声放大到艺术界，此后新的版画运动，也开始在中国出现了。

从美术世界进入文学世界，鲁迅把丰富的资源引入对新文明的思考里。吴冠中生前说，鲁迅在美术史上的意义过于齐白石，这对许多人而言有些耸人听闻，但却看出问题的本然。笔者认为，在绘画里，鲁迅投入的关怀超出常人，那是一看即知的。他搜集整理的文献甚多，把玩的惬意都流入文字里，乃至捕捉不到形影，可谓含而不露。他对待美术，敬意深深，却并非功名之想，也就比同代的美术家多了超功利的洒脱，附于笔墨的东西不多却所获多多。也因此，那情思使我们念之久远，以至释怀而不能，此为美术家们叹为观止的因由吧。

为什么鲁迅那么持久地跟踪俄罗斯文学与艺术？其实是他对旧的自我终结的渴望。这个问题，既不是简单的个性主义话题，也非马克思主义的话题，而是一种精神现象学的话题。本成果的结尾着重思考了鲁迅自我更新、告别旧我的悲壮之举。先前鲁迅以为的终结，是自己的选择，乃自己将自己引向坟墓。但俄罗斯旧知识分子的终结，乃外力使然，系民众与党派的力量。鲁迅对革命的必然心以为然，但也看到了那里的惊恐的一幕。其实他内心何尝不知道，终结是一个过程，一点点埋葬旧我，而不是顿时消亡。终结是一个渐渐挣脱自己的拷问，它经过“中间物”的过渡而进入暗区。终结还可能面临选择的歧途和波折，但在自我的校对里依然可以渡入新途。

然而革命如何运作呢？革命者的带血的声音真能够改变人性吗？知识阶级消失的时候，谁来构建精神的大厦？鲁迅仅凭对普列汉诺夫、托洛茨基的好感，也把俄罗斯的政治生活理想化地加以理解，在资料甚少的领域而做全称的判断。与他对中国问题判断的复杂性思维比，他对俄罗斯历史的判断有诸多模糊地带，对应性殊少。当他仅拥有单一型的俄罗斯资料的时候，对于他自己来说，在私语境里可能是亲切的。而在公共领域，问题的片面性便出现了。

本成果的重点在于，把鲁迅从 20 世纪 40 年代以来形成的描绘语境中解脱出来，还原其与俄国文学关系的本来面貌。鲁迅的马克思主义观，还停留在普列汉诺夫、早期卢那察尔斯基、早期托洛茨基的层面，是从果戈理、契诃夫的传统进入马克思主义的初级阶段。而我们今天用列宁主义审视他的遗产，可能把鲁迅的左转的深层原因简单化。在这个意义上说，他的激进主义和左派思想，与安德烈·纪德、罗曼·罗兰、布莱希特颇为接近。由此，也可以解开其与周扬矛盾的根本缘由了。

在驱赶他之所谓“鬼气”的时候，他的困惑也一直挥之不去。强化了解放自己的思路过程，连带也产生了诸多的疑问，比如列宁与托洛茨基的差异，勃洛克和高尔基的不同，普列汉诺夫何以被列宁主义取代，等等。所熟悉的那些同路人的作品，那些作家的感伤的、灰暗的体验，对鲁迅都有相同之处，但这些却是行将消失的存在。他由此而体悟到，自己也是一个即将被扬弃的旧的知识人。从俄国的大变动里，他看到自己未来不能不面对的命运。那些痛苦的、快乐的、忧伤而期待的文字，仿佛无数灵魂的跳动，也与其有着默默的攀谈。鲁迅由此意识到自己的问题。他谈及此类话题时，坦然讲到个人主义的问题，讲到自己的局限性。而那些改造社会的革命者，多是没有旧文人气的。鲁迅在与那些陌生的存在的对话里，渐渐告别了自己身上的旧的遗物和灰暗之气。

这个对话的过程，是他自我怀疑的过程，也是他构建批评思维的一种精神律动。鲁迅不是为了解决信仰的问题而进行对话的，而是为了像日本知识界摄取俄国文明那样形成自己的批评的话语。他从俄国文学那里既看到了革命的话题，也意识到自我突围的重要。即克服自己的旧时代的痼疾，在火中获得新生的可能。鲁迅既没有停留在普列汉诺夫那里，也没有歇息于列宁的世界中。他对俄国文学的选择更多是自我审视的需要。这是一个审美的期待，也是自我意识的拷问。他借此而对中国问题进行重新处理，多了怀疑主义的成分，“终于信仰”与否还是一个问题。

研究鲁迅的晚年思想，翻译实践所折射的话题，可以瞭望到他内心最为本然的存在，但他的疑惑、徘徊的阅读状态也可从中见到一二。不过，他的许多文章没有提及于此，深层的存在还值得我们细细打量。我们由此可以见到以往的论述里片面的存在，人们把不确切性的深层因素遗漏掉了。对照那些译本，有时候会发现鲁迅对一些观点的借用和转用，有时候则能够体会到他左转的心境。鲁迅收藏域外图书、翻译俄国作品的过程，是与异质文化对话的过程，在对话里，自己的缺欠才能够清晰，而自我与他人的联系则更为深切了。假如没有这样的对话，晚年鲁迅则无法摆脱更大的寂寞。

笔者以为，抓住鲁迅的这个状态，或许能够使学界对他的描述从列宁主义的本质主义中移开，进入更初始的状态。鲁迅与同时代的左翼作家不同的地方是，不是把自己打扮成天使，而他者皆为恶魔。他是带着对自己的怀疑的态度，与那些陌生的存在进行交流，以疗救只信进化论的偏颇。鲁迅研究如果只注重在信仰的层面讨论问题，忽略他始终是一个怀疑论者，那就可能把鲁迅置于封闭的描述系统。也就无法证实这样的事实：这个思想者在喜欢托洛茨基之后又远离了托洛茨基，欣赏列宁的思想而在本质上是非列宁主义者。研究的任务之一是去掉幻象，看到我们觉得“所以然”的事实而不是“非所以然”的存在。鲁迅不是一个独断论者，他永远在寻找着什么，他一方面直面着现象界，一方面与多样的精神群落对话。他的智慧诞生在多维的交流里，也诞生于默默攀谈的静思中。我们的研究是否应从这个视角瞭望他的存在，以矫正以往研究思维里的问题？鲁迅的表达体现出思维的无限种可能性，自然，研究也相应存在着无限种可能。那些文本给我们的非结论性的、带着鲜活生命气息的空间，实在值得我们重新去面对，重新去阐释。而研究鲁迅，也是一个对话的过程和审视自我的过程吧。

三、成果的学术创新、应用价值以及社会影响和效益

本成果与传统的研究所不同处是，在资料的爬梳与文本的鉴赏上，注重了历史的细节。第一次系统梳理了鲁迅与俄国知识界的关系。特别阐释了鲁迅以审美的差异性进入到社会本质的共性的思考。在这个思考里，不仅有助于其思想的飞跃，重要的在于，寻找到了审美的多样可能性。这既给他带来了精神的启发，又多了一种选择的困惑。鲁迅的左转不是被强制的结果，而是自愿的选择。但和瞿秋白、周扬等人的选择又多有不同。他在面对马克思主义传统的时候，一直没有放弃对审美的创造性的渴望。这使他与种种教条主义者有了根本的区别。

近十余年来，学界谈论鲁迅多集中在其创作的层面，很少从翻译以及藏书的角度看鲁迅的心路历程。流行的左派思想和自由主义思想都难以涵盖鲁迅的精神特质。本成果的研究结果表明，在描述他是自由的战士的时候，必

须注意其对自由主义的警惕；在夸赞他是左翼的代表的时候，必须看到其与教条主义和专断主义的差别。言说鲁迅，必须回到其语境的原点，他的精神一旦被简单化处理，与其原本的特质就十分遥远了。

这种研究结果，进一步证明了鲁迅的精神的先锋性与现实性，证明了其思想的开放性与鲜活性，也证明了鲁迅首先是一名翻译家，其次是作家的判断，对于我们深入把握鲁迅，扭转大学、中学的鲁迅作品教学的狭隘的思路，颇有帮助。本成果在知识结构层面对于研究对象的把握，被许多同行所关注，对于鲁迅研究的深化，也有所推动。

《中国当代文学理论的经验、困局与出路》概要

童庆炳*

一、研究的目的、意义及所使用的研究方法

文学理论的发展与历史社会文化的发展、社会思潮的变化总是密切相关的。一种理论，其中也包括文学理论，能不能成为时代的主潮的一部分，不在于它自身是否“精致”、是否“全面”、是否“科学”，是否“完美”，首先要考察的是它能不能体现时代的需要，即适应民族解放和解除社会危机的需要。中华人民共和国成立后，前 30 年，文学理论在曲折中有发展，在失误中有成绩，并最终迎来了新时期 30 年的转型、变化与多元的发展。中国当代的文艺批评仍然有若干问题值得我们去反思。富有针对性的省思，是开创文艺批评新局面的起点。

1. 研究目的

（1）本成果是对中国文学理论发展过程中的某些节点、人物和问题做一些粗浅的勾勒和初步的探索，力图为陷于困局中的当代中国文学理论寻找经验、教训和出路。

（2）新时期以来的 30 年中，文学理论界为了解决中国自身的问题，从中国文艺发展实际出发，向马克思主义文论、西方文艺理论（特别是西方当代文艺理论）、中国古代文论传统和中国现代文论传统寻找理论资源，加以融合创造，逐渐形成了中国当代文论的一些新鲜话语，取得了与时代同步的

* 童庆炳，北京师范大学教授，博士生导师。

成果。只有在这种针对当下文艺实际的深刻理论总结和具体研究中，在对话和争论中，才能创建具有中国特色的文学理论话语，才能从中国文学的民族性、独特性走向文学的世界性。

2. 研究意义

（1）本成果以平实的叙述和深入的分析，揭示中华人民共和国成立以来马克思主义文学理论所取得的经验和成绩，也指出其面临的困局与出路。回顾了新时期文学理论的变化与发展，给以后的文学理论研究者提供一点历史的启示，看一看中国当代文学理论的路是如何走过来的。

（2）半个世纪中国文艺学研究的发展，所存在的最大问题就是所谓的"内部研究"与"外部研究"的分离，"自律"研究与"他律"研究的对立，继续这样"分离"和"对立"下去，是文艺学所面临的最大危机。如何来解除这个危机，使文艺学的研究走上广阔的道路呢？我们认为这就是"文化诗学"肩负的使命。文化诗学作为一种文艺学的方法论，就是通往综合创新的必经途径。

（3）本成果还提出当代文学创作的精神价值取向应该是历史理性、人文关怀和艺术文体三者的辩证统一。

3. 研究方法

在坚持马克思主义基本立场、观点和方法的基础上，本成果拟采用的研究方法主要有：

（1）历史和逻辑相统一的方法。以历史的眼光，梳理了 20 世纪以及新世纪以来文学理论走过的道路，总结出文学理论发展的具体规律和存在的问题。

（2）理论和实践相结合的方法。本成果注重文学理论的实践层面，不仅理论的归纳总结与文学现象密切结合，更是把文学理论教材的编写放置到历史大背景中加以考察。

二、成果的主要内容和重要观点

1. 主要内容

本成果分为上下两部分。其中上篇为历史与经验，下篇是困局与出路。

具体说来，上篇包括十三章，主要探讨 20 世纪中国马克思主义文学理论走过的历程。下篇包括十六章，重在为当代文学理论的建设破解困局与找寻出路。

本成果第一章概述了20世纪中国马克思主义文学理论走过的历程。中国共产党在“五四”新文化运动的思想解放运动中成立，并选择了马克思主义作为自己的指导思想。中国现代的新文学就是在“五四”新文化运动和其后的斗争过程中发展起来，中国现代的文学理论也是在这个过程中发展起来的。20世纪前50年，中国的文学理论上“他律”论超越“自律”论，这是有其历史必然性和现实合理性的。梁启超、鲁迅、瞿秋白、毛泽东的文论主题是启蒙与救亡，尽管在某种程度上漠视了文艺的相对独立性，或者对文艺的特征阐释得不够，但他们的文艺观念与危机时代的“革命崇拜”是完全合拍的，而且是在他们的革命观念的枝条上所结出的文学果实，的确也促进了民族的独立，推动了社会的变革，为解救危机时代的危机做出了贡献。1949年中华人民共和国的成立，标志一个旧时代的结束，一个新时代的开始。中国共产党人在新的时代面临的主要是建设自己的现代化国家问题，在文艺上也应该有一次转变，即从强调“他律”转到强调“自律”。但由于建国后最初的马克思主义的文论体系建设全面地向苏联学习，以及历史惯性、“战时经验主义”和政治运动的影响，这个转变并没有实现。1978年党的十一届三中全会之后，在社会主义现代化建设和解放思想、实事求是方针的指导下，思想界和理论界开始了对一系列问题的重新思考与检讨。由此文学理论逐渐摆脱“泛政治化”，开始了学术化和学科化的过程。在这一过程中，有几次意义重大的理论讨论。继70年代末“共同美”问题、“形象思维”问题和“人性论”问题以及80年代初中期文学的审美本质等理论观念的反思后，80年代中后期，文学问题的讨论深入到文学本体层面。其中比较重要的讨论有：1984年开始的“性格二重组合原理”的讨论，1984年开始的文学新“方法论”问题的讨论，1984年提出的“文学审美反映论”，1985年开始的“文学主体性”问题的讨论，1986年前后开始的文体和文学语言的讨论，1987年提出的“文学审美意识形态论”。这些讨论是一步步深入的。由基本的观念问题转入到文学作品的形象的层面，再转入文学创作的主体问题，最终深入到作为真正的文学本体的文体和文学语言问题。

接下来的第二到第十三章则是对这一概述的具体展开。在这些章节里，介绍和评价了现当代文学理论的主要代表人物及其文艺思想和历史地位与历史影响，另外还用了两章的篇幅讨论苏联文论与当代文论建设的问题。

第二和第十一章研究苏联文论与当代文论建设的问题。50 年代的苏联文论在新中国开创时期取得了霸权地位，中国文论则完全臣服于苏联文论的脚下。这就不能不带来严重的后果：第一，文学问题的政治化堵塞了文学理论的普通知识，严重扼杀了敢于独立思考的、有真知灼见的一代文论家的创造。第二，文学问题的哲学化使文论囿于哲学的视角，不能揭示文学所固有的特殊规律，丧失了理论应有的活力。第三，由于苏联 50 年代文论自身的封闭性、保守性以及它在中国 50 年代的霸权，使我们的文论在很长的一段时间里，既失去了与西方 20 世纪文论交流、对话的可能，又割断了与传统文论的血脉的联系。但是苏联的“审美学派”对艺术的本质的探讨仍能给我们以有益的启示。

第三和第十章专门研究周扬的文艺思想及其历史意义。周扬的理论工作代表了中国共产党领导解放后 17 年的文艺理论工作，主要关注的是社会主义文艺建设问题。周扬的理论工作可以说成绩与错误并存。从积极的角度说，周扬在这个时期，在贯彻毛泽东文艺思想上面是不遗余力的，并且突出地提出描写“英雄人物”问题，阐释和发挥了毛泽东的文艺思想，对艺术创作的规律也有所探索，如讲文学要通过形象说话，不能概念化。周扬的文学思想的核心是他对社会主义现实主义在中国的极力的提倡，对文学与人民群众关系的反复思考。他认为，与科学相比，创造形象以反映生活，是文学的基本特征。与科学家的逻辑思维相比，运用形象思维是作家艺术创作的基本特征。他还认为文艺的价值首先是它能成为教育人民的工具，成为鼓舞人民的力量。社会主义文艺的规律，从根本上说要为人民群众服务，但要服务得好，则必须吸收本国的和外国的人类一切文学遗产中的养分。周扬晚年的新鲜活泼的文艺思想应该受到特别的重视。这些思想可以说是中国化的马克思主义文艺思想的一部分，对马克思主义文艺思想的中国化做出了独特的贡献。他首先对如何对待文化遗产、需要什么创作方法、要不要实行“百家争鸣，百花齐放”方针等问题进行了反思。他重新阐释毛泽东文艺思想，主要包括文艺与生活的关系、文艺与政治的关系、文艺上继承传统与革新创造的关系三个方面。周扬针对人道主义、异化问题的争论，至今仍留下很多有意义的思考。

第四章评价了胡风的文艺思想。胡风的“主观精神”论，是为了反对“妨碍了创作实践成长的主观公式主义和客观主义这两个顽强的倾向”，其价值取向是为了追求高度的艺术真实。一方面是为了创作，只有“主观精神”介入生活，才能使生活变成具有艺术品性的题材，才能达到现实主义的深度；另一方面，“主观精神”论，其实就是要求人生追求、艺术理想的一致，这是一种崇高的人格论。胡风的表述可能有不够准确的地方，但其思想和精神是很有价值的。应该说，这是 20 世纪中国马克思主义文论的一次理论创新，应给予充分肯定。

第五章主题是黄药眠的“生活实践”文艺论。黄药眠在 50 年代初中期以“生活实践”来解释美和艺术，用“实践”一词把文学创作的主观和客观辩证地联系起来，既反对唯心主义，也反对机械唯物主义，是属于马克思主义实践论的一种创造。黄药眠强调作家的主体性、描写对象的主体性和欣赏的主体性，注重“体验”这个概念。在他那里“体验”的概念是与“生活实践”的观点密切联系在一起的。在上世纪 50 年代，他意识到单一的认识论，即“存在—意识”的二项关系式，不能解决全部文学问题，而认为马克思的实践论和价值论对于文学艺术问题更具有阐释力，这是很了不起的见解。

第六章集中讨论了美学家朱光潜。新中国成立后，朱光潜对自己以前的唯心主义美学思想进行了自我批判。1956 年美学问题大讨论中，他清理了自己前期学术研究中的唯心主义思想，努力学习马克思主义，提出了“美是主客观的辩证统一”的观点，并以马克思主义的“美学的实践观点”不断丰富和发展自己的美学思想和文艺思想，他运用他的“美学的实践观点”来解释文艺问题，对于中国当代的马克思主义的文学理论做出了重大的贡献。朱光潜的美学实践论主要包括这样几个重要问题：艺术创造的基本原则；创作主体与创作客体的关系；浪漫主义和现实主义问题。他还认为人作为主体在劳动中获取自身的丰富性、自由性和创造性，从而创造了人，创造了人类社会，创造了物质和精神财富，创造了艺术的新论证，深刻地重新改写了“劳动创造了艺术”的新命题。

第七章探讨了秦兆阳文艺思想的历史意义。秦兆阳的《现实主义——广阔的道路》一文，最重要的一点是对“社会主义现实主义”这个苏联的文学定义的内容提出质疑。秦兆阳的论文是中国当代作家和理论家对于现实主义问题的一次联系生动实际的历史总结，是对于马克思文艺思想的贡献和发展。秦兆阳所理解的现实主义“以无限广阔的客观现实为对象，为依据，为源泉”。生活本身不是艺术，生活的翻版也不是艺术。生活必须经过作家的典型化，才有可能转化为艺术。秦兆阳把文学现实主义理解为一个历史发展过程。现实主义不是今天才有的，古往今来都有现实主义。他提出“社会主义时代的现实主义”，把历代的文学现实主义都看成是“历史的、暂时的产物”，把现实主义作为一个历史发展中的概念，这种观点合乎历史发展的辩证法。

第八章评述了两部重要的文学理论教材。60年代以群主编的《文学的基本原理》和蔡仪主编的《文学概论》影响很大，标志着我国文学理论教材对苏联模式的文学理论的某种克服，体例与表达也逐步走上了中国化道路。从两部教材的文学观念和对文学特征的理解看，它们是政治论的文艺学与认识论的文艺学结合的产物。这两部书基本分为四编，即本质论、发展论、创作论、鉴赏论。这种本质论、发展论、创作论、鉴赏论的结构模式后来成为文学理论教材的基本结构。这两部教材有几个重要的特点：第一，坚持文学反映论，但不完全生搬硬套，并且开始对文学规律进行探讨。第二，与原来的苏式教材相比，出现了较新的思路和体系，在原来以本质论、作品论和发生与发展论的基础上，增加了与文学的本质紧密相关的创作论与鉴赏论的内容。第三，消除了对文学与政治的关系的单线条描述，揭示了文学与生活的多维联系。最为重要的是，在重视文学外部规律的前提下，加强对文学自身规律问题的探讨，如对文学形象、文学创作、文学批评等问题的解说已呈现出不同以往的面貌。第四，较为空洞的纯粹政治说教减少了一些，富有学术意味的言说则有所增加，注意文学理论问题研究。第五，开始逐步重视中国古代文学理论资源，以科学的态度继承、吸收中国古代文学理论的宝贵资源。《文学的基本原理》和《文学概论》的诞生标志着我国文学理论教材建设的真正起步。对于这两部教材在中国发展马克思主义文艺思想的贡献必须充分肯定。但是从这两部教材的体系结构、具体内容看，对于马克思主义的文学方法论是什么的问题，仍然没有解决。教材对主要文学问题的阐述都是哲学化的，哲学的方法取代了文艺学的自身方法，这是历史的局限。

第九和第十二章更具体地深入研究了当代文学理论自新中国成立以来的发展道路，揭示出根本性规律性的问题，是对第一章内容的进一步展开。1978 年改革开放以来是文学理论转型和发展时期，这个时期的特点是学术话语专业化、学术化，并且追求古代文论的现代转化、西方文论的中国转化。这个“转型”可以概括为三个“转变”：从一家“专政”式的独语转变为“百家争鸣”式的对话；从政治话语转变为学科的学术话语；从非常态的中心话语转变为自主发展的常态话语。80 年代以来开始了文学和文学理论的自主性的追求，开始了文学理论作为一个学科特有的话语的建设，从文艺学方法论的探求，中间经过文学主体性问题的论争，到文学审美反映论、文学审美意识形态论的提出和完成，经过十余年的努力，中国当代文学理论学人对于建设相对独立自主的文艺学学科，付出了艰苦的劳动，取得了相当巨大的学术成果。在“多元”的“杂语喧哗”中，“语言论转向”“古代文论的现代转化”和“人文精神的呼唤”成为最重要的三种思潮。

另外，钱中文作为中国当代文艺理论的开拓者和组织者之一，对于中国当代文艺理论的贡献是巨大的。第十三章正是从时代转折的大背景下对钱中文的文艺思想予以观照。中国自上世纪 80 年代改革开放以来，伴随着经济的发展也出现许多社会文化问题，其中最严重的是拜物主义和拜金主义的流行，并由此导致各种社会问题丛生。为了回应这样的现实，钱中文提出了新理性精神文学论。钱中文的新理性精神论包含物质发展维度、精神维度、批判维度、传统维度与现代维度等多重内涵。他提出的“文学审美意识形态”理论，成为学界多数人对于文学本质特征的问题的共识。这一思想的确立是中国现代文论观念走向成熟的一个标志。此外，他提出并论证的文学现代性理论，也是很有价值的。

下篇第十四到第二十九章则是针对当代文学理论的困局与存在问题，提出解决办法与出路。第十四章的主要内容是：要建立文学理论新体系，首先的问题是认识我们所处时代的特征，新时代的特征规定了文学理论新体系的性质。我们所处的时代是一个由外而内地回归自身的时代，自主性是它的首要特征。时代的自主性要求我们时代的文学理论应该有自主性的品格。时代的开放性要求文学理论向生动活泼的文学实践开放。文学理论开放性的实现，有赖于建立那种“随着知识的增加时而扩张、时而缩小”的弹性结构。

第十五章提出文论的建设要从“中西对话”“古今对话”开始。在古今对话、中西对话基础上的“整合”，是建设中国当代形态的文学理论的必由之路。“整合”不是简单的对接和拼凑，而是必须以历史唯物主义和辩证唯物主义为指导，与当代的文学创作实践相结合。

第十六章的主题是，当前实现文艺理论创新要在已有的“五四”以来的文艺理论新传统的基础上“接着说”，这也是一个如何对待古今、中西关系的问题。第十七章从中国新时期文艺学专业 30 年学术的发展来分析高校文科学术组织的任务，揭示了政治化—学术化—学科化—流派化这一轨迹，有利于加强和提升自觉建设文科学术的意识。第十八章反思了中国当代的文艺批评的若干问题，包括文艺批评的商业化、文艺批评与文艺创作的关系、文艺批评的对象与方法和文艺批评的价值取向。第十九章关注在经济和文化全球化的趋势下，当代中国文学的世界性问题。文学创作如何增加时代的精神新元素和艺术新元素是提高当前中国文学创作的关键所在，也是我们的文学如何能更好具有文学世界性的关键所在。要注重具有新质的人物形象的创造，还要有文学文体意识真正彻底的觉醒。近几年文学理论界掀起的与文艺学学科联系紧密的“反本质主义”的话题，是第二十章的研究中心。事物的本质是建构性的，历史文化语境以其强大的力量改变事物的本质，同一事物在不同的历史文化语境中可以有不同的理解，不同的定义，不同的命名。换言之，我们提出本质性的时候，一定要看历史的关联性。反本质主义不能走向极端，走向极端的反本质主义必然要导致不可知论和虚无主义。

第二十一章回答了文学理论的中国话语从哪里来的问题，答案是只能从中国当下的文艺实际情况中来。只有这样，才能创建具有中国特色的文学理论话语。针对当下文学理论的确存在着脱离实际、封闭、孤立等倾向，第二十二章提出破解的办法，主要有：必须把社会问题通过一种途径、一种转换，变成文学理论问题；应与别的学科进行关联性研究；一定要使理论历史化，或者叫作重建历史语境。第二十三章中的研究认为，对于百年文学理论的回顾性反思性的学案、文案研究，是克服当下文学理论研究危机的另一重要途径，也是当前文学理论发展的一种新趋势。第二十四章则分析中西文化和文学理论的差异及其历史文化原因，寻找中西文学观念不同的文化根源。认为中西文化可以互相学习，互相补充，而互相学习和互相补充的途径就是

“对话”。要以现代性的眼光，结合新的文学活动的实践，去吸收和总结古典的和外国的文论的精华，真正实现古代文论的现代转化和创造，真正实现西方文论的中国转化。

第二十五到第二十九章，提出文化诗学的理论。在第二十五章中论述文化诗学的基本构想之后，第二十六、二十七章细致分析了文学语言、文学修辞和社会文化的双向互动关系。最后两章则解决了文化诗学的开放结构和理论支点问题。

2. 重要观点

观点之一：要建立文学理论新体系，首先的问题是认识我们所处时代的特征。新时代的特征规定了文学理论新体系的性质。

时代的自主性要求我们时代的文学理论也应该有自主性的品格。哲学的定义只能回答共性的问题，而回答不了各种事物的特殊性问题。文学理论有其自身的研究对象，应该执行自己的、美学的任务。文学理论只有是文学的理论而不是其他的理论的时候，才能对生动活泼的文学实践活动产生有利的影响。

时代的开放性要求文学理论也向生动活泼的文学实践开放。开放的准确含义是打破理论的封闭性，向生动的实践开放，实现由内而外的解放运动。马克思主义不是要追求理论本身僵化的完备，而是与社会实践的活的联系。

观点之二：对于百年文学理论的回顾应为反思性的学案、文案研究。

“回顾”不是一般的总结经验，核心的内容是反思。总结经验加上反思问题，我们才能知道中国现代文学理论所取得的成绩有哪些，有多么重要；存在的问题又有哪些，又有多么严重。反思，就是一个自我对话的过程，是今天与昨天对话的过程，在这对话过程中，进行反省、诊断、思考和重建。

“中国文论传统的现代转化”中包含诸多复杂问题。其中最重要的一个问题就是，为什么中国学者著书立说，总是在有意无意间把别人的理论看成是自己的现代化的理论呢？这是因为在文化认同问题上，我们完全丧失了自身的主体性。

学案、文案研究主要包括揭示“学说的神话”说、“思想探源”法、“症候阅读”法、“求同辨异”法和高度历史语境化这五种方法。

观点之三：中国文艺学研究存在的最大问题，就是所谓的“内部研究”与“外部研究”的分离，“文化诗学”作为一种文艺学的方法论，担负着解决这个问题的使命，也是通往综合创新的必经途径。

“文化诗学”的内在结构是：文化诗学研究的对象主要是文学，那么就必须以审美为中心，同时向微观的语言分析与宏观的文化批评发展。它以文学为对象，以审美为中心。

“文化诗学”的构想是：以审美评价活动为中心的同时，还必须双向展开，既向宏观的文化视野拓展，又向微观的言语的视野拓展。我们认为不仅语言是在文学之内，文化也在文学之内。审美、文化、语言及其关系构成了文学场。文化与言语，或历史与结构，是文化诗学的两翼。两翼齐飞，这是文化诗学的追求。

“文化诗学”的基本视点与理论诉求就在于重视和强调文学的审美文化属性。我们提倡的“文化诗学”，具有文化的品格，并注重文学的审美文化属性。因此，需要从文学作品自身出发，并将文学当成一种“审美的精神文化”来加以对待，在此基础上，再通过文化视野的引入，在文学与政治、文学与伦理、文学与哲学、文学与美学、文学与历史、文学与宗教等的“文化圆周”上加以综合整体的考察研究。

三、成果的学术创新、应用价值以及社会影响和效益

1. 学术创新

(1) 基本理论观点的创新。本成果以马克思主义基本原理为指导，立足于历史唯物主义和辩证唯物主义，结合时代要求和现实的文艺实践，提出文化诗学的理论构想。力图把所谓的“内部批评”和“外部批评”结合起来，把结构与历史结合起来，把文本与文化结合起来，加强文学理论和文学批评的历史深度和文化意味，走出一条文学理论的新路。

(2) 本成果提供了摆脱文学理论危机的有效途径。重新阐释文学理论发展中的古今、中西问题，指出要建立文学理论的民族独特性话语，进而获得世界性。

2. 应用价值以及社会影响和效益

一方面，本成果详尽而深入地评述了近百年来文学理论发展的历史，以

深厚的理论穿透力揭示其规律，既总结经验教训，又结合实际提出多种解决办法，从而极大地推动了当代文学理论的发展。

另一方面，本成果注重对新时期和新世纪社会文化转型期的文论做深刻分析，观点具有前瞻性和引领性，对未来文学理论的研究有重大启示。

《西方文论关键词与当代中国》概要

胡亚敏*

一、研究的目的、意义及所使用的研究方法

概念是建构文学批评理论体系的基石，核心概念或关键词更是彰显理论特色和理论贡献的标识。本成果旨在通过对西方文论关键词的研究，为中国读者理解和运用西方文论关键词提供切实的帮助，并为中西文学批评的融会和中国当代文学批评的建设探索可行的路径。

1. 研究缘起

20世纪后半叶，梳理文学批评中的关键词成为西方文论研究的热点之一。英国学者雷蒙德·威廉姆斯的《关键词：文化与社会的词汇》（1976年）一书对这一领域有开启之功，该书不仅追溯关键词意义的历史流变，而且揭示了流变背后的文化政治。其后，西方关键词研究呈兴盛之势，中西学人相继出版了多部关于文学与文化理论关键词的著作，包括以一词一书的形式推出的关键词丛书。这些著述站在学术研究前沿，对关键词做了比较具体地梳理、介绍和评述，并注意到这些关键词在西方语境中的演变与发展。

不过，关键词研究仍存在改进和扩展的空间。首先，有些著述词条较多，限于篇幅，人们很难具体深入地阐述关键词发生发展过程中历史和系统的复杂性，因此在翻阅这些条目时往往有语焉不详或意犹未尽之感；而单个关键词研究则更像一部理论专题史，读者仿佛被带入一条深深的隧道，无法

* 胡亚敏，华中师范大学教授，博士生导师。

确定其在批评系统中的位置和与其他术语的关联。同时，由于编撰者编撰目的和知识结构上的差异，著述主要侧重于对西方文论关键词本身的阐释，而未能进一步考辨这些关键词在中国文坛的接受和变异情况。这些问题特别是西方关键词与中国文学批评关系的缺失成为本成果研究的重要缘由。

2. 研究目的

本成果的研究目的如下：

首先，通过对挑选出来的西方文论关键词做正本清源的研究，辨析其错综的历史源流，以及这些关键词与其他学科和思想领域的相关性，以充分了解和把握西方文论关键词作为异质文化语境和经验的产物的复杂性。

第二，在把握关键词的基本含义和历史变迁的基础上，进一步考察西方文论关键词在中国特定文化语境下的阐释，了解这些关键词对中国文学批评的适用度。同时，发掘与该关键词相对应的中国相关文论资源，分析二者的异同。通过这种对接和对比，寻找中西文学批评对话和融合的契机。

第三，采用历史梳理与理论阐释相结合的方式，通过对新材料的挖掘和对原有材料的重新解读，提炼一些有价值的理论观念，为中国当代文学批评理论建设提供富有建设性的参照。

3. 研究方法

本成果主要采用历史和比较的研究方法。这里的历史方法吸收了当代马克思主义文学批评的历史和总体的观念，并在此基础上有所探索与前行。在研究中我们突破线性的历史观，将关键词视为一个动态的、多维的乃至异质的过程，努力发掘和阐释关键词在历史进程中丰富的多样性。这里的比较方法则以开放的民族主义为基本立场，立足于关系研究，以跨文化的视野探寻关键词在不同民族和语境中的变迁，特别是考察和总结西方文论关键词在中国文学批评中的流变与组构。

（1）历史方法。任何概念都是在历史中生成的，都有着特定历史所赋予的具体含义。在关键词研究中，本成果并不致力于确立关键词的界定，而是注重对关键词的历史回溯。一方面，沿着历史的长河，追寻和勾勒每一词语的渊源和发展脉络，建构这些术语本身的知识谱系；另一方面，又注意考察这些关键词与西方文化传统以及与社会的关联，了解西方学者的哲学观念和思维方式，挖掘相关学科思想家对这些关键词的表述，揭示其在不同语境下不断转换和更新的意义。在研究过程中，本成果也不是把这些关键词视为统一的、同质的总体，而是将其视为一种被逐渐建构的知识对象，凸显关键词的多元性和异质性，从不同侧面把握其复杂的语义。在对相关史料的搜寻和考辨上，本成果还特别注意去发现历史缝隙中的遗迹，挖掘和整理此前研究中相对忽视的批评家和理论家的思想资源，力求更为立体地把握关键词所蕴含的意义张力，以引导读者充分领略关键词所展示的多义性和多层性。当然，在强调关键词多元性和异质性的同时，本成果也注意梳理贯穿其中的主要线索和内在逻辑联系。每个关键词虽然随着历史语境的变化不断增衍语义，但仍有其区别性的核心要素。换句话说，一方面每个关键词都处于动态变化之中，包蕴多种含义；另一方面，每个关键词也都有自身的规约，不可能漫无所指。

（2）比较方法。比较方法着眼于国际关系研究，它首先表现为对关键词在不同国度衍生变化的探寻。应该说，概念的流传本身就是一种国际旅行，它一经诞生，便不胫而走，在不同国家传播和发展，这一点在当代西方文学批评的传播中表现得尤为明显。因此，辨析这些关键词在英、美、法、德、俄等不同文化语境下的繁衍或差异就成为关键词研究的应有之义。而正是由于关键词在旅行中不断被赋予新的意义，可以说，西方文论关键词是各国学者的共同创造。

本成果的比较方法更侧重于本土立场，从作为接受者的角度来梳理和总结西方文论关键词在汉语语境中的译介、误读和融入。鉴于已出版的关键词著述主要限于对西方文论关键词本身的阐释，而对中国本土的接受、变异情况研究阙如，因此本成果将关键词的考察延伸到本土，通过梳理关键词在我国的传播和流变，考察这些关键词给中国批评理论范式重建带来的意义和价值，这是本成果与其他关键词著述的一个重要区别。在考察这些关键词如何被本土批评理论吸收的过程中，本成果不仅具体辨析了我国学人在关键词接受和运用上的错位与创造性误读，而且通过分析关键词在不同语境下的运用，以发现中西当代文学批评在文化和学术传统诸方面的差异。同时，本成果还将关键词作为一种“他者”，与中国古代文论中相似思想资源加以比照和相互阐发，激活本土传统的思想资源。而比较方法的根本指向是探寻关键词研究如何为中国当代文学批评注入异质活力，从而构成对中国固有文学观念的挑战和促进中国文学批评理论体系的更新，以及如何回应并解决当今文学创作和批评实践中的问题等。我们希冀中国未来的文学批评是一种善于吸收不同文化优势、能够研究和解释本土文学问题、体现本民族深层意识和具有民族个性的文学批评。

二、成果的主要内容和理论建构特色

1. 主要内容

本成果精心挑选和集中研究了20世纪后半期即1978年以来出现在中国文坛上的10个西方文论关键词：话语、文本、叙事、文学性、反讽、隐喻、延异、意识形态、身体、他者。入选标准有两个：一是20世纪西方文学批评中最具有代表性和理论深度且又有待进一步澄清和阐发的概念；二是对中国文学批评产生了深刻影响并带来新质的概念。也就是说，这些概念不仅被国人接纳和运用，而且对中国当代文学批评形成了一定的冲击力。与相关著述相比，本成果挑选的关键词不多，之所以这样做，是因为我们感到与其泛泛而谈，不如集中研究几个核心概念，在深挖和阐释上下功夫，通过重点突破，以保证研究的质量和研究成果的创造性。

本成果每个关键词的结构大致包括四个部分：第一部分是对所选西方文论关键词做溯源研究，主要从词源学和文献学的角度考察这些关键词的历史文化渊源。第二部分研究这些关键词的各种含义和核心要素，既揭示关键词在演变中内涵的丰富性，又进一步廓清其所具有的区别性特征。第三部分研究关键词在当代中国的传播，探寻它们在中国的接受、挪用和改造的轨迹，进而比较不同文化语系间的变异。第四部分考察关键词与中国批评理论范式的重构问题，并做出相应的理论反思。各篇大致按照这个结构框架展开，因每个关键词的具体情况不完全一样，有些关键词的结构也有所变化。在研究中我们力求做到三点：一是资料性，尽可能收集相关史料来展示概念诞生与发展的历程，尤其不能遗漏一些代表性人物的重要观点；二是学术性，在研究中突出西方文论关键词的文化语境和语义研究，加强理论的阐释和观点的提炼；三是语言的简明性，尽管所选的这些西方关键词中不乏玄奥之语，但我们尽量用平实的语言来叙述这场关键词的旅行。

需要说明的是，虽然每个关键词都有自己的谱系，但这些关键词并不是孤立存在的，它们处于互为他者的批评理论系统之中。事实上，话语、文本、叙事、文学性、反讽、隐喻、延异以及意识形态、身体、他者这 10 个关键词在凸显各自特定含义的同时又互相渗透和互相参照，有些关键词还被不同批评流派加以利用和言说，形成了一种具有差异性、交融性和对话性的网络结构。这些关键词一方面展示出 20 世纪西方文学批评的内在联系和发展，另一方面又因其观点体系的差异而形成对文学的多维观照，犹如不同光束照射到文学文本的不同侧面。透过关键词研究的多棱镜，人们将看到文学文本丰富的意蕴和绚丽的色彩，看到文学这座海上冰山下面的博大世界。

2. 理论建构特色

如果说本成果在理论建构上有什么特色的话，就是“历史场域”的提出和细化。“场域”（champ）是法国学者布迪厄提出的一个概念，主要指社会生活中相对独立的不同空间及其内在关系。我们将这个概念借用到关键词研究中，并注入历史内容，将其改造成不同时空中流动的复数的“历史场域”，作为考察关键词演变的重要范式。

关键词的诞生虽然有其特定时期，但一种思潮一个概念都不是凭空产生的，它们有前驱者，也有后继者，并且“在不同的文化和历史视域中具有不同的内涵”。在关键词研究中，我们将“历史场域”细化和拓展为四个相关联的阶段，具体包括初始场域、生成场域、延展场域和本土场域。首先要考察的是西方文论关键词产生的初始场域，这主要指西方文化的母体即自古希腊乃至古希伯来以来的文化传统。在关键词研究中，我们把笔触伸到历史深处，从根基上探讨关键词的学理渊源。无论是反讽、隐喻还是叙事、身体，我们大多从古希腊谈起，以发掘这些概念的初始含义。第二是生成场域，即关键词作为文学批评术语出现的特定社会文化环境。有些关键词作为语词的历史很漫长，但成为文学批评术语则是 20 世纪的事了。“身体”这个概念的出场就是如此，我们要探讨的是它作为文学批评术语所具有的特定意义。其三是延展场域，即关键词诞生后随着时代的变迁而带来的语义增衍。延展语境又可分为两个方面，一方面是在文学批评领域的发展演变，即不同批评流派对这个概念的理解和运用，如马克思主义文学批评的“意识形态”概念出现以后，其他西方马克思主义文学批评家卢卡奇、葛兰西、阿尔都塞和詹姆逊等对“意识形态”内涵的补充；另一方面则是文学批评术语向其他学科蔓延，如“话语”概念就经历了从列维-施特劳斯到阿尔都塞，再到福柯的发展演变。第四个场域为本土场域，又称为接受者场域，主要研究西方文论关键词与当代中国文学批评的关系。与前三个场域相比，这一场域在空间和主体上都发生了变化。西方文论关键词的出现是与西方社会的政治文化、哲学背景以及文学思潮联系在一起的，是它们为解决自身问题的理论建构和实践尝试。这些关键词一旦被引介到中国，作为域外之物的关键词和中国现实之间必然存在程度不等的张力，因此要充分关注关键词在中西不同场域下的差异。同时，接受主体自身“语境”（如当代社会的现实需要和主体的知识结构等）的制约也需要认真对待。此外，本土场域还须顾及由于语言体系的转换而导致在翻译、阐释和使用这些关键词时出现歧义等问题。

“历史场域”作为一个范式体现了研究方法的探索和融合，“历史场域”不仅是历史和空间的融合，而且是内部与外部的结合，即既立足于语言分析，又充分考虑其外部条件。并且就其形态来说，“历史场域”则既具有理论探讨的性质，又可视为一种批评实践的活动。

三、成果的学术价值、应用价值以及社会影响和效益

1. 学术价值和应用价值

本成果既是一部理论著述，又可视为一部具有资料性质的工具书。

作为学术结晶，本成果对于当代中国文学批评具有重要的理论价值和实践意义。首先，本成果对西方文论关键词做了有深度的阐发，揭示其历史脉络和丰富的异质性，从而将关键词研究提到一个新的高度。其次，本成果将关键词置于当代中国文化语境之中，探寻其在中国的译介、变异和融合及其在中国文学批评中的变异，这一研究方式在国内关键词研究中是一个有益的尝试。第三，也是本成果研究的目标，即力图通过关键词这一纽带，在中外文学批评碰撞和交汇的过程中构筑中西文学批评交流对话的平台，为建构一种善于吸收不同文化优势，能够研究和解释本土问题，并体现本民族深层意识和具有民族个性的文学批评提供新鲜的理论资源和实践经验。

有学者在比较各种关键词研究中对本成果评价如下：“在学界既有关键词研究成果之中，《西方文论关键词与当代中国》有诸多独到之处。首先是本土立场的坚守。《西方文论关键词与当代中国》之写作动机，是缘于著者

对‘西方关键词与中国关系之缺失’的体认。既有的研究成果大多热衷于对外来文论及文化术语、概念和范畴的译介和阐释，而有意无意地忽略了西方关键词在汉语语境下的接受、误读、变异尤其是在汉语文本（理论与创作）中的具体而复杂的运用。因而，《西方文论关键词与当代中国》从本土立场出发，重在梳理关键词在中国的传播和流变，把握关键词对中国文学批评的适用度和有效性，不仅考察西方关键词在汉语文化语境下的阐释和运用，而且探寻西方关键词在中国文学批评中的重构，从而揭示出西方关键词对于当代中国的理论和实践价值。”“该成果针对‘外国文论在当代中国的接受与影响’事实进程而展开的相当精细的清理，是典型的比较诗学或‘跨文化的文学理论’研究，开掘深可谓该成果的第二个亮点。这样的深度清理对于我国的文学理论研究，这样的问题意识鲜明的理论反思，对于我国的外国文论引介都是很有现实意义的。对于克服我们的研究实践中的‘简化’与‘膨化’——泛泛地述评‘西方文论中国化’，或者粗放地描述‘某某主义在中国’，这样的精细而深入的清理与反思，尤其具有迫切性。”

本成果的学术价值还在于，关键词研究成为我们反思文学批评的一种方式，具有学科史上的革命意义。

其一，关键词的跨学科特征使我们对文学批评的学科性质有了新的体认。在概念的旅行中，词语在不同语域间的流通已成为常态。有些关键词起初属于其他学科，后来被借用到文学批评领域，并因其异质性而构成对传统文学批评的挑战；有些关键词则从文学批评中走出去，成为其他学科和思想的词汇，如“叙事”这个词已进入各种领域，为不同学科所共享；还有些术语则不限于某个固定的场域，而是穿梭于哲学、文学批评乃至政治、心理等不同学科之间，如“他者”一词就涉及哲学、心理分析、性别研究、后殖民主义及后现代主义等相关领域，“隐喻”甚至超越了人文与科学界限，成为更为广阔的跨学科概念，而“身体”则直接进入日常生活。关键词在不同学科的自由运用促进了跨学科和学科交叉的发展，从而导致文学批评也包括哲学、历史等学科疆界的扩展和消弭。由此可以说，就文学批评而言，也许它从来就不是一个完全独立的学科，文学批评的边界是模糊的，跨界成为一种必然。

关键词研究对文学批评的另一启示是：给关键词下定义只是一种有限的

本质探寻，追求完美的定义可能是一个陷阱。关键词的意义从来（never）不是固定的、静止的，我们只能在特定的范围内界定这些关键词，而对其意义的认识是不可能有终点的，它们的含义将随着时间和空间的变化向未来开放。关键词研究是一种立足语境的动态的陈述方式，它不追求体系的完整性和定义的确定性，而是诉诸历史性的理解，每个关键词的定义只存在于其特定的语境（即用法）中，不断实践的过程构成了关键词意义的丰富和延展。而我们要做的就是力求认识关键词的历史和现在，在此基础上才能更好地展望关键词的未来。

就应用价值而言，作为一部工具书，本成果可成为那些对文学批评有兴趣的读者的引导，为他们进一步了解文学批评和从事批评实践活动提供有效帮助。本成果 10 个关键词依次排列，且每个关键词都可视为入口。读者既可以按顺序依次阅读，又可以挑选其中某个感兴趣的关键词加以细读，这完全取决于读者的兴趣和需要。每个关键词后所附书目也为读者阅读提供了导引和参照。

2. 社会影响

本成果在研究过程中已公开发表论文 27 篇，其范围涵盖本成果所有 10 个关键词，具体包括《开放的民族主义 ——论中国当代文学批评之立场》《西方文论中的“话语”谱系》《文本概念的旅行及其核心要素的生成》《中国文学理论语境中的“意识形态”概念》《“隐喻”概念与弗莱的文学批评》《雅各布森与“文学性”概念》《“叙事”溯源：柏拉图和亚里士多德》《现代西方文论中的诸种身体观》《“他者”的多副面孔》等。这些论文从不同角度立体地考察了这些西方文论关键词的生成和延展，特别要提到的是由华中师范大学“211 项目”资助的《华中学术》为课题组刊发了 3 组共 9 篇论文。这些论文中已有 5 篇被中国人民大学复印报刊资料全文转载。

本成果为国家社会科学基金项目，结项等级为“优秀”。本成果入选 2014 年度《国家哲学社会科学成果文库》后，各地高校不少师生询问成果的出版情况，希望从这本关键词研究中获得有价值的理论观点和历史知识，更好地用于高校的文科教学和科研。

最后，我们想说的是，通过关键词研究这个项目，我们还收获了共同合作的快乐，并锻炼出一支对批评理论有强烈兴趣的年轻队伍。

《后现代主义文学理论思潮论稿》概要

朱立元*

一、研究的目的、意义及所使用的研究方法

1. 研究目的

以 90 万字的专著篇幅，对深刻影响了新时期以来中国文艺学研究的后现代主义文学理论思潮进行全面的学理梳理和历史反思。我们在探索新世纪中国文学理论现代性建设的过程中，深感需适时插入这项一定程度上带有补缺性质的工作，以解决制约中国文艺学进一步发展的若干症结，即从两方面有意识地同时进行某种纠偏的努力。首先，客观而言，国内现有研究成果在对后现代主义的接受范围、态度、方法和材料掌握等方面，尚存在着看法分歧，也有各自的局限，如较多笼统介绍后现代主义哲学思潮，或移植后现代主义文学批评某些观念，而较少有针对性的专门的反思性研究，进而审视后现代主义与文学理论建立联系的种种可能性和不可能性，以及它们如何与中国文学理论的现代性进程环节沟通起来。有些论著抱有较为简单的拿来主义，讨论后现代主义时也带来学理与价值目标之间的某些偏离。其次，从国外情况看，围绕或涉及后现代主义，学者们的著述涉及哲学、文化和社会学较多，严格意义上的文学理论却屈指可数。基于此现状，本成果另辟蹊径集中探讨后现代主义文学理论思潮这一核心主题，在国内外均具有一定的填补相对空白的意义与价值，特别是对诸如布朗肖、列维纳斯、菲德勒与生态批

* 朱立元，复旦大学教授，博士生导师。

评群等研究对象的深度开掘与论述，在国内均尚不多见。

2. 研究意义

目前国内外尚无以同等规模阐述这一理论主题，尤其是全面梳理总结后现代主义文论在新时期中国学界接受历程的专题性著作。本成果将有助于在探索新世纪中国文学理论现代性建设的过程中起到某种补缺性的作用，对国内学界反思包括反本质主义与文化研究等一系列前沿理论问题在内的文艺学建设，也将产生积极的理论意义与参照价值。

3. 研究方法

以唯物史观为指导，采取历史与逻辑统一的方法，将理论观点与材料实证予以密切结合，在充分发掘、搜集和掌握第一手西文新材料并认真精读的基础上践行论从史出的研究理念，同时加强对材料的理论概括和逻辑提升，以历史主义的态度，客观揭示思潮本身的历史嬗变脉络及不同学说之间的异同，并给予实事求是的公正评价，以现代性眼光贯穿研究过程，立足于推进新世纪中国文学理论建设的现实追求，使研究焕发出时代特色和现实针对性。

二、成果的主要内容和重要观点

1. 主要内容

本成果包含导言、四编共 42 章与结语，以 90 万字的厚重篇幅，从时代背景与学理架构两方面，对深刻影响了新时期以来中国文艺学的后现代主义文学理论思潮进行了较全面的清理和历史反思。

导言从后现代主义的界定、从后现代主义到后现代主义文学理论思潮的过渡通道（包括可能性与必要性两个层面）与后现代主义文学理论思潮基本特征这三方面，在梳理现有关于后现代主义的代表性界说的基础上，对后现代主义做了相对明晰的界定，然后交代了后现代主义与文学理论发生联系、形成后现代主义文学理论思潮的可能性与必要性，并据此鸟瞰了后现代主义文学理论思潮的一系列基本内容，确立起本成果的研究思路。本成果认为后现代主义文学理论之所以是可能的，是因为后现代主义文学理论在很大程度上仍吸收着现代性对专业化界限划分的合理成分，未曾一概抛弃专业性，是作为一种专业建制的后现代主义文学理论从而合法获得自身存在的可能性。

深入地看，后现代主义文学理论的专业性之所以合法，还因为后现代性与现代性在思想实质上呈现为某种涵盖关系，这种涵盖关系远比那种认定两者非此即彼、基于直线式思维的理解深刻。事实上，西方最有影响的后现代主义理论家都在这一关键点上发表过重要而富于启示的看法。就此而论，后现代主义吸收着现代性的某些主题是完全可能的，专业性主题即在其列，它并未遭全然弃置。这便顺次带出了本成果以下主体部分的专章内容安排：

第一编“后现代主义文学理论思潮的理论前驱”包括 8 章，先从学理上对后现代主义文学理论思潮的思想先驱做了必要的理论勾勒，涉及尼采、海德格尔、维特根斯坦、梅洛-庞蒂、本雅明、阿多诺、布朗肖与列维纳斯等重要思想家在不同程度上为后现代主义文学理论思潮所做出的奠基性工作。论证指出：尼采重估一切价值为后现代主义思潮开启了思想的某种先声，其“生命—生理学”与视角主义均体现出对形而上学的某种反动，而成为后现代主义的思想先驱；海德格尔运用现象学方法批判与超越传统形而上学，开启新的存在境域，也为后现代的可能前景奠立着思想的方向标；维特根斯坦建立在家族相似性学说基础之上的语言游戏理论及其对语言创造机制的天才阐述，无疑构成着后现代主义思想的直接滥觞；梅洛-庞蒂的身体现象学以身体、处境与世界的肉身等为思想关键词，展开着一场反对形而上学与超越二元论，从而与后现代产生某种融合前景的思想变革；本雅明展示后现代的碎片或曰后现代的经验，在经验贫乏的时代注入后现代主义本身以某种活力；阿多诺旨在批判现代性的否定性美学以其启蒙辩证法与否定辩证法，推进着思想的后现代转向；布朗肖从座位空无之地的“文学空间”入手，运思着对后现代主义而言深具意义的主体的离散与现代艺术的处境等重要问题；列维纳斯的他异性美学则探究主体与伦理形而上学、自由与善的他律美学，更新着后现代主义文论思潮的血液。这些理论前驱对后现代主义文论思潮的构型作用在此得到充分深入的评析。

第二编“后现代主义文论代表人物思想概述”包括 21 章，作为本成果的主体部分，本部分用较大的篇幅，以马克思主义唯物史观为指导，遵循主次分明、线索突出的原则，从学理上系统清理和分析了后现代主义文学理论思潮中主要代表人物的思想学说。这些代表人物及流派包括福柯、巴塔耶、罗兰·巴特、德里达、利奥塔、波德里亚、布迪厄、德勒兹、鲍曼、霍兰德、麦克卢汉、霍尔、萨义德、斯皮瓦克、克莉斯蒂娃、桑塔格、菲德勒、罗蒂、格里芬、生态批评群、耶鲁学派等。运用唯物史观，对上述不同文论思想家及各种具体理论流派的学说进行合理归纳，分析其共性，从中提取后现代主义文学理论思潮的有机嬗变脉络，进而对这些理论做出批判性反思和实事求是的客观评价，既发现和肯定其合理、积极的因素，也揭示和批判其带有破坏性的、消极的一面。依次深入地论证分析福柯的权力话语理论带出的美学反抗，巴塔耶在耗费中对世俗世界的神圣超越，罗兰·巴特从作品到文本的符号学文论及其“文之悦”的理论阐释，德里达对在场形而上学的颠覆及其解构策略，利奥塔的喻像理论与崇高美学，波德里亚对消费社会的批判及其符号拟像理论，布迪厄关于文学场的生成的阐发，德勒兹召唤生成的文学观，鲍曼对流动的现代性的阐释及其对后现代知识分子的定位，霍兰德基于后现代主义精神分析视野的文学反应动力学，麦克卢汉从后现代立场出发的媒介艺术论，霍尔的文化编码与解码理论，萨义德立足于后殖民视野的东方主义，斯皮瓦克旨在让底层人发声的后殖民、后现代理论，克莉斯蒂娃解析符号学的提出及其互文本性的建构，桑塔格倡导新感觉力的坎普美学，菲德勒颠覆标准与开放经典的后现代神话批评，罗蒂关于后哲学文化的深入分析，格里芬的建设性后现代主义理论，生态批评群的一系列理论新主张，耶鲁学派的修辞学阅读理论、影响即误读理论与解构主义批评等一系列专题性重要理论内容。

第三编“后现代主义文论思潮的总体性考察和评论”力求科学地界定作为基本思想前提的后现代主义文学理论，在清理迄今为止后现代主义文学理论具体表现的基础上，从世界、作家、作品与读者等文学活动基本要素入手，进一步深入界说后现代主义文学理论思潮，阐明后现代主义与文学理论之间的学理通路。在世界观上，后现代主义去中心化的消解主体观，在对待人与自然的关系上直接表现为反对和否认人对自然的支配、掠夺和征服关系，它解构理性的现代神话，反对绝对性的霸权和虚妄主义，崇尚“有机主义”的自然观，认为万事万物是联结在一起的有机整体，它们相互联系、相互依存，人在自然之中，人的生存和处境与其他物种的生存状况紧密关联，其真相是消费社会，崇尚多元和谐，强调世界的多元性和多义性，强调视角的多面性、意义的多重性和解释的多元性等，后现代主义的世界观决定着后现代主义文学作品的内容与形式。从作者角度看，后现代主义文学理论一方面使传统意义上作者的地位和职能趋于消解，另一方面又使主体建构问题得到了密切观照。从作品角度看，后现代主义文学理论的显著特点在于现代主义意义上的“作品”让位于文本。后现代主义关于语言的思想深刻地影响了文学的文本理论，进而影响了对文学的阅读与接受的理解。后现代主义文学理论的一个重要特征正是读者、欣赏者的角色得到了突出强调，并被放在与创作者平等的地位上。

第四编“后现代主义文学理论思潮在新时期中国的接受与专题研究”乃是本成果具有鲜明独创特色的部分。

该编首先运用知识社会学视角，将新时期以来中国文艺学界接受后现代主义文学理论思潮的状况（包括成就和局限）依次分为发生期（1979—1985年）、发展期（1986—1990年）、推进期（1991—1995年）、高潮期（1996—2000年）与新变期（2001年至今）五个阶段，对每一阶段实事求是地进行历史回顾和总结。这些总结来自对国内外相关研究现状的认真调查和考察。在国内，后现代主义思潮自1980年代末起被引入文艺学界后，大致经历了从材料译介、初步研究到迅速应用的过程。相当一批学者先后发表大量有关著述，使中国文艺学界大体领略了拉康、福柯、德里达以来后现代主义思潮对文学发生的影响。不过，国内现有的研究成果在对后现代主义的接受范围、态度、方法和材料掌握等方面，尚存在着不同看法，也有各自的不足。比如较多笼统介绍后现代主义哲学思潮，或移植后现代主义文学批评某些观念，而较少有针对性的专门的反思性研究，在审视后现代主义与文学理论建立联系的种种可能性和不可能性，以及它们如何与中国文学理论的现代性进程环节沟通起来等方面尤显得有进一步提升的空间。近年来，文艺学同文化研究之间的是非，同样可视为后现代思潮对文学理论的新影响。这一后现代主义文论思潮的中国化历程，是现有成果很少甚或并无专门涉及的，本成果对此予以充分用力的论述，特别是运用最新材料指出，进入新世纪以后，国内学术界对后现代主义思想背景的接受，开始明显地向文化研究进一步嬗变，具备浓厚后现代色彩的“日常生活审美化”命题，也开始成为后现代主义接受史上的新一轮波澜。换言之，在学术发展最为活跃的十年中，后现代主义在中国文论界获得了时代新变。

接着，在上述基础上通过对视觉文化研究、女性主义文论、“日常生活审美化”与生态批评这四个特别富于代表性的后现代主义文论思潮在新时期中国走过的具体接受轨迹历程的分析，并尽可能详尽掌握和细读现有相关研究成果，认真分析中国文艺学界在对后现代主义文学理论思潮的接受中吸收了什么，回避了什么，遮蔽了什么，从中观察中国文艺学界在后现代主义文学理论思潮面前的真实接受姿态。换言之，本成果在这里把中国文艺学界对后现代主义文学理论思潮的接受和中国文艺学界对 1980 年代末以来社会转折的参与和互动紧密联系起来，从中观察在社会价值目标上，后现代主义文学理论思潮向中国文艺学界提供了什么。由此分析中国文艺学界接受后现代主义文学理论思潮时在学理准备和价值目标之间关系上的处理，揭示出部分接受表现中因两者不协调而呈现出的某种偏离关系，并总结历史经验。例如以丰富的材料指出国内新时期学界对女性主义的接受，整体上呈现出线索演进一致和深度开掘递增的特征，通过理清其发展的轨迹，有效总结中国学界对女性主义文论的接受实践的得失，包括介绍与认同、应用与实践、遮蔽与误读等各种具体情况，从而为后现代主义文论在新世纪中国学界的继续深入接受提供经验与教训。

结语“后现代主义文论思潮在当代中国的两重影响”在上述研究基础上总结指出，对后现代主义文论，既不能只看到它对中国当代文论的积极影响，也不能忽视它客观存在的消极影响，而应当给予实事求是、客观公正的分析评判，这才有助于我们自觉反思和借鉴后现代主义文论的得失和经验教训，更好地促进当代文艺学、美学的理论创新和建设。

2. 重要观点

其一，后现代主义文学理论在很大程度上仍吸收着现代性对专业化界限划分的合理成分，未曾一概抛弃专业性，是作为一种专业建制的后现代主义文学理论从而合法获得自身存在的可能性。同时，后现代主义在展开自己的同时也始终反思自己，未曾缺失反思性指向，其文学理论为这种反思性有力地提供着动力。后现代主义同时反思两者：作为对象的现代主义与作为自身的后现代主义。因此，后现代主义的内涵并不局限于晚期资本主义文化逻辑这一西方主流观点，而是一种范围和时间跨度更为广泛的文化学术思潮，它以反对一元、反抗本质、反击传统等为整体价值取向，以文化扩张、语言扭曲和理论对真理的非垄断性功能等为基本特征，影响一直波及当今的文化研究。

其二，中国文艺学界对后现代主义文学理论思潮的接受，是一个既为我国文艺学的重大转型寻找新思路，又在学理资源和价值目标之间存在若干偏离的复杂的知识社会学现象。后现代主义文论对1990年代，特别是新世纪以来中国文论的建设和发展在若干方面确确实实发生了重要而有益的影响，这决定于作为接受者的中国文艺理论工作者能够以敏锐的眼光、宽广的胸怀、本土化的态度，紧密结合中国语境和中国问题，对它进行批判性的审视、改造和吸收，将其融入中国文艺学的创新建构过程中。更重要的是，后现代主义文论思潮本身所蕴含的思想观念和思维方式、方法，正潜移默化地影响、改变着国内文论界的运思方式，并积极转化为本土文论发展的一大资源。它事实上确已有效地介入和参与到当代中国文艺理论的建构中，在借鉴吸收与批判的矛盾中发生发展，从而在当代中国实际上产生出了双重影响。

其三，后现代主义文论思潮的积极影响主要体现为它在被有批判地接受的各个时期都实际上参与了当代中国文论的创新建构，并取得了若干重要的实绩。第一，后现代主义具有批判性、反思性，以批判性眼光审视和剖析全球化语境下西方资本主义经济、政治、文化等异化的新形式、新特点，不但有助于我们全面、深刻地认识当代资本主义社会的内在矛盾和发展态势，而且对于当代中国文论存在的诸多问题与危机进行自我反思和批评有着重要的启迪。第二，后现代主义崇尚多元和谐，反对现代主义所崇尚的逻各斯中心主义，主张差异性、非同一性，否定绝对同一性和总体性的独断和霸权，强调世界的多元性和多义性、视角的多面性、意义的多重性和解释的多元性，这对中国当代文论打破单一文论体制而走向百花齐放的多元化局面起到了助推的作用。第三，后现代主义文论对形而上学的思维方式形成有力的冲击，有助于我们超越二元对立，特别是主客二分的思维方式以及本质主义的思维方式。第四，后现代主义文论也有助于中国当代文艺学重新反思所谓“文学终结论”。第五，后现代主义文论中的生态批评对中国当代文论也具有建设性启示和重大影响。

其四，后现代主义文论思潮的消极影响则主要体现为：第一，对宏大叙事的彻底否定和消解，后现代反本质主义思想被过度解读和利用，容易走入彻底消解本质的陷阱。这种过度的反本质主义在中国当代文论中也集中表现在文学和文艺学边界、文艺学是否应当“文化转向”这两个问题上。第二，西方后现代非理性主义的强化，诱发了国内文艺与文论的感官主义消极倾向。第三，后现代主义文论具有反人道主义、人本主义的倾向。其基本口号“反对阐释”意味着从价值中立走向价值虚无，这是值得予以充分估计的。

三、成果的学术创新、应用价值以及社会影响和效益

1. 学术创新

第一，本成果并非泛泛而论后现代主义文论，将这一文论进程再行简单罗列一遍，而是从一开始就在鲜明的问题意识指引下积极引入知识社会学新视角，在学理表现和社会转折进程之间的紧密互动关系中看待后现代主义，这是以往相关研究普遍不具备的。对此，成果第四编即为明证，该编顺次深入考察论述了纵向层面上后现代主义文论思潮在新时期中国的影响史与横向层面上后现代主义文论思潮中若干重要流派在新时期中国的具体接受状况，这一思考具有学术新意。

第二，本成果在已有成果基础上拓展主流观点，重新界定后现代主义的内涵，分析指出后现代主义是一种在时间上出现于 1960 年代，在空间上随着全球化趋势的拓深而从西方晚期资本主义社会逐渐波及包括中国在内的世界，在社会政治经济层面与思想文化层面上既积极地主张多元差异并由此对抗本质主义形而上学，又在一定程度上具备自我反思性的当代现象。这一比起杰姆逊等理论家的界定来更为宽泛的界说，构成了本成果所持的后现代主义观。在此基础上，本成果第一、二、三编以大量篇幅较全面、系统地论证后现代主义文学理论思潮的学理基础，对该思潮中各派纷繁复杂的观点进行了符合思想原貌的忠实描述和梳理。这在目前国内外同类研究中也尚未见，具有填补空白的学术意义。

第三，针对国内外围绕后现代主义，涉及哲学、文化和社会学的研究较多，严格意义上的文学理论却屈指可数的现状，本成果另辟新径集中探讨了后现代主义文学理论思潮这一核心主题，在国内外均具有一定的填补相对空白的意义与价值，特别是对诸如布朗肖、列维纳斯、菲德勒与生态批评群等研究对象的深度开掘与论述，在国内均不多见，许多细部的论述也有拓展。

从新世纪当代视域出发，梳理、还原后现代主义文学理论思潮的发展脉络，对其意义和局限、成就和影响、经验和启示等进行了批判性的总结和反思，以期能真正发现它对新世纪中国文艺学现代性建设的重要借鉴意义。

第四，本成果注重把后现代主义文学理论思潮与同时期的文学创作思潮结合起来研究，在平行比较和影响比较中揭示中西方现代性与后现代性之间关系的不同特征，为进一步思考新世纪中国思想文化问题提供学理坐标等。这在各章节的论证叙述中均有自觉体现。如：认为后现代主义文学理论是可能的，因为后现代主义文学理论在很大程度上仍吸收着现代性对专业化界限划分的合理成分，未曾一概抛弃专业性，是作为一种专业建制的后现代主义文学理论从而合法获得自身存在的可能性；指出后现代主义文论对形而上学的思维方式形成有力冲击，有助于我们超越二元对立，特别是主客二分思维方式以及本质主义的思维方式；认为后现代主义彻底否定和消解宏大叙事的思想，在文艺学领域中被过度解读和利用，容易走入彻底消解本质的陷阱，后现代主义文论将生成性、过程性推到极端，从根本上消解了本质范畴和对本质认识的可能性；指出在后现代非理性主义思潮冲击学下，美学界和文艺理论、批评界也存在着某些偏离、游离甚至背离审美文化精神的弊端，突出表现为美学上的感官主义、实用主义倾向有所抬头；指出后现代主义文论具有反人道主义、人本主义及从价值中立走向价值虚无的倾向等。以上均能见出本成果理论上的创新。

第五，本成果在某种程度上凸显后现代主义文学理论思潮的反思品格，指出其反思性主要体现在两方面。首先是反思了合法化了的现代主义文学、文化现象，从对该现象的深度学理剖析中，引出并指向新的后现代主义理论创造可能。后现代主义来源于反思，是对现代主义本身做反思的产物，它的使命也是反思。后现代主义文学理论是一种不同于现代主义文学理论的、具有新的理论指向的创造，带有鲜明的思想诉求。存在着两种类型的后现代主义：一种是以新保守主义为代表的反动型后现代主义，实质称颂和维护现代化的政治经济繁荣现状；另一种则是反抗型、抵制型后现代主义，其不仅批判合法化了的现代主义，更致力于批判现状，它固然也关注传统，但关注传统的基本目的是解构和批判源头，而非为了一厢情愿地回归传统。毋庸置疑，较之前者，后者才体现出一种积极的后现代精神。后现代主义者秉承的这种批判性，乃在康德意义上使用“批判”一词，即并非说坏话，而是对一种知识话语的考察，这也即康德以来现代性的一以贯之的反思精神。正是在这样的意义上，对现代性与现代主义的反思，尤其乃是我们需要在后现代主义文学理论中关注、发掘并加以积极吸收的成分。其次，后现代主义文学理论在探讨后现代主义文学、文化现象的同时，也对该现象进行着基于深度学理剖析的反思。在反思现代主义的同时，反思后现代主义自身，保持自身不在后现代主义的海平面上迷失价值坐标，以避免陷入相对主义与虚无主义的泥淖，这便是我们今天研究后现代主义文学理论的意义所在。

2. 应用价值以及社会影响和效益

本成果的社会影响与应用价值主要在于：将新时期以来中国文艺学界对后现代主义文学理论思潮的接受状况分为发生期、发展期、推进期、高潮期与新变期这五个阶段，又以视觉文化等四个思潮为重点，依次对各阶段后现代主义文论思潮的接受轨迹（包括成就与局限）进行了实事求是的述评，从中认真分析中国文艺学界在对后现代主义文学理论思潮的接受中吸收了什么，回避了什么，遮蔽了什么，观察中国文艺学界在后现代主义文学理论思潮面前的真实姿态，并把中国文艺学界对后现代主义文学理论思潮的接受和中国文艺学界对80年代末以来社会转折的参与和互动紧密联系起来，从中观察在社会价值目标上，后现代主义文学理论思潮向中国文艺学界提供了什么，分析中国文艺学界接受后现代主义文学理论思潮时在学理准备和价值目标之间关系上的处理，揭示出在部分学者中因两者不协调而呈现出的偏离关系，并总结历史经验。这些探索有益于学界在相关问题上的进一步攻坚。

据笔者所知，目前国内外尚无以同等规模阐述这一理论主题的专题性著作。本成果的出版将有助于在探索新世纪中国文学理论现代性建设的过程中起到某种补缺性质的作用，对国内学界反思包括反本质主义与文化研究等一系列前沿理论问题在内的文艺学建设现状，也将产生一定的积极理论意义与价值。本成果另辟蹊径集中探讨后现代主义文学理论思潮这一核心主题，在国内外均具有一定的填补相对空白的意义与价值。

《朝鲜中古文学批评史研究》概要

李　岩*

上世纪 50 年代初以来，学术界在朝鲜文学研究领域取得了巨大的成就，其间包括对各种体裁的文学创作研究和诗话、诗评研究。然而，遗憾的是对包括文论、戏剧理论、小说理论、艺术理论等在内的文学批评重视不够，这不仅在一定程度上影响了人们对朝鲜文学的全面深入的了解，而且影响了学术上对朝鲜文学进行更加全面深入的研究。如果撰写出版一部专门的朝鲜文学批评史方面的专著，对这些问题的解决将会有极大的帮助。此外，国内外诸多大学的相关研究生教育里，还没有专设或附带朝鲜文学批评课程或内容，这是因为还没有出现能够应对大学相关课程需要的高水平的专项成果。朝鲜文学批评史方面高水平的专门著作的问世，在一定程度上会极大地满足大学研究生教育和社会读者的实际需求。

朝鲜文学批评史不仅在朝鲜文学发展史上是一个不可或缺的重要方面，也是了解其审美发展史的重要平台。朝鲜文学批评作为一种理论形态，凝聚着朝鲜传统文化的诸多因素和审美价值趋向，是我们了解朝鲜文学精髓的极重要的理论宝库。由于上述种种原因，国内外朝鲜学界对之研究明显不足，因而该选题是一件具有开创意义的研究工作。

（1）本成果试图搞清楚朝鲜古代文学批评在历史发展过程中整体系统的、一系列具体部门的特点和发展规律。由于以前的研究，往往忽视诗歌品评、小说评点、戏剧批评和艺术理论方面单项部门的深入研究，因此总

---

* 李岩，中央民族大学教授，博士生导师。

体上讲，存在着一系列宏观有余而微观不足的问题。朝鲜文学批评在自身发展的各个阶段都产生出了风格和内涵不同的流派和文论家，对他们进行深入分析研究，总结和归纳出他们各自不同的理论特色，对重新定位和系统评价朝鲜文学批评具有极重要的理论指导意义，也是本成果的重要任务之一。

（2）本成果亦试图搞清楚朝鲜文学批评中诸多具体的理论和观点的内涵及结构。朝鲜历代的文论家们研究并论述了文艺的本质、特征、社会作用以及有关文艺发展、文艺创作、文艺鉴赏与批评的理论、观点，其中不乏中肯闪光的理论创造。作为文艺实践经验的理论概括，它们是朝鲜文艺各个发展时期的产物，具有浓厚的民族特色。它们都有各自独特的理论内涵，而这些理论内涵又与其时代环境、文论家个体因素和文艺思潮有不可分离的密切关联。从“面”和“点”的具体关系中，对上述朝鲜文论家们具体的文艺理论观点做具体细致的理论阐述，使得整个朝鲜文学批评史的脉络和各个细胞得到充分的揭示。

（3）朝鲜古代文学批评不是孤立地发展而来的，而是与中国文学批评有着密切关联。本成果就是把它与中国文学批评的关系作为一个内在的深层联系、相互影响的传承规律和创新的营养元素来进行研究。因此，它不仅打破了传统的文学批评史研究模式，拓展了研究视野和空间，也为朝鲜古代文学批评史的研究引入了新的机制。比如，在朝鲜文学发展过程中，曾出现过许多文学流派和文学思潮，这些文学流派和文学思潮的文学批评既有其内在的驱动因素，又有外在（即中国文学批评）的影响原因。甚至也可以说，朝鲜古代文学批评是在中国文学批评的影响下向前发展的。

作为朝鲜文学的重要组成部分，其文学批评也历史悠久，内容丰富，具有自己独特的民族特色。本成果把研究内容限定在朝鲜上古时期至19世纪末叶的文学批评。内容按其具体时段分为上古时期的文学批评、三国时期的文学批评、统一新罗时期的文学批评、高丽时期的文学批评、朝鲜朝前半期的文学批评、朝鲜朝后半期的文学批评等，每一个时段为一个章。具体如下：第1章：上古时期的文学批评。这是朝鲜文学批评的萌芽和形成阶段。它的文学批评是从对一些原始歌谣的品评开始，有关文艺的性质、功能的看法这时已开始萌芽。以后逐渐形成的缘情、观风等文艺观念，可以说是其后朝鲜诗歌理论批评的萌芽。第 2 章：三国时期的文学批评。这时的文艺观念有所演进，由原来混沦不分的“文学”分化出“歌诗”“文”“文章”，“歌诗”指诗歌，“文”“文章”指所谓的散文作品。这时期的文学批评主要表现在对歌、诗、文的研究和评价上。这时期出现的有关乡歌的理论批评中，已经出现了有关文艺本质、风化作用、审美愉悦功能等观念。第 3 章：统一新罗时期的文学批评。这是文学自觉和文学理论批评出现显著发展的时期。这时期文学大有发展，出现了薛聪、朴仁范、崔匡裕、金立之、崔致远等一批著名诗人和散文家。而且这时中国的一些文学批评观念已开始传入朝鲜半岛，并对朝鲜半岛的文学批评逐渐产生影响。儒家一系列的文学观和陆机、刘勰等人的文学批评已被新罗人接受，在固有民族文学批评的基础之上出现了一系列新的文学批评观念。第 4 章：高丽时期的文学批评。高丽时期朝鲜的汉诗创作出现了大繁荣，有朴寅亮、郑知常、李仁老、李奎报、李齐贤、李穑等一大批诗人活跃于诗坛上。同时，这也是朝鲜的散文大发展时期，出现了金富轼、一然、崔滋等一批文章家。诗、文的长足发展促进了文学批评的发展，使研究文学的艺术性和审美特点的理论获得了新的进展。这时期文学批评取得重要成就的标志，是出现了许多专门的诗话著作和诗文理论批评文章。这时期的文学批评反对拟古主义和形式主义，已涉及文学的本质特征、社会作用、艺术想象、艺术手法、艺术个性、艺术真实等广泛领域的问题。第 5 章：朝鲜朝前半期的文学批评。这时期的朝鲜文学在汉文学和国语文学两个方向上同时发展，出现了大批诗人和小说家，还出现了一股收集、整理和尊崇自己民族文学遗产的风潮。这时期的文学批评出现了多元并进的局面：首先，那些崇尚朱子学的一批道学派文人如赵光祖、李滉、李珥等，要求文学尊崇道统，表现封建的伦理纲常，提出“文以载道”“作文害道”的观念。其次，一批进步文人反对拟古主义和模仿外国古人，提倡发扬民族文学传统，提出文学反映民族感情、民族生活，但也不排斥学习外国文学精华，提出使其为本民族文学的发展服务。还有一批文人坚决反对形式主义文风，提倡继承和发扬古代文学反映现实的优良传统，倡议文学反映现实，遵循自身内在的和外在的规律。第 6 章：朝鲜朝后半期的文学批评。这是道学、复古主义盛行和反道学、复古主义文学思潮兴起的时代，也是实学派文学批评获得重要发展的时期。这时期出现了大批诗话、文论专著和文学品评文章，体现出这时期文学批评的鼎盛和繁荣。特别是实学派的文人们高举文学改革的旗帜，对那些“文必秦汉，诗必盛唐”的复古主义、形式主义文风发起攻击，批判当时“为文而文”、吟风弄月、脱离现实的文学倾向，提倡文学反映眼前现实，文学必须有用于扶正国家纪纲、有用于民生。这些都是实学思想在文学中的反映，对当时的文学改革起到了重要推动作用。在实学派文人和一批进步文人的推动下，朝鲜朝的文学批评理论也发展到系统总结形成完整体系的阶段。

朝鲜文学批评是朝鲜文学发展到一定阶段的产物，是对其文学创作经验的理论概括，其中凝聚着其民族的文艺思想、审美观念、思维方式。朝鲜文学批评不仅随其文学创作的发展而发展，而且与当时的时代环境、哲学思想、文艺思潮、审美趋向、文化时尚等密切关联，随着这些诸因素的变化发展而动态前进。朝鲜上古时期与宗教意识粘连在一起的神话和歌谣可以感动鬼神的观念，三国时期有关本土乡歌的民族文艺意识，统一新罗时期围绕吸收中国文学一些观念而展开的争论，高丽时期诗论的发达和一批诗话专著的出现，朝鲜朝前半期对民族文学遗产的收集、整理和出版事业的重视及其文学改革风潮，朝鲜朝后半期对道学派文学的针砭和对文学改革的一系列理论主张以及实学派崭新的文学思想的提出等都与时代脉搏息息相关。

与文学创作一样，文学批评作为人的精神创造，也深受文论家自身条件的种种影响。所以对朝鲜文学批评进行研究时，本成果一贯注重文论家自身诸方面因素对其文学批评意识的关联和影响。如朝鲜朝后半期的朴趾源作为实学思想家痛批朱子性理学的“空理空谈”，提倡实事求是的学风，力主社会改革，提出“北学中国”“利用厚生”。所以，他在文学上坚决反对当时空虚的文风，力倡文学改革，主张文学为“正我东邦”而服务，提出了“即事有真趣”“摸写真境”“写法逼真”“远近势”等一系列崭新的富有近代意义的文学理论观点。可以说，他的这些文学理论观念与他的实学思想有着不可分离的密切关联。

朝鲜文学批评观念与其文学创作一样，具有强烈的民族特色。它是在朝鲜各个时期社会制度、地理环境、血缘传承等天然关系的基础之上积累而成，其民族性尤为鲜明和突出。两千年来，朝鲜文学批评虽受中国文学及其理论批评的影响，却能一直保持着鲜明的民族特征。朝鲜文学批评的这种民族性，可以说表现在其文学理论观念的各个方面，如三国时期对本土乡歌意识的大力张扬、高丽时期对中国唐宋诗模拟之风的批判风潮、朝鲜朝前半期对民族国语诗歌的大力提倡和理论概括、朝鲜朝后半期对文学的改革和文学为改变现实服务的主张等，都是朝鲜的文论家们在文学民族化的道路上不懈努力的理论成果。总而言之，朝鲜文学批评的一点一滴，都能显示出它那独特的民族个性。

本成果坚持实事求是、客观务实的研究思想。其主要观点有：(1) 朝鲜古代文学批评形式丰富，类型繁多，它为发展和丰富东北亚文学做出了突出的贡献。(2) 朝鲜古代文学批评与其哲学思想有密切的关联，又引进了远近法、逼真法、照应法等大量绘画理论，提出了得天说、得势说、气力说、自家音说、既事说、真趣说、摸写说、真境说、逼真说等大量新的文学批评理论概念。同时朝鲜文学批评还提倡了浓厚的民族感情、民族风格、民族特色，为民族文学的发展提出了许多珍贵的理论批评意见。(3) 朝鲜古代文学批评与中国文学批评的关系密切，二者是互动的关系、相互浸染的关系，本成果打算从这些关系的深入研究中导引出文化传播学上典型的范例。

在研究方法方面，本成果以马克思主义文艺批评方法论为指导，结合运用文艺心理学、系统美学、比较文学等多种方法进行深入的探讨。本成果还注意寻找以前无人注意的国内历史文献及文物资料，并对不同的对象采取不同的视角和方法进行考察，力求达到研究视角的多样化和方法的多元化。

本成果是国内外第一次系统论述朝鲜中古时期文学批评历史的专门著作。书稿中的绝大多数内容，都是过去的研究中所没有的，都是笔者根据文献文本和历史文化事实开创出来的。在很少有前人研究成果的基础上，笔者对朝鲜中古时期的文学批评进行仔细研究，得出了诸多崭新的研究结论。特别是在很少有前人开掘的情况下，笔者搜集、整理和归纳出很多新的考古、文献资料，当作本成果的基本资料，使得本成果无论在广度上还是在深度上都得到了显著的升华。本成果立足于历史上实际存在的事实，注重理论阐述和文字概括，使得论述处处显示新意，力争以崭新的学术面貌出现在读者面前。上述种种迹象表明，本成果一旦付梓出版，将会受到学界、高校和社会的欢迎，且会弥补这方面的空白。

目前，国内还没有有关朝鲜文学批评史方面的系统研究成果，也没有出版过有关朝鲜文学批评史方面的教材和参考书。所以推出一部既能响应学术界的期盼，又能满足大学本科和研究生教学需求的有关朝鲜文学批评史方面的系统专著是当务之急。本成果的完成，不仅使朝鲜文学批评史的研究上一个新的台阶，而且还将大力满足朝鲜文学批评史方面的教学与科研需要。因此认为，本成果具有广泛的实际应用价值和前景。

《二十世纪法国先锋文学理论和批评的“文本”概念研究》概要

钱 翰*

一、研究的目的和意义

西方语言中，无论是法语中的 texte 还是英语中的 text 本来都是日常语言中的普通词汇，也是文学批评的常用术语，和“作品”（法语是 œuvre，英语是 works）这个词汇一样，它们都曾经因为太熟悉反而使人看不见。而二战以后的文学理论浪潮使它逐渐成为一个具有特殊含义的概念，甚至成为区分新批评和传统批评的关键词：新批评研究文本，传统批评谈论作品。我们现在回顾西方六七十年代的文学批评和理论，一个非常突出的现象就是，“作品”这个词语变得非常罕见，而“文本”占据了统治地位，成为文学的核心概念。巴尔特曾明确提出，文学研究和批评从作品的问题转为文本的问题。关于这场文学理论的重大变革，我们的文学理论界已经有了大量的研究成果，对于“文本”这个概念也非常重视，并且在我们现在的文学批评和理论中，“文本”同样铺天盖地。

然而，这并不意味着我们对“文本”概念有足够清晰的理解。texte 这个概念翻译为“文本”并进入中国是在 20 世纪 80 年代以后，随着结构主义的浪潮进入中国，直到 90 年代“文本”才逐渐成为文学批评话语中的关键词。中国的特殊语境，对于这个概念的吸收和旅行，产生了非常重要的影

* 钱翰，北京师范大学副教授，硕士生导师。

响。首先，汉语中并不存在一个与 texte 完全对应的词，当时中国学术界制造了两个词来翻译，一个是“文本”，另一个是“本文”。经过 80 年代的争议，90 年代，“文本”作为 texte 的翻译得到了学术界主流的认可，但是并未得到完全的承认，“本文”的翻译依然还有一定影响。这些都说明，在汉语中难以找到一个在意义上完全对应 texte 的词汇，在中国的传统语境中也并不存在一个与 texte 相同的范畴。傅修延先生在《文本学》一书中提到中国古代的“文本思想”，实际上是一种误读。因为，西方六七十年代的文本观是建立在“文本”与“作品”的对立之上的，倘若没有这种对立，也就不可能发生“从作品到文本”的转变。中国文学传统中并不存在这样的对立，虽说中国也有“文”和“文章”之类的诸多概念，但是古汉语中，“文”并非是一个客观的对象，更非简单的文字所组成的任何东西。刘勰在《文心雕龙·原道》中说：“故知道沿圣以垂文，圣因文以明道，旁通而无滞，日用而不匮。《易》曰：‘鼓天下之动者存乎辞。’辞之所以能鼓天下者，乃道之文也。”这里的文带有强烈的价值色彩，与西方的 texte 并不是一回事，不能简单归为一类。尤其是汉语中，原本不存在一个与“文”相区别和对立的“作品”概念，这样的差别不仅造成翻译上和接受上的困难，也使我们难以理解西方文学理论中文本观念兴起的革命性意义。在西方的语境中，文本和作品作为语词的对立项，是必须相互参照才能理解的；而在中国的语境中，却常常难以理解这样的对立。在我们今天的文学理论和批评中，文本的概念常常用来替换作品概念，或者最多用来强调对作品（文本）本身的关注而已。直到今天，中国对文本概念的理解大部分都是接受美学的理解模式，而对西方六七十年代的文本观念缺乏深入理解，即使在对西方六七十年代先锋批评的研究中，也仅仅把文本作为审美判断的客观依据，而没有看到文本与作品的对立之处，因此也难以理解“从作品到文本”这一过程的真实意义。

就在文本观念进入中国的同时，西方的文学理论则已经从最初的急风暴雨般的颠覆热情转向更为冷静的反省，法国的先锋批评家们取得思想斗争的胜利并且掌握话语权以后，也开始在一定程度上与传统握手，在文学批评话语中，“作品”这个概念也逐渐回归。1999 年，在一篇名为《从文本到作品》的访谈文章中，热奈特强调了文学研究新方法与传统审美批评的相互结合。也就是说，当中国学术界开始把 texte 作为一个文学概念加以接受的时候，西方文学批评界所发生的却是传统的回潮。这一点在法国尤其明显，在70年代的理论风潮之后，80年代以后法国大学的文学系中传统的批评方式又受到重视，批评家们也把“作品与作者”从角落中搜检出来，严肃对待，作家研究在博士论文中再度占据了主流位置。当然，理论风暴并不是风过无痕，巴尔特等理论家已经被奉为经典，他们的思想遗产在当代的学术地图中占据了一个重要的位置。但是，这个时代的错位在中国文学界所导致的结果是，一方面，我们对那个时代的种种概念和思想有所了解，但是由于并未设身处地真正经历先锋理论思潮的强烈冲击，所以对这些概念的理解常常似是而非；另一方面也难以深刻把握回流的传统，因为这个回归的传统已经打下先锋思想深深的印记。因此，对西方文学批评和理论在六七十年代“文本”概念的命运和历程进行梳理，对于我们深入理解和反思六七十年代的西方理论，是非常必要的。

本成果的思路是重新把“文本”概念置入其产生的文学史和思想史环境中，考察“文本”概念占据中心位置和文本观形成的历史条件，并反思这个观念对文学理论和批评的影响和作用。因此尽量避免进行一般的介绍，而是力图从宏观上揭示西方文学观念发生变革的深层次原因。在此基础之上，本成果试图进一步梳理中国文学理论界对“文本”概念的引进和运用，在比较的过程中建立中西文学思想的对话。

中国之前的“文本”概念研究并不太关注不同的学派之间对于这个概念的不同理解，比较粗略地把古今中外历史上的“文本”或者“文”这个词语，全部都抽取出来，找寻其共通和相似之处，这种方式虽然比较全面，但是也失于笼统，没有注意到同一个“文本”概念在不同的上下文语境和理论预设中，具有不同的甚至对立的内涵的问题。本成果是一个断面式的研究，抓住法国六七十年代文论范式转换的焦点，以小见大，试图解释这个转换的历史文化条件及其特征。

二、成果的主要内容和重要观点

（1）对文本概念进行经验性考察。

文学处于相关话语所构成的复杂的场中，各种话语具有各自的身份，并且按照相应的秩序加以运转，这些身份和秩序不是话语本身所决定的，而是由对话语不同的运用方式决定的。相同的文字可以有作品和文本两种不同的身份，我们首先要研究的是，在历史上作品和文本这两种不同的身份对写作者和阅读者来说具有何种意义。在传统的文学观念中，作品是文学价值体系的最终承载者，是文学的核心。作者、读者、世界、价值等其他概念围绕这个核心运转。而六七十年代以后，为何文本成为关键词？文本与作品这两个概念之间的关系发生了什么变化？在它成为关键词的过程中，它的含义和用法发生了怎样的变化？本成果将对这个问题进行实证和思辨的分析，并考察文本概念进入中国之后所发生的变形和转化。

（2）两种文本概念的梳理——作为对象的文本与作为实践的文本。

在文学理论界，有一个问题常常困扰着对文本概念的理解，文本与作品的区别到底是什么？对这个问题常常众说纷纭。一个重要原因就是文本这个词成为文学核心概念之后，许多理论家对这个词的理解和使用具有非常大的差异。实际上，文本概念可以区分为作为对象的文本（texte-objet）与作为实践的文本（texte-pratique）。这种区分不是由文本本身的不同来决定的，而是由接受和对待文本的方式决定的。前者是对文学进行研究时，把文本作为纯粹客观的语言对象。实际上这种观念与传统的文本观念差异不大，只是这个时期，随着结构主义诗学的充分发展，文本科学研究获得某种独立地位，而不再从属于对作品的审美或伦理价值判断。然而，如果主体把文本作为一种颠覆性的语言实践，进行语言的革命，这时的文本就是作为实践的文本。实际上这种观念在某种意义上又回到了主体和感性世界，但与肯定性的作品概念不同的是，作为实践的文本更强调的是否定性。本成果力图对文本概念的语义进行细致的梳理，探讨这个概念在不同理论家的语境中的联系和区别。厘清这个概念的两个不同的方面，将有助于解决国内文论界在这一问题上的一些混乱。

（3）作品概念遭到质疑的原因——文学不再作为世界的表现。

传统的文学观念把语言作为世界或者个人的表象（représentation），话语之间的关系实际上是各种表象之间的关系，文学的目的在于提供有意义的想象的表象。但是随着现代语言学的发展，词与物之间的关系发生了重大变化，文学话语不再能够表现世界和人，而成为某种独立的系统。文学的传统价值依靠它所表现的世界来确定，是由美学、心理学、伦理学等生活世界中的价值来确定的，词与物的关系分离之后，文学开始向内转，文学表现生活世界的功能受到质疑，导致传统文学价值体系的危机。从另一个方面来说，二战以后整个西方世界弥漫着怀疑主义气氛，相对主义的泛滥也使得传统的价值规范变得越来越不稳固。作为文学价值代表的作品这个概念遇到了前所未有的危机。而作品概念遭到质疑或抛弃，也就意味着这个传统的文学价值体系和话语秩序面临危机。“文学是否死亡”这样的问题正是在这种文化背景中提出来的。文本概念的兴起实际上是作品概念遭遇危机的结果。因为文本这个概念从词义上说是价值中立的，一切文字材料都可以称为文本。词与物之间关系的变化与文本观念所体现出的价值危机具有内在的紧密关系，本成果力图揭示这一过程，探讨语言学转向与文学价值危机之间的内在联系，并从这个角度审视中国文学在 21 世纪初所遭遇的价值危机，反思中国文论建设。

（4）互文性。

近二十年来，中国文论界对互文性概念进行了相对广泛的研究，但是这些研究中对互文性概念的源流并不清楚，出现了不少误解。在今天中国文论界，所接受的互文性概念实际上是欧洲 20 世纪 80 年代以后互文性概念学院化以后的理解，把互文性当作一般的文本间联系。但是对克里斯特瓦本人所提出的互文性概念则并不完全理解（这与克里斯特瓦的文学理论作品基本上没有汉译本有关）。本成果把互文性概念置入六七十年代的先锋思潮中，提出互文性与互主体性之间的断裂，前者是非解释性的，它并不是一种学术性的理解文本的方法，而是一种新的文学伦理和审美，强调文本没有中心，没有等级，反对文本解释，而鼓励文本的生产性。它与巴赫金对话理论的主要区别在于它是一种非人本主义思想，取消了主体的位置，一切话语都迷失或者说散播于话语的海洋。克里斯特瓦把话语的交流现象视为一种表象，而把话语自身通过互文性而进行的不断生产和增值视为文本和文学的本质。与对话精神所反映的独特的思想者精神不同，互文性所反映的是语言和文本的本质，无论愿意还是不愿意，一切文本都是互文本，一切写作都是阅读，与此同时，一切阅读也都是写作。互文不是主体的自由选择，而是任何人和任何语言必然处于其中的场。因此，作者或者来源的问题对于互文性来说其实是没有任何意义的。然而，今天的互文性概念在学院化以后，重新变成一种

“解释性”工具，与其发明者的意图恰恰背道而驰。当然，后来的发展是文学学术作为“文学阐释者”的必然选择，我们没有任何理由反对这种运用，不过有必要真正认识克里斯特瓦的互文性在文学思想史上的原本的内涵和意义。

（5）文学理解范式的根本变革。

文本观念所体现的是一种非价值、反秩序、反等级的文学观，它构建了一系列与传统作品文学观相对立的平行概念，如书写、互文性、可写文本、延异等等，而诸如作者、创造、阅读、审美判断等传统概念则受到质疑，巴尔特甚至宣告“作者已死”。文学关键词的更替意味着文学理解范式的变革。本成果通过对相关概念的梳理分析，揭示先锋范式与传统范式的断裂之处，从而把握其交锋的关键之处。通过这些概念，我们发现先锋派的文本观念通过对语言学研究成果的运用，试图推翻整个传统文学所依赖的意识形态基础和价值体系，对其后的文学生态产生了重大影响，甚至威胁到文学本身的生存。虽然在今天，先锋派已风头不再，但是其影响流传至今，“文学之死”的挑战性质疑，值得我们认真面对。

（6）文学的两面性——作品与文本的对话。

经历了先锋思想的冲击之后，作品观念并没有真正被文本观念取代，文学也没有死亡，依然表现出顽强的生命力。实际上，作为实践的文本常常表现出向作品观念的回归，因为文本作为实践，不得不回归主体和价值。“从文本走向作品”就成为一个合乎逻辑的历史进程。文学向我们表现出两面性：既是话语，又是表象；既是对象，又是实践；既是肯定，又是否定；既是价值体系，又蕴含颠覆。虽然我们不能把作品和文本两个不同的理解范式合为一体，但都是我们无法抛弃的理解文学的两种眼光。本成果将力图在这两种范式之间建构起对话关系，两个范式之间既相互冲突，又相互补充。

不管是结构主义还是后结构主义的文本概念都在一定程度上与传统的表象观念相对立。福柯对于话语秩序的“考古学”在很大程度上能够帮助我们理解这一问题。六七十年代最主要的并不仅仅是科学的潮流或者革命，科学进入文学是从 19 世纪末就开始的，革命更不是新东西。那么为什么当时出现了文本的兴起这个有点革命意味的事件呢？表象的破坏在这个过程中起到了决定性作用，而做出这个破坏的主要就是语言学和结构主义。

作品是完全建立在表象之上的，作品本身就给人一种形象：高贵的，神秘的，美的，由某个作者完成的。如《圣经》的创世记中一样：世界是上帝的作品。文学是作者的作品。在它身上表现了很多东西。批评的目标就是把这些东西找出来。

当这种表现不存在的时候，作品也就不存在了。于是文本概念凸显出来。最初它是作为作品这个概念的替代品，因为作品这个概念不好用了，于是用文本的概念。但是到了后结构主义者那里，作品成为一个积极主动的概念，是他们为了表达自己的文学思想而使用的概念。作品这个概念体现了某种话语的秩序，文学的秩序。而文本是一个非秩序的词，因为它没有价值判断在里面。后结构主义文学观念就是打破中心，破坏秩序。于是与传统的文学秩序或者制度（institution）相关的一切概念都受到冲击：比如作者，世界，价值，等等。所有这些冲击都可以从文本这个概念上看得到，他们也建立了很多新概念，比如文本性，互文性，等等。

但是，这里有一个非常明显的悖论，所有从否定的方向出发的理论似乎都难逃这种悖论。就是后结构主义者至少建立一种规则：打破一切规则。他们的文学建立了一种不要秩序的秩序，一种反对等级的价值。最终，他们的文本也逐渐在某种意义上成了作品，他们也逐渐地经典化了。从感伤的角度看，这是他们的无奈，但是从文学哲学的角度说，也许这种悖论更能让我们发现文学的两面：一面是作品，一面是文本。作为一种社会活动，文学总是会表现为某种秩序和制度、某种价值体系。但是，文学又总是具有摆脱这种秩序和制度的要求，总是要求破坏和重估价值体系。总是处于这两者的对话和交替之中，这两者或隐或显，但总是存在的。

从作品到文本，是法国 20 世纪六七十年代文论领域的一个明显特征，窥一斑可览全豹，通过考察文本概念的变迁，本成果一方面可以揭示出文学作为一种体制，其内部的紧张关系；另一方面历史地还原“文学理论”兴起的时代，法国文论变化的内在逻辑。

（7）文本概念的中国之旅。

本成果最后对文本概念在中国的理论旅行进行了详细的梳理。由于语言和文化的差异，中国人对“文本”概念的运用和理解与西方的 texte 有所区别，因为在汉语中不存在“文本”与“作品”在语义上的对立，许多学者对

“文本”与“作品”的差异不甚了了，尤其是对这两个概念在不同层面上的联系和对立不太清晰，以至于在大部分情况下，“文本”成为“作品”的替代词语，是学术时髦的标志。实际上，在不同的语言文化系统中，对概念的运用和理解有所不同，这本身是常见的，也是正常的，但是如果我们对这个差异缺乏足够的了解，就会造成种种误读，阻碍对历史语境的还原和探讨。虽然西方六七十年代的“文本理论”在中国也激发过理论的热潮，但是从总体上看，我们的研究还不够细致，其理论和思想资源有待进一步的梳理和挖掘。

从 80 年代后期开始，后结构主义、解构主义、新历史主义、女权主义等文学批评的新观念进入中国，又对中国文学理论研究中的文本观念进行了一次刷新。特别是后结构主义的文本理论对于文本更具革命性的解释，理应在国内理论界产生震动，但是由于当时中国对于西方文论的引进尚处于追补叠加阶段，因此文本观念的颠覆性便被消弭在其他对于国内文学理论界来说非常具有革命性、颠覆性的文论之中。而文本观念本应对理论层面的文本概念产生的决定性作用，也在其他理论对文本做出的注解中被淡化，往往巴尔特理论为人们所了解的只是“文本是能指的织物”。由于文本观念包括互文理论过于神秘化，操作起来十分困难，不符合中国文论长久以来的理论指导实践的习惯，故长期处在悬置状态。这一时期，法国的先锋文学理论已经退潮，中国文论界更多从美国转手的理论更偏重直接的政治关怀，如后结构、女权主义等，对文本在理论层面的概念形成影响有限。而新历史主义、女权主义等西方文化研究转向过程中的理论产物，不再以文学为中心，对于中国文学理论话语的影响就是文本的使用越来越不具有特指性，而是一个宽泛的用以取代作品指称文学批评对象的词汇。中国学者使用“文本”这一概念取代“作品”，常常不是出于深思熟虑的文学观念的变化，而只是一种术语的时髦。

另外，法国的先锋理论本身也逐渐从理论的恐怖主义转向温和，从 80 年代开始先锋们也很少再坚持文学范围内的革命，他们或者像巴尔特和托多洛夫一样重新采用传统的概念，或者如克里斯特瓦一样转向新的斗争领域。经过了六七十年代的理论冲击，文本概念之上堆积了无穷尽的文学元话语，这得益于这个词语本身的平淡。文本观念事实上并不属于哪一种体系化的理论，它更多的是不同学派和理论得以交流的平台。

文本观念在中西方文学理论话语中的不同，其实是不同历史文化语境的反映，我们今天的理论反思和梳理工作并不是要重新在思想上回到上世纪六七十年代，重新经历那个时期的理论狂欢，这既不可能，也没有必要。但是在所谓“理论之后”的时代，我们非常有必要重新追溯理论的源头，激活文学观念的思想内涵，为今天的文学理论和思考注入源头活水。

三、成果的学术创新、应用价值以及社会影响和效益

本成果对“texte”（文本）一词在法国 20 世纪六七十年代的先锋文学理论中的特殊含义，以及与此相关的结构主义和后结构主义历史语境和相关理论人物的核心观点进行了细致的梳理，并把这种特殊的“文本理论”放在西方文学观念演变的历史过程中进行了宏观考察和反思，探讨了“表象”“现实主义”“作者”“作品”等一系列受到文本观念质疑的文学传统，最终提出“文学的两面性”，试图兼容传统和先锋。

文本概念国内谈的很多，但是很少有人把它置于法国和西方文学批评观念演变史中进行考察，尤其缺少以法文原著为基础的研究。本成果首次从法语一手资料出发对文本理论形成的历史逻辑进行多视角思考，不仅探讨了先锋文学观念的特殊之处，而且对文本概念本身进行了深入辨析，提出“对象文本”和“实践文本”，分别对应于结构主义和后结构主义文本观，有独到之处。同时作者充分意识到法国先锋文论的文本概念与西方一般的文本概念（如传统的、新批评的和接受主义的）之间的差异，有助于澄清国内文论界对于这一问题的混乱状态。另外，作者考察了文本概念在中国的旅行，有利于我们进行下一步的中西对话。

《十九世纪下半期俄国反虚无主义文学研究》概要

朱建刚*

一、研究的目的、意义及所使用的研究方法

本成果的研究目的是从反虚无主义的角度重新审读经典文本，挖掘一批历史文献，全面深入地剖析 19 世纪中期俄国小说创作及其背后的思想之争，以期更为完整地审视这一时期的文学及其论争情况。

本成果的研究意义在于挖掘了一批此前因种种原因被遗忘的作家、批评家及其作品，在结合近年来俄罗斯出版的一手材料基础上，对皮谢姆斯基、列斯科夫、冈察洛夫、陀思妥耶夫斯基、卡特科夫、斯特拉霍夫等人或进行了重新挖掘，或从新的角度予以阐释，具有一定的创新意义。

本成果立足于历史唯物主义，以作品分析为出发点，从文史哲角度宏观把握，主要运用社会学批评和文化学批评相结合以及文史结合的方法。在具体论述上采取了点面结合、宏观论述与个案分析相结合的方法。整个研究成果务求以作家、批评家们的一手材料说话，尽量不做猜测妄断，努力寻找最新的研究成果作为参考借鉴，保持研究本身的前沿性。

二、成果的主要内容和重要观点

本成果的主要内容是论述反虚无主义小说的形成、发展及其影响，分四

* 朱建刚，苏州大学副教授，硕士生导师。

部分展开。第一部分为背景综述，即反虚无主义小说的研究现状及其出现的背景等。本成果认为反虚无主义文学是伴随着虚无主义文学的出现而出现的。即19世纪60年代，俄国社会在农奴制改革之后，社会矛盾激化，导致了“一切都不再神圣”的虚无主义思想。屠格涅夫在他的《父与子》里较早地涉及虚无主义者巴扎罗夫的形象，此后列斯科夫、皮谢姆斯基、冈察洛夫和陀思妥耶夫斯基等一批作家也分别撰写了各自的反虚无主义小说。他们以卡特科夫的《俄国导报》为阵地，在当时形成了一个不可忽视的小说派别。在结合俄罗斯和欧美多位学者研究成果的基础上，本成果认为：整体来说，反虚无主义小说的主要存在时期是19世纪60—70年代，在此之后对白银时代文学的影响更多体现在思想主题及研究接受方面，至于本身具体的创作，则基本上不复存在。反虚无主义小说的特性主要在于倾向性、论战性和宗教性。

此外，本成果还对虚无主义及反虚无主义这两个概念分别做了较完整的界定，并分析了虚无主义和反虚无主义在文学中诞生和发展的过程。本成果认为较之于西欧的虚无主义，俄国虚无主义虽然也是以否定为基础，但还存在着某些差异。在海德格尔的阐释中，西欧虚无主义有较多的形而上学色彩，否定人类的理性；俄国虚无主义的否定武器是自然科学，具有较强的实践性及某种宗教色彩。具体到文学当中，与历史上真实存在过的虚无主义也有所不同。文学作品允许艺术创造，不能把巴扎罗夫这样的人物等同于历史上的虚无主义者。另外，虚无主义和革命民主主义也存在着某些区别。虚无主义体现了革命民主主义的某些原则，比如对现实的否定，但它在后来的发展中在某些方面又走向了另一个极端。革命民主主义有建构理论体系以及对未来社会的一些完整的设想，虚无主义不但否定了现实，还否定了俄国乃至人类社会过去的一切，包括精神文化遗产。通过以上西欧虚无主义与俄国虚无主义、文学中的虚无主义与现实中的虚无主义、虚无主义与革命民主主义的三层次比较，可以大致确定本成果的研究对象——虚无主义及反虚无主义——应该是一种文学上具有论争性质的思潮，它具体体现在当时的各种文学创作与评论方面，或者也可称之为文学虚无主义，因此本成果也必须围绕着这些作品和评论文章展开。

接下来本成果介绍了在别林斯基去世之后俄国文学所面临的道路抉择以

及由此引发的一场争论。安年科夫、波特金和德鲁日宁曾各自努力反对过文学批评中的激进倾向，但最终还是以赢得了作家却失去了读者，审美逐步让位于功利而告终。最后，本成果还以莎士比亚在当时俄国的遭遇为例，介绍了虚无主义和反虚无主义的论战情况。前者认为莎士比亚不如一双皮靴，后者则旗帜鲜明地捍卫莎士比亚。

第二部分为理论与组织分析，分别选取斯特拉霍夫和卡特科夫为例，对其在反虚无主义小说创作的理论和组织工作上的意义进行分析。斯特拉霍夫是久被遗忘的文学批评家，成果从其生平着手，分析了他的反虚无主义观以及这种观点在文学批评中的实践、批评观的理论来源。另外也着重介绍了批评家对托尔斯泰中后期创作主题（即“生命意义和民族根基”）的挖掘。对于批评家来说，托尔斯泰是反对虚无主义文学的一座高峰。斯特拉霍夫正是通过对托尔斯泰的阐释一跃成为 19 世纪中后期重要的文学批评家。他反对否定一切的虚无主义思想，也不赞成将西方思想生搬硬套到俄国社会中来的西化派。在斯特拉霍夫看来，文学创作必须立足于俄国现实，像托尔斯泰那样从俄国生活出发，描写俄国的民族性。在对《战争与和平》的批评中，斯特拉霍夫详尽阐发了他对俄国文化的认识，并将其与西欧文化做对比，认为托尔斯泰通过卡塔耶夫等人物形象，很好地突出了俄国民族文化精神，增强了民族自信心。卡特科夫则是 19 世纪中后期著名的出版人、政论家、文学批评家。自 1863 年波兰事件后，他所主持的《俄国导报》和《莫斯科消息》两大阵地从一开始的自由主义喉舌逐渐转变为保守主义的阵营。卡特科夫通过对屠格涅夫《父与子》等著作的阐释，旗帜鲜明地表述了自己的反虚无主义立场。他认为虚无主义是俄国社会的一种病症，年轻人头脑简单，在西方思潮的鼓动下，易对社会现象做偏激的否定。因此，文学家要利用作品来改变这一现状。他以一报一刊为依托，积极组织了大批与《现代人》杂志决裂的作家如屠格涅夫、冈察洛夫、列斯科夫等，发表了一批影响巨大的文学名著（如《父与子》《群魔》《悬崖》《无路可走》等等），在一定程度上消除了激进派文学批评的影响。本成果重点介绍了卡特科夫的生平，他的文学批评观及具体实践，还分析了他对屠格涅夫、陀思妥耶夫斯基等人在创作方面的影响。卡特科夫的文学批评观主要是通过他对普希金的阐释而确立的。他在长文《普希金》中强调诗人是世界的诗人，也是描写个性的“瞬间的诗人”，这与当时革命民主派过于强调诗人的思想性形成鲜明对比。他对文学家们的影响主要表现在对具体作品细节的修改上。比如对屠格涅夫《父与子》的修改，对陀思妥耶夫斯基《群魔》中斯塔夫罗金忏悔章节的删减（即“在吉洪那儿”那一章），对托尔斯泰《安娜·卡列尼娜》结尾的改动，等等。这些修改一方面体现了卡特科夫对文学作品社会意义的认识，另一方面也展示了他对西方思潮的思考、对俄国现实的把握。

第三部分是对陀思妥耶夫斯基、列斯科夫、皮谢姆斯基、冈察洛夫这四位作家及其作品的重点分析。这一部分是成果的重要组成部分，属于作家个案分析。首先从第一位反虚无主义小说家皮谢姆斯基开始论述，详细介绍了他的《浑浊的海》，从梗概到意义及创作经过，分析了小说中描述的观察者、虚无主义者和反虚无主义者形象，同时也揭示了小说创作的背后隐藏着皮谢姆斯基与激进派批评家的论战、与赫尔岑的关系等。小说结尾，皮谢姆斯基将小说正面人物的归宿归结为修道院，虽未加以过多地渲染，但这在一定程度上暗示了他反对虚无主义的武器是东正教思想。列斯科夫是俄国文学史上一位经历坎坷的作家。已有的研究较多地侧重他晚年的创作如《大堂神父》等等，强调其作品中的“义人”形象，却较少关注在此之前作家所创作的反虚无主义小说《无路可走》《结仇》等。事实上，不关注作家创作中的反虚无主义阶段，我们就很难理解他晚期创作中对“义人”形象的寻找。本成果介绍并分析了上述两部反虚无主义小说，并由此对作家创作中的迷惑和探索也做了一定的阐释。与其他俄国作家不同，列斯科夫在进入文坛之前曾有游历俄罗斯的经历，对现实生活有较为深刻全面的把握。这使得他在面对虚无主义思想时能深刻洞察其不足并在作品中予以揭露。先破后立，事实上，没有反虚无主义创作这一阶段，就不会出现列斯科夫后来寻找“义人”的创作。这是当前列斯科夫研究中尚未被注意到的一点。并且，他和此前皮谢姆斯基的反虚无主义倾向，某种程度上也是当时激进批评逼迫的结果。以皮萨列夫、谢尔古诺夫、安东诺夫等一批60年代人，以实证主义精神携科学、进步之大棍横扫一切，对那些凡是与其意见相左的作家横加抨击，将一批本来思想倾向温和的作家推到了反虚无主义作家的行列。冈察洛夫的反虚无主义小说代表作是《悬崖》，本成果在总结前人研究的基础上，从虚无主义及反虚无主义的角度对其中主要人物做了新的阐释，揭示了人物的沉沦与拯救，以及作家所认为的希望之所在，同时也对作家在创作中所流露出的思想立场做了一些研究。陀思妥耶夫斯基对虚无主义的反驳是陀学研究中一个不容忽视的方面。事实上，本成果也正是从这个切入点着手，先后分析了《地下室手记》《罪与罚》《群魔》《卡拉马佐夫兄弟》这几部作品，体现了作家塑造的虚无主义的思想者、行动者再到虚无主义者群体这样一个逐步发展的过程。《卡拉马佐夫兄弟》中的宗教大法官更是体现了作家对虚无主义这一问题的形而上思考。虚无主义的出现，实质上是俄国社会缺乏积极虔诚的信仰所致，这一点在各种激化的社会矛盾下显得尤为突出。陀思妥耶夫斯基的一生也是在寻找相应的解救之道。本成果认为，由于《卡拉马佐夫兄弟》一书并未完稿，所以可以说作家留给我们的答案是开放式的。诚然，作为一位思想深刻的作家，陀思妥耶夫斯基不会仅仅局限于反虚无主义。但需要指出的是，因涉及对 19 世纪革命激进分子涅恰耶夫等人的批判，反虚无主义因素是作家作品中极其重要的，也是被长期忽略的一面。

第四部分为反虚无主义小说与白银时代的关系，以《路标》文集的反思及白银时代关于《群魔》上演的争论为分析对象。《路标》文集是 1905 年革命后知识阶层反思的产物。这种反思针对的是近一个世纪以来俄国知识分子所宣扬的虚无主义思潮（当然它包含了功利主义等多重思想），它体现了部分俄国知识分子试图告别虚无主义的尝试。本成果详尽分析了《路标》的由来及其代表文章，从中对知识阶层的自身反思做了深入的分析。比如批评家格尔申宗认为，知识阶层对现实政治的过于简单化理解，是导致革命失败的一大原因。这种简单化理解的来源就在于 19 世纪下半期的虚无主义思想影响。《路标》在反思虚无主义的基础上得出如下结论：改造旧我，成就新我；重“拿来”更重“创造”；“少谈些主义，多谈些问题”，真正走向民众。仔细辨别之后不难发现，这一切跟斯特拉霍夫、陀思妥耶夫斯基等人的反虚无主义思想都存在着某种共鸣。1905 年革命的失败，促使俄国知识界开始反思过去的经典，试图重新理解 19 世纪的精神遗产，陀思妥耶夫斯基的作品就是其中很重要的一个部分。莫斯科艺术剧院因为上演《群魔》一事与高尔基展开论战。这在当时是一个沸沸扬扬的文化事件，这一事件的背后折射了 20 世纪初俄国部分知识分子拒绝革命，回归文化创造岗位的努力。身在意大利的高尔基要求艺术剧院放弃排演《群魔》，理由是卡拉马佐夫气质会毒害俄国民众；相应地，艺术剧院则认为艺术探索不存在禁区，陀思妥耶夫斯基作为俄国文学的大师，现实已经证明了他作品的预见性，政治不应当过多地干预文学。争论最终以高尔基的失败，《群魔》的上演而告终。这再次说明，19 世纪下半期的反虚无主义文学思潮在经历了历史的证明之后，已经得到了社会上大多数知识分子的认可。

本成果最后是结语，回顾了研究反虚无主义文学的一些难点，也剖析了当前俄罗斯主流思想界对保守主义思想的接纳，进而联系到当下国内某些历史虚无主义的倾向并对其予以抨击。正如习近平总书记在纪念孔子诞辰 2 565周年国际学术研讨会暨国际儒学联合会第五届会员大会开幕会上的讲话（2014 年 9 月 24 日）中指出："中国共产党人是马克思主义者，坚持马克思主义的科学学说，坚持和发展中国特色社会主义，但中国共产党人不是历史虚无主义者，也不是文化虚无主义者。我们从来认为，马克思主义基本原理必须同中国具体实际紧密结合起来，应该科学对待民族传统文化，科学对待世界各国文化，用人类创造的一切优秀思想文化成果武装自己。"

本成果在观点上的创新大致有以下几个方面：

（1）由于意识形态及历史文化的关系，反虚无主义小说无论是在俄罗斯，还是我们国内学术界，长期处于无名状态，不但没有中译本，连俄文的原著都很难寻找。如皮谢姆斯基的《浑浊的海》一书，因俄罗斯自沙俄时代以来从未再版，因此本成果采用的就是来自俄罗斯国家图书馆收藏的 1895 年版本。列斯科夫的作品则尽量采用了俄罗斯目前最权威的 30 卷科学院版本。笔者为此远赴俄罗斯莫斯科大学语文系访学一年，其间充分搜集利用了俄罗斯学界及欧美学界的研究材料，与莫斯科大学、别尔哥罗德国立大学等相关学者就有关论题展开讨论。本成果着重介绍了陀思妥耶夫斯基、冈察洛夫、列斯科夫、皮谢姆斯基四位作家与虚无主义的争论，以及这种争论所导致的反虚无主义在其作品中的体现。笔者通过阅读《浑浊的海》《无路可走》《结仇》《悬崖》《群魔》等作品，不但对小说文本进行了详细的介绍，而且在此基础上进行了客观详尽的分析。反虚无主义是一个较为新颖的角度，有助于全面了解作家的创作历程。比如列斯科夫为何会从青年作家变成人人喊打的文学界叛徒，这期间就不能忽略他与车尔尼雪夫斯基的争论，以及反虚无主义小说《无路可走》《结仇》的影响。再如，一度被视为文坛新星的皮谢姆斯基，其创作生涯的急剧变化同样离不开他与文坛激进批评家们的争论，这种争论所带来的后果，同样鲜明地体现在他的《浑浊的海》当中。

（2）如果说此前的19世纪俄罗斯文学研究，多数立足于进步革命角度的话，那么研究反虚无主义小说则需要从逆向思维出发，打破原有思维定式，对一些经典文本、经典作家批评家做出新的解释。比如，历来被视为反动保守文学的反虚无主义小说是否有其合理之处；19世纪俄国文学及文学批评的互动关系如何；反虚无主义小说家在当时所遭受的批评是否恰当；等等。反虚无主义小说是面对19世纪中后期俄国社会激进主义盛行的状况出现的，有些作品属于对进步青年的大肆攻击，的确没有多少艺术价值可言；但也有相当一部分作家是抱着认真严肃的态度来思考社会问题，得出不同于革命民主主义批评家们的结论。他们的结论在当时看来未必正确，但拉开一定的历史距离，我们不难发现其论断中的某些先知先觉之处。再者，这些作家敢于坚持独立的思考，出发点是好的，简单地将其命名为“反动”与“保守”颇有不妥。比如对《群魔》的分析，历来认为它是对革命者的丑化和攻击，但本成果从反虚无主义的角度，将其与《地下室手记》《罪与罚》等联系起来，从一个新的角度揭示了陀思妥耶夫斯基思想发展的脉络。

另外，值得注意的是，我们今天所了解的俄国文学名著，几乎没有一部发表在当时的进步刊物上，素以反动面目出现的《俄国导报》反而发表了大量的经典作品。文学批评的激进化与作家创作的保守化，这是一个值得分析的话题。本成果通过对具体批评家、作家的分析，对此有所涉猎。

（3）本成果剖析19世纪60—70年代俄国小说的论争，既考虑到了文学作品的分析，同时也注意到社会思潮对作品的渗透；不但研究分析了一批久为人遗忘的作品，而且介绍分析了斯特拉霍夫、卡特科夫两位19世纪俄国文学中的关键人物。本成果着重指出：斯特拉霍夫作为反虚无主义理论家，在19世纪中后期对文学中的虚无主义问题多有评论，他的许多观点得到了陀思妥耶夫斯基和托尔斯泰的肯定，在当时影响很大。但因意识形态的原因，此人却长期被埋没于故纸堆里，令人遗憾。另外，卡特科夫作为反虚无主义阵营的核心人物，他和他的《俄国导报》《莫斯科消息》在反虚无主义文学形成、发展中起到了关键作用。卡特科夫不但自己撰文分析虚无主义问题，而且通过组织大批作家创作相应的作品，不但在彼时的俄国文坛隐约形成了一个反虚无主义小说的派别，更重要的是为后世留下了有别于“革命”“进步”的另一种文学遗产。2012 年，俄罗斯出版了 6 卷本卡特科夫文集，这似乎可以看作卡特科夫在俄罗斯的回归。至于说到对这两位历史人物的具体研究，俄罗斯也只是刚刚开始，在我国学术界则尚属首次介绍，这一点充分体现了本成果的前沿意义。

（4）严格来说，反虚无主义小说及文学批评属于保守主义的范畴。在经历了苏联解体、全盘西化等惨痛教训后，保守主义思潮在今天的俄国呈现回归之态。以普京为首的“统一俄罗斯党”的意识形态基础便是保守主义，其理论源泉正是来自 19 世纪中后期的卡特科夫、斯特拉霍夫等保守派人士。本成果指出：保守与革命都是相对的，在不同的历史境况下会有相应的变化。我们不应拘泥于传统文学史或教科书的说法，将经典固定化乃至僵化，而是应当主动去发掘文学史上因非文学因素的干扰而被埋没的经典，唤起它们的重生，从而尽可能地建构一部完整的俄国文学史版图。

正是因为有如上这些研究新意，本成果具有了一定的参考价值。

三、成果的学术创新、应用价值以及社会影响和效益

我们今天研究反虚无主义小说，并非简单地寻章摘句，从故纸堆里做翻案文章，而是希望通过对那一段被遗忘的历史的发掘和回顾，重塑一个真实的 19 世纪 60—70 年代俄国小说原貌。研究革命进步文学，离不开对反虚无主义文学的研究。而且，说到底，文学上的虚无及反虚无主义之争，折射的其实是俄国社会思潮中两条道路的斗争。反虚无主义及反虚无主义小说的出现是对当时革命民主主义思潮的一种反驳和反思，直接影响了白银时代俄国文学尤其是小说的发展进程。文学总是在矛盾对立中不断发展前进的，我们无法接受一个只有主角的文学舞台，且不说，那作为主角的是否真的是主角。当然，我们不可能原样复制 19 世纪的俄国文坛，但我们将在不断地发掘研究中努力接近这种主角配角同时在场的真实。

其次，仔细考察反虚无主义小说有助于我们全面深入理解虚无主义，或者说所谓“革命思潮”的真实面目。从历史的角度看，无论是虚无主义还是反虚无主义，实际上都是对俄罗斯在 19 世纪农奴制改革后所面临的最迫切

问题的回答，即俄国向何处去。每个人的回答因其各自所受教育、经历等因素而各不相同，有激进，有温和，也有保守。长期以来，我们往往将激进、革命等同于进步、正义，殊不知，事物之发展既有革命式的飞跃，也有改良式的渐进，忽略或者贬低任何一种，都容易造成文坛的“冤假错案”。从这个角度上说，反虚无主义小说恰如一面镜子，可从矫枉过正中照出革命虚无主义之缺陷。

再次，从反虚无主义小说的历史命运而言，也能给我们某种启示。如上文所叙，反虚无主义小说本来是对俄国现实问题的一种解决之道，但从其出现的那一天开始，直到十月革命之后的苏联学术界，绝大部分作家学者都将其作为反动作品加以抨击、封杀。这种非此即彼、粗暴对待不同意见的方式，我们并不陌生。反虚无主义小说的命运在一定程度上告诫我们：文学固然离不开政治，但若政治过度干预文学，就会造成文学本身的衰亡。因此，今天我们再看那些被遗忘的经典，同样可以促使我们反思那种二元对立的思维模式，力争在不断的深入研究中以对话争论的开放形式来取代之。

值得注意的是，本成果已在国内外学术圈引起了一定的关注。2012 年 10 月，笔者在莫斯科国立大学语文系进修期间，收到来自别尔哥罗德国立大学哲学系的邀请，前去参加斯特拉霍夫学术研讨年会并做了大会发言（斯特拉霍夫是别尔哥罗德人）。2014 年第 1 期的《俄罗斯文艺》杂志开辟了名为《俄罗斯文学中的反虚无主义》的专栏，收入了包括笔者所写论文在内的一批文章，这或许可以说明，反虚无主义这一话题正在引起越来越多研究者的兴趣。

《蒙古语喀喇沁土语社会语言学研究》概要

宝玉柱*

一、研究的目的和意义

社会语言学研究的一个重要目的，就是揭示社会因素和语言演变之间的互动关系。自从中国实行改革开放，中国少数民族语言文字的使用情况备受国内外关注。其焦点在于：第一，中国少数民族语言文字的使用情况究竟如何？具有说服力的答案不是来自一般宣传文字和政府工作总结报告，而应来自科学、规范的学术调研和研究成果。第二，少数民族语言文字使用功能的衰弱，是改革开放造成的？还是与特定的国家政治制度有关系？抑或是民族本身发展的一个自然过程？第三，国家对国内少数民族语言文字的使用和教育应该采取什么样的态度和策略？

针对第一个问题，近年来国内展开了各种形式、各种档次的“语言国情调查”，质量参差不齐。普遍存在的问题是：重情况描述，轻社会因素的分析；重面上的调查，轻扎实深入的个案研究。围绕第二个问题，国内外研究者的意见大相径庭。国外别有用心的人，企图把语言文字使用问题归咎于中国政府的政治制度和改革开放政策，国内个别低档次的研究和持糊涂观念的人也有此倾向。在第三个问题上，近年来在各级政府和学术界出现新的左倾偏向。究其根本原因：一是对国内各民族关系和语言文字接触、演变规律缺乏深入、科学的认识；二是语言激进主义作怪，希望通过激进的语言统一达

---

* 宝玉柱，中央民族大学教授，博士生导师。

到社会的和谐统一；三是缺乏严肃、科学的个案研究。其中，有理论视野狭窄、方法论偏差的问题，也有研究目标取样的纵向、横向时间维度不够，以及对社会因素同语言共变的内在规律挖掘不深入等问题。

本成果的研究目的在于，以蒙古语喀喇沁土语区为研究个案，准确描写喀喇沁蒙古族语言文字使用现状，重点调查研究近100年喀喇沁土语使用情况演变及其同社会因素之间的互动关系。由此，为学术界提供一个正确的思维视角，为政府的语言决策提供扎实的事实根据和学理基础。

二、成果的主要内容和重要观点

1. 喀喇沁部探源

根据史料、姓氏来源等资料证明“喀喇沁”一词源于职业名称——北魏时期的宿卫军“曷刺真”；“喀喇沁”作为部落和职业名称，主要来源于元代的钦察卫军及哈剌赤户；“喀喇沁”作为独立、统一的部落，形成于明代；在清代，“喀喇沁”为蒙古部落兼行政区域名称。研究中的“史料”都来自正史。为此笔者通读二十五史，对涉及北方民族的内容进行了摘录。这是按时间顺序进行的纵向研究。

比较研究蒙古族右翼各部姓氏结构之异同点，以此揭示喀喇沁部姓氏来源特点。这是以部落成员族源为视角的横向研究。本成果区别了“喀喇沁”一词的词源、“喀喇沁”部族源、“喀喇沁”区域名及其内涵变化。一个部落或一个族群的形成是一个长期的、反复的、一定历史背景下进行的渐变过程。国家的政治统一和社会整合是长期的不间断的民族接触和语言接触的前提。“姓氏构成”研究资料来自笔者建立的“蒙古族姓氏数据库”。

2. 喀喇沁蒙古族语言使用现状

自清代在喀喇沁地区实行盟旗制度，距今已370余年。喀喇沁蒙古族大约在民国时期从蒙古语单语过渡到蒙汉双语；从抗日战争到建立新中国，进入双语并用时代；从新中国成立到上世纪90年代，进入转用汉语时代。年轻一代的语言转用过程在喀喇沁旗和喀喇沁左翼蒙古族自治县已基本完成，但在宁城县，语言转用正处于过渡时期，因而为语言接触的个案研究提供了绝好的机会。调查主要使用问卷、统计、访谈方法，数据处理使用基于Excel的“语言使用情况数据库”。主要内容是：

对喀喇沁地区蒙古族语言文字的使用类型、语言转用速度和使用现状的界定。

第一，语言使用类型。喀喇沁地区蒙古族语言使用类型分为保持型、转用型、双语型三类。双语型进一步分为蒙古语濒危型、蒙古语衰弱型和蒙古语下滑型。

第二，语言转用速度。从历时发展脉络看，从清代到21世纪30年代一共不到400年，前300年是蒙汉语松散接触时期，后100年是蒙汉语紧密接触时期，蒙古语经过蒙古语单语、蒙汉双语，迅速过渡到汉语单语。共时平面上的语言转换速度，城镇快于乡村，子女快于父母，干部快于农民和学生。

第三，语言使用现状界定。喀喇沁旗蒙古族语言文字使用已进入转用汉语时代；宁城县的蒙古语已进入濒危阶段；喀喇沁左翼蒙古族自治县蒙古语在使用上已出现断代，并成为濒危土语。

传统的社会语言学研究关注社会因素对语言结构变化的推动作用，但喀喇沁土语的社会语言学研究显示：在一定的社会历史条件下，特定的语言社会有可能不等母语在结构上发生重大变化，就转用其他语言。另外，喀喇沁地区蒙古族语言使用现状调查推翻了笔者最初的假设：蒙古语的使用状况与民族自治权利的大小成正相关。如果以此假设排列，喀喇沁旗具有蒙古族旗的地位，蒙古语使用状况应该最好；喀喇沁左翼蒙古族自治县次之；宁城县在民国时期已设县，蒙古语使用程度应该最低。但事实却正好相反。

3. 喀喇沁地区影响蒙古族语言转用的几个重要社会因素

（1）地理分布及人口移动对民族接触和语言接触有深刻影响。

首先，喀喇沁地处战略咽喉地区和历代民族接触与民族融合地带。其次，满洲军队入关，通向中原的大路从此敞开，满洲军队和居民源源不断地进入内地，同时汉族移民开始北上，填补这里的人口分布真空和管理真空。清朝入关后，对喀喇沁部采取了种种限制措施，防御、分解、和亲、移民和分离旗县，是清廷对喀喇沁部采取的5条重要措施。这些措施和随之而来的大规模的移民与民族接触，都与喀喇沁部所处的特殊的地理位置有关。居住模式对语言使用模式的形成和转变有重大影响。蒙汉杂居，彼此语言的兼用、转用程度随杂居程度而逐渐加深；居住模式采取分离式，杂居程度较低，则蒙古族聚居村落能够较好地保存蒙古语。这一研究对学界一般观点的矫正有两点。

一般而言，在生产力落后、交通不发达的历史时期，自然经济地理对民族接触和语言接触有明显的制约作用。但是，特定的地理位置在特定的历史背景下，对民族接触和语言接触起促进作用，自然地理因素和社会因素是相互作用，共同发生作用的。

一般而言，语言的衰变过程是从边缘地区向核心地区逐次推进的，因此，要保护核心地区的文化生态并发展其语言文字，就不能不特别关注边缘地区的语言衰变和濒危情况，并总结其内在的发展规律。但是在这一总的前提下，也可能出现一些例外，应该注意居住模式对语言社会的重要作用。数据来自文献查阅和笔者建立的“喀喇沁地区地名数据库”。

（2）学校语言文字教育对语言使用模式的转换有重要影响。在语言文字使用和语言文字教育的关系上应注意三个维度：一是语言文字教育同国家制度的关系，语言文字的使用深受国家制度的约束。特定语言在最大范围内的通行功能和国家政治权力相结合，便产生语言权威，体现在学校语言的选择及其安排顺序、国家对语言文字的规范上。语言文字教育与国家的教育制度和政策运行机制有密切关系。政策随时局发生波动，时停时续，对上下连贯的语言文字教育带来致命的影响。事后，政策失误可以弥补，但已经断代的语言文字教育的损失弥补困难，甚至根本无法弥补。二是语言文字教育同人口和家庭的关系。其中包括语言教育同人口比例、分布及其变动，同居民对语言教育的经济支撑能力，以及受教育者对社会发展的期望值等的关系。三是语言文字教育同社会语言环境的关系。蒙古语文教育对蒙古语的保持和应用具有重要意义，但如果社会环境的汉化趋势强劲，那么学校蒙古语文教育最终抵挡不住来自社会的压力。学校的语言教育，对延续一个语言社会具有举足轻重的作用，一种语言一旦放弃学校阵地，其断代过程就会加速。数据来自文献调查、问卷调查和访谈。

（3）异族通婚对语言使用模式的演变有重要影响，但不是决定性的因素。异族通婚家庭语言模式演变的决定因素是社会语言环境，其中工作语言和邻里语言是最重要的因素。数据来自问卷调查、个别访谈。问卷调查数据处理使用基于 Excel 的“喀喇沁蒙古族异族通婚数据库”。

（4）语言使用场域是影响语言使用模式转换的重要因素。在喀喇沁地区蒙汉杂居社区，家庭是母语激励源，社会是汉语激励源，社区人员的实际语言能力，在一般情况下，接近两种语言使用率的折中值。数据来自问卷调查。

（5）地域社会经济文化发展程度影响语言使用模式的转换。从语言使用模式转换的速度看，城镇快于乡村，子女快于父母，干部快于农民和学生。数据来自问卷调查。

（6）职业对语言使用模式的变化有一定影响。在喀喇沁地区蒙古族现时语言中，汉语使用程度最高的是干部，其次是家长，教师最低。数据来自问卷调查。

（7）家庭语言中的年龄、等级和性别约束随场景发生变化。事实证明，现时语言使用模式形成的决定性因素是社会语言环境，家庭语言随社会语言环境而发生变化。社会语言环境的影响首先体现在父亲和晚辈语言应用模式上，然后波及祖父母和母亲。数据来自问卷调查。

（8）语言转换和文化迁移不同步，语言选择和语言情感评价不一致。一个民族的成员转用其他语言，并不等于他不热爱、不珍惜自己的母语，并不说明他自愿放弃这个语言。即使是语言兼用或语言转用既成事实的地区，语言文字政策或学校语言教育政策上的任何过激措施，都有可能激起民族社会和语言社会的强烈不满，甚至引发社会的动荡。数据来自问卷调查和访谈。

三、成果的学术创新、应用价值以及社会影响和效益

本成果的主要学术价值在于从个案研究和方法论上推动蒙古语社会语言学研究的健康发展。本成果出版后，将对蒙古语社会语言学研究和教学起到一定的示范作用，并且进一步加深对语言接触过程的再认识，纠正某些学术偏误和激进倾向，间接影响政府的语言政策和决策行为。正确认识语言关系和正确制订政府语言政策，是语言和谐社会形成的重要条件。

本成果约 60 万字，使用表格 59 种、插图 85 幅、附图 83 幅（由笔者拍摄）。引证文献 420 次，涉及参考文献 113 种。附录中的“田野日志”详细记录了课题研究四次主要调查的全过程及其内容，其中包括 13 万余字的访谈录音整理文字及其汉译文。除此之外，在调研过程中，记录和录制喀喇沁

土语基本词汇 2 500 个，并将数据嵌入到“蒙古语方言调查数据库”（包括蒙古语正蓝旗、鄂尔多斯、喀喇沁、科尔沁四种土语）中；记录并录制喀喇沁土语语料 800 句；录制喀喇沁土语长篇语料 731 分钟。拍摄的文献有：民间收藏的喀喇沁蒙古文文献 30 余种，档案 74 份，地契 54 份，碑文 19 幅，诰命书 3 份，家谱 3 份（喀喇沁王室家谱，于氏家谱，武氏家谱）。拍摄喀喇沁民俗事项 27 幅。制作碑文拓片 2 幅。搜集佛教文献 400 种，其中竹笔手写蒙古文《格斯尔》为世界上现存 200 余种蒙古文《格斯尔》版本中最珍贵的一种。有 43 种文献（大部分为藏文）为国家图书馆目录未收录，已捐给国家图书馆。

本成果有力地推动了研究成果的推出和研究人才的成熟，对我国少数民族社会语言学研究和教学的促进必将是明显的和可预期的。

《〈永乐大典〉小学书辑佚与研究》概要

丁治民*

《永乐大典》（以下简称为《大典》）修纂于明成祖（朱棣）永乐年间，它是我国文化遗产中规模最为宏大、卷帙最为浩繁的一部大型百科全书，保存了14世纪以前大量的文学、历史、哲学、宗教和应用科学等方面的丰富资料。

《大典》的最大贡献在于保存了我国明初以前各种学科的文献资料。《大典》就成了保存这些佚书的独一无二的宝库。

对《大典》的利用，明代就开始了。弘治帝从中校录部分禁方，这是所见最早对《大典》的利用。迨清初，朝廷纂修《大清一统志》，学者提倡并实践从中辑录佚书。特别是雍、乾之际，李绂、全祖望与三礼馆臣、四库馆臣发挥《大典》保存佚文坠简之功。学者在利用《大典》校录文献、纂辑佚书之余，有意识地考证文献的时代、作者等。至道光年间，徐松利用《大典》的方志文献研究唐代科举及唐代两京的情况，极大地拓展了《大典》的利用范畴，扩大了《大典》的利用价值。清末以降，在传统利用《大典》外，学者们广泛重视《大典》编纂流传等问题，发表了一系列研究论文。1949年以后，随着《大典》残卷的调查和公布，对《大典》的研究更深更广，成果也异常丰富。学界对研究成果的统计有顾力仁《〈永乐大典〉研究之资料与论文索引并提要》，李小文、张志清《〈永乐大典〉研究论文论著分类索引》，张升《〈永乐大典〉研究资料及论著索引》三家。研究涉及《大

* 丁治民，苏州大学教授，硕士生导师。

典》编纂流传、残卷访求、声题、书目索引、校雠辑佚等方面。

《大典》是以八十韵本《洪武正韵》为纲（宁忌浮，2003），采取按韵与分类两者相结合的“用韵以统字，用字以系事”的编辑方法。《大典》既然要对每个字详注其音韵、训释和它的篆、隶、楷、草各种书体，就必然引用大量的小学辞书，也就是文字学、训诂学和音韵学的著作。事实上，《大典》除《洪武正韵》之外，还引用了《尔雅》《方言》《说文解字》《释名》以及顾野王《玉篇》、陆法言《广韵》、孙愐《唐韵》、张参《五经文字》等三十多种辞书。这些辞书有一些流传至今，但有一部分已失传，不仅其内容已不为人所知，就是其书名也未见著录。对仅保存于《大典》中的这些小学辞书，学界的研究尚未涉及。

文学、史学、科技等学科充分利用《大典》，辑佚资料，并加分析研究，取得了丰硕的成果，而语言学相对滞后，尚未有人对其中有关语言的语料加以考察。我们尝试利用这份宝贵的资源，以期推动汉语史研究的进一步深入。

梁启超在《清代近三百年学术史·辑佚书》中提出判断辑佚优劣的四条标准：注明出处，并尽量举其最先者；辑佚求备，多者为优；既须求备，又须求真，不要贪多误收；尽量整理，求还其书本来面目。这些都是很好的见解，是我们应遵从的原则。

我们首先从《大典》中辑佚语料，辑佚语料的排列依照大典的次序先列音韵和训释辞书，再列篆、隶、楷、草各种书体，同一类辞书再按成书时间先后排列。这些语料是首次公布。其次是对语料本身加以研究，为汉语史研究提供史料，利用文献对这些小学辞书断定时代、体制及规模，考证其作者生平，以期恢复历史的若干面貌。再次利用原始语料及研究成果，解决一些相关的历史问题。最后利用《大典》所引的辞书与现存通行本相校勘，以期解决通行本中所存在的疑难问题。

本成果分为两大部分：一是辑佚，为辑佚编；一是研究，为问学编。

一、辑佚编

（1）顾野王《玉篇》（上元本）429字。

（2）陆法言《广韵》346字。

（3）孙愐《唐韵》49 字。

（4）《孙氏字说》28 字，目录仅《文渊阁书目·辰字号第二厨》：《孙氏字说》一部一册。

（5）郑之秀《精明韵》10 字，目录仅《文渊阁书目·辰字号第一厨》：《精明韵》一部一册。

（6）张子敬《经史字源韵略》10 字，目录仅《千顷堂书目》卷三：张子敬《经史字源》。

（7）李銮《存古正字》22 字，目录仅《文渊阁书目·辰字号第二厨》：《存古正字》一部一册。元陶宗仪《书史会要·补遗》："李銮，字仲和，号竹山，溧水人。宋进士，官至无为军节制官，入朝不仕。能书，有所撰。《稽古韵》及《存古正字》编传于世。"

（8）魏柔克《正字韵纲》32 字，目录仅《文渊阁书目·辰字号第一厨》：《正字韵纲》一部五册。《千顷堂书目》卷三：魏温甫《正字韵纲》四卷。官广东佥宪。凡字之讹谬者，以小篆古体正之。

（9）五十先生《韵宝》5 字，目录《文渊阁书目·辰字号第一厨》：《韵宝》一部一册。

《通雅》引用两次。

（10）《广韵总》1 字，书目文献未见，但《诗传名物集览》卷五有与之相近的名称。

（11）王柏《正始音》8 字，程端礼《程氏家塾读书分年日程》卷三为"旁证"资料，录有王柏《正始之音序》。

（12）李肩吾《字通》13 字，《绝妙好词笺》："肩吾字子我，号蠙洲，眉州我，精六书之学，尝著字通，为魏鹤山之客虞，集字通序云：李君在魏文靖公门下，有师友之道焉。"

（13）倪镗《六书类释》25 字，《六书类释》由麈相山作序称：该书综集历来诸家说文之长。（《同治安仁县志》）。

（14）《字滚博义》383 字。

（15）赵谦《声音文字通》328 字。

（16）孙吾与《韵会定正》325 字。

（17）杜从古《集篆古文韵海》348 字。

（18）姚敦临《二十体篆》15 字。

（19）高勉斋《学书韵总》42 字。

（20）释道泰《韵选》1 字，黄虞稷《千顷堂书目》卷三：释道泰集钟鼎古文韵选五卷号来峰，泰州僧。《钦定四库全书总目·小学类存目一》卷四十三：集篆钟鼎古文韵选五卷，明释道泰撰。黄虞稷《千顷堂书目》载此名，注曰字来峰，泰州人。其书分韵集钟鼎古文，然所收颇杂，秦权、汉鉴与三代之文并载之，殊乖条贯，他如滕公石椁铭，本属伪迹，收之已失别裁，又钩摹全非其本状，则传写失真者多矣。《钦定续文献通考·经籍考》卷一百六十：释道泰钟鼎古文韵选五卷。道泰，字来峰，泰州人。

（21）洪迈《汉隶分韵》100 字。

（22）杨益《隶韵》1 字，清万经《分隶偶存》卷下云："杨益，洛阳人。历经行台御史、转员外郎，出抚南雍。《学古录》虞集赠诗云：洛阳杨友直，字拟汉中郎。同上。杨益古隶学庐江太守碑，亦能篆。《书史会要》"；《御定佩文斋书画谱》卷三十七、《六艺之一录》卷五同。元刘岳申《申斋集》卷十五《洛阳杨友直家谱序》："今南雄路总管洛阳杨益，字友直，余五十年友也"；元欧阳元《圭斋集》卷九《元赠效忠宣力功臣太傅开府仪同三司上柱国追封赵国公谥忠靖玛哈穆特实克碑》："今将为碑，其敕翰林直士臣玄制文，侍讲学士臣起岩篆额，户部员外郎臣杨益为书"。

（23）《草书集韵》293 字。

（24）赵完璧《通鉴源委》29 章。

（25）《洪武正韵》420 字。

二、问学编

1. 顾野王《玉篇》孙强增字本考

《玉篇》，三十卷，梁顾野王著，成书于梁大同九年。原书卷帙宏富，详略未当，萧恺奉命删改。由于《玉篇》引书浩繁，卷帙巨大，不便翻检，于是又有删改，其中孙强增字本影响最大。

顾野王《玉篇》是《大典》所引辞书之一。《大典》所引《玉篇》的署名为顾野王，因此，当不会为金代两部《玉篇》。顾野王原本《玉篇》在宋初已不传。因此，《大典》所引《玉篇》只能为孙强增字本《玉篇》和陈彭年等修订《玉篇》两种之一。《大典》在每字之下已引上元本，为避免重复，所以在“篇”字韵中仅引大广益会本，而不引孙强增字本。因此，《大典》所引顾野王《玉篇》当为孙强增字本。

《大典》保存上元本部分内容，因而，揭橥上元本的收字、注释体例及其与原本《玉篇》和《大广益会玉篇》之间的关系也就有了可能。

从被释字的角度看，《大典》所引上元本现存 429 字，其中不见于《篆隶万象名义》的有 145 字，依理推之，这 145 字就是孙强较原本《玉篇》所增之字。《大广益会玉篇》较上元本新增 82 字。《大广益会玉篇》较原本《玉篇》多增五千多字，上元本增字量应多于《大广益会玉篇》，可见认为陈彭年等增字为多的通行看法是不准确的。

上元本 107 字的注释是先反切注音，后释义，义项较原本《玉篇》大为减少，多为一个义项，而且略去引文。《大广益会玉篇》与之完全相同。《大广益会玉篇》的注释体例并非由陈彭年等所创，而是来源于上元本，也就是说，上元本已确定了《大广益会玉篇》的注释体例和规模。

《大广益会玉篇》仅有反切注音、而无注释的现象一方面是对上元本的直接继承，另一方面是其修订时新造的。

通过《永乐大典》所引上元本 429 字及注释与《篆隶万象名义》和《大广益会玉篇》的比较，可以得出如下几点：

第一，《大广益会玉篇》被释字较原本《玉篇》多增五千多字，其中上元本增量较大，可能多于《大广益会玉篇》新增量。

第二，上元本对原本《玉篇》进行增字减注，减注不仅略去引文，而且义项大为减少，多数只保持一个义项，先注音，后释义，其注释体例、内容及规模多为《大广益会玉篇》所继承。

第三，《大广益会玉篇》被释字较上元本不仅有增加，而且有删除，但删减的数量不多；《大广益会玉篇》对上元本的修订工作主要有增加、删减或改换义项或义素，改变注音方式，或改换反切上、下字，改变又音或异体的次序，增加引文或交代出处和修订字形等方面。

2. 新发现切韵系韵书一：陆法言《广韵》

《大典》引用一种成书于唐代的《切韵》系韵书——陆法言《广韵》。

关于《大宋重修广韵》的工作底本，学术界还没有达成共识。我们通过比较发现，陆法言《广韵》不同于现存的唐五代韵书，而与《大宋重修广韵》非常接近。

《大典》所引陆法言《广韵》346 字中，有 345 字见于《大宋重修广韵》，仅一字未见，即“䨻”字。

其他 345 字均见于《大宋重修广韵》。这 345 字中又有 102 字只见于《大宋重修广韵》，而不见于现存唐五代之韵书。

102 字可分为两类：一是现存唐五代韵书收录该字，但对该字的多音情况未全收录，但陆法言《广韵》收录，与《大宋重修广韵》同；一是现存唐五代韵书未见，但陆法言《广韵》收录，与《大宋重修广韵》同。而且陆法言《广韵》小韵的收字字数与《大宋重修广韵》完全相同，但该小韵的收字字数比现存唐五代韵书要少得多。

我们对陆法言《广韵》345 字与《大宋重修广韵》从“增损质正”角度分别加以说明。

在与唐五代韵书和《大宋重修广韵》比较之后，可以归纳如下几点：

第一，陆法言《广韵》与《大宋重修广韵》是不同时期的两本韵书。

第二，陆法言《广韵》是成书于唐代而现存韵书未见著录的又一种切韵系韵书。

第三，在收字、释义和注音等方面陆法言《广韵》与《大宋重修广韵》关系非常密切，陆法言《广韵》可能就是《大宋重修广韵》的底本。

3. 新发现切韵系韵书二：孙愐《唐韵》

孙愐《唐韵》是切韵系韵书中一部重要的韵书，重要性表现在其小韵反切上承陆法言《切韵》，下启《大宋重修广韵》（王力，1997）。光绪三十四年（1908 年）吴县人蒋斧于北京琉璃厂旧书肆购得第一种唐写本《唐韵》残卷。经过几代学者的搜佚与研究，学术界又发现了几种《唐韵》：一是敦煌文献残卷：P2018（姜亮夫，1990）、（周祖谟，1983），DX1466（上田正，1987），P2659（徐朝东，2007）；二是徐铉《说文解字》注音；三是《唐韵》音切佚文：源顺《倭名类聚钞》、《净土三部经音义》、释中算《法华经释文》和可洪《新集藏经音义随函录》（周祖谟，1983）、（徐朝东，2002）。我们在《大典》中发现了孙愐《唐韵》佚文 49 条。

《大典》所引孙愐《唐韵》的小韵同时又见于蒋藏本《唐韵》的共有 9

个；大典《唐韵》49 条，其中无音注的 12 条，又音或其他的 10 条、反切注音的 27 条。

《大典》所引孙愐《唐韵》49 条信息在形、音和义等方面与《大宋重修广韵》均有密切的关系，同时出现于陆法言《广韵》与孙愐《唐韵》的单字注释共有 25 条。由于《大典》引书的体例的原因，后出现的辞书与前一种相比，所引的内容有新的或不同的信息，因而所引的后一种辞书可能不是该书的全部内容，即便如此，陆法言《广韵》与孙愐《唐韵》注音、释义的内容相加，大多数与《大宋重修广韵》相同或接近。在上述 49 条中，最先为《大典》所引孙愐《唐韵》所收录的有 4 条。

为“湃”最早注音的是孙愐《唐韵》，“楚”字去声音最早见于孙愐《唐韵》，“庱”“僣”在孙愐《唐韵》之前的切韵系韵书中未见，这四字同时也见于《大宋重修广韵》；除上述之外，“溘”“橇”“洚”等字的释义与《大宋重修广韵》完全相同；而且《大典》所引孙愐《唐韵》是上文三个《唐韵》写本中最晚出的，因而我们认为《大典》所引孙愐《唐韵》与《大宋重修广韵》所据孙愐《唐韵》可能是同一种写本。

4.《字滌博义》及其失误记略

《字滌博义》，已亡佚。该书书名及有限的相关信息仅见于目录文献。《字滌博义》是一部字书，且按义类编排，其义类囊括天文、时令、地理等，分为 26 门，每一门类为一卷，计 26 卷，共 14 册。

根据成书时间的先后，《字滌博义》的成书时间当晚于周伯琦《说文字原》，而早于赵谦《声音文字通》，即元末明初 1349 年至 1389 年之间。

《大典》保存 383 字及其注释。

从注音的角度可以看出，《字滌博义》与丁度《集韵》，韩道昭《五音类聚》、《五音集韵》的关系密切。与《广韵》《集韵》音切地位相同的有 164 个音切、与《五音集韵》音韵地位相同的有 88 个音切、与《五音类聚》音韵地位相同的有 8 个音切。

不同于《集韵》《五音集韵》的有如下几点：第一，或是语音变化，或是方音的反映。第二，“又音”在上述几种韵书中未见。第三，字形可能有误的。第四，形音义不见于上述辞书的。第五，形音义有失误的。

字形、注音的收录来源较广，特点较少，失误较多。

5. 赵谦《声音文字通》卷数及性质考辨

《声音文字通》现存两个版本：北京大学图书馆藏明钞本，存 14 卷（卷 1 至卷 8、卷 13 至卷 18）；中山大学图书馆藏清钞本即《四库全书存目》稿本，存 30 卷（卷 1 至卷 30），卷末有清曾钊所作跋。

关于《声音文字通》卷数，可以肯定的有三种说法：现存 30 卷；在编四库时为 32 卷，《明史》记载 100 卷。

赵谦门人柴钦，字广敬，以庶吉士与修《大典》，进言其师所撰《声音文字通》当采录，遂奉命驰传，即其家取之。

《大典》单字注释引用《声音文字通》的次数为 328 例。据所引用的内容，可以看出赵谦《声音文字通》的注释体例：一是反切注音，二是释义，三是说明字形讹变，四是注明又音及方音。从这一角度看，该书这一部分内容与《广韵》等韵书的性质相近。现存 30 卷《声音文字通》是一部准等韵图，其实就是一部音节表。

《明史》记载该书 100 卷，但在编四库时仅有 32 卷。我们认为这亡佚了的 68 卷应是对单字逐一从形音义加以注释说明的内容，应是一部韵书。100 卷的《声音文字通》从语言学的角度看，应是韵图韵书合编型辞书，该书应与江苏教育出版社出版的《宋本广韵·永禄本韵镜》合刊影印的性质相当。

6. 从《韵会定正》论《洪武正韵》的得失

《洪武正韵》有 76 韵本和 80 韵本两个本子。明太祖对 80 韵本的《洪武正韵》也不满意。“壹以《韵会定正》为定”以考证明太祖对韵书的标准和要求，从而可以辨明其心目中的“中原雅音”与中原雅音的区别之所在。而《韵会定正》在周宾所时代（明万历年间）就已不传。

与《洪武正韵》相比，《韵会定正》的释义有如下几个特点：不仅解释某字为某义，而且解释某字为何有某义、解释某字所指有何作用，释义更具体、反映新义或常用义、增加义项、标明同一语义不同字形之间的关系、以通语解释词义。

其声类特点有二：保留全浊声类：並、奉、定、澄（澄床禅）、禅（禅床三）、从、邪、群、匣，但将许多全浊声母字归入了清音、知照组声类合并，澄、禅相混，床三和禅合并，《韵会定正》与《洪武正韵》同。

其韵类及声调特点如下：止摄开口心、章、船、书、禅、知、澄母字仍读舌面元音。止摄开口精、章、知组字共 21 个，蟹摄祭韵章母字 1 个（制），《广韵》庚、耕、清、青、登韵的一二等唇音字、牙喉音合口字与东韵一等字在《韵会定正》中合并；庚三、清、青韵牙喉音合口字与钟韵、东韵三等字在《韵会定正》中合并、部分全浊上声字变为去声。

明太祖为今安徽人，孙吾与为今江西人，刘三吾为今湖南茶陵人。孙吾与所编韵书并不是因明太祖的需求而编，其应无功利性。但孙书为明太祖和刘三吾等认可而接受，说明其音系的特点应大多与明太祖心目中的"中原雅音"相符，也就是说，明太祖心目中的"中原雅音"并不仅限于其家乡凤阳及周边地区，而应更具有广阔的空间和普遍性。明太祖心目中的"中原雅音"与中原雅音有一定的距离，与明太祖、孙吾与的方言肯定也不相同，那应是受中原雅音影响比较大，但又带有吴语特征的"南方中原雅音"。

7. 宛委别藏《集篆古文韵海》为删节本考

《集篆古文韵海》是继郭忠恕《汗简》和夏竦《古文四声韵》之后又一部集录当时所见传抄古文和出土器铭的文字汇编。从缪荃孙《艺风藏书续记》可知，《集篆古文韵海》不仅有宋钞本，而且有明钞本。

与《汗简》《古文四声韵》相比，《集篆古文韵海》最大的不同之处在于所录字形没有标明出处。宛委别藏《集篆古文韵海》是目前唯一能见到的一个全本，因而无法直接比较其异同。值得庆幸的是《大典》保存了部分杜从古《集篆古文韵海》的内容，这就使比较有了可能。

《大典》所引《集篆古文韵海》348 字与宛委别藏本《集篆古文韵海》相比，有 11 个方面不同。

通过 348 字与宛委别藏本相比，可以发现如下几点：

第一，大典在来源于同书的篆体字形后均有出处，应与《古文四声韵》相同，但宛委本均无，这应是在传抄过程中而加以删除。

第二，大典有部分字（字头及相应的篆体）在宛委本中无相应的部分，这应是宛委本在传抄过程中而加以删除。

第三，大典有字头及相应的篆体，而宛委本仅保留其字头，这一部分的篆体应为宛委本所删。

第四，大典与宛委本字头相同，而大典篆体要多于宛委本，这多出的篆体，应为宛委本所删。

宛委本《集篆古文韵海》为删节本当可无疑。

8. 新发现集篆写本：姚敦临《二十体篆》

目前学术界所能见到的集篆写本当不出三种：释梦英《十八体篆书碑》、释道肯《集三十二篆体金刚般若波罗蜜多经》、清《乾隆御制三十二体篆书盛京赋》。而我们在《大典》中又发现一种——姚敦临《二十体篆》。

姚敦临为宋高宗时人，善篆书，曾著集篆作品。宋张世南《游宦纪闻》卷六记载："秦会之当轴时，几务之微琐者，皆欲预闻，此相权之常态。然士夫投献，必躬自披阅，间有去取。吾郡德兴士人姚敦临，字公仪，能篆书，秦喜之，令作二十家篆孝经，上表以进，时绍兴十一年二月十九日也。许授以文资，未降旨间，会之招饮，姚喜，忘其敬，不觉振股，以此恶之。寻得旨，令充枢密院效士，辨验篆文而已。"书名是否就是《二十家篆孝经》及二十家篆是指哪二十种等问题，随着《大典》所引材料的发现而能略解一二。

《二十体篆》在集篆作品发展史中可以占有一席之地，姚敦临及其《二十体篆》也应得到学术界的认可和重视。在传抄转写过程中，现存集篆作品虽不免或刻意造假、或类化讹写、或自我作古等情形，但艺术篆为篆体大家庭中一个重要的组成部分是不可否认的，其价值及作用在古文字越来越得到重视的今天理应得到重新的审视和深入的研究。

9.《学书韵总》作者及性质考辨

《学书韵总》，作者不详，原书已佚，仅杨士奇《文渊阁书目》和叶盛《箓竹堂书目》保存其书名。

《学书韵总》既为《大典》所征引，故其成书时间应在《大典》编纂之前，也就是在明初之前。在42条中，它均被列于徐铉《篆韵》之后、杨桓《六书统》之前，未见例外。因而，《学书韵总》成书时间很可能在《六书统》之前。

《学书韵总》的作者为高勉斋，史书中未见记载。

通过比较，可以得出如下几点：

第一，42个字头计81个篆体中，14个篆体在现存的古文中未见，除少数确有可能另有所本外，多数字形当是《学书韵总》之误，同时不排除作者伪造的可能。

第二，其他 67 个篆体与现存传抄古文相比，或相同或相近，应当是承青铜器铭文文字而来。

第三，与传抄古文字相比，《学书韵总》所书之字规整匀称的程度稍有提高。也就是说，高勉斋所书之字有其创作成分。

10.《汉隶分韵》成书时代及作者考

关于《汉隶分韵》的作者及时代，《四库全书总目提要》的观点具有代表性，对后世的影响也较大，《中国丛书综录》应该就是对这一观点的直接继承。四库馆臣断定《汉隶分韵》是元代的作品。《汉隶分韵》早在宋代就有刻本。《汉隶分韵》的成书时间应在公元 1167 年（含）之后、元代之前。《大典》则有作者的明确记载，为洪迈。

《隶韵》就是《汉隶分韵》，《隶韵》与《汉隶分韵》的关系是一书二名，《隶韵》或《汉隶分韵》一书是由洪适和洪迈二人共同完成的。

《汉隶分韵》本身就是一种按 108 韵编排的隶体字书，108 韵韵书在《切韵》系韵书中应占有一席之地。

11.《草书集韵》为《草书韵会》的增补本及辑佚

最早著录《草书集韵》的为明杨士奇《文渊阁书目》。杨慎认为《草书集韵》是元末人添加鲜于枢之字于《草书韵会》，并改名而成。此发明对后世的影响至深、至远。董运来在《四库全书总目补正十则》指出《草书集韵》系元末人改编张天锡《草书韵会》而成。

《草书集韵》与《草书韵会》在萧韵的不同之处主要表现在以下几个方面：第一，凡《草书韵会》未注明书家姓氏的在《草书集韵》中均已注明，多为“锦”（张锦溪）。第二，增补《草书韵会》所夺的书家姓氏。第三，改正书家姓氏。第四，所增加的字头及形体主要是鲜于枢的，但除此之外，还有张锦溪的。第五，两书相比，字头及草书主要是增加，但也有删减的。

《草书集韵》是以《草书韵会》为蓝本，对之进行增补、删减和修订而成，从草书编纂的角度而言，《草书集韵》较《草书韵会》更加完善，虽然字形的精彩神妙不及《草书韵会》，但不可否认，《草书集韵》是《草书韵会》的增补本。其编辑者虽不可考，但该书同样融入了编辑者的思想和心血，而不应简单地如杨慎所言是好事者添加鲜于枢字后改名而成。

12. 通鉴音义新发现：赵完璧《通鉴源委》

从清朝至现代，研究《资治通鉴》的学者很多，然而在介绍明代之前通鉴学注释派时只提到史炤、王应麟、胡三省，认为只有他们三人为《资治通鉴》作过注。而我们在《大典》中又发现一种成书于明代之前的《资治通鉴》注释：赵完璧《通鉴源委》。

赵完璧，史书无传，因而，关于赵完璧的生平、籍贯，我们知之甚少，但其人其书在明人编著目录中是有记载的。钱溥《秘阁书目》：《通鉴源委》，二十三册；叶盛《竹堂书目》：《源委》，三十三册；焦竑《国史经籍志》：《通鉴原委》，八十卷，宋赵完璧；杨士奇《文渊阁书目》：《通鉴源委》，一部二十三册缺；孙能传、张萱《内阁藏书目录》：《通鉴源委》二十三册全，元素轩赵完璧著，八十卷。

《大典》引书是按成书的时间先后顺序排列的，《通鉴源委》是排在史炤《释文》和胡三省《释文辨误》之后。史炤《释文》成书时间在南宋，胡三省《释文辨误》在宋末元初；《通鉴源委》既被《大典》所引，那么定在明初之前；鉴于此，该书成书时间当在元代，而不是焦竑所说的宋代。

《通鉴源委》和史炤《释文》一样，都是仿陆德明《经典释文》的体例，摘取《资治通鉴》中的字句作注，单集成本。注释内容丰富，大致有如下几类：一是注音释义。二是注人物。三是注地名。四是注典章制度。五是考证史实记载的真伪。

《通鉴源委》注释的特点可以归纳为如下几点：一是注释广泛，旁征博引。二是不仅作注，而且精于校勘。三是作注时偶有议论。

13. 80 韵本《洪武正韵》校正本考

《大典》所引《洪武正韵》韵字排列顺序，除一例外，与 80 韵《洪武正韵》完全相同。如果所依据的就是现存的 80 韵《洪武正韵》，那么《大典》所引的 420 条《洪武正韵》的注释与现存 80 韵的《洪武正韵》的注释应该完全相同，当然应当允许钞胥误写，但如果有，比例应当不会太高，而且失误应是以形讹为主。

但事实上，今《大典》所引用 420 条的《洪武正韵》中有 63 条与今 80 韵《洪武正韵》在注释上有差异，不同近 15%，这一比例应是比较高的。“嘉靖钞本”是全仿“永乐钞本”，这不仅包括版式、尺寸、书法，更应包括其内容和字形，誊录官生应该是不管其正误对错，只需依葫芦画瓢，他们应没有时间、精力和可能核查原书的底本，也应不敢有如此的胆量擅改、擅补、擅删，更何况是对《洪武正韵》。不同主要有：一是字序，二是衍文，三是讹文。

杨家骆先生根据《文渊阁书目》著录韵书的排列次序，推测《添补改正韵书》为《洪武正韵》敕校之定稿，并解释其不存的原因。虞万里先生不同意杨先生观点的主要理由是“《添补改正韵书》稿本不存，无从质正”。

孰是孰非，必须要有新的材料加以证明。我们细致辨析了《大典》所据《洪武正韵》与现存 80 韵《洪武正韵》二者之间在注释上的差异之后，可以明确提出：《大典》所据《洪武正韵》为洪武十二年（1379 年）刊行的 80 韵《洪武正韵》的校正本。这一校正本可能未及刊行，或许仅为写本。

《大典》保存了我国 14 世纪以前的文学、史记、哲学、宗教和应用科学等方面的丰富资料，其中包括不少今已失传或与传本有异的小学类辞书，具有很高的辑佚和校勘价值，但一直董理无人。至本成果方开掘这一宝藏，笔者披沙拣金，或辑其遗佚，或辨其异同，或明其作者，或考其卷帙，新见胜义，纷呈迭出，解决了不少长期以来悬而未决的疑难问题。

《网络环境中公共图书馆和高校图书馆用户需求实证研究》概要

曹树金*

一、研究的目的、意义及所使用的研究方法

1. 研究目的

在全面总结分析国内外图书馆用户需求研究成果的基础上，提出网络环境中图书馆用户需求的研究模型，选择我国公共和高校图书馆这两种最主要类型图书馆的用户，通过抽样调查获得原始数据，经分析后回答以下问题：网络环境中用户需求结构是怎样的，各种需求的特征如何，哪些因素对用户需求有显著影响，用户认为自己的各种需求已经或可能被满足的程度。在研究整体需求的基础上，再选择一些个案，对具体图书馆用户的具体需求，如个性化信息服务需求、高校图书馆用户系统需求、公共图书馆用户需求等分别做专题研究，以使研究更深入细致，更紧密结合具体实践，提高研究成果的实用价值。

2. 研究意义

对网络环境中图书馆用户的需求进行研究对于我国图书馆用户需求理论的丰富和拓展、图书馆发展规划的制定、图书馆具体业务的开展都有十分重要的意义：

（1）较全面具体地比较和总结国内外图书馆用户需求的内涵、层次、结

* 曹树金，中山大学教授，博士生导师。

构、用户个性化需求及用户满意模型的研究成果，对一些理论观点进行验证，为一些疑问寻求答案，在一定程度上扩展和深化图书馆用户需求理论，具有一定的学术价值。

（2）对网络环境下图书馆用户需求的研究，从信息资源需求、信息服务需求和信息系统需求三个构面进行模型构建和实证，既可以深入了解用户需求结构的特点，又可以回答用户需要哪些信息资源，用户需要什么样的信息服务，用户需要怎样的信息系统，用户需求受到哪些因素的影响，用户对图书馆的信息资源、服务和系统的满意程度如何等具体问题。这对于正在发展中的图书馆根据用户需求进行相应的资源建设、服务提供和系统设计等都有重要的参考和实用价值。

（3）对图书馆个性化信息服务的用户需求做实证研究，具体回答用户对个性化信息服务的需求到底包含哪些内容，用户需求又会受到哪些因素的影响等问题，对图书馆按照用户需求进行个性化信息服务工具的开发和使用都非常重要。因此，开展用户个性化信息服务需求实证研究，既有创新性，又对图书馆实践具有一定的参考价值。

（4）以用户为中心是图书馆的发展方向，以中山大学图书馆为个案，专题研究高校图书馆用户的信息系统需求是如何推动高校图书馆信息技术创新和变革的。再以广州图书馆、广州市南沙区图书馆为个案，专题研究公共图书馆用户需求的特点及其与认知、满意度的关系。据此提出缩小图书馆用户感知与需求之间的差异、提高用户满意度的图书馆发展策略。实证研究成果对如何建设用户满意的图书馆具有较大的实用价值。

3. 研究方法

研究方法上的突出特色是采用严格的实证研究方法。在对国内外相关研究、公共和高校图书馆建设发展与服务现状调研的基础上，设计网络环境中图书馆用户需求和满意调查问卷、图书馆用户个性化服务与信息组织需求调查问卷进行“面”上的实证研究，同时以中山大学图书馆、广州图书馆和广州市南沙区图书馆为研究个案，分别设计多份调查问卷进行“点”上的实证研究。采集数据的方式为分别向图书馆用户和市民就用户需求进行了大样本抽样调查，问卷发放采用纸质问卷（含馆内调查和街头调查）和网络问卷等方式。采集的数据既用统计分析软件进行严格的量化统计和定量分析，又结合有关理论进行定性分析。从问卷设计、问卷前测、信度和效度检验，到各种具体的统计分析方法均在严格的定量分析要求中开展。

二、成果的主要内容和重要观点

1. 主要内容

计算机技术和通信技术的结合，为人类创造了一个全新的信息环境——网络环境。网络环境中，图书馆面临前所未有的机遇和挑战。我们对网络环境中图书馆用户的需求进行了实证研究，分析了影响用户需求的各种因素，探讨了图书馆用户满意的形成过程。此外，为了使研究更深入和具体，还对信息服务需求中的个性化信息服务需求进行了专题研究，分别以中山大学图书馆用户、广州图书馆和南沙区图书馆的到馆用户为例，对图书馆用户的信息系统需求和满意、城市图书馆用户需求和市民的图书馆需求和认知进行了实证研究，主要内容如下：

（1）网络环境中图书馆用户需求结构。

参考信息需求结构和图书馆用户需求构成的研究成果，从内容和效用维度构建了由信息资源需求、信息服务需求和信息系统需求三个元素组成的图书馆用户需求结构模型，并通过实证研究证明了这一模型。

对图书馆用户信息资源质量需求和感知量表、信息服务质量需求和感知量表、信息系统质量需求和感知量表因子进行分析的结果证实，图书馆用户需求可视为由信息资源需求、信息服务需求和信息系统需求这三个元素组成。对图书馆用户信息资源类型需求、信息服务类型需求和信息系统类型需求的相关分析及对图书馆用户信息资源质量需求、信息服务质量需求和信息系统质量需求的相关分析结果表明，信息资源需求、信息服务需求和信息系统需求这三者之间存在正相关关系。

（2）网络环境中图书馆用户需求特征。

引入需求强度的概念来表示用户对图书馆需求的迫切程度，以用户的信息资源、信息服务和信息系统类型需求分别体现其对图书馆信息资源、信息服务和信息系统的需求强度。需求强度值为用户需求的算术平均值。2011年和2013年两次的调查分析都发现，整体而言，用户对图书馆的需求不强，用户对大多数类型的图书馆信息资源、信息服务和信息系统项目，以中等程度需求或者弱需求为主。但是随着学历的提高，用户对图书馆的总体需求强度不断提高。此外，随着到实体图书馆频率的增长，用户对休闲类书刊、书刊外借服务和阅览服务的需求强度呈递增趋势。

2011 年和 2013 年两次的调查分析都表明，根据需求强度特征进行聚类分析，相对而言，可将图书馆用户分为高级用户、边缘用户、普通用户和远程用户等四种类型。高级用户对图书馆信息资源、信息服务和信息系统的需求较多，要求较高。远程用户主要通过网络使用图书馆服务，需求的主要是学术书刊，使用的主要是图书馆门户网站、电子资源/数据库检索/服务系统、电子资源统一检索系统和馆藏书刊目录检索系统等图书馆基本信息系统。普通用户需要的主要是休闲类信息资源，使用的主要是书刊阅览服务和书刊外借服务等基础信息服务。边缘用户对图书馆信息资源、信息服务和信息系统等方面的需求都不强。2011 年调查中高校图书馆的用户类型以普通用户为主。公共图书馆的用户类型以边缘用户为主。2013 年调查中高校图书馆的用户类型以远程用户为主，公共图书馆用户类型以普通用户和高级用户为主。可能是因为样本结构的差异，也有可能是随着信息环境的变化，用户利用图书馆的方式也发生了改变。

信息资源需求方面，教师、研究生和专业技术人员之外的用户群体以休闲性需求为主。用户主要需求的资源类型是图书和报纸。用户对报纸、工具书、休闲类期刊的需求仍然是以纸质载体或者纸质载体和电子载体兼要为主，高校图书馆用户比公共图书馆用户更倾向于需要电子载体的信息资源。高校图书馆用户对外文学术类资源需求较高，并且用户使用学术类资源越频繁，其对外文学术资源的需求就越高，只需要电子载体的用户更倾向于仅需要外文信息资源。网络环境中，图书馆用户对信息资源需求的年限在延长。学术类书刊使用的频率越高，需求的年限就越长。2011 年和 2013 年两次的调查都表明，网络环境中，图书馆仍然是用户学术信息的主要来源，并且图书馆电子资源在用户学术信息获取中的地位在上升，同时图书馆纸本资源在用户学术信息获取中的地位在下降。图书馆在用户日常生活信息获取中所起的作用不大。在广州图书馆和广州市南沙区图书馆进行的市民阅读行为的调查结果表明，市民阅读方式仍然以传统的纸质阅读为主，但是图书、期刊的数字化阅读方式已成为人们的主要阅读方式之一。图书馆成为市民阅读的主要渠道之一。休闲性阅读是市民最主要的阅读目的。

信息服务需求方面，网络环境中，流通阅览等基础性服务仍然是用户主要需求的服务，但是其重要性呈现出下降的态势；同时网络信息服务也受到用户的高度重视，教师和研究生等群体较为重视电子资源远程服务。自助式咨询成为大部分用户的首选，但其并没有取代图书馆信息咨询服务，用户对与馆员面对面咨询的需求依然强烈。用户非常认同自修、馆内上网、办证等基础服务免费，已经享受到免费服务的用户更加认同免费服务。用户不太认同馆际互借/文献传递、科技查新、决策咨询等图书馆增值服务收费，但使用过增值服务的用户对收费的认同度高于未使用过的。相比较服务能力，用户更重视馆员的服务态度。用户也非常重视图书馆环境。

信息系统需求方面，用户对信息系统的需求与信息资源的检索与利用密切相关。图书馆门户网站仍然受到用户的重视。这两点在中山大学图书馆进行的信息系统需求个案调查中也得到证实。该个案调查的结果发现，中山大学图书馆用户已习惯使用图书馆网站。用户使用图书馆数字资源系统主要是获取利用数字资源。研究生及以上学历者对图书馆信息系统的需求强烈；随着信息化网络化的发展，用户对信息系统质量特征的需求在增长。

2011 年和 2013 年的调查都得到同样的结论，用户使用图书馆的频率与其对图书馆信息资源、信息服务、信息资源的类型需求和质量需求之间存在正相关关系。

（3）网络环境中图书馆用户需求的变化。

2011 年和 2013 年两次的用户需求和满意调查都发现，网络环境中，用户利用图书馆的方式发生了变化，越来越多的用户通过远程的方式使用图书馆甚至只是通过远程的方式使用图书馆。虽然 2013 年的调查样本大多通过馆内调查获得，但是仅使用实体图书馆用户比例较 2011 年的调查大幅度下降就是这种变化的生动体现。用户利用图书馆的方式对其各方面的需求都产生了显著影响，也就是说用户利用图书馆方式的变化带来了其需求的变化。

2011 年和 2013 年的两次用户需求和满意调查都表明，网络环境中，图书馆用户的学术类信息资源的载体需求发展到以纸质载体和电子载体兼要为主，用户对电子载体的休闲类信息资源的需求也较为强烈；图书馆用户的阅读方式也在发生变化，数字化阅读越来越普遍；信息资源老化的速度在减慢；图书馆电子资源之外的网络成为图书馆用户日常生活信息的主要来源。2011 年和 2013 年的两次调查都发现，图书馆的外借服务和阅览服务等仍然是用户需求的重点，在广州图书馆的个案调查中，用户对图书馆功能的认知中信息中心功能和文献中心功能仍然是图书馆非常重要的功能。但是，2013 年的调查显示，外借服务和阅览服务等基础性服务的地位在下降，同时自习服务、上网服务、展览服务等图书馆空间利用服务的需求却在上升。也就是说用户利用图书馆实体空间的目的正在发生变化，自习、休闲、社交等成为了用户在图书馆实体空间中的重要活动内容。教师和研究生等用户群体的需求已经转向以网络信息服务需求为主。用户对图书馆信息系统的需求不再局限于查找馆藏资源，用户对资源发现系统存在较强烈的需求。

（4）图书馆用户满意。

2011 年和 2013 年的调查都发现，图书馆用户的满意是用户的信息资源满意、信息服务满意和信息系统满意三方面共同作用的结果。用户对图书馆信息资源、信息服务和信息系统质量感知与需求之间差异的大小和方向影响着用户对图书馆信息资源、信息服务和信息系统的满意，从而影响用户对图书馆的整体满意。其中，信息服务满意和信息资源的满意对图书馆整体满意的影响远高于信息系统满意对整体满意的影响。因此，要提高用户对图书馆的整体满意需要着重提高用户的信息服务满意和信息资源满意，特别是信息服务满意。

（5）图书馆用户需求的差异性。

从个人特征和图书馆使用特征维度对图书馆用户需求的影响因素进行探索。其中，个人特征具体化为性别、年龄、身份、学历、专业、地区、职称、外语水平、网络能力等维度；图书馆使用特征具体化为图书馆类型和图书馆使用习惯。

研究结果显示，用户的性别、年龄、身份、学历、地区、专业、外语水平、网络能力等因素是影响其需求的重要因素。年龄、学历、身份、专业、网络能力等因素对用户的信息资源需求产生了显著影响。性别、年龄、学历、专业、网络能力等因素对用户的信息服务需求产生了显著影响。专业、外语水平和网络能力等因素对用户的信息系统需求产生了显著影响。用户所在地区对其中的大部分信息资源需求、部分信息服务需求和部分信息系统需求存在显著影响。公共图书馆用户的信息资源需求、信息服务需求和信息系统需求的地区差异超过高校图书馆用户。不同级别的公共图书馆用户只有部分信息资源需求存在显著差异。高校图书馆用户和公共图书馆用户的信息资源需求、信息服务需求和信息系统需求均存在显著差异，一般而言，高校图书馆用户的需求高于公共图书馆用户。网络环境中，个性化服务不仅是图书馆差别化服务的体现，同时也满足了用户对图书馆服务提出的更高需求。因此，图书馆应该根据用户的需求特点，提供差别化的服务，以满足用户需求。

（6）图书馆用户个性化信息服务需求。

个性化需求根源于各种影响因素综合作用下形成的个体差异。个性化服务的本质就是以用户为中心，满足用户的差异性需求。图书馆的个性化服务要满足用户差异性的需求，需要通过个性化服务来提供满足用户个体需求的资源内容、服务方式和信息系统。具体来说就是以用户希望提供的时间和地点、以用户所期望的时效水平和选择方式提供用户希望的信息资源。这种个性化服务的变化，反映在需求方式和需求地点上，就是移动需求和个性化需求正成为主流需求；反映在需求内容与需求满足类型上，就要求图书馆不仅需要提供内容，还需要让用户在服务的使用中获得满意的感受和体验。

（7）图书馆用户隐私保护需求。

图书馆收集和存储了大量的用户信息，其中就包括很多用户隐私信息。从图书馆用户需求和满意调查及个性化服务的专题研究发现，在接受图书馆服务和使用图书馆信息系统时，图书馆用户对个人隐私保护非常重视。个性化服务涉及更多的个人隐私信息，在个性化服务中，用户对个人隐私保护的需求更加强烈。

2. 重要观点

（1）将网络环境中图书馆用户需求定义为图书馆用户对于资源、信息系统与信息服务的需求，并提出网络环境中图书馆用户的需求可以分为用户对于图书馆资源、系统与服务的需求三个构面，通过对于图书馆用户需求的细化研究可以获得许多有益的发现，充实完善图书馆用户需求理论，并为实践提供具体的指引。

（2）与网络环境中图书馆用户需求的三个构面对应，将用户满意分为用户对于信息资源、信息系统与信息服务的满意三个构面，从而为用户对图书馆的满意提供更细致的理解。

（3）网络环境中的用户需求研究是一项系统性的研究。网络环境中的用户需求既有普遍性又有差异性，且随着时间的推移和技术的革新而不断变化，因而用户需求研究应兼顾需求的普遍性与特殊性，既开展需求强度与结构的研究，又开展个性化信息需求的研究；应兼顾用户需求的时间性变化，既开展大规模的调查，也要进行历时性的跟踪，进行需求变化的对比，甚至进行周期性的用户调查，从而系统了解用户需求的变化；既要开展大规模的实证研究调查，也要结合公共图书馆和高校图书馆的个案进行深入细致的探索，才能在普遍规律的基础上深入了解用户需求产生、发展的内在机制，甚至对用户需求的趋势进行预测。

（4）图书馆用户需求具有相对性，对用户需求的把握最终需要实证研究。经过实证研究可以发现一些过时的观点、一些绝对的说法需要修正。

在理论构建与实证研究的基础上，从实践的层面为图书馆的发展提供对策建议：

（1）图书馆应当高度重视用户需求的调查，进而制定发展战略规划。同时，为了因应用户需求的变化，应当经常进行用户需求调查。

（2）图书馆资源建设在重视学术类资源的同时也要关注休闲类信息资源，根据资源的类型进行载体的配置，重视外文信息资源的配置，进行学术类信息资源的回溯，尽量减轻用户获取信息资源的经济负担等。

（3）图书馆信息服务中应高度重视流通阅览等基础服务，大力发展网络信息服务，迈向信息服务的泛在化，根据用户需求的变化进行图书馆实体空间和环境的设计，坚持做好信息咨询工作，制定合理的收费标准，降低用户使用的门槛，做好宣传和推广工作，让更多的人利用图书馆。

（4）在图书馆信息系统发展中应引入资源发现系统，高度重视图书馆信息系统的安全性，做好用户隐私保护工作，推动移动服务的实现。

三、成果的学术创新、应用价值以及社会影响和效益

1. 学术创新

网络环境中图书馆用户需求的研究在理论上对于图书馆用户需求理论的

丰富和扩展有着重要的价值，在实践上对于图书馆战略规划的制定、图书馆具体业务的开展也具有重要的意义。学术创新之处主要体现在以下几个方面：

（1）通过实证研究获得图书馆用户需求结构和特征的新认知。现有研究对图书馆用户需求结构大都只是理论上的阐述，我们以图书馆用户需求构成和信息需求结构的研究成果为基础，建立了包括图书馆用户需求结构模型在内的用户需求研究架构，并给出了模型中各元素的操作性定义，通过问卷收集数据对模型进行检验，从而实现了图书馆用户需求结构从理论研究到实证研究的转化，经过实证，证实、修正、产生了一些理论观点，如证实图书馆用户需求是由信息资源需求、信息服务需求和信息系统需求这三个元素组成，但图书馆用户需求构成元素之间不存在层次关系，发现图书馆用户需求构成元素之间存在正相关关系。再如，网络环境中用户并不是对每一种信息资源的载体需求都趋向电子化，用户对报纸、期刊等休闲类资源以及工具书等的载体需求仍然是以纸质为主；图书馆在用户的学术信息获取中仍然发挥着重要的作用；对于老年人等用户群体，图书馆还是他们日常生活信息的主要来源；用户对图书馆员服务态度的重视程度高于服务能力；在个性化服务需求中，用户对个性化信息环境等非功能性的需求高于对个性化服务功能的需求等。

（2）将图书馆用户满意区分为信息资源满意、信息服务满意和信息系统满意，从而打破现有图书馆用户满意模型构建中，将满意作为一个全局概念，或只是将图书馆用户满意区分为对图书馆信息资源的满意和信息服务的满意，从而细化用户满意的研究。研究表明，图书馆用户满意首先取决于信息服务的满意，而不是信息资源的满意。研究结果对于图书馆提高用户满意有显著的参考价值。

（3）提出基于个人特征和图书馆使用特征研究图书馆用户需求的影响因素，经过实证分析得出，个人特征和图书馆使用特征的多维度能有效分析目前图书馆用户需求的影响因素。

2. 应用价值

对图书馆用户需求研究的结果，能够反映图书馆用户需求的规律和发展趋势，为图书馆实际工作提供参考。其应用价值包括：

（1）从信息资源需求、信息服务需求和信息系统需求三个维度对网络环境中图书馆用户需求的研究，回答了用户需要哪些信息资源、什么样的信息服务、怎样的信息系统，用户需求受到哪些因素的影响等实实在在的各种问题。这对于图书馆根据用户需求进行相应的信息资源建设、信息服务提供和信息系统设计等都有重要的实用价值。

（2）对个性化信息服务的用户需求调查，回答了用户是否需要个性化服务，需要什么样的个性化服务，愿意为获得个性化服务提供哪些个人信息，是否重视个人隐私保护等问题，这对图书馆个性化服务的实践起到了指导作用。

（3）通过对图书馆用户满意形成过程和具体满意程度的研究，获知了图书馆用户满意的构成、图书馆用户满意的现状，对图书馆提高用户的满意提供了具体的意见。

（4）对于网络环境中图书馆用户需求的研究，形成了普遍适用于公共图书馆和高校图书馆用户需求调查的理论、模型与问卷，从而为单个公共图书馆或高校图书馆的用户需求调查与研究，乃至为公共图书馆之间、高校图书馆之间或公共图书馆与高校图书馆之间的比较和历时性研究提供了通用的调查工具，从而促进图书馆用户需求调查实践可持续和系统的开展。

3. 社会影响和效益

从资源、服务与系统三个构面对公共图书馆和高校图书馆的用户需求与满意进行理论的探索与实证检验，不但可促使用户需求与满意理论的发展，更可结合图书馆工作的实际，从资源、服务与系统三个层面推进以用户为中心的公共与高校图书馆业务的发展与创新，并为图书馆发展规划的制定、图书馆在公共文化服务中的发展提供借鉴，最终通过提高图书馆对社会服务的能力与水平，充分发挥其作为知识和文化枢纽，传播与交流空间的功能，为社会和经济发展带来持续的效益。

实践上，在这一研究的基础上，我们还为多个图书馆开展需求调查与发展规划，其中，广州图书馆的发展战略已经取得广州市领导和图书馆的肯定并投入使用，并协议每年为该市图书馆开展用户需求的调查，从而实现理论研究到实践的转化，且通过推动图书馆事业的发展，带来社会影响和效益。

我们对网络环境中公共图书馆和高校图书馆用户需求的研究，已经在专业核心期刊上发表了一系列论文，还有一些论文将会陆续发表。一些论文在发表不久后就获得引用，此外还有被会议论文集和著作收录的论文，这些论文的产生、发表和被引用，说明了我们的研究对于学界和社会带来的影响。

《图书馆发展中的知识产权问题研究》概要

陈传夫*

一、研究的目的、意义及所使用的研究方法

1. 研究目的

从全球业态看，图书馆正经历着历史上最深刻的转型发展期。这种转型发展包括图书馆资源的数字化开发应用，图书馆服务的远程化，图书馆服务多样化，图书馆发展联盟化，等等。国内外实践表明，知识产权是决定图书馆转型发展成功的关键问题之一。针对这样的背景，结合我国图书馆事业发展的现实需要，本成果的研究目的是：

（1）准确描述我国图书馆转型发展对知识产权管理的需求。

本成果以图书馆转型发展为背景，针对我国图书馆发展的战略需求，客观探索我国图书馆发展中的知识产权需求，为解决图书馆发展中知识产权制度安排问题提供理论支持。伴随文化大发展的战略机遇，我国图书馆也迎来了历史上最好的发展机遇期。图书馆理论和实践界都对知识产权问题额外关注。制定科学的知识产权管理战略，有效规避知识产权风险，最大限度地提高馆藏资源利用效率，谋求图书馆的最大社会效益，均需要准确掌握我国图书馆界对知识产权的客观需求。

（2）客观归纳国际上关于图书馆知识产权问题的立场。

知识产权法自产生以来，就一直在公共利益和知识产权人利益之间寻求

* 陈传夫，武汉大学教授，博士生导师。

平衡。国际图书馆组织、知识产权组织、出版组织、科学研究组织等均不断角力，形成不同立场，并影响国际条约与国内立法走向。鉴于图书馆特殊的性质与功能，一些国家和地区在知识产权法中设置了专门的图书馆条款，对图书馆的特权做出具体规定。美国、英国、澳大利亚等国家的图书馆根据版权法的授权，制定了自己的版权政策，从而形成了不同的版权解决方案。我国图书馆面临着发展的需要。研究国际知识产权政策、立场与法律的变化，掌握国际知识产权政策、立场与法律的变化，对我国知识产权法的完善是必要的。

（3）实证分析我国图书馆发展中的知识产权风险。

图书馆转型发展与信息资源、数字技术、开放使用关联，由此，极易引发知识产权风险。由于图书馆公益服务、普遍服务、免费服务的理念与知识产权的独占性等特性的差异，知识产权在图书馆领域应用中的冲突也在所难免。就目前的状况而言，作为海量信息处理机构的图书馆，其业务广泛涉及受知识产权保护的作品，这就决定了图书馆发展面临问题的特殊性。本成果的目标之一是对图书馆的资源建设、信息组织、文献传递、数字化服务、信息保存等业务流程知识产权风险进行实证分析。

（4）提出我国图书馆知识产权管理的政策路径。

图书馆的健康发展需要著作权法等法律的有效保障与协调发展。本成果根据图书馆转型发展的需求。系统分析知识产权风险，研究风险产生的原因，分析国内外发展趋势，提出图书馆发展与著作权法协调发展的政策建议，为我国图书馆事业健康、高效、科学发展奠定坚实的政策法律基础，为著作权法等法律的改革完善提出建议。

2. 研究意义

（1）有利于从理论上认识图书馆发展面临的知识产权挑战。

图书馆作为重要的社会文化信息机构，必然要适应新的知识采集、发现、获取与长期保存的社会环境。图书馆转型发展带来更加复杂的知识产权保护的新要求，如馆藏文献数字化复制、图书馆资源的远程访问、图书馆资源的深度利用、用户参与的数字图书馆等。有些是传统图书馆面临的问题，有些则是新型技术带来的新问题。这些问题无论在我国图书馆发展实践中，还是在知识产权法修改完善进程中一直存在较大争议，需要深入研究，从理论上阐明知识产权保护的合理性，从而提高知识产权保护的主动性与有效性。

（2）有利于从政策上保障图书馆参与公共服务体系建设。

公共图书馆正在不断拓展公共文化服务的功能。图书馆在社会、经济发展与公众的日常生活中发挥着重要的作用。公共文化服务体系建设对公共图书馆提出了新的要求，包括公益性服务、均等性服务、便利性服务等。面对这些新的要求，公共图书馆的发展需要相应的政策保障、规范与调节，尤其是知识产权政策。本成果将公共图书馆发展与保障公民的基本文化权益紧密结合，提出了协调发展的相关政策建议。既要坚定不移地保护知识产权，又要通过知识产权促进公共文化服务体系建设。

（3）探索知识产权制度的改革，有利于图书馆业态创新。

图书馆业态正在向开放型、用户中心型、服务驱动型、合作联合型方向发展。新兴业态使得图书馆突破了时间和空间的局限，为读者提供更广泛的服务。图书馆服务的延伸受到社会的欢迎，但是受到著作权法的限制则是事实。因此，图书馆的发展很容易陷入侵权的漩涡。本成果的研究紧密结合图书馆发展的实践，提出完善知识产权某些法律规范的建议，这对于促进图书馆业态创新具有积极意义。

（4）为知识产权法律和政策完善提供参考。

图书馆事业的健康发展需要相关法律的保障，尤其是知识产权法律保障。随着信息环境的变化，在著作权领域，中国先后修订了《著作权法》（2001 年、2010 年修订）、《著作权法实施条例》（2011 年、2013 年修订），《信息网络传播权保护条例》（2013 年修订）。这些表明中国知识产权保护环境正在优化。在图书馆转型时期，知识产权管理值得进一步研究、关注与重视。本成果在系统理论研究的基础上提出图书馆知识产权法律和政策的相关对策，为保障我国图书馆事业健康发展和高效运行提供了理论支持。

3. 研究方法

本成果主要应用了文献调研法、问卷调查法、案例分析法等研究方法。在文献调查中，采用引文分析方法，通过作者、机构以及关键词的出现频次等指标确定研究的作者、研究机构、研究热点和重要主题，并据此对我国图书馆知识产权研究的特点趋势进行归纳。课题组从 2008 年 1 月开始，以全国范围的49所公益性图书馆（涵盖大学图书馆、公共图书馆、专业图书馆等主要类型）为基础，对这些图书馆的专业人士与管理者进行抽样调查。主要调查了图书馆专业人员对于图书馆知识产权的客观认知，评估他们对图书馆知识产权管理的态度。在法律与案例调查过程中，课题组调查了国内外主要的法律法规、典型案例。

二、成果的主要内容、重要观点和对策建议

1. 主要内容

本成果内容可以分为四个部分。第一部分（1～3章）探索了国内外关于图书馆发展过程中面临的知识产权问题研究的现状，确定了研究的指导原则与方法；第二部分（4～5章）描述了国内外图书馆解决版权等知识产权问题的实践，客观分析了我国图书馆界对知识产权问题的认知，国际组织对知识产权的立场差异；第三部分（6～8章）评估了图书馆业务流程知识产权风险，分析了国内外典型案例，探索了图书馆风险规避策略；第四部分（9章）提出面向图书馆发展的知识产权政策优化路径。

首先对我国图书馆事业发展与知识产权法律协调实践状态进行了系统调研。通过对全国49所大型图书馆的调研发现，赞成“图书馆是公益性机构，但应当在保护版权的前提下发展”观点的占受访对象总数的77.19%。有超过80%的受访图书馆表示没有制定过专门的版权政策，有近90%的受访对象表示其所在图书馆没有设置版权管理专门岗位，超过75%表示其所在图书馆没有编制版权预算。这些数据为图书馆发展知识产权问题研究奠定了坚实的基础。研究表明，我国图书馆界对版权保护的主流认识是积极与建设性的。该发现改变了以前文献对图书馆版权意识与行业保护的偏见。

本成果从“图书馆知识产权管理为了公共利益”这一视角，提出了“从战略层面考虑图书馆知识产权管理问题”等观点，遵循“有利于图书馆健康发展、基于现存的法律框架、信息利益平衡、与国际法兼容、措施简明与稳定”等原则。这些原则符合国家利益与图书馆健康发展的实际需要。本成果客观解释了制约我国图书馆版权管理效率的因素。研究发现，制约我国图书馆知识产权管理效率的因素主要是机构知识产权政策缺乏、管理岗位缺失、知识产权操作程序低效，以及图书馆经费与知识产权保护成本的矛盾，运用

知识产权制度维护公共利益的措施不足。

本成果研究了规避图书馆版权风险的措施，图书馆采购、信息组织、资源深度利用、数字化建设、用户管理、数据库管理的知识产权管理方案。这些对图书馆发展过程中避免版权风险，提高服务效益，提升公益形象，可资参照。

在对知识产权风险专题研究的基础上，归纳出图书馆知识产权诉讼的特点与趋势：以财产权诉讼为主、数字化服务诉讼、影响公共服务效益等。研究发现，图书馆应属于内容服务提供者的角色，这对图书馆规避赔偿风险具有积极意义。本成果提出，图书馆知识产权制度建设应坚持以下原则：（1）坚定不移保护知识产权；（2）有利于图书馆健康发展；（3）公平与效率统一；（4）信息利益平衡；（5）措施简明与稳定。这些原则符合我国现阶段图书馆事业发展的需要。

本成果研究了图书馆参与文化公共服务体系的版权制度供给问题。面对公共服务资源、服务深度、服务风险、服务机制等方面的问题，提出了图书馆公共文化服务建设的知识产权管理措施与管理方案对策。并进一步建议，将公共文化服务平台纳入图书馆知识产权豁免条款，通过制度创新，激励图书馆联盟、流动服务、远程服务等新业态发展，多种形式延伸图书馆功能，提高图书馆服务的便捷性，协调知识产权利益，吸引社会力量参与公共文化服务体系建设。

本成果探索了将知识产权纳入图书馆转型战略规划的方案。建议图书馆建立内部的战略支持系统、增加知识产权成本预算，重点优化机构资源采集的知识产权政策、学位论文知识产权政策、文献传递知识产权政策、数据库使用知识产权政策、用户知识产权管理政策等。本成果还建议图书馆发展馆藏资源增值开发利用政策。

本成果研究了版权法改革的路径，提出了知识产权法修改的未来走向：（1）在知识产权法中确定图书馆的法律地位。图书馆代表的是公共利益，应给予图书馆政策鼓励。（2）将文化信息资源共享工程、数字图书馆推广工程、公益性科技信息服务、公共电子阅览室、农家书屋等纳入到图书馆条款中。（3）知识产权法要保障图书馆获得文献信息资源与新业态发展。（4）发展以公共利益为核心的知识产权公共政策。

2. 重要观点

(1) 图书馆发展中应遵循坚定不移保护知识产权、有利于图书馆健康发展、公平与效率统一、信息利益平衡、措施简明与稳定的原则。这些原则应根植于我国图书馆事业发展的现实，着眼长远发展需要。

(2) 转型时期图书馆发展的知识产权管理应定位于保障馆藏资源安全、保障图书馆均等服务、促进资源深度开发、实现与公共利益协调。

(3) 图书馆发展中面临的知识风险的影响因素，主要来自信息环境的变迁、知识产权制度内容的发展、图书馆业务的延伸和资源特征的改变。

(4) 图书馆发展中的知识产权制度建设应明晰图书馆资源开发利用的政策界区，赋予图书馆公共服务特权，解决图书馆在知识产权制度中的角色定位问题。

(5) 图书馆发展中知识产权诉讼具有以财产权诉讼为主，兼有数字化诉讼、与公共服务效益相关等特点。

(6) 公共文化服务平台应纳入图书馆知识产权豁免条款。应通过版权制度的创新，激励图书馆联盟、流动服务、远程服务等新业态发展。知识产权制度应有利于延伸图书馆功能，提高图书馆服务的便捷性，协调公共利益，吸引社会力量参与公共文化服务体系建设。

(7) 合理运用数字权利管理（DRM）措施。保持 DRM 应用在法律允许的范围，支持图书馆特殊社会职能的实现。

(8) 版权法改革中应确定图书馆的法律地位，保障图书馆获得信息资源，对图书馆的一些新业务与功能要予以妥善解决。图书馆在享受法律授予的特权时应承担相应的义务。

3. 对策建议

建议一：图书馆发展知识产权制度建设应坚持以发展公共利益为核心。

图书馆知识产权制度建设应坚持以下原则：(1) 坚定不移保护知识产权；(2) 有利于图书馆健康发展；(3) 公平与效率统一；(4) 信息利益平衡；(5) 措施简明与稳定。这些原则符合我国现阶段图书馆事业发展的需要。

建议二：优化图书馆参与公共文化服务体系的版权制度供给。

将公共文化服务平台纳入图书馆知识产权豁免条款，通过制度创新，激励图书馆联盟、流动服务、远程服务等新业态发展，多种形式延伸图书馆功能，提高图书馆服务的便捷性，协调知识产权利益，吸引社会力量参与公共文化服务体系建设。

建议三：将知识产权纳入图书馆转型战略规划。

通过知识产权制度支持图书馆发展，将知识产权纳入图书馆转型战略规划。建议图书馆应建立内部的战略支持系统、增加知识产权成本预算，重点优化资源采集的知识产权政策、学位论文知识产权政策、文献传递知识产权政策、数据库使用知识产权政策、用户知识产权政策等。还建议图书馆发展馆藏资源增值开发利用政策。

建议四：对我国著作权法修改的对策建议。

提出著作权法图书馆条款改革的未来走向：（1）图书馆代表的是公共利益，应给予图书馆政策鼓励。应在知识产权法中确定图书馆的法律地位。（2）将文化信息资源共享工程、数字图书馆推广工程、公益性科技信息服务、公共电子阅览室、农家书屋等纳入到图书馆条款中。（3）知识产权法要保障图书馆获得文献信息资源与新业态发展。（4）发展以公共利益为核心的知识产权公共政策。

三、成果的学术创新和应用价值

1. 学术创新

（1）本成果坚持从公共利益的视角审视知识产权问题，改变了传统研究中过于强调知识产权的私权性的理论特征，准确限定了转型时期我国图书馆知识产权政策的战略需求是保障图书馆资源高效利用、公共利益等方面，客观解释了制约我国图书馆知识产权管理效率的因素。所提出的解决网络环境下知识产权矛盾，降低图书馆知识产权成本，促进公共利益发展等观点具有理论与实践参考价值。

（2）本成果注重理论与实践的有机结合。对图书馆业务流程知识产权风险的影响因素进行了准确分析。研究表明我国图书馆界对知识产权保护的主流认识是积极与建设性的。该发现改变以前文献对图书馆知识产权意识与行业保护的偏见。

（3）注重有利于图书馆事业发展的知识产权制度研究，包括激励图书馆联盟、流动服务、远程服务等新业态发展，多种形式延伸图书馆功能，提高图书馆服务的便捷性，协调知识产权利益，吸引社会力量参与公共文化服务体系建设等方面。通过知识产权制度支持图书馆公共文化服务体系的可持续发展与均等服务，提出了图书馆知识产权管理方案优化对策。

（4）提出了优化图书馆知识产权管理与知识产权法改革的路径对策，具有一定的立法参考价值。建议将知识产权管理纳入到图书馆发展战略中，提出了知识产权法修改的未来方向。

2. 应用价值

在实践调研基础上，结合图书馆业态的变化发展和立法的状况，确立的目标、原则与研究结果，具有一定的学术参考价值。所提出的版权法图书馆条款的修改建议，如“在版权法中确定图书馆的法律地位”、“图书馆在享受法律授予的特权时应承担相应的义务”（如平等服务），将各类公益性信息服务机构（如科技信息研究所、科学中心、文化信息资源共享中心等）纳入图书馆版权豁免条款等建议均体现了发展公共利益的思想。相关研究成果论文有 9 篇被中国人民大学复印报刊资料全文转载，在 CSSCI 中论文他引 41 次，在 CNKI 中国知网系列数据库中共计被引用 233 次。研究成果具有一定的应用价值，可供图书馆、信息资源机构、政府部门等多种类型的信息机构参考，观点被一些图书馆实际采用。部分发表成果还在湖南图书馆、厦门大学图书馆、上海社会科学院图书馆、国家科技图书文献中心、中国高等教育文献保障系统（CALIS）等机构进行了推广应用，产生了一定的社会效益。部分成果被有关公益性服务机构应用于数据资源发展战略、数字化拓展战略、知识产权制度建设等业务领域，对于避免决策风险、提高机构自主创新能力发挥了决策支持作用。

《市场有效周期理论的构建、实证及应用》概要

宋玉臣*

本成果对有效市场假说进行了修正与发展，构建了市场有效周期理论，并运用具有代表性的股票市场数据进行了实证检验，以证明市场有效周期存在的必然性。运用该理论可以解决金融投资理论与投资实践的二重分歧，并且从六个方面系统地研究了市场有效周期理论的应用价值。

一、研究的目的、意义及所使用的研究方法

1. 研究目的

通过构建市场有效周期理论，对有效市场假说进行修正与发展。运用市场有效周期理论可以解决金融投资理论和金融投资实践的二重分歧，并且系统地分析与研究了市场有效周期理论的实际应用价值。

2. 研究意义

从近几十年金融投资理论与投资实践的发展历程上看，我们发现明显地存在着两大严重分歧：第一，从理论上讲，以有效市场假说为基石的标准金融学遭到以行为金融学为代表的理论学说的广泛质疑，且有理有据；第二，从金融投资理论对投资实践的应用性上看，以巴菲特、彼得·林奇等为代表的伟大实践者取得的巨大成功却不是对已有的所谓成熟的金融投资理论的运用。我们把金融投资理论上的分歧、金融投资理论与投资实践的分歧称为二

* 宋玉臣，吉林大学教授，博士生导师。

重分歧，这是本项研究的起点。

本成果通过对金融投资理论的系统研究，清晰梳理出了现代金融投资理论和金融投资实践的二重分歧，找出了金融学研究的关节点；提出了市场有效周期这一创新性理论，在解决金融投资理论及金融投资理论与实践的分歧上取得了突破性进展。运用均值回归理论及其实证研究方法证明了市场有效周期理论的科学性，并使用具有代表性的股票市场的数据进行了实证检验，这是本项研究的重要支撑。本研究对现代金融投资理论的发展应该是个有益的探索甚至重大的尝试，具有一定的突破性。

3. 研究方法

从理论上系统地评析有效市场假说，构建市场有效周期假说，采用“金融理论分析⇒理论创新⇒模型选择与归纳⇒模型估计⇒统计检验⇒结论与推断⇒实证证据⇒市场有效周期理论确立⇒市场有效周期理论的应用价值研究”的研究步骤。研究采用规范研究与实证分析相结合、定性分析与定量分析相结合的研究方法，运用数理经济学方法、计量经济学方法、博弈分析法等，从分析有效市场假说和行为金融理论的分歧出发，构建市场有效周期理论，对该理论进行实证研究，并得到实证的支持。

使用具有代表性的证券市场数据检验市场有效周期理论，包括美国的道琼斯工业指数、纳斯达克指数和标准普尔 500 指数，英国的富时 100 指数，德国的 DAX 指数，日本的日经 225 指数以及中国上证综合指数，以保证实证研究成果的成熟性与稳定性。欧美发达证券市场历史比较悠久，检验回归周期的样本数量充分，运用成熟证券市场数据检验的结果对市场有效周期理论更具有说服力。当然，本成果也要应用到对我国证券市场的研究中，对中国证券市场的有效周期进行定量研究，对政府的调控行为和长线投资策略都会有重要的指导作用。

二、成果的主要内容和重要观点

1. 主要内容

本成果内容分为 10 章，分为理论研究和应用研究两个大方面。其中第 1 章至第 4 章是理论分析，构建并检验了市场有效周期理论；第 5 章至第 10 章是市场有效周期理论的应用性研究。

（1）理论研究。

对现代金融投资理论进行系统研究，找出金融投资理论争论的关节点，即金融投资理论与投资实践的二重分歧，然后，以此为切入点构建市场有效周期理论并解决二重分歧。同时，通过实证研究加以证明。

第一，对现代金融投资理论的发展进行了系统的研究与梳理，提出金融投资理论与实践的二重分歧。

现代金融投资理论具体包括传统金融投资理论、标准金融投资理论、行为金融投资理论。把现代金融投资理论争论的焦点概括为金融投资理论与投资实践的二重分歧。具体包括：金融投资理论分歧主要是标准金融学与行为金融学的分歧、金融投资理论与实践的分歧。从理论上讲，以有效市场假说为基石的标准金融学遭到以行为金融学为代表的理论学说的广泛质疑，且有理有据，行为金融学对标准金融学的挑战主要是通过实证研究证明有效市场假说存在问题；从金融理论对投资实践的应用性上看，以巴菲特、彼得·林奇等为代表的伟大实践者取得的巨大成功却不是对已有的所谓成熟的金融投资理论的运用。

第二，提出市场有效周期理论，对“有效市场假说”进行修正与发展。利用市场有效周期理论科学地解决金融投资理论与投资实践的二重分歧。

有效市场假说是标准金融学的基石，其理论价值以 2013 年的诺贝尔经济学奖颁发给有效市场假说的创立者法玛（Fama）为最好的证明。不过，对有效市场假说的争论自它诞生以来却一刻也没有停息过，它的致命缺陷是检验时点有效，即在任何一个时点上证券价格都即时、准确地反映所有信息，这一理想化的约束条件不仅使该理论存在着巨大的缺陷，也使得其应用价值大打折扣。我们认为市场不会在每一个时点上都有效，只有从一个时间段上看才会有效，即存在有效周期。因此，我们提出市场有效周期理论。市场有效周期理论就是必然存在着一个足够长的时间周期，使证券价格充分反映该时间段内的所有信息，市场即为有效市场。从理论上讲，行为金融学实证研究所揭示的大量异象只是否定了时点有效，并没有否定时期有效。如果把有效市场假说的市场有效定义为有效周期，则解决了这一理论上的巨大分歧。从金融实践上看，以巴菲特、彼得·林奇为代表的成功实践者恰恰是利用了时点无效作买入操作，再利用有效周期，即实现向内在价值回归后作卖出操作获得超额利润。市场有效周期理论可以科学地解决金融投资理论与实践的二重分歧。

第三，对市场有效周期理论进行了实证检验。

检验市场有效周期所使用的方法是均值回归理论及其实证研究方法。如果市场存在有效周期，股票收益率就必然成均值回归的特征，即过度反应和反应不足都会以反向修正实现市场的长期有效性。如果存在均值回归就说明市场存在有效周期，呈均值回归就说明市场有向内在价值靠近的趋势，回归内在价值的周期就是市场有效周期，即在一个足够长的时间段内市场充分反应决定股票价值的各种信息。本成果以股票市场为例，利用卡佩塔尼奥斯等（Kapetanios et al.，2003）提出的 KSS 检验对世界具有代表性的股票市场进行实证研究，包括美国的道琼斯指数、纳斯达克指数和标准普尔 500 指数，英国的富时 100 指数，德国的 DAX 指数，日本的日经 225 指数以及中国上证综合指数，找出均值回归的证据，并证明市场存在有效周期。

（2）应用研究。

对市场有效周期理论的应用性的进一步研究主要从六个方面切入：

第一，基于市场有效周期的股票市场价格发现功能研究及实证检验。

均值就是股票的内在价值，向内在价值回归的过程就是价格发现的过程。这种理论也同样适合其他商品的定价。统计学家早就给出了最好的解释，把均值称为数学期望，马科维茨又把证券收益的均值定义为期望收益率。价格发现的过程就是均值定价的过程，价格发现的过程又是均值回归的过程。这种理论与无套利定价的思路基本吻合。金融市场上实施套利行为非常方便和快速，这种套利的便捷性也使得金融市场的套利机会的存在总是暂时的，因为一旦有套利机会，投资者就会很快实施套利而使得市场又回到无套利机会的均衡中，因此，无套利均衡被用于对金融产品进行定价。金融产品在市场的合理价格是这个价格使得市场不存在风险套利机会，这就是无套利定价原理。无套利价格可以体现为价格围绕内在价值波动的随机成分被熨平，均值就是股票的内在价值。

价格发现是股票市场的基本功能，即通过股票市场自身的调节机制，在价格偏离内在价值时，使股票价格向内在价值回归的过程。市场具有自动矫正价格对内在价值偏离的功能，即当股票价格高于或低于内在价值时都会自动矫正其定价偏差。只有股票价格反映其内在价值，才能真正发挥股票市场有效筹集资金和资源优化配置的功能，使股票价格反映上市公司的内在价值，进而使整个股票市场反映宏观经济的变动状况。当股票价格过高形成泡沫时，理性套利者会通过卖出股票的行为最终起到抑制股票价格的上涨并减轻泡沫程度的作用；当股票价格过低形成负泡沫时，理性套利者会通过买入股票行为最终推动股票价格上升并使股票价格向其内在价值回归。在某一个时点上股票价格可能会高于或低于其内在价值，具有极强的随机性。但从一个足够长的时间段上看，股票价格具有均值回归的特性，就是"指证券价格无论高于或低于价值中枢（或均值）都会以很高的概率向价值中枢回归的趋势"。也就是说，从短期来看，股票价格可能会高于或低于股票的内在价值，甚至可能会偏离其内在价值很远。从一个较长的时间来看，偏离内在价值的股票价格会向其内在价值回归，发挥价格发现这一股票市场的基本功能。这里我们使用平滑转换自回归模型检验了股票市场价值发现功能，同时对世界主要股票市场进行了对比研究。

第二，基于市场有效周期理论的股票市场政府行为博弈分析。

从政府调控的角度讲，政府调控股票市场的目标是缩短市场有效周期，提高市场对信息的反应效率，最终使股票市场能够更好地反映国家宏观经济的变动情况。从根本上讲，股票市场不会到达 Fama 意义上的有效，股票市场也会和其他市场一样出现失灵的情况。矫正市场失灵于促进市场有效是政府的重要功能。政府对股票市场的调控实际上是包括政府在内的各行为主体的博弈过程，这些主体有投资者、上市公司、金融中介等。由于市场行为并不会达到最优，市场失灵是一种常态现象，政府调控就成为股票市场健康发展的重要推动因素。股票市场的政府行为在理论界的争论颇多，这主要不是从质上对政府行为的肯定与否定，而是从量上如何给股票市场的政府行为合理定位，规范的政府行为是规范股票市场的重要步骤。作为规则的制定者，有时还参与市场调控甚至直接参与市场交易的政府，其地位的特殊性显而易见，在这些不可回避的事实面前，我们对股票市场政府行为的基本判断就是，政府行为是决定股票市场有效性的重要因素之一。纵观世界股票市场发展近百年的历史，无论是发达国家还是发展中国家，股票市场的发展历史都留下了政府行为的深深印记。

股票市场的博弈行为主要发生在投资者之间，他们是在市场内在机制的作用下，自发地形成均衡。然而纯粹的均衡状态仅仅是一种特例，非均衡状态才是市场的常态。政府的参与对促进市场向均衡状态渐进和实现帕累托效率具有不可替代的作用。所以，股票市场就成为由政府、上市公司、投资者等多方参与的博弈竞技场。各方为获得自己的效用最大化，必然要观察各方的行为策略来制定自己的行动战略。上述主体之间的行为就是一种博弈行为，通过实现各自效用的最大化的行为进行博弈。参与股市博弈的各方应该包括政府、上市公司和投资者等主体。在一般情况下，政府进行政策决策，目的是实现一定的政策目标，具有多元化的特征，即不仅仅是为上市公司提供筹资场所，还要发挥有利于全社会的资源优化配置和反应与调节整个宏观经济的功能。在没有政府调控的情况下，股票市场的价格是由投资者（包括机构投资者与机构投资者之间、机构投资者与中小投资者之间、中小投资者之间等）之间的博弈所形成。而股票价格定位是否科学是决定股票市场功能的核心问题。所以，研究股票市场中的政府行为主要是研究政府与投资者之间的博弈均衡问题。

第三，基于市场有效周期理论的股票市场与经济增长匹配周期研究。

反映股票市场变化的股价指数与反映经济增长变动的 GDP 增长率之间出现背离只是暂时现象，在一个足够长的时间段内二者一定相互匹配。在某一个时点上或时间段内股票市场走势与经济增长之间表现为相互背离是一种常态现象，理论界大量的实证研究得出的股票市场与经济增长背离的结论，主要原因是样本区间的选择问题。我们研究该问题的关键不是检验二者是否背离，而是找出二者是匹配的时间周期。匹配时间周期越短，股票市场对经济增长的反映效果越好；匹配周期越长，股票市场对经济增长的反映效果越差。运用美国、日本等发达国家数据进行实证检验并证明本成果提出的股票市场与经济增长匹配周期这一论点。

实证研究方法分别是热最优路径法和交叉谱分析方法，热最优路径法通过物理学原理，对时间序列的领先滞后关系进行分析，而交叉谱分析法是一种基于时域分析基础上的频域分析方法，用以确定两个时间序列的匹配关系。时域分析方法中包括了协整检验、VAR 模型以及 Granger 因果检验等方法。利用这些方法，本成果对世界主要股票价格指数和经济增长之间的匹配周期分别进行了检验，检验的样本包括：美国经济增长指标和道琼斯指数以及标准普尔指数的匹配周期、FTSE-100 指数和英国经济增长的匹配周期、DAX 指数和德国经济增长的匹配周期、日经 225 指数和日本经济增长的匹配周期。经过检验发现，这些股票价格指数与经济增长之间都存在着不同时间长度的匹配周期，进一步说明这些股票价格指数与经济增长之间存在着良好的互动关系和匹配性。然而，对我国的股票市场和经济增长进行检验后发现，在我国这种匹配关系尚不能被测算到。这说明我国股票市场仍然处于不太成熟的发展阶段，与发达国家的股票市场之间存在着一些差距，股票市场对宏观经济的代表性还远远不够。

第四，基于市场有效周期理论的信息传递效率与内幕交易问题研究。

从市场有效周期理论角度看，股票市场信息不对称和内幕交易都是短期现象。从长期看，市场有效周期就必然要求在一个足够长的时间段内股票市场充分反映所有的公开信息和内幕信息。因此，市场有效周期理论认为市场只有短期内存在内幕交易，打击短期内幕交易会提高市场有效性，缩短市场有效周期，提高市场信息传递的公平与效率。根据有效市场假说的内涵，内幕交易是强型有效市场所对应的信息传递效率研究。不但反映公开信息，还要反映内幕信息的市场被定义为强型有效市场。

在这里我们把信息不对称和内幕交易分成宏观信息不对称内幕交易与微观信息不对称内幕交易。宏观信息不对称内幕交易是相对于整个市场系统性风险而言的，微观信息不对称内幕交易是相对于市场中个别证券的非系统性风险而言的。对待内幕交易的对策应有所不同，内幕交易与信息不对称对市场有效周期的长度构成直接影响。

第五，基于市场有效周期理论的非对称均值回归与金融危机的形成机理。

从市场有效周期的角度揭示了金融危机的形成机理，非对称均值回归是形成金融危机的主要根源。资产价格向内在价值回归的过程具有必然性和非对称性特征，金融危机的形成就是资产泡沫积累后的快速回归均值的过程，即资产泡沫快速破裂现象。没有资产泡沫的累积和资产泡沫的慢速回归均值过程都不会导致金融危机的爆发。这里运用非对称均值回归理论及数量分析方法研究金融危机问题。以股票市场为例使用 ANST-GARCH 模型对世界几个最主要股票指数进行实证检验。研究结果表明这些股价指数都存在着显著的非对称回归现象，利空消息冲击下的均值回归速度要比利好信息冲击下的均值回归速度快，即负的回归快于正的回归。金融危机正是这种非对称均值回归的特殊表现形式。因此，从市场有效周期的角度看，应该防止股票价格上涨过多，形成股市泡沫，以避免金融危机的发生，泡沫是股票价格脱离均值最为显著的表现。金融危机的主要表现形式就是资产价格暴跌，如果没有严重脱离均值的泡沫，就很难有资产价格暴跌的价格空间。在此分析的基础上提出了政府事前防范与事后控制金融危机的基本对策。

第六，基于市场有效周期理论的股票长期投资策略研究。

从投资策略的角度讲，市场有效周期理论为长线投资者的理性投资提供理论依据，均值回归如果没有时间长度约束的话，这种现象的发生具有必然性。其实均值就是股票的内在价值，从长期看市场具有发现价格的功能，股票价格偏离内在价值只是暂时现象，在一定的时间长度内市场一定会矫正其短期随机性所造成的定价偏差，矫正自身定价偏差和发现价格是市场经济的内在属性。巴菲特取得的巨大成功实际上就是对市场有效周期假说的一个证明，即“价值投资最基本的策略是利用股票价格与企业价值的背离，以低于股票内在价值相当大的折扣价格买入股票，在股价上涨后以相当于或高于价值的价格卖出，从而获取超额利润”。从证券投资理论与实证研究的结果看，短期行为应该被定义为投机，长期行为应该被定义为投资。投资行为比投机行为成功的概率要高得多。立足长远、立足理性、立足投资是成功投资的必备条件。

均值回归表明股票长期走势具有可预测性，我们选择具有代表性的沪深 300 成分股中上市时间比较长（上市时间越长检验的效果会越好，结论会越准确）的 50 只股票进行均值回归检验，发现 48 个月内有 41 只股票月度收益率呈均值回归特征。具有均值回归特征的股票上涨过高时就应做卖出交易；相反，在这些股票下跌过多时就应做买入交易，从长期来看成功投资的机会很大。

本成果整体研究思路可以清晰地概括为：

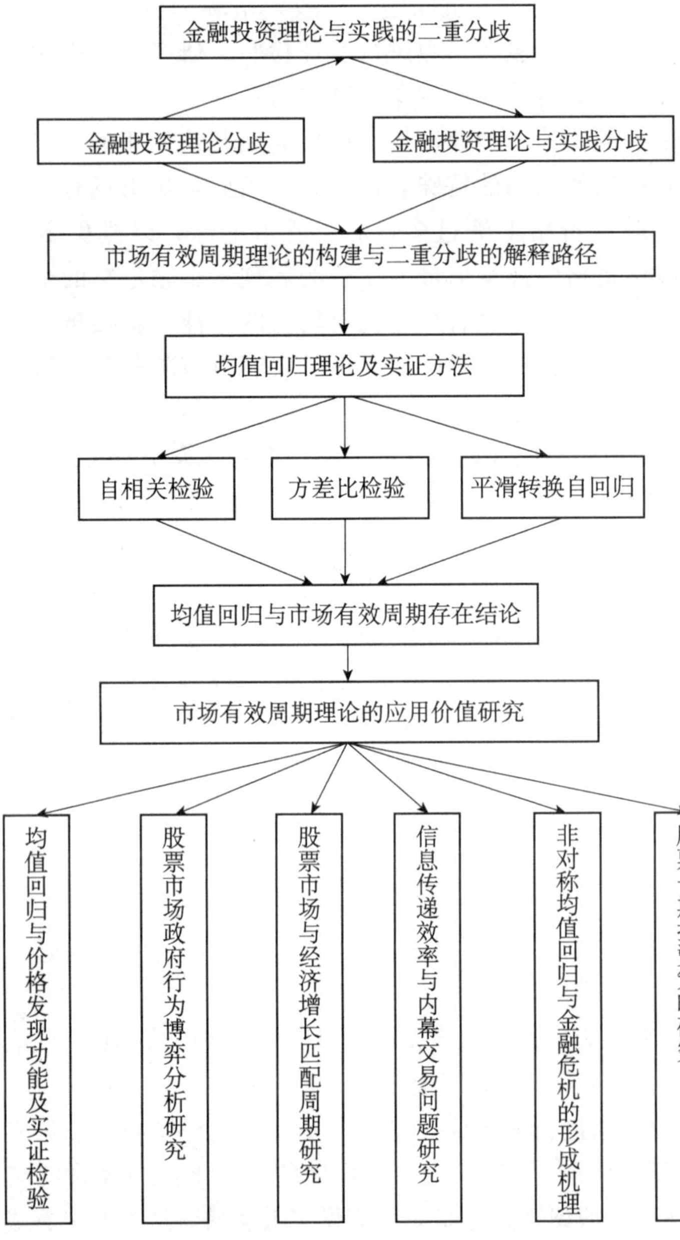

2. 重要观点

(1) 有效市场假说所强调的时点有效并不存在，市场一定存在有效周期。由此我们提出市场有效周期理论。市场有效周期就是必然存在着一个足够长的时间周期，使证券价格充分反映该时间段内的所有信息，市场即为有效市场。

(2) 市场有效周期理论可以有效解决金融投资理论与投资实践的二重分歧。

(3) 针对标准金融学提出的“理性人”和“无风险套利”，行为金融学提出的“有限理性”与“有限套利”。市场有效周期理论提出“长期理性”和“长期无风险套利”（即均值回归）两个新的范畴。

(4) 均值回归的过程就是股票市场价格发现的过程；股票市场与经济增长具有匹配周期，周期越短市场有效性越强；金融危机是资产泡沫的积累与非对称均值回归的结果，均值回归必然性，泡沫的累积会使金融危机的发生具有可能性，避免泡沫的过度累积是防范金融危机的重要举措；政府调控股票市场的目的是缩短市场有效周期，提高市场有效性，具体表现为股票市场与经济增长匹配周期越短市场越有效。

(5) 市场有效周期理论也给股票长期投资策略提供有效的决策依据。

三、成果的学术创新、应用价值以及社会影响和效益

1. 学术创新

(1) 理论创新。

第一，对现代金融投资理论进行系统研究，找出金融投资理论的争论的关节点，即金融投资理论和投资实践的二重分歧。第二，提出并构建市场有效周期理论，合理地解决了现代金融投资理论和投资实践的二重分歧。第三，具体提出了创新性概念：“均值有效”和“平均理性”；“长期有效”和“长期理性”。针对标准金融学提出的“理性人”和“无风险套利”，行为金融学提出的“有限理性”与“有限套利”。我们在这里提出“长期理性”和“长期无风险套利”（即均值回归）两个新的范畴。

(2) 应用性创新。

第一，运用市场有效周期理论分析了股票市场的价格发现功能，股票市场收益率只要呈均值回归就具有价格发现功能，而且均值回归周期越短股票市场价格发现的功能越强。第二，提出股票市场与经济增长匹配周期理论，周期一定存在，只是长短随机，不要对股票市场与经济增长之间是背离还是不背离进行喋喋不休的争论。第三，运用市场有效周期理论解释了股票市场

政府行为的科学依据，即股票市场失灵。第四，运用市场有效周期理论区分并分析了宏观内幕交易和微观内幕交易，研究了股票市场的信息反映效率。第五，运用市场有效周期理论揭示了股市泡沫破裂与金融危机的形成机理，金融危机的形成是泡沫累积后非对称均值回归的结果。

2. 应用价值

本成果运用市场有效周期理论从六个方面进行应用研究，具有很强的实际应用价值。第一，解决了金融投资理论与实践的二重分歧。第二，运用市场有效周期理论研究了股票市场价值发现功能。第三，分析了股票市场与经济增长匹配周期和缩短匹配周期的对策。第四，分析了股票市场泡沫形成后非对称均值回归与金融危机的形成机理，并提出相应对策。第五，分析了股票市场政府行为，通过调控缩短市场有效周期，提高市场有效性和促进股票市场健康发展。第六，运用市场有效周期理论证明了股票市场长期投资策略的正确性。

3. 社会影响和效益

（1）通过对金融投资理论的系统研究，梳理出了现代金融投资理论和金融投资实践的二重分歧，找出了金融学研究的关节点。

（2）修正了有效市场假说，提出市场有效周期理论，创造性地解决了现代金融投资理论和金融投资实践的二重分歧，并且找到了运用均值回归理论及其实证方法来证明课题组提出的市场有效周期理论。

（3）基于市场有效周期理论，研究了其应用性。具体包括：第一，均值回归与价格发现功能及实证检验。第二，从政府调控的角度讲，政府调控股票市场的目标就是尽可能地缩短有效周期，有效周期越短市场越健康。第三，基于市场有效周期理论的股票市场与经济增长匹配周期研究。第四，从市场有效周期理论出发研究信息传递效率问题，信息不对称和内幕交易都是短期现象，从强型有效市场的角度讲内幕交易是最高层次的信息传递效率问题。第五，从市场有效周期理论出发，我们认为导致股票市场泡沫破裂的快速均值回归是金融危机的形成的直接原因，从市场有效周期的角度揭示了非对称均值回归与金融危机的形成机理。第六，从投资策略的角度讲，市场有效周期理论为长线投资者的理性投资提供理论依据，均值回归如果没有时间长度约束的话，这种现象的发生具有必然性，成功的长期投资就是从均值回归过程中获得超额利润。

《全球变暖时代中国城市的绿色变革与转型》概要

杜受祜*

一、研究的目的、意义及所使用的研究方法

未来的20年将是我国全面建成小康社会，加快社会主义现代化建设，实现中华民族伟大复兴“中国梦”的关键时期。我国城市将同时面临经济发展、环境污染、全球变暖的挑战。能否妥善处理这三大挑战，是我国能否走出一条中国特色新型城市化道路和我国城市生态环境可持续发展、生态文明建设需要面对和研究的重要问题。

本成果主要应用文献研究和实证研究的方法。考察了伦敦、斯德哥尔摩、东京等城市，收集和编译了大量国外相关资料，国内先后到北京、武汉、上海、南京、杭州、宁波、西安、厦门、成都、绵阳、广元、攀枝花等城市实地调研，取得了丰富的资料。

二、成果的主要内容和重要观点

本成果在深入研究气候变化下我国城市可持续发展与我国城市可持续发展对于气候变化影响的基础之上，把我国城市生态环境可持续发展与生态文明建设的目标凝练为“资源节约型、环境友好型、气候安全型”城市（简称为“三型”城市）。并对国内外建设“三型”城市的理论和实践进行总结概

* 杜受祜，四川省社会科学院学术顾问、研究员，博士生导师。

括，对“三型”城市的表征、评价指标体系、生产方式、生活方式、消费模式、政策体系做了深入系统的研究，对影响我国城市生态环境的突出问题——大气环境污染进行了专题研究，提出若干以“三型”城市为目标模式推进我国城市可持续发展的对策建议。

第一，建立“三型”城市的指标体系，监测、评价、考核城市生态环境和生态文明建设的情况。既参照我国已经出台的诸如生态市的指标体系、全面建设小康社会指标体系、生态文明示范城市建设指标体系等内容，也把生态保护红线、节能减排、温室气体减排指标、空气质量标准等国家约束性指标充分吸收进去。要以“三型”城市指标体系为导向，把“三型”要求贯穿到政府科学决策之中，实现发展方式的转变。

第二，建设“三型”城市的生产方式、产业结构。把“三型”要求贯穿到生产活动的各个方面和各个环节，大力发展城市循环经济。建立“三型”城市对地方经济，尤其是以第一产业和第二产业为主导产业的城市、资源型城市和重化工城市等转型和改革城市具有较大制约作用，存在特殊的矛盾与困难。探索这些特殊城市政府在实施气候变化国家战略中应承担的责任与中央政府对地方建立“三型”城市提供政策与资金支持的对应性，建立良性互动的体制和机制。

第三，建设“三型”城市的生活方式、消费观念，把“三型”要求贯穿到生活、消费的各个环节。唤起民众认识到“温室效应”“气候危机”的严重后果和时间的紧迫感，转变城市的消费观念、生活方式，代之以节约能源、适度消费、降低污染的观念。促进城市居民从自己做起，从生活细节做起，推广“低碳生活方式”。使“理性消费、绿色消费、低碳消费”由概念变为每个公民的自觉行动，最终把“三型”城市建设任务落实到城市的企业、家庭和公民中。

第四，树立生态文明的新观念，追求生态效益与经济效益的统一。牢固树立保护生态环境就是保护生产力，改善生态环境就是发展生产力的观念，由只要“金山银山”不要“绿水青山”转化为既要“金山银山”也要“绿水青山”，再上升为“绿水青山”也可以转化为“金山银山”。把生态效益产品和生态服务产品的价值转化为经济价值，培育生态优势特色产业，实现经济效益和生态效益的互动统一。

第五，用生态经济化推动“三型”城市建设。用包括绿色税收、绿色资本、绿色保险和生态补偿、节能量交易、排污权交易、碳排放权交易等环境经济工具来推进城市的生态文明建设。把治理保护环境的压力变成动力，把约束变成激励，把被动变成主动。健全和完善城市已经开始实施的节能量交易、水权交易、排污权交易、生态补偿等制度，充分运用好城市的环境交易所等平台，加强其能力建设，发挥其在“三型”城市建设中的积极作用。

第六，强化和改善政府对城市生态文明建设的职能。统筹节能减排、温室气体减排等国家的约束性指标，使之形成转变经济发展方式、调整经济结构的“倒逼机制”和节能、环保、低碳的合力。把“三型”城市建设纳入城市总体发展战略，成为对各级政府的重要考核指标、奖惩依据。建立“三型”城市生态文明建设指挥机构，领导和协调城市生态文明建设，提高建设“三型”城市的执行力。加强环境执法力度，改变“守法成本高，违法成本低”的状况。加强依法环评，公开环评信息，扩大群众参与面。特别是重大项目的引进和建设一定要建立健全环境评价和社会风险评价机制，维护人民群众的环境权益和从源头预防环境突发事件。安排和部署一批对城市人民健康和生态环境有重大危害的环境治理和生态系统修复工程。建立健全适应气候变化的城市防灾减灾的机制和预案。

第七，城乡统筹推进“三型”城市生态文明建设。城乡环境综合治理是统筹城乡改革新的重要内容和历史任务。农村的环境治理和保护不仅关系到农村的发展，也直接关系到城市和全社会的发展。环境保护的外部性和外溢性决定了城乡统筹才能实现环境保护和可持续发展。要从城乡环境保护规划一体化、环境保护机构城乡一体化、环境监测城乡满覆盖，构建资源节约、环境友好、生态安全的现代农业生产体系，发展清洁生产、保证食品安全等方面着手，以建设生态村、生态乡镇和生态县为平台，深入推进环境治理保护的城乡统筹。

第八，树立建设“三型”城市的理性和共同奋斗的行为准则。既要重视城市环境污染的严重性，整治城市环境污染的紧迫性，又要正视其复杂性和艰巨性。政府和公众都应该建立治理环境污染、应对气候变化的理性思维，做好艰苦不懈奋斗的思想准备。按照“政府统领、企业施治、市场驱动、公众参与”的要求，政府、企业、市民各司其职、各尽其责。

第九，发展低碳经济、建设低碳城市。低碳日益成为城市竞争力的新品质和新形象、现代城市的重要表征和发展方向，低碳城市也是中国新型城市化道路的重要特征。发展低碳经济、建设低碳城市既能为城市转变发展方式，形成低碳绿色生活方式和消费模式，优化能源结构和产业结构，发展以低碳为主要特征的战略性新兴产业，提供巨大的动力和操作平台，同时也能为建设“三型”城市提供经济、技术、制度等多方面的支持。

三、成果的学术创新、应用价值以及社会影响和效益

第一，对气候变化研究的国际视野、前沿性、先进性。气候变化是研究我国城市可持续发展的情景，本成果对气候变化从环境治理、能源战略、国际政治、科技创新、市场经济机制等角度进行了分析。紧密跟踪世界气候变化谈判的进程和应对气候变化的理论观点，尤其是通过与联合国政府间气候变化委员会（IPCC）专家委员会的重要专家和第三次评估报告的主要执笔人之一——瑞典克里斯蒂安教授合作，翻译了他的《气候挑战解决方案》《新能源革命前夜》等著作和论文，保证了本成果在气候变化问题研究方面的国际视野和前沿性。

第二，把应对气候变化下我国城市生态环境可持续发展与生态文明建设的目标凝练为“资源节约型、环境友好型、气候安全型”城市（简称为“三型”城市），并对“三型”城市进行全面系统的研究。在深入研究气候变化下我国城市可持续发展与我国城市可持续发展对于气候变化影响的基础之上，提出了我国城市建设“三型”城市的目标模式，对国内外建设“三型”城市的理论和实践进行总结概括，对“三型”城市的表征、评价指标体系、生产方式、生活方式、消费模式、政策体系做了深入系统的研究，并提出若干以“三型城市”建设为目标模式推进我国城市可持续发展的对策建议。

第三，突出的问题导向意识和对策意识。针对我国城市生态环境与生态文明建设中的问题，我国参加国际气候谈判当中的问题，即时开展研究，调整、充实课题内容。如针对城市大气环境是城市主要的生态环境和城市宜居性的首要指标以及大气环境污染已成为影响我国城市可持续发展的突出问题的情况，本成果专章研究了“城市大气环境的治理保护”问题，对我国城市大气环境污染的态势、特征、影响危害以及我国已经出台的政策标准进行了系统深刻的分析。所提出的六项对策建议受到中央、省部级以上领导的重视、采纳，并转化为政策、规划、方案。

《中国西藏佛教寺院仪式音乐研究》概要

格桑曲杰*

本成果以西藏佛教寺院仪式音乐为研究对象，在独特的西藏佛教教理、教义系统以及特殊的地域文化背景中，对西藏佛教寺院仪式的信仰修供体系、仪式的类型、仪式音乐的形态和特征以及在仪式中体现出来的音声效应等进行了较为深入的考察与分析、研究，从而对西藏佛教寺院仪式音乐体系的系统模式和这一体系中各层面音乐的构成、类别、文化属性、流播等方面的内在规律和外在表相进行理论探索，以求深入认识藏传佛教寺院音乐的根本属性和文化意义。

一、研究的目的、意义及所使用的研究方法

1. 研究目的

根据西藏佛教寺院仪式音乐即西藏佛教寺院音乐的认知前提，把西藏佛教音乐放置于独特的地域文化传统和背景中，较全面、系统地分析、研究其历史传统、文化含义、形态特征，并结合佛教信仰、仪式行为，探寻仪式音乐的内涵、作用、演化，以及围绕信仰和仪式而形成的寺院音乐的分层系统，探讨仪式音乐在仪式系统中的归属及音声效应；描述信仰、仪式、仪式音乐之间的互动关系，在一般性西藏佛教音乐形态研究中注入佛教信仰和仪式行为之内涵，从而揭示西藏佛教寺院音乐内在的宗教作用和意义与外在表现形式相互统一、相互作用的关系。

* 格桑曲杰，西藏民族艺术研究所研究员，西藏大学客座教授、硕士生导师。

本成果着重论述了西藏佛教音乐发达的器乐、诵经音乐、羌姆神舞音乐、乐谱等的形成、衍变、形态特征及文化意义，同时较详细地分析、描述西藏佛教寺院独具民族、地域文化特征的丰富的体系化音乐的多元文化构成因素，以及西藏佛教整合本土宗教苯教和世俗民间及周边各路音乐文化，创造产生西藏佛教音乐的自成一体的系统和特征，探寻藏传佛教音乐的本原模式和西藏佛教音乐文化跨地域、跨民族、跨国家的传播，以及传播过程中产生的变异特性及某些规律。

西藏佛教寺院音乐是藏族文化的一个重要组成部分，通过对西藏佛教寺院仪式音乐的考察、研究，不仅能够促进对藏传佛教寺院音乐的本原模式的认识和了解，形成对藏传佛教寺院音乐整体、深刻的把握和认知，而且有益于从本质意义上认识藏族文化。

2. 研究意义

西藏佛教寺院仪式音乐研究具有如下几点重要的意义：（1）系统、全面地研究西藏佛教寺院仪式音乐，对于藏学研究、佛教仪式音乐研究领域具有重要的填补理论空白的意义。（2）摆脱传统研究西藏佛教寺院音乐的方式，把西藏佛教寺院音乐放归于所处的信仰认知模式及仪式体现行为的整体环境中，分析、了解西藏佛教寺院音乐并赋予其宗教文化与社会文化的意义，诠释西藏佛教音乐在信仰修供、仪式行为过程的对象、目的分层中体现的功能性、有效性，描述音乐形态特征、艺术风格以及这些特征、风格与信仰体系、仪式活动之间的关系，从根本上把握西藏佛教音乐的本质属性。（3）解析由多元文化因素整合、构成的西藏佛教寺院音乐体系，积极探索对各路文化的融汇、吸收以及在此基础上的创新对于促进西藏佛教音乐文化的形成、发展、繁盛所产生的积极作用与影响，探寻文化结构学的理论意义。（4）从文化传播学的角度来审视，西藏佛教寺院音乐的研究对于梳理藏传佛教寺院音乐的发展脉络，促进藏传佛教寺院音乐整体的研究具有积极的作用和意义。

3. 研究方法

本成果采用民族音乐学的研究方法，同时参照宗教学、仪式音乐理论、史学、社会学、民族学（文化人类学）等多学科的研究观念与学科方法，把西藏佛教寺院音乐置于西藏佛教和民族文化传统以及广阔的地域文化这一大的文化背景中，以广泛的田野调查为基础，宏观把握西藏佛教各教派寺院音乐普遍规律与微观个案分析，研究不同教派重要代表性寺院音乐的具体现象，将纵向历时性的对苯教及佛教音乐文化传统的观察、分析与横向共时性的各教派寺院仪式及仪式音乐考察、了解相关照、相统一起来，从而多视角、多方位、较系统、全面地描述西藏佛教音乐的生成、繁盛、体系化的文化意义和地域特色，以及西藏佛教音乐的宗教信仰内核和外显方式——仪式音乐的形态与内部结构的特征，并初步探讨西藏佛教音乐文化跨地域、跨民族、跨文化系统传播与流变的过程，结合西藏佛教寺院仪式音乐分层特点探求其变异规律。

本成果在注重采用系统、结构模式、功能特性等整体文化观念，进行立足于文化行为考察目的的历史性、普遍性阐释的同时，特别注意了寺院仪式音乐个案的考察与研究，增加了对仪式音乐细致的采风和详细的描述内容，并从音乐学的角度对形态（旋律、调式、结构、节奏节拍等）、风格进行分析，以使仪式音乐的具体性和完整性得到较真实、充分的反映。

二、成果的主要内容和重要观点

本成果的主要内容体现在以下几方面：第一，西藏佛教寺院仪式音乐基本涵盖了西藏佛教寺院音乐，它以西藏佛教信仰体系与修供为其深层的内涵，以其本土文化传统（主要为苯教文化）为深厚的基础，以及以世俗民间和周边国家、地区的音乐文化为广大的背景而得以形成和发展。第二，佛教寺院仪式是以特定的佛、菩萨、本尊、神灵为其修供、崇拜对象，依据仪式行为所要达到的目的与所修供、尊崇的佛、菩萨、神灵等的不同，形成仪式的内道、中道、外道三层结构体系。依附于信仰内涵、仪式行为的仪式音乐围绕仪式的结构体系形成自身系统，作用于仪式的修持、供养、祈福禳灾等行为，显现出仪式音声的效应，并体现出独特的西藏佛教与地域文化特征。第三，西藏佛教寺院仪式音乐由俱生乐（声乐）、缘起乐（器乐）、羌姆神舞音乐、卡尔乐、乐谱等构成，不仅历史久远，种类丰富，形态独特，而且高度发展，自成系统，具有浓厚的地域文化传统和深厚的佛教文化意蕴。第四，西藏佛教与佛教寺院音乐文化由多元的本土宗教、民间和周边国家、地区、民族的多种音乐文化因素整合构成，这一整合体系以印度佛教和佛教音乐文化为核心，并体现出西藏佛教的极大创造性与不同价值取向所导引的功能选择性。第五，西藏佛教寺院音乐是藏传佛教音乐的本原形态，在西藏地区形成、完善、体系化后，从中心地区跨地域、跨民族、跨文化系统向四方辐射、传播，与不同地域、民族、文化系统的文化产生交流、涵化，产生变异形态，丰富了藏传佛教寺院音乐文化的内涵和外在形式。

以往对西藏佛教音乐的研究，基本上是通过两种途径来进行的：其一是用现代音乐的观念和技法对西藏佛教寺院音乐进行起源、类别、分布、特性、结构、调式等形态方面的研究（局外人的视角）；其二是采用完全遵从信仰崇拜的角度（局内人的视角）去研究。本成果试图突破以往的这种研究模式，将西藏佛教寺院音乐的历史、形态研究与西藏佛教的信仰崇拜、修行研究这两种形式结合起来，采用仪式音乐学的信仰与仪式（行为）、仪式音声综合研究的观念和方法，用局内局外双视角的方法探索、描述佛教寺院音乐与深层的信仰内涵及其修持崇拜行为之间的相互关系，揭示西藏佛教寺院音乐的仪式性、审美功用特征以及文化意义上的本质属性。

本成果根据西藏佛教寺院仪式修供的对象佛、菩萨、神灵的身份意义以及佛法修习各阶段的目的等以仪式所含佛法内容为分类标准，在对西藏佛教寺院纷繁众多的仪式活动进行分析、综合的基础上，将西藏佛教寺院仪式分成内道层（深层）、中道层（中间层）、外道层（外围层）三部分。(1) 内道层仪式（修供仪式）。这一类仪式包含的主要内容和目的是：僧人不断努力修持、供奉、习练，获得自身佛果，即得到彻底觉悟而成为佛，并以无限慈悲心普度众生。内向性的修持、习研、体验佛法是西藏佛教寺院佛事活动的最为主要、核心的内容，以佛法的修持、习研、内心体验为主要内容的仪式也就成为西藏佛教寺院最为主要的仪式。内道层仪式的修持、供奉、观想、崇拜对象为佛、菩萨、本尊及由佛、菩萨、本尊变化的护法神。(2) 中道层仪式（一是礼拜、供祭仪式，二是禳灾祈福仪式)。仪式所包含的主要内容和目的是：第一，礼拜、供养，巩固、增强信仰，增强实现成就的有效性。第二，驱魔、除灾、治病、祛除瘟疫等。礼拜、供祭、禳灾祈福并非佛法的终归目的，而主要是为了愉悦、祈求、安抚佛、菩萨、神灵，使之能得到他们的加持、引渡、宽容而有利于巩固信仰、增强信念、除灾安康、摆脱轮回等，相对于最主要、核心的内向性佛法体验、修持、习研的内道层仪式，这部分仪式处于围绕核心层的中间层次。这一层仪式的第一部分礼拜、供祭仪式的崇拜、祭祀、供养、祈愿的对象为佛、菩萨及出世间护法神，也有部分世间护法神。第二部分禳灾祈福仪式是以除灾祛病、增寿福益为主要目的，其仪式很多都是从本土宗教苯教中吸收过来的，具有浓烈的本土特色，其供养、祈请、安抚的对象主要是由西藏苯教神灵转变过来的佛教护法神及本土各类守护神，也即世间护法神。(3) 外道层仪式（礼仪仪式）。其仪式的主要内容和意义是迎送、宴请、庆典等。这类仪式涉及的内容与寺院佛事活动无更多直接的关系，是属于寺院具有世俗礼仪特点的仪式，它更多地体现出寺院与世俗外界政治、社会方面的联系、交往活动的等级与规模等。礼仪仪式处于西藏佛教寺院仪式系统的外层。

西藏佛教寺院仪式音乐基本由俱生乐（诵经调）、缘起乐（器乐）、舞乐（羌姆神舞音乐、卡尔乐）、乐谱、说唱音乐（喇嘛玛呢）等部分构成。本成果首次将卡尔乐和喇嘛玛呢说唱列入寺院音乐中。一直以来，音乐学界把卡尔乐和喇嘛玛呢说唱分别列入宫廷音乐和民间音乐的范畴，其实从这两类艺术形式的历史和实际分布情况来看远非如此。卡尔乐早期属于西藏西部周边伊斯兰国家和地区的歌舞音乐形式，通过藏族血统的克什米尔巴尔蒂斯坦传入西藏西部阿里地区、日喀则和拉萨、昌都等地，分别成为民间、宫廷、寺院共有的歌舞音乐形式，并在长期的传承、实践中形成各自的特点。喇嘛玛呢说唱同样流传在西藏卫藏地区的宁玛、噶举派寺院和民间，并且从传承来看，最初很可能是通过寺院云游僧人传布到民间的。

西藏佛教寺院音乐总体上体现出声乐（诵经音乐）、器乐分离与高度器乐化发展，音乐形式的丰富性、多样性、系统性的特点。

西藏佛教寺院仪式与仪式音乐之间存在极为密切的内在关联，仪式的分层与仪式音乐之间同样显现出某种对应的关系。西藏佛教寺院音乐的俱生乐分成“古尔”“鲁”“央”“绝鲁”“左盖”“顿”等几大类型，从诵经调音调整体、一般的特点上把握，从语言性和音乐性两极变量思维角度审视，大体呈现出三种音调形态，即念诵调（顿）、吟诵调（央）、唱诵调（鲁）。从仪式音乐与仪式分层的对应关系来分析，央诵经调音乐处于诵经调音乐的核心层，主要使用于内道层修供仪式中，修供仪式经文中最主要的经文段落往往用央诵经调来吟诵，并且用专门的“央益”乐谱来记录。以央为典型的吟诵调在仪式中往往与意念修持活动（观想）、手印相结合，形成密法修炼中的身（手印）、语（央诵经音调）、意（意念观想）修持法，视为佛法修炼中最为精华的部分。央与印度佛教诵经音调和乐谱有某种渊源关系。以鲁诵经调为典型音调的唱诵调音乐一般使用于中道层供祭仪式和禳灾祈福的仪式。

古尔与鲁是西藏古老的歌体，早期古尔与鲁虽然在文学歌词格律方面基本一致，但在歌体使用者和音调方面却有不同，甚至有明显的区别。古尔早期是用来赞颂苯教神灵的歌体，吐蕃赞普被视为降世的天神之子的后嗣，古尔很自然地成为赞普和王族主要成员使用的歌调。西藏佛教寺院使用古尔歌体诵经，成为佛教寺院重要的诵经音调之一。早期古尔与鲁在音调方面显出很大的不同，后期寺院中古尔和鲁歌体的音调逐渐相互融合、接近。鲁诵经调广泛使用于西藏佛教各教派寺院中，鲁诵经调的音乐性、旋律性最强，是最接近于民间歌曲的诵经音乐。绝鲁诵经调从某种意义上讲，是西藏佛教寺院唯一器乐和诵经调始终一起结合唱奏的音乐形式。顿诵经调处在语言与音乐两端的接近语言的一端，是一种最为常用的诵经声调，在寺院中一般并未把这一诵经声调视为诵经音乐，但从仪式音乐学的观念来分析，它依然不失为一种诵经调。左盖不仅是一种诵经音调，而且它还是西藏佛教寺院独特的超低声领经声调和曲调。上述诵经调各自形成独特的诵经音调，在寺院仪式中吟诵、诵唱时，顿与央、顿与鲁、顿与古尔之间形成回旋性曲体结构。

缘起乐（器乐）是西藏佛教寺院仪式音乐的两个主要的基本组成部分之一。寺院器乐演奏对于佛法的修持，供养、赞颂、召请、祈求佛、菩萨、本尊护法神和体现仪式氛围与灵验性方面具有十分重要的作用。西藏佛教寺院的独奏、重奏、合奏等器乐演奏形式得到相当程度的发展，主要旋律性乐器和乐队积累了大量的独立完整的乐曲，演奏技法发达，并且在距今六七百年以前出现了记录寺院器乐演奏、羌姆神舞音乐及央诵经调的乐谱。西藏佛教寺院器乐艺术不仅形成了独立化、体系化，而且不断适应西藏佛教信仰内涵与外在行为方式——仪式活动的需要，乐器和乐队的形制、音质色彩、演奏方式、音调、乐器组合方式、曲目、曲体结构、练习、合奏等方面逐渐地方化、藏民族化和完善化，形成了具有浓厚民族和地域特色的体系化的佛教寺院器乐艺术。

本成果将西藏佛教寺院乐器按照乐器所含佛法内涵和象征性意义及在仪

式中的作用与意义，分成法器（具有特定佛法内涵和象征意义）、乐器（具有一般象征意义）、响器（无明显象征意义）三类。意义分类法是在一般乐器划分和音乐性程度划分的基础上，结合西藏佛教寺院乐器所含意义内涵与仪式中的作用程度来进行的分类，与西藏佛教寺院仪式活动内容与仪式的内在结构密切相关。法器类数量不多，音乐性不强，大多是印度系佛教乐器，是西藏佛教寺院乐器的核心和基础，因具有特殊的修持、灵验作用而主要使用于内道层仪式中；乐器类数量最多，音乐性最强，来源多元化，组成各种乐队形式主要在中道层仪式或在相关的事项中使用。乐器最能体现西藏佛教寺院器乐的民族、地域特色及教法特点，具有较为突出的赞颂，祭祀，体现佛法息、增、怀、伏四业的效应，是围绕法器而形成一个中间层。响器类数量少，音乐性弱，主要用作寺院建筑、僧人服饰的装饰和各种佛事活动的信号等，是依附于中间层乐器并散落在它周围的外围层。

寺院乐队主要有合奏乐和重奏乐两种。合奏乐有“铜号鼓钹乐”（常用乐）、“汉乐十六乐”（甲瑞居楚）、“绝乐”（绝瑞）、“仪仗乐”（斯缜瑞莫）；重奏乐有“铜钦甲林乐”（念申瑞莫）、“礼仪乐”（卡尔乐和云锣、达玛鼓乐）。其中铜号鼓钹乐、铜钦甲林乐是最主要、普遍、常用，也是最具特色的乐队形式。特别是铜号鼓钹乐队的配置、乐曲结构、演奏技法、乐谱、乐队的演奏处理法等不仅较复杂、完善，而且十分发达和系统化，是西藏佛教寺院代表性的器乐演奏形式。汉乐十六乐是传自中原内地的独具汉族器乐艺术特点的合奏乐，礼仪乐中的卡尔乐是源自西藏西部周边伊斯兰国家和地区的具有伊斯兰歌舞音乐特点的器乐形式，这两种器乐形式传布于少数寺院中。

羌姆神舞是西藏佛教寺院重大的集佛事活动、诵经音乐、舞蹈、器乐、民俗活动为一体的表演性的仪式活动，羌姆神舞音乐除具有与西藏其他佛教寺院仪式音乐相同的诵经调、器乐以外，还有它独特的舞蹈音乐、特殊乐器的演奏、大型仪仗乐、“羌姆益”乐谱等特殊的音乐形式，其音乐风格除有虔诚、肃穆、严肃的特点之外，还有独特的活泼、热烈、歌唱化的特征；羌姆神舞的大型仪仗乐是西藏佛教寺院规模最大的器乐演奏形式；“羌姆益”谱是西藏佛教寺院集经文、“央益”谱、舞蹈动作队形的文字说明、“瑞次”谱、场记等的大型综合乐谱。

羌姆神舞仪式具有与寺院其他仪式相同的仪式前的准备、仪式前的佛事活动、正式仪式、仪式的结尾四部分结构形式，被扩展的羌姆神舞仪式期间的三部分活动内容即寺院内部修供仪式、羌姆神舞表演、民俗活动同样体现出与仪式、仪式音乐分层相对应的关系：寺院殿堂内部进行的佛法修供仪式为内道层；殿堂外的羌姆神舞表演为中道层；表演后的民俗活动则为世俗民间性的外道层。内道层仪式中使用的是寺院音乐，中道层羌姆表演中使用的是寺院与民间的综合性音乐，民俗活动中使用的是世俗民间音乐。这三层活动内容自内向外形成信仰修供，伏魔救渡、教化众生，感应佛业、赞颂佛法的辐射和扩展，音乐形式和风格上从虔诚、肃穆逐渐过渡到活泼明快，又以仪式的大的空间环境和感应氛围从外至内形成反馈和影响，直接促进伏魔救渡、修习佛法、成就佛业，产生仪式效应。

西藏佛教寺院音乐经过 1 300 多年的形成、衍变、发展，形成了一个适应各教派的寺院仪式活动需要的具有地域和民族文化特征的，较为系统、发达的西藏佛教音乐文化丛体结构模式。这一结构模式与西藏世俗民间音乐之间在乐器的选择、演奏形式、调式调性与音乐结构、音乐风格等方面总体上既有一定的内在联系又形成区别，充分体现出西藏佛教寺院音乐文化的开放性、包容性，对吸收融合的音乐文化形式的改造、整合，西藏佛教寺院的巨大创造性等特性。

西藏佛教寺院音乐的成熟、完美与体系化，是与西藏佛教本身的信仰体系、教理教义、习修次第、仪式行为等的成熟、完美、体系化相随而成，西藏佛教寺院音乐文化一旦形成较成熟的体系，即随同西藏佛教一道，跨越地域、民族、文化的界限，从中心发源地向外辐射传播，使之与不同地域、不同民族、不同系统的音乐文化之间相互碰撞、融合而产生涵化、流变，形成藏传佛教寺院音乐本原模式的变化体，呈现出不同地域、不同民族、不同文化系统的特征，使西藏佛教寺院音乐的内涵和形式得到不断的丰富与发展。

历史上西藏佛教及佛教寺院音乐主要向藏民族文化系统和蒙古文化系统的民族、国家、地区及传播，现代则逐渐向欧洲、北美洲的某些国家、地区及我国台湾地区传播。西藏佛教寺院音乐在被传播地的涵化、流变有其一定的规律，当西藏佛教寺院音乐传播到藏文化系统的藏族聚居区各个寺院时，变异主要发生在外道层仪式音乐（礼仪音乐卡尔乐），内道层和中道层仪式音乐甚少变化，即内道层、中道层仪式音乐内固性强而外道层仪式音乐可变性强。而当西藏佛教寺院音乐流布到蒙古文化系统的各藏传佛教寺院中时，由蒙古文化系统所特有的文化传统和地域环境以及蒙古藏传佛教的特性所决定，不仅外道层仪式音乐发生了很大的变化，内道层和中道层仪式的某些音乐形式也发生了变异、稀化的现象，构成广大藏传佛教流布区域内多元性和多样性的寺院音乐文化形态。

本成果共分六章，各章的内容相互关联，主要内容有：

第一章“文化背景与历史分期”。主要叙述西藏佛教赖以生成、弘扬、繁盛的独特地域环境、远古文明历史，深厚的苯教文化传统等地域文化背景和佛教的传入、弘扬，独具西藏民族、地域特色的西藏佛教的形成、传播等，并简述西藏佛教寺院音乐的历史及现状。将西藏佛教音乐划分为初期萌芽时期、前弘期雏形阶段、后弘期前期全面发展阶段、后弘期后期形成独立体系四个历史阶段。

第二章“西藏佛教寺院仪式与仪式音乐”。本章对西藏佛教各教派的教义与寺院显密宗习修活动，仪式在教义、显密宗习修活动中的意义及相互间的关系做了简要的概述，阐述了西藏佛教寺院仪式的信仰和修供对象的系统及系统中诸佛、菩萨、神灵各自的身份意义，并结合佛法修习各阶段的目的，将寺院众多的仪式进行梳理，归纳为内道、中道、外道三类仪式，阐明了分层关系。结合个案调查叙述了仪式的程序、结构、时空和仪式过程中的音乐，初步探讨了仪式音乐的构成与特点，以及仪式音乐在仪式与信仰体系中的作用及互动意义。

第三章“仪式中的俱生乐”。此章较深入地分析、研究了“古尔”“鲁”“央”“绝鲁”“左盖”“顿”等类诵经调音乐的形成历史、文化含义、功能转变、形态特征等。特别是对“古尔”与“鲁”社会功能、音乐层面的界定，“央”诵经调音乐在寺院仪式音乐中的核心地位和作用，以及“左盖”诵经调音乐、“顿”诵经调音乐的确认，进行了细微的考察、研究和阐述，拓展了寺院诵经调音乐研究的触角。此外，对念诵调“顿”（顿）、吟诵调（央）、唱诵调（鲁）的总体音调形态，各类诵经调音乐在仪式中的使用情况，各类诵经调音乐与寺院仪式分层结构的对应关系进行了比较详细的比较研究和论述。

第四章“仪式中的缘起乐”。本章在叙述西藏佛教寺院众多乐器的基础上，对乐器所内含的佛法意义、来源、形制、演奏法、乐曲、乐谱等进行了较详细叙述。按乐器所含特定佛法意义和象征性意义程度及仪式中的作用、意义，将西藏佛教寺院众多乐器分成法器、乐器、响器三种，并对法器、乐器、响器在佛教信仰与仪式中的使用、功能与音声形态、效应等分别进行了论述。特别是对西藏佛教寺院常用乐（铜号鼓钹乐）、汉乐十六（甲瑞居楚乐）、仪仗乐（斯缜乐）、祈请乐（念申乐）、绝乐、礼仪乐（卡尔乐）等乐队的形成过程，编制，乐曲和乐曲结构形式，乐谱（瑞次、卡尔益），乐谱的解读和演奏，乐队合奏与练习，乐曲演奏中的盛、中、简处理法，器乐与诵经调的关系等方面进行了系统的阐述。结合寺院仪式分层，对乐队类型、使用情况、演奏场合、功用等做了相关的叙述。

第五章“羌姆神舞音乐”。本章叙述了西藏佛教寺院羌姆神舞的发端、正式形成与完善、兴盛、传播，羌姆神舞中聚合的各种文化因素等。对各教派代表性寺院羌姆神舞的内容、师承、修供对象以及羌姆神舞仪式与寺院其他仪式之间的异同等进行了比较，进而阐明各教派各寺院的羌姆神舞主旨、基本形式、节目内容、表演程序、结构、音乐舞蹈异同，主要是由于各教派所尊崇、修供的坛城主尊佛、诸仆从神灵不同所致。本章在重点分析、论述了羌姆神舞修供主尊（内道层）、伏魔救度（中道层）、教化众生（外道层）的仪式内涵和围绕修供主尊、伏魔救度、教化众生形成的寺院内部修供仪式、广场神舞表演、民俗活动构成的大型结构形式的同时，还分析了相对于大型结构的狭义上的羌姆神舞表演仪式的四部结构形式及与此相适应的音乐的结构形式以及这一结构形式与寺院其他仪式结构、音乐结构之间的内在关系。此外，还详细描述了羌姆神舞独特的舞蹈伴奏音乐、仪仗迎请乐、综合乐谱的形态特征、声部织体等。

第六章“西藏佛教寺院音乐的地域文化传统及特征”。本章通过对构成西藏佛教音乐文化的印度佛教系音乐、本土苯教音乐、中原汉民族音乐、周边伊斯兰国家和地区的音乐等诸音乐文化因素的分解、归纳，探讨由多元音乐文化因素整合构成的西藏佛教音乐文化丛结构模式。同时，探究了佛教寺院音乐文化与民间音乐文化之间在乐器、演奏形式、调性与结构等方面形成的相容相斥的关系及寺院音乐的开放性、包容性、改造整合、创造性特性，探寻内在驱动力和动机，勾勒出西藏佛教和地域文化传统的总体特征。对于西藏佛教音乐文化跨地域、跨民族、跨文化系统的辐射与传播，及其在不同地域、不同文化系统中产生的涵化和流变的特点和规律也进行了初步探讨。

三、成果的学术创新和应用价值

1. 学术创新

本成果的学术创新主要体现在以下几个方面：(1) 以较扎实、全面的田野考察为基础，系统地研究、论述西藏佛教寺院仪式音乐，在本学科研究领域具有重要的填补理论空白的意义。(2) 摆脱以往单纯从历史、形态或从信仰崇拜的视角研究西藏佛教寺院音乐的模式，把寺院音乐的历史、形态和信仰方面研究与寺院的佛事活动（仪式）以及佛事活动中音乐的运用、效应与意义归属联系起来进行整体的研究，诠释西藏佛教音乐在佛法修持中体现的功能性、有效性，赋予西藏佛教寺院音乐宗教文化与社会文化的意义，描述音乐形态特征、艺术风格，从本质上把握西藏佛教音乐的属性。(3) 探索西藏佛教和佛教寺院音乐中的本土宗教苯教、印度佛教、中原汉地、世俗民间、周边国家和地区的多元文化因素，以及由此创新构成的体系，积极探索吸收、借鉴、融汇各路文化基础上的整合、创新对于西藏佛教音乐文化的发展、繁盛所产生的积极作用与影响。(4) 从文化传播学的角度，解析西藏佛教音乐文化跨地域、民族、文化系统的辐射与传播，并对其传播过程中所产生的涵化和流变的特点和规律进行总结。(5) 在西藏佛教寺院音乐历史分期的划分，俱生乐之古尔、央、绝鲁、左盖、顿诵经音乐和缘起乐之铜钦、甲林等乐器及铜号鼓钹乐队及乐曲的研究，楚布寺汉乐十六乐、绝乐、卡尔乐的发掘、研究，各教派羌姆神舞的形成、完善、兴盛、传播与舞蹈音乐及功用的考察、研究，铜次、甲林台布次、瑞次、央益、卡尔益、羌姆益乐谱等各类乐谱采集、研究，探寻西藏佛教寺院音乐中的多元文化构成因素及跨地域、民族、文化系统传播、交流过程中发生涵化、变异的规律等诸多方面体现出创新性。

2. 应用价值

西藏是藏民族和藏族文化的发祥地，也是藏传佛教和藏传佛教音乐的起源地和发展、传播中心，西藏佛教寺院音乐与其他信奉、传承藏传佛教的地区及民族的佛教寺院音乐之间形成源与流的关系，西藏佛教寺院仪式音乐的研究方法与成果对于研究、认识整体藏传佛教寺院音乐文化以及认识、解读以藏传佛教信仰为其核心的具有深层积淀的藏族文化和信仰藏传佛教的民族与群体的思想、生活、行为等具有重要的借鉴与应用价值。

本成果在保护、传承西藏佛教寺院音乐优秀的器乐（乐器、乐队、演奏形式等）、诵经音乐（左盖、央、鲁等）、羌姆神舞、乐谱等具有久远历史传统和独特风格的艺术形式，申报各级非物质文化遗产项目，以及为现代民族题材音乐艺术作品的创作提供创作素材，与各国家、各民族、各地区进行文化交流等方面具有广泛的应用价值。

《军队科学防范重大安全问题概论》概要

张秦洞*

一、研究的目的、意义及所使用的研究方法

1. 研究目的

没有一支强大的人民军队，中国梦就没有力量保障。重大安全问题是对国家政治外交、社会和谐稳定和军队战斗力造成重要影响的安全风险、安全威胁或事故案件，直接影响国家政治外交、社会和谐稳定和军队战斗力。对重大安全问题防范不力，就会直接制约军队力量的生成和发展，甚至影响国家的政治、经济和社会的稳定与发展，强国梦、强军梦就难以如期实现。科学防范重大安全问题，日益成为和平时期军队必须承担的重要任务，也成为其生成和释放战斗力的重要途径。近年来，全军上下认真贯彻落实党中央、中央军委关于科学防范重大安全问题的指示精神，在全面履行新世纪新阶段军队历史使命和扎实推进党在新形势下的强军目标过程中，积极探索了防范各类重大安全问题的特点规律，有效防范了各类重大安全问题，并进行了专门的和有针对性的理论研究，积累了许多成功的做法和宝贵经验，取得一些专项理论研究成果。及时总结和梳理国家和军队防范重大安全问题的理论成果和实践经验，对如何进一步科学防范重大安全问题进行系统的研究，是摆在我们理论工作者面前的一项十分紧迫而重要的任务。

习近平主席强调指出：要坚持安全发展，扎实抓好安全基础工作，突出

* 张秦洞，中国人民解放军军事科学院研究员，博士生导师。

重大安全问题防范，确保安全稳定。为了深入贯彻落实习主席和中央军委有关指示精神，全面推进防范重大安全问题的理论和实践进程，需要科学地回答防范重大安全问题的宏观理论，力求从理论上牵引和指导防范重大安全问题的实践。通过对中央军委明确的八个方面的重大安全问题进行理解和研究，我们感到所明确的八个方面的重大安全问题，主要是对已发生和可能发生或需要重点防范的重大安全问题进行了罗列，重点较为突出，对解决当前的现实需要起到了重要的指导和牵引作用，但从一定程度上也限制了理论和实践的发展，需要从理论上进行必要的系统性、宏观性重新归并和完善；防范重大安全问题不同于预防一般的事故案件，而是有其自身的规律和特点，需要对重大安全问题发生发展和预防处置的特点规律进行深入的研究，从理论上予以研究和回答。同时结合军委总部和军队各大单位对科学防范重大安全问题的理论需求，需要拿出更具科学性的理论研究成果。为此，我们申请了本课题。本课题的立项，得益于全国社科规划办的大力支持和帮助。基于上述需求，我们展开了全面深入的研究和撰写，力求拿出高质量的理论研究成果，达到充实和完善军队防范重大安全问题的理论，指导防范重大安全问题实践的目的。

2. 研究意义

科学防范重大安全问题，不仅事关军队安全，也直接影响国家和社会的安全发展与稳定大局，充分认识防范重大安全问题和研究防范重大安全问题的重大意义，是我们组织撰写遵循的重要原则。

（1）进一步科学认识防范重大安全问题与军队建设科学发展的关系。科学防范重大安全问题，既是军队建设科学发展和安全发展的重要内容，也是保障军队建设科学发展的基本条件，必须服从和服务于军队建设的大局。一是重大安全问题直接影响军队建设安全发展。重大安全问题的发生往往会带来巨大的损失、严重的后果、恶劣的影响，严重制约军队建设的安全发展，甚至导致一些发展规划和目标推迟甚至无法实现，可能使军队建设发展成果遭受重创，掣肘更甚。如核武器既是军队的装备，更是支撑国家稳定和发展的“压舱石”，一旦发生核泄漏、核爆炸等重大安全问题，不但会造成人员伤亡和财产损失，也会使军队建设发展遭受重大挫折，甚至严重影响国家安全，给国家和军队形象带来巨大的负面效应。二是安全发展是军队建设科学发展的重要保障。就本质而言，科学发展是指各领域、各要素之间的全面、协调和可持续发展；安全发展就是通过确保安全要素的协调和可持续发展，使安全成为服务发展、保障发展、促进发展的必要条件和内容，最大限度地提高发展效益，降低发展风险。安全发展既是科学发展的重要内容，也是保障科学发展的重要条件。军队建设科学发展既离不开党的执政安全、国家安全、经济安全和社会稳定等安全环境，也离不开军队自身安全和为国家经济建设提供坚实的安全稳定基础保障。军队作为高度集中统一的武装集团，担负着特殊的使命和任务，防范重大安全问题，保持安全稳定至关重要，一支政治坚定、思想稳定、纪律严明、秩序正规、团结和谐、完成任务好、事故案件少的军队，才是真正步入科学发展轨道的现代军队。三是防范重大安全问题必须服从和服务于军队建设全局。重大安全问题的防范，必须立足于军队建设战略层级，以维护军队建设整体利益为首要目标，在党、国家和军队相关政策的指导下，依据法律法规和规章制度开展工作，最大限度地避免重大安全问题的发生，尽力消除发生重大安全问题的负面影响。同时，在军队全面建设布局中，必须注重加强科学防范重大安全问题的理论、人才、设施设备、制度、文化等方面建设，加快健全完善覆盖传统安全领域和海洋、太空、网络空间等新兴安全领域的法规制度，积极完善防范重大安全问题的体系，不断提升防范能力。

（2）进一步科学认识防范重大安全问题与实现强军目标的关系。2013年3月11日，习近平同志在十二届全国人大一次会议解放军代表团全体会议上提出了党在新形势下的强军目标：建设一支听党指挥、能打胜仗、作风优良的人民军队。这一重要指示，指明了军队建设发展的基本方向，也为军队科学防范重大安全问题确立了根本导向。一是强军目标为军队防范重大安全问题提出新要求。强军目标的提出，必然会牵引和指导军队建设的方方面面。防范重大安全问题作为军队建设安全发展中一项根本性、全局性的基础工作，自然不能例外。听党指挥是灵魂，决定了军队安全管理的政治方向。要求军队在防范重大安全问题时，坚持用党中央的决策指示统一思想和行动，以党和国家利益为重、以国家安全和社会稳定大局为重、以最广大人民群众的切身利益为重、以军队科学发展为重。能打胜仗是核心，反映军队的根本职能和军队建设的基本目标，要求军队具备优良的专业素质和拥有强大的战斗力。战斗力也包括应对重大安全问题的能力。因而必须在提升军队预防和处置重大安全问题能力上下功夫，快速有效地防范重大安全问题，避免因重大安全问题造成军队人员伤亡和财产损失，影响和干扰正常的建设、训练工作，制约战斗力的生成与释放。作风优良是保证，关系军队的性质、宗旨、本色。党中央和中央军委强调，必须把作风建设作为军队一项基础性长期性工作抓紧抓实。这就要求军队防范重大安全问题必须发扬优良作风，坚决反对预防和处置中的形式主义、官僚主义等不良作风，加大依法治军、从严治军力度，坚决防止有令不行、有禁不止，避免因作风松懈、违规操作而导致重大安全问题发生和处置不力。二是军队科学防范重大安全问题是实现强军目标的有力支撑。新时期，必须通过加大军队建设、改革和发展的深度与广度，促使军队整体转型，进而实现强军目标。军队转型期，很多未知领域需要探索、原有格局需要改变、利益问题需要触及，与此同时国家也进入了全面深化改革阶段。从世界各国和军队发展的实践看，转型期和重大改革阶段往往伴随着较多的安全风险和隐患，发生重特大事故事件的概率增大，安全问题的类型增多、范围扩大。尤其是随着国家和军队改革力度的加大，必然要涉足改革的“深水区”，直面改革的“硬骨头”，可能会引发不稳定因素。对军队而言，为提高战斗力，战备活动、新装备研制、实战化军事训练任务会愈趋繁重，出现重大安全问题的几率增加；同时，军队活动的领域和空间也会不断拓展，也可能发生新兴领域的重大安全问题。如果不能有效控制重大安全风险，防范重大安全问题，为军队建设、改革、发展提供安全稳定的内外部环境，就可能影响甚至导致军队建设、改革和发展迟滞，从而延缓实现强军目标的进程。

（3）进一步科学认识防范重大安全问题与战斗力的关系。战斗力是指武装力量遂行作战任务的能力，由人、武器装备和人与武器装备的结合方式等基本要素构成。在新的形势下，军队战斗力体现为以“能打仗、打胜仗”为核心的遂行多样化军事任务的能力，当然也包含了防范重大安全问题的能力。一是防范重大安全问题的能力源于战斗力。从本质上来说，战斗力是军队防范重大安全问题能力的来源和基础。军队防范重大安全问题的能力，是战斗力的一种特殊表现形式，并不独立于战斗力之外，与战斗力本身是整体与局部的关系，战斗力的提高，也有利于提升科学防范重大安全问题的能力，离开了战斗力的支撑，防范重大安全问题也就失去了必要的能力基础。因此，通过提升战斗力来带动提高防范重大安全问题的能力，才是军队科学防范重大安全问题的根本之道。二是防范重大安全问题能力的提升有利于持续战斗力。防范重大安全问题能力的提高，可以及时地预防和处置重大安全问题，可以减少支撑战斗力生成的人力、物力、财力等资源的损耗，可以为战斗力的生成和释放提供安全稳定可靠的内外部环境，可以使领导机关能够全身心地投入到军队正常的战备、训练、建设、管理中，可以使广大官兵增强安全信心，将全部精力集中在提高自身军政素质上来，从而确保战斗力生成和释放的稳定、快速和高效。三是防范重大安全问题能力的提升有利于完善战斗力。军队防范重大安全问题能力主要包括预测预报、风险评估、应急救援、应急处置、应急保障等方面的能力，这些能力也是军队战斗力的重要组成部分，军队防范重大安全问题能力的不断提高无疑是对战斗力的不断充实和完善。重大安全问题的发生通常事发突然、发展演变速度快、蔓延升级迅速，预防难度大、要求高，处置和救援时效性强、技术含量高、任务繁杂、参与力量多元，要求高效决策、统一指挥、联合行动、有序管控、综合保障。可见，预防和处置重大安全问题，既是对军队安全管理能力，也是对军队战斗力的有效检验和实际锤炼。近些年，军队在防范重大安全问题实践中，通过不断总结经验，加强训练，快速反应能力不断提升。实践证明，防范重大安全问题的过程也是锤炼部队联合行动和联合保障能力的过程。尤其是在我军长期处于和平环境的条件下，有效利用军队防范重大安全问题的契机锻炼和锤炼部队，能够一定程度上弥补我军战斗力长期缺乏实战检验的不足，促进军队联合作战能力的生成和发展。

3. 研究方法

在研究撰写过程中，课题组坚持遵循党的历代领导人关于加强军队科学发展和安全发展的一系列重要指示，以习主席提出的新形势下强军目标和“高度重视防范重大安全问题”的重要指示为指导，广泛深入地进行了调查研究，先后收集掌握了约 1 000 万字的丰富资料，组织到军队有关单位进行了调研和座谈，按照学术准备、专题研究、撰写修改、征求意见、完善提高的方法和步骤，展开了全面深入、扎实细致的研究工作。在遵循马克思主义历史唯物主义和辩证法的基础上，针对军队防范重大安全问题的具体实践，根据不同的研究范畴、研究对象及特点规律，在运用军队安全管理一般原理方法的前提下，按照从特殊到一般、由现象到本质、从个性到共性、由定性到定量的思路，对军队防范重大安全问题展开深入分析和归纳总结。基本的研究方法包括：

（1）系统研究法。系统研究作为一种宏观的分析研究方法，将其应用到军队防范重大安全问题的研究中，主要是借鉴系统理论和系统工程理论，将人、机、环境和管理等安全要素作为一个系统，将重大安全问题所涉及的多种领域、多个类别、多元致因、多方面影响等作为一个系统，将军队预防和处置重大安全问题的力量构成、法律规范、防范程序和方式方法等作为一个系统，从系统的整体性、动态性、开放性、适应性和综合性等角度出发，系统地探讨和理解重大安全问题内外部各种条件的联系，继而深入分析重大安全问题发生发展的一般特点和规律，总结归纳防范原则与措施等。

（2）定量分析法。马克思指出，一种科学只有成功地运用数学时，才算达到了真正完善的地步。近年来，自然科学、社会科学和人文科学研究的定量化发展，都是成功地运用数学的结果。定量分析作为一种借助数学量化事物的分析研究方法，将其应用到军队防范重大安全问题的研究中，主要是在定性和定量分析事故、案件等一般安全问题、重大安全问题对国家政治外交、社会和谐稳定和军队战斗力造成重要影响的前提下，综合运用数理统计和概率分析等方法科学识别、估算危险源及其可能的危害程度，划分风险等级和标准，量化评估安全风险等级、安全威胁程度和安全控制、安全救援效果，进而提高军队防范重大安全问题的科学性和合理性。

（3）专题论证法。将专题论证应用到军队防范重大安全问题的研究中，就是基于其基本属性，专题研究重大安全问题的基本概念、基本特点，防范重大安全问题的基本特点、基本原则、思路方法等；基于其发展阶段，专题研究重大安全问题发生发展的特殊规律，防范重大安全问题中预防、处置的程序、内容、重点、要求、方法、手段等；基于其表现形式，既针对不同领域专题研究海洋、航空、太空和临近空间、信息域等领域重大安全问题，又针对不同类别专题研究涉军敏感重大安全问题、重要目标安全问题、核生化安全问题、重大自然灾害等。

（4）案例剖析法。世界各国和军队曾经发生的重特大事故事件，在其发生发展过程中均有其普遍规律和特殊规律，组织防范中既有有益的做法、成功的经验，也有失利的教训，这些鲜活的事例可以为重特大事故事件的深化认识、有效预防和科学处置提供有益的借鉴和启示。将案例剖析应用到军队防范重大安全问题的研究中，主要是收集整理中外国家和军队发生的重特大事故事件，通过案例的选取、研究和分析，从中总结归纳问题发生的特点规律、分析提炼典型案例中预防和处置工作的经验和教训，为课题研究提供丰富的事实依据和实践借鉴，以增强研究成果的客观性、实用性。

二、成果的主要内容和重要观点

1. 主要内容

本成果构建了军队防范重大安全问题理论框架，按照基础理论和应用理论两大体系分为上、下两篇。上篇主要论述军队防范重大安全问题的基本理论、基本指导方针等，重点阐述军队防范重大安全问题的相关概念，防范重大安全问题的研究现状，课题研究的主要价值和方法，军队防范重大安全问题的战略指导，军队防范重大安全问题的理论建设、制度建设、设施建设、人才建设、文化建设等基本建设，重大安全问题的风险评估、风险控制、风险管理检查和评价等风险管理，重大安全问题的应急处置、情况调查、善后处理等处置工作；下篇主要论述各类重大安全问题的防范规律、方法、程序等，重点是针对海域、航空、太空和临近空间、信息域、涉军敏感、重要目标、核生化、重大自然灾害等各类重大安全问题，厘清其基本概念，梳理其基本内容，总结其主要特点，归纳防范的基本原则，提出预防和处置的重点、方式、方法、手段、有效措施等。

2. 重要观点

课题研究中，我们注重成果的理论性、科学性、系统性、指导性，其重要观点主要体现在以下几个方面：

（1）科学防范重大安全问题应以强军目标为导向。党在新形势下的强军目标的提出，必然会牵引军队建设的方方面面。防范重大安全问题作为军队建设中一项根本性、全局性的基础工作，自然不能例外。同时，军队科学防范重大安全问题能够为实现强军目标提供重要保障。实现强军目标，必然需要通过加大军队建设、改革和发展的深度和广度，促使军队整体转型。从世界各国和军队发展的实践看，转型期和重大改革阶段往往伴随着较多的安全风险和隐患，发生重大事故事件的概率增大，安全问题的类型增多、范围扩大，科学防范重大安全问题可以有效保障各项建设和改革如期进行，有力支撑强军目标的实现。

（2）防范重大安全问题的战略指导应着重把握基本关系。指出军队防范重大安全问题必须着力把握好全局性与局部性的关系，以强军目标为根本导向，处理好与战斗力的关系，更好地服从和服务于军队建设的大局；必须把握好重要性与一般性的关系，坚持预防与处置相结合以预防为主、安全基本建设与综合治理相结合以基本建设为主、军队和地方相结合以军队为主；必须把握好时代性与发展性的关系，确保军队防范重大安全问题与时俱进、科学发展、应时而变，不断推动理论框架、预防工作、处置工作和防范方法的创新发展。

（3）重大安全问题的预防思路应系统完善。传统意义上安全问题的预防工作主要包括安全分析预测、安全风险评估、安全检查监督，而安全基本建设和安全教育训练作为安全管理的基础性内容，未列入预防工作的范畴。考虑到预防工作是军队防范重大安全问题的重中之重，对人员素质及技能、装备设备的性能、规章制度的完善、安全文化的建立和完善、风险的及时有效控制等有着超乎寻常的严格要求，抓好基本建设和安全教育训练就能有效地杜绝重大安全问题的发生。为此，预防思路必须与时俱进，不断创新，以提升其全面性和系统性，故将基本建设和安全教育训练纳入重大安全问题预防体系，将安全风险充实完善为风险管理，形成了以安全基本建设、安全教育训练、安全分析预测、安全风险评估、安全检查监督、安全风险管理为重点的预防重大安全问题的新体系。

（4）重大安全问题的处置应重点把握三个基本环节。依据传统安全管理学理论，事故及重特大事故的处置过程，即应急管理中的响应和恢复过程，主要包括事故应急处置、事故调查处理、事故责任追究三个阶段。在对军队处置重大安全问题进行实践总结和深入研究的基础上，应从更全面和宏观的角度进行重新归并，故提出“应急处置、情况调查、善后处理”重点环节的新归纳。应急处置包括应急指挥、应急救援和应急保障等；情况调查包括成立调查组织、保护与勘察现场、分析论证问题致因、总结经验教训、撰写调查报告等；善后处理包括责任追究、人员善后、相关受损设施恢复重建等。

三、成果的学术创新、应用价值以及社会影响和效益

1. 学术创新

学术研究贵在创新。本成果是首部系统全面论述军队防范重大安全问题的理论著作，是一部填补空白之作，在研究过程中搜集了大量文献，并对相关研究成果进行了分析、扬弃、吸收，在总结过去的基础上，着眼现在、面向未来，不断拓展新思路、运用新方法、采取新措施，研究成果的创新主要体现在四个方面：

一是选题具有鲜明的导向性、创新性、前瞻性、系统性，较好地契合了当前防范重大安全问题的理论与实践的迫切需求，填补了军队防范重大安全问题理论研究领域的空白，具有重大的理论意义和实践价值。

二是构建了以基础理论和应用理论为支撑的军队科学防范重大安全问题的理论框架。基础理论主要是军队防范重大安全问题最基本、最普遍问题的系统理论，主要包括以重大安全问题的构成要素、影响因素、内容形式、特点规律以及发生发展的基本形态，防范重大安全问题的基本依据、重要原则、方法手段等；应用理论是指运用防范重大安全问题的基础理论，防范各类重大安全问题的理性认识和实践操作成果，主要包括预防和处置的基本指导、基本要求、基本内容、基本程序、基本方法、基本措施等。

三是系统地归纳和提炼了军队防范重大安全问题的重要领域和类型。以军委明确的“部队发生重大事故、案件和违纪问题，引发严重影响社会稳定的民族、宗教问题和社会群体性事件；大型武器弹药、油料仓库及其他特别重要的军事目标发生爆炸和遭受袭击破坏；造成重大人员伤亡和装备、财产损失的火灾、建筑物坍塌等灾害；造成国家政治、外交被动的各类事件；军用飞机、舰艇在飞行、航行中与民航班机、民用船只相撞，以及军用飞机坠毁在城市人员密集区；执行专机和重要任务的飞机发生严重安全问题；各类飞机和其他飞行器闯入首都空中禁区，特别是降落、坠毁于首都重要敏感地点；各种类型的核事故，以及严重网上泄密卖密问题”① 等八个方面的重大

① 总政治部宣传部：《军营理论热点怎么看 2012》，解放军出版社 2012 年版，第 134 页。

问题为线索，结合军队建设和军事斗争准备发展趋势，从逻辑和体系的角度，着眼发展变化，进行了重新梳理，首次明确提出海域、航空、太空和临近空间、信息域、涉军敏感、重要目标、核生化和重大自然灾害等八个方面重大安全问题的防范。

四是在一般安全管理的基础上创新提出了防范重大安全问题的方法。首先是创新应用方法，针对新情况、新问题、新矛盾，以提高应对重大安全问题的能力为核心，吸取地方的成功经验，借鉴外军的有益做法，运用系统论、信息论、控制论、运筹学、心理学等领域的最新理论和实践成果，并广泛结合现代先进技术，注重技术手段发展对方法的推动作用，以现代远程通信技术、计算机技术、虚拟现实技术、网络技术和卫星技术为基础，以模拟仿真为手段，以信息网络为依托，从技术层面大力开拓高效的应对方法，促进军队应对重大安全问题的方法、手段、途径、程序不断推陈出新。其次是方法应用的创新。军队安全管理的方法种类繁多、各有优长，如何在防范重大安全问题的实践中把握和应用好这些方法直接关系到应对的效果。必须针对各类重大安全问题的具体特点，有针对性地采用综合运用、择优运用、创新运用、流程再造等思路，把原则性和灵活性结合起来，才能充分发挥好军队安全管理诸多方法的功效，增强科学防范重大安全问题的质量和效益。

2. 应用价值以及社会影响和效益

本成果作为国家社科基金军事学重点项目课题，主要目的是运用现代管理学科和军队建设学科的理论和原理，探讨和研究军队防范重大安全问题的规律、防范重大安全问题的思路、防范重大安全问题的体制机制和方法措施。选题较好地契合了当前防范重大安全问题的理论与实践的迫切需求，具有重大的理论意义和实践价值。

一是揭示重大安全问题的本质及基本规律。重大安全问题表现形式多种多样，但其发生、发展具有因果性、关联性，总是有客观规律可供探寻。只有探索规律、把握规律、遵循规律进行预防和处置，才能有效把握防范重大安全问题的主动权。多年来，各国及其军队发生重特大事故事件的案例不少，研究其防范的经验和做法，可以获取有益的预防和处置经验，从中找到防范的规律性特点，为我所用。我军在防范重特大事故、灾难和灾害等方面积累了较为丰富的经验，也有过不少深刻的教训。加强军队防范重大安全问题研究，系统梳理、总结归纳这些经验教训，能够深刻把握重大安全问题的因果联系，深入认识重大安全问题偶然性背后隐藏着的必然性，抓住那些对诱发重特大事故事件起支配、主导作用的主要因素，进而科学揭示军队防范重大安全问题的基本特点、基本原则、基本内容、基本程序、基本方法、基本措施。

二是指导军队防范重大安全问题的具体实践。深入研究防范重大安全问题，探索和创新反映时代要求、破解应对难题的新的指导理论，能够牵引军队防范重大安全问题建设，指导部队安全管理实践，不断增强应对实践的主动性、预见性和针对性。深入研究防范重大安全问题的制度、设施、人才、文化等建设和安全教育训练等基本理论，对于建立健全防范重大安全问题的体制机制以及相关法规制度、加强安全设施的开发和应用、营造维护安全的观念和文化氛围、提高官兵防范重大安全问题的能力等具有重要的指导意义，为军队安全管理奠定必要的基础和条件；深入研究重大安全问题的预测预报、风险管理和检查监督等理论，能够指导部队从重大安全问题酿成中把握关键点，见微知著、防微杜渐，防止风险苗头变成事故现实，防止小问题演化成大问题，使部队能够做到早发现、早报告、早处置，对于增强重大安全问题预防的及时性和处置的有效性具有重要的理论牵引作用；深入研究重大安全问题发生后的应急处置、情况调查、善后处理等有关理论，能够帮助部队在救援行动中迅速明确应急处置目标、要求、重点，快速统一调配应急行动资源，并积极调查和分析、处理善后，恢复正常秩序，对于及时进行处置、快速查明原因、妥善处置善后具有重要的实践指导作用。

三是服务国防和军队建设及军事斗争准备。加强国防和军队建设，加强军事斗争准备，是新形势下军队的基本使命任务。安全管理是国防和军队建设的一项重要内容，是军事斗争准备的基本保障，加强以防范重大安全问题为重点的军队安全管理问题研究，既能有效地加强安全基本建设、预防和处置重大安全问题，为国防和军队建设科学发展、实现强军目标营造安全稳定的良好环境，也有利于把握安全管理的基本规律，强化军队安全管理建设，从保安全、保大局、保胜利、保战斗力的极端重要性高度认识和加强隐蔽斗争、防间保密工作，从处理好武器装备的先进性与稳定性、可靠性、安全性的关系方面加强武器装备建设与发展，从提高官兵自我防护和处置紧急危险情况能力的角度强化官兵安全意识和严格落实法规制度，从维护新兴领域安全的紧迫性出发研究和防范海域、太空、网络空间重大安全问题，进而提高国防和军队建设的质量，增强军事斗争准备的实际效果。

策划编辑：王宏霞
责任编辑：徐海艳　彭理文
装帧设计：肖　辉　彭莉莉

图书在版编目（CIP）数据

国家哲学社会科学成果文库概要．2014/全国哲学社会科学规划办公室编．—北京：中国人民大学出版社，2015．3
ISBN 978-7-300-20891-6

Ⅰ．①国…　Ⅱ．①全…　Ⅲ．①哲学－科学研究－成果－介绍－中国－2014 ②社会科学－科学研究－成果－介绍－中国－2014　Ⅳ．①C12

中国版本图书馆 CIP 数据核字（2015）第 036383 号

国家哲学社会科学成果文库概要（2014）
GUOJIA ZHEXUESHEHUIKEXUE CHENGGUOWENKU GAIYAO

全国哲学社会科学规划办公室　编

中国人民大学出版社 出版发行
（100080　北京中关村大街 31 号）

涿州市星河印刷有限公司　新华书店经销

2015 年 4 月第 1 版　2015 年 4 月第 1 次印刷
开本：710 毫米×1000 毫米 1/16　印张：37.75
字数：579 千字　印数：0,001－1,000 册

ISBN 978-7-300-20891-6　定价：188.00 元

邮购地址 100080　　北京中关村大街 31 号
中国人民大学出版社读者服务部　电话（010）62515195　82501766